Theodor Mommsen

Römische Geschichte

Theodor Mommsen

Römische Geschichte

ISBN/EAN: 9783743681408

Hergestellt in Europa, USA, Kanada, Australien, Japan

Cover: Foto ©ninafisch / pixelio.de

Weitere Bücher finden Sie auf **www.hansebooks.com**

RÖMISCHE
GESCHICHTE

von

THEODOR MOMMSEN.

- ·

ZWEITER BAND.
VON DER SCHLACHT VON PYDNA BIS AUF SULLAS TOD.

ACHTE AUFLAGE.

BERLIN,
WEIDMANNSCHE BUCHHANDLUNG.
1889.

MEINEN LIEBEN GENOSSEN

FERDINAND HITZIG
IN ZÜRICH

KARL LUDWIG
IN WIEN.

1852. 1853. 1854.

VORWORT ZUR ZWEITEN AUSGABE.

— —

Die Aenderungen, welche der Verfasser in dem zweiten und dritten Bande dieses Werkes bei der abermaligen Herausgabe zu machen veranlafst gewesen ist, sind zum gröfseren Theil hervorgegangen aus den neu aufgefundenen Fragmenten des Licinianus, welche er durch die zuvorkommende Gefälligkeit des Herausgebers, Herrn Karl Pertz bereits vor ihrem Erscheinen in den Aushängebogen hat einsehen dürfen und die zu unserer lückenhaften Kunde der Epoche von der Schlacht bei Pydna bis auf den Aufstand des Lepidus manche nicht unwichtige Ergänzung, freilich auch manches neue Räthsel hinzugefügt haben.

BRESLAU im Mai 1857.

INHALT.

VIERTES BUCH.

————

DIE REVOLUTION.

‚Aber sie treiben's toll;
Ich fürcht', es breche‘.
Nicht jeden Wochenschluſs
Macht Gott die Zeche.

GOETHE.

————

Mommsen, röm. Gesch. II. 6 Aufl.

KAPITEL I.

DIE UNTERTHAENIGEN LANDSCHAFTEN BIS ZU DER GRACCHENZEIT.

Mit der Vernichtung des makedonischen Reichs ward die Oberherrlichkeit Roms eine Thatsache, die von den Säulen des Hercules
bis zu den Mündungen des Nil und des Orontes nicht blofs feststand, sondern gleichsam als das letzte Wort des Verhängnisses auf
den Völkern lastete mit dem ganzen Druck der Unabwendbarkeit
und ihnen nur die Wahl zu lassen schien sich in hoffnungslosem
Widerstreben oder in hoffnungslosem Dulden zu verzehren. Wenn nicht
die Geschichte von dem ernsten Leser es als ihr Recht fordern dürfte
sie durch gute und böse Tage, durch Frühlings- und Winterlandschaft
zu begleiten, so möchte der Geschichtschreiber versucht sein sich der
trostlosen Aufgabe zu entziehen diesem Kampf der Uebermacht mit der
Ohnmacht sowohl in den schon zum römischen Reich gezogenen spanischen Landschaften wie in den noch nach Clientelrecht beherrschten
africanischen, hellenischen, asiatischen Gebieten in seinen mannichfaltigen und doch eintönigen Wendungen zu folgen. Aber wie unbedeutend
und untergeordnet auch die einzelnen Kämpfe erscheinen mögen, eine
tiefe geschichtliche Bedeutung kommt ihnen in ihrer Gesammtheit
dennoch zu; und vor allem die italischen Verhältnisse dieser Zeit
werden erst verständlich durch die Einsicht in den Rückschlag, der
von den Provinzen aus auf die Heimath traf.

Aufser in den naturgemäfs als Nebenländer Italiens anzusehen-
den Gebieten, wo übrigens auch die Eingebornen noch keineswegs
vollständig unterworfen waren und, nicht eben zur Ehre Roms,
Ligurer, Sarder und Corsen fortwährend Gelegenheit zu ‚Dorftrium-
phen‘ lieferten, bestand eine förmliche Herrschaft Roms zu Anfang

1*

dieser Periode nur in den beiden spanischen Provinzen, die den gröfseren
östlichen und südlichen Theil der pyrenäischen Halbinsel umfafsten. Es
ist schon früher (I, 676 f.) versucht worden, die Zustände der Halbinsel
zu schildern: Iberer und Kelten, Phoeniker, Hellenen, Römer mischten
sich hier bunt durcheinander; gleichzeitig und vielfach sich durchkreu-
zend bestanden daselbst die verschiedensten Arten und Stufen der Civilisation, die altiberische Cultur neben vollständiger Barbarei, die Bildungs-
verhältnisse phoenikischer und griechischer Kaufstädte neben der
aufkeimenden Latinisirung, die namentlich durch die in den Silberbergwerken zahlreich beschäftigten Italiker und durch die starke stehende
Besatzung gefördert ward.   In dieser Hinsicht erwähnenswerth sind
die römische Ortschaft Italica (bei Sevilla) und die latinische Colonie
Carteia (an der Bai von Gibraltar), die letztere die erste überseeische
Stadtgemeinde latinischer Zunge und italischer Verfassung.   Italica
206 wurde von dem älteren Scipio, noch ehe er Spanien verliefs (548),
für seine zum Verbleiben auf der Halbinsel geneigten Veteranen
gegründet, wahrscheinlich indefs nicht als Bürgergemeinde, sondern
171 nur als Marktort*); Carteias Gründung fällt in das Jahr 583 und
ward veranlafst durch die Menge der von römischen Soldaten mit
spanischen Sklavinnen erzeugten Lagerkinder, welche rechtlich als
Sklaven, thatsächlich als freie Italiker aufwuchsen und nun von Staatswegen freigesprochen und in Verbindung mit den alten Einwohnern
von Carteia als latinische Colonie constituirt wurden.   Beinahe dreifsig
Jahre nach der Ordnung der Ebroprovinz durch Tiberius Sempronius
179 178 Gracchus (575. 576; I, 682) genossen die spanischen Landschaften im
Lusitani- Ganzen ungestört die Segnungen des Friedens, obwohl ein paarmal von
scher Krieg. Kriegszügen gegen die Keltiberer und Lusitaner die Rede ist. Aber ern-
154 stere Ereignisse traten im J. 600 ein. Unter Führung eines Häuptlings
Punicus fielen die Lusitaner ein in das römische Gebiet, schlugen die
beiden gegen sie vereinigten römischen Statthalter und tödteten ihnen eine
grofse Anzahl Leute. Die Vettonen (zwischen dem Tajo und dem obern
Duero) wurden hiedurch bestimmt mit den Lusitanern gemeinschaftliche
Sache zu machen; so verstärkt vermochten diese ihre Streifzüge bis an
das mittelländische Meer auszudehnen und sogar das Gebiet der Bastulo-

---

*) Italica wird durch Scipio das geworden sein, was in Italien *forum et
conciliabulum civium Romanorum* hiefs; ähnlich ist später Aquae Sextiae in
Gallien entstanden. Die Entstehung überseeischer Bürgergemeinden beginnt erst
später mit Karthago und Narbo; indefs ist es merkwürdig, dafs in gewissem
Sinne doch auch dazu schon Scipio den Anfang machte.

phoeniker unweit der römischen Hauptstadt Neukarthago (Cartagena) zu brandschatzen. Man nahm in Rom die Sache ernst genug um die Absendung eines Consuls nach Spanien zu beschliefsen, was seit 559 nicht geschehen war, und liefs sogar zur Beschleunigung der Hülfleistung die neuen Consuln zwei und einen halben Monat vor der gesetzlichen Zeit ihr Amt antreten — es war dies die Ursache, wefshalb der Amtsantritt der Consuln vom 15. März sich auf den 1. Januar verschob und damit derjenige Jahresanfang sich feststellte, dessen wir noch heute uns bedienen. Allein ehe noch der Consul Quintus Fulvius Nobilior mit seiner Armee eintraf, kam es zwischen dem Statthalter des jenseitigen Spaniens, dem Praetor Lucius Mummius und den jetzt nach Punicus Fall von seinem Nachfolger Kaesarus geführten Lusitanern am rechten Ufer des Tajo zu einem sehr ernsthaften Treffen (601). Das Glück war anfangs den Römern günstig; das lusitanische Heer ward zersprengt, das Lager genommen. Allein theils bereits vom Marsch ermüdet, theils in der Unordnung des Nachsetzens sich auflösend wurden sie von den schon besiegten Gegnern schliefslich vollständig geschlagen und büfsten zu dem feindlichen Lager das eigene sowie an Todten 9000 Mann ein. Weit und breit loderte jetzt die Kriegsflamme auf. Die Lusitaner am linken Ufer des Tajo warfen sich unter Anführung des Kaukaenus auf die den Römern unterthänigen Keltiker (in Alentejo) und nahmen ihre Stadt Conistorgis weg. Den Keltiberern sandten die Lusitaner die dem Mummius abgenommenen Feldzeichen zugleich als Siegesbotschaft und als Mahnung zu; und auch hier fehlte es nicht an Gährungsstoff. Zwei kleine den mächtigen Arevakern (um die Quellen des Duero und Tajo) benachbarte Völkerschaften Keltiberiens, die Beller und Titther hatten beschlossen in eine ihrer Städte Segeda sich zusammenzusiedeln. Während sie mit dem Mauerbau beschäftigt waren, ward ihnen dieser römischer Seits untersagt, da die sempronischen Ordnungen den unterworfenen Gemeinden jede eigenmächtige Städtegründung verböten, und zugleich die vertragsmäfsig schuldige, aber seit längerer Zeit nicht verlangte Leistung an Geld und Mannschaft eingefordert. Beiden Befehlen weigerten die Spanier den Gehorsam, da es sich nur um Erweiterung, nicht um Gründung einer Stadt handle, die Leistungen aber nicht blofs suspendirt, sondern von den Römern erlassen seien. Darüber erschien Nobilior im diesseitigen Spanien mit einem fast 30000 Mann starken Heer, unter dem auch numidische Reiter und zehn Elephanten sich befanden. Noch standen die Mauern der neuen Stadt nicht vollständig; die meisten Segedaner unterwarfen sich. Allein die Entschlos-

(Randnotiz rechts oben: 195)

(Randnotiz rechts: 153)

(Randnotiz rechts: Keltiberischer Krieg.)

sensten flüchteten mit Weib und Kind zu den mächtigen Arevakern
und forderten sie auf mit ihnen gegen die Römer gemeinschaftliche
Sache zu machen. Die Arevaker, ermuthigt durch den Sieg der Lusitaner über Mummius, gingen darauf ein und wählten einen der flüchtigen Segedaner Karus zu ihrem Feldherrn. Am dritten Tag nach
seiner Wahl war der tapfere Führer eine Leiche, aber das römische
Heer geschlagen und bei 6000 römische Bürger getödtet — der Tag
des 23. August, das Fest der Volcanalien, blieb seitdem den Römern in
schlimmer Erinnerung. Doch bewog der Fall ihres Feldherrn die Arevaker sich in ihre festeste Stadt Numantia (Garray, eine Legua nördlich
von Soria am Duero) zurückzuziehen, wohin Nobilior ihnen folgte.
Unter den Mauern der Stadt kam es zu einem zweiten Treffen, in
welchem die Römer anfänglich durch ihre Elephanten die Spanier in
die Stadt zurückdrängten, aber dabei in Folge der Verwundung eines
der Thiere in Verwirrung geriethen und durch die abermals aus-
rückenden Feinde eine zweite Niederlage erlitten. Dieser und andere
Unfälle, wie die Vernichtung eines zur Herbeirufung von Zuzugmann-
schaft ausgesandten römischen Reitercorps, gestalteten die Angelegenheiten der Römer in der diesseitigen Provinz so ungünstig, dafs die
Festung Okilis, wo die Kasse und die Vorräthe der Römer sich befanden, zum Feinde übertrat und die Arevaker daran denken konnten,
freilich ohne Erfolg, den Römern den Frieden zu dictiren. Einigermafsen wurden indefs diese Nachtheile aufgewogen durch die Erfolge,
die Mummius in der südlichen Provinz erfocht. So geschwächt auch
durch die erlittene Niederlage sein Heer war, gelang es ihm dennoch
mit demselben den unvorsichtig sich zerstreuenden Lusitanern am
rechten Tajoufer eine Niederlage beizubringen und übergehend auf
das linke, wo die Lusitaner das ganze römische Gebiet überrannt,
ja bis nach Africa gestreift hatten, die südliche Provinz von den
Feinden zu säubern. In die nördliche sandte das folgende Jahr
152 (602) der Senat aufser beträchtlichen Verstärkungen einen andern
Oberfeldherrn an der Stelle des unfähigen Nobilior, den Consul
168 Marcus Claudius Marcellus, der schon als Prätor 586 sich in
Spanien ausgezeichnet und seitdem in zwei Consulaten sein Feld-
herrntalent bewährt hatte. Seine geschickte Führung und mehr
noch seine Milde änderte die Lage der Dinge schnell; Okilis ergab
sich ihm sofort und selbst die Arevaker, von Marcellus in der Hoffnung bestärkt, dafs ihnen gegen eine mäfsige Bufse Friede gewährt
werden würde, schlossen Waffenstillstand und schickten Gesandte nach

Rom. Marcellus konnte sich nach der südlichen Provinz begeben, wo die Vettonen und Lusitaner sich dem Prätor Marcus Atilius zwar botmäfsig erwiesen hatten, so lange er in ihrem Gebiet stand, allein nach seiner Entfernung sofort wieder aufgestanden waren und die römischen Verbündeten heimsuchten. Die Ankunft des Consuls stellte die Ordnung wieder her und während er in Corduba überwinterte, ruhten auf der ganzen Halbinsel die Waffen. Inzwischen ward in Rom über den Frieden mit den Arevakern verhandelt. Es ist bezeichnend für die inneren Verhältnisse Spaniens, dafs vornehmlich die Sendlinge der bei den Arevakern bestehenden römischen Partei die Verwerfung der Friedensvorschläge in Rom durchsetzten, indem sie vorstellten, dafs, wenn man die römisch gesinnten Spanier nicht preisgeben wolle, nur die Wahl bleibe entweder jährlich einen Consul mit entsprechendem Heer nach der Halbinsel zu senden oder jetzt ein nachdrückliches Exempel zu statuiren. In Folge dessen wurden die Boten der Arevaker ohne entscheidende Antwort verabschiedet und die energische Fortsetzung des Krieges beschlossen. Marcellus sah sich demnach genöthigt im folgenden Frühjahr (603) den Krieg gegen die Arevaker wieder zu be- 181 ginnen. Indefs sei es nun, wie behauptet wird, dafs er den Ruhm den Krieg beendigt zu haben seinem bald zu erwartenden Nachfolger nicht gönnte. sei es, was vielleicht wahrscheinlicher ist, dafs er gleich Gracchus in der milden Behandlung der Spanier die erste Bedingung eines dauerhaften Friedens sah — nach einer geheimen Zusammenkunft des römischen Feldherrn mit den einflufsreichsten Männern der Arevaker kam unter den Mauern von Numantia ein Tractat zu Stande, durch den die Arevaker den Römern sich auf Gnade und Ungnade ergaben, aber unter Verpflichtung zu Geldzahlung und Geiselstellung in ihre bisherigen vertragsmäfsigen Rechte wieder eingesetzt wurden. — Als der neue Oberfeldherr, der Consul Lucius Lucullus bei dem Heere eintraf, fand er den Krieg, den zu führen er gekommen war, bereits durch förmlichen Friedensschlufs beendigt und seine Hoffnung Ehre und vor Allem Geld aus Spanien heimzubringen schien vereitelt. Indefs dafür gab es Rath. Auf eigene Hand griff Lucullus die westlichen Nachbaren der Arevaker, die Vaccaeer an, eine noch unabhängige keltiberische Nation, die mit den Römern im besten Einvernehmen lebte. Auf die Frage der Spanier, was sie denn gefehlt hätten, war die Antwort der Ueberfall der Stadt Cauca (Coca 8 Leguas westlich von Segovia); und als die erschreckte Stadt mit schweren Geldopfern die Capitulation erkauft zu haben meinte, rückten römische Truppen in sie ein und knechteten oder mordeten die Einwohnerschaft ohne jeglichen Vorwand. Nach dieser Heldenthat, die etwa 20000 wehrlosen Menschen das Leben gekostet haben soll, ging der Marsch weiter. Weit und breit standen die Dörfer und Ortschaften leer oder schlossen, wie das feste Intercatia und die Hauptstadt der Vaccaeer Pallantia (Palencia), dem römischen Heere ihre Thore. Die Habsucht hatte in ihren eigenen Netzen sich gefangen; keine Gemeinde fand sich, die mit dem treubrüchigen Feldherrn eine Capitulation hätte abschließen mögen und die allgemeine Flucht der Bewohner machte nicht blofs die Beute karg, sondern auch das längere Verweilen in diesen unwirthlichen Gegenden fast unmöglich. Vor Intercatia gelang es einem angesehenen Kriegstribun, dem Scipio Aemilianus, leiblichem Sohn des Siegers von Pydna und Adoptivenkel des Siegers von Zama, durch sein Ehrenwort, da das des Feldherrn nichts mehr galt, die Bewohner zum Abschlufs eines Vertrages zu bestimmen, in Folge dessen das römische Heer gegen Lieferung von Vieh und Kleidungsstücken abzog. Aber die Belagerung von Pallantia mufste wegen Mangel an Lebensmitteln aufgehoben werden und das römische Heer ward auf dem Rückmarsch von den Vaccaeern bis zum Duero verfolgt. Lucullus begab sich darauf nach der südlichen Provinz, wo der Praetor Servius Sulpicius Galba in demselben Jahr von den Lusitanern sich hatte schlagen lassen; beide überwinterten nicht fern von einander, Lucullus im turdetanischen Gebiet, Galba bei Conistorgis, und griffen im folgenden Jahr (604) gemeinschaftlich die Lusitaner an. Lucullus errang an der gaditanischen Meerenge einige Vortheile über sie. Galba richtete mehr aus, indem er mit drei lusitanischen Stämmen am rechten Ufer des Tajo einen Vertrag abschlofs und sie in bessere Wohnsitze überzusiedeln verhiefs; worauf die Barbaren, die der gehofften Aecker wegen 7000 an der Zahl sich bei ihm einfanden, in drei Abtheilungen getheilt, entwaffnet und theils als Sklaven weggeführt, theils niedergehauen wurden. Kaum ist je mit gleicher Treulosigkeit, Grausamkeit und Habgier Krieg geführt worden wie von diesen beiden Feldherrn, die dennoch durch ihre verbrecherisch erworbenen Schätze der eine der Verurtheilung, der andre sogar der Anklage entging. Den Galba versuchte der alte Cato noch in seinem fünfundachtzigsten Jahr, wenige Monate vor seinem ·Tode, vor der Bürgerschaft zur Verantwortung zu ziehen; aber die jammernden Kinder des Generals und sein heimgebrachtes Gold erwiesen dem römischen Volke seine Unschuld.

Viriathus.   Nicht so sehr die ehrlosen Erfolge, die Lucullus und Galba in

Spanien erreicht hatten, als der Ausbruch des vierten makedonischen und des dritten karthagischen Krieges im J. 605 bewirkte, dafs man die spanischen Angelegenheiten zunächst wieder den gewöhnlichen Statthaltern überliefs. So verwüsteten denn die Lusitaner, durch Galbas Treulosigkeit mehr erbittert als gedemüthigt, unaufhörlich das reiche turdetanische Gebiet. Gegen sie zog der römische Statthalter Gajus Vetilius (607/8*) und schlug sie nicht blofs, sondern drängte auch den ganzen Haufen auf einen Hügel zusammen, wo derselbe rettungslos verloren schien. Schon war die Capitulation so gut wie abgeschlossen, als Viriathus, ein Mann geringer Herkunft, aber wie einst als Bube ein tapferer Vertheidiger seiner Heerde gegen die wilden Thiere und Räuber, so jetzt in ernsteren Kämpfen ein gefürchteter Guerillachef und einer der wenigen, die dem treulosen Ueberfall Galbas zufällig entronnen waren, seine Landsleute warnte auf römisches Ehrenwort zu bauen und ihnen Rettung verhiefs, wenn sie ihm folgen wollten. Sein Wort und sein Beispiel wirkten; das Heer übertrug ihm den Oberbefehl. Viriathus gab der Masse seiner Leute den Befehl sich in einzelnen Trupps auf verschiedenen Wegen nach dem bestimmten Sammelplatz zu begeben; er selber bildete aus den bestberittenen und zuverlässigsten Leuten ein Corps von 1000 Pferden, womit er den Abzug der Seinigen deckte. Die Römer, denen es an leichter Reiterei fehlte, wagten nicht unter den Augen der feindlichen Reiter sich zur Verfolgung zu zerstreuen. Nachdem Viriathus zwei volle Tage hindurch mit seinem Haufen das ganze römische Heer aufgehalten hatte, verschwand auch er plötzlich in der Nacht und eilte dem allgemeinen Sammelplatz zu. Der römische Feldherr folgte ihm, fiel aber in einen geschickt gelegten Hinterhalt, in dem er die Hälfte

---

*) Die Chronologie des viriathischen Krieges ist wenig gesichert. Es steht fest, dafs Viriathus Auftreten von dem Kampf mit Vetilius datirt (Appian *Hisp.* 61; Liv. 52; Oros. 5, 4) und dafs er 615 umkam (Diodor Vat. p. 110 u. a. m.); die Dauer seines Regiments wird auf 8 (Appian *Hisp.* 63), 10 (Justin 44, 2), 11 (Diodor S. 597), 15 (Liv. 54; Eutrop. 4, 16; Oros. 5, 4; Flor. 1, 33) und 20 Jahre (Vellei. 2, 90) berechnet. Der erste Ansatz hat deswegen einige Wahrscheinlichkeit, weil Viriathus Auftreten sowohl bei Diodor (p. 591; Vat. p. 107. 108) wie auch bei Orosius (5, 4) an die Zerstörung von Korinth angeknüpft wird. Von den römischen Statthaltern, mit denen Viriathus schlug, gehören ohne Zweifel mehrere der nördlichen Provinz an, da Viriathus zwar vorwiegend, aber nicht ausschliefslich in der südlichen thätig war (Liv. 52); man darf also nicht nach der Zahl dieser Namen die Zahl der Jahre seiner Feldherrschaft berechnen.

seines Heeres verlor und selber gefangen und getödtet ward; kaum
rettete der Rest der Truppen sich an die Meerenge nach der Colonie
Carteia. Schleunigst wurden vom Ebro her 5000 Mann spanischer
Landsturm zur Verstärkung der geschlagenen Römer gesandt; aber
Viriathus vernichtete das Corps noch auf dem Marsch und gebot in dem
ganzen carpetanischen Binnenland so unumschränkt, dafs die Römer
nicht einmal wagten ihn dort aufzusuchen. Viriathus, jetzt als Herr
und König der sämmtlichen Lusitaner anerkannt, verstand es das volle
Gewicht seiner fürstlichen Stellung mit dem schlichten Wesen des
Hirten zu vereinigen. Kein Abzeichen unterschied ihn von dem gemeinen Soldaten; von der reichgeschmückten Hochzeittafel seines
Schwiegervaters, des Fürsten Astolpa im römischen Spanien, stand er
auf ohne das goldene Geschirr und die kostbaren Speisen berührt zu
haben, hob seine Braut auf das Rofs und ritt mit ihr zurück in seine
Berge. Nie nahm er von der Beute mehr als denselben Theil, den er
auch jedem seiner Kameraden zuschied. Nur an der hohen Gestalt und
an dem treffenden Witzwort erkannte der Soldat den Feldherrn, vor
allem aber daran, dafs er es in Mäfsigkeit wie in Mühsal jedem der
Seinigen zuvorthat, nie anders als in voller Rüstung schlief und in der
Schlacht allen voran focht. Es schien, als sei in dieser gründlich pro-
saischen Zeit einer der homerischen Helden wiedergekehrt; weit und
breit erscholl in Spanien der Name des Viriathus und die tapfere Nation
meinte endlich in ihm den Mann gefunden zu haben, der die Ketten
der Fremdherrschaft zu brechen bestimmt sei. Ungemeine Erfolge im
nördlichen wie im südlichen Spanien bezeichneten die nächsten Jahre
146 seiner Feldherrnschaft. Den Praetor Gaius Plautius (608/9) wufste er,
nachdem er dessen Vorhut vernichtet hatte, hinüber auf das rechte
Tajoufer zu locken und ihn dort so nachdrücklich zu schlagen, dafs
der römische Feldherr mitten im Sommer in die Winterquartiere ging
— später ward dafür gegen ihn die Anklage wegen Entehrung der
römischen Gemeinde vor dem Volk erhoben und er genöthigt, die Heimath zu meiden. Defsgleichen wurde das Heer des Statthalters — es
scheint der diesseitigen Provinz — Claudius Unimanus vernichtet, das
des Gaius Negidius überwunden und weithin das platte Land gebrand-
schatzt. Auf den spanischen Bergen erhoben sich Siegeszeichen, die
mit den Insignien der römischen Statthalter und mit den Waffen der
Legionen geschmückt waren; bestürzt und beschämt vernahm man in
Rom von den Siegen des Barbarenkönigs. Zwar übernahm jetzt ein
zuverlässiger Offizier die Führung des spanischen Krieges, der zweite

Sohn des Siegers von Pydna, der Consul Quintus Fabius Maximus
Aemilianus (609). Allein die kriegsgewohnten eben von Makedonien 145
und Africa heimgekehrten Veteranen aufs Neue in den verhafsten spanischen Krieg zu senden wagte man schon nicht mehr; die beiden Legionen, die Maximus mitbrachte, waren neu geworben und nicht viel
minder unzuverlässig als das alte gänzlich demoralisirte spanische Heer.
Nachdem die ersten Gefechte wieder für die Lusitaner günstig ausgefallen waren, hielt der einsichtige Feldherr den Rest des Jahres seine
Truppen in dem Lager bei Urso (Osuna südöstlich von Sevilla) zusammen ohne die angebotene Feldschlacht zu liefern, und nahm erst im
folgenden (610), nachdem im kleinen Krieg seine Truppen kampffähig 144
geworden waren, wieder das Feld, wo er dann die Ueberlegenheit zu
behaupten vermochte und nach glücklichen Waffenthaten nach Corduba
ins Winterlager ging. Als aber an Maximus Stelle der feige und ungeschickte Praetor Quinctius den Befehl übernahm, erlitten die Römer
wiederum eine Niederlage über die andere und schlofs ihr Feldherr
sich wieder mitten im Sommer in Corduba ein, während Viriathus
Schaaren die südliche Provinz überschwemmten (611). Sein Nach- 143
folger, des Maximus Aemilianus Adoptivbruder Quintus Fabius Maximus
Servilianus, mit zwei frischen Legionen und zehn Elephanten nach der
Halbinsel gesendet, versuchte in das lusitanische Gebiet einzudringen,
allein nach einer Reihe nichts entscheidender Gefechte und einem
mühsam abgeschlagenen Sturm auf das römische Lager sah er sich genöthigt auf das römische Gebiet zurückzuweichen. Viriathus folgte
ihm in die Provinz, da aber seine Truppen nach dem Brauch spanischer Insurgentenheere plötzlich sich verliefen, mufste auch er nach
Lusitanien zurückkehren (612). Im nächsten Jahre (613) ergriff Ser- 142 141
vilianus wieder die Offensive, durchzog die Gegenden am Baetis und
Anas, und besetzte sodann in Lusitanien einrückend eine Menge Ortschaften. Eine grofse Zahl der Insurgenten fiel in seine Hand; die
Führer — es waren deren gegen 500 — wurden hingerichtet, den
aus römischem Gebiet zum Feinde Uebergegangenen die Hände abgehauen, die übrige Masse in die Sklaverei verkauft. Aber der spanische
Krieg bewährte auch hier seine tückische Unbeständigkeit. Das römische Heer ward nach all diesen Erfolgen bei der Belagerung von Eri-
sane von Viriathus angegriffen, geworfen und auf einen Felsen gedrängt, wo es gänzlich in der Gewalt der Feinde war. Viriathus indefs
begnügte sich, wie einst der Samnitenfeldherr in den caudinischen
Pässen, mit Servilianus einen Frieden abzuschliefsen, worin die Ge-

meinde der Lusitaner als souverain und Viriathus als König derselben
anerkannt ward.   Die Macht der Römer war nicht mehr gestiegen als
das nationale Ehrgefühl gesunken; man war in der Hauptstadt froh des
lästigen Krieges entledigt zu sein und Senat und Volk gaben dem Ver-
trage die Ratification.   Allein des Servilianus leiblicher Bruder und
Amtsnachfolger Quintus Servilius Caepio war mit dieser Nachgiebigkeit
wenig zufrieden und der Senat schwach genug anfangs den Consul zu
heimlichen Machinationen gegen den Viriathus zu bevollmächtigen und
bald ihm den offenen unbeschönigten Bruch des gegebenen Treuworts
wenigstens nachzusehen.   So drang Caepio in Lusitanien ein und
durchzog das Land bis zu dem Gebiet der Vettonen und Callaeker;
Viriathus vermied den Kampf mit der Uebermacht und entzog sich
durch geschickte Bewegungen dem Gegner (614). Als aber im folgenden Jahre (615) nicht blofs Caepio den Angriff erneuerte, sondern auch
das in der nördlichen Provinz inzwischen verfügbar gewordene Heer
unter Marcus Popillius in Lusitanien erschien, bat Viriathus um Frieden
unter jeder Bedingung.   Er ward geheifsen alle aus dem römischen
Gebiet zu ihm übergetretenen Leute, darunter seinen eigenen Schwiegervater an die Römer auszuliefern; es geschah und die Römer liefsen dieselben hinrichten oder ihnen die Hände abhauen.   Allein es war damit nicht genug; nicht auf einmal pflegten die Römer den Unterworfenen anzukündigen, was über sie verhängt war.   Ein Befehl nach dem
andern und immer der folgende unerträglicher als die vorhergehenden
erging an die Lusitaner und schliefslich ward sogar die Auslieferung
der Waffen von ihnen gefordert.   Da gedachte Viriathus abermals des
Schicksals seiner Landsleute, die Galba hatte entwaffnen lassen, und
griff aufs Neue zum Schwert, aber zu spät. Sein Schwanken hatte in
seiner nächsten Umgebung die Keime des Verraths gesäet; drei seiner
Vertrauten, Audas, Ditalko und Minucius aus Urso, verzweifelnd an der
Möglichkeit jetzt noch zu siegen, erwirkten von dem König die Erlaubnifs noch einmal mit Caepio Friedensunterhandlungen anzuknüpfen
und benutzten sie, um gegen Zusicherung persönlicher Amnestie und
weiterer Belohnungen das Leben des lusitanischen Helden den Fremden zu verkaufen.   Zurückgekehrt in das Lager versicherten sie den
König des günstigsten Erfolgs ihrer Verhandlungen und erdolchten die
Nacht darauf den Schlafenden in seinem Zelte. Die Lusitaner ehrten
den herrlichen Mann durch eine Todtenfeier ohne gleichen, bei der
zweihundert Fechterpaare die Leichenspiele fochten; höher noch dadurch, dafs sie den Kampf nicht aufgaben, sondern an die Stelle des

gefallenen Helden den Tautamus zu ihrem Oberfeldherrn ernannten.
Kühn genug war auch der Plan, den dieser entwarf, den Römern Sagunt zu entreißen; allein der neue Feldherr besaß weder seines Vorgängers weise Mäßigung noch dessen Kriegsgeschick. Die Expedition
scheiterte völlig und auf der Rückkehr ward das Heer bei dem Uebergang über den Baetis angegriffen und genöthigt sich unbedingt zu ergeben. Also, weit mehr durch Verrath und Mord von Fremden wie von
Eingeborenen als durch ehrlichen Krieg, ward Lusitanien bezwungen.

Während die südliche Provinz durch Viriathus und die Lusitaner Numantia
heimgesucht ward, war nicht ohne deren Zuthun in der nördlichen
bei den keltiberischen Nationen ein zweiter nicht minder ernster Krieg
ausgebrochen. Viriathus glänzende Erfolge bewogen im J. 610 die 144
Arevaker gleichfalls gegen die Römer sich zu erheben und es war dies
die Ursache, wefshalb der zur Ablösung des Maximus Aemilianus nach
Spanien gesandte Consul Quintus Caecilius Metellus nicht nach der
südlichen Provinz ging, sondern gegen die Keltiberer sich wandte.
Auch gegen sie bewährte er, namentlich während der Belagerung der
für unbezwinglich gehaltenen Stadt Contrebia, dieselbe Tüchtigkeit, die
er bei der Ueberwindung des makedonischen Pseudophilipp bewiesen
hatte; nach zweijähriger Verwaltung (611. 612) war die nördliche Pro- 143 142
vinz zum Gehorsam zurückgebracht. Nur die beiden Städte Termantia
und Numantia hatten noch den Römern die Thore nicht geöffnet; auch
mit diesen aber war die Capitulation fast schon abgeschlossen und der
gröfste Theil der Bedingungen von den Spaniern erfüllt. Als es jedoch
zur Ablieferung der Waffen kam, ergriff auch sie eben wie den Viriathus
jener echt spanische Stolz auf den Besitz des wohlgeführten Schwertes
und es ward beschlossen unter dem kühnen Megaravicus den Krieg
fortzusetzen. Es schien eine Thorheit; das consularische Heer, dessen
Befehl 613 der Consul Quintus Pompeius übernahm, war viermal so 141
stark als die gesammte waffenfähige Bevölkerung von Numantia. Allein
der völlig kriegsunkundige Feldherr erlitt unter den Mauern beider
Städte so harte Niederlagen (613. 614), dafs er endlich es vorzog den 141 140
Frieden, den er nicht erzwingen konnte, durch Unterhandlungen zu
erwirken. Mit Termantia mufs ein definitives Abkommen getroffen
sein; auch den Numantinern sandte der römische Feldherr ihre Gefangenen zurück und forderte die Gemeinde unter dem geheimen Versprechen günstiger Behandlung auf sich ihm auf Gnade und Ungnade
zu ergeben. Die Numantiner, des Krieges müde, gingen darauf ein
und der Feldherr beschränkte in der That seine Forderungen auf das

möglichst geringe Mafs. Gefangene, Überläufer, Geiseln waren abgeliefert und die bedungene Geldsumme gröfstentheils gezahlt, als im
139 J. 615 der neue Feldherr Marcus Popillius Laenas im Lager eintraf.
So wie Pompeius die Last des Oberbefehls auf fremde Schultern gewälzt
sah, ergriff er, um sich der in Rom seiner wartenden Verantwortung
für den nach römischen Begriffen ehrlosen Frieden zu entziehen, den
Ausweg sein Wort nicht etwa blofs zu brechen, sondern zu verleugnen,
und als die Numantiner kamen um die letzte Zahlung zu machen, ihren
und seinen Offizieren ins Gesicht den Abschlufs des Vertrages einfach
in Abrede zu stellen. Die Sache ging zur rechtlichen Entscheidung
an den Senat nach Rom; während dort darüber verhandelt ward, ruhte
vor Numantia der Krieg und beschäftigte sich Laenas mit einem Zug
nach Lusitanien, wo er die Katastrophe des Viriathus beschleunigen
half, und mit einem Streifzug gegen die den Numantinern benachbarten
Lusonen. Als endlich vom Senat die Entscheidung kam, lautete sie
auf Fortsetzung des Krieges — man betheiligte sich also von Staatswegen an dem Bubenstreich des Pompeius. Mit ungeschwächtem Muth
und erhöhter Erbitterung nahmen die Numantiner den Kampf wieder
auf; Laenas focht unglücklich gegen sie und nicht minder sein Nach-
Manci- [137
nus. folger Gaius Hostilius Mancinus (617). Aber die Katastrophe führten
weit weniger die Waffen der Numantiner herbei, als die schlaffe und
elende Kriegszucht der römischen Feldherrn und die Folge derselben,
die von Jahr zu Jahr üppiger wuchernde Liederlichkeit, Zuchtlosigkeit
und Feigheit der römischen Soldaten. Das blofse überdies falsche Ge-
rücht, dafs die Cantabrer und Vaccaeer zum Entsatz von Numantia
heranrückten, bewog das römische Heer ungeheifsen in der Nacht das
Lager zu räumen, um sich in den sechzehn Jahre zuvor von Nobilior
angelegten Verschanzungen (S. 6) zu bergen. Die Numantiner, von
dem Aufbruch in Kenntnifs gesetzt, drängten der fliehenden Armee
nach und umzingelten sie; es blieb nur die Wahl mit dem Schwert in
der Hand sich durchzuschlagen oder auf die von den Numantinern gestellten Bedingungen Frieden zu schliefsen. Mehr als der Consul, der
persönlich ein Ehrenmann, aber schwach und wenig bekannt war, bewirkte Tiberius Gracchus, der als Quaestor im Heere diente, durch sein
von dem Vater, dem weisen Ordner der Ebroprovinz, auf ihn vererbtes
Ansehen bei den Keltiberern, dafs die Numantiner sich mit einem
billigen von allen Stabsoffizieren beschworenen Friedensvertrag genügen liefsen. Allein der Senat rief nicht blofs den Feldherrn sofort
zurück, sondern liefs auch nach langer Berathung bei der Bürgerschaft

darauf antragen den Vertrag zu behandeln wie einst den caudinischen, das heißt ihm die Ratification zu verweigern und die Verantwortlichkeit dafür auf diejenigen abzuwälzen, die ihn geschlossen hatten. Von Rechtswegen hätten dies sämmtliche Offiziere sein müssen, die den Vertrag beschworen hatten; allein Gracchus und die übrigen wurden durch ihre Verbindungen gerettet; Mancinus allein, der nicht den Kreisen der höchsten Aristokratie angehörte, ward bestimmt für eigene und fremde Schuld zu büßen. Seiner Insignien entkleidet ward der römische Consular zu den feindlichen Vorposten geführt und da die Numantiner ihn anzunehmen verweigerten, um nicht auch ihrerseits den Vertrag als nichtig anzuerkennen, stand der ehemalige Oberfeldherr im Hemd und die Hände auf den Rücken gebunden einen Tag lang vor den Thoren von Numantia, Freunden und Feinden ein klägliches Schauspiel. Jedoch für Mancinus Nachfolger, seinen Collegen im Consulat Marcus Aemilius Lepidus schien die bittere Lehre völlig verloren. Während die Verhandlungen über den Vertrag mit Mancinus in Rom schwebten, griff er unter nichtigen Vorwänden, eben wie sechzehn Jahre zuvor Lucullus, das freie Volk der Vaccaeer an und begann in Gemeinschaft mit dem Feldherrn der jenseitigen Provinz Pallantia zu belagern (618). Ein Senatsbeschluß befahl ihm von dem Krieg abzustehen; nichtsdestoweniger setzte er, unter dem Vorwand, daß die Umstände inzwischen sich geändert hätten, die Belagerung fort. Dabei war er als Soldat gerade so schlecht wie als Bürger; nachdem er so lange vor der großen und festen Stadt gelegen hatte, bis ihm in dem rauhen feindlichen Land die Zufuhr ausgegangen war, mußte er mit Zurücklassung aller Verwundeten und Kranken den Rückzug beginnen, auf dem die verfolgenden Pallantiner die Hälfte seiner Soldaten aufrieben und, wenn sie die Verfolgung nicht zu früh abgebrochen hätten, das schon in voller Auflösung begriffene römische Heer wahrscheinlich ganz vernichtet haben würden. Dafür ward denn dem hochgebornen General bei seiner Heimkehr eine Geldbuße auferlegt. Seine Nachfolger Lucius Furius Philus (618) und Quintus Calpurnius Piso (619) hatten wieder gegen die Numantiner Krieg zu führen und da sie eben gar nichts thaten, kamen sie glücklich ohne Niederlage heim. Selbst die römische Regierung fing endlich an einzusehen, daß man so nicht länger fortfahren könne; man entschloß sich die Bezwingung der kleinen spanischen Landstadt außerordentlicher Weise dem ersten Feldherrn Roms, Scipio Aemilianus zu übertragen. Die Geldmittel zur Kriegführung wurden ihm freilich dabei mit verkehrter Kargheit zuge-

messen und die verlangte Erlaubnifs Soldaten auszuheben sogar geradezu verweigert, wobei Coterieintriguen und die Furcht der souverainen
Bürgerschaft lästig zu werden zusammengewirkt haben mögen. Indefs
begleitete ihn freiwillig eine grofse Anzahl von Freunden und Clienten,
unter ihnen sein Bruder Maximus Aemilianus, der vor einigen Jahren
mit Auszeichnung gegen Viriathus commandirt hatte. Gestützt auf
diese zuverlässige Schaar, die als Feldherrnwache constituirt ward, begann Scipio das tief zerrüttete Heer zu reorganisiren (620). Vor allen
Dingen mufste der Trofs das Lager räumen — es fanden sich bis 2000
Dirnen und eine Unzahl Wahrsager und Pfaffen von allen Sorten —
und da der Soldat zum Fechten unbrauchbar war, mufste er wenigstens
schanzen und marschiren. Den ersten Sommer vermied der Feldherr
jeden Kampf mit den Numantinern; er begnügte sich die Vorräthe in
der Umgegend zu vernichten und die Vaccaeer, die den Numantinern
Korn verkauften, zu züchtigen und zur Anerkennung der Oberhoheit
Roms zu zwingen. Erst gegen den Winter zog Scipio sein Heer um
Numantia zusammen; aufser dem numidischen Contingent von Reitern,
Fufssoldaten und zwölf Elephanten unter Anführung des Prinzen Iu-
gurtha und den zahlreichen spanischen Zuzügen waren es vier Legionen, überhaupt eine Heermasse von 60000 Mann, die eine Stadt
mit einer waffenfähigen Bürgerschaft von höchstens 8000 Köpfen einschlofs. Dennoch boten die Belagerten oftmals den Kampf an; allein
Scipio, wohl erkennend, dafs die vieljährige Zuchtlosigkeit nicht mit
einem Schlag sich ausrotten lasse, verweigerte jedes Gefecht, und wo
es dennoch bei den Ausfällen der Belagerten dazu kam, rechtfertigte
die feige kaum durch das persönliche Erscheinen des Feldherrn ge-
hemmte Flucht der Legionare diese Taktik nur zu sehr. Nie hat ein
Feldherr seine Soldaten verächtlicher behandelt als Scipio die numantinische Armee; und nicht blofs mit bitteren Reden, sondern vor allem
durch die That bewies er ihr, was er von ihr halte. Zum ersten Mal
führten die Römer, wo es nur auf sie ankam, das Schwert zu brauchen,
den Kampf mit Hacke und Spaten. Rings um die ganze Stadtmauer
von reichlich einer halben deutschen Meile in Umfang ward eine
doppelt so ausgedehnte, mit Mauern, Thürmen und Gräben versehene
zwiefache Umwallungslinie aufgeführt und auch der Dueroflufs, auf
dem den Belagerten Anfangs noch durch kühne Schiffer und Taucher
einige Vorräthe zugekommen waren, endlich abgesperrt. So musste
die Stadt, die zu erstürmen man nicht wagte, wohl durch Hunger erdrückt werden, um so mehr als es der Bürgerschaft nicht möglich ge-

wesen war sich während des letzten Sommers zu verproviantiren. Bald
litten die Numantiner Mangel an Allem. Einer ihrer kühnsten Männer,
Retogenes, schlug sich mit wenigen Begleitern durch die feindlichen
Linien durch und seine rührende Bitte die Stammgenossen nicht hülf-
los untergehen zu lassen war wenigstens in einer der Arevakerstädte,
in Lutia von grofser Wirkung. Bevor aber die Bürger von Lutia sich
entschieden hatten, erschien Scipio, benachrichtigt von den römisch
Gesinnten in der Stadt, mit Uebermacht vor ihren Mauern und zwang
die Behörden ihm die Führer der Bewegung, vierhundert der trefflichsten Jünglinge auszuliefern, denen sämmtlich auf Befehl des römischen
Feldherrn die Hände abgehauen wurden. Die Numantiner, also der
letzten Hoffnung beraubt, sandten an Scipio um über die Unterwerfung
zu verhandeln und riefen den tapfern Mann an der Tapferen zu
schonen; allein als die rückkehrenden Boten meldeten, dafs Scipio unbedingte Ergebung verlange, wurden sie von der wüthenden Menge
zerrissen und eine neue Frist verflofs, bis Hunger und Seuchen ihr
Werk vollendet hatten. Endlich kam in das römische Hauptquartier
eine zweite Botschaft, dafs die Stadt jetzt bereit sei auf Gnade und Ungnade sich zu unterwerfen. Als demnach die Bürgerschaft angewiesen
wurde am folgenden Tag vor den Thoren zu erscheinen, bat sie um
einige Tage Frist, um denjenigen Bürgern, die den Untergang der
Freiheit nicht zu überleben beschlossen hätten, Zeit zum Sterben zu
gestatten. Sie ward ihnen gewährt und nicht Wenige benutzten sie.
Endlich erschien der elende Rest vor den Thoren. Scipio las funfzig
der Ansehnlichsten aus um sie in seinem Triumphe aufzuführen; die
übrigen wurden in die Sklaverei verkauft, die Stadt dem Boden gleich-
gemacht, ihr Gebiet unter die Nachbarstädte vertheilt. Das geschah
im Herbst 621, funfzehn Monate nachdem Scipio den Oberbefehl über-[133]
nommen hatte. — Mit Numantias Fall war die hie und da noch sich
regende Opposition gegen Rom in der Wurzel getroffen; militärische
Spaziergänge und Geldbufsen reichten aus um die römische Oberherr-
schaft im ganzen diesseitigen Spanien zur Anerkennung zu bringen.
   Auch im jenseitigen ward durch die Ueberwindung der Lusitaner   Gallaeker
die römische Herrschaft befestigt und ausgedehnt. Der Consul Deci-   besiegt
mus Junius Brutus, der an Caepios Stelle trat, siedelte die kriegsgefangenen Lusitaner an in der Nähe von Sagunt und gab ihrer neuen
Stadt Valentia (Valencia) gleich Carteia lateinische Verfassung (616); er [134]
durchzog ferner (616—618) in verschiedenen Richtungen die iberische [133—136]
Westküste und gelangte zuerst von den Römern an das Gestade des

atlantischen Meers. Die von ihren Bewohnern, Männern und Frauen,
hartnäckig vertheidigten Städte der dort wohnenden Lusitaner wurden
durch ihn bezwungen und die bis dahin unabhängigen Callaeker nach
einer grofsen Schlacht, in der ihrer 50000 gefallen sein sollen, mit der
römischen Provinz vereinigt. Nach Unterwerfung der Vaccaeer, Lusitaner und Callaeker war jetzt mit Ausnahme der Nordküste die ganze
Halbinsel wenigstens dem Namen nach den Römern unterthan. Eine
senatorische Commission ging nach Spanien, um im Einvernehmen mit
Scipio das neu gewonnene Provinzialgebiet römisch zu ordnen, und
Scipio that was er konnte um die Folgen der ehr- und kopflosen Politik
seiner Vorgänger zu beseitigen, wie denn zum Beispiel die Caucaner,
deren schmachvolle Mifshandlung durch Lucullus er neunzehn Jahre
zuvor als Kriegstribun mit hatte ansehen müssen, von ihm eingeladen
wurden in ihre Stadt zurückzukehren und sie wieder aufzubauen. Es
begann wiederum für Spanien eine leidlichere Zeit. Die Unterdrückung
des Seeraubes, der auf den Balearen gefährliche Schlupfwinkel fand,
durch Quintus Caecilius Metellus Besetzung dieser Inseln im J. 631
war dem Aufblühen des spanischen Handels ungemein förderlich und
auch sonst waren die fruchtbaren und von einer dichten in der Schleu-
derkunst unübertroffenen Bevölkerung bewohnten Inseln ein werthvoller Besitz. Wie zahlreich schon damals die lateinisch redende Bevölkerung auf der Halbinsel war, beweist die Ansiedelung von 3000
spanischen Latinern in den Städten Palma und Pollentia (Pollenza) auf
den neugewonnenen Inseln. Trotz mancher schwerer Mifsstände bewahrte die römische Verwaltung Spaniens im Ganzen den Stempel, den
die catonische Zeit und zunächst Tiberius Gracchus ihr aufgeprägt
hatten. Das römische Grenzgebiet zwar hatte von den Ueberfällen der
halb oder gar nicht bezwungenen Stämme des Nordens und Westens
nicht wenig zu leiden. Bei den Lusitanern namentlich that die ärmere
Jugend regelmäfsig sich in Räuberbanden zusammen und brandschatzte
in hellen Haufen die Landsleute oder die Nachbarn, wefshalb noch in
viel späterer Zeit die einzeln gelegenen Bauerhöfe in dieser Gegend
festungsartig angelegt und im Nothfall vertheidigungsfähig waren; und
es gelang den Römern nicht diesem Räuberwesen in den unwirthlichen
und schwer zugänglichen lusitanischen Bergen ein Ende zu machen.
Aber die bisherigen Kriege nahmen doch mehr und mehr den Charakter
des Bandenunfugs an, den jeder leidlich tüchtige Statthalter mit den
gewöhnlichen Mitteln niederzuhalten vermochte, und trotz dieser Heim-
suchung der Grenzdistricte war Spanien unter allen römischen Ge-

bieten das blühendste und am besten organisirte Land; das Zehnten-
system und die Mittelsmänner waren daselbst unbekannt, die Bevölkerung zahlreich und die Landschaft reich an Korn und Vieh.

In einem weit unleidlicheren Mittelzustand zwischen formeller Die Clientel-staaten.
Souveränetät und thatsächlicher Unterthänigkeit befanden sich die africanischen, griechischen und asiatischen Staaten, welche durch die
Kriege der Römer gegen Karthago, Makedonien und Syrien und deren
Consequenzen in den Kreis der römischen Hegemonie gezogen worden
waren. Der unabhängige Staat bezahlt den Preis seiner Selbstständigkeit nicht zu theuer, indem er die Leiden des Krieges auf sich nimmt,
wenn es sein muſs; der Staat, der die Selbstständigkeit eingebüſst hat,
mag wenigstens einen Ersatz darin finden, daſs der Schutzherr ihm
Ruhe schafft vor seinen Nachbarn. Allein diese Clientelstaaten Roms
hatten weder Selbstständigkeit noch Frieden. In Africa bestand
zwischen Karthago und Numidien thatsächlich ein ewiger Grenzkrieg.
In Aegypten hatte zwar der römische Schiedsspruch den Successions-
streit der beiden Brüder Ptolemaeos Philometor und Ptolemaeos des
Dicken geschlichtet; allein die neuen Herren von Aegypten und von
Kyrene führten nichts desto weniger Krieg um den Besitz von Kypros.
In Asien waren nicht blofs die meisten Königreiche, Bithynien, Kappadokien, Syrien, gleichfalls durch Erbfolgestreitigkeiten und dadurch
hervorgerufene Interventionen der Nachbarstaaten innerlich zerrissen,
sondern es wurden auch vielfache und schwere Kriege geführt zwischen
den Attaliden und den Galatern, zwischen den Attaliden und den bithynischen Königen, ja zwischen Rhodos und Kreta. Ebenso glimmten
im eigentlichen Hellas die dort landüblichen zwerghaften Fehden und
selbst das sonst so ruhige makedonische Land verzehrte sich in dem
innern Hader seiner neuen demokratischen Verfassungen. Es war die
Schuld der Herrscher wie der Beherrschten, daſs die letzte Lebenskraft
und der letzte Wohlstand der Nationen in diesen ziellosen Fehden ver-
geudet ward. Die Clientelstaaten hätten einsehen müssen, daſs der
Staat, der nicht gegen jeden, überhaupt nicht Krieg führen kann und
daſs, da der Besitzstand und die Machtstellung all dieser Staaten thatsächlich unter römischer Garantie stand, ihnen bei jeder Differenz nur
die Wahl blieb entweder mit den Nachbarn in Güte sich zu vergleichen
oder die Römer zum Schiedsspruch aufzufordern. Wenn die achaeische
Tagsatzung von Rhodiern und Kretern um Bundeshülfe gemahnt ward
und ernstlich über deren Absendung berathschlagte (601), so war dies
einfach eine politische Posse; der Satz, den der Führer der römisch-

2*

gesinnten Partei damals aufstellte, dafs es den Achaeern nicht mehr
frei stehe ohne Erlaubnifs der Römer Krieg zu führen, drückte, freilich mit übelklingender Schärfe, die einfache Wahrheit aus, dafs
die Souveränetät der Dependenzstaaten eben nur eine formelle war
und jeder Versuch dem Schatten Leben zu verleihen nothwendig
dahin führen mufste auch den Schatten zu vernichten. Aber ein Tadel
schwerer als der gegen die Beherrschten ist gegen die herrschende Gemeinde zu richten. Es ist für den Menschen wie für den Staat keine
leichte Aufgabe in die eigene Bedeutungslosigkeit sich zu finden; des
Machthabers Pflicht und Recht ist es entweder die Herrschaft aufzugeben oder durch Entwickelung einer imponirenden materiellen Ueberlegenheit die Beherrschten zur Resignation zu nöthigen. Der römische
Senat that keines von beidem. Von allen Seiten angerufen und be-
stürmt griff der Senat beständig ein in den Gang der africanischen,
hellenischen, asiatischen, ägyptischen Angelegenheiten, allein in einer
so unsteten und schlaffen Weise, dafs durch diese Schlichtungsversuche
die Verwirrung gewöhnlich nur noch ärger ward. Es war die Zeit der
Commissionen. Beständig gingen Beauftragte des Senats nach Karthago
und Alexandreia, an die achaeische Tagsatzung und die Höfe der vorderasiatischen Herren; sie untersuchten, inhibirten, berichteten und dennoch ward in den wichtigsten Dingen nicht selten ohne Wissen und
gegen den Willen des Senats verfahren. Es konnte geschehen, dafs
Kypros, welches der Senat dem kyrenaeischen Reich zugeschieden
hatte, nichts desto weniger bei Aegypten blieb; dafs ein syrischer Prinz
den Thron seiner Vorfahren bestieg unter dem Vorgeben ihn von den
Römern zugesprochen erhalten zu haben, während in der That ihm
derselbe vom Senate ausdrücklich abgeschlagen und er selbst nur durch
Bannbruch von Rom entkommen war; ja dafs die offenkundige Ermordung eines römischen Commissars, der im Auftrag des Senats vor-
mundschaftlich das Regiment von Syrien führte, gänzlich ungeahndet
hinging. Die Asiaten wufsten zwar sehr wohl, dafs sie nicht im Stande
seien den römischen Legionen zu widerstehen; aber sie wufsten nicht
minder, wie wenig der Senat geneigt war den Bürgern Marschbefehl
nach dem Euphrat oder dem Nil zu ertheilen. So ging es in diesen
entlegenen Landschaften zu wie in der Schulstube, wenn der Lehrer
fern und schlaff ist; und Roms Regiment brachte die Völker zugleich
um die Segnungen der Freiheit und um die der Ordnung. Für die
Römer selbst aber war diese Lage der Dinge insofern bedenklich, als
sie die Nord- und Ostgrenze gewissermafsen preisgab. Ohne dafs Rom

unmittelbar und rasch es zu verhindern vermochte, konnten hier, gestützt auf die aufserhalb des Bereiches der römischen Hegemonie gelegenen Binnenlandschaften und im Gegensatz gegen die schwachen
römischen Clientelstaaten, Reiche sich bilden von einer für Rom gefährlichen und früher oder später mit ihm rivalisirenden Machtent-
wickelung. Allerdings schirmte hiergegen einigermafsen der überall
zerspaltene und nirgends einer grofsartigen staatlichen Entwickelung
günstige Zustand der angrenzenden Nationen; aber dennoch erkennt
man namentlich in der Geschichte des Ostens sehr deutlich, dafs in
dieser Zeit die Phalanx des Seleukos nicht mehr und die Legionen des
Augustus noch nicht am Euphrat standen.

Diesem Zustand der Halbheit ein Ende zu machen war hohe Zeit.
Das einzig mögliche Ende aber war die Verwandlung der Clientelstaaten
in römische Aemter, was um so eher geschehen konnte, als ja die römische Provinzialverfassung wesentlich nur die militärische Gewalt in
der Hand des römischen Vogts zusammenfafste und Verwaltung und
Gerichte in der Hauptsache den Gemeinden blieben oder doch bleiben
sollten, also was von der alten politischen Selbstständigkeit überhaupt
noch lebensfähig war, sich in der Form der Gemeindefreiheit bewahren
liefs. Zu verkennen war die Nothwendigkeit dieser administrativen
Reform nicht wohl; es fragte sich nur, ob der Senat dieselbe verzögern
und verkümmern oder ob er den Muth und die Macht haben werde das
Nothwendige klar einzusehen und energisch durchzuführen.

Blicken wir zunächst auf Africa. Die von den Römern in Libyen
gegründete Ordnung der Dinge ruhte wesentlich auf dem Gleichgewicht
des Nomadenreiches Massinissas und der Stadt Karthago. Während
jenes unter Massinissas durchgreifendem und klugem Regiment sich
erweiterte, befestigte und civilisirte (I, 675), ward auch Karthago durch
die blofsen Folgen des Friedensstandes wenigstens an Reichthum und
Volkszahl wieder, was es auf der Höhe seiner politischen Macht gewesen war. Die Römer sahen mit übelverhehlter neidischer Furcht
die wie es schien unverwüstliche Blüthe der alten Nebenbuhlerin; hatten
sie bisher den beständig fortgesetzten Uebergriffen Massinissas gegenüber derselben jeden ernstlichen Schutz verweigert, so fingen sie jetzt
an offen zu Gunsten des Nachbarn zu interveniren. Der seit mehr als
dreifsig Jahren zwischen der Stadt und dem König schwebende Streit
über den Besitz der Landschaft Emporia an der kleinen Syrte, einer
der fruchtbarsten des karthagischen Gebiets, ward endlich (um 594)
von römischen Commissarien dahin entschieden, dafs die Karthager die

Karthago und Numidien.

160

noch in ihrem Besitz verbliebenen emporitanischen Städte zu räumen
und als Entschädigung für die widerrechtliche Nutzung des Gebiets
500 Talente (860000 Thlr.) an den König zu zahlen hätten. Die Folge
war, dafs Massinissa sofort sich eines andern karthagischen Bezirks an
der Westgrenze des karthagischen Gebiets, der Stadt Tusca und der
grofsen Felder am Bagradas, bemächtigte; den Karthagern blieb nichts
übrig als abermals in Rom einen hoffnungslosen Prozefs anhängig zu
machen.   Nach langem und ohne Zweifel absichtlichem Zögern erschien in Africa eine zweite Commission (597); als aber die Karthager
auf einen ohne genaue vorgängige Untersuchung der Rechtsfrage von
derselben zu fällenden Schiedsspruch nicht unbedingt compromittiren
wollten, sondern auf eingehender Erörterung der Rechtsfrage bestanden, kehrten die Commissare ohne weiteres wieder zurück nach Rom.
Die Rechtsfrage zwischen Karthago und Massinissa blieb also uner-
ledigt; aber die Sendung führte eine wichtigere Entscheidung herbei.
Das Haupt dieser Commission war der alte Marcus Cato gewesen, damals vielleicht der einflufsreichste Mann im Senat und als Veteran aus
dem hannibalischen Kriege noch von dem vollen Poenerhafs und der
vollen Poenerfurcht durchdrungen.   Betroffen und mifsgünstig hatte
dieser mit eigenen Augen den blühenden Zustand der Erbfeinde Roms,
die üppige Landschaft und die wogenden Gassen, die gewaltigen Waffen-
vorräthe in den Zeughäusern und das reiche Flottenmaterial geschaut;
schon sah er im Geiste einen zweiten Hannibal all diese Hülfsmittel
gegen Rom verwenden.   In seiner ehrlichen und mannhaften, aber
durchaus bornirten Weise kam er zu dem Ergebnifs, dafs Rom nicht
eher sicher sein werde, als bis Karthago vom Erdboden verschwunden
sei und entwickelte nach seiner Heimkehr diese Ansicht sofort im Senat.
Dort widersetzten die freier blickenden Männer der Aristokratie, namentlich Scipio Nasica, sich dieser kümmerlichen Politik mit grofsem
Ernst und entwickelten die Blindheit der Besorgnisse vor einer Kauf-
stadt, deren phoenikische Bewohner mehr und mehr der kriegerischen
Künste und Gedanken sich entwöhnten, und die vollkommene Verträg-
lichkeit der Existenz dieser reichen Handelsstadt mit der politischen
Suprematie Roms. Selbst die Umwandlung Karthagos in eine römische
Provinzialstadt wäre ausführbar, ja verglichen mit dem gegenwärtigen
Zustand den Phoenikern selbst vielleicht nicht unwillkommen gewesen.
Indefs Cato wollte eben nicht die Unterwerfung, sondern den Unter-
gang der verhafsten Stadt.   Seine Politik fand wie es scheint Bundes-
genossen theils an den Staatsmännern, die geneigt waren die über-

seeischen Gebiete in unmittelbare Abhängigkeit von Rom zu bringen,
theils und vor allem an dem mächtigen Einfluſs der römischen Banquiers
und Groſshändler, denen nach der Vernichtung der reichen Geld- und
Handelsstadt die Erbschaft derselben zufallen muſste. Die Majorität
beschloſs bei der ersten passenden Gelegenheit — eine solche abzuwarten forderte die Rücksicht auf die öffentliche Meinung — den Krieg
mit Karthago oder vielmehr die Zerstörung der Stadt zu bewirken. —
Die gewünschte Veranlassung fand sich rasch. Die erbitternden Rechts-
verletzungen von Seiten Massinissas und der Römer brachten in Karthago den Hasdrubal und den Karthalo an das Regiment, die Führer
der Patriotenpartei, welche, ähnlich der achäischen, zwar nicht daran
dachte gegen die römische Suprematie sich aufzulehnen, aber wenigstens die den Karthagern vertragsmäſsig zustehenden Rechte gegen
Massinissa wenn nöthig mit den Waffen zu vertheidigen entschlossen
war. Die Patrioten lieſsen vierzig der entschiedensten Anhänger Massinissas aus der Stadt verbannen und das Volk schwören ihnen unter
keiner Bedingung je die Rückkehr zu gestatten; zugleich bildeten sie
zur Abwehr gegen die von Massinissa zu erwartenden Angriffe aus den
freien Numidiern ein starkes Heer unter Arkobarzanes, dem Enkel des
Syphax (um 600). Massinissa indeſs war klug genug jetzt nicht zu
rüsten, sondern sich wegen des streitigen Gebiets am Bagradas unbedingt dem Schiedsspruch der Römer zu unterwerfen; und so konnte
man römischer Seits mit einigem Schein behaupten, daſs die karthagischen Rüstungen gegen die Römer gerichtet sein müſsten, und auf sofortige Entlassung des Heeres und Vernichtung der Flottenvorräthe
dringen. Der karthagische Rath wollte einwilligen, allein die Menge
verhinderte die Ausführung des Beschlusses und die römischen Boten,
die diesen Bescheid nach Karthago überbracht hatten, schwebten in
Lebensgefahr. Massinissa sandte seinen Sohn Gulussa nach Rom, um
über die fortdauernden Vorbereitungen Karthagos für den Land- und
den Seekrieg Bericht zu erstatten und die Kriegserklärung zu beschleunigen. Nachdem noch einmal eine Gesandtschaft von zehn Männern
es bestätigt hatte, daſs in Karthago in der That gerüstet werde (602),
verwarf der Senat zwar die unbedingte Kriegserklärung, die Cato begehrte, beschloſs aber in geheimer Sitzung, daſs der Krieg erklärt sein
solle, wenn die Karthager sich nicht dazu verstehen würden ihr Heer
zu entlassen und ihr Flottenmaterial zu verbrennen. Inzwischen hatte
in Africa der Kampf bereits begonnen. Massinissa hatte die von den
Karthagern verbannten Leute unter Geleitschaft seines Sohnes Gulussa

nach der Stadt zurückgesandt. Da die Karthager diesen die Thore
schlossen, auch von den abziehenden Numidiern einige erschlugen,
setzte Massinissa seine Truppen in Bewegung und auch die karthagische
Patriotenpartei machte sich kampffertig. Indefs Hasdrubal, der an die
Spitze ihrer Armee trat, war einer der gewöhnlichen Heerverderber,
wie die Karthager sie zu Feldherren zu nehmen pflegten; im Feldherrn-
purpur einherstolzirend wie ein Theaterkönig und seines stattlichen
Bauches auch im Lager pflegend, war der eitle und schwerfällige Mann
wenig geeignet den Helfer zu machen in einer Bedrängnifs, die vielleicht selbst Hamilkars Geist und Hannibals Arm nicht mehr hätten ab-
wenden können. Vor den Augen des Scipio Aemilianus, der, damals
Kriegstribun in der spanischen Armee, an Massinissa gesandt worden
war, um seinem Feldherrn africanische Elephanten zuzuführen und der
bei dieser Gelegenheit von einem Berge herab ‚wie Zeus vom Ida‘ der
Schlacht zuschaute, lieferten die Karthager und die Numidier sich ein
grofses Treffen, in welchem jene, obwohl durch 6000 von unzufriedenen Hauptleuten Massinissas ihnen zugeführte numidische Reiter verstärkt und an Zahl dem Feinde überlegen, dennoch den Kürzeren
zogen. Nach dieser Niederlage erboten sich die Karthager gegen Massinissa zu Gebietsabtretungen und Geldzahlungen und Scipio versuchte
auf ihr Anhalten einen Vertrag zu Stande zu bringen; allein an der
Weigerung der karthagischen Patrioten die Ueberläufer auszuliefern
scheiterte das Friedensgeschäft. Hasdrubal aber, eng eingeschlossen
von den Truppen des Gegners, wurde genöthigt alles zu bewilligen,
was dieser forderte: Auslieferung der Ueberläufer, Rückkehr der Verbannten, Abgabe der Waffen, Abzug unter dem Joch, Zahlung von jährlich 100 Talenten (160000 Thlr.) für die nächsten funfzig Jahre; und
selbst dieser Vertrag wurde von den Numidiern nicht gehalten, sondern
der entwaffnete Rest des karthagischen Heeres auf der Heimkehr von

Römische
Kriegserklä-
rung.

ihnen zusammengehauen. — Die Römer, die sich wohl gehütet hatten
den Krieg selbst durch zeitige Dazwischenkunft zu verhindern, hatten
jetzt was sie wünschten: einen brauchbaren Kriegsgrund — denn die
Bestimmungen des Vertrags nicht gegen römische Bundesgenossen
noch aufserhalb der eigenen Grenzen Krieg zu führen (I, 659. 670)
waren jetzt allerdings von den Karthagern übertreten worden — und
einen bereits im Voraus geschlagenen Gegner. Schon wurden die
italischen Contingente nach Rom gemahnt und die Schiffe zusam-
menberufen; jeden Augenblick konnte die Kriegserklärung da sein.
Die Karthager boten alles auf den drohenden Schlag abzuwenden. Die

Führer der Patriotenpartei, Hasdrubal und Karthalo wurden zum Tode verurtheilt und eine Gesandtschaft nach Rom geschickt, um auf sie die Verantwortung zu wälzen. Allein zugleich trafen Boten von Utica, der zweiten Stadt der libyschen Phoeniker, dort ein, welche Vollmacht hatten ihre Gemeinde den Römern völlig zu eigen zu geben — mit dieser zuvorkommenden Unterwürfigkeit verglichen schien es fast Trotz, dafs die Karthager sich begnügt hatten die Hinrichtung ihrer angesehensten Männer unverlangt anzuordnen. Der Senat erklärte, dafs die Entschuldigung der Karthager unzureichend befunden sei; auf die Frage, was denn genügen werde, hiefs es, das sei den Karthagern ja bekannt. Freilich konnte man es wissen, was die Römer wollten; allein es schien doch wieder unmöglich zu glauben, dafs nun wirklich für die liebe Heimathstadt die letzte Stunde gekommen sei. Noch einmal gingen karthagische Sendboten, diesmal ihrer dreifsig und mit unbeschränkter Vollmacht, nach Rom. Als sie ankamen, war bereits der Krieg erklärt (Anf. 605) und das doppelte Consularheer eingeschifft; 149 doch versuchten sie noch jetzt den Sturm durch vollständige Unterwerfung zu beschwören. Der Senat beschied sie, dafs Rom bereit sei der karthagischen Gemeinde ihr Gebiet, ihre städtische Freiheit und ihr Landrecht, ihr Gemeinde- und Privatvermögen zu garantiren, wofern sie den so eben nach Sicilien abgegangenen Consuln binnen Monatsfrist in Lilybaeon 300 Geiseln aus den Kindern der regierenden Familien stellen und die weiteren Befehle erfüllen würden, die ihnen die Consuln nach ihrer Instruction würden zugehen lassen. Man hat den Bescheid zweideutig genannt; sehr verkehrt, wie schon damals klarblickende Männer selbst unter den Karthagern hervorhoben. Dafs alles was man nur begehren konnte, garantirt ward mit einziger Ausnahme der Stadt, und dafs keine Rede davon war die Einschiffung der Truppen nach Africa zu sistiren, zeigte sehr deutlich, was man beabsichtigte; der Senat verfuhr mit furchtbarer Härte, aber den Anschein der Nachgiebigkeit gab er sich nicht. Indefs man wollte in Karthago nicht sehen; es fand sich kein Staatsmann, der die haltlose städtische Menge entweder zum vollen Widerstand oder zur vollen Resignation zu bewegen vermocht hätte. Als man zugleich das entsetzliche Kriegsdecret und die erträgliche Geiselforderung vernahm, fügte man zunächst sich dieser und hoffte weiter, weil man den Muth nicht hatte es auszudenken, was es heifse sich der Willkür eines Todfeindes im Voraus zu unterwerfen. Die Consuln sandten die Geiseln von Lilybaeon zurück nach Rom und beschieden die karthagischen Boten das Weitere in

Africa zu vernehmen. Ohne Widerstand geschah die Landung und
wurden die geforderten Lebensmittel verabfolgt. Als im Hauptquartier
von Utica die gesammte Gerusia von Karthago erschien um die weiteren
Befehle entgegen zu nehmen, begehrten die Consuln zunächst die Ent-
waffnung der Stadt. Auf die Frage der Karthager, wer sie sodann
auch nur gegen ihre eigenen Ausgewanderten, gegen die auf 20 000
Mann angeschwollene Armee des dem Todesurtheil durch die Flucht
entronnenen Hasdrubal beschützen solle, ward ihnen erwiedert, daß
dies die Sorge der Römer sein werde. Gehorsam erschien demnach der
Rath der Stadt vor den Consuln mit allem Flottenmaterial, allen Kriegs-
vorräthen der öffentlichen Zeughäuser, allen im Privatbesitz befindlichen Waffen — man zählte 3000 Wurfgeschütze und 200 000 volle
Rüstungen — und fragte an, ob noch Weiteres begehrt werde. Da
erhob sich der Consul Lucius Marcius Censorinus und eröffnete dem
Rath, daß in Gemäßheit der vom Senat erlassenen Instruction die bisherige Stadt zerstört werden müsse, den Bewohnern aber freistehe sich
wo sie sonst wollten auf ihrem Gebiet, jedoch mindestens zwei deutsche
Widerstand der Kartha- ger. Meilen vom Meer entfernt, wiederum anzusiedeln. Dieser fürchterliche
Befehl rüttelte in den Phoenikern die ganze soll man sagen hochherzige
oder wahnwitzige Begeisterung auf, wie sie einst die Tyrier gegen
Alexander und später die Juden gegen Vespasian bewiesen. Beispiellos wie die Geduld war, mit der diese Nation Knechtschaft und Druck
zu ertragen vermochte, ebenso beispiellos war jetzt, wo es sich nicht
um Staat und Freiheit handelte, sondern um den eigenen geliebten
Boden der Vaterstadt und die altgewohnte theure Meeresheimath, die
rasende Empörung der kaufmännischen und seefahrenden Bevölkerung.
Von Hoffnung und Rettung konnte nicht die Rede sein; der politische
Verstand gebot ohne Frage auch jetzt sich zu fügen — aber die Stimme
der Wenigen, welche mahnten das Unvermeidliche auf sich zu nehmen,
verscholl wie der Ruf des Fährmanns im Orkan in dem brausenden
Wuthgeheul der Menge, die in ihrem wahnsinnigen Toben theils an
den Beamten der Stadt sich vergriff, welche zur Auslieferung der
Geiseln und Waffen gerathen hatten, theils die unschuldigen Träger
der Botschaft, so viele von ihnen überhaupt heimzukehren gewagt
hatten, die Schreckenskunde entgelten ließ, theils die zufällig in der
Stadt verweilenden Italiker zerriß, um wenigstens an diesen die Rache
vorweg zu nehmen für die Vernichtung der Heimath. Man beschloß
nicht, sich zu wehren; wehrlos wie man war verstand sich dies von
selbst. Die Thore wurden geschlossen, auf die von Wurfgeschossen

entblöfsten Mauerzinnen Steine geschafft, der Oberbefehl an Hasdrubal
den Tochtersohn Massinissas übertragen, die Sklaven sämmtlich frei
erklärt. Das Emigrantenheer unter dem flüchtigen Hasdrubal, das mit
Ausnahme der von den Römern besetzten Städte an der Ostküste
Hadrumetum, Kleinleptis, Thapsus und Achulla und der Stadt Utica
das ganze karthagische Gebiet inne hatte und für die Vertheidigung
eine unschätzbare Stütze bot, ward ersucht der Gemeinde seinen Beistand in dieser höchsten Noth nicht zu versagen. Zugleich versuchte
man, in echt phoenikischer Weise die grenzenloseste Erbitterung unter
dem Mantel der Demuth versteckend, den Feind zu täuschen. Es ging
eine Botschaft an die Consuln, um dreifsigtägigen Waffenstillstand zur
Absendung einer Gesandtschaft nach Rom zu erbitten. Die Karthager
wufsten wohl, dafs die Feldherrn diese einmal schon abgeschlagene
Bitte weder gewähren wollten noch konnten; allein die Consuln wurden
dadurch bestärkt in der natürlichen Voraussetzung, dafs nach dem
ersten Ausbruch der Verzweiflung die gänzlich wehrlose Stadt sich
fügen werde, und verschoben deshalb den Angriff. Die kostbare
Zwischenzeit ward benutzt, um Wurfgeschütze und Rüstungen herzustellen; Tag und Nacht ward ohne Unterschied des Alters und Geschlechts an Maschinen und Waffen gezimmert und gehämmert; um
Balken und Metall zu erlangen wurden die öffentlichen Gebäude niedergerissen; um die für die Wurfgeschütze unentbehrlichen Sehnen herzustellen schoren die Frauen sich das Haar; in unglaublich kurzer Zeit
waren die Mauern und die Männer wieder bewehrt. Dafs dies alles geschehen konnte, ohne dafs die wenige Meilen entfernten Consuln etwas
davon erfuhren, ist nicht der am wenigsten wunderbare Zug in dieser
wunderbaren von einem wahrhaft genialen, ja dämonischen Volkshafs
getragenen Bewegung. Als endlich die Consuln, des Wartens müde, aus
dem Lager bei Utica aufbrachen, und blofs mit Leitern die nackten Mauern
ersteigen zu können meinten, fanden sie mit Staunen und Schrecken
die Zinnen aufs neue mit Katapulten gekrönt und die grofse volkreiche
Stadt, welche man gleich einem offenen Flecken zu besetzen gehofft
hatte, fähig und bereit sich bis auf den letzten Mann zu vertheidigen.

Karthago war sehr fest durch die Natur seiner Lage*) wie durch   Karthagos
Lage.

---

*) Der Zug der Küste ist im Laufe der Jahrhunderte so verändert worden, dafs
man an der alten Stätte die ehemaligen Localverhältnisse nur unvollkommen wieder-
erkennt. Den Namen der Stadt bewahrt das Cap Kartadschenna, auch von dem dort
befindlichen Heiligengrab Ras Sidi bu Said genannt, die in den Golf hineinragende
östliche Spitze der Halbinsel und ihr höchster 393 F. über dem Meer gelegener Punkt.

die Kunst seiner gar oft auf den Schutz ihrer Mauern angewiesenen
Bewohner. In den weiten tunesischen Golf, den westlich Cap Farina,
östlich Cap Bon begrenzen, springt in der Richtung von Westen nach
Osten eine Landspitze vor, die an drei Seiten vom Meer umflossen
ist und nur gegen Westen mit dem Festland zusammenhängt. Diese
Landspitze, an der schmalsten Stelle nur etwa eine halbe deutsche
Meile breit und im Ganzen flach, erweitert sich wieder gegen den
Golf und endigt hier in den beiden Höhen von Dschebel-Khawi und
Sidi bu Said, zwischen denen die Fläche von El Mersa sich ausdehnt.
Auf dem südlichen mit der Höhe von Sidi bu Said abschließenden
Theil derselben lag die Stadt Karthago. Der ziemlich steile Abfall
jener Höhe gegen den Golf und dessen zahlreiche Klippen und Untiefen gaben an der Golfseite der Stadt natürliche Festigkeit und es
genügte hier eine einfache Umwallung. Dagegen auf die Mauer an
der West- oder Landseite, wo die Natur keinen Schutz bot, war alles
verwendet, was die damalige Befestigungskunst vermochte. Sie bestand, wie die kürzlich aufgedeckten mit der Beschreibung des Polybios
genau übereinstimmenden Ueberreste gezeigt haben, aus einer Aufsen-
mauer von $6\frac{1}{2}$ Fufs Dicke und an diese hinterwärts, wahrscheinlich
in ihrer ganzen Ausdehnung, angelehnten ungeheuren Kasematten,
welche durch einen 6 Fufs breiten bedeckten Gang von der Aufsen-
mauer getrennt waren und, die jede reichlich 3 Fufs breiten Vorder-
und Hintermauern nicht gerechnet, eine Tiefe von 11 Fufs hatten*).

---

*) Die von Beulé (*fouilles à Carthage.* 1861) mitgetheilten Tiefmaße sind
in Metern und in griechischen Fufs (1 = 0.309):

Aufsenmauer	2 Meter	= $6\frac{1}{2}$ Fufs
Corridor.	1.9 „	= 6 „
Vordermauer der Kasematten . .	1 „	= $3\frac{1}{4}$ „
Kasemattensäle	4.2 „	= 14 „
Hintermauer der Kasematten . .	1 „	= $3\frac{1}{4}$ „

Gesammttiefe der Mauer 10.1 Meter = 33 Fufs.

oder, wie Diodor (p. 522) angiebt, 22 Ellen (1 griechische Elle = $1\frac{1}{2}$ Fufs),
während Livius (bei Oros. 4,22) und Appian (Pun. 95), die eine andere minder
genaue Stelle des Polybios vor Augen gehabt zu haben scheinen, die Mauer-
tiefe auf 30 Fufs ansetzen. Die dreifache Mauer Appians, über die bisher
durch Florus 1,31 eine falsche Vorstellung verbreitet war, ist die Aufsen-
mauer, die Vorder- und die Hintermauer der Kasematten. Dafs dies Zusammen-
treffen nicht zufällig ist und wir hier in der That die Ueberreste der berühmten karthagischen Mauer vor uns haben, wird jedem einleuchten; Davis Einwürfe
(*Carthage and her remains* p. 370 fg.) zeigen nur, dafs gegen die wesentlichen
Ergebnisse Beulés auch mit dem besten Willen wenig auszurichten ist. Nur

Dieser ungeheure durchaus aus mächtigen Quadern zusammengefügte
Wall erhob sich in zwei Stockwerken, die Zinnen und die mächtigen
vier Stockwerke hohen Thürme ungerechnet, zu einer Höhe von 45
Fufs[*]) und gewährte in dem untern Stockwerke der Kasematten Stallung
und Futtermagazine für 300 Elephanten, in dem oberen Pferdeställe,
Magazin- und Kasernenräume[**]). Der Burghügel, die Byrsa (syrisch
birtha = Burg), ein verhältnifsmäfsig bedeutender Fels von 188 Fufs
Höhe und an der Unterfläche einem Umfang von reichlich 2000 Doppelschritten[***]), griff in diese Mauer an ihrem südlichen Ende ein, ähnlich

mufs man festhalten, dafs die alten Berichterstatter die Angaben, um die es
sich handelt, sämmtlich nicht von der Burgmauer geben, sondern von der
Stadtmauer an der Landseite, von der die Mauer an der Südseite des Burg-
hügels ein integrirender Theil war (Oros. 4, 22). Dazu stimmt, dafs die Aus-
grabungen auf dem Burghügel gegen Osten, Norden und Westen nirgends Spuren
von Befestigungen, dagegen an der Südseite eben jene grofsartigen Mauerreste
gezeigt haben. Es ist kein Grund vorhanden dieselben als Ueberreste einer
besonderen von der Stadtmauer verschiedenen Burgbefestigung anzusehen; weitere Grabungen in entsprechender Tiefe — das Fundament der an der Byrsa
aufgefundenen Stadtmauer liegt 56 Fufs unter dem heutigen Boden — werden
vermuthlich längs der ganzen Landseite gleiche oder doch ähnliche Fundamente zu Tage fördern, wenn auch wahrscheinlich da, wo die ummauerte
Vorstadt Magalia sich an die Hauptmauer anlehnte, die Befestigung entweder
von Haus aus schwächer gewesen oder früh vernachlässigt worden ist. Wie
lang die Mauer im Ganzen war, ist nicht mit Bestimmtheit zu sagen; doch
ergiebt sich, da 300 Elephanten hier Stallung fanden und auch deren Futtermagazine und vielleicht noch andere Räumlichkeiten sowie die Thore in An-
rechnung zu bringen sind, schon hieraus eine sehr ansehnliche Längenent-
wickelung. Dafs die innere Stadt, in deren Mauer die Byrsa einbegriffen war,
zumal im Gegensatz zu der besonders ummauerten Vorstadt Magalia zuweilen
selber Byrsa genannt wird (App. *Pun.* 117; Nepos bei Servius *Aen.* 1, 368),
ist leicht begreiflich.
[*]) So rechnet Appian a. a. O.; Diodor giebt, wahrscheinlich mit Einrechnung der Zinnen, die Höhe auf 40 Ellen oder 60 Fufs an. Der erhaltene Ueberrest ist noch 12—16 Fufs (4—5 Meter) hoch.
[**]) Die bei der Ausgrabung zu Tage gekommene hufeisenförmigen Säle
haben eine Tiefe von 14, eine Breite von 11 griech. Fufs; die Weite der Ein-
gänge wird nicht angegeben. Ob diese Mafse und die Verhältnisse des Corri-
dors ausreichen, um in ihnen Elephantenställe zu erkennen, bleibt durch ge-
nauere Ermittelung festzustellen. Die Zwischenmauern, die die Säle von
einander scheiden, haben die Dicke von 1.1 Meter = 3½ Fufs.
[***]) Oros. 4,22. Reichlich 2000 Schritte oder — wie Polybios gesagt
haben wird — 16 Stadien sind ungefähr 3000 Meter. Der Burghügel, auf dem
jetzt die Kirche des h. Ludwig steht, mifst oben etwa 1400, auf der halben
Höhe etwa 2600 Meter im Umkreis (Beulé p. 22); auf den unteren Umfang
wird jene Angabe recht gut auskommen.

wie die Felswand des Capitols in den römischen Stadtwall. Die obere
Fläche desselben trug den gewaltigen auf einem Unterbau von sechzig
Stufen ruhenden Tempel des Heilgottes. Die Südseite der Stadt be-
spülte theils der seichte tunesische See im Südwesten, den eine von
der karthagischen Halbinsel südwärts auslaufende schmale und niedrige
Landzunge *) fast gänzlich von dem Golfe schied, theils im Südosten
der offene Golf. An dieser letzten Stelle befand sich der Doppelhafen
der Stadt, ein Werk von Menschenhand: der äufsere oder der Handels-
hafen, ein längliches die schmale Seite dem Meere zuwendendes Viereck,
von dessen nur 70 Fufs breiter Mündung nach beiden Seiten breite
Quais am Wasser sich hinzogen, und der innere kreisrunde Kriegshafen, der Kothon **), mit der das Admiralhaus tragenden Insel in
der Mitte, in den man durch den äufseren gelangte. Zwischen beiden
ging die Stadtmauer durch, die von der Byrsa ostwärts sich wendend
die Landzunge und den Aufsenhafen aus-, dagegen den Kriegshafen
einschlofs, so dafs die Einfahrt in den letzteren gleich einem Thor
verschliefsbar gedacht werden mufs. Unweit des Kriegshafens lag der
Marktplatz, der durch drei enge Strafsen mit der nach der Stadtseite
offenen Burg verbunden war. Nördlich von und aufserhalb der eigentlichen Stadt hatte der ziemlich beträchtliche schon zu jener Zeit grofsentheils mit Landhäusern und wohlbewässerten Gärten gefüllte Raum
der heutigen El Mersa, damals Magalia genannt, eine eigene an die
Stadtmauer sich anlehnende Umwallung. Auf der gegenüberliegenden Spitze der Halbinsel, dem Dschebel-Khawi bei dem heutigen Dorfe
Qamart, lag die Gräberstadt. Diese drei, die Alt-, die Vor- und die
Gräberstadt füllten zusammen die ganze Breite der Landspitze an ihrer
dem Golf zugewandten Seite aus und waren nur zugänglich auf den
beiden Hauptstrafsen nach Utica und Tunes über jene schmale Landzunge, die zwar nicht mit einer Mauer geschlossen war, aber doch
für die unter dem Schutze der Hauptstadt und wieder zu deren Schutz
sich aufstellenden Heere die vortheilhafteste Stellung darbot. — Die
schwierige Arbeit eine so wohlbefestigte Stadt zu bezwingen, wurde

---

*) Sie trägt jetzt das Fort Goletta.

**) Dafs dieses phoenikische Wort das kreisförmig ausgegrabene Bassin
bezeichnet, zeigt sowohl Diodor 3, 44 wie die Bedeutung Becher, in der die
Griechen dasselbe verwenden. Es pafst also nur auf den inneren Hafen Karthagos und davon brauchen es auch Strabon 17, 2, 14 (wo es eigentlich für die
Admiralsinsel gesetzt ist) und Fest. ep. v. cothones p. 37. Appian Pun. 127
bezeichnet nicht ganz genau den viereckigen Vorhafen des Kothon als Theil
desselben.

noch dadurch erschwert, daſs theils die Hülfsmittel der Hauptstadt
selbst und des noch immer 800 Ortschaften umfassenden und von der
Emigrantenpartei gröſstentheils beherrschten Gebietes, theils die zahlreichen mit Massinissa verfeindeten Stämme der ganz oder halb freien
Libyer den Karthagern gestatteten sich nicht auf die Vertheidigung
der Stadt zu beschränken, sondern zugleich ein zahlreiches Heer im
Felde zu halten, welches bei der verzweifelten Stimmung der Emigranten und der Brauchbarkeit der leichten numidischen Reiterei von den
Belagerern nicht auſser Acht gelassen werden durfte. — Es hatten **Belagerung.**
somit die Consuln eine keineswegs leichte Aufgabe zu lösen, als sie
nun doch sich genöthigt sahen die Belagerung regelrecht zu beginnen.
Manius Manilius, der das Landheer befehligte, schlug sein Lager der
Burgmauer gegenüber, während Lucius Censorinus mit der Flotte an
dem See sich aufstellte und dort auf der Landzunge die Operationen
begann. Die karthagische Armee unter Hasdrubal lagerte an dem andern Ufer des Sees bei der Festung Nepheris, von wo aus sie den zum
Holzfällen für den Maschinenbau ausgeschickten römischen Soldaten ihre
Arbeit erschwerte und namentlich der tüchtige Reiterführer Himilkon
Phameas den Römern viele Leute tödtete. Indeſs stellte Censorinus
auf der Landzunge zwei groſse Sturmböcke her und brach mit ihnen
Bresche an dieser schwächsten Stelle der Mauer; der Sturm indeſs
muſste, da es Abend geworden, verschoben werden. In der Nacht
gelang es den Belagerten einen groſsen Theil der Bresche zu füllen
und durch einen Ausfall die römischen Maschinen so zu beschädigen,
daſs sie am nächsten Tage nicht weiter arbeiten konnten. Dennoch
wagten die Römer den Sturm; allein sie fanden die Bresche und die
nächsten Mauerabschnitte und Häuser stark besetzt und gingen so unvorsichtig vor, daſs sie mit starkem Verlust zurückgeschlagen wurden
und noch weit gröſsere Nachtheile erlitten haben würden, wenn nicht
der Kriegstribun Scipio Aemilianus, den Ausgang des tolldreisten Angriffs vorhersehend, seine Leute vor den Mauern zusammengehalten
und mit ihnen die Flüchtenden aufgenommen hätte. Noch viel weniger
richtete Manilius gegen die unbezwingliche Burgmauer aus. So zog
die Belagerung sich in die Länge. Die durch die Sommerhitze im
Lager erzeugten Krankheiten, die Abreise des fähigeren Feldherrn
Censorinus, endlich die Verstimmung und Unthätigkeit Massinissas,
der begreiflicher Weise die Römer sehr ungern die längst begehrte
Beute für sich selber nehmen sah, und der bald darauf (Ende 605) 149
erfolgte Tod des neunzigjährigen Königs brachten die Offensivopera-

tionen der Römer völlig ins Stocken. Sie hatten genug zu thun um
ihre Schiffe gegen die karthagischen Brander und ihr Lager gegen
die nächtlichen Ueberfälle zu schützen und durch Anlegung eines
Hafencastells und Streifzüge in die Umgegend Nahrung für Menschen
und Pferde zu beschaffen. Zwei gegen Hasdrubal gerichtete Expeditionen blieben beide ohne Erfolg, ja die erste hätte bei der schlechten
Führung auf dem schwierigen Terrain fast mit einer förmlichen Niederlage geendigt. So ruhmlos dieser Krieg für den Feldherrn wie für
das Heer verlief, so glänzend that der Kriegstribun Scipio darin sich
hervor. Er war es, der bei dem Nachtsturm der Feinde auf das römische
Lager, mit einigen Reiterschwadronen ausrückend und den Feind in
den Rücken fassend, ihn zum Umkehren nöthigte. Auf dem ersten
Zug nach Nepheris machte er nach dem Flußübergang, der wider
seinen Rath stattgefunden hatte und fast das Verderben des Heeres
geworden wäre, durch einen verwegenen Seitenangriff dem rückkehrenden Heer Luft und befreite eine schon verloren gegebene Abtheilung
durch seinen aufopfernden Heldenmuth. Während die übrigen Offiziere, der Consul vor allem, durch ihre Wortlosigkeit die zu Unterhandlungen geneigten Städte und Parteiführer zurückschreckten, gelang
es Scipio einen der tüchtigsten von diesen, Himilkon Phameas mit
2200 Reitern zum Uebertritt zu bestimmen. Endlich, nachdem er,
den Auftrag des sterbenden Massinissa erfüllend, unter dessen drei
Söhne, die Könige Micipsa, Gulussa und Mastanabal das Reich getheilt
hatte, führte er in Gulussa einen seines Vaters würdigen Reiterführer
dem römischen Heer zu und half damit dem bisher empfindlich ge-
fühlten Mangel an leichter Reiterei ab. Sein feines und doch schlichtes
Wesen, das mehr an seinen leiblichen Vater erinnerte als an den,
dessen Namen er trug, bezwang auch den Neid und im Lager wie
in der Hauptstadt war Scipios Name auf allen Lippen. Selbst Cato,
der nicht freigebig mit seinem Lobe war, wandte wenige Monate vor
149 seinem Tode — er starb am Ende des J. 605, ohne den Wunsch
seines Lebens, die Vernichtung Karthagos erfüllt gesehen zu haben —
auf den jungen Offizier und seine unfähigen Kameraden die homerische
Zeile an:

Einzig er ist ein Mann, die andern sind wandelnde Schatten*).

Ueber diese Vorgänge war der Jahresschluß und damit der Com-
mandowechsel herangekommen: ziemlich spät erschien der Consul

---

*) Οἷος πέπνυται, τοὶ δὲ σκιαὶ ἀίσσουσιν.

Lucius Piso (606) und übernahm den Oberbefehl des Landheeres so wie 146
Lucius Mancinus den der Flotte. Indefs hatten die Vorgänger wenig
geleistet, so geschah nun gar nichts. Statt mit der Belagerung Karthagos oder der Ueberwindung der Armee Hasdrubals beschäftigte Piso
sich damit die kleinen phoenikischen Seestädte anzugreifen und auch
dies meist ohne Erfolg, wie zum Beispiel Clupea ihn zurückschlug und
er von Hippon Diarrhytos, nachdem er den ganzen Sommer davor verloren hatte und das Belagerungsgeräth ihm zweimal verbrannt worden
war, schimpflich abziehen mufste. Neapolis ward zwar genommen;
aber die Plünderung der Stadt gegen das gegebene Ehrenwort war auch
dem Fortgang der römischen Waffen nicht sonderlich günstig. Der
Muth der Karthager stieg. Ein numidischer Scheik Bithyas ging mit
800 Pferden zu ihnen über; karthagische Gesandte konnten es versuchen mit den Königen von Numidien und Mauretanien, ja mit dem
falschen Philippos von Makedonien Verbindungen einzuleiten. Vielleicht mehr die inneren Zerwürfnisse — Hasdrubal der Emigrant ver-
dächtigte den gleichnamigen Feldherrn, der in der Stadt befehligte,
wegen seiner Verwandtschaft mit Massinissa und liefs ihn im Rath-
hause erschlagen — als die Thätigkeit der Römer verhinderten eine für
Karthago noch günstigere Wendung der Dinge. So griff man in Rom,   Scipio
um dem besorglichen Stand der africanischen Angelegenheiten Wandel   Aemilianus
zu schaffen, zu der aufserordentlichen Mafsregel dem einzigen Mann,
der bis jetzt von den libyschen Feldern Ehre heimgebracht hatte und
den sein Name selbst für diesen Krieg empfahl, dem Scipio statt der
Aedilität, um die er eben sich bewarb, mit Beseitigung der entgegenstehenden Gesetze vor der Zeit das Consulat und durch besonderen
Beschlufs die Führung des africanischen Krieges zu übertragen. Er
traf (607) in Utica in einem Augenblick ein, wo viel auf dem Spiel 147
stand. Der römische Admiral Mancinus, von Piso mit der nominellen
Fortsetzung der Belagerung der Hauptstadt beauftragt, hatte eine steile
von dem bewohnten Bezirk weit entlegene und kaum vertheidigte Klippe
an der schwer zugänglichen Seite der Aufsenstadt Magalia besetzt
und fast seine gesammte nicht zahlreiche Mannschaft dort vereinigt, in
der Hoffnung von hier aus in die Aufsenstadt eindringen zu können.
In der That waren die Angreifer schon einen Augenblick innerhalb der
Thore derselben gewesen und schon war der Lagertrofs in der Hoffnung
auf Beute in Masse herbeigeströmt, als sie wieder auf die Klippe zurückgedrängt wurden und ohne Zufuhr und fast abgeschnitten in der gröfsten
Gefahr schwebten. So fand Scipio die Lage der Dinge. Kaum ange-

kommen entsandte er die mitgebrachte Mannschaft und die Miliz von
Utica zu Schiff nach dem bedrohten Punkt und es gelang dessen Besatzung zu retten und die Klippe selbst zu behaupten. Nachdem diese
Gefahr abgewendet schien, begab der Feldherr sich in das Lager Pisos
um das Heer zu übernehmen und nach Karthago zurückzuführen. Hasdrubal aber und Bithyas benutzten seine Abwesenheit, um ihr Lager
unmittelbar an die Stadt zu rücken und den Angriff auf die Besatzung
der Klippe von Magalia zu erneuern; indefs auch jetzt erschien Scipio
mit dem Vortrab der Hauptarmee zeitig genug, um dem Posten abermals Beistand zu leisten.   Danach begann von neuem und ernstlicher
die Belagerung.   Vor allen Dingen säuberte Scipio das Lager von der
Masse des Trosses und der Marketender und zog die erschlafften Zügel
der Disciplin wieder mit Strenge an.   Bald nahmen auch die militärischen Operationen einen lebhafteren Gang.   Bei einem nächtlichen
Angriff auf die Aufsenstadt gelangten von einem Thurme aus, der den
Mauern an Höhe gleich vor denselben stand, die Römer auf die Zinnen
und öffneten ein Pförtchen, durch das das ganze Heer eindrang.   Die
Karthager gaben die Aufsenstadt und das Lager vor den Thoren auf
und übertrugen den Oberbefehl über die auf 30 000 Mann sich belau-
fende städtische Besatzung an Hasdrubal.   Der neue Commandant bewies seine Energie zuvörderst dadurch, dafs er sämtliche römische
Gefangenen auf die Mauerzinnen bringen und sie vor den Augen des
Belagerungsheers nach grausamen Martern in die Tiefe stürzen liefs;
und als hierüber Stimmen des Tadels sich erhoben, wurde auch gegen
die Bürger die Schreckensherrschaft eingeführt.   Scipio inzwischen
suchte, nachdem er die Stadt auf sich selber beschränkt hatte, ihr den
Verkehr nach aufsen hin völlig abzuschneiden.   Er selbst nahm sein
Hauptquartier auf dem Erdrücken, durch den die karthagische Halb-
insel mit dem Festland zusammenhängt und schlug hier trotz der vielfachen Versuche der Karthager den Bau zu stören ein grofses diesen
Rücken in seiner ganzen Breite schliefsendes Lager, das die Stadt nach
der Landseite hin vollständig absperrte.   Indefs liefen noch immer
Proviantschiffe in den Hafen ein, theils kühne Kauffahrer, die der
hohe Gewinn lockte, theils Schiffe des Bithyas, der von Nepheris am
Ende des tunesischen Sees aus jeden günstigen Fahrwind benutzte, um
Lebensmittel nach der Stadt zu bringen; wie auch daselbst die Bürgerschaft schon litt, die Besatzung war noch hinreichend versorgt. Scipio
zog defshalb von der Landzunge zwischen See und Golf in den letzteren
hinein einen Steindamm von 96 Fufs Breite, um damit die Hafenmün-

dung zu sperren. Die Stadt schien verloren, als das Gelingen dieses anfangs von den Karthagern als unausführbar verspotteten Unternehmens offenbar ward. Aber eine Ueberraschung machte die andere wett. Während die römischen Arbeiter an dem Damm schanzten, wurde auch im karthagischen Hafen zwei Monate lang Tag und Nacht gearbeitet, ohne daſs selbst die Ueberläufer zu sagen wuſsten, was die Belagerten beabsichtigten. Plötzlich, als eben die Römer mit der Verbauung des Hafeneingangs fertig waren, segelten aus demselben Hafen funfzig karthagische Dreidecker und eine Anzahl Böte und Kähne hinaus in den Golf — die Karthager hatten, während die Feinde die alte Hafenmündung gegen Süden sperrten, durch einen in östlicher Richtung gezogenen Kanal sich einen neuen Ausgang geschaffen, welcher bei der Tiefe des Meeres an dieser Stelle unmöglich gesperrt werden konnte. Hätten die Karthager, statt mit dem Paradezug sich zu begnügen, sofort sich mit Entschlossenheit auf die halbabgetakelte und völlig unvorbereitete römische Flotte gestürzt, so war diese verloren; als sie am dritten Tage wiederkehrten um die Seeschlacht zu liefern, fanden sie die Römer gerüstet. Der Kampf verlief ohne Entscheidung; bei der Rückfahrt aber stopften sich die karthagischen Schiffe so sehr in und vor der Hafenmündung, daſs der dadurch entstandene Schaden einer Niederlage gleichkam. Scipio richtete nun seine Angriffe auf den äuſseren Hafenquai, welcher auſserhalb der Stadtmauern lag und nur durch einen vor Kurzem angelegten Erdwall nothdürftig geschützt war. Die Maschinen wurden auf der Landzunge aufgestellt und eine Bresche war leicht gemacht; aber mit beispielloser Unerschrockenheit griffen die Karthager, die Untiefen durchwatend, das Belagerungszeug an, verjagten die Besatzungsmannschaft, welche so ins Laufen kam, daſs Scipio seine eigenen Reiter auf sie einhauen lassen muſste, und zerstörten die Maschinen. Auf diese Weise gewannen sie Zeit die Bresche zu schlieſsen. Scipio stellte indeſs die Maschinen wieder her und schoſs die Holzthürme der Feinde in Brand, wodurch er den Quai und damit den Auſsenhafen in seine Gewalt bekam. Ein der Stadtmauer an Höhe gleichkommender Wall wurde hier aufgeführt und es war jetzt endlich die Stadt von der Land- wie von der Seeseite vollständig abgesperrt, da man nur durch den äuſseren in den inneren Hafen gelangte. Um die Blokade vollständig zu sichern, ließ Scipio das Lager bei Nepheris, das jetzt Diogenes befehligte, von Gaius Laelius angreifen; durch eine glückliche Kriegslist ward es erobert und die ganze dort versammelte zahllose Menschenmasse getödtet oder gefangen. Darüber war der Winter herangekommen und

3*

Scipio stellte die Operationen ein, es dem Hunger und den Seuchen
überlassend das Begonnene zu vollenden. Wie furchtbar die Gewaltigen des Herrn inzwischen an dem Vernichtungswerk gearbeitet hatten,
während Hasdrubal freilich fortfuhr zu prahlen und zu prassen, zeigte
sich, so wie im Frühling 608 das römische Heer zum Angriff gegen
die innere Stadt überging. Hasdrubal liefs den Aufsenhafen anzünden
und machte sich bereit den auf den Kothon erwarteten Sturm abzu-
schlagen; aber Laelius gelang es weiter aufwärts die von der ausge-
hungerten Besatzung kaum noch vertheidigte Mauer zu übersteigen
und so bis an den inneren Hafen vorzudringen. Die Stadt war erobert,
aber der Kampf noch keineswegs zu Ende. Die Angreifer besetzten
den an den kleinen Hafen anstofsenden Markt und drangen in den drei
schmalen von diesem nach der Burg zu führenden Strafsen langsam
vor — langsam, denn von den gewaltigen bis zu sechs Stockwerken
hohen Häusern mufste eines nach dem andern erstürmt werden; auf
den Dächern oder auf über die Strafse gelegten Balken drang der Soldat
von einem dieser festungsähnlichen Gebäude in das benachbarte oder
gegenüberstehende vor und stiefs nieder was darin ihm vorkam. So
verflossen sechs Tage, schreckliche für die Bewohner der Stadt und
auch für die Angreifer voll Noth und Gefahr; endlich langte man vor
dem steilen Burgfelsen an, auf den sich Hasdrubal und die noch übrige
Mannschaft zurückgezogen hatten. Um einen breiteren Aufweg zu
bekommen, befahl Scipio die eroberten Strafsen anzuzünden und den
Schutt zu planiren, bei welcher Veranlassung eine Menge in den Häusern
versteckter kampfunfähiger Personen elend umkamen. Da endlich bat
der auf der Burg zusammengedrängte Rest der Bevölkerung um Gnade.
Das nackte Leben ward ihnen zugestanden und sie erschienen vor dem
Sieger, 30000 Männer und 25000 Frauen, nicht der zehnte Theil der
ehemaligen Bevölkerung. Einzig die römischen Ueberläufer, 900 an
der Zahl, und der Feldherr Hasdrubal mit seiner Gattin und seinen
beiden Kindern hatten sich in den Tempel des Heilgottes geworfen:
für sie, für die desertirten Soldaten wie für den Mörder der römischen
Gefangenen, gab es keinen Vertrag. Aber als nun, dem Hunger er-
liegend, die Entschlossensten unter ihnen den Tempel anzündeten,
ertrug Hasdrubal es nicht dem Tode ins Auge zu sehen; einzeln entrann
er zu dem Sieger und bat kniefällig um sein Leben. Es ward ihm gewährt; aber wie seine Gattin, die mit ihren Kindern unter den Uebrigen
auf dem Tempeldach sich befand, ihn zu den Füfsen Scipios erblickte,
schwoll ihr das stolze Herz über diese Schändung der theuren unter-

146
Einnahme
der Stadt.

gehenden Heimath und den Gemahl mit bitteren Worten erinnernd
seines Lebens sorglich zu schonen, stürzte sie erst die Söhne und dann
sich selber in die Flammen. Der Kampf war zu Ende. Der Jubel im
Lager wie in Rom war grenzenlos; nur die Edelsten des Volkes schäm-
ten im Stillen sich der neuesten Grofsthat der Nation. Die Gefangenen
wurden gröfstentheils zu Sklaven verkauft; einzelne liefs man im Kerker
verkommen; die vornehmsten, Bithyas und Hasdrubal wurden als
römische Staatsgefangene in Italien internirt und leidlich behandelt.
Das bewegliche Gut, so weit es nicht Gold und Silber war oder Weih-
geschenk, ward den Soldaten zur Plünderung preisgegeben; von den
Tempelschätzen ward die in besseren Zeiten von Karthago aus den sicilischen Städten weggeführte Beute diesen zurückgestellt, wie zum Beispiel der Stier des Phalaris den Akragantinern; das Uebrige fiel an den
römischen Staat. — Indefs noch stand die Stadt zum bei weitem gröfsten
Theil. Es ist glaublich, dafs Scipio die Erhaltung derselben wünschte;
wenigstens richtete er defswegen noch eine besondere Anfrage an den
Senat. Scipio Nasica versuchte noch einmal die Forderungen der Vernunft und der Ehre geltend zu machen; es war vergebens. Der Senat
befahl dem Feldherrn die Stadt Karthago und die Aufsenstadt Magalia
dem Boden gleich zu machen, defsgleichen alle Ortschaften, die es bis
zuletzt mit Karthago gehalten; sodann über den Boden Karthagos den
Pflug zu führen, um der Existenz der Stadt in Form Rechtens ein Ende
zu machen, und Grund und Boden auf ewige Zeiten zu verwünschen,
also dafs weder Haus noch Kornfeld je dort entstehen möge. Es geschah wie befohlen war. Siebzehn Tage brannten die Ruinen; als vor
Kurzem die Ueberreste der karthagischen Stadtmauer aufgegraben
wurden, fand man sie bedeckt mit einer vier bis fünf Fufs tiefen von
halb verkohlten Holzstücken, Eisentrümmern und Schleuderkugeln
erfüllten Aschenlage. Wo die fleifsigen Phoeniker ein halbes Jahrtausend geschafft und gehandelt hatten, weideten fortan römische
Sklaven die Heerden ihrer fernen Herren. Scipio aber, den die Natur
zu einer edleren als zu dieser Henkerrolle bestimmt hatte, sah schaudernd auf sein eigenes Werk, und statt der Siegesfreude erfafste den
Sieger selber die Ahnung der solcher Unthat unausbleiblich nachfol-
genden Vergeltung. — Es blieb noch übrig für die künftige Organisation
der Landschaft die Einrichtungen zu treffen. Die frühere Weise mit
den gewonnenen überseeischen Besitzungen die Bundesgenossen zu
belehnen ward nicht ferner beliebt. Micipsa und seine Brüder behielten
im Wesentlichen ihr bisheriges Gebiet mit Einschlufs der kürzlich am

Zerstörung Karthagos.

Provinz Africa.

Bagradas und in Emporia den Karthagern entrissenen Districte; die
lange genährte Hoffnung Karthago zur Hauptstadt zu erhalten ward
für immer vereitelt; dafür verehrte ihnen der Senat die karthagischen
Büchersammlungen. Die karthagische Landschaft, wie die Stadt sie
zuletzt besessen hatte, das heifst der schmale Sicilien zunächst
gegenüberliegende Küstenstrich von Africa, vom Tuscaflufs (bei
Thabraca) bis Thaenae (der Insel Kerkena gegenüber), ward eine
römische Provinz. Im Binnenland, wo die Uebergriffe Massinissas
die karthagische Herrschaft fortwährend weiter beschränkt hatten
und schon Bulla, Zama, Aquae den Königen gehörten, blieb den
Numidiern, was sie besafsen. Allein die sorgfältige Regulirung der
Grenze zwischen der römischen Provinz und dem auf drei Seiten dieselbe einschliefsenden numidischen Königreich zeugte davon, dafs Rom
gegen sich keineswegs dulden werde, was es gegen Karthago verstattet
hatte; wogegen der Name der neuen Provinz, Africa, andrerseits
darauf hinzudeuten schien, dafs Rom die gegenwärtig abgesteckte
Grenze durchaus nicht als eine definitive betrachte. Die Oberverwal-
tung der neuen Provinz übernahm ein römischer Statthalter, dessen
Sitz Utica wurde. Einer regelmäfsigen Grenzvertheidigung bedurfte
dieselbe nicht, da das verbündete numidische Reich sie überall von
den Bewohnern der Wüste schied. Hinsichtlich der Abgaben verfuhr
man im Ganzen mit Milde. Diejenigen Gemeinden, die seit Anfang
des Krieges auf Seiten der Römer gestanden hatten — es waren dies
nur die Seestädte Utica, Hadrumetum, Klein-Leptis, Thapsus, Achulla,
Usalis und die Binnenstadt Theudalis — behielten ihre Mark und
wurden Freistädte; dasselbe Recht empfing die neugegründete Gemeinde der Ueberläufer. Das Stadtgebiet Karthagos, mit Ausnahme
eines an Utica verschenkten Striches, und das der übrigen zerstörten
Ortschaften ward römisches Domanialland, welches man durch Verpachtung verwerthete. Die übrigen Ortschaften verloren gleichfalls dem
Rechte nach ihr Bodeneigenthum und ihre städtischen Freiheiten; doch
wurde ihnen ihr Acker und ihre Verfassung bis auf weitere Anordnung
der römischen Regierung vorläufig als widerruflicher Besitz gelassen und
zahlten die Gemeinden für die Nutzung des römisch gewordenen Bodens
jährlich nach Rom eine ein- für allemal normirte Abgabe (*stipendium*),
welche sie dann ihrerseits mittelst einer Vermögenssteuer von den einzelnen Abgabepflichtigen wieder einzogen. Die eigentlichen Gewinner aber
bei dieser Zerstörung der ersten Handelsstadt des Westens waren die
römischen Kaufleute, welche, so wie Karthago in Asche lag, schaaren-

weise nach Utica strömten und von dort aus nicht blofs die römische
Provinz, sondern auch die bis dahin ihnen verschlossenen numidischen
und gaetulischen Landschaften auszubeuten begannen.

Um dieselbe Zeit wie Karthago verschwand auch Makedonien aus
der Reihe der Nationen. Die vier kleinen Eidgenossenschaften, in die
die Weisheit des römischen Senats das alte Königreich zerstückelt hatte,
konnten in sich und unter einander nicht zum Frieden kommen; wie
es in dem Lande zuging, zeigt ein einzelner zufällig erwähnter Vorfall
in Phakos, wo der gesammte Regierungsrath einer dieser Eidgenossenschaften auf Anstiften eines gewissen Damasippos ermordet wurde.
Weder die Commissionen, die der Senat abordnete (590), noch die
nach griechischer Sitte von den Makedoniern herbeigerufenen fremden
Schiedsrichter, wie zum Beispiel Scipio Aemilianus (603), vermochten
einen leidlichen Zustand herzustellen. Da erschien plötzlich in Thrakien ein junger Mann, der sich Philippos nannte, den Sohn des Königs
Perseus, welchem er auffallend glich, und der syrischen Laodike. Seine
Jugend hatte er in der mysischen Stadt Adramytion verlebt; hier
behauptete er die sicheren Beweise seiner hohen Abstammung erhalten
zu haben. Mit diesen hatte er, nach einem vergeblichen Versuch in
seinem Heimathland sich geltend zu machen, sich an seiner Mutter
Bruder König Demetrios Soter von Syrien gewandt. Es fanden sich
in der That einige Männer, die dem Adramytener glaubten oder zu
glauben vorgaben und den König bestürmten den Prinzen entweder in
sein angeerbtes Reich wieder einzusetzen oder ihm die Krone Syriens
abzutreten; worauf Demetrios, um dem tollen Treiben ein Ende zu
machen, den Prätendenten festnahm und den Römern zuschickte. Indefs
der Senat achtete des Menschen so wenig, dafs er ihn in einer italischen Stadt confinirte, ohne ihn auch nur ernstlich bewachen zu
lassen. So war er nach Milet entflohen, wo die städtischen Behörden
ihn abermals aufgriffen und bei römischen Commissarien anfragten,
was sie mit dem Gefangenen machen sollten. Diese riethen ihn laufen
zu lassen; es geschah. Jetzt versuchte er denn weiter in Thrakien
sein Glück; und wunderbarer Weise fand er hier Anerkennung und
Unterstützung, nicht blofs bei den thrakischen Barbarenfürsten Teres,
dem Gemahl seiner Vaterschwester, und Barsabas, sondern auch bei
den klugen Byzantiern. Mit thrakischer Unterstützung drang der
sogenannte Philipp in Makedonien ein und obwohl er anfangs geschlagen ward, erfocht er doch bald einen Sieg über das makedonische
Aufgebot in der Odomantike jenseits des Strymon und darauf einen

Makedonien und der falsche Philipp.

zweiten diesseit des Flusses, der ihm den Besitz von ganz Makedonien
verschaffte. So apokryphisch seine Erzählung klang und so entschieden
es feststand, dafs der ächte Philippos Perseus Sohn achtzehn Jahre alt in
Alba gestorben und dieser Mensch nichts weniger als ein makedonischer
Prinz, sondern der adramytenische Walker Andriskos sei, so war man
doch in Makedonien der Königsherrschaft zu sehr gewohnt, um nicht
mit der Legitimitätsfrage sich rasch abzufinden und gern in das alte Gleis
wieder einzulenken. Schon kamen Boten von den Thessalern, dafs der
Prätendent in ihr Gebiet eingerückt sei; der römische Commissar Nasica,
der in der Erwartung, dafs das erste ernste Wort dem thörichten Beginnen ein Ende machen werde, vom Senat ohne Soldaten nach Makedonien gesandt worden war, mufste die achäische und pergamenische
Mannschaft aufbieten und mit den Achaeern Thessalien gegen die Ueber-
149   macht soweit es anging schirmen, bis (605?) der Praetor Juventius mit
einer Legion erschien. Dieser griff mit seiner geringen Streitmacht die
Makedonier an; allein er selber fiel, sein Heer ging fast ganz zu Grunde
und Thessalien gerieth zum gröfsten Theil in die Gewalt des falschen
Philippos, der sein Regiment hier und in Makedonien in grausamer und
Metellus   übermüthiger Weise handhabte. Endlich betrat ein stärkeres römisches
Sieg.   Heer unter Quintus Caecilius Metellus den Kampfplatz und drang, unterstützt durch die pergamenische Flotte, in Makedonien ein. Zwar behielten in dem ersten Reitergefecht die Makedonier die Oberhand; allein
bald traten Spaltungen und Desertionen im makedonischen Heer ein und
der Fehler des Prätendenten sein Heer zu theilen und die eine Hälfte
nach Thessalien zu detachiren verschaffte den Römern einen leichten
148   und entscheidenden Sieg (606). Philippos flüchtete nach Thrakien zu
dem Häuptling Byzes, wohin Metellus ihm folgte und nach einem zweiten
Provinz Ma-   Sieg seine Auslieferung erlangte. — Die vier makedonischen Eidge-
kedonien.   nossenschaften hatten sich dem Prätendenten nicht freiwillig unterworfen, sondern waren lediglich der Gewalt gewichen. Nach der bisher befolgten Politik lag also kein Grund vor den Makedoniern den
Schatten von Selbstständigkeit zu nehmen, den die Schlacht von Pydna
ihnen noch gelassen hatte; dennoch wurde das Reich Alexanders jetzt
auf Befehl des Senats von Metellus in eine römische Provinz verwandelt.
Sehr deutlich ward es hier, dafs die römische Regierung ihr System
geändert und das Clientel- durch das Unterthanenverhältnifs zu ersetzen
beschlossen hatte; und darum wurde die Einziehung der vier makedonischen Eidgenossenschaften in dem ganzen Kreise der Clientelstaaten
als ein gegen alle gerichteter Schlag empfunden. Die früher nach den

ersten römischen Siegen von Makedonien abgerissenen Besitzungen in Epeiros, die ionischen Inseln und die Häfen Apollonia und Epidamnos (I, 552. 747), welche bisher zu dem italischen Beamtensprengel gehört hatten, wurden jetzt wieder mit Makedonien vereinigt, so daß dasselbe, wahrscheinlich schon um diese Zeit, im Nordosten bis jenseits Skodra reichte, wo Illyricum begann. Ebenso fiel die Schutzherrlichkeit, die Rom über das eigentliche Griechenland in Anspruch nahm, von selbst dem neuen Statthalter von Makedonien zu. So erhielt Makedonien die Einigkeit zurück und auch ungefähr wieder die Grenzen, wie es sie in seiner blühendsten Zeit gehabt; aber es war nicht mehr ein einiges Reich, sondern eine einige Provinz, mit communaler und selbst wie es scheint landschaftlicher Organisation, jedoch unter einem italischen Vogt und Schatzmeister, deren Namen auch wohl auf den Landesmünzen neben dem der Landschaft erscheinen. Als Steuer blieb die alte mäßige Abgabe, wie Paullus sie angeordnet hatte (I, 772), eine Summe von 100 Talenten (155000 Thlr.), die in festen Beträgen auf die einzelnen Gemeinden umgelegt war. Dennoch vermochte das Land seiner alten ruhmreichen Dynastie noch nicht zu vergessen. Wenige Jahre nach der Besiegung des falschen Philippos pflanzte ein anderer angeblicher Perseussohn Alexander am Nestos (Karasu) die Fahne der Insurrection auf und hatte in kurzer Zeit 1600 Mann vereinigt; allein der Quästor Lucius Tremellius ward des Aufstandes ohne Mühe Herr und verfolgte den fliehenden Prätendenten bis nach Dardanien (612). 142 Dies aber ist auch die letzte Regung des stolzen makedonischen Nationalsinns, der zwei Jahrhunderte zuvor in Hellas und Asien so große Dinge vollbracht hatte; seitdem ist von den Makedoniern kaum etwas anderes zu berichten, als daß sie fortfuhren von dem der definitiven Provinzialorganisation der Landschaft (608) an ihre thatenlosen Jahre 146 zu zählen. — Fortan waren es die Römer, denen die Vertheidigung der makedonischen Nord- und Ostgrenzen, das heißt der Grenze der hellenischen Civilisation gegen die Barbaren oblag. Sie ward von ihnen mit unzulänglichen Streitkräften und im Ganzen nicht mit der gebührenden Energie geführt; doch ist zunächst für diesen militärischen Zweck die große egnatische Chaussee angelegt worden, welche schon zu Polybios Zeit von den beiden Haupthäfen an der Westküste Apollonia und Dyrrhachion quer durch das Binnenland nach Thessalonike, später noch weiter bis an den Hebros (Maritza) lief*). Die neue Provinz ward

---

*) Als Handelsstraße zwischen dem adriatischen und schwarzen Meer, als diejenige nämlich, in deren Mitte die kerkyraeischen Weinkrüge den thasischen

die natürliche Basis theils für die Züge gegen die unruhigen Dalmater,
theils für die zahlreichen Expeditionen gegen die nordwärts der griechischen Halbinsel ansässigen illyrischen, keltischen und thrakischen
Stämme, die später in ihrem geschichtlichen Zusammenhang darzustellen sein werden.

Griechen-
land. Mehr als Makedonien hatte das eigentliche Griechenland sich der
Gunst der herrschenden Macht zu erfreuen; und die Philhellenen Roms
mochten wohl der Ansicht sein, daſs daselbst die Nachwehen des per-
seischen Krieges im Verschwinden und die Verhältnisse überhaupt auf
dem Wege zum Besseren seien. Die verbissensten Aufhetzer der jetzt
herrschenden Partei, Lykiskos der Aetoler, Mnasippos der Boeoter,
Chrematas der Akarnane, der schandbare Epirote Charops, dem selbst
ehrenhafte Römer ihr Haus verboten, stiegen einer nach dem andern
ins Grab; ein anderes Geschlecht wuchs heran, in dem die alten Erinnerungen und die alten Gegensätze verblaſst waren. Der römische
Senat meinte die Zeit des allgemeinen Vergebens und Vergessens ge-
150 kommen und entlieſs im J. 604 die noch übrigen der seit siebzehn Jahren
in Italien confinirten achaeischen Patrioten, deren Freigebung die
achaeische Tagsatzung nicht aufgehört hatte zu fordern. Dennoch irrte
man sich. Wie wenig es den Römern mit all ihrem Philhellenenthum
gelungen war den hellenischen Patriotismus innerlich zu versöhnen,
offenbarte sich in nichts so deutlich wie in der Stellung der Griechen zu
den Attaliden. König Eumenes II war als Römerfreund in Griechenland
im höchsten Grade verhaſst gewesen (I, 763); kaum aber war zwischen
ihm und den Römern eine Verstimmung eingetreten, als er in Griechenland plötzlich populär ward; wie früher von Makedonien erwartete der
hellenische Euelpides den Erlöser aus der Fremdherrschaft jetzt von
Pergamon. Vor allen Dingen aber stieg in der sich selbst überlassenen
hellenischen Kleinstaaterei zusehends die sociale Zerrüttung. Das Land
verödete, nicht durch Krieg und Pest, sondern durch die immer weiter
um sich greifende Abneigung der höheren Stände mit Frau und Kindern
sich zu plagen; dafür strömte wie bisher das verbrecherische oder
leichtsinnige Gesindel vorwiegend nach Griechenland, um daselbst den
Werbeoffizier zu erwarten. Die Gemeinden versanken in immer tiefere

---

und lesbischen begegnen, kennt diese Strafse schon der Verfasser der pseudo-
aristotelischen Schrift ‚von den merkwürdigen Dingen‘. Auch heute noch läuft
dieselbe wesentlich in gleicher Richtung von Durazzo, die Berge von Bagora
(kandavisches Gebirge) am See von Ochrida (Lychnitis) durchschneidend, über
Monastir nach Salonik.

Verschuldung und in ökonomische Ehr- und die daran hängende Credit-
losigkeit; einzelne Städte, namentlich Athen und Theben griffen in
ihrer Finanznoth geradezu zum Räuberhandwerk und plünderten die
Nachbargemeinden aus. Auch der innere Hader in den Bünden, zum
Beispiel zwischen den freiwilligen und den gezwungenen Mitgliedern
der achaeischen Eidgenossenschaft, war keineswegs beigelegt. Wenn
die Römer, wie es scheint, glaubten was sie wünschten und der augenblicklich herrschenden Ruhe vertrauten, so sollten sie bald erfahren,
dafs die jüngere Generation in Hellas um nichts besser und um nichts
klüger als die ältere war. Die Gelegenheit um mit den Römern Händel
anzufangen brach man geradezu vom Zaune.

Um einen schmutzigen Handel zu bedecken, warf um das J. 605 149] Achaei-
der zeitige Vorstand der achaeischen Eidgenossenschaft Diaeos auf der ^{scher Krieg.}
Tagsatzung die Behauptung hin, dafs die den Lakedaemoniern als
Glied der achaeischen Eidgenossenschaft von dieser zugestandenen
Sonderrechte, die Befreiung von der achaeischen Criminaljurisdiction
und das Recht Sondergesandtschaften nach Rom zu schicken, ihnen
keineswegs von den Römern gewährleistet seien. Es war eine freche
Lüge; allein die Tagsatzung glaubte natürlich was sie wünschte, und
da sich die Achaeer bereit zeigten ihre Behauptungen mit den Waffen
in der Hand wahr zu machen, gaben die schwächeren Spartaner
vorläufig nach oder vielmehr diejenigen, deren Auslieferung von den
Achaeern begehrt ward, verliefsen die Stadt, um als Kläger vor dem
römischen Senat aufzutreten. Der Senat antwortete wie gewöhnlich, dafs er eine Commission zur Untersuchung der Sache senden
werde; allein statt dieses Bescheides berichteten die Boten, in Achaia
wie in Sparta, und beide falsch, dafs der Senat zu ihren Gunsten entschieden habe. Die Achaeer, die wegen der so eben in Thessalien geleisteten Bundeshülfe gegen den falschen Philippos sich mehr als je in
bundesgenössischer Gleichheit und politischer Gewichtigkeit fühlten,
rückten im J. 606 unter ihrem Strategen Damokritos in Lakonike ein; 148
vergeblich mahnte, von Metellus aufgefordert, eine nach Asien durch-
passirende römische Gesandtschaft Frieden zu halten und die Commissarien des Senats zu erwarten. Eine Schlacht ward geliefert, in
der bei 1000 Spartaner fielen, und Sparta hätte genommen werden
können, wenn Damokritos nicht als Offizier eben so untüchtig gewesen
wäre wie als Staatsmann. Er ward abgesetzt und sein Nachfolger
Diaeos, der Anstifter all dieses Unfugs, setzte den Krieg eifrig fort,
während er gleichzeitig den gefürchteten Commandanten von Make-

donien der vollen Botmäfsigkeit der achaeischen Eidgenossenschaft
versichern liefs. Darüber erschien die lange erwartete römische Commission, an ihrer Spitze Aurelius Orestes; nun ruhten die Waffen und
die achaeische Tagsatzung versammelte sich in Korinth, um ihre Er-
öffnungen entgegenzunehmen. Sie waren unerwarteter und unerfreu-
licher Art. Die Römer hatten sich entschlossen die unnatürliche und
usurpirte (I, 748) Einreihung Spartas unter die achaeischen Staaten
wieder aufzuheben und überhaupt gegen die Achaeer durchzugreifen.
163 Schon einige Jahre zuvor (591) hatten dieselben die aetolische Stadt
Pleuron (I, 748) aus ihrem Bund entlassen müssen; jetzt wurden sie
angewiesen auf sämmtliche seit dem zweiten makedonischen Krieg
gemachte Erwerbungen, das heifst auf Korinth, Orchomenos, Argos,
Sparta im Peloponnes und Herakleia am Oeta zu verzichten und ihren
Bund wieder auf den Bestand am Ende des hannibalischen Krieges
zurückzuführen. Wie dies die achaeischen Abgeordneten vernahmen,
stürmten sie sofort auf den Markt, ohne die Römer auch nur auszu-
hören, und theilten die römischen Forderungen der Menge mit, worauf
der regierende und der regierte Pöbel einhellig beschlofs zu aller-
vörderst sämmtliche in Korinth anwesende Lakedaemonier festzusetzen,
da ja Sparta dies Unglück über sie gebracht habe. Die Verhaftung erfolgte denn auch in der tumultuarischsten Weise, so dafs Lakonername
oder Lakonerschuhe als hinreichende Einsperrungsgründe erschienen;
ja man drang sogar in die Wohnungen der römischen Gesandten, um
die dorthin geflüchteten Lakedaemonier festzunehmen, und es fielen
gegen die Römer harte Reden, obgleich man an ihrer Person sich nicht
vergriff. Indignirt kehrten dieselben heim und führten bittere, selbst
übertriebene Beschwerde im Senat; dennoch beschränkte sich dieser
mit derselben Mäfsigung, die all seine Mafsregeln gegen die Griechen
bezeichnet, zunächst auf Vorstellungen. In der mildesten Form und
der Genugthuung für die erlittenen Beleidigungen kaum erwähnend
wiederholte Sextus Julius Caesar auf der Tagsatzung in Aegion (Früh-
147 ling 607) die Befehle der Römer. Aber die Leiter der Dinge in Achaia,
147/6 an ihrer Spitze der neue Strateg Kritolaos (Strateg Mai 607 bis Mai
608), zogen als staatskluge und in der höheren Politik wohlbewanderte
Leute daraus blofs den Schlufs, dafs die römischen Angelegenheiten
gegen Karthago und Viriathus sehr schlecht stehen müfsten und fuhren
fort die Römer zugleich zu prellen und zu beleidigen. Caesar ward
ersucht zur Ausgleichung der Sache eine Zusammenkunft von Abgeordneten der streitenden Theile in Tegea zu veranstalten; es geschah,

allein nachdem Caesar und die lakedaemonischen Gesandten daselbst
lange vergeblich auf die Achaeer gewartet hatten, erschien endlich Kritolaos allein und zeigte an, dafs lediglich die allgemeine Volksversammlung der Achaeer in dieser Sache competent sei und dieselbe erst auf
der Tagsatzung, das heifst in sechs Monaten erledigt werden könne.
Caesar ging darauf nach Rom zurück; die nächste Volksversammlung
der Achaeer aber erklärte auf Kritolaos Antrag förmlich den Krieg
gegen Sparta. Auch jetzt noch machte Metellus einen Versuch den
Zwist in Güte beizulegen und schickte Gesandte nach Korinth; allein
die lärmende Ekklesia, gröfstentheils bestehend aus dem Pöbel der
reichen Handels- und Fabrikstadt, übertobte die Stimme der römischen
Gesandten und zwang sie die Rednerbühne zu verlassen. Kritolaos Erklärung, dafs man die Römer wohl zu Freunden, aber nicht zu Herren
wünsche, ward mit unsäglichem Jubel aufgenommen, und als die Mitglieder der Tagsatzung sich ins Mittel legen wollten, schützte der Pöbel
den Mann seines Herzens und beklatschte die Stichwörter von dem
Landesverrath der Reichen und der nothwendigen Militärdictatur so
wie die geheimnifsvollen Winke über die nahe bevorstehende Schilderhebung unzähliger Völker und Könige gegen Rom. Von welchem Geist
die Bewegung beseelt war, zeigen die beiden Beschlüsse, dafs bis zum
hergestellten Frieden alle Klubs permanent sein und alle Schuldklagen
ruhen sollten. Man hatte also Krieg, ja sogar auch wirkliche Bundesgenossen: die Thebaner und Boeoter nämlich und ferner die Chalki-
denser. Schon zu Anfang des J. 608 rückten die Achaeer in Thessalien 146
ein, um Herakleia am Oeta, das in Gemäfsheit des Senatsbeschlusses
sich von der achaeischen Eidgenossenschaft losgesagt hatte, wieder zum
Gehorsam zu bringen. Der Consul Lucius Mummius, den der Senat
nach Griechenland zu senden beschlossen hatte, war noch nicht eingetroffen; demnach übernahm es Metellus mit den makedonischen Legionen Herakleia zu schützen. Als dem achaeisch-thebanischen Heer
das Anrücken der Römer gemeldet ward, war von Schlagen nicht mehr
die Rede; man rathschlagte einzig, wie es wohl gelingen möchte den
sicheren Peloponnes wieder zu erreichen; eiligst machte die Armee
sich davon und versuchte nicht einmal die Stellung bei den Thermopylen zu halten. Metellus indefs beschleunigte die Verfolgung und erreichte und schlug das griechische Heer bei Skarpheia in Lokris. Der
Verlust an Gefangenen und Todten war beträchtlich; von Kritolaos
ward nach der Schlacht nie wieder eine Kunde vernommen. Die
Trümmer der geschlagenen Armee irrten in einzelnen Trupps in den

hellenischen Landschaften umher und baten überall umsonst um Aufnahme; die Abtheilung von Patrae ward in Phokis, das arkadische Elitencorps bei Chaeroneia aufgerieben; ganz Nordgriechenland wurde geräumt und von dem Achaeerheer und der in Masse flüchtenden Bürgerschaft von Theben gelangte nur ein geringer Theil in den Peloponnes. Metellus suchte durch die möglichste Milde die Griechen zum Aufgeben des sinnlosen Widerstandes zu bestimmen und befahl zum Beispiel alle Thebaner mit Ausnahme eines Einzigen laufen zu lassen; seine wohlgemeinten Versuche scheiterten nicht an der Energie des Volkes, sondern an der Desperation der um ihren eigenen Kopf besorgten Führer. Diaeos, der nach Kritolaos Fall wieder den Oberbefehl übernommen hatte, berief alle Waffenfähigen auf den Isthmos und befahl 12000 in Griechenland geborene Sklaven in das Heer einzustellen; die Reichen wurden zu Vorschüssen angehalten und unter den Friedensfreunden, soweit sie nicht durch Bestechung der Schreckensherren ihr Leben erkauften, durch Blutgerichte aufgeräumt. Der Kampf ging also fort und in dem gleichen Stile. Die achaeische Vorhut, die 4000 Mann stark unter Alkamenes bei Megara stand, verlief sich, so wie sie die römischen Feldzeichen gewahrte. Die Hauptmacht auf dem Isthmos wollte Metellus eben angreifen lassen, als der Consul Lucius Mummius mit wenigen Begleitern im römischen Hauptquartier eintraf und das Commando übernahm. Inzwischen boten die Achaeer, ermuthigt durch einen gelungenen Angriff auf die allzu unvorsichtigen römischen Vorposten, der römischen um das Doppelte überlegenen Armee bei Leukopetra auf dem Isthmos die Schlacht an. Die Römer zögerten nicht sie anzunehmen. Gleich zu Anfang rissen die achaeischen Reiter in Masse aus vor der sechsfach stärkeren römischen Reiterei; die Hopliten standen dem Feinde, bis ein Flankenangriff des römischen Elitencorps auch in ihre Reihen Verwirrung brachte. Damit war der Widerstand zu Ende. Diaeos floh in seine Heimath, tödtete sein Weib und nahm selber Gift; die Städte unterwarfen sich sämmtlich ohne Gegenwehr und sogar das unbezwingliche Korinth, in das einzurücken Mummius drei Tage zauderte, weil er einen Hinterhalt besorgte, ward ohne Schwertstreich von den Römern besetzt. — Die neue Regelung der griechischen Verhältnisse ward in Gemeinschaft mit einer Commission von zehn Senatoren dem Consul Mummius übertragen, der sich in dem eroberten Lande im Ganzen ein gesegnetes Andenken erwarb. Zwar war es gelind gesagt eine Thorheit, daſs er seiner Kriegs- und Siegesthaten wegen den Namen ‚des Achaikers‘ annahm und dem

Provinz Achaia.

Hercules Sieger dankerfüllt einen Tempel erbaute; allein als Verwalter
erwies er, der nicht in aristokratischem Luxus und aristokratischer
Corruption aufgewachsen, sondern ein ‚neuer Mann' und verhältnifsmäfsig unbemittelt war, sich gerecht und mild. Es ist eine redneurische
Uebertreibung, dafs von den Achaeern blofs Diaeos, von den Boeotern
blofs Pytheas umgekommen seien; in Chalkis namentlich fielen arge
Greuel vor; im Ganzen ward aber doch in den Strafgerichten Mafs gehalten. Den Antrag die Statuen des Begründers der achaeischen
Patriotenpartei, des Philopoemen umzustürzen wies Mummius zurück;
die den Gemeinden auferlegten Geldbufsen wurden nicht für die römische Kasse, sondern für die geschädigten griechischen Städte bestimmt, grofsentheils auch später erlassen und das Vermögen derjenigen
Hochverräther, die Aeltern oder Kinder hatten, nicht von Staatswegen
verkauft, sondern diesen überwiesen. Nur die Kunstschätze wurden
aus Korinth, Thespiae und andern Städten weggeführt und theils in
der Hauptstadt, theils in den Landstädten Italiens aufgestellt*), einzelne
Stücke auch den isthmischen, delphischen und olympischen Tempeln
verehrt. Auch in der definitiven Organisation der Landschaft im Allgemeinen waltete die Milde. Zwar wurden, wie es die Provinzialverfassung mit sich brachte (I, 545), die Sondereidgenossenschaften, vor
allem die achaeische, als solche aufgelöst, die Gemeinden isolirt und
durch die Bestimmung, dafs niemand in zwei derselben zugleich
Grundbesitz erwerben dürfe, der Zwischenverkehr gehemmt. Ferner
wurden, wie es schon Flamininus versucht hatte (I, 720), die demokratischen Stadtverfassungen durchaus beseitigt und in jeder Gemeinde
einem aus den Vermögenden gebildeten Rath das Regiment in die Hand
gegeben. Auch wurde jeder Gemeinde eine feste nach Rom zu entrichtende Abgabe auferlegt und sie sämmtlich dem Statthalter von
Makedonien in der Art untergeordnet, dafs diesem als oberstem Militär-
chef auch in Verwaltung und Gerichtsbarkeit eine Oberleitung zustand
und er zum Beispiel wichtigere Criminalprozesse zur Entscheidung an
sich ziehen konnte. Dennoch blieb den griechischen Gemeinden die
‚Freiheit', das heifst eine, freilich durch die römische Hegemonie zum
Namen zusammengeschwundene, formelle Souveränetät, welche das
Eigenthum an Grund und Boden und das Recht eigener Verwaltung

---

*) Aus den sabinischen Ortschaften, aus Parma, ja aus Italica in Spanien
(S. 4) sind noch mehrere mit Mummius Namen bezeichnete Basen bekannt, die
einst solche Beutegaben trugen.

und Gerichtsbarkeit in sich schlofs*).   Einige Jahre später ward
sogar nicht blofs ein Schatten der alten Eidgenossenschaften wieder

146   *) Die Frage, ob Griechenland im J. 608 römische Provinz geworden sei
oder nicht, läuft in der Hauptsache auf einen Wortstreit hinaus.   Dafs die
griechischen Gemeinden durchgängig ‚frei‘ blieben (C. I. Gr. 1543, 15; Caesar
b. c. 3, 5; Appian Mithr. 58; Zonar. 9, 31), ist ausgemacht; aber nicht minder
ist es ausgemacht, dafs Griechenland damals von den Römern ‚in Besitz genommen ward‘ (Tac. ann. 14, 21; 1 Makkab. 8, 9, 10); dafs von da an jede
Gemeinde einen festen Zins nach Rom entrichtete (Pausan. 7, 16, 6, vgl. Cic.
de prov. cons. 3, 5), die kleine Insel Gyaros zum Beispiel jährlich 150 Drachmen
(Strabon 10, 485); dafs die ‚Ruthen und Beile‘ des römischen Statthalters fortan
auch in Griechenland schalteten (Polyb. 38, 1 c, vgl. Cic. Verr. l. 1, 21, 55)
und derselbe die Oberaufsicht über die Stadtverfassungen (C. I. Gr. 1543) so
wie in gewissen Fällen die Criminaljurisdiction (C. I. Gr. 1543; Plut. Cim. 2)
fortan ebenso übte wie bis dahin der römische Senat; dafs endlich die makedonische Provinzialaera auch in Griechenland im Gebrauch war.   Zwischen
diesen Thatsachen ist keineswegs ein Widerspruch oder doch kein anderer als
derjenige, welcher überhaupt in der Stellung der freien Städte liegt, welche
bald als aufserhalb der Provinz stehend (z. B. Sueton Caes. 25; Colum. 11, 3, 26),
bald als der Provinz zugetheilt (z. B. Joseph. ant. Iud. 14, 4, 4) bezeichnet
werden.   Der römische Domanialbesitz in Griechenland beschränkte sich zwar
auf den korinthischen Acker und etwa einige Stücke von Euboea (C. I. Gr. 5879)
und eigentliche Unterthanen gab es dort gar nicht; allein darum konnte dennoch, wenn man auf das thatsächlich zwischen den griechischen Gemeinden
und dem makedonischen Statthalter bestehende Verhältnifs sieht, ebenso wie
Massalia zur Provinz Narbo, Dyrrhachion zur Provinz Makedonien, auch
Griechenland zu der makedonischen Provinz gerechnet werden.   Es finden
sich sogar noch viel weitergehende Fälle: das cisalpinische Gallien bestand
89   seit 665 aus lauter Bürger- oder latinischen Gemeinden und ward dennoch durch
Sulla Provinz; ja in der caesarischen Zeit begegnen Landschaften, die ausschliefslich aus Bürgergemeinden bestehen und die dennoch keineswegs auf-
hören, Provinzen zu sein.   Sehr klar tritt der Grundbegriff der römischen
provincia hervor; sie ist zunächst nichts als das ‚Commando‘ und alle Ver-
waltungs- und Jurisdictionsthätigkeit des Commandanten sind ursprünglich
Nebengeschäfte und Corollarien seiner militärischen Stellung. — Andererseits
mufs dagegen, wenn man die formelle Souveränetät der freien Gemeinden in's
146   Auge fafst, zugestanden werden, dafs durch die Ereignisse des J. 608 Griechenlands Stellung staatsrechtlich sich nicht änderte; es waren mehr factische
als rechtliche Verschiedenheiten, dafs statt der achaeischen Eidgenossenschaft
jetzt die einzelnen Gemeinden Achaias als tributäre Clientelstaaten neben Rom
standen und dafs seit Einrichtung der römischen Sonderverwaltung in Makedonien diese anstatt der hauptstädtischen Behörden die Oberaufsicht über die
griechischen Clientelstaaten übernahm.   Man kann demnach, je nachdem die
thatsächliche oder die formelle Auffassung überwiegt, Griechenland als Theil
des Commandos von Makedonien ansehen oder auch nicht; indefs wird der
ersteren Auffassung mit Recht das Uebergewicht eingeräumt.

gestattet, sondern auch die drückende Beschränkung in der Veräufserung
des Grundbesitzes beseitigt. — Strengere Behandlung aber traf die Gemeinden Theben, Chalkis und Korinth. Es läfst sich nichts dawider *Korinth zer-*
erinnern, dafs die ersten beiden entwaffnet und durch Niederreifsung *stört*
ihrer Mauern in offene Flecken umgewandelt wurden; dagegen bleibt
die durchaus unmotivirte Zerstörung der ersten Handelsstadt Griechenlands, des blühenden Korinth ein düsterer Schandfleck in den Jahr-
büchern Roms. Auf ausdrücklichen Befehl des Senats wurden die
korinthischen Bürger aufgegriffen und was dabei nicht umkam in die
Sklaverei verkauft, die Stadt selbst nicht etwa blofs ihrer Mauern und
ihrer Burg beraubt, was, wenn man einmal dieselbe nicht dauernd besetzen wollte, allerdings nicht zu vermeiden war, sondern dem Boden
gleich gemacht und in den üblichen Bannformen jeder Wiederanbau
der öden Stätte untersagt, das Gebiet derselben zum Theil an Sikyon
gegeben unter der Auflage anstatt Korinths die Kosten des isthmischen
Nationalfestes zu bestreiten, gröfstentheils aber zu römischem Gemein-
land erklärt. Also erlosch der ‚Augapfel von Hellas‘, der letzte köst-
liche Schmuck des einst so städtereichen griechischen Landes. Fassen
wir aber die ganze Katastrophe noch einmal ins Auge, so mufs die unparteiische Geschichte es anerkennen, was die Griechen dieser Zeit
selbst unumwunden eingestanden, dafs an dem Kriege selbst nicht die
Römer die Schuld trugen, sondern dafs die unkluge Treubrüchigkeit
und die schwächliche Tollkühnheit der Griechen die römische Intervention erzwangen. Die Beseitigung der Scheinsouveränetät der Bünde
und alles damit verknüpften unklaren und verderblichen Schwindels
war ein Glück für das Land und das Regiment des römischen Oberfeldherrn von Makedonien, wie viel es auch zu wünschen übrig liefs,
immer noch bei weitem besser als die bisherige Wirr- und Mifsregierung
der griechischen Eidgenossenschaften und der römischen Commissionen.
Der Peloponnes hörte auf die grofse Söldnerherberge zu sein; es ist
bezeugt und begreiflich, dafs überhaupt mit dem unmittelbaren römischen Regiment Sicherheit und Wohlstand einigermafsen zurück-
kehrten. Das themistokleische Epigramm, dafs der Ruin den Ruin abgewandt habe, wurde von den damaligen Hellenen nicht ganz mit
Unrecht angewandt auf den Untergang der griechischen Selbstständigkeit. Die ungemeine Nachsicht, welche Rom auch jetzt noch gegen
die Griechen bewies, tritt erst recht in das Licht, wenn man sie mit
dem gleichzeitigen Verfahren derselben Behörden gegen die Spanier
und die Phöniker zusammenhält; Barbaren grausam zu behandeln

schien nicht unerlaubt, aber wie später Kaiser Traianus hielten es auch
die Römer dieser Zeit ‚für hart und barbarisch Athen und Sparta den
noch übrigen Schatten von Freiheit zu entreifsen‘. Um so schärfer
contrastirt mit dieser allgemeinen Milde die empörende selbst von den
Schutzrednern der karthagischen und der numantinischen Katastrophe
gemifsbilligte Behandlung von Korinth, welche durch die auf den Gassen
von Korinth gegen die römischen Abgeordneten ausgestofsenen Schmäh-
reden auch nach römischem Völkerrecht nichts weniger als gerechtfertigt ward. Und doch ging sie keineswegs hervor aus der Brutalität
eines einzelnen Mannes, am wenigsten des Mummius, sondern war eine
vom römischen Rath erwogene und beschlossene Mafsregel. Man wird
nicht irren, wenn man darin das Werk der Kaufmannspartei erkennt,
die in dieser Epoche schon neben der eigentlichen Aristokratie anfängt
in die Politik einzugreifen und die in Korinth einen Handelsneben-
buhler beseitigt hat. Wenn die römischen Grofshändler bei der Regulirung Griechenlands mitzureden gehabt haben, so begreift man,
wefshalb das Strafgericht eben gegen Korinth gerichtet ward und wefshalb man nicht blofs die Stadt vernichtete, wie sie war, sondern auch
die Ansiedelung an dieser für den Handel so überaus günstigen Stätte
für die Zukunft verbot. Für die auch in Hellas sehr zahlreichen römischen Kaufleute ward der Mittelpunkt fortan das peloponnesische
Argos; wichtiger aber für den römischen Grofshandel ward Delos, das,
schon seit 586 römischer Freihafen, einen guten Theil der Geschäfte
von Rhodos an sich gezogen hatte (I, 777) und nun in ähnlicher Weise
in die korinthischen eintrat. Diese Insel blieb für längere Zeit der
Hauptstapelplatz der vom Osten nach dem Westen gehenden Waaren *).

Asien.   Unvollständiger als in der nur durch schmale Meere von Italien
getrennten africanischen und makedonisch-hellenischen Landschaft
entwickelte sich die römische Herrschaft in dem dritten entfernteren
Königreich Welttheil. — In Vorderasien war durch die Zurückdrängung der Seleu-
Pergamon.   kiden das Reich von Pergamon die erste Macht geworden. Nicht ge-
irrt durch die Traditionen der Alexandermonarchien, einsichtig und

---

*) Ein merkwürdiger Beleg dafür ist die Benennung der feinen griechischen
Bronze- und Kupferwaaren, die in der ciceronischen Zeit ohne Unterschied
‚korinthisches‘ oder ‚delisches Kupfer‘ genannt werden. Die Bezeichnung ist in
Italien begreiflicher Weise nicht von den Fabrikations-, sondern von den
Exportplätzen hergenommen (Plin. h. n. 34, 2, 9); womit natürlich nicht geleugnet wird, dafs dergleichen Gefäfse auch in Korinth und Delos selbst fabricirt
wurden.

kühl genug, um auf das Unmögliche zu verzichten verhielten die Attaliden sich ruhig und strebten nicht ihre Grenzen zu erweitern noch der
römischen Hegemonie sich zu entziehen, sondern den Wohlstand ihres
Reiches, so weit die Römer es erlaubten, zu fördern und die Künste
des Friedens zu pflegen. Doch entgingen sie darum der Eifersucht
und dem Argwohn Roms nicht. Im Besitz der europäischen Küste
der Propontis, der Westküste Kleinasiens und des kleinasiatischen
Binnenlandes bis zur kappadokischen und kilikischen Grenze, in enger
Verbindung mit den syrischen Königen, von denen Antiochos Epiphanes
(+ 590) durch die Hülfe der Attaliden auf den Thron gelangt war, hatte 164
König Eumenes II durch seine bei dem immer tieferen Sinken Makedoniens und Syriens nur noch ansehnlicher erscheinende Macht selbst
den Begründern derselben Bedenken eingeflößt; es ist schon erzählt
worden (I. 773), wie der Senat darauf bedacht war nach dem dritten
makedonischen Krieg diesen Bundesgenossen durch unfeine diplomatische Künste zu demüthigen und zu schwächen. Die an sich schon
schwierigen Verhältnisse der Herren von Pergamon zu den ganz und
halb freien Handelsstädten innerhalb ihres Reiches und zu den barbarischen Nachbarn an dessen Grenzen wurden durch diese Verstimmung der Schutzherren noch peinlicher verwickelt. Da es nicht
klar war, ob nach dem Friedensvertrag von 565 die Taurushöhen in 189
der pamphylischen und pisidischen Landschaft zum syrischen oder zum
pergamenischen Reich gehörten (I. 745), leisteten die tapferen Selger, es
scheint unter nomineller Anerkennung der syrischen Oberhoheit, den
Königen Eumenes II und Attalos II langjährigen und energischen
Widerstand in den schwer zugänglichen Gebirgen Pisidiens. Auch die
asiatischen Kelten, welche eine Zeitlang unter Zulassung der Römer
unter pergamenischer Botmäßigkeit gestanden hatten, fielen von Eumenes ab und begannen im Einverständniß mit dem Erbfeind der
Attaliden, dem König Prusias von Bithynien, um 587 plötzlich gegen 167
ihn Krieg. Der König hatte keine Zeit gehabt Miethstruppen zu
dingen; alle seine Einsicht und Tapferkeit konnte nicht verhindern,
daß sie die asiatische Miliz schlugen und das Gebiet überschwemmten;
wir kennen bereits die eigenthümliche Vermittelung, zu der die Römer auf Eumenes Bitte sich herbeiließen (I, 774). So wie er indeß
Zeit gefunden hatte mit Hülfe seiner wohlgefüllten Kasse eine kampf-
fähige Armee aufzustellen, trieb er auch die wilden Schaaren schnell
zurück über die Grenze seines Reiches; und obwohl Galatien ihm verloren blieb und seine hartnäckig fortgesetzten Versuche dort die

4*

Hände im Spiel zu behalten, durch römischen Einfluß vereitelt wurden *), hinterließ er dennoch trotz aller offenen Angriffe und geheimen
Machinationen, die seine Nachbarn und die Römer gegen ihn gerichtet
hatten, bei seinem Tode (um 595) das Reich in ungeschmälertem
Bestand. Sein Bruder Attalos II Philadelphos († 616) wies den Versuch des Königs Pharnakes von Pontos sich der Vormundschaft über
Eumenes unmündigen Sohn zu bemächtigen mit römischer Hülfe zurück
und regierte anstatt seines Neffen wie Antigonos Doson als Vormund
auf Lebenszeit. Gewandt, tüchtig, fügsam, ein echter Attalide verstand er es den argwöhnischen Senat von der Nichtigkeit der früher
gehegten Besorgnisse zu überzeugen. Die antirömische Partei be-
schuldigte ihn, daß er sich dazu hergebe das Land für die Römer zu
hüten und jede Beleidigung und Erpressung von ihnen sich gefallen
lasse; indeß konnte er, des römischen Schutzes sicher, in die syrischen,
kappadokischen und bithynischen Thronstreitigkeiten entscheidend
eingreifen. Auch aus dem gefährlichen bithynischen Krieg, den König
Prusias II, der Jäger genannt (572?—605), ein Regent, der alle barbarischen und alle civilisirten Laster in sich vereinigte, gegen ihn be-

---

*) Mehrere vor kurzem (Münchener Sitzungsberichte 1860 S. 180 fg.) bekannt
gewordene Schreiben der Könige Eumenes II und Attalos II an den Priester
von Pessinus, welcher durchgängig Attis heißt (vgl. Polyb. 22, 20), erläutern
diese Verhältnisse sehr anschaulich. Das älteste derselben und das einzige
datirte, geschrieben im 34. Regierungsjahre des Eumenes am 7. Tage vor dem
Ende des Gorpiaeos, also 590/1 d. St., bietet dem Priester militärische Hülfe
an um den (sonst nicht bekannten) Pesongern von ihnen besetztes Tempel-
land zu entreißen. Das folgende, ebenfalls noch von Eumenes, zeigt den
König als Partei in der Fehde zwischen dem Priester von Pessinus und dessen
Bruder Aiorix. Ohne Zweifel gehörten beide Handlungen des Eumenes zu denjenigen, die in den J. 590 fg. in Rom zur Anzeige kamen als Versuche desselben
sich in die gallischen Angelegenheiten auch fernerhin zu mengen und dort
seine Parteigenossen zu stützen (Polyb. 31, 6, 9. 32, 3, 5). Dagegen geht aus
einem der Schreiben seines Nachfolgers Attalos hervor, wie sich die Zeiten
geändert und die Wünsche herabgestimmt hatten. Der Priester Attis scheint
auf einer Zusammenkunft in Apameia von Attalos abermals die Zusage bewaffneter Hülfe erhalten zu haben; nachher aber schreibt ihm der König, daß in
einem deßwegen abgehaltenen Staatsrath, dem Athenaeos (sicher der bekannte
Bruder des Königs), Sosandros, Menogenes, Chloros und andere Verwandte
(ἀναγκαῖοι) beigewohnt hätten, nach langem Schwanken endlich die Majorität
dem Chloros dahin beigetreten sei, daß nichts geschehen dürfe ohne die Römer
vorher zu befragen; denn selbst wenn ein Erfolg erreicht werde, setzte man
sich dem Wiederverlust und dem bösen Verdacht aus, ‚den sie auch gegen
den Bruder‘ (Eumenes II) ‚gehegt hätten‘.

gann. rettete ihn die römische Intervention — freilich erst, nachdem er selbst in seiner Hauptstadt belagert und eine erste Mahnung der Römer von Prusias unbefolgt gelassen, ja verhöhnt worden war (598 bis 600). Allein mit der Thronbesteigung seines Mündels Attalos III Philometor (616—621) trat an die Stelle des friedlichen und mäfsigen Bürgerkönigthums ein asiatisches Sultanregiment, unter dem es zum Beispiel vorkam, dafs der König, um des unbequemen Raths seiner väterlichen Freunde sich zu entledigen, sie im Palast versammeln und erst sie, sodann ihre Frauen und Kinder von seinen Lanzknechten niedermachen liefs; nebenher schrieb er Bücher über den Gartenbau, zog Giftkräuter und bossirte in Wachs, bis ein plötzlicher Tod ihn abrief. Mit ihm erlosch das Geschlecht der Attaliden. In solchem Fall konnte nach dem wenigstens für die Clientelstaaten Roms gültigen Staatsrecht der letzte Regent testamentarisch über die Succession verfügen. Ob der Gedanke das Reich den Römern zu vermachen dem letzten Attaliden durch den wahnwitzigen Groll gegen seine Unterthanen eingegeben worden war, der ihn bei Lebzeiten gepeinigt hatte, oder ob hierin blofs eine weitere Anerkennung der thatsächlichen Oberlehnsgewalt Roms lag, ist nicht zu entscheiden. Das Testament lag vor*); die Römer traten die Erbschaft an und die Frage über das Land und den Schatz der Attaliden fiel in Rom als neuer Erisapfel unter die hadernden politischen Parteien. Aber auch in Asien entzündete dies Königstestament den Bürgerkrieg. Im Vertrauen auf die Abneigung der Asiaten gegen die bevorstehende Fremdherrschaft trat ein natürlicher Sohn Eumenes II, Aristonikos in Leukae, einer kleinen Hafenstadt zwischen Smyrna und Phokaea, als Kronprätendent auf. Phokaea und andere Städte fielen ihm zu; indefs von den Ephesiern,

Marginalia: 156 · 154 · 138 133 · Provinz Asien. · Krieg gegen Aristonikos.

---

　　*) In demselben Testament gab der König seiner Stadt Pergamon die ‚Freiheit‘, das heifst die δημοκρατία, das städtische Selbstregiment. Laut einer merkwürdigen kürzlich dort gefundenen Urkunde (Staatsrecht 3³ S. 726) beschlofs nach Eröffnung des Testaments, aber vor dessen Bestätigung durch die Römer der also constituirte Demos den bisher vom Bürgerrecht ausgeschlossenen Klassen der Bevölkerung, insbesondere den im Census aufgeführten Paröken und den in Stadt und Land wohnhaften Soldaten, auch den Makedoniern das städtische Bürgerrecht zu verleihen, um also ein gutes Einverständnifs in der gesammten Bevölkerung herbeizuführen. Offenbar wollte die Bürgerschaft, indem sie die Römer vor die vollendete Thatsache dieser umfassenden Ausgleichung stellte, vor dem eigentlichen Eintreten der römischen Herrschaft sich gegen dieselbe in Verfassung setzen und den fremden Gebietern die Möglichkeit nehmen die Rechtsverschiedenheiten innerhalb der Bevölkerung zur Sprengung der Gemeindefreiheit zu benutzen.

die in dem festen Anschlufs an Rom die einzige Möglichkeit erkannten
ihre Privilegien sich zu erhalten, zur See auf der Höhe von Kyme geschlagen mufste er in das Binnenland flüchten. Schon glaubte man
ihn verschollen; da erschien er plötzlich wieder an der Spitze der
neuen ‚Bürger der Sonnenstadt'*), das heifst der von ihm in Masse
zur Freiheit gerufenen Sklaven, bemächtigte sich der lydischen Städte
Thyateira und Apollonis so wie eines Theils der attalischen Ortschaften und rief Schaaren thrakischer Lanzknechte unter seine Fahnen. Der Kampf ward ernsthaft. Römische Truppen standen in Asien
nicht; die asiatischen Freistädte und die Contingente der Clientelfürsten
von Bithynien, Paphlagonien, Kappadokien, Pontos, Armenien konnten
des Prätendenten sich nicht erwehren; er drang mit gewaffneter Hand
in Kolophon, Samos, Myndos ein und gebot schon fast über das ge-
131 sammte väterliche Reich, als am Ende des J. 623 ein römisches Heer
in Asien landete. Dessen Feldherr, der Consul und Oberpontifex
Publius Licinius Crassus Mucianus, einer der reichsten und zugleich
einer der gebildetsten Männer Roms und als Redner wie als Rechts-
kenner gleich ausgezeichnet, schickte sich an den Prätendenten in
Leukae zu belagern, liefs aber während der Vorbereitungen dazu von
dem allzu gering geschätzten Gegner sich überraschen und schlagen
und ward selbst von einem thrakischen Haufen gefangen. Den Triumph
aber den Oberfeldherrn Roms als Gefangenen zur Schau zu stellen
gönnte er einem solchen Feinde nicht; er reizte die Barbaren, die ihn
130 ergriffen hatten ohne ihn zu kennen, ihm den Tod zu geben (Anf. 624)
und erst als Leiche ward der Consular erkannt. Mit ihm, wie es
scheint, fiel König Ariarathes von Kappadokien. Indefs ward Aristonikos nicht lange nach diesem Siege von Crassus Nachfolger Marcus
Perpenna überfallen, sein Heer zersprengt, er selbst in Stratonikeia
belagert und gefangen und bald darauf in Rom hingerichtet. Die
Unterwerfung der letzten noch Widerstand leistenden Städte und die
definitive Regulirung der Landschaft übernahm nach Perpennas plötz-
129 lichem Tode Manius Aquillius (625). Man verfuhr ähnlich wie im
karthagischen Gebiet. Der östliche Theil des Attalidenreiches ward
den Clientelkönigen überwiesen, um die Römer von dem Grenzschutz

---

*) Diese seltsamen ‚Heliopoliten' sind, nach der mir von einem Freunde
geäufserten wahrscheinlichen Meinung, so zu fassen, dafs die befreiten Sklaven
als Bürger einer umgenannten oder auch vielleicht für jetzt nur gedachten
Stadt Heliopolis sich constituirten, die ihren Namen von dem in Syrien hoch-
verehrten Sonnengott empfing.

und damit von der Nothwendigkeit einer stehenden Besatzung in Asien
zu befreien; Telmissos (I, 745) kam an die lykische Eidgenossenschaft:
die europäischen Besitzungen in Thrakien wurden zu der Provinz Makedonien geschlagen; das übrige Gebiet ward als neue römische Provinz
eingerichtet, der gleich der karthagischen nicht ohne Absicht der Name
des Welttheils beigelegt ward, in dem sie lag. Die Steuern, die nach
Pergamon gezahlt worden waren, wurden dem Lande erlassen und
dasselbe mit gleicher Milde behandelt wie Hellas und Makedonien. So
ward der ansehnlichste kleinasiatische Staat eine römische Vogtei.

Die zahlreichen andern Kleinstaaten und Städte Vorderasiens, das Vorderasien.
Königreich Bithynien, die paphlagonischen und gallischen Fürstenthümer, die lykische und die pamphylische Eidgenossenschaft, die
Freistädte Kyzikos und Rhodos blieben in ihren bisherigen beschränkten
Verhältnissen bestehen. — Jenseit des Halys befolgte Kappadokien, Kappado-
nachdem König Ariarathes V Philopator (591—624) hauptsächlich kien.
durch Hülfe der Attaliden sich gegen seinen von Syrien unterstützten 163 130
Bruder und Nebenbuhler Holophernes behauptet hatte, wesentlich die
pergamenische Politik, sowohl in der unbedingten Hingebung an Rom
als in der Richtung auf hellenische Bildung. Durch ihn drang diese
ein in das bis dahin fast barbarische Kappadokien und freilich auch
sogleich ihre Auswüchse, wie der Bakchosdienst und das wüste Treiben
der wandernden Schauspielertruppen, der sogenannten ‚Künstler‘. Zum
Lohn der Treue gegen Rom, die dieser Fürst in dem Kampfe gegen
den pergamenischen Prätendenten mit seinem Leben bezahlt hatte,
ward sein unmündiger Erbe Ariarathes VI nicht nur gegen die von dem
König von Pontos versuchte Usurpation durch die Römer geschirmt,
sondern ihm auch der südöstliche Theil des Attalidenreiches gegeben,
Lykaonien nebst der östlich daran grenzenden in älterer Zeit zu Kilikien
gerechneten Landschaft. — Endlich im fernen Nordosten Kleinasiens Pontos.
gelangte ‚Kappadokien am Meer‘ oder kurzweg der ‚Meerstaat‘, Pontos
zu steigender Ausdehnung und Bedeutung. Nicht lange nach der Schlacht
von Magnesia hatte König Pharnakes I sein Gebiet weit über den Halys
bis nach Tios an der bithynischen Grenze ausgedehnt und namentlich des reichen Sinope sich bemächtigt, das aus einer griechischen
Freistadt dieser Könige Residenz ward. Zwar hatten die durch diese
Uebergriffe gefährdeten Nachbarstaaten, König Eumenes II an ihrer
Spitze, deßwegen Krieg gegen ihn geführt (571—575) und unter rö- 183 179
mischer Vermittelung das Versprechen von ihm erzwungen Galatien und
Paphlagonien zu räumen; allein der Verlauf der Ereignisse zeigt, daß

156 120 Pharnakes so wie sein Nachfolger Mithradates V Euergetes (598?—634),
treue Bundesgenossen Roms im dritten punischen Krieg so wie in dem
gegen Aristonikos, nicht blofs jenseit des Halys sitzen geblieben sind,
sondern auch der Sache nach die Schutzherrlichkeit über die paphlagonischen und galatischen Dynasten behalten haben. Nur unter dieser
Voraussetzung ist es erklärlich, wie Mithradates, angeblich wegen seiner
tapfern Thaten im Kriege gegen Aristonikos, in der That für beträchtliche an den römischen Feldherrn gezahlte Summen, von demselben
nach Auflösung des attalischen Reiches Grofsphrygien empfangen
konnte. Wie weit andererseits gegen den Kaukasus und die Euphrat-
quellen das pontische Reich sich um diese Zeit erstreckte, ist nicht
genau zu bestimmen; doch scheint es den westlichen Theil von Armenien um Enderes und Diwirigi oder das sogenannte Kleinarmenien als
abhängige Satrapie umfafst zu haben, während Grofsarmenien und

Syrien.
Aegypten. Sophene eigene unabhängige Reiche bildeten. — Wenn also auf der
kleinasiatischen Halbinsel wesentlich Rom das Regiment führte und,
so vieles auch ohne und gegen seinen Willen geschah, doch den Besitzstand im Ganzen bestimmte, so blieben dagegen die weiten Strecken
jenseit des Tauros und des obern Euphrat bis hinab zum Nilthal in der
Hauptsache sich selber überlassen. Zwar der der Regulirung des
159 Ostens von 565 zu Grunde gelegte Satz, dafs der Halys die Ostgrenze
der römischen Clientel bilden solle (I, 743), ward vom Senat nicht ein-
gehalten und trug auch die Unhaltbarkeit in sich selber. Der politische
Horizont ist Selbsttäuschung so gut wie der physische; wenn dem Staate
Syrien die Zahl der ihm gestatteten Kriegsschiffe und Kriegselephanten
im Friedensvertrag selbst normirt ward (I, 744), wenn das syrische
Heer auf Befehl des römischen Senats das halb gewonnene Aegypten
räumte (I, 778), so lag darin die vollständige Anerkennung der Hegemonie und der Clientel. Darum gingen denn auch die Thronstreitigkeiten in Syrien wie in Aegypten zur Beilegung an die römische Re-
164 gierung. Dort stritten nach Antiochos Epiphanes Tode (590) der als
Geisel in Rom lebende Sohn Seleukos des Vierten Demetrios, später
Soter genannt, und des letzten Königs Antiochos Epiphanes unmündiger Sohn Antiochos Eupator um die Krone; hier war von den beiden
170 seit 584 gemeinschaftlich regierenden Brüdern der ältere Ptolemaeos
131 146 Philometor (573—608) durch den jüngeren Ptolemaeos Euergetes II
117 164 oder den Dicken († 637) aus dem Lande getrieben worden (590) und
um seine Herstellung zu erwirken persönlich in Rom erschienen. Beide
Angelegenheiten ordnete der Senat lediglich auf diplomatischem Wege

und wesentlich nach Mafsgabe des römischen Vortheils. In Syrien ward Antiochos Eupator mit Beseitigung des besser berechtigten Demetrios als König anerkannt und mit der Führung der Vormundschaft über den königlichen Knaben der römische Senator Gnaeus Octavius vom Senat beauftragt, welcher wie begreiflich durchaus im römischen Interesse regierte, die Kriegsflotte und das Elephantenheer dem Friedensvertrag von 565 gemäfs reducirte und im besten Zuge war den militärischen Ruin des Landes zu vollenden. In Aegypten ward nicht blofs Philometors Herstellung bewirkt, sondern auch, theils um dem Bruderzwist ein Ziel zu setzen, theils um die noch immer ansehnliche Macht Aegyptens zu schwächen, Kyrene vom Reich getrennt und Euergetes mit demselben abgefunden. ‚Könige sind, wen die Römer wollen‘, schrieb nicht lange nachher ein jüdischer Mann, ‚und wen sie nicht wollen, den verjagen sie von Land und Leuten‘. Allein dies war für lange Zeit das letzte Mal, dafs der römische Senat in den Angelegenheiten des Ostens mit derjenigen Tüchtigkeit und Thatkraft auftrat, welche er in den Verwickelungen mit Philippos, Antiochos und Perseus durchgängig bewährt hatte. Der innerliche Verfall des Regiments wirkte am spätesten, aber wirkte doch endlich auch zurück auf die Behandlung der auswärtigen Angelegenheiten. Das Regiment ward unstet und unsicher; man liefs die eben erfafsten Zügel erschlaffen und beinahe wieder fahren. Der vormundschaftliche Regent von Syrien ward in Laodikeia ermordet; der zurückgewiesene Prätendent Demetrios entfloh aus Rom und bemächtigte sich unter dem dreisten Vorgeben, dafs der römische Senat ihn dazu bevollmächtigt habe, nach Beseitigung des königlichen Knaben der Regierung seines väterlichen Reiches (592). Bald nachher brach zwischen den Königen von Aegypten und Kyrene Krieg aus über den Besitz der Insel Kypros, welche der Senat zuerst dem älteren, sodann dem jüngern zugeschieden hatte, und im Widerspruch mit der neuesten römischen Entscheidung blieb dieselbe schliefslich bei Aegypten. So wurde die römische Regierung, in der Fülle ihrer Macht und während des tiefsten inneren und äufseren Friedens daheim, von den ohnmächtigen Königen des Ostens mit ihren Decreten verhöhnt, ihr Name gemifsbraucht, ihr Mündel und ihr Commissar ermordet. Als siebzig Jahre zuvor die Illyriker in ähnlicher Weise sich an römischen Abgeordneten vergriffen, hatte der damalige Senat dem Ermordeten auf dem Marktplatz ein Denkmal errichtet und mit Heer und Flotte die Mörder zur Verantwortung gezogen. Der Senat dieser Zeit liefs dem Gnaeus Octavius gleichfalls ein Denkmal setzen, wie die

Sitte der Väter es vorschrieb; aber statt Truppen nach Syrien einzuschiffen ward Demetrios als König des Landes anerkannt — man war
ja jetzt so mächtig, dafs es überflüssig schien die Ehre zu wahren.
Ebenso blieb nicht blofs Kypros trotz des entgegenstehenden Senatsbeschlusses bei Aegypten, sondern als nach Philometors Tode (608)
Euergetes ihm nachfolgte und dadurch das getheilte Reich wiederum
vereinigt ward, liefs der Senat auch dies ungehindert geschehen. Nach
solchen Vorgängen war der römische Einflufs in diesen Landschaften
thatsächlich gebrochen und entwickelten sich die Verhältnisse daselbst
zunächst ohne Zuthun der Römer; doch ist des weiteren Verlaufs der
Dinge wegen es nothwendig auch jetzt den näheren und selbst den
ferneren Osten nicht völlig aus den Augen zu verlieren. — Wenn in
dem allerseits abgeschlossenen Aegypten der Statusquo sich so leicht
nicht verschob, so gruppirten dagegen in Asien dies- und jenseit des
Euphrat während und zum Theil in Folge dieser momentanen Stockung
der römischen Oberleitung die Völker und Staaten sich wesentlich
anders. Jenseits der grofsen iranischen Wüste hatten nicht lange nach
Alexander dem Grofsen am Indus das Reich von Palimbothra unter
Tschandragupta (Sandrakottos), am oberen Oxus der mächtige baktrische
Staat, beide aus einer Mischung der nationalen Elemente und der öst-
lichsten Ausläufer hellenischer Civilisation sich gebildet. Westwärts
von diesen begann das Reich Asien, das noch unter Antiochos dem
Grofsen zwar geschmälert, aber immer noch ungeheuer vom Hellespont
bis zu den medischen und persischen Landschaften sich erstreckte und
das ganze Stromgebiet des Euphrat und Tigris in sich schlofs. Noch
jener König hatte seine Waffen bis jenseit der Wüste in das Gebiet der
Parther und Baktrier getragen; erst unter ihm hatte der gewaltige
Staat angefangen sich aufzulösen. Nicht blofs Vorderasien war in Folge
der Schlacht von Magnesia verloren worden; auch die gänzliche Lösung
der beiden Kappadokien und der beiden Armenien, des eigentlichen
Armenien im Nordosten und der Landschaft Sophene im Südwesten,
und ihre Verwandlung in selbstständige Königreiche aus syrischen
Lehnsfürstenthümern, gehört dieser Zeit an (I, 744). Von diesen
Staaten gelangte namentlich Grofsarmenien unter den Artaxiaden bald
zu einer ansehnlichen Stellung. Vielleicht noch gefährlichere Wunden
schlug dem Reiche seines Nachfolgers Antiochos Epiphanes (579—590)
thörichte Nivellirungspolitik. So richtig es auch war, dafs sein Reich
mehr einem Länderbündel als einem Staate glich und dafs die Verschiedenheit der Nationalitäten und der Religionen der Unterthanen der

Regierung die wesentlichsten Hindernisse bereitete, so war doch der Plan hellenisch - römische Weise und hellenisch - römischen Cultus überall in seinem Lande einzuführen und seine Völker in politischer wie in religiöser Hinsicht auszugleichen unter allen Umständen eine Thorheit, auch abgesehen davon, dafs dieser karrikirte Joseph II persönlich einem solchen gigantischen Beginnen nichts weniger als gewachsen war und durch Tempelplünderung im grofsartigsten Mafsstab und die tollste Ketzerverfolgung seine Reformen in der übelsten Weise einleitete. Die eine Folge hievon war, dafs die Bewohner der Grenzprovinz gegen Aegypten, die Juden, sonst bis zur Demüthigkeit füg- _{Juden.} same und äufserst thätige und betriebsame Leute, durch den systematischen Religionszwang zur offenen Empörung gedrängt wurden (um 587). Die Sache kam an den Senat; und da derselbe eben damals 167 theils gegen Demetrios Soter mit gutem Grund erbittert war, theils eine Verbindung der Attaliden und Seleukiden besorgte, überhaupt aber die Herstellung einer Mittelmacht zwischen Syrien und Aegypten im Interesse Roms lag, so machte er keine Schwierigkeit die Freiheit und Autonomie der insurgirten Nation sofort anzuerkennen (um 593). 161 Indefs geschah doch von Rom für die Juden nur, was man thun konnte ohne sich selber zu bemühen; trotz der Clausel des zwischen den Römern und den Juden abgeschlossenen Vertrags, die den Juden im Fall sie angegriffen würden den Beistand Roms versprach, und trotz des an die Könige von Syrien und Aegypten gerichteten Verbots ihre Truppen durch das jüdische Land zu führen blieb es natürlich lediglich jenen selbst überlassen der syrischen Könige sich zu erwehren. Mehr als die Briefe ihrer mächtigen Verbündeten that für sie die tapfere und umsichtige Leitung des Aufstandes durch das Heldengeschlecht der Makkabaeer und die innere Zerrissenheit des syrischen Reiches: während des Haders zwischen den syrischen Königen Tryphon und Demetrios Nikator ward den Juden die Autonomie und Steuerfreiheit förmlich zugestanden (612) und bald darauf sogar das Haupt des 142 Makkabaeerhauses, Simon, des Mattathias Sohn, von der Nation wie von dem syrischen Grofskönig als Hochpriester und Fürst Israels förmlich anerkannt*) (615). — Folgenreicher noch als diese Insurrection 139] _{Par-} der Israeliten war die gleichzeitig und wahrscheinlich aus gleicher Ur- ^{therreich}

---

*) Von ihm rühren die Münzen her mit der Aufschrift ‚Shekel Israel‘ und der Jahreszahl des ‚heiligen Jerusalem‘ oder ‚der Erlösung Sions‘. Die ähnlichen mit dem Namen Simons, des Fürsten (Nessi) Israel gehören nicht ihm, sondern dem Insurgentenführer Bar-Kochba unter Hadrian.

sache entstandene Bewegung in den östlichen Landschaften, wo
Antiochos Epiphanes die Tempel der persischen Götter nicht minder
leerte wie den von Jerusalem und dort den Anhängern des Ahuramazda
und des Mithra es nicht besser gemacht haben wird wie hier denen des
Jehovah.   Wie in Judaea, nur in weiterem Umfang und in grofs-
artigeren Verhältnissen, war das Ergebnifs eine Reaction der einheimischen Weise und der einheimischen Religion gegen den Hellenismus
und die hellenischen Götter; die Träger dieser Bewegung waren die
Parther und aus ihr entsprang das grofse Partherreich.   Die ‚Parthwa‘
oder Parther, die als eine der zahllosen in das grofse Perserreich auf-
gegangenen Völkerschaften früh, zuerst im heutigen Khorasan südöstlich vom kaspischen Meere begegnen, erscheinen schon seit 500 unter
dem skythischen, das heifst turanischen Fürstengeschlecht der Arsakiden als ein selbstständiger Staat, der indefs erst ein Jahrhundert
später aus seiner Dunkelheit hervortrat.   Der sechste Arsakes, Mithradates I (579? — 618?) ist der eigentliche Gründer der parthischen
Grofsmacht.   Ihm erlag das an sich weit mächtigere, aber theils durch
die Fehden mit den skythischen Reiterschaaren von Turan und mit
den Staaten am Indus, theils durch innere Wirren bereits in allen
Fugen erschütterte baktrische Reich.   Fast gleiche Erfolge errang
er in den Landschaften westlich von der grofsen Wüste.   Das syrische Reich war eben damals, theils in Folge der verfehlten Helle-
nisirungsversuche des Antiochos Epiphanes, theils durch die nach
dessen Tode eintretenden Successionswirren, aufs tiefste zerrüttet und
die inneren Provinzen im vollen Zuge sich von Antiocheia und der
Küstenlandschaft abzulösen; in Kommagene zum Beispiel, der nörd-
lichsten Landschaft Syriens an der kappadokischen Grenze, machte
der Satrap Ptolemaeos, auf dem entgegengesetzten Ufer des Euphrat
im nördlichen Mesopotamien oder der Landschaft Osrhoene der Fürst
von Edessa, in der wichtigen Provinz Medien der Satrap Timarchos
sich unabhängig; ja der letztere liefs sich vom römischen Senat seine
Unabhängigkeit bestätigen und herrschte, gestützt auf das verbündete
Armenien, bis hinab nach Seleukeia am Tigris.   Unordnungen dieser
Art waren im asiatischen Reiche in Permanenz, sowohl die Provinzen
unter ihren halb oder ganz unabhängigen Satrapen in ewigem Aufstand
als auch die Hauptstadt mit ihrem gleich dem römischen und dem
alexandrinischen zuchtlosen und widerspenstigen Pöbel.   Die gesammte
Meute der Nachbarkönige, Aegypten, Armenien, Kappadokien, Pergamon mengte unaufhörlich sich in die Angelegenheiten Syriens und

nährte die Erbfolgestreitigkeiten, so dafs der Bürgerkrieg und die factische Theilung der Herrschaft unter zwei oder mehr Prätendenten fast
zur stehenden Landplage ward. Die römische Schutzmacht, wenn sie
die Nachbarn nicht aufstiftete, sah unthätig zu. Zu allem diesem drängte
von Osten her das neue Partherreich, nicht blofs mit seiner materiellen
Macht, sondern auch mit dem ganzen Uebergewicht seiner nationalen
Sprache und Religion, seiner nationalen Heer- und Staatsverfassung
auf die Fremdlinge ein. Es ist hier noch nicht der Ort dies regenerirte
Kyrosreich zu schildern; es genügt im Allgemeinen daran zu erinnern,
dafs, so mächtig auch in ihm noch der Hellenismus auftritt, dennoch
der parthische Staat, verglichen mit dem der Seleukiden, auf einer
nationalen und religiösen Reaction beruht und die alte iranische
Sprache, der Magierstand und der Mithrasdienst, die orientalische
Lehnsverfassung, die Reiterei der Wüste und Pfeil und Bogen hier
zuerst dem Hellenismus wieder übermächtig entgegentraten. Die Lage
der Reichskönige diesem allem gegenüber war in der That beklagens-
werth. Das Geschlecht der Seleukiden war keineswegs so entnervt
wie zum Beispiel das der Lagiden und einzelnen derselben mangelte
es nicht an Tapferkeit und Fähigkeit; sie wiesen auch wohl den einen
oder den andern jener zahllosen Rebellen, Prätendenten und Inter-
venienten in seine Schranken zurück; aber es fehlte ihrer Herrschaft so
sehr an einer festen Grundlage, dafs sie dennoch der Anarchie nicht
auch nur vorübergehend zu steuern vermochten. Das Ergebnifs war
denn, was es sein mufste. Die östlichen Landschaften Syriens unter ihren
unbeschützten oder gar aufrührerischen Satrapen geriethen unter parthische Botmäfsigkeit; Persien, Babylonien, Medien wurden auf immer
vom syrischen Reiche getrennt; der neue Staat der Parther reichte zu
beiden Seiten der grofsen Wüste vom Oxus und Hindukusch bis zum
Tigris und zur arabischen Wüste, wiederum gleich dem Perserreich
und all den älteren asiatischen Grofsstaaten eine reine Continental-
monarchie und wiederum eben gleich dem Perserreich in ewiger Fehde
begriffen einerseits mit den Völkern von Turan, andererseits mit den
Occidentalen. Der syrische Staat umfafste aufser der Küstenlandschaft
höchstens noch Mesopotamien und verschwand, mehr noch in Folge
seiner inneren Zerrüttung als seiner Verkleinerung, auf immer aus der
Reihe der Grofsstaaten. Wenn die mehrfach drohende gänzliche Unter-
jochung des Landes durch die Parther unterblieb, so ist dies nicht
der Gegenwehr der letzten Seleukiden, noch weniger dem Einflufs Roms
zuzuschreiben, sondern vielmehr den vielfältigen inneren Unruhen im

Partherreiche selbst und vor allem den Einfällen der turanischen
Steppenvölker in dessen östliche Landschaften. — Diese Umwandlung
der Völkerverhältnisse im inneren Asien ist der Wendepunkt in der
Geschichte des Alterthums. Auf die Völkerfluth, die bisher von Westen
nach Osten sich ergossen und in dem grofsen Alexander ihren letzten
und höchsten Ausdruck gefunden hatte, folgt die Ebbe. Seit der
Partherstaat besteht, ist nicht blofs verloren, was in Baktrien und am
Indus etwa noch von hellenischen Elementen sich erhalten haben
mochte, sondern auch das westliche Iran weicht wieder zurück in das
seit Jahrhunderten verlassene, aber noch nicht verwischte Geleise. Der
römische Senat opfert das erste wesentliche Ergebnifs der Politik
Alexanders und leitet damit jene rückläufige Bewegung ein, deren
letzte Ausläufer im Alhambra von Granada und in der grofsen Moschee
von Constantinopel endigen. So lange noch das Land von Ragae und
Persepolis bis zum Mittelmeer dem König von Antiochia gehorchte,
erstreckte auch Roms Macht sich bis an die Grenze der grofsen Wüste;
der Partherstaat, nicht weil er so gar mächtig war, sondern weil er
seinen Schwerpunkt fern von der Küste, im inneren Asien fand, konnte
niemals eintreten in die Clientel des Mittelmeerreiches. Seit Alexander
hatte die Welt den Occidentalen allein gehört und schien der Orient
für diese nur zu sein was später Amerika und Australien für die Euro-
päer wurden; mit Mithradates I trat dieser wieder ein in den Kreis
der politischen Bewegung. Die Welt hatte wieder zwei Herren.

Es ist noch übrig auf die maritimen Verhältnisse dieser Zeit einen
Blick zu werfen, obwohl darüber sich kaum etwas Anderes sagen läfst,
als dafs es nirgends mehr eine Seemacht gab. Karthago war vernichtet,
Syriens Kriegsflotte vertragsmäfsig zu Grunde gerichtet, Aegyptens
einst so gewaltige Kriegsmarine unter seinen gegenwärtigen schlaffen
Regenten in tiefem Verfall. Die kleineren Staaten und namentlich die
Kaufstädte hatten wohl einige bewaffnete Fahrzeuge, aber sie genügten
nicht einmal für die im Mittelmeere so schwierige Unterdrückung des
Seeraubs. Mit Nothwendigkeit fiel diese Rom zu als der führenden
Macht im Mittelmeer. Wie ein Jahrhundert zuvor die Römer eben
hierin mit besonderer und wohlthätiger Entschiedenheit aufgetreten
waren und namentlich im Osten ihre Suprematie zunächst eingeführt
hatten durch die zum allgemeinen Besten energisch gehandhabte See-
polizei (I, 550), ebenso bestimmt bezeichnet die vollständige Nichtigkeit derselben schon im Beginn dieser Periode den furchtbar raschen
Verfall des aristokratischen Regiments. Eine eigene Flotte besafs Rom

nicht mehr; man begnügte sich wenn es nöthig schien von den italischen, den kleinasiatischen und den sonstigen Seestädten Schiffe einzufordern. Die Folge war natürlich, dafs das Flibustierwesen sich organisirte und consolidirte. Zu dessen Unterdrückung geschah nun wohl, wenn nicht genug, so doch etwas, so weit die unmittelbare Macht der Römer reichte, im adriatischen und tyrrhenischen Meer. Die gegen die dalmatischen und ligurischen Küsten in dieser Epoche gerichteten Expeditionen bezweckten namentlich die Unterdrückung des Seeraubs in den beiden italischen Meeren; aus gleichem Grunde wurden im J. 631 die balearischen Inseln besetzt (S. 18). Dagegen in den mauretanischen und den griechischen Gewässern blieb es den Anwohnern und den Schiffern überlassen mit den Corsaren auf die eine oder die andere Weise sich abzufinden, da die römische Politik daran festhielt sich um diese entfernteren Gegenden so wenig wie irgend möglich zu kümmern. Die zerrütteten und bankerotten Gemeinwesen in den also sich selbst überlassenen Küstenstaaten wurden hiedurch natürlich zu Freistätten der Corsaren; und an solchen fehlte es namentlich in Asien nicht. Am ärgsten sah es in dieser Hinsicht aus auf Kreta, das durch seine glückliche Lage und die Schwäche oder Schlaffheit der Grofsstaaten des Westens und Ostens allein unter allen griechischen Ansiedelungen seine Unabhängigkeit bewahrt hatte; die römischen Commissionen kamen und gingen freilich auch auf dieser Insel, aber richteten hier noch weniger aus als selbst in Syrien und Aegypten. Fast schien es aber, als habe das Schicksal den Kretern die Freiheit nur gelassen um zu zeigen was herauskomme bei der hellenischen Unabhängigkeit. Es war ein schreckliches Bild. Die alte dorische Strenge der Gemeindeordnungen war ähnlich wie in Tarent umgeschlagen in eine wüste Demokratie, der ritterliche Sinn der Bewohner in eine wilde Rauf- und Beutegier; ein achtbarer Hellene selbst bezeugt es, dafs allein auf Kreta nichts für schimpflich gelte, was einträglich sei, und noch der Apostel Paulus führt billigend den Spruch eines kretischen Dichters an:

,Lügner sind all, Faulraozen, unsaubere Thiere die Kreter'.

Die ewigen Bürgerkriege verwandelten trotz der römischen Friedensstiftungen auf der alten ,Insel der hundert Städte' eine blühende Ortschaft nach der andern in Ruinenhaufen. Ihre Bewohner durchstreiften als Räuber die Heimath und die Fremde, die Länder und die Meere; die Insel ward der Werbeplatz für die umliegenden Königreiche, seit dieser Unfug im Peloponnes nicht mehr geduldet ward, und vor allem

der rechte Sitz der Piraterie, wie denn zum Beispiel um diese Zeit die
Insel Siphnos durch eine kretische Corsarenflotte völlig ausgeraubt
ward. Rhodos, das ohnehin von dem Verlust seiner Besitzungen auf
dem Festland und den seinem Handel zugefügten Schlägen (I, 776)
sich nicht zu erholen vermochte, vergeudete seine letzten Kräfte in den
Kriegen, die es zur Unterdrückung der Piraterie gegen die Kreter zu
führen sich genöthigt sah (um 600) und in denen die Römer zwar zu
vermitteln suchten, indefs ohne Ernst und wie es scheint ohne Erfolg.
— Neben Kreta fing bald auch Kilikien an für diese Flibustierwirth-
schaft eine zweite Heimath zu werden; und es war nicht blofs die
Ohnmacht der syrischen Herrscher, die ihr hier Vorschub that: der
Usurpator Diodotos Tryphon, der sich vom Sklaven zum König Syriens
aufgeschwungen hatte (608—615), förderte, um durch Corsarenhülfe
seinen Thron zu befestigen, in seinem Hauptsitz, dem rauhen oder
westlichen Kilikien mit allen Mitteln von oben herab die Piraterie.
Der ungemein gewinnbringende Verkehr mit den Piraten, die zugleich
die hauptsächlichsten Sklavenfänger und Sklavenhändler waren, verschaffte ihnen bei dem kaufmännischen Publicum, sogar in Alexandreia,
Rhodos und Delos eine gewisse Duldung, an der selbst die Regierungen
wenigstens durch Passivität sich betheiligten. Das Uebel ward so ernsthaft, dafs der Senat um 611 seinen besten Mann Scipio Aemilianus
nach Alexandreia und Syrien sandte, um an Ort und Stelle zu ermitteln,
was sich dabei thun lasse. Allein diplomatische Vorstellungen der
Römer machten die schwachen Regierungen nicht stark; es gab keine
andere Abhülfe als geradezu eine Flotte in diesen Gewässern zu unterhalten, wozu es wieder der römischen Regierung an Energie und Consequenz gebrach. So blieb eben alles beim Alten, die Piratenflotte
die einzige ansehnliche Seemacht im Mittelmeere, der Menschenfang
das einzige daselbst blühende Gewerbe. Die römische Regierung sah
den Dingen zu, die römischen Kaufleute aber standen als die besten
Kunden auf dem Sklavenmarkt mit den Piratencapitänen als den bedeutendsten Grofshändlern in diesem Artikel auf Delos und sonst in
regem und freundlichem Geschäftsverkehr.

Wir haben die Umgestaltung der äufseren Verhältnisse Roms und
der römisch-hellenischen Welt überhaupt in ihren Umrissen von der
Schlacht bei Pydna bis auf die Gracchenzeit, vom Tajo und vom Bagradas zum Nil und zum Euphrat begleitet. Es war eine grofse und
schwierige Aufgabe, die Rom mit dem Regimente dieser römisch-hellenischen Welt übernahm; sie ward nicht völlig verkannt, aber keines-

wegs gelöst. Die Unhaltbarkeit des Gedanken der catonischen Zeit, den Staat auf Italien zu beschränken und aufserhalb Italiens nur durch Clientel zu herrschen, ward von den leitenden Männern der folgenden Generation wohl begriffen und wohl die Nothwendigkeit eingesehen an die Stelle dieses Clientelregiments eine die Gemeindefreiheiten wahrende unmittelbare Herrschaft Roms zu setzen. Allein statt diese neue Ordnung fest, rasch und gleichmäfsig durchzuführen wurden einzelne Landschaften eingezogen, wo eben Gelegenheit, Eigensinn, Nebenvortheil und Zufall dazu führten, wogegen der gröfsere Theil des Clientelgebiets entweder in der unerträglichen Halbheit seiner bisherigen Stellung verblieb oder gar, wie namentlich Syrien, sich gänzlich dem Einflufs Roms entzog. Aber auch das Regiment selbst ging mehr und mehr auf in einem schwächlichen und kurzsichtigen Egoismus. Man begnügte sich von heute auf morgen zu regieren und nur eben die laufenden Geschäfte nothdürftig zu erledigen. Man war gegen die Schwachen der strenge Herr — als die Stadt Mylasa in Karien dem Publius Crassus Consul 623 zur Erbauung eines Sturmbocks einen andern Balken als den verlangten sandte, ward der Vorstand der Stadt defswegen ausgepeitscht; und Crassus war kein schlechter Mann und ein streng rechtlicher Beamter. Dagegen ward die Strenge da vermifst, wo sie an ihrem Platz gewesen wäre, wie gegen die angrenzenden Barbaren und gegen die Piraten. Indem die Centralregierung auf jede Oberleitung und jede Uebersicht der Provinzialverhältnisse Verzicht that, gab sie dem jedesmaligen Vogt nicht blofs die Interessen der Unterthanen, sondern auch die des Staates vollständig preis. Die spanischen Vorgänge, unbedeutend an sich, sind hierfür belehrend. Hier, wo die Regierung weniger als in den übrigen Provinzen sich auf die blofse Zuschauerrolle beschränken konnte, wurde nicht blofs von den römischen Statthaltern das Völkerrecht geradezu mit Füfsen getreten und durch eine Wort- und Treulosigkeit sonder gleichen, durch das frevelhafteste Spiel mit Capitulationen und Verträgen, durch Niedermetzelung unterthäniger Leute und Mordanstiftung gegen die feindlichen Feldherren die römische Ehre dauernd im Kothe geschleift, sondern es ward auch gegen den ausgesprochenen Willen der römischen Oberbehörde Krieg geführt und Friede geschlossen und aus unbedeutenden Vorfällen, wie zum Beispiel dem Ungehorsam der Numantiner, durch eine seltene Vereinigung von Verkehrtheit und Verruchtheit eine für den Staat verhängnifsvolle Katastrophe entwickelt. Und das alles geschah, ohne dafs in Rom auch nur eine ernstliche Bestrafung defs-

wegen verfügt ward. Ueber die Besetzung der wichtigsten Stellen und
die Behandlung der bedeutendsten politischen Fragen entschieden nicht
blofs die Sympathien und Rivalitäten der verschiedenen Senatscoterien
mit, sondern es fand selbst schon das Gold der auswärtigen Dynasten
Eingang bei den Rathsherren von Rom. Als der erste, der mit Erfolg
versuchte den römischen Senat zu bestechen, wird Timarchos genannt,
der Gesandte des Königs Antiochos Epiphanes von Syrien († 590);
bald wurde die Beschenkung einflufsreicher Senatoren durch auswär-
tige Könige so gewöhnlich, dafs es auffiel, als Scipio Aemilianus die
im Lager vor Numantia ihm von dem König von Syrien zugekommenen
Gaben in die Kriegskasse einwarf. Durchaus liefs man den alten Grundsatz fallen, dafs der Lohn der Herrschaft einzig die Herrschaft und die
Herrschaft eben so sehr eine Pflicht und eine Last wie ein Recht und
ein Vortheil sei.   So kam die neue Staatswirthschaft auf, welche von
der Besteuerung der Bürger absah und dagegen die Unterthanenschaft
als einen nutzbaren Besitz der Gemeinde theils von Gemeinde wegen
ausbeutete, theils der Ausbeutung durch die Bürger überlieferte; nicht
blofs wurde dem rücksichtslosen Geldhunger des römischen Kauf-
manns in der Provinzialverwaltung mit frevelhafter Nachgiebigkeit
Spielraum gestattet, sondern es wurden sogar die ihm mifsliebigen
Handelsrivalen durch die Heere des Staats aus dem Wege geräumt und
die herrlichsten Städte der Nachbarländer nicht der Barbarei der
Herrschsucht, sondern der weit scheufslicheren Barbarei der Speculation geopfert.   Durch den Ruin der älteren der Bürgerschaft allerdings
schwere Opfer auferlegenden Kriegsordnung grub der am letzten Ende
doch nur auf seinem militärischen Uebergewicht ruhende Staat sich
selber die Stütze ab.   Die Flotte liefs man ganz eingehen, das Land-
kriegswesen in der unglaublichsten Weise verfallen.   Die Bewachung
der asiatischen und africanischen Grenzen wurde auf die Unterthanen
abgewälzt und was man nicht von sich abwälzen konnte, wie die italische, makedonische und spanische Grenzvertheidigung, in der elendesten Weise verwaltet.   Die besseren Klassen fingen an so sehr aus
dem Heere zu verschwinden, dafs es schon schwer hielt für die spanischen Heere die erforderliche Anzahl von Offizieren aufzutreiben.
Die immer steigende Abneigung namentlich gegen den spanischen
Kriegsdienst in Verbindung mit der von den Beamten bei der Aushebung bewiesenen Parteilichkeit nöthigten im J. 602 zum Aufgeben
der alten Uebung die Auswahl der erforderlichen Anzahl Soldaten aus
der dienstpflichtigen Mannschaft dem freien Ermessen der Offiziere zu

überlassen und zu deren Ersetzung durch das Loosen der sämmtlichen Dienstpflichtigen — sicher nicht zum Vortheil des militärischen Gemeingeistes und der Kriegstüchtigkeit der einzelnen Abtheilungen. Die Behörden, statt mit Strenge durchzugreifen, erstreckten die leidige Volksschmeichelei auch hierauf mit: wenn einmal ein Consul für den spanischen Dienst pflichtmäfsig strenge Aushebungen veranstaltete, so machten die Tribune Gebrauch von ihrem verfassungsmäfsigen Recht ihn zu verhaften (603. 616); und es ward schon bemerkt, dafs Scipios 151 138 Ansuchen, ihm für den numantinischen Krieg die Aushebung zu gestatten, vom Senat geradezu abgeschlagen ward. Schon erinnern denn auch die römischen Heere vor Karthago oder Numantia an jene syrischen Armeen, in denen die Zahl der Bäcker, Köche, Schauspieler und sonstigen Nichtcombattanten die der sogenannten Soldaten um das Vierfache überstieg; schon geben die römischen Generale ihren karthagischen Collegen in der Heerverderbekunst wenig nach und werden die Kriege in Africa wie in Spanien, in Makedonien wie in Asien regelmäfsig mit Niederlagen eröffnet; schon schweigt man still zu der Ermordung des Gnaeus Octavius, schon ist Viriathus Meuchelmord ein Meisterwerk der römischen Diplomatie, schon die Eroberung von Numantia eine Grofsthat. Wie völlig der Begriff von Volks- und Mannesehre bereits den Römern abhanden gekommen war, zeigte mit epigrammatischer Schärfe die Bildsäule des entkleideten und gebundenen Mancinus, welche dieser selbst, stolz auf seine patriotische Aufopferung, in Rom sich setzen liefs. Wohin man den Blick auch wendet, findet man Roms innere Kraft wie seine äufsere Macht in raschem Sinken. Der in Riesenkämpfen gewonnene Boden wird in dieser Friedenszeit nicht erweitert, ja nicht einmal behauptet. Das Weltregiment, schwer zu erringen, ist schwerer noch zu bewahren; jenes hatte der römische Senat vermocht, an diesem ist er gescheitert.

KAPITEL II.

DIE REFORMBEWEGUNG UND TIBERIUS GRACCHUS.

Das römische Regiment vor der Gracchenzeit. Ein volles Menschenalter nach der Schlacht von Pydna erfreute der römische Staat sich der tiefsten kaum hie und da an der Oberfläche bewegten Ruhe. Das Gebiet dehnte über die drei Welttheile sich aus; der Glanz der römischen Macht und der Ruhm des römischen Namens waren in dauerndem Steigen; aller Augen ruhten auf Italien, alle Talente, aller Reichthum strömten dahin: eine goldene Zeit friedlicher Wohlfahrt und geistigen Lebensgenusses schien dort beginnen zu müssen. Mit Bewunderung erzählten sich die Orientalen dieser Zeit von der mächtigen Republik des Westens, ,die die Königreiche bezwang fern und nah und wer ihren Namen vernahm, der fürchtete sich; mit den Freunden und Schutzbefohlenen aber hielt sie guten Frieden. Solche Herrlichkeit war bei den Römern, und doch setzte keiner die Krone sich auf und prahlte keiner im Purpurgewand; sondern wen sie Jahr um Jahr zu ihrem Herrn machten, auf den hörten sie und war bei ihnen nicht Neid noch Zwietracht'.

Einreißender Verfall. So schien es in der Ferne; in der Nähe sahen die Dinge anders aus. Das Regiment der Aristokratie war im vollen Zuge sein eigenes Werk zu verderben. Nicht als wären die Söhne und Enkel der Besiegten von Cannae und der Sieger von Zama so völlig aus der Art ihrer Väter und Grofsväter geschlagen; es waren weniger andere Menschen, die jetzt im Senate safsen, als eine andere Zeit. Wo eine geschlossene Zahl alter Familien festgegründeten Reichthums und ererbter staatsmännischer Bedeutung das Regiment führt, wird sie in den Zeiten der Gefahr eine ebenso unvergleichlich zähe Folgerichtigkeit und heldenmüthige Opferfähigkeit entwickeln wie in den Zeiten der Ruhe kurzsichtig, eigensüchtig und schlaff regieren — zu dem einen wie

dem andern liegen die Keime im Wesen der Erblichkeit und der Collegialität. Der Krankheitsstoff war längst vorhanden, aber ihn zu
entwickeln bedurfte es der Sonne des Glückes. In Catos Frage, was
aus Rom werden solle, wenn es keinen Staat mehr zu fürchten haben
werde, lag ein tiefer Sinn. Jetzt war man so weit: jeder Nachbar, den
man hätte fürchten mögen, war politisch vernichtet, und von den
Männern, welche unter der alten Ordnung der Dinge, in der ernsten
Schule des hannibalischen Krieges erzogen waren und aus denen der
Nachklang jener gewaltigen Zeit bis in ihr spätestes Alter noch wieder-
hallte, rief der Tod einen nach dem andern ab, bis endlich auch die
Stimme des letzten von ihnen, des alten Cato im Rathhaus und auf
dem Marktplatz verstummte. Eine jüngere Generation kam an das
Regiment und ihre Politik war eine arge Antwort auf jene Frage des
alten Patrioten. Wie das Unterthanenregiment und die äußere Politik
unter ihren Händen sich gestalteten, ist bereits dargelegt worden. Wo
möglich noch mehr ließ man in den inneren Angelegenheiten das
Schiff vor dem Winde treiben; wenn man unter innerem Regiment
mehr versteht als die Erledigung der laufenden Geschäfte, so ward in
dieser Zeit überhaupt in Rom nicht regiert. Der einzige leitende Gedanke der regierenden Corporation war die Erhaltung und wo möglich
Steigerung ihrer usurpirten Privilegien. Nicht der Staat hatte für sein
höchstes Amt ein Anrecht auf den rechten und den besten Mann, sondern jedes Glied der Camaraderie ein angebornes weder durch unbillige
Concurrenz der Standesgenossen noch durch Uebergriffe der Ausgeschlossenen zu verkürzendes Anrecht auf das höchste Staatsamt. Darum
steckte die Clique zu ihrem wichtigsten politischen Ziel sich die Beschränkung der Wiederwahl zum Consulat und die Ausschließung der
,neuen Menschen'; es gelang denn auch in der That jene um das Jahr 603 　151
gesetzlich untersagt zu erhalten*) und auszureichen mit einem Regiment

---

*) Im J. 537 wurde das die Wiederwahl zum Consulat beschränkende Gesetz
auf die Dauer des Krieges in Italien (also bis 551) suspendirt (I, 792; Liv. 27, 6).
Nach Marcellus Tode 546 aber sind Wiederwahlen zum Consulat, wenn die
abdicirenden Consuln von 592 nicht mit gerechnet werden, überhaupt nur vorgekommen in den J. 547. 554. 560. 579. 585. 586. 591. 596. 599. 602; also nicht
älter in diesen sechsundfünfzig als zum Beispiel in den zehn Jahren 401—410.
Nur eine von diesen, und eben die letzte, ist mit Verletzung des zehnjährigen
Intervalls (I, 312) erfolgt; und ohne Zweifel ist die seltsame Wahl des Marcus
Marcellus Consul 588 und 599 zum dritten Consulat für 602, deren nähere Umstände wir nicht kennen, die Veranlassung der gesetzlichen Untersagung der
Wiederwahl zum Consulat überhaupt (Liv. ep. 56) geworden; zumal da dieser An-
trag, als von Cato unterstützt (p. 55 Jordan), vor 605 eingebracht worden sein muß.

adlicher Nullitäten. Auch die Thatenlosigkeit der Regierung nach
aufsen hin hängt ohne Zweifel mit dieser gegen die Bürgerlichen aus-
schliefsenden und gegen die einzelnen Standesglieder mifstrauischen
Adelspolitik zusammen. Man konnte gemeine Leute, deren Adelsbrief
ihre Thaten waren, von den lauteren Kreisen der Aristokratie nicht
sicherer fern halten, als indem man überhaupt es keinem gestattete
Thaten zu verrichten; auch würde dem bestehenden Regiment der
allgemeinen Mittelmäfsigkeit selbst ein adlicher Eroberer Syriens oder

Reform-
versuche. Aegyptens schon unbequem gewesen sein. — Allerdings fehlte es auch
Stehende jetzt an einer Opposition nicht und sie war sogar bis zu einem gewissen
Criminal-
commissio- Grade erfolgreich. Man verbesserte die Rechtspflege. Die Administra-
nen. tivjurisdiction, wie der Senat sie entweder selbst oder gelegentlich
durch aufserordentliche Commissionen über die Provinzialbeamten
ausübte, reichte anerkanntermafsen nicht aus; es war eine für das
ganze öffentliche Leben der römischen Gemeinde folgenreiche Neue-
149 rung, dafs im J. 605 auf Vorschlag des Lucius Calpurnius Piso eine
ständige Senatorencommission (*quaestio ordinaria*) niedergesetzt ward,
um die Beschwerden der Provinzialen gegen die vorgesetzten römischen
Beamten wegen Gelderpressung in gerichtlichen Formen zn prüfen.
Man suchte die Comitien von dem übermächtigen Einflufs der Aristo-
Geheime kratie zu emancipiren. Die Panacee auch der römischen Demokratie
Abstim-
mung. war die geheime Abstimmung in den Versammlungen der Bürgerschaft, welche zuerst für die Magistratswahlen durch das gabinische
139 137 (615), dann für die Volksgerichte durch das cassische (617), endlich
für die Abstimmung über Gesetzvorschläge durch das papirische Ge-
Aus- [151 setz (623) eingeführt ward. In ähnlicher Weise wurden bald nachher
schlufs der
Senato- [129 (um 625) die Senatoren durch Volksbeschlufs angewiesen bei dem
ren aus den Eintritt in den Senat ihr Ritterpferd abzugeben und also auf den be-
Ritter-
centurien. vorzugten Stimmplatz in den achtzehn Rittercenturien (I, 787) zu verzichten. In diesen auf die Emancipation der Wählerschaft von dem
regierenden Herrenstand gerichteten Mafsregeln mochte die Partei, die
sie veranlafste, vielleicht den Anfang zu einer Regeneration des Staates
erblicken; in der That ward dadurch in der Nichtigkeit und Unfreiheit
des gesetzlich höchsten Organs der römischen Gemeinde auch nicht
das mindeste geändert, ja dieselbe allen, die es anging und nicht anging, nur noch handgreiflicher dargethan. Ebenso prahlhaftig und
ebenso eitel war die förmliche Anerkennung der Unabhängigkeit und
Souveränetät der Bürgerschaft, welche ihr durch die Verlegung ihres
Versammlungsplatzes von der alten Dingstatt unter dem Rathhaus auf

den Marktplatz zu Theil ward (um 609). — Aber diese Fehde der for- [14]
malen Volkssouveränetät gegen die thatsächlich bestehende Verfassung
war zum guten Theil scheinhafter Art. Die Parteiphrasen prasselten
und klirrten; von den Parteien selbst war in den wirklich und unmittelbar praktischen Angelegenheiten wenig zu spüren. Das ganze *Die Gemein-
siebente Jahrhundert hindurch bildeten die jährlichen Gemeindewahlen *dewahlen.*
zu den bürgerlichen Aemtern, namentlich zum Consulat und zur Censur, die eigentlich stehende Tagesfrage und den Brennpunkt des politischen Treibens; aber nur in einzelnen seltenen Fällen waren in den
verschiedenen Candidaturen auch entgegengesetzte politische Principien
verkörpert; regelmäfsig blieben dieselben rein persönliche Fragen und
war es für den Gang der Angelegenheiten gleichgültig, ob die Majorität
der Wahlkörper dem Caecilier oder dem Cornelier zufiel. Man entbehrte also dessen, was die Uebelstände des Parteilebens alle überträgt
und vergütet, der freien und gemeinschaftlichen Bewegung der Massen
nach dem als zweckmäfsig erkannten Ziel, und duldete sie dennoch
alle lediglich zum Frommen des kleinen Spiels der herrschenden Co-
terien. — Es war dem römischen Adlichen verhältnifsmäfsig leicht die
Aemterlaufbahn als Quaestor und Volkstribun zu betreten, aber die
Erlangung des Consulats und der Censur war auch ihm nur durch
grofse und jahrelange Anstrengungen möglich. Der Preise waren viele,
aber der lohnenden wenige; die Kämpfer liefen, wie ein römischer
Dichter einmal sagt, wie in einer an den Schranken weiten allmählich
mehr und mehr sich verengenden Bahn. Das war recht, so lange das
Amt war wie es hiefs, eine ‚Ehre‘ und militärische, politische, juristische
Capacitäten wetteifernd um die seltenen Kränze warben; jetzt aber
hob die thatsächliche Geschlossenheit der Nobilität den Nutzen der
Concurrenz auf und liefs nur ihre Nachtheile übrig. Mit wenigen Ausnahmen drängten die den regierenden Familien angehörenden jungen
Männer sich in die politische Laufbahn und der hastige und unreife
Ehrgeiz griff bald zu wirksameren Mitteln, als nützliche Thätigkeit für
das gemeine Beste war. Die erste Bedingung für die öffentliche Laufbahn wurden mächtige Verbindungen; dieselbe begann also nicht wie
sonst im Lager, sondern in den Vorzimmern der einflufsreichen Männer.
Was sonst nur Schutzbefohlene und Freigelassene gethan, dafs sie
ihrem Herrn am frühen Morgen aufzuwarten kamen und öffentlich in
seinem Gefolge erschienen, das übertrug sich jetzt auf die neue vornehme Clientel. Aber auch der Pöbel ist ein grofser Herr und will
als solcher respectirt sein. Der Janhagel fing an es als sein Recht zu

fordern, dafs der künftige Consul in jedem Lumpen von der Gasse das
souveräne Volk erkenne und ehre und jeder Bewerber bei seinem ‚Umgang‘ (*ambitus*) jeden einzelnen Stimmgeber bei Namen begrüfse und
ihm die Hand drücke. Bereitwillig ging die vornehme Welt ein auf
diesen entwürdigenden Aemterbettel.   Der richtige Candidat kroch
nicht blofs im Palast, sondern auch auf der Gasse und empfahl sich der
Menge durch Liebäugeleien, Nachsichtigkeiten, Artigkeiten von feinerer
oder gröberer Qualität.   Der Ruf nach Reformen und die Demagogie
wurden dazu vernutzt sich bei dem Publicum bekannt und beliebt zu
machen; und sie wirkten um so mehr, je mehr sie nicht die Sache angriffen, sondern die Person.   Es ward Sitte, dafs die bartlosen Jünglinge vornehmer Geburt, um sich glänzend in das öffentliche Leben
einzuführen, mit der unreifen Leidenschaft ihrer knabenhaften Beredsamkeit die Rolle Catos weiter spielten und aus eigener Machtvollkommenheit sich wo möglich gegen einen recht hochstehenden und
recht unbeliebten Mann zu Anwälten des Staats aufwarfen; man liefs
es geschehen, dafs das ernste Institut der Criminaljustiz und der politischen Polizei ein Mittel für den Aemterbewerb ward.   Die Veran-
staltung oder, was noch schlimmer war, die Verheifsung prachtvoller
Volkslustbarkeiten war längst die gleichsam gesetzliche Vorbedingung
zur Erlangung des Consulats (I, 812); jetzt begannen auch schon, wie
das um 595 dagegen erlassene Verbot bezeugt, die Stimmen der Wähler
geradezu mit Geld erkauft zu werden.   Vielleicht die schlimmste Folge
des dauernden Buhlens der regierenden Aristokratie um die Gunst der
Menge war die Unvereinbarkeit dieser Bettler- und Schmeichlerrolle
mit derjenigen Stellung, welche der Regierung den Regierten gegenüber von Rechts wegen zukommt.   Das Regiment ward dadurch aus
einem Segen für das Volk zum Fluch.   Man wagte es nicht mehr über
Gut und Blut der Bürger zum Besten des Vaterlandes nach Bedürfnifs
zu verfügen.   Man liefs die Bürgerschaft sich an den gefährlichen Gedanken gewöhnen, dafs sie selbst von der vorschufsweisen Entrichtung
directer Abgaben gesetzlich befreit sei — nach dem Kriege gegen Perseus ist kein Schofs mehr von der Gemeinde gefordert worden.   Man
liefs lieber das Heerwesen verfallen, als dafs man die Bürger zu dem
verhafsten überseeischen Dienst zwang; wie es den einzelnen Beamten
erging, die die Conscription nach der Strenge des Gesetzes durchzuführen versuchten, ist schon gesagt worden (S. 66). — In verhängnifs-
voller Weise verschlingen sich in dem Rom dieser Zeit die zwiefachen
Mifsstände einer ausgearteten Oligarchie und einer noch unentwickelten,

159 (margin)

Optimaten
und
Popularen. (margin)

aber schon im Keime vom Wurmfrafs ergriffenen Demokratie. Ihren
Parteinamen nach, welche zuerst in dieser Periode gehört werden,
wollten die ‚Optimaten‘ den Willen der Besten, die ‚Popularen‘ den
der Gemeinde zur Geltung bringen; in der That gab es in dem damaligen Rom weder eine wahre Aristokratie noch eine wahrhaft sich
selber bestimmende Gemeinde. Beide Parteien stritten gleicher Mafsen
für Schatten und zählten in ihren Reihen nur entweder Schwärmer oder
Heuchler. Beide waren von der politischen Fäulnifs gleichmäfsig ergriffen und in der That beide gleich nichtig. Beide waren mit Nothwendigkeit in den Statusquo gebannt, da weder hüben noch drüben
ein politischer Gedanke, geschweige denn ein politischer Plan sich
fand, der über diesen hinausgegangen wäre, und so vertrugen denn
auch beide sich mit einander so vollkommen, dafs sie auf jedem Schritt
sich in den Mitteln wie in den Zwecken begegneten und der Wechsel
der Partei mehr ein Wechsel der politischen Taktik als der politischen
Gesinnung war. Das Gemeinwesen hätte ohne Zweifel gewonnen,
wenn entweder die Aristokratie statt der Bürgerschaftswahlen geradezu
einen erblichen Turnus eingeführt oder die Demokratie ein wirkliches
Demagogenregiment aus sich hervorgebracht hätte. Aber diese Optimaten und diese Popularen des beginnenden siebenten Jahrhunderts
waren die einen für die andern viel zu unentbehrlich, um sich also auf
Tod und Leben zu bekriegen; sie konnten nicht blofs nicht einander
vernichten, sondern, wenn sie es gekonnt hätten, hätten sie es nicht
gewollt. Darüber wich denn freilich politisch wie sittlich das Gemeinwesen immer mehr aus den Fugen und ging seiner völligen Auflösung
entgegen.

Es ging denn auch die Krise, durch welche die römische Re- Sociale
Krise.
volution eröffnet ward, nicht aus diesem dürftigen politischen Conflict
hervor, sondern aus den ökonomischen und socialen Verhältnissen,
welche die römische Regierung wie alles andere lediglich gehen liefs
und welche also Gelegenheit fanden den seit langem gährenden Krankheitsstoff jetzt ungehemmt mit furchtbarer Raschheit und Gewaltsamkeit zu zeitigen. Seit uralter Zeit beruhte die römische Oekonomie
auf den beiden ewig sich suchenden und ewig hadernden Factoren, der
bäuerlichen und der Geldwirthschaft. Schon einmal hatte die letztere
im engsten Bunde mit dem grofsen Grundbesitz Jahrhunderte lang
gegen den Bauernstand einen Krieg geführt, der mit dem Untergang
zuerst der Bauerschaft und demnächst des ganzen Gemeinwesens
endigen zu müssen schien, aber ohne eigentliche Entscheidung abge-

gebrochen ward in Folge der glücklichen Kriege und der hiedurch möglich gemachten umfänglichen und grofsartigen Domanialauftheilung.
Es ward schon früher gezeigt (I, 839—845), dafs in derselben Zeit,
welche den Gegensatz zwischen Patriciern und Plebejern unter veränderten Namen erneuerte, das unverhältnifsmäfsig anschwellende
Capital einen zweiten Sturm gegen die bäuerliche Wirthschaft vorbereitete. Zwar der Weg war ein anderer. Ehemals war der kleine
Bauer ruinirt worden durch Vorschüsse, die ihn thatsächlich zum Meier
seines Gläubigers herabdrückten; jetzt ward er erdrückt durch die
Concurrenz des überseeischen und insonderheit des Sklavenkorns. Man
schritt fort mit der Zeit; das Capital führte gegen die Arbeit, das heifst
gegen die Freiheit der Person, den Krieg, natürlich wie immer in
strengster Form Rechtens, aber nicht mehr in der unziemlichen Weise,
dafs der freie Mann der Schulden wegen Sklave ward, sondern von
Haus aus mit rechtmäfsig gekauften und bezahlten Sklaven; der ehemalige hauptstädtische Zinsherr trat auf in zeitgemäfser Gestalt als industrieller Plantagenbesitzer. Allein das letzte Ergebnifs war in beiden
Fällen das gleiche: die Entwerthung der italischen Bauernstellen, die
Verdrängung der Kleinwirthschaft zuerst in einem Theil der Provinzen,
sodann in Italien durch die Gutswirthschaft; die vorwiegende Richtung
auch dieser in Italien auf Viehzucht und auf Oel- und Weinbau; schliefslich die Ersetzung der freien Arbeiter in den Provinzen wie in Italien
durch Sklaven. Eben wie die Nobilität defshalb gefährlicher war als
das Patriciat, weil jene nicht wie dieses durch eine Verfassungsänderung
sich beseitigen liefs: so war auch diese neue Capitalmacht darum gefährlicher als die des vierten und fünften Jahrhunderts, weil gegen sie
mit Aenderungen des Landrechts nichts auszurichten war.

Die Sklave-
rei und ihre
Folgen. Ehe wir es versuchen, den Verlauf dieses zweiten grofsen Conflicts
von Arbeit und Capital zu schildern, wird es nothwendig über das
Wesen und den Umfang der Sklavenwirthschaft hier einige Andeu-
tungen einzuschalten. Wir haben es hier nicht zu thun mit der alten
gewissermafsen unschuldigen Feldsklaverei, wonach der Bauer entweder zugleich mit seinem Knechte ackert oder auch, wenn er mehr
Land besitzt als er bewirthschaften kann, denselben, entweder als Verwalter oder auch unter Verpflichtung zur Ablieferung eines Theils vom
Ertrag gewissermafsen als Pächter, über einen abgetheilten Meierhof
setzt (I, 189); solche Verhältnisse bestanden zwar zu allen Zeiten —
um Comum zum Beispiel waren sie noch in der Kaiserzeit die Regel —,
allein als Ausnahmezustände bevorzugter Landschaften und milde ver-

walteter Güter.   Hier ist die Grofswirthschaft mit Sklaven gemeint,
welche im römischen Staat wie einst im karthagischen aus der Uebermacht des Capitals sich entwickelte.   Während für den Sklavenbestand
der älteren Zeit die Kriegsgefangenschaft und die Erblichkeit der Knechtschaft ausreichte, beruht diese Sklavenwirthschaft, völlig wie die ameri-
kanische, auf systematisch betriebener Menschenjagd, da bei der auf
Leben und Fortpflanzung der Sklaven wenig Rücksicht nehmenden
Nutzungsweise die Sklavenbevölkerung beständig zusammenschwand
und selbst die stets neue Massen auf den Sklavenmarkt liefernden Kriege
das Deficit zu decken nicht ausreichten.   Kein Land, wo dieses jagdbare
Wild sich vorfand, blieb hievon verschont; selbst in Italien war es
keineswegs unerhört, dafs der arme Freie von seinem Brotherrn unter
die Sklaven eingestellt ward.   Das Negerland jener Zeit aber war
Vorderasien*), wo die kretischen und kilikischen Corsaren, die rechten
gewerbmäfsigen Sklavenjäger und Sklavenhändler, die Küsten Syriens
und die griechischen Inseln ausraubten, wo mit ihnen wetteifernd die
römischen Zollpächter in den Clientelstaaten Menschenjagden veran-
stalteten und die Gefangenen unter ihr Sklavengesinde untersteckten —
es geschah dies in solchem Umfang, dafs um 650 der König von Bithy- 100
nien sich unfähig erklärte den verlangten Zuzug zu leisten, da aus
seinem Reich alle arbeitsfähigen Leute von den Zollpächtern weggeschleppt seien.   Auf dem grofsen Sklavenmarkt in Delos, wo die kleinasiatischen Sklavenhändler ihre Waare an die italischen Spekulanten
absetzten, sollen an einem Tage bis zu 10000 Sklaven des Morgens
ausgeschifft und vor Abend alle verkauft gewesen sein — ein Beweis
zugleich, welche ungeheure Zahl von Sklaven geliefert ward und wie
dennoch die Nachfrage immer noch das Angebot überstieg.   Es war
kein Wunder.   Bereits in der Schilderung der römischen Oekonomie
des sechsten Jahrhunderts ist es dargelegt worden, dafs dieselbe wie
überhaupt die gesammte Grofswirthschaft des Alterthums auf dem
Sklavenbetriebe ruht (I, 833 fg. 847).   Worauf immer die Speculation
sich warf, ihr Werkzeug war ohne Ausnahme der rechtlich zum Thier
herabgesetzte Mensch.   Durch Sklaven wurden grofsentheils die Hand-
werke betrieben, so dafs der Ertrag dem Herrn zufiel.   Durch die
Sklaven der Steuerpachtgesellschaften wurde die Erhebung der öffent-

---

*) Auch damals wurde es geltend gemacht, dafs die Menschenrace daselbst
durch besondere Dauerhaftigkeit sich vorzugsweise zum Sklavenstand eigne.
Schon Plautus (trin. 542) preist ‚den Syrerschlag, der mehr verträgt als ein
andrer sonst‘.

lichen Gefälle in den untern Graden regelmäfsig beschafft. Ihre Hände
besorgten den Grubenbau, die Pechhütten und was der Art sonst vorkommt; schon früh kam es auf Sklavenheerden nach den spanischen
Bergwerken zu senden, deren Vorsteher sie bereitwillig annahmen und
hoch verzinsten. Die Wein- und Olivenlese wurde in Italien nicht von
den Leuten auf dem Gut bewirkt, sondern einem Sklavenbesitzer in
Accord gegeben. Die Hütung des Viehs ward allgemein durch Sklaven
beschafft; der bewaffneten, häufig berittenen Hirtensklaven auf den
grofsen Weidestrecken Italiens ist bereits gedacht worden (I, 838) und
dieselbe Art der Weidewirthschaft ward bald auch in den Provinzen ein
beliebter Gegenstand der römischen Speculation — so war zum Beispiel Dalmatien kaum erobert (599), als die römischen Capitalisten anfingen dort in italischer Weise die Viehzucht im Grofsen zu betreiben.
Aber in jeder Beziehung weit schlimmer noch war der eigentliche Plan-
tagenbau, die Bestellung der Felder durch eine Heerde nicht selten mit
dem Eisen gestempelter Sklaven, welche mit Fufsschellen an den Beinen
unter Aufsehern des Tags die Feldarbeiten thaten und Nachts in dem
gemeinschaftlichen häufig unterirdischen Arbeiterzwinger zusammen-
gesperrt wurden. Diese Plantagenwirthschaft war aus dem Orient
nach Karthago gewandert (I, 490) und scheint durch die Karthager
nach Sicilien gelangt zu sein, wo, wahrscheinlich aus diesem Grunde,
die Plantagenwirthschaft früher und vollständiger als in irgend einem
andern Gebiet der römischen Herrschaft durchgebildet auftritt*). Die
leontinische Feldmark von etwa 30000 Jugera urbaren Landes, die als
römische Domäne (I, 622) von den Censoren verpachtet wurde, finden
wir einige Decennien nach der Gracchenzeit getheilt unter nicht mehr
als 84 Pächter, von denen also durchschnittlich auf jeden 360 Jugera
kamen und unter denen nur ein einziger Leontiner, die übrigen fremde,
meistens römische Speculanten waren. Man sieht hieraus, mit welchem
Eifer die römischen Speculanten hier in die Fufsstapfen ihrer Vorgänger
traten und welche grofsartigen Geschäfte mit sicilischem Vieh und sicilischem Sklavenkorn die römischen und nichtrömischen Speculanten
gemacht haben werden, die mit ihren Hutungen und Pflanzungen die
schöne Insel bedeckten. Italien indefs blieb von dieser schlimmsten
Form der Sklavenwirthschaft für jetzt noch wesentlich verschont. Wenn

---

*) Auch die hybrid griechische Benennung des Arbeitshauses (*ergastulum*,
von ἐργάζομαι nach Analogie von *stabulum*, *operculum*) deutet darauf, dafs
diese Wirthschaftsweise aus einer Gegend des griechischen Sprachgebiets und
in einer noch nicht hellenisch durchgebildeten Zeit den Römern zukam.

gleich in Etrurien, wo die Plantagenwirthschaft zuerst in Italien aufgekommen zu sein scheint und wo sie wenigstens vierzig Jahre später
in ausgedehntestem Umfange bestand, höchst wahrscheinlich schon
jetzt es an Arbeiterzwingern nicht fehlte, so ward doch die italische
Ackerwirthschaft in dieser Zeit noch überwiegend durch freie Leute
oder doch durch ungefesselte Knechte, daneben durch Accordirung
größerer Arbeiten an Unternehmer betrieben. Recht deutlich zeigt
sich der Unterschied des italischen Sklavenwesens von dem sicilischen
darin, dafs bei dem sicilischen Sklavenaufstand 619 — 622 allein die
Sklaven der nach italischer Weise lebenden mamertinischen Gemeinde
sich nicht betheiligten. — Das Meer von Jammer und Elend, das in
diesem elendesten aller Proletariate sich vor unsern Augen aufthut,
mag ergründen wer den Blick in solche Tiefen wagt; es ist leicht möglich, dafs mit denen der römischen Sklavenschaft verglichen die Summe
aller Negerleiden ein Tropfen ist. Hier kommt es weniger auf den
Nothstand der Sklavenschaft selbst an als auf die Gefahren, die sie über
den römischen Staat brachte und auf das Verhalten der Regierung denselben gegenüber. Dafs dies Proletariat weder durch die Regierung
ins Leben gerufen war noch geradezu von ihr beseitigt werden konnte,
leuchtet ein; es hätte dies nur geschehen können durch Heilmittel, die
noch schlimmer gewesen wären als das Uebel. Der Regierung lag nur
ob theils die unmittelbare Gefahr für Eigenthum und Leben, womit das
Sklavenproletariat die Staatsangehörigen bedrohte, durch eine ernstliche
Sicherheitspolizei abzuwenden, theils auf die möglichste Beschränkung
des Proletariats durch Hebung der freien Arbeit hinzuwirken. Sehen
wir, wie die römische Aristokratie diesen beiden Aufgaben nachkam.

Wie die Polizei gehandhabt ward, zeigen die allerorts ausbrechen- Sklaven-
aufstände
den Sklavenverschwörungen und Sklavenkriege. In Italien schienen
die wüsten Vorgänge, wie sie in den unmittelbaren Nachwehen des
hannibalischen Krieges vorgekommen waren (I, 859), sich jetzt zu erneuern; auf einmal mufste man in der Hauptstadt 150, in Minturnae
450, in Sinuessa gar 4000 Sklaven aufgreifen und hinrichten lassen
(621). Noch schlimmer stand es begreiflicher Weise in den Provinzen.
Auf dem grofsen Sklavenmarkt zu Delos und in den attischen Silber-
gruben hatte man um dieselbe Zeit die aufständischen Sklaven mit den
Waffen zu Paaren zu treiben. Der Krieg gegen Aristonikos und seine
kleinasiatischen ‚Sonnenstädter‘ war wesentlich ein Krieg der Besitzenden gegen die empörten Sklaven (S. 53). Am ärgsten aber stand es
natürlicher Weise in dem gelobten Lande des Plantagensystems, in

Sicilien. Die Räuberwirthschaft war daselbst, zumal im Binnenlande,
längst ein stehendes Uebel; sie fing an sich zur Insurrection zu steigern.
Ein reicher und mit den italischen Herren in industrieller Exploitirung
seines lebendigen Capitals wetteifernder Pflanzer von Enna (Castrogiovanni), Damophilos ward von seinen erbitterten Feldsklaven überfallen
und ermordet; worauf die wilde Schaar in die Stadt Enna strömte und
dort derselbe Vorgang in größerem Maßstab sich erneuerte. In Masse
erhoben die Sklaven sich gegen ihre Herren, tödteten oder knechteten
sie und riefen an die Spitze des schon ansehnlichen Insurgentenheeres
einen Wundermann aus dem syrischen Apameia, der Feuer zu speien
und zu orakeln verstand, bisher als Sklave Eunus genannt, jetzt als
Haupt der Insurgenten Antiochos der König der Syrer. Warum auch
nicht? Hatte doch wenige Jahre zuvor ein anderer syrischer Knecht,
der nicht einmal ein Prophet war, in Antiochia selbst das königliche
Stirnband der Seleukiden getragen (S. 63). Der tapfere ,Feldherr'
des neuen Königs, der griechische Sklave Achaeos, durchstreifte die
Insel und nicht bloß die wilden Hirten strömten von nah und fern
unter die seltsamen Fahnen — auch die freien Arbeiter, die den Pflanzern alles Ueble gönnten, machten mit den empörten Sklaven gemeinschaftliche Sache. In einer andern Gegend Siciliens folgte ein kilikischer
Sklave, Kleon, einst in seiner Heimath ein dreister Räuber, dem gegebenen Beispiel und besetzte Akragas, und da die Häupter mit einander
sich vertrugen, gelang es ihnen nach manchen geringeren Erfolgen
zuletzt den Praetor Lucius Hypsaeus selbst mit seiner größtentheils
aus sicilischen Milizen bestehenden Armee gänzlich zu schlagen und
sein Lager zu erobern. Hiedurch kam fast die ganze Insel in die Gewalt der Aufständischen, deren Zahl nach den mäßigsten Angaben sich
auf 70000 Waffenfähige belaufen haben soll; die Römer sahen sich
genöthigt drei Jahre nach einander (620—622) Consuln und consularische Heere nach Sicilien abzusenden, bis nach manchen unentschiedenen, ja zum Theil unglücklichen Gefechten endlich mit der Einnahme
von Tauromenion und von Enna der Aufstand überwältigt war. Vor
der letzteren Stadt, in die sich die entschlossenste Mannschaft der Insurgenten geworfen hatte, um sich in dieser unbezwinglichen Stellung
zu vertheidigen, wie sich Männer vertheidigen, die an Rettung wie an
Begnadigung verzweifeln, lagerten die Consuln Lucius Calpurnius Piso
und Publius Rupilius zwei Jahre hindurch und bezwangen sie endlich
mehr durch den Hunger als durch die Waffen*). — Das waren die

---

*) Noch jetzt finden sich vor Castrogiovanni, da wo der Aufgang am

Ergebnisse der Sicherheitspolizei, wie sie von dem römischen Senat und dessen Beamten in Italien und den Provinzen gehandhabt ward. Wenn die Aufgabe das Proletariat zu beseitigen die ganze Macht und Weisheit der Regierung erfordert und nur zu oft übersteigt, so ist dagegen die polizeiliche Niederhaltung desselben für jedes gröfsere Gemeinwesen verhältnifsmäfsig leicht. Es stände wohl um die Staaten, wenn die besitzlosen Massen ihnen keine andere Gefahr bereiteten als wie sie auch droht von Bären und Wölfen; nur der Aengsterling und wer mit der albernen Angst der Menge Geschäfte macht, prophezeiht den Untergang der bürgerlichen Ordnung in Sklavenaufständen oder Proletariatinsurrectionen. Aber selbst dieser leichteren Aufgabe der Bändigung der gedrückten Massen ward von der römischen Regierung trotz des tiefsten Friedens und der unerschöpflichen Hülfsquellen des Staats keineswegs genügt. Es war dies ein Zeichen ihrer Schwäche; aber nicht ihrer Schwäche allein. Von Rechtswegen war der römische Statthalter verpflichtet die Landstrafsen rein zu halten und die aufgegriffenen Räuber, wenn es Sklaven waren, ans Kreuz schlagen zu lassen; natürlich, denn Sklavenwirthschaft ist nicht möglich ohne Schreckensregiment. Allein in dieser Zeit ward in Sicilien wohl auch mitunter, wenn die Strafsen allzu unsicher wurden, von dem Statthalter eine Razzia veranstaltet, aber um es mit den italischen Pflanzern nicht zu verderben, wurden die gefangenen Räuber von der Behörde in der Regel an ihre Herren zu gutfindender Bestrafung abgegeben; und diese Herren waren sparsame Leute, welche ihren Hirtenknechten, wenn sie Kleider begehrten, mit Prügeln antworteten und mit der Frage, ob denn die Reisenden nackt durch das Land zögen. Die Folge solcher Connivenz war denn, dafs nach Ueberwältigung des Sklavenaufstandes der Consul Publius Rupilius alles, was lebend in seine Hände kam, es heifst über 20000 Menschen, ans Kreuz schlagen liefs. Es war freilich nicht länger möglich das Capital zu schonen.

Unendlich schwerer zu gewinnende, freilich auch unendlich **Die italische** reichere Früchte verhiefs die Fürsorge der Regierung für Hebung der **Bauerschaft.** freien Arbeit und folgeweise für Beschränkung des Sklavenproletariats. Leider geschah in dieser Beziehung schlechterdings gar nichts. In der ersten socialen Krise hatte man gesetzlich dem Gutsherrn vorgeschrieben eine nach der Zahl seiner Sklavenarbeiter abgemessene Anzahl freier Arbeiter zu verwenden (I, 295). Jetzt ward auf Veranlassung

---

wenigstens jäh ist, nicht selten römische Schleuderkugeln mit dem Namen des Consuls von 621: *L. Piso L. f. cos.*

der Regierung eine punische Schrift über den Landbau (I, 500), ohne
Zweifel eine Anweisung zur Plantagenwirthschaft nach karthagischer
Art, zu Nutz und Frommen der italischen Speculanten ins Lateinische
übersetzt — das erste und einzige Beispiel einer von dem römischen
Senat veranlafsten litterarischen Unternehmung! Dieselbe Tendenz
offenbart sich in einer wichtigeren Angelegenheit oder vielmehr in der
Lebensfrage für Rom, in dem Colonisirungssystem. Es bedurfte nicht
der Weisheit, nur der Erinnerung an den Verlauf der ersten socialen
Krise Roms, um zu begreifen, dafs gegen ein agricoles Proletariat die
einzige ernstliche Abhülfe in einem umfassenden und regularisirten
Emigrationssystem bestand (I, 303), wozu die äufseren Verhältnisse
Roms die günstigste Gelegenheit darboten. Bis gegen das Ende des
sechsten Jahrhunderts hatte man in der That dem fortwährenden Zusammenschwinden des italischen Kleinbesitzes durch fortwährende
Gründung neuer Bauerhofen entgegengewirkt (I, 818). Es war dies zwar
keineswegs in dem Mafse geschehen, wie es hätte geschehen können
und sollen; man hatte nicht blofs das seit alten Zeiten von Privaten
occupirte Domanialland (I, 267) nicht eingezogen, sondern auch
weitere Occupationen neugewonnenen Landes gestattet und andere
sehr wichtige Erwerbungen, wie namentlich das Gebiet von Capua,
zwar nicht der Occupation preisgegeben, aber doch auch nicht zur
Vertheilung gebracht, sondern als nutzbare Domäne verwerthet. Dennoch hatte die Landanweisung segensreich gewirkt, vielen der Noth-
leidenden Hülfe und allen Hoffnung gegeben. Allein nach der Grün-
177 dung von Luna (577) findet sich, aufser der vereinzelt stehenden
157 Anlage der picenischen Colonie Auximum (Osimo) im J. 597, von
weiteren Landanweisungen auf lange hinaus keine Spur. Die Ursache
ist einfach. Da seit der Besiegung der Boier und Apuaner aufser den
wenig lockenden ligurischen Thälern neues Gebiet in Italien nicht gewonnen ward, war daselbst kein anderes Land zu vertheilen als das
verpachtete oder occupirte Domanialland, dessen Antastung der Aristokratie begreiflicher Weise jetzt ebensowenig genehm war wie vor dreihundert Jahren. Das aufserhalb Italien gewonnene Gebiet zur Vertheilung zu bringen schien aber aus politischen Gründen unzulässig:
Italien sollte das herrschende Land bleiben und die Scheidewand
zwischen italischen Herren und dienenden Provinzialen nicht fallen.
Wenn man nicht die Rücksichten der höheren Politik oder gar die Standesinteressen bei Seite setzen wollte, blieb der Regierung nichts übrig
als dem Ruin des italischen Bauernstandes zuzusehen, und also geschah

es. Die Capitalisten fuhren fort die kleinen Besitzer auszukaufen, auch
wohl wenn sie eigensinnig blieben, deren Aecker ohne Kaufbrief einzuziehen, wobei es begreiflich nicht immer gütlich abging — eine
besonders beliebte Weise war es dem Bauer, während er im Felde
stand, Weib und Kinder vom Hofe zu stofsen und ihn mittelst der
Theorie der vollendeten Thatsache zur Nachgiebigkeit zu bringen. Die
Gutsbesitzer fuhren fort statt der freien Arbeiter sich vorwiegend der
Sklaven zu bedienen, schon defshalb, weil diese nicht wie jene zum
Kriegsdienst abgerufen werden konnten, und dadurch das freie Proletariat auf das gleiche Niveau des Elends mit der Sklavenschaft herab-
zudrücken.   Sie fuhren fort durch das spottwohlfeile sicilische Sklavenkorn das italische von dem hauptstädtischen Markt zu verdrängen und
dasselbe auf der ganzen Halbinsel zu entwerthen.   In Etrurien hatte
die alte einheimische Aristokratie im Bunde mit den römischen Capitalisten schon im J. 520 es so weit gebracht, dafs es dort keinen freien   134
Bauer mehr gab.   Es konnte auf dem Markt der Hauptstadt laut gesagt
werden, dafs die Thiere ihr Lager hätten, den Bürgern aber nichts
geblieben sei als Luft und Sonnenschein und dafs die, welche die
Herren der Welt hiefsen, keine Scholle mehr ihr eigen nennten.   Den
Commentar zu diesen Worten lieferten die Zählungslisten der römischen
Bürgerschaft.   Vom Ende des hannibalischen Krieges bis zum J. 595   159
ist die Bürgerzahl in stetigem Steigen, wovon die Ursache wesentlich
zu suchen ist in den fortdauernden und ansehnlichen Vertheilungen
von Domanialland (I, 859); nach 595, wo die Zählung 328000 waffen-   159
fähige Bürger ergab, zeigt sich dagegen ein regelmäfsiges Sinken,
indem sich die Liste im J. 600 auf 324000, im J. 607 auf 322000,   154 147
im J. 623 auf 319000 waffenfähige Bürger stellt — ein erschrecken-   131
des Ergebnifs für eine Zeit tiefen inneren und äufseren Friedens.
Wenn das so fortging, löste die Bürgerschaft sich auf in Pflanzer
und Sklaven und konnte schliefslich der römische Staat, wie es
bei den Parthern geschah, seine Soldaten auf dem Sklavenmarkt
kaufen.

So standen die äufseren und inneren Verhältnisse Roms, als der   Reform-
Staat eintrat in das siebente Jahrhundert seines Bestandes. Wohin man   gedanken.
auch das Auge wandte, fiel es auf Mifsbräuche und Verfall; jedem einsichtigen und wohlwollenden Mann mufste die Erwägung sich aufdrän-
gen, ob denn hier nicht zu helfen und zu bessern sei.   Es fehlte an
solchen in Rom nicht; aber keiner schien mehr berufen zu dem grofsen
Werk der politischen und socialen Reform als der Lieblingssohn des

Scipio Aemi-
lianus.

161 159

Aemilius Paullus, der Adoptivenkel des grofsen Scipio, der dessen
glorreichen Africanernamen nicht blofs kraft Erb-, sondern auch kraft
eigenen Rechtes trug, Publius Cornelius Scipio Aemilianus Africanus
(570—625).   Gleich seinem Vater war er ein mafsvoller durch und
durch gesunder Mann, nie krank am Körper und nie unsicher über
den nächsten und nothwendigen Entschlufs.   Schon in seiner Jugend
hatte er sich fern gehalten von dem gewöhnlichen Treiben der politischen Anfänger, dem Antichambriren in den Zimmern der vornehmen
Senatoren und den gerichtlichen Declamationen.   Dagegen liebte er
die Jagd — als Siebzehnjähriger hatte er, nachdem er den Feldzug
gegen Perseus unter seinem Vater mit Auszeichnung mitgemacht hatte,
als Belohnung dafür sich freie Pirsch in dem seit vier Jahren unbe-
rührten Wildbag der Könige von Makedonien erbeten — und vor allen
Dingen wandte er gern seine Mufse auf wissenschaftlichen und litera-
rischen Genufs.   Durch die Fürsorge seines Vaters war er früh in diejenige echte griechische Bildung eingeführt worden, welche über das
geschmacklose Hellenisiren der gemeinen Halbbildung hinaushob;
durch seine ernste und treffende Würdigung des Echten und des
Schlechten in dem griechischen Wesen und durch sein adliches Auftreten imponirte dieser Römer den Höfen des Ostens, ja sogar den
spottlustigen Alexandrinern.   Seinen Hellenismus erkannte man vor
allem in der feinen Ironie seiner Rede und in seinem klassisch reinen
Latein.   Obwohl nicht eigentlich Schriftsteller, zeichnete er doch wie
Cato seine politischen Reden auf — sie wurden gleich den Briefen
seiner Adoptivschwester, der Mutter der Gracchen, von den späteren
Litteratoren als Meisterstücke mustergültiger Prosa geschätzt — und
zog mit Vorliebe die besseren griechischen und römischen Litteraten
in seinen Kreis, welcher plebejische Umgang ihm freilich nicht wenig
verdacht ward von denjenigen Collegen im Senat, die auf ihre edle
Geburt als einzige Auszeichnung angewiesen waren.   Ein sittlich fester
und zuverlässiger Mann galt sein Wort bei Freund und Feind; er mied
Bauten und Speculationen und lebte einfach; dafür handelte er in
Geldangelegenheiten nicht blofs ehrlich und uneigennützig, sondern
auch mit einer dem kaufmännischen Sinn seiner Zeitgenossen seltsam
dünkenden Zartheit und Liberalität.   Er war ein tüchtiger Soldat und
Offizier: aus dem africanischen Krieg brachte er den Ehrenkranz heim,
der wegen Rettung gefährdeter Bürger mit eigener Lebensgefahr ertheilt zu werden pflegte, und beendete den Krieg als Feldherr, den er
als Offizier begonnen hatte; an wirklich schwierigen Aufgaben sein

Feldherrngeschick zu erproben boten die Umstände ihm keine Gelegenheit. Scipio war so wenig wie sein Vater eine geniale Natur — davon
zeugt schon seine Vorliebe für Xenophon, den nüchternen Militär und
correcten Schriftsteller —, aber ein rechter und echter Mann, der vor
Andern berufen schien dem beginnenden Verfall durch organische
Reformen zu wehren. Um so bezeichnender ist es, daß er es nicht
versucht hat. Zwar half er, wo und wie er konnte, Mißbräuche ab-
stellen und verhindern und arbeitete namentlich hin auf Verbesserung
der Rechtspflege. Hauptsächlich durch seinen Beistand vermochte
Lucius Cassius, ein tüchtiger Mann von altväterischer Strenge und
Ehrenhaftigkeit, gegen den heftigsten Widerstand der Optimaten, sein
Stimmgesetz durchzubringen, welches für die noch immer den wichtigsten Theil der Criminaljurisdiction umfassenden Volksgerichte die
geheime Abstimmung einführte (S. 70). Ebenso zog er, der die
Knabenanklagen nicht hatte mitmachen mögen, in seinen reifen Jahren
selbst mehrere der schuldigsten Männer der Aristokratie vor die Gerichte. In gleichem Geiste hat er als Feldherr vor Karthago und vor
Numantia die Weiber und die Pfaffen zu den Thoren des Lagers hinaus-
gejagt und das Soldatengesindel wieder zurückgezwungen unter den
eisernen Druck der alten Heereszucht, als Censor (612) unter der vor-   142
nehmen Welt der glattkinnigen Manschettenträger aufgeräumt und mit
ernsten Worten die Bürgerschaft ermahnt an den rechtschaffenen
Sitten der Väter treulich zu halten. Aber niemand und er selber am
wenigsten konnte es verkennen, daß die Verschärfung der Rechtspflege
und das vereinzelte Dazwischenfahren nicht einmal Anfänge waren zur
Heilung der organischen Uebel, an denen der Staat krankte. An diese
hat Scipio nicht gerührt. Gaius Laelius (Consul 614), Scipios älterer   140
Freund und sein politischer Lehrmeister und Vertrauter, hatte den Plan
gefaßt die Einziehung des unvergebenen, aber vorläufig occupirten
italischen Domaniallandes vorzuschlagen und durch dessen Auftheilung
der zusehends verfallenden italischen Bauernschaft Hülfe zu bringen;
allein er stand von dem Vorschlag ab, als er sah, welchen Sturm er
zu erregen im Begriff war, und ward fortan ‚der Verständige‘ genannt.
Auch Scipio dachte also. Er war von der Größe des Uebels völlig durchdrungen und griff, wo er nur sich selber wagte, mit ehrenwerthem
Muth ohne Ansehen der Person rücksichtslos an und durch; allein er
hatte sich auch überzeugt, daß dem Lande nur zu helfen sei um den
Preis derselben Revolution, die im vierten und fünften Jahrhundert
aus der Reformfrage sich entsponnen hatte, und ihm schien, mit Recht

oder mit Unrecht, das Heilmittel schlimmer als das Uebel. So stand
er mit dem kleinen Kreis seiner Freunde zwischen den Aristokraten,
die ihm seine Befürwortung des cassischen Gesetzes nie verziehen, und
den Demokraten, denen er doch auch nicht genügte noch genügen
wollte, während seines Lebens einsam, nach seinem Tode gefeiert
von beiden Parteien, bald als Vormann der Aristokratie, bald als Be-
günstiger der Reform.   Bis auf seine Zeit hatten die Censoren bei
der Niederlegung ihres Amtes die Götter angerufen dem Staat gröfsere
Macht und Herrlichkeit zu verleihen; der Censor Scipio betete, dafs
sie geneigen möchten den Staat zu erhalten.   Sein ganzes Glaubens-
bekenntnifs liegt in dem schmerzlichen Ausruf.

Tiberius   Aber wo der Mann verzagte, der zweimal das römische Heer aus
Gracchus. tiefem Verfall zum Siege geführt hatte, da getraute sich ein thatenloser
Jüngling zum Retter Italiens sich aufzuwerfen.   Er hiefs Tiberius
163 133 Sempronius Gracchus (591—621). Sein gleichnamiger Vater (Consul
177 163 169 577. 591; Censor 585) war das rechte Musterbild eines römischen
Aristokraten.   Die glänzende nicht ohne Bedrückung der abhängigen
Gemeinden zu Wege gebrachte Pracht seiner ädilicischen Spiele hatte
ihm schweren und verdienten Tadel vom Senat zugezogen (I, 806),
während er durch sein Einschreiten in dem leidigen Prozefs gegen die
persönlich ihm verfeindeten Scipionen (I, 753) sein ritterliches und
wohl auch sein Standesgefühl, durch sein energisches Auftreten gegen
die Freigelassenen in seiner Censur (I, 822) seine conservative Gesinnung bethätigte und als Statthalter der Ebroprovinz (I, 680) durch
Tapferkeit und vor allem durch Gerechtigkeit sich um sein Vaterland
ein bleibendes Verdienst und zugleich in den Gemüthern der unterworfenen Nation ein dauerndes Gedächtnifs in Ehrfurcht und Liebe
erwarb. — Seine Mutter Cornelia war die Tochter des Siegers von
Zama, welcher eben jenes hochherzigen Dazwischentretens wegen den
bisherigen Gegner sich zum Schwiegersohn erkoren hatte; sie selbst
eine hochgebildete und bedeutende Frau, die nach dem Tode ihres viel
älteren Gemahls die Hand des Königs von Aegypten zurückgewiesen
hatte und im Andenken an den Gemahl und den Vater die drei ihr gebliebenen Kinder erzog.   Der ältere von den beiden Söhnen Tiberius
war eine gute und sittliche Natur, sanften Blicks und ruhigen Wesens,
wie es schien zu allem andern eher bestimmt als zum Agitator der
Massen.   Mit allen seinen Beziehungen und Anschauungen gehörte er
dem scipionischen Kreise an, dessen feine griechische und nationale
Durchbildung er und seine Geschwister theilten.   Scipio Aemilianus

war zugleich sein Vetter und seiner Schwester Gemahl; unter ihm hatte
Tiberius als Achtzehnjähriger die Erstürmung Karthagos mitgemacht
und durch seine Tapferkeit das Lob des strengen Feldherrn und kriegerische Auszeichnungen erworben. Daß der tüchtige junge Mann die
Anschauungen über den Verfall des Staats an Haupt und Gliedern, wie
sie in diesem Kreise gangbar waren, die Gedanken namentlich über die
Hebung des italischen Bauernstandes mit aller Lebendigkeit und allem
Rigorismus der Jugend in sich aufnahm und steigerte, ist begreiflich;
waren es doch nicht blofs die jungen Leute, denen das Zurückweichen
des Laelius vor der Durchführung seiner Reformideen nicht verständig
erschien, sondern schwach. Appius Claudius, der gewesene Consul
(611) und Censor (618), einer der angesehensten Männer des Senats, ᴵ⁴ˢ ᴵˢ⁶
tadelte mit all der gewaltsamen Leidenschaftlichkeit, die in dem Geschlecht der Claudier erblich war und blieb, dafs der scipionische Kreis
den Plan der Domänenauftheilung so rasch wieder habe fallen lassen;
um so bitterer, wie es scheint, weil er mit Scipio Aemilianus bei der
Bewerbung um die Censur in persönliche Conflicte gekommen war.
Ebenso sprach Publius Crassus Mucianus (S. 54) sich aus, der derzeitige
Oberpontifex, als Mensch und Rechtsgelehrter im Senat wie in der
Bürgerschaft allgemein verehrt. Sogar dessen Bruder Publius Mucius
Scaevola, der Begründer der wissenschaftlichen Jurisprudenz in Rom,
schien dem Reformplan nicht abgeneigt und seine Stimme war von um
so gröfserem Gewicht, als er gewissermafsen aufserhalb der Parteien
stand. Aehnlich dachte Quintus Metellus, der Ueberwinder Makedoniens und der Achaeer, mehr aber noch als seiner Kriegsthaten halber
geachtet als ein Muster alter Zucht und Sitte in seinem häuslichen wie
in seinem öffentlichen Leben. Tiberius Gracchus stand diesen Männern
nahe, namentlich dem Appius, dessen Tochter er, und dem Mucianus,
dessen Tochter sein Bruder zum Weib genommen hatte; es war kein
Wunder, dafs der Gedanke sich in ihm regte den Reformplan selber
wieder aufzunehmen, sobald er sich in einer Stellung befinden werde,
die ihm verfassungsmäfsig die Initiative gestatte. Persönliche Motive
mochten ihn hierin bestärken. Der Friedensvertrag, den Mancinus 617 ᴵ⁴⁷
mit den Numantinern abschlofs, war wesentlich Gracchus Werk (S. 14);
dafs der Senat ihn cassirt hatte, dafs der Feldherr defswegen den Feinden ausgeliefert worden und Gracchus mit den übrigen höheren Offizieren dem gleichen Schicksal nur durch die gröfsere Gunst, deren er
bei der Bürgerschaft genofs, entgangen war, konnte den jungen rechtschaffenen und stolzen Mann nicht milder stimmen gegen die herr-

schende Aristokratie. Die hellenischen Rhetoren, mit denen er gern
philosophirte und politisirte, der Mytilenaeer Diophanes, der Kymaeer
Gaius Blossius, nährten in seiner Seele die Ideale, mit denen er sich
trug; als seine Absichten in weiteren Kreisen bekannt wurden, fehlte
es nicht an billigenden Stimmen und mancher öffentliche Anschlag
forderte den Enkel des Africaners auf des armen Volkes, der Rettung
Italiens zu gedenken.

Grac- [134
chus Tribu-
nat. Am 10. December 620 übernahm Tiberius Gracchus das Volkstribunat. Die entsetzlichen Folgen der bisherigen Mifsregierung, der
politische, militärische, ökonomische, sittliche Verfall der Bürgerschaft
lagen eben damals nackt und blofs Jedermann vor Augen. Von den
beiden Consuln dieses Jahres focht der eine ohne Erfolg in Sicilien
gegen die aufständischen Sklaven und war der andere, Scipio Aemilianus, seit Monaten beschäftigt eine kleine spanische Landstadt nicht
zu besiegen, sondern zu erdrücken. Wenn es noch einer besonderen
Aufforderung bedurfte, um Gracchus Entschlufs zur That werden zu
lassen, sie lag in diesen jedes Patrioten Gemüth mit unnennbarer Angst
erfüllenden Zuständen. Sein Schwiegervater versprach Beistand mit
Rath und That, man durfte hoffen auf die Unterstützung des Juristen
133 Scaevola, der kurz vorher zum Consul für 621 erwählt worden war.
Ackergesetz. So beantragte Gracchus gleich nach Antritt seines Amtes die Erlassung
eines Ackergesetzes, das in gewissem Sinn nichts war als eine Er-
367 neuerung des licinisch-sextischen vom J. 387 der Stadt (I, 295). Es
sollten danach die sämmtlichen occupirten und von den Inhabern ohne
Entgelt benutzten Staatsländereien — die verpachteten, wie zum Beispiel das Gebiet von Capua, berührte das Gesetz nicht — von Staats
wegen eingezogen werden, jedoch mit der Beschränkung, dafs der einzelne Occupant für sich 500 und für jeden Sohn 250, im Ganzen jedoch
nicht über 1000 Morgen zu bleibendem und garantirtem Besitz solle
behalten oder dafür Ersatz in Land in Anspruch nehmen dürfen. Für
etwanige von den bisherigen Inhabern vorgenommene Verbesserungen,
wie Gebäude und Pflanzungen, scheint man Entschädigung bewilligt
zu haben. Das also eingezogene Domanialland sollte in Loose von
30 Morgen zerschlagen und diese theils an Bürger, theils an italische
Bundesgenossen vertheilt werden, nicht als freies Eigen, sondern als
unveräufserliche Erbpacht, deren Inhaber das Land zum Feldbau zu benutzen und eine mäfsige Rente an die Staatskasse zu zahlen sich verpflichteten. Ein Collegium von drei Männern, die als ordentliche und
stehende Beamte der Gemeinde angesehen und jährlich von der Volks-

versammlung gewählt wurden, ward mit dem Einziehungs- und Auftheilungsgeschäft beauftragt, wozu später noch der wichtige und schwierige Auftrag kam rechtlich festzustellen, was Domanialland und was Privateigenthum sei. Die Auftheilung war demnach angelegt als auf unbestimmte Zeit fortgehend, bis daß die sehr ausgedehnten und schwer festzustellenden italischen Domänen regulirt sein würden. Mit dem licinisch-sextischen Gesetz verglichen waren neu in dem sempronischen Ackergesetz theils die Clausel zu Gunsten der beerbten Besitzer, theils die für die neuen Landstellen beantragte Erbpachtgutsqualität und Unveräußerlichkeit, theils und vor allem die regulirte und dauernde Executive, deren Fehlen in dem älteren Gesetz hauptsächlich bewirkt hatte, daß dasselbe ohne nachhaltige praktische Anwendung geblieben war. — Den großen Grundbesitzern, die jetzt wie vor drei Jahrhunderten ihren wesentlichen Ausdruck fanden im Senat, war also der Krieg erklärt, und seit langem zum erstenmal stand wieder einmal ein einzelner Beamter in ernsthafter Opposition gegen die aristokratische Regierung. Sie nahm den Kampf auf in der für solche Fälle hergebrachten Weise die Ausschreitungen des Beamtenthums durch dieses selbst zu paralysiren (I, 316). Ein College des Gracchus, Marcus Octavius, ein entschlossener und von der Verwerflichkeit des beantragten Domanialgesetzes ernstlich überzeugter Mann, that Einspruch, als dasselbe zur Abstimmung gebracht werden sollte; womit verfassungsmäßig der Antrag beseitigt war. Gracchus sistirte nun seinerseits die Staatsgeschäfte und die Rechtspflege und legte seine Siegel auf die öffentlichen Kassen; man nahm es hin — es war unbequem, aber das Jahr ging ja doch auch zu Ende. Gracchus, rathlos, brachte sein Gesetz zum zweiten Mal zur Abstimmung; natürlich wiederholte Octavius seinen Einspruch und auf die flehentliche Bitte seines Collegen und bisherigen Freundes ihm die Rettung Italiens nicht zu wehren, mochte er erwiedern, daß darüber, wie Italien gerettet werden könne, eben die Ansichten verschieden, sein verfassungsmäßiges Recht aber gegen den Antrag des Collegen seines Veto sich zu bedienen außer allem Zweifel sei. Der Senat machte jetzt den Versuch Gracchus einen leidlichen Rückzug zu eröffnen: zwei Consulare forderten ihn auf die Angelegenheit in der Curie weiter zu verhandeln und eifrig ging der Tribun hierauf ein. Er suchte in diesen Antrag hineinzulegen, daß der Senat damit die Domanialauftheilung im Princip zugestanden habe; allein weder lag dies darin noch war der Senat irgend geneigt in der Sache nachzugeben; die Verhandlungen endigten ohne

jedes Resultat. Die verfassungsmäfsigen Wege waren erschöpft. In
früheren Zeiten hatte man unter solchen Verhältnissen es sich nicht
verdriefsen lassen den gestellten Antrag für dies Jahr zur Ruhe zu
legen, aber in jedem folgenden ihn wieder aufzunehmen, bis der Ernst
des Forderns und der Druck der öffentlichen Meinung den Widerstand
brachen. Jetzt lebte man rascher. Gracchus schien sich auf dem
Punkte angelangt, wo er entweder auf die Reform überhaupt verzichten
oder die Revolution beginnen mufste; er that das letztere, indem er mit
der Erklärung vor die Bürgerschaft trat, dafs entweder er oder Octavius
aus dem Collegium ausscheiden müsse und diesem ansann die Bürger
darüber abstimmen zu lassen, welchen von ihnen sie entlassen wollten.
Octavius weigerte sich natürlich auf diesen wunderlichen Zweikampf
einzugehen; die Intercession war eben dazu da solchen Meinungs-
verschiedenheiten der Collegen Raum zu gewähren. Da brach Gracchus die Verhandlung mit dem Collegen ab und wandte sich an die
versammelte Menge mit der Frage, ob nicht der Volkstribun, der
dem Volk zuwider handle, sein Amt verwirkt habe; und die Versammlung, längst gewohnt zu allen an sie gebrachten Anträgen Ja zu sagen
und gröfstentheils zusammengesetzt aus dem vom Lande hereinge-
strömten und bei der Durchführung des Gesetzes persönlich interessirten agricolen Proletariat, bejahte fast einstimmig die Frage. Marcus
Octavius ward auf Gracchus Befehl durch die Gerichtsdiener von der
Tribunenbank entfernt und hierauf unter allgemeinem Jubel das Ackergesetz durchgebracht und die ersten Theilungsherren ernannt. Die
Stimmen fielen auf den Urheber des Gesetzes nebst seinem erst zwanzig-
jährigen Bruder Gaius und seinem Schwiegervater Appius Claudius.
Eine solche Familienwahl steigerte die Erbitterung der Aristokratie.
Als die neuen Beamten sich wie üblich an den Senat wandten um ihre
Ausstattungs- und Taggelder angewiesen zu erhalten, wurden jene ver-
weigert und ein Taggeld angewiesen von 24 Assen (10 Groschen). Die
Fehde griff immer weiter um sich und ward immer gehässiger und
persönlicher. Das schwierige und verwickelte Geschäft der Abgrenzung,
Einziehung und Auftheilung der Domänen trug den Hader in jede
Bürgergemeinde, ja selbst in die verbündeten italischen Städte. Die
Aristokratie hatte es kein Hehl, dafs sie das Gesetz vielleicht, weil sie
müsse, sich gefallen lassen, der unberufene Gesetzgeber aber ihrer
Rache nimmermehr entgehen werde; und die Ankündigung des Quintus
Pompeius, dafs er den Gracchus an demselben Tage, wo er das Tribunat
niederlege, in Anklagestand versetzen werde, war unter den Drohungen,

Gracchus
weitere
Pläne.

die gegen den Tribun fielen, noch bei weitem nicht die schlimmste.
Gracchus glaubte, wahrscheinlich mit Recht, seine persönliche Sicherheit bedroht und erschien auf dem Markt nicht mehr ohne ein Gefolge
von 3—4000 Menschen, worüber er selbst von dem der Reform an
sich nicht abgeneigten Metellus im Senat bittere Worte hören mufste.
Ueberhaupt, wenn er gemeint hatte mit Durchbringung seines Ackergesetzes am Ziele zu sein, so hatte er jetzt zu lernen, dafs er erst am
Anfang stand. Das ‚Volk‘ war ihm zu Dank verpflichtet; aber er war
ein verlorener Mann, wenn er keinen andern Schirm mehr hatte als
diese Dankbarkeit des Volkes, wenn er demselben nicht unentbehrlich
blieb und durch andere und weitergreifende Vorschläge neue und
immer neue Interessen und Hoffnungen an sich knüpfte. Eben damals
war durch das Testament des letzten Königs von Pergamon den Römern
Reich und Vermögen der Attaliden zugefallen (S. 53); Gracchus beantragte bei dem Volk den pergamenischen Schatz unter die neuen Land-
besitzer zur Anschaffung des erforderlichen Beschlags zu vertheilen
und vindicirte überhaupt, gegen die bestehende Uebung, der Bürgerschaft das Recht über die neue Provinz definitiv zu entscheiden. Weitere
populäre Gesetze, über Abkürzung der Dienstzeit, über Ausdehnung
des Provocationsrechts, über die Aufhebung des Vorrechts der Senatoren ausschliefslich als Civilgeschworene zu fungiren, sogar über die
Aufnahme der italischen Bundesgenossen in den römischen Bürgerverband, soll er vorbereitet haben; wie weit seine Entwürfe in der That
gereicht haben, läfst sich nicht entscheiden, gewifs ist nur, dafs Gracchus
seine einzige Rettung darin sah das Amt, das ihn schützte, von der
Bürgerschaft auf ein zweites Jahr verliehen zu erhalten und dafs er,
um diese verfassungswidrige Verlängerung zu bewirken, weitere Reformen in Aussicht stellte. Hatte er anfangs sich eingesetzt um das
Gemeinwesen zu retten, so mufste er jetzt schon um sich zu retten das
Gemeinwesen aufs Spiel setzen. Die Bezirke traten zusammen zur
Wahl der Tribune für das nächste Jahr und die ersten Abtheilungen
gaben ihre Stimmen für Gracchus; aber die Gegenpartei drang mit
ihrem Einspruch schliefslich wenigstens insoweit durch, dafs die Versammlung unverrichteter Sache aufgelöst und die Entscheidung auf
den folgenden Tag verschoben ward. Für diesen setzte Gracchus alle
Mittel in Bewegung, erlaubte und unerlaubte: er zeigte sich dem Volke
im Trauergewand und empfahl ihm seinen unmündigen Knaben; für
den Fall, dafs die Wahl abermals durch Einspruch gestört werden
würde, traf er Vorkehrungen den Anhang der Aristokratie mit Gewalt

Bewerbung
um das
zweite
Tribunat.

von dem Versammlungsplatz vor dem capitolinischen Tempel zu vertreiben. So kam der zweite Wahltag heran; die Stimmen fielen wie
an dem vorhergehenden und wieder erfolgte der Einspruch; der Auflauf begann. Die Bürger zerstreuten sich; die Wahlversammlung war
factisch aufgehoben; der capitolinische Tempel ward geschlossen; man
erzählte sich in der Stadt, bald dafs Tiberius die sämmtlichen Tribunen
abgesetzt habe, bald dafs er ohne Wiederwahl sein Amt fortzuführen
entschlossen sei. Der Senat versammelte sich im Tempel der Treue
hart bei dem Jupitertempel; die erbittertsten Gegner des Gracchus
führten in der Sitzung das Wort; als Tiberius die Hand nach der Stirn
bewegte, um in dem wilden Getümmel dem Volke zu erkennen zu
geben, dafs sein Leben bedroht sei, hiefs es, er fordere schon die Leute
auf, sein Haupt mit der königlichen Binde zu schmücken. Der Consul
Scaevola ward angegangen den Hochverräther sofort tödten zu lassen;
als der gemäfsigte der Reform an sich keineswegs abgeneigte Mann das
ebenso unsinnige wie barbarische Begehren unwillig zurückwies, rief
der Consular Publius Scipio Nasica, ein harter und leidenschaftlicher
Aristokrat, die Gleichgesinnten auf sich zu bewaffnen, wie sie könnten,
und ihm zu folgen. Von den Landleuten war zu den Wahlen fast niemand in die Stadt gekommen; das Stadtvolk wich scheu auseinander,
als es die vornehmen Männer mit Stuhlbeinen und Knitteln in den
Händen zornigen Auges heranstürmen sah; Gracchus versuchte von
wenigen begleitet zu entkommen. Aber er stürzte auf der Flucht am
Abhang des Capitols und ward von einem der Wüthenden — Publius
Satureius und Lucius Rufus stritten sich später um die Henkerehre —
vor den Bildsäulen der sieben Könige am Tempel der Treue durch
einen Knittelschlag auf die Schläfe getödtet; mit ihm dreihundert andre
Männer, keiner durch Eisenwaffen. Als es Abend geworden war,
wurden die Körper in den Tiberflufs gestürzt; vergebens bat Gaius ihm
die Leiche seines Bruders zur Bestattung zu vergönnen. Solch einen
Tag hatte Rom noch nicht erlebt. Der mehr als hundertjährige Hader
der Parteien während der ersten socialen Krise hatte zu keiner Katastrophe geführt, wie diejenige war, mit der die zweite begann. Auch
den besseren Theil der Aristokratie mochte schaudern; indefs man
konnte nicht mehr zurück. Man hatte nur die Wahl eine grofse Zahl
der zuverlässigsten Parteigenossen der Rache der Menge preiszugeben
oder die Verantwortung der Unthat auf die Gesammtheit zu übernehmen; das Letztere geschah. Man hielt officiell daran fest, dafs
Gracchus die Krone habe nehmen wollen und rechtfertigte diesen

Gracchus
Tod.

neuesten Frevel mit dem uralten des Ahala (I, 292); ja man überwies
sogar die weitere Untersuchung gegen Gracchus Mitschuldige einer be-
sondern Commission und liefs deren Vormann, den Consul Publius
Popillius dafür sorgen, dafs durch Blutsentenzen gegen eine grofse Anzahl geringer Leute der Blutthat gegen Gracchus nachträglich eine Art
rechtlichen Gepräges aufgedrückt ward (622). Nasica, gegen den vor 132
allen andern die Menge Rache schnaubte und der wenigstens den Muth
hatte sich offen vor dem Volke zu seiner That zu bekennen und sie zu
vertreten, ward unter ehrenvollen Vorwänden nach Asien gesandt und
bald darauf (624) abwesend mit dem Oberpontificat bekleidet. Auch 130
die gemäfsigte Partei trennte sich hierin nicht von ihren Collegen.
Gaius Laelius betheiligte sich bei den Untersuchungen gegen die
Gracchaner; Publius Scaevola, der die Ermordung zu verhindern gesucht hatte, vertheidigte sie später im Senat; als Scipio Aemilianus
nach seiner Rückkehr aus Spanien (622) aufgefordert ward sich öffent- 132
lich darüber zu erklären, ob er die Tödtung seines Schwagers billige
oder nicht, gab er die wenigstens zweideutige Antwort, dafs, wofern er
nach der Krone getrachtet habe, er mit Recht getödtet worden sei.

Versuchen wir über diese folgenreichen Ereignisse zu einem Ur- Die Doma-
nenfrage an
sich.
theil zu gelangen. Die Einrichtung eines Beamtencollegiums, das dem
gefährlichen Zusammenschwinden der Bauerschaft durch umfassende
Gründung neuer Kleinstellen aus dem gesammten dem Staat zur Verfügung stehenden italischen Grundbesitz entgegenzuwirken hatte, war
freilich kein Zeichen eines gesunden volkswirthschaftlichen Zustandes,
aber unter den obwaltenden politischen und socialen Verhältnissen
zweckmäfsig. Die Auftheilung der Domänen ferner war an sich keine
politische Parteifrage; sie konnte bis auf die letzte Scholle durchgeführt
werden, ohne dafs die bestehende Verfassung geändert, das Regiment
der Aristokratie irgend erschüttert ward. Eben so wenig konnte hier
von einer Rechtsverletzung die Rede sein. Anerkanntermafsen war der
Eigenthümer des occupirten Landes der Staat; der Inhaber konnte als
blofs geduldeter Besitzer in der Regel nicht einmal den gutgläubigen
Eigenthumsbesitz sich zuschreiben und wo er ausnahmsweise es konnte,
stand ihm entgegen, dafs gegen den Staat nach römischem Landrecht
die Verjährung nicht lief. Die Domänenauftheilung war keine Aufhebung, sondern eine Ausübung des Eigenthums; über die formelle
Rechtsbeständigkeit derselben waren alle Juristen einig. Allein damit,
dafs die Domänenauftheilung weder der bestehenden Verfassung Eintrag that noch eine Rechtsverletzung in sich schlofs, war der Versuch

diese Rechtsansprüche des Staats jetzt durchzuführen politisch noch
keineswegs gerechtfertigt. Was man wohl in unsern Tagen erinnert hat,
wenn ein grofser Grundherr rechtlich ihm zustehende, aber thatsächlich
seit langen Jahren nicht erhobene Ansprüche plötzlich in ihrem ganzen
Umfang geltend zu machen beginnt, konnte mit gleichem und besserem
Rechte auch gegen die gracchische Rogation eingewendet werden.
Unleugbar hatten diese occupirten Domänen zum Theil seit dreihundert
Jahren sich in erblichem Privatbesitz befunden; das Bodeneigenthum
des Staats, das seiner Natur nach überhaupt leichter als das des Bürgers den privatrechtlichen Charakter verliert, war an diesen Grund-
stücken so gut wie verschollen und die jetzigen Inhaber durchgängig
durch Kauf oder sonstigen lästigen Erwerb zu diesen Besitzungen gelangt. Der Jurist mochte sagen, was er wollte; den Geschäftsleuten
erschien die Mafsregel als eine Expropriation der grofsen Grundbesitzer zum Besten des agricolen Proletariats; und in der That konnte
auch kein Staatsmann sie anders bezeichnen. Dafs die leitenden Männer
der catonischen Epoche nicht anders geurtheilt hatten, zeigt sehr klar
die Behandlung eines ähnlichen zu ihrer Zeit vorgekommenen Falles.
Das im Jahre 543 zur Domäne geschlagene Gebiet von Capua und den
Nachbarstädten war in den folgenden unruhigen Zeiten thatsächlich
gröfstentheils in Privatbesitz übergegangen. In den letzten Jahren des
sechsten Jahrhunderts, wo man vielfältig, besonders durch Catos Einfluss bestimmt, die Zügel des Regiments wieder straffer anzog, beschlofs
die Bürgerschaft das campanische Gebiet wieder an sich zu nehmen
und zum Besten des Staatsschatzes zu verpachten (582). Dieser Besitz
beruhte auf einer nicht durch vorgängige Aufforderung, sondern
höchstens durch Connivenz der Behörden gerechtfertigten und nirgends viel über ein Menschenalter hinaus fortgesetzten Occupation;
dennoch wurden die Inhaber nicht anders als gegen eine im Auftrag
des Senats von dem Stadtpraetor Publius Lentulus ausgeworfene Entschädigungssumme aus dem Besitz gesetzt (c. 589)[*]. Weniger bedenklich vielleicht, aber doch auch nicht unbedenklich war es, dafs für

---

[*] Diese bisher nur aus Cicero (de l. agr. 2, 31, 82; vgl. Liv. 42, 2, 19) theilweise bekannte Thatsache wird jetzt durch die Fragmente des Licinianus p. 4
wesentlich vervollständigt. Die beiden Berichte sind dahin zu vereinigen, dafs
Lentulus die Possessoren gegen eine von ihm festgesetzte Entschädigungssumme
expropriirte, bei den wirklichen Grundeigenthümern aber nichts ausrichtete,
da er sie zu expropriiren nicht befugt war und sie auf Verkauf sich nicht ein-
lassen wollten.

die neuen Landloose Erbpachtsqualität und Unveräufserlichkeit festgestellt ward. Die liberalsten Grundsätze in Bezug auf die Verkehrs-
freiheit hatten Rom grofs gemacht und es vertrug sich sehr wenig mit
dem Geist der römischen Institutionen, dafs diese neuen Bauern von
oben herab angehalten wurden ihr Grundstück in einer bestimmten
Weise zu bewirthschaften, und dafs für dasselbe Retractrechte und alle
der Verkehrsbeschränkung anhängenden Einschnürungsmafsregeln festgestellt wurden. — Man wird einräumen, dafs diese Einwürfe gegen
das sempronische Ackergesetz nicht leicht wogen. Dennoch entscheiden sie nicht. Jene thatsächliche Expropriation der Domänenbesitzer
war sicher ein grofses Uebel; aber sie war dennoch das einzige Mittel,
um einem noch viel gröfseren, ja den Staat geradezu vernichtenden,
dem Untergang des italischen Bauernstandes wenigstens auf lange
hinaus zu steuern. Darum begreift man es wohl, warum die ausgezeichnetsten und patriotischsten Männer auch der conservativen
Partei, an ihrer Spitze Gaius Laelius und Scipio Aemilianus, die Domänenauftheilung an sich billigten und wünschten. — Aber wenn der
Zweck des Tiberius Gracchus wohl der grofsen Majorität der einsichtigen Vaterlandsfreunde gut und heilsam erschienen ist, so hat
dagegen der Weg, den er einschlug, keines einzigen nennenswerthen
und patriotischen Mannes Billigung gefunden noch finden können.
Rom wurde um diese Zeit regiert durch den Senat. Wer gegen die
Majorität des Senats eine Verwaltungsmafsregel durchsetzte, der machte
Revolution. Es war Revolution gegen den Geist der Verfassung, als
Gracchus die Domänenfrage vor das Volk brachte; Revolution auch
gegen den Buchstaben, als er das Correctiv der Staatsmaschine, durch
welches der Senat die Eingriffe in sein Regiment verfassungsmäfsig
beseitigte, die tribunicische Intercession durch die mit unwürdiger
Sophistik gerechtfertigte Absetzung seines Collegen nicht blofs für
jetzt, sondern für alle Folgezeit zerstörte. Indefs nicht hierin liegt
die sittliche und politische Verkehrtheit von Gracchus Thun. Für
die Geschichte giebt es keine Hochverrathsparagraphen; wer eine
Macht im Staat zum Kampf aufruft gegen die andere, der ist gewifs ein
Revolutionär, aber vielleicht zugleich ein einsichtiger und preiswür-
diger Staatsmann. Der wesentliche Fehler der gracchischen Revolution
liegt in einer nur zu oft übersehenen Thatsache: in der Beschaffenheit
der damaligen Bürgerversammlungen. Das Ackergesetz des Spurius
Cassius (I, 279) und das des Tiberius Gracchus hatten in der Hauptsache denselben Inhalt und denselben Zweck; dennoch war das Be-

Die Domä-
nenfrage vor
der Bürger-
schaft.

giunen beider Männer nicht weniger verschieden als die ehemalige römische Bürgerschaft, welche mit den Latinern und Hernikern die
Volskerbeute theilte, und die jetzige, die die Provinzen Asia und Africa
einrichten liefs. Jene war eine städtische Gemeinde, die zusammentreten und zusammen handeln konnte; diese ein grofser Staat, dessen
Angehörige in einer und derselben Urversammlung zu vereinigen und
diese Versammlung entscheiden zu lassen ein ebenso klägliches wie
lächerliches Resultat gab (I, 810). Es rächte sich hier der Grundfehler
der Politie des Alterthums, dafs sie nie vollständig von der städtischen
zur staatlichen Verfassung oder, was dasselbe ist, von dem System der
Urversammlungen zum parlamentarischen fortgeschritten ist. Die souveräne Versammlung Roms war, was die souveräne Versammlung in
England sein würde, wenn statt der Abgeordneten die sämmtlichen
Wähler Englands zum Parlament zusammentreten wollten: eine unge-
schlachte von allen Interessen und allen Leidenschaften wüst bewegte
Masse, in der die Intelligenz spurlos verschwand; eine Masse, die weder
die Verhältnisse zu übersehen noch auch nur einen eigenen Entschlufs
zu fassen vermochte; eine Masse vor allem, in welcher, von seltenen
Ausnahmfällen abgesehen, unter dem Namen der Bürgerschaft ein
paar hundert oder tausend von den Gassen der Hauptstadt zufällig auf-
gegriffene Individuen handelten und stimmten. Die Bürgerschaft fand
sich in den Bezirken wie in den Hundertschaften durch ihre factischen
Repräsentanten in der Regel ungefähr ebenso genügend vertreten wie
in den Curien durch die daselbst von Rechtswegen sie repräsentirenden
dreifsig Gerichtsdiener; und eben wie der sogenannte Curienbeschlufs
nichts war als ein Beschlufs desjenigen Magistrats, der die Gerichtsdiener zusammenrief, so war auch der Tribus- und Centurienbeschlufs
in dieser Zeit wesentlich nichts als ein durch einige obligate Jaherren
legalisirter Beschlufs des vorschlagenden Beamten. Wenn aber in
diesen Stimmversammlungen, den Comitien, so wenig man es auch
mit der Qualification genau nahm, im Ganzen doch nur Bürger erschienen, so war dagegen in den blofsen Volksversammlungen. den Contionen, platz- und schreiberechtigt, was nur zwei Beine hatte, Aegypter
und Juden, Gassenbuben und Sklaven. In den Augen des Gesetzes
bedeutete allerdings ein solches Meeting nichts; es konnte nicht abstimmen noch beschliefsen. Allein thatsächlich beherrschte dasselbe
die Gasse und schon war die Gassenmeinung eine Macht in Rom und
kam etwas darauf an, ob diese wüste Masse bei dem was ihr mitgetheilt
ward schwieg oder schrie, ob sie klatschte und jubelte oder den Redner

auspfiff und anheulte. Nicht viele hatten den Muth die Haufen anzu-
herrschen, wie es Scipio Aemilianus that, als sie wegen seiner Aeufserung über den Tod seines Schwagers ihn auszischten: ihr da, sprach
er, denen Italien nicht Mutter ist sondern Stiefmutter, ihr habt zu
schweigen! und da sie noch lauter tobten: ihr meint doch nicht, dafs
ich die losgebunden fürchten werde, die ich in Ketten auf den Sklavenmarkt geschickt habe? — Dafs man der verrosteten Maschine der
Comitien sich für die Wahlen und für die Gesetzgebung bediente, war
schon übel genug. Aber wenn man diesen Massen, zunächst den Comitien und factisch auch den Contionen, Eingriffe in die Verwaltung
gestattete und dem Senat das Werkzeug zur Verhütung solcher Eingriffe aus den Händen wand; wenn man gar diese sogenannte Bürgerschaft aus dem gemeinen Seckel sich selber Aecker sammt Zubehör
decretiren liefs; wenn man einem Jeden, dem die Verhältnisse und
sein Einflufs beim Proletariat die Gelegenheit gab die Gassen auf einige
Stunden zu beherrschen, die Möglichkeit eröffnete seinen Projecten
den legalen Stempel des souveränen Volkswillens aufzudrücken, so
war man nicht am Anfang, sondern am Ende der Volksfreiheit, nicht
bei der Demokratie angelangt, sondern bei der Monarchie.   Darum
hatten in der vorigen Periode Cato und seine Gesinnungsgenossen
solche Fragen nie an die Bürgerschaft gebracht, sondern lediglich sie
im Senat verhandelt (I, 827). Darum bezeichnen Gracchus Zeitgenossen,
die Männer des scipionischen Kreises, das flaminische Ackergesetz von
522, den ersten Schritt auf jener verhängnifsvollen Bahn, als den An- ²³²
fang des Verfalles der römischen Gröfse. Darum liefsen dieselben den
Urheber der Domanialtheilung fallen und erblickten in seinem schrecklichen Ende gleichsam einen Damm gegen künftige ähnliche Versuche,
während sie doch die von ihm durchgesetzte Domanialtheilung selbst
mit aller Energie festhielten und nutzten — so jammervoll standen die
Dinge in Rom, dafs redliche Patrioten in die grauenvolle Heuchelei
hineingedrängt wurden den Uebelthäter preiszugeben und die Frucht
der Uebelthat sich anzueignen. Darum hatten auch die Gegner des
Gracchus in gewissem Sinne nicht Unrecht, als sie ihn beschuldigten
nach der Krone zu streben. Es ist für ihn vielmehr eine zweite Anklage als eine Rechtfertigung, dafs dieser Gedanke ihm selber wahrscheinlich fremd war. Das aristokratische Regiment war so durchaus verderblich, dafs der Bürger, der den Senat ab- und sich an dessen
Stelle zu setzen vermochte, vielleicht dem Gemeinwesen mehr noch
nützte als er ihm schadete. Allein dieser kühne Spieler war Tiberius Resultate.

Gracchus nicht, sondern ein leidlich fähiger durchaus wohlmeinender
conservativ patriotischer Mann, der eben nicht wufste was er begann,
der im besten Glauben das Volk zu rufen den Pöbel beschwor und
nach der Krone griff ohne selbst es zu wissen, bis die unerbittliche
Consequenz der Dinge ihn unaufhaltsam drängte in die demagogisch-
tyrannische Bahn, bis mit der Familiencommission, den Eingriffen in
das öffentliche Kassenwesen, den durch Noth und Verzweiflung erprefsten weiteren ‚Reformen‘, der Leibwache von der Gasse und den
Strafsengefechten der bedauernswerthe Usurpator Schritt für Schritt
sich und Andern klarer hervortrat, bis endlich die entfesselten Geister
der Revolution den unfähigen Beschwörer packten und verschlangen.
Die ehrlose Schlächterei, durch die er endigte, richtet sich selber wie
sie die Adelsrotte richtet, von der sie ausging; allein die Märtyrerglorie,
mit der sie Tiberius Gracchus Namen geschmückt hat, kam hier wie
gewöhnlich an den unrechten Mann.   Die besten seiner Zeitgenossen
urtheilten anders.   Als dem Scipio Aemilianus die Katastrophe gemeldet
ward, sprach er die Worte Homers:

> Also verderb' ein Jeder, der ähnliche Werke vollführt hat!

und als des Tiberius jüngerer Bruder Miene machte in gleicher Weise
aufzutreten, schrieb ihm die eigne Mutter: ‚Wird denn unser Haus des
Wahnsinns kein Ende finden? wo wird die Grenze sein? haben wir
noch nicht hinreichend uns zu schämen den Staat verwirrt und zerrüttet zu haben?‘   So sprach nicht die besorgte Mutter, sondern die
Tochter des Ueberwinders der Karthager, die noch ein größeres Unglück kannte und erfuhr als den Tod ihrer Kinder.

KAPITEL III.

DIE REVOLUTION UND GAIUS GRACCHUS.

Tiberius Gracchus war todt; indefs seine beiden Werke, die Landaufteilung wie die Revolution, überlebten ihren Urheber. Dem verkommenen agricolen Proletariat gegenüber konnte der Senat wohl einen Mord wagen, aber nicht diesen Mord zur Aufhebung des sempronischen Ackergesetzes benutzen; durch den wahnsinnigen Ausbruch der Parteiwuth war das Gesetz selbst weit mehr befestigt als erschüttert worden. Die reformistisch gesinnte Partei der Aristokratie, welche die Domanialtheilung offen begünstigte, an ihrer Spitze Quintus Metellus, eben um diese Zeit (623) Censor, und Publius Scaevola, gewann in Verbindung mit der Partei des Scipio Aemilianus, die der Reform wenigstens nicht abgeneigt war, selbst im Senat für jetzt die Oberhand und ausdrücklich wies ein Senatsbeschlufs die Theilherren an ihre Arbeiten zu beginnen. Nach dem sempronischen Gesetz sollten dieselben jährlich von der Gemeinde ernannt werden und es ist dies auch wahrscheinlich geschehen; allein bei der Beschaffenheit ihrer Aufgabe war es natürlich, dafs die Wahl wieder und wieder auf dieselben Männer fiel und eigentliche Neuwahlen nur stattfanden, wo ein Platz durch den Tod sich erledigte. So trat für Tiberius Gracchus in dieselbe ein der Schwiegervater seines Bruders Gaius, Publius Crassus Mucianus; und als dieser 624 gefallen (S. 54) und auch Appius Claudius gestorben war, leiteten das Theilungsgeschäft in Gemeinschaft mit dem jungen Gaius Gracchus zwei der thätigsten Führer der Bewegungspartei, Marcus Fulvius Flaccus und Gaius Papirius Carbo. Schon die Namen dieser Männer bürgen dafür, dafs man das Geschäft der Einziehung und Auftheilung des occupirten Domaniallandes mit Eifer und Nachdruck an-

griff, und in der That fehlt es auch dafür nicht an Beweisen. Bereits
der Consul des J. 622 Publius Popillius, derselbe der die Blutgerichte
gegen die Anhänger des Tiberius Gracchus leitete, verzeichnet auf einem
öffentlichen Denkmal sich als ‚den ersten, der auf den Domänen die
Hirten aus- und dafür die Bauern eingewiesen habe‘, und auch sonst
ist es überliefert, dafs sich die Auftheilung über ganz Italien erstreckte
und überall in den bisherigen Gemeinden die Zahl der Bauerstellen
vermehrt ward — denn nicht durch Gründung neuer Gemeinden, sondern durch Verstärkung der bestehenden die Bauerschaft zu heben war
die Absicht des sempronischen Ackergesetzes. Den Umfang und die
tiefgreifende Wirkung dieser Auftheilungen bezeugen die zahlreichen
in der römischen Feldmesserkunst auf die gracchischen Landanweisungen zurückgehenden Einrichtungen; wie denn zum Beispiel eine
gehörige und künftigen Irrungen vorbeugende Marksteinsetzung zuerst
durch die gracchischen Grenzgerichte und Landauftheilungen ins Leben
gerufen zu sein scheint. Am deutlichsten aber reden die Zahlen der
Bürgerliste. Die Schätzung, die im J. 623 veröffentlicht ward und
thatsächlich wohl Anfang 622 stattfand, ergab nicht mehr als 319 000
waffenfähige Bürger, wogegen sechs Jahre später (629) statt des bisherigen Sinkens (S. 81) sich die Ziffer auf 395 000, also um 76 000
hebt — ohne allen Zweifel lediglich in Folge dessen, was die Theilungscommission für die römische Bürgerschaft that. Ob dieselbe auch bei
den Italikern die Bauerstellen in demselben Verhältnifs vermehrt hat,
läfst sich bezweifeln; auf alle Fälle war das, was sie erreichte, ein
grofses und segensreiches Resultat. Freilich ging es dabei nicht ab
ohne vielfache Verletzung achtbarer Interessen und bestehender Rechte.
Das Theilherrenamt, besetzt mit den entschiedensten Parteimännern
und durchaus Richter in eigener Sache, ging mit seinen Arbeiten rücksichtslos und selbst tumultuarisch vor; öffentliche Anschläge forderten
jeden, der dazu im Stande sei, auf über die Ausdehnung des Domaniallandes Nachweisungen zu geben; unerbittlich wurde zurückgegangen
auf die alten Erdbücher und nicht blofs neue und alte Occupation ohne
Unterschied wieder eingefordert, sondern auch vielfältig wirkliches
Privateigenthum, über das der Inhaber sich nicht genügend auszuweisen vermochte, mit confiscirt. Wie laut und grofsentheils begründet
auch die Klagen waren, der Senat liefs die Auftheiler gewähren: es
war einleuchtend, dafs, wenn man einmal die Domanialfrage erledigen
wollte, ohne solches rücksichtsloses Durchgreifen schlechterdings nicht
durchzukommen war. Allein es hatte dies Gewährenlassen doch seine

Grenze. Das italische Domanialland war nicht lediglich in den Händen Sistirung der Theilungscommission durch Scipio Aemilianus. römischer Bürger; grofse Strecken desselben waren einzelnen bundesgenössischen Gemeinden durch Volks- oder Senatsbeschlüsse zu ausschliefslicher Benutzung zugewiesen, andere Stücke von latinischen Bürgern erlaubter oder unerlaubter Weise occupirt worden. Das Theilungsamt griff endlich auch diese Besitzungen an. Nach formalem Rechte war die Einziehung der von Nichtbürgern einfach occupirten Stücke unzweifelhaft zulässig, nicht minder vermuthlich die Einziehung des durch Senatsbeschlüsse, ja selbst des durch Gemeindebeschlüsse den italischen Gemeinden überwiesenen Domaniallandes, da der Staat damit keineswegs auf sein Eigenthum verzichtete und allem Anschein nach an Gemeinden eben wie an Private nur auf Widerruf verlieh. Allein die Beschwerden dieser Bundes- oder Unterthanengemeinden, dafs Rom die in Kraft stehenden Abmachungen nicht einhalte, konnten doch nicht, wie die Klagen der durch das Theilungsamt verletzten römischen Bürger, einfach bei Seite gelegt werden. Rechtlich mochten jene nicht besser begründet sein als diese; aber wenn es in diesem Falle sich um Privatinteressen von Staatsangehörigen handelte, so kam in Beziehung auf die latinischen Possessionen in Frage, ob es politisch richtig sei die militärisch so wichtigen und schon durch zahlreiche rechtliche und factische Zurücksetzungen (I. 800 fg.) Rom sehr entfremdeten latinischen Gemeinden noch durch diese empfindliche Verletzung ihrer materiellen Interessen aufs neue zu verstimmen. Die Entscheidung lag in den Händen der Mittelpartei; sie war es gewesen, die nach der Katastrophe des Gracchus im Bunde mit seinen Anhängern die Reform gegen die Oligarchie geschützt hatte und sie allein vermochte jetzt in Vereinigung mit der Oligarchie der Reform eine Schranke zu setzen Die Latiner wandten sich persönlich an den hervorragendsten Mann dieser Partei, Scipio Aemilianus, mit der Bitte ihre Rechte zu schützen; er sagte es zu und wesentlich durch seinen Einflufs*) ward im J. 625 durch 129 Volksschlufs der Theilcommission die Gerichtsbarkeit entzogen und die Entscheidung, was Domanial- und was Privatbesitz sei, an die Censoren und in deren Vertretung an die Consuln gewiesen, denen sie nach den allgemeinen Rechtsbestimmungen zukam. Es war dies nichts anderes als eine Sistirung der weiteren Domanialaufteilung in milder Form. Der

---

*) Hieber gehört seine Rede *contra legem iudiciariam Ti. Gracchi*, womit nicht, wie man gesagt hat, ein Gesetz über Quaestionengerichte gemeint ist, sondern das Supplementargesetz zu seiner Ackerrogation: *ut triumviri iudicarent, qua publicus ager, qua privatus esset* (Liv. ep. 28; oben S. 86).

Consul Tuditanus, keineswegs gracchanisch gesinnt und wenig geneigt mit der bedenklichen Bodenregulirung sich zu befassen, nahm die Gelegenheit wahr zum illyrischen Heer abzugehen und das ihm aufgetragene Geschäft unvollzogen zu lassen; die Theilungscommission bestand zwar fort, aber da die gerichtliche Regulirung des Domaniallandes stockte, blieb auch sie nothgedrungen unthätig. Die Reformpartei war tief erbittert. Selbst Männer wie Publius Mucius und Quintus Metellus mifsbilligten Scipios Zwischentreten. In anderen Kreisen begnügte man sich nicht mit der Mifsbilligung. Auf einen der nächsten Tage hatte Scipio einen Vortrag über die Verhältnisse der Latiner angekündigt; am Morgen dieses Tages ward er todt in seinem Bette gefunden. Dafs der sechsundfunfzigjährige in voller Gesundheit und Kraft stehende Mann, der noch den Tag vorher öffentlich gesprochen und dann am Abend, um seine Rede für den nächsten Tag zu entwerfen, sich früher als gewöhnlich in sein Schlafgemach zurückgezogen hatte, das Opfer eines politischen Mordes geworden ist, kann nicht bezweifelt werden; er selbst hatte kurz vorher der gegen ihn gerichteten Mordanschläge öffentlich erwähnt. Welche meuchelnde Hand den ersten Staatsmann und den ersten Feldherrn seiner Zeit bei nächtlicher Weile erwürgt hat, ist nie an den Tag gekommen und es ziemt der Geschichte weder die aus dem gleichzeitigen Stadtklatsch überlieferten Gerüchte zu wiederholen noch den kindischen Versuch anzustellen aus solchen Acten die Wahrheit zu ermitteln. Nur dafs der Anstifter der That der Gracchenpartei angehört haben mufs, ist einleuchtend: Scipios Ermordung war die demokratische Antwort auf die aristokratische Blutscene am Tempel der Treue. Die Gerichte schritten nicht ein. Die Volkspartei, mit Recht fürchtend, dafs ihre Führer, Gaius Gracchus, Flaccus, Carbo, schuldig oder nicht, in den Prozefs möchten verwickelt werden, widersetzte sich mit allen Kräften der Einleitung einer Untersuchung; und auch die Aristokratie, die an Scipio ebenso sehr einen Gegner wie einen Verbündeten verlor, liefs nicht ungern die Sache ruhen. Die Menge und die gemäfsigten Männer standen entsetzt; keiner mehr als Quintus Metellus, der Scipios Einschreiten gegen die Reform gemifsbilligt hatte, aber von solchen Bundesgenossen schaudernd sich abwandte und seinen vier Söhnen befahl die Bahre des grofsen Gegners zur Feuerstätte zu tragen. Die Leichenbestattung ward beschleunigt; verhüllten Hauptes ward der letzte aus dem Geschlecht des Siegers von Zama hinausgetragen, ohne dafs jemand zuvor des Todten Antlitz hätte sehen dürfen, und die Flammen des Scheiterhaufens verzehrten mit der Hülle des hohen Mannes zugleich die Spuren des Verbrechens. — Die Geschichte Roms kennt manchen genialeren Mann als Scipio Aemilianus, aber keinen, der an sittlicher Reinheit, an völliger Abwesenheit des politischen Egoismus, an edelster Vaterlandsliebe ihm gleich kommt; vielleicht auch keinen, dem das Geschick eine tragischere Rolle zugewiesen hat. Des besten Willens und nicht gemeiner Fähigkeiten sich bewufst, war er dazu verurtheilt den Ruin seines Vaterlandes vor seinen Augen sich vollziehen zu sehen und jeden ernstlichen Versuch einer Rettung, in der klaren Einsicht nur übel damit ärger zu machen, in sich niederzukämpfen; dazu verurtheilt Unthaten wie die des Nasica gutheifsen und zugleich das Werk des Ermordeten gegen seine Mörder vertheidigen zu müssen. Dennoch durfte er sich sagen nicht umsonst gelebt zu haben. Er war es, wenigstens ebenso sehr wie der Urheber des sempronischen Gesetzes, dem die römische Bürgerschaft einen Zuwachs von gegen 80000 neuen Bauerhufen verdankte; er war es auch, der diese Domanialtheilung hemmte, als sie genützt hatte, was sie nützen konnte. Dafs es an der Zeit war damit abzubrechen, ward zwar damals auch von wohlmeinenden Männern bestritten; aber die Thatsache, dafs auch Gaius Gracchus auf diese nach dem Gesetz seines Bruders zu vertheilenden und unvertheilt gebliebenen Besitzungen nicht ernstlich zurückkam, spricht gar sehr dafür, dafs Scipio im Wesentlichen den richtigen Moment traf. Beide Mafsregeln wurden den Parteien abgezwungen, die erste der Aristokratie, die zweite den Reformfreunden; beide bezahlte ihr Urheber mit seinem Leben. Es war Scipio beschieden auf manchem Schlachtfeld für sein Vaterland zu fechten und unverletzt heimzukehren, um dort den Tod von Mörderhand zu finden; aber er ist in seiner stillen Kammer nicht minder für Rom gestorben, als wenn er vor Karthagos Mauern gefallen wäre.

Die Landauftheilung war zu Ende; die Revolution ging an. Die revolutionäre Partei, die in dem Theilungsamt gleichsam eine constituirte Vorstandschaft besafs, hatte schon bei Scipios Lebzeiten hie und dort mit dem bestehenden Regiment geplänkelt; namentlich Carbo, eines der ausgezeichnetsten Rednertalente dieser Zeit, hatte als Volkstribun 623 dem Senat nicht wenig zu schaffen gemacht, die geheime Abstimmung in den Bürgerschaftsversammlungen durchgesetzt, soweit es nicht bereits früher geschehen war (S. 70), und sogar den bezeichnenden Antrag gestellt den Volkstribunen die Wiederbewerbung um dasselbe Amt für das unmittelbar folgende Jahr freizugeben, also das Hindernifs, an dem Tiberius Gracchus zunächst gescheitert war, ge-

Demokratische Agitation unter Carbo und Flaccus.

131

setzlich zu beseitigen. Der Plan war damals durch den Widerstand
Scipios vereitelt worden; einige Jahre später, wie es scheint nach dessen
Tode, wurde das Gesetz wenn auch mit beschränkenden Clauseln wieder
ein- und durchgebracht*). Die hauptsächliche Absicht der Partei ging
indefs auf Reactivirung des factisch aufser Thätigkeit gesetzten Thei-
lungsamts: unter den Führern ward der Plan ernstlich besprochen
die Hindernisse, die die italischen Bundesgenossen derselben entgegen-
stellten, durch Ertheilung des Bürgerrechts an dieselben zu beseitigen
und die Agitation nahm vorwiegend diese Richtung. Um ihr zu begegnen, liefs der Senat 628 durch den Volkstribun Marcus Junius Pen-
nus die Ausweisung sämmtlicher Nichtbürger aus der Hauptstadt beantragen und trotz des Widerstandes der Demokraten, namentlich des
Gaius Gracchus, und der durch diese gehässige Mafsregel hervorgerufenen Gährung in den latinischen Gemeinden ging der Vorschlag
durch. Marcus Fulvius Flaccus antwortete im folgenden Jahr (629)
als Consul mit dem Antrag den Bürgern der Bundesgemeinden die Ge-
winnung der römischen Bürgerrechte zu erleichtern und auch denen,
die er nicht gewonnen, gegen Straferkenntnisse die Provocation an
die römischen Comitien einzuräumen; allein er stand fast allein —
Carbo hatte inzwischen die Farbe gewechselt und war jetzt eifriger
Aristokrat, Gaius Gracchus abwesend als Quaestor in Sardinien — und
scheiterte an dem Widerstand nicht blofs des Senats, sondern auch der
Bürgerschaft, die der Ausdehnung ihrer Privilegien auf noch weitere
Kreise sehr wenig geneigt war. Flaccus verliefs Rom um den Oberbefehl gegen die Kelten zu übernehmen; auch so durch seine transalpinischen Eroberungen den grofsen Plänen der Demokratie vor-
arbeitend, zog er zugleich sich damit aus der üblen Lage heraus gegen
die von ihm selber aufgestifteten Bundesgenossen die Waffen tragen zu
müssen. Fregellae, an der Grenze von Latium und Campanien am
Hauptübergang über den Liris inmitten eines grofsen und fruchtbaren
Gebiets gelegen, damals vielleicht die zweite Stadt Italiens und in den
Verhandlungen mit Rom der gewöhnliche Wortführer für die sämmtlichen latinischen Colonien, begann in Folge der Zurückweisung des
von Flaccus eingebrachten Antrags den Krieg gegen Rom — seit hun-
dertfunfzig Jahren der erste Fall einer ernstlichen nicht durch aus-

Zerstörung
von Fre-
gellae.

---

*) Die Restriction, dafs die Continuirung nur statthaft sein solle, wenn es an
andern geeigneten Bewerbern fehle (Appian b. c. 1, 21), war nicht schwer zu
umgehen. Das Gesetz selbst scheint nicht den älteren Ordnungen anzugehören
(Staatsrecht 1³, 473), sondern erst von den Gracchanern eingebracht zu sein.

wärtige Mächte herbeigeführten Schilderhebung Italiens gegen die römische Hegemonie. Indefs gelang es diesmal noch den Brand, ehe er
andere bundesgenössische Gemeinden ergriff, im Keime zu ersticken ;
nicht durch die Ueberlegenheit der römischen Waffen, sondern durch
den Verrath eines Fregellaners, des Quintus Numitorius Pullus ward
der Praetor Lucius Opimius rasch Meister über die empörte Stadt, die
ihr Stadtrecht und ihre Mauern verlor und gleich Capua ein Dorf ward.
Auf einem Theil ihres Gebiets ward 630 die Colonie Fabrateria ge-   124
gründet; der Rest und die ehemalige Stadt selbst wurden unter die
umliegenden Gemeinden vertheilt. Das schnelle und furchtbare Strafgericht schreckte die Bundesgenossenschaft und endlose Hochverrathsprozesse verfolgten nicht blofs die Fregellaner, sondern auch die Führer
der Volkspartei in Rom, die begreiflicher Weise der Aristokratie als an
dieser Insurrection mitschuldig galten. Inzwischen erschien Gaius
Gracchus wieder in Rom. Die Aristokratie hatte den gefürchteten
Mann zuerst in Sardinien festzuhalten gesucht, indem sie die übliche
Ablösung unterliefs und sodann, da er ohne hieran sich zu kehren
dennoch zurückkam, ihn als einen der Urheber des fregellanischen
Aufstandes vor Gericht gezogen (629—630). Allein die Bürgerschaft   125 124
sprach ihn frei und nun hob auch er den Handschuh auf, bewarb sich
um das Volkstribunat und ward in einer ungewöhnlich zahlreich besuchten Wahlversammlung zum Volkstribun auf das J. 631 ernannt.   123
Der Krieg war also erklärt. Die demokratische Partei, immer arm an
leitenden Capacitäten, hatte neun Jahre hindurch nothgedrungen so
gut wie gefeiert; jetzt war der Waffenstillstand zu Ende und es stand
diesmal an ihrer Spitze ein Mann, der redlicher als Carbo und talent-
voller als Flaccus in jeder Beziehung zur Führerschaft berufen war.

Gaius Gracchus (601—633) war sehr verschieden von seinem um   153-121
neun Jahre älteren Bruder. Wie dieser war er gemeiner Lust und ge-   Gaius Grac
meinem Treiben abgewandt, ein durchgebildeter Mann und ein tapferer   chus.
Soldat; er hatte vor Numantia unter seinem Schwager und später in
Sardinien mit Auszeichnung gefochten. Allein an Talent, Charakter
und vor allem an Leidenschaft war er dem Tiberius entschieden überlegen. An der Klarheit und Sicherheit, mit welcher der junge Mann
sich später in dem Drang der verschiedenartigsten zur praktischen
Durchführung seiner zahlreichen Gesetze erforderlichen Geschäfte zu
bewegen wufste, erkannte man die echte staatsmännische Begabung, wie
an der leidenschaftlichen bis zum Tode getreuen Hingebung, mit der
seine näheren Freunde an ihm hingen, die Liebefähigkeit dieses adli-

chen Gemüthes. Der Energie seines Wollens und Handelns war die
durchgemachte Leidensschule, die nothgedrungene Zurückhaltung
während der letzten neun Jahre zu Gute gekommen; nicht mit gemin-
derter, nur mit verdichteter Gluth flammte in ihm die tief in die in-
nerste Brust zurückgedrängte Erbitterung gegen die Partei, die das
Vaterland zerrüttet und ihm den Bruder ermordet hatte. Durch diese
furchtbare Leidenschaft seines Gemüthes ist er der erste Redner geworden, den Rom jemals gehabt hat; ohne sie würden wir ihn wahrscheinlich den ersten Staatsmännern aller Zeiten beizählen dürfen.
Noch unter den wenigen Trümmern seiner aufgezeichneten Reden sind
manche selbst in diesem Zustande von herzerschütternder Mächtigkeit*)
und wohl begreift man, dafs wer sie hörte oder auch nur las, fortgerissen ward von dem brausenden Sturm seiner Worte. Dennoch so
sehr er der Rede Meister war, bemeisterte nicht selten ihn selber der
Zorn, so dafs dem glänzenden Sprecher die Rede trübe oder stockend
flofs. Es ist das treue Abbild seines politischen Thuns und Leidens.
In Gaius Wesen ist keine Ader von der Art seines Bruders, von jener
etwas sentimentalen und gar sehr kurzsichtigen und unklaren Gut-
müthigkeit, die den politischen Gegner mit Bitten und Thränen um-
stimmen möchte; mit voller Sicherheit betrat er den Weg der Revolution und strebte er nach dem Ziel der Rache. ‚Auch mir‘, schrieb
ihm seine Mutter, ‚scheint nichts schöner und herrlicher als dem Feinde
zu vergelten, wofern dies geschehen kann, ohne dafs das Vaterland zu
Grunde geht. Ist aber dies nicht möglich, da mögen unsere Feinde
bestehen und bleiben was sie sind, tausendmal lieber als dafs das
Vaterland verderbe‘. Cornelia kannte ihren Sohn; sein Glaubensbe-
kenntnifs war eben das Gegentheil. Rache wollte er nehmen an der
elenden Regierung, Rache um jeden Preis, mochte auch er selbst,
ja das Gemeinwesen darüber zu Grunde gehen — die Ahnung, dafs
das Verhängnifs ihn so sicher ereilen werde, wie den Bruder, trieb
ihn nur sich zu hasten, gleich dem tödtlich Verwundeten, der sich

---

*) So die bei der Ankündigung seiner Gesetzvorschläge gesprochenen
Worte: ‚Wenn ich zu euch redete und von euch begehrte, da ich von edler
Herkunft bin und meinen Bruder um euretwillen eingebüfst habe und nun
niemand weiter übrig ist von des Publius Africanus und des Tiberius Gracchus
Nachkommen als nur ich und ein Knabe, mich für jetzt feiern zu lassen, damit
nicht unser Stamm mit der Wurzel ausgerottet werde und ein Spröfsling dieses
Geschlechts übrig bleibe: so möchte wohl solches mir von euch bereitwillig
zugestanden werden‘.

auf den Feind wirft. Die Mutter dachte edler; aber auch den Sohn, diese tiefgereizte leidenschaftlich erregte durchaus italienische Natur hat die Nachwelt mehr noch beklagt als getadelt, und sie hat recht daran gethan.

Tiberius Gracchus war mit einer einzelnen Administrativreform vor die Bürgerschaft getreten. Was Gaius in einer Reihe gesonderter Vorschläge einbrachte, war nichts anderes als eine vollständig neue Verfassung, als deren erster Grundstein die schon früher durchgesetzte Neuerung erscheint, daß es dem Volkstribun freistehen solle sich für das folgende Jahr wiederwählen zu lassen (S. 102). Wenn hiermit für das Volkshaupt die Möglichkeit einer dauernden und den Inhaber schützenden Stellung gewonnen war, so galt es weiter demselben die materielle Macht zu sichern, das heißt die hauptstädtische Menge — denn daß auf das nur von Zeit zu Zeit nach der Stadt kommende Landvolk kein Verlaß war, hatte sich sattsam gezeigt — mit ihren Interessen fest an den Führer zu knüpfen. Hiezu diente zuvörderst die Einführung der hauptstädtischen Getreidevertheilung. Schon früher war das dem Staat aus den Provinzialzehnten zukommende Getreide oftmals zu Schleuderpreisen an die Bürgerschaft abgegeben worden (I, 840). Gracchus verfügte, daß fortan jedem persönlich in der Hauptstadt sich meldenden Bürger monatlich eine bestimmte Quantität — es scheint 5 Modii (½ preuß. Scheffel) — aus den öffentlichen Magazinen verabfolgt werden solle, der Modius zu 6¼ As (2½ Gr.) oder noch nicht der Hälfte eines niedrigen Durchschnittspreises (I, 841 A.); zu welchem Ende durch Anlage der neuen sempronischen Speicher die öffentlichen Kornmagazine erweitert wurden. Diese Vertheilung, welche folgeweise die außerhalb der Hauptstadt lebenden Bürger ausschloß und nothwendig die ganze Masse des Bürgerproletariats nach Rom ziehen mußte, sollte das hauptstädtische Bürgerproletariat, das bisher wesentlich von der Aristokratie abgehangen hatte, in die Clientel der Führer der Bewegungspartei bringen und damit dem neuen Herrn des Staats zugleich eine Leibwache und eine feste Majorität in den Comitien gewähren. Zu mehrerer Sicherheit hinsichtlich dieser wurde ferner die in den Centuriatcomitien noch bestehende Stimmordnung, wonach die fünf Vermögensklassen in jedem Bezirk nach einander ihre Stimmen abgaben (I, 821), abgeschafft; statt dessen sollten in Zukunft sämmtliche Centurien durch einander in einer jedesmal durch das Loos festzustellenden Reihenfolge stimmen. Wenn diese Bestimmungen wesentlich darauf hinzielten durch das hauptstädtische Proletariat dem neuen Staatsober-

Gaius Verfassungsänderungen.

Getreidevertheilung.

Aenderung der Wahlordnung.

haupt die vollständige Herrschaft über die Hauptstadt und damit über
den Staat, die freieste Disposition über die Maschine der Comitien und
die Möglichkeit zu verschaffen den Senat und die Beamten nöthigenfalls zu terrorisiren, so faßte doch der Gesetzgeber daneben allerdings
auch die Heilung der bestehenden socialen Schäden mit Ernst und
Nachdruck an.   Zwar die italische Domänenfrage war in gewissem
Sinne abgethan. Das Ackergesetz des Tiberius und selbst das Theilungsamt bestanden rechtlich noch fort; das von Gaius durchgebrachte Ackergesetz kann nichts neu festgesetzt haben als die Zurückgabe der verlo-
renen Gerichtsbarkeit an die Theilherren. Daß hiermit nur das Princip
gerettet werden sollte und die Ackervertheilung wenn überhaupt, doch
nur in sehr beschränktem Umfang wieder aufgenommen ward, zeigt
die Bürgerliste, die für die Jahre 629 und 639 genau dieselbe Kopfzahl
ergiebt. Unzweifelhaft ging Gaius hier deßhalb nicht weiter, weil das
von römischen Bürgern in Besitz genommene Domanialland wesentlich
bereits vertheilt war, die Frage aber wegen der von den Latinern benutzten Domänen nur in Verbindung mit der sehr schwierigen über
die Ausdehnung des Bürgerrechts wieder aufgenommen werden durfte.
Dagegen that er einen wichtigen Schritt hinaus über das Ackergesetz
des Tiberius, indem er die Gründung von Colonien in Italien, namentlich in Tarent und vor allem in Capua beantragte, also auch das von
Gemeindewegen verpachtete bisher von der Auftheilung ausgeschlossene
Domanialland zur Vertheilung mit heranzog, und zwar nicht zur Vertheilung nach dem bisherigen die Gründung neuer Gemeinden aus-
schließenden Verfahren (S. 98), sondern nach dem Colonialsystem.
Ohne Zweifel sollten auch diese Colonien die Revolution, der sie ihre
Existenz verdankten, dauernd vertheidigen helfen. Bedeutender und
folgenreicher noch war es, daß Gaius Gracchus zuerst dazu schritt das
italische Proletariat in den überseeischen Gebieten des Staats zu ver-
sorgen, indem er an die Stätte, wo Karthago gestanden, 6000 vielleicht
nicht bloß aus den römischen Bürgern, sondern auch aus den italischen
Bundesgenossen erwählte Colonisten sendete und der neuen Stadt Junonia das Recht einer römischen Bürgercolonie verlieh. Die Anlage war
wichtig, aber wichtiger noch das damit hingestellte Princip der überseeischen Emigration, womit für das italische Proletariat ein bleibender
Abzugscanal und in der That eine mehr als provisorische Hülfe eröffnet, freilich aber auch der Grundsatz des bisherigen Staatsrechts
aufgegeben ward, Italien als das ausschließlich regierende, das Provinzialgebiet als das ausschließlich regierte Land zu betrachten.

Acker-
gesetze.

125 113

Colonie
Capua.

Ueberseei-
sche Coloni-
sation.

Zu diesen auf die grofse Frage hinsichtlich des Proletariats un- Milderungen im Strafrecht.
mittelbar bezüglichen Mafsregeln kam eine Reihe von Verfügungen, die
hervorgingen aus der allgemeinen Tendenz gegenüber der altväterischen
Strenge der bestehenden Verfassung gelindere und zeitgemäfsere
Grundsätze zur Geltung zu bringen. Hieher gehören die Milderungen
im Militärwesen. Hinsichtlich der Länge der Dienstzeit bestand nach
altem Recht keine andere Grenze, als dafs kein Bürger vor vollendetem
siebzehnten und nach vollendetem sechsundvierzigsten Jahre zum
ordentlichen Felddienst pflichtig war. Als sodann in Folge der Besetzung Spaniens der Dienst anfing stehend zu werden (I, 680), scheint
zuerst gesetzlich verfügt zu sein, dafs wer sechs Jahre hinter einander
im Felde gestanden, dadurch zunächst ein Recht erhalte auf den Abschied, wenn gleich dieser vor der Wiedereinberufung den Pflichtigen nicht schützte; später, vielleicht um den Anfang dieses Jahrhunderts, kam der Satz auf, dafs zwanzigjähriger Dienst zu Fufs oder
zehnjähriger zu Rofs überhaupt vom weiteren Kriegsdienst befreie*).
Gracchus erneuerte die vermuthlich öfter gewaltsam verletzte Vorschrift
keinen Bürger vor dem begonnenen achtzehnten Jahr in das Heer einzustellen und beschränkte auch, wie es scheint, die zur vollen Befreiung von der Militärpflicht erforderliche Zahl von Feldzügen; überdies
wurde den Soldaten die Kleidung, deren Betrag ihnen bisher am Solde
gekürzt worden war, fortan vom Staat unentgeltlich geliefert. — Hieher
gehört ferner die mehrfach in der gracchischen Gesetzgebung hervor-
tretende Tendenz die Todesstrafe wo nicht abzuschaffen, doch noch
mehr als es schon geschehen war zu beschränken, die zum Theil selbst
in der Militärgerichtsbarkeit sich geltend macht. Schon seit Einführung
der Republik hatte der Beamte das Recht verloren über den Bürger die
Todesstrafe ohne Befragung der Gemeinde zu verhängen aufser nach
Kriegsrecht (I, 248. 436); wenn dies Provocationsrecht des Bürgers bald
nach der Gracchenzeit auch im Lager anwendbar und das Recht des Feldherrn Todesstrafen zu vollstrecken auf Bundesgenossen und Unterthanen
beschränkt erscheint, so ist wahrscheinlich die Quelle hievon zu suchen

---

*) So möchte die Angabe Appians (*Hisp.* 78), dafs sechsjähriger Dienst be-
rechtige den Abschied zu fordern, auszugleichen sein mit der bekannteren des
Polybios 6, 19, über welche Marquardt (Handbuch 6, 381) richtig urtheilt.
Die Zeit, wo beide Neuerungen aufkamen, läfst sich nicht weiter bestimmen,
als dafs die erste wahrscheinlich schon im J. 603 (Nitzsch Gracchen S. 231),
die zweite sicher schon zu Polybios Zeit bestand. Dafs Gracchus die Zahl der
gesetzlichen Dienstjahre herabsetzte, scheint aus Asconius *in Cornel.* p. 68 zu
folgen; vgl. Plutarch *Ti. Gracch.* 16. Dio *fr.* 83, 7 Bekk.

in dem Provocationsgesetz des Gaius Gracchus. Aber auch das Recht
der Gemeinde die Todesstrafe zu verhängen oder vielmehr zu bestätigen ward mittelbar, aber wesentlich dadurch beschränkt, dafs Gracchus
diejenigen gemeinen Verbrechen, die am häufigsten zu Todesurtheilen
Veranlassung gaben, Giftmischerei und überhaupt Mord der Bürgerschaft entzog und an ständige Commissionsgerichte überwies, welche
nicht wie die Volksgerichte durch Einschreiten eines Tribuns gesprengt
werden konnten und von denen nicht blofs keine Appellation an die
Gemeinde ging, sondern deren Wahrsprüche auch so wenig wie die
der althergebrachten Civilgeschworenen der Cassation durch die Gemeinde unterlagen.   Bei den Bürgerschaftsgerichten war es, namentlich
bei den eigentlich politischen Prozessen, zwar auch längst Regel, dafs
der Angeklagte auf freiem Fufs prozessirt und ihm gestattet ward durch
Aufgebung seines Bürgerrechts wenigstens Leben und Freiheit zu
retten; denn die Vermögensstrafe so wie die Civilverurtheilung konnten
auch den Exilirten noch treffen.   Allein vorgängige Verhaftung und
vollständige Execution blieben hier wenigstens rechtlich möglich und
wurden selbst gegen Vornehme noch zuweilen vollzogen, wie zum
Beispiel Lucius Hostilius Tubulus Praetor 612, der wegen eines schweren Verbrechens auf den Tod angeklagt war, unter Verweigerung des
Exilrechts festgenommen und hingerichtet ward.   Dagegen die aus dem
Civilprozefs hervorgegangenen Commissionsgerichte konnten wahrscheinlich von Haus aus Freiheit und Leben des Bürgers nicht an-
tasten und höchstens auf Verbannung erkennen — diese, bisher eine
dem schuldig befundenen Mann gestattete Strafmilderung, ward nun
zuerst zur förmlichen Strafe.   Auch dieses unfreiwillige Exil liefs gleich
dem freiwilligen dem Verbannten das Vermögen, so weit es nicht zur
Befriedigung der Ersatzforderungen und in Geldbufsen darauf ging. —
Im Schuldwesen endlich hat Gaius Gracchus zwar nichts geneuert; doch
behaupten sehr achtbare Zeugen, dafs er den verschuldeten Leuten
auf Minderung oder Erlafs der Forderungen Hoffnung gemacht habe,
was, wenn es richtig ist, gleichfalls diesen radical populären Mafsregeln
beizuzählen ist.

Emporbrin-
gung des
Ritter-
standes.
        Während Gracchus also sich lehnte auf die Menge, die von ihm
eine materielle Verbesserung ihrer Lage theils erwartete, theils empfing,
arbeitete er mit gleicher Energie an dem Ruin der Aristokratie.   Wohl
erkennend, wie unsicher jede blofs auf das Proletariat gebaute Herrschaft des Staatsoberhauptes ist, war er vor allem darauf bedacht die
Aristokratie zu spalten und einen Theil derselben in sein Interesse zu

ziehen. Die Elemente einer solchen Spaltung waren vorhanden. Die
Aristokratie der Reichen, die sich wie ein Mann gegen Tiberius Gracchus erhoben hatte, bestand in der That aus zwei wesentlich ungleichen
Massen, die man einigermafsen der Lords- und der Cityaristokratie
Englands vergleichen kann. Die eine umfafste den thatsächlich geschlossenen Kreis der regierenden senatorischen Familien, die der unmittelbaren Speculation sich fern hielten und ihre ungeheuren Capitalien theils in Grundbesitz anlegten, theils als stille Gesellschafter bei
den grofsen Associationen verwertheten. Den Kern der zweiten Klasse
bildeten die Speculanten, welche als Geschäftsführer dieser Gesellschaf-
ten oder auf eigene Hand die Grofs- und Geldgeschäfte im ganzen Umfang der römischen Hegemonie betrieben. Es ist schon dargestellt
worden (I. 853 fg.), wie die letztere Klasse namentlich im Laufe des
sechsten Jahrhunderts allmählich der senatorischen Aristokratie an die
Seite trat und wie die gesetzliche Ausschliefsung der Senatoren von
dem kaufmännischen Betrieb durch den von dem Vorläufer der Gracchen Gaius Flaminius veranlafsten claudischen Volksschlufs eine äufsere
Scheidewand zwischen den Senatoren und den Kauf- und Geldleuten
zog. In der gegenwärtigen Epoche beginnt die kaufmännische Aristokratie unter dem Namen der ,Ritterschaft' einen entscheidenden Einflufs auch in politischen Angelegenheiten zu üben. Diese Bezeichnung,
die ursprünglich nur der dienstthuenden Bürgerreiterei zukam, übertrug sich allmählich, wenigstens im gewöhnlichen Sprachgebrauch, auf
alle diejenigen, die als Besitzer eines Vermögens von mindestens
400 000 Sesterzen zum Rofsdienst im Allgemeinen pflichtig waren und
begriff also die gesammte senatorische und nicht senatorische vornehme römische Gesellschaft. Nachdem indefs nicht lange vor Gaius
Gracchus die Incompatibilität des Sitzes in der Curie und des Reiter-
dienstes gesetzlich festgestellt (S. 70) und die Senatoren also aus den
Ritterfähigen ausgeschieden waren, konnte der Ritterstand, im Grofsen
und Ganzen genommen, betrachtet werden als im Gegensatz zum
Senat die Speculantenaristokratie vertretend, obwohl die nicht in den
Senat eingetretenen, namentlich also die jüngeren Glieder der senatorischen Familien nicht aufhörten als Ritter zu dienen und also zu
heifsen, ja die eigentliche Bürgerreiterei, das heifst die achtzehn Rittercenturien, in Folge ihrer Zusammensetzung durch die Censoren, fortfuhren vorwiegend aus der jungen senatorischen Aristokratie sich zu
ergänzen (I, 789). — Dieser Stand der Ritter, das heifst wesentlich der
vermögenden Kaufleute berührte vielfältig sich unsanft mit dem regie-

renden Senat. Es war eine natürliche Antipathie zwischen den vornehmen Adlichen und den Männern, denen mit dem Gelde der Rang
gekommen war. Die regierenden Herren, vor allem die besseren von
ihnen, standen der Speculation eben so fern, wie die politischen
Fragen und Coteriefehden den Männern der materiellen Interessen
gleichgültig waren. Jene und diese waren namentlich in den Provinzen schon öfter hart zusammengestoſsen; denn wenn auch im Allgemeinen die Provinzialen weit mehr Grund hatten sich über die
Parteilichkeit der römischen Beamten zu beschweren als die römischen
Capitalisten, so lieſsen doch die regierenden Herren vom Senat sich
nicht dazu herbei den Begehrlichkeiten und Unrechtfertigkeiten der
Geldmänner auf Kosten der Unterthanen so durchaus und unbedingt
die Hand zu leihen, wie es von jenen begehrt ward. Trotz der Eintracht gegen einen gemeinschaftlichen Feind, wie Tiberius Gracchus
gewesen war, klaffte zwischen der Adels- und Geldaristokratie ein tief-
gehender Riſs; und geschickter als sein Bruder erweiterte ihn Gaius,
bis das Bündniſs gesprengt war und die Kaufmannschaft auf seiner
Seite stand. Daſs die äuſseren Vorrechte, durch die späterhin die
Männer von Rittercensus von der übrigen Menge sich unterschieden
— der goldene Fingerreif statt des gewöhnlichen eisernen oder kupfernen und der abgesonderte und bessere Platz bei den Bürgerfesten —
der Ritterschaft zuerst von Gaius Gracchus verliehen worden sind, ist
nicht gewiſs, aber nicht unwahrscheinlich. Denn aufgekommen sind
sie auf jeden Fall um diese Zeit und wie die Erstreckung dieser bisher
im Wesentlichen senatorischen Privilegien (I, 784. 793) auf den von
ihm emporgehobenen Ritterstand ganz in Gracchus Art ist, so war es
auch recht eigentlich sein Zweck der Ritterschaft den Stempel eines
zwischen der senatorischen Aristokratie und der gemeinen Menge in
der Mitte stehenden ebenfalls geschlossenen und privilegirten Standes
aufzudrücken; und eben dies haben jene Standesabzeichen, wie gering
sie an sich auch waren und wie viele Ritterfähige auch ihrer sich nicht
bedienen mochten, mehr gefördert als manche an sich weit wichtigere
Verordnung. Indeſs die Partei der materiellen Interessen, wenn sie
dergleichen Ehren auch keineswegs verschmäht, ist doch dafür allein
nicht zu haben. Gracchus erkannte es wohl, daſs sie zwar dem Meist-
bietenden von Rechtswegen zufällt, aber es auch eines hohen und
reellen Gebotes bedurfte; und so bot er ihr die asiatischen Gefälle und
die Geschwornengerichte. — Das System der römischen Finanzverwaltung, sowohl die indirecten Steuern wie auch die Domanialgefälle

Abzeichen der Ritterschaft.

Besteuerung von Asia.

durch Mittelsmänner zu erheben, gewährte an sich schon dem römischen Capitalistenstand auf Kosten der Steuerpflichtigen die ausgedehntesten Vortheile. Die directen Abgaben indefs bestanden entweder, wie in den meisten Aemtern, in festen von den Gemeinden zu entrichtenden Geldsummen, was die Dazwischenkunft römischer Capitalisten von selber ausschlofs, oder, wie in Sicilien und Sardinien, in einem Bodenzehnten, dessen Erhebung für jede einzelne Gemeinde in den Provinzen selbst verpachtet ward und wobei also regelmäfsig die vermögenden Provinzialen, und sehr häufig die zehntpflichtigen Gemeinden selbst, den Zehnten ihrer Districte pachteten und dadurch die gefährlichen römischen Mittelsmänner von sich abwehrten. Als sechs Jahre zuvor die Provinz Asia an die Römer gefallen war, hatte der Senat sie im Wesentlichen nach dem ersten System einrichten lassen (S. 54). Gaius Gracchus*) stiefs diese Verfügung durch einen Volksschlufs um und belastete nicht blofs die bis dahin fast steuerfreie Provinz mit den ausgedehntesten indirecten und directen Abgaben, namentlich dem Bodenzehnten, sondern er verfügte auch, dafs diese Hebungen für die gesammte Provinz und in Rom verpachtet werden sollten — eine Bestimmung, die die Betheiligung der Provinzialen thatsächlich ausschlofs und die in der Mittelsmännerschaft für Zehnten, Hutgeld und Zölle der Provinz Asia eine Capitalistenassociation von colossaler Ausdehnung ins Leben rief. Charakteristisch für Gracchus Bestreben den Capitalistenstand vom Senat unabhängig zu machen ist dabei noch die Bestimmung, dafs der völlige oder theilweise Erlafs der Pachtsumme nicht mehr, wie bisher, vom Senat nach Ermessen bewilligt werden, sondern unter bestimmten Voraussetzungen gesetzlich eintreten solle. Wenn hier dem Kaufmannsstand eine Goldgrube eröffnet und in den Mitgliedern der neuen Gesellschaft ein selbst der Regierung imponirender Kern der hohen Finanz, ein ,Senat der Kaufmannschaft' constituirt ward, so ward denselben zugleich in den Geschwornengerichten eine bestimmte öffentliche Thätigkeit zugewiesen. Das Gebiet des Criminal-Geschwor-
nengerichte prozesses, der von Rechtswegen vor die Bürgerschaft gehörte, war bei den Römern von Haus aus sehr enge und ward, wie bemerkt (S. 107), durch Gracchus noch weiter verengt; die meisten Prozesse, sowohl die wegen gemeiner Verbrechen als auch die Civilsachen, wurden entweder von Einzelgeschwornen oder von theils stehenden, theils aufseror-

---

*) Dafs er und nicht Tiberius der Urheber dieses Gesetzes ist, zeigt jetzt Fronto in den Briefen an Verus z. A. Vgl. Gracchus bei Gell. 11, 10; Cic. de rep. 3, 29 und Verr. 3, 6, 12; Vellei. 2, 6.

dentlichen Commissionen entschieden. Bisher waren jene und diese ausschliefslich aus dem Senat genommen worden; Gracchus überwies sowohl in den eigentlichen Civilprozessen wie bei den ständigen und nicht ständigen Commissionen die Geschwornenfunctionen an den Ritterstand, indem er die Geschwornenlisten nach Analogie der Rittercenturien aus den sämmtlichen ritterfähigen Individuen jährlich neu formiren liefs und die Senatoren geradezu, die jungen Männer der senatorischen Familien durch Festsetzung einer gewissen Altersgrenze von den Gerichten ausschlofs *). Es ist nicht unwahrscheinlich, dafs die Geschwornenwahl vorwiegend auf dieselben Männer gelenkt ward, die in den grofsen kaufmännischen Associationen namentlich der asiatischen und sonstigen Steuerpächter die erste Rolle spielten, eben weil diese ein sehr nahes eigenes Interesse daran hatten in den Gerichten zu sitzen; und fielen also die Geschwornenliste und die Publicanensocietäten in ihren Spitzen zusammen, so begreift man um so mehr die Bedeutung des also constituirten Gegensenats. Die wesentliche Folge hievon war, dafs, während bisher es nur zwei Gewalten im Staate gegeben hatte, die Regierung als verwaltende und controlirende, die Bürgerschaft als legislative Behörde, die Gerichte aber zwischen beiden getheilt waren, jetzt die Geldaristokratie nicht blofs auf der soliden Basis der materiellen Interessen als festgeschlossene und privilegirte Klasse sich zusammenfand, sondern auch als richtende und controlirende Gewalt in den Staat eintrat und der regierenden Aristokratie sich fast ebenbürtig zur Seite stellte. All die alten Antipathien der Kaufleute gegen den Adel mufsten fortan in den Wahrsprüchen der Geschwornen einen nur zu praktischen Ausdruck finden; vor allen Dingen in den Rechenschaftsgerichten der Provinzialstatthalter hatte der Senator nicht mehr wie bisher von seines Gleichen, sondern von Grofshändlern und Banquiers die Entscheidung zu erwarten über seine bürgerliche Existenz. Die Fehden zwischen den römischen Capitalisten und den römischen Statthaltern verpflanzten sich aus der Provinzialverwaltung auf den bedenklichen Boden der Rechenschaftsprozesse. Die Aristokratie der Reichen war nicht blofs gespalten, sondern es war auch dafür gesorgt, dafs der Zwist immer neue Nahrung und leichten Ausdruck fand.

---

*) Die zunächst durch diese Veränderung des Richterpersonals veranlafste neue Gerichtsordnung für die ständige Commission wegen Erpressungen besitzen wir noch zum grofsen Theil: sie ist bekannt unter dem Namen des servilischen oder vielmehr acilischen Repetundengesetzes.

Mit den also bereiteten Waffen, dem Proletariat und dem Kaufmannsstand ging Gracchus an sein Hauptwerk, an den Sturz der
regierenden Aristokratie. Den Senat stürzen hiefs einerseits durch
gesetzliche Neuerungen seine wesentliche Competenz ihm entziehen,
andrerseits durch Mafsregeln mehr persönlicher und transitorischer Art
die bestehende Aristokratie zu Grunde richten. Gracchus hat beides
gethan. Vor allem die Verwaltung hatte bisher dem Senat ausschliefslich
zugestanden; Gracchus nahm sie ihm ab, indem er theils die wichtigsten Administrativfragen durch Comitialgesetze, das heifst thatsächlich
durch tribunicische Machtsprüche entschied, theils in den laufenden
Angelegenheiten den Senat möglichst beschränkte, theils selbst in der
umfassendsten Weise die Geschäfte an sich zog. Die Mafsregeln der
ersten Gattung sind schon erwähnt: der neue Herr des Staats disponirte ohne den Senat zu fragen über die Staatskasse, indem er durch
die Getreidevertheilung den öffentlichen Finanzen eine dauernde und
drückende Last aufbürdete, über die Domänen, indem er Colonien, nicht
wie bisher nach Senats- und Volks-, sondern allein nach Volksschlufs
aussandte, über die Provinzialverwaltung, indem er die vom Senat der
Provinz Asia gegebene Steuerverfassung durch ein Volksgesetz umstiefs
und eine durchaus andere an deren Stelle setzte. Eines der wichtigsten
unter den laufenden Geschäften des Senats, die willkürliche Feststellung
der jedesmaligen Competenz der beiden Consuln, wurde ihm zwar nicht
entzogen, aber der bisher dabei geübte indirecte Druck auf die höchsten
Beamten dadurch beschränkt, dafs der Senat angewiesen ward diese
Competenzen festzustellen, bevor die betreffenden Consuln gewählt
seien. Mit beispielloser Thätigkeit endlich concentrirte Gaius die verschiedenartigsten und verwickeltsten Regierungsgeschäfte in seiner
Person: er selbst überwachte die Getreidevertheilung, erlas die Geschwornen, gründete trotz des gesetzlich an die Stadt ihn fesselnden
Amtes persönlich die Colonien, regulirte das Wegewesen und schlofs
die Bauverträge ab, leitete die Senatsverhandlungen, bestimmte die
Consulwahlen — kurz er gewöhnte das Volk daran, dafs in allen Dingen
ein Mann der erste sei und verdunkelte die schlaffe und lahme Verwaltung des senatorischen Collegiums durch sein kräftiges und ge-
wandtes persönliches Regiment. — Noch energischer als in die Verwaltung griff Gracchus ein in die senatorische Gerichtsallmacht. Dafs
er die Senatoren als Geschworne beseitigte, ward schon gesagt; dasselbe geschah mit der Jurisdiction, die der Senat als oberste Ver-
waltungsbehörde sich in Ausnahmsfällen gestattete. Bei scharfer Strafe

untersagte er, wie es scheint in dem erneuerten Provocationsgesetz*),
die Niedersetzung aufserordentlicher Hochverrathscommissionen durch
Senatsbeschlufs, wie diejenige gewesen war, welche nach seines
Bruders Ermordung über dessen Anhänger zu Gericht gesessen
hatte. Die Summe dieser Mafsregeln ist, dafs der Senat die Controle
ganz verlor und von der Verwaltung nur behielt, was das Staats-
haupt ihm zu lassen für gut fand. Indefs diese constitutiven Mafsregeln genügten nicht; auch der gegenwärtig regierenden Aristokratie
wurde unmittelbar zu Leibe gegangen. Ein blofser Act der Rache
war es, dafs dem zuletzt erwähnten Gesetz rückwirkende Kraft beigelegt und dadurch derjenige Aristokrat, den nach Nasicas inzwischen
erfolgtem Tode der Hafs der Demokraten hauptsächlich traf, Publius
Popillius genöthigt ward das Land zu meiden. Merkwürdiger Weise
ging dieser Antrag nur mit 18 gegen 17 Stimmen in der Bezirks-
versammlung durch — ein Zeichen, was wenigstens in Fragen persönlichen Interesses noch der Einflufs der Aristokratie bei der Menge
vermochte. Ein ähnliches, aber weit minder zu rechtfertigendes Decret, den gegen Marcus Octavius gerichteten Antrag, dafs wer durch
Volksschlufs sein Amt verloren habe, auf immer unfähig sein solle einen
öffentlichen Posten zu bekleiden, nahm Gaius zurück auf Bitten seiner
Mutter und ersparte sich damit die Schande durch die Legalisirung
einer notorischen Verfassungsverletzung das Recht offen zu verhöhnen
und an einem Ehrenmann, der kein bitteres Wort gegen Tiberius gesprochen und nur der Verfassung und seiner Pflicht, wie er sie verstand, gemäfs gehandelt hatte, niedrige Rache zu nehmen. Aber von ganz
anderer Wichtigkeit als diese Mafsregeln war Gaius freilich wohl schwerlich zur Ausführung gelangter Plan, den Senat durch 300 neue Mitglieder,
das heifst ungefähr eben so viele als er bisher hatte, zu verstärken und
diese aus dem Ritterstand durch die Comitien wählen zu lassen — eine
Pairscreirung im umfassendsten Stil, die den Senat in die vollständigste
Abhängigkeit von dem Staatsoberhaupt gebracht haben würde.

Charakte-
ristik der
Ver-[195.192 und während der beiden Jahre seines Volkstribunats (631. 632) in
fassung des
Gaius Grac- ihren wesentlichsten Punkten durchgeführt hat, so weit wir sehen ohne
chus.

Dies ist die Staatsverfassung, welche Gaius Gracchus entworfen
auf irgend einen nennenswerthen Widerstand zu stofsen und ohne zur
Erreichung seiner Zwecke Gewalt anwenden zu müssen. Die Reihenfolge, in der diese Mafsregeln durchgebracht sind, läfst in der zerrütteten Ueberlieferung sich nicht mehr erkennen und auf manche nahe

---

*) Dies und das Gesetz *ne quis iudicio circumveniatur* dürften identisch sein.

liegende Frage müssen wir die Antwort schuldig bleiben; es scheint
indefs nicht, dafs uns mit dem Fehlenden sehr wesentliche Momente
entgangen sind, da über die Hauptsachen vollkommen sichere Kunde
vorliegt und Gaius keineswegs wie sein Bruder durch den Strom der
Ereignisse weiter und weiter gedrängt ward, sondern offenbar einen
wohl überlegten umfassenden Plan in einer Reihe von Specialgesetzen
im Wesentlichen vollständig realisirte. — Dafs nun Gaius Gracchus
keineswegs, wie viele gutmüthige Leute in alter und neuer Zeit gemeint
haben, die römische Republik auf neue demokratische Basen stellen,
sondern vielmehr sie abschaffen und in der Form eines durch stehende
Wiederwahl lebenslänglich und durch unbedingte Beherrschung der
formell souveränen Comitien absolut gemachten Amtes, eines unumschränkten Volkstribunats auf Lebenszeit, anstatt der Republik die
Tyrannis, das heifst nach heutigem Sprachgebrauch die nicht feuda-
listische und nicht theokratische, die napoleonisch absolute Monarchie
einführen wollte, das offenbart die sempronische Verfassung selbst mit
voller Deutlichkeit einem jeden, der Augen hat und haben will. In
der That, wenn Gracchus, wie seine Worte deutlich und deutlicher
seine Werke es sagen, den Sturz des Senatsregiments bezweckte, was
blieb in einem Gemeinwesen, das über die Urversammlungen hinaus
und für das der Parlamentarismus nicht vorhanden war, nach dem Sturz
des aristokratischen Regiments für eine andere politische Ordnung
möglich als die Tyrannis? Träumer, wie sein Vorgänger einer war,
und Schwindler, wie sie die Folgezeit heraufführte, mochten dies in Abrede stellen; Gaius Gracchus aber war ein Staatsmann, und wenn auch
die Formulirung, die der grofse Mann für sein grofses Werk bei sich
selber aufstellte, uns nicht überliefert und in sehr verschiedener Weise
denkbar ist, so wufste er doch unzweifelhaft, was er that. So wenig
die beabsichtigte Usurpation der monarchischen Gewalt sich verkennen
läfst, so wenig wird, wer die Verhältnisse übersieht, den Gracchus
defswegen tadeln. Eine absolute Monarchie ist ein grofses Unglück
für die Nation, aber ein minderes als eine absolute Oligarchie; und
wer der Nation statt des gröfseren das kleinere Leiden auferlegt, den
darf die Geschichte nicht schelten, am wenigsten eine so leidenschaftlich ernste und allem Gemeinen so fern stehende Natur wie Gaius
Gracchus. Allein nichts desto weniger darf sie es nicht verschweigen,
dafs durch die ganze Gesetzgebung desselben eine Zwiespältigkeit ver-
derblichster Art geht, indem sie einerseits das gemeine Beste bezweckt,
andrerseits den persönlichen Zwecken, ja der persönlichen Rache des

8*

Herrschers dient.   Gracchus war ernstlich bemüht für die socialen
Schäden eine Abhülfe zu finden und dem einreissenden Pauperismus
zu steuern; dennoch zog er zugleich durch seine Getreidevertheilungen,
die für alles arbeitscheue hungernde Bürgergesindel eine Prämie werden
sollten und wurden, ein hauptstädtisches Gassenproletariat der schlimmsten Art absichtlich grofs.   Gracchus tadelte mit den bittersten Worten
die Feilheit des Senats und deckte namentlich den scandalösen Schacher,
den Manius Aquillius mit den kleinasiatischen Provinzen getrieben, mit
schonungsloser und gerechter Strenge auf*).   Aber es war desselben
Mannes Werk, dafs der souveräne Pöbel der Hauptstadt für seine
Regierungssorgen sich von der Unterthanenschaft alimentiren liefs.
Gracchus mifsbilligte lebhaft die schändliche Ausplünderung der Provinzen und veranlafste nicht blofs, dafs in einzelnen Fällen mit heil-
samer Strenge eingeschritten ward, sondern auch die Abschaffung der
durchaus unzureichenden senatorischen Gerichte, vor denen selbst
Scipio Aemilianus, um die entschiedensten Frevler zur Strafe zu ziehen,
sein ganzes Ansehen vergeblich eingesetzt hatte.   Dennoch überlieferte
er zugleich durch die Einführung der Kaufmannsgerichte die Provinzialen mit gebundenen Händen der Partei der materiellen Interessen
und damit einer noch rücksichtsloseren Despotie, als die aristokratische
gewesen war, und führte in Asia eine Besteuerung ein, gegen welche
selbst die nach karthagischem Muster in Sicilien geltende Steuerverfassung gelind und menschlich heifsen konnte — beides weil er theils
der Partei der Geldmänner, theils für seine Getreidevertheilungen und
die sonstigen den Finanzen neu aufgebürdeten Lasten neuer und umfassender Hülfsquellen bedurfte.   Gracchus wollte ohne Zweifel eine
feste Verwaltung und eine geordnete Rechtspflege, wie zahlreiche
durchaus zweckmäfsige Anordnungen bezeugen; dennoch beruht sein

---

*) Auf diesen Handel um den Besitz von Phrygien, welches nach der
Einziehung des attalischen Reiches von Manius Aquillius den Königen von
Bithynien und von Pontos zu Kauf geboten und von dem letzteren durch
Mehrgebot erstanden ward (S. 55), bezieht sich ein noch vorhandenes längeres
Redebruchstück des Gracchus. Er bemerkt darin, dafs von den Senatoren
keiner umsonst sich um die öffentlichen Angelegenheiten bekümmere und fügt
hinzu: in Beziehung auf das in Rede stehende Gesetz (über die Verleihung Phry-
giens an König Mithradates) theile der Senat sich in drei Klassen: solcher die
dafür seien, solcher die dagegen seien und solcher die stillschwiegen — die ersten
seien bestochen von König Mithradates, die zweiten von König Nikomedes, die
dritten aber seien die feinsten, denn diese liefsen sich von den Gesandten beider
Könige bezahlen und jede Partei glauben, dafs in ihrem Interesse geschwiegen werde.

neues Verwaltungssystem auf einer fortlaufenden Reihe einzelner nur
formell legalisirter Usurpationen; dennoch zog er das Gerichtswesen,
das jeder geordnete Staat so weit irgend möglich zwar nicht über die
politischen Parteien, aber doch aufserhalb derselben zu stellen bemüht
sein wird, absichtlich mitten in den Strudel der Revolution. Allerdings fällt die Schuld dieser Zwiespältigkeit in Gaius Gracchus Tendenzen zu einem sehr grofsen Theil mehr auf die Stellung als auf die
Person. Gleich hier an der Schwelle der Tyrannis entwickelt sich das
verhängnifsvolle sittlich-politische Dilemma, dafs derselbe Mann zugleich man möchte sagen als Räuberhauptmann sich behaupten und
als der erste Bürger den Staat leiten soll: ein Dilemma, dem auch
Perikles, Caesar, Napoleon bedenkliche Opfer haben bringen müssen.
Indefs ganz läfst sich Gaius Gracchus Verfahren aus dieser Nothwendigkeit nicht erklären; es wirkt daneben in ihm die verzehrende Leidenschaft, die glühende Rache, die den eigenen Untergang voraussehend
den Feuerbrand schleudert in das Haus des Feindes. Er selber hat es
ausgesprochen, wie er über seine Geschwornenordnung und ähnliche
auf die Spaltung der Aristokratie abzweckende Mafsregeln dachte;
Dolche nannte er sie, die er auf den Markt geworfen, damit die Bürger
— die vornehmen, versteht sich — mit ihnen sich unter einander zerfleischen möchten. Er war ein politischer Brandstifter; nicht blofs
die hundertjährige Revolution, die von ihm datirt, ist, so weit sie eines
Menschen Werk ist, das Werk des Gaius Gracchus, sondern vor allem ist
er der wahre Stifter jenes entsetzlichen von oben herab beschmeichelten
und besoldeten hauptstädtischen Proletariats, das durch seine aus den
Getreidespenden von selber folgende Vereinigung in der Hauptstadt
theils vollständig demoralisirt, theils seiner Macht sich bewufst ward
und mit seinen bald pinselhaften bald bübischen Ansprüchen und seiner
Fratze von Volkssouveränetät ein halbes Jahrtausend hindurch wie ein
Alp auf dem römischen Gemeinwesen lastend nur mit diesem zugleich
unterging. Und doch — dieser gröfste der politischen Verbrecher ist
auch wieder der Regenerator seines Landes. Es ist kaum ein con-
structiver Gedanke in der römischen Monarchie, der nicht zurückreichte
bis auf Gaius Gracchus. Von ihm rührt der wohl in gewissem Sinne
im Wesen des althergebrachten Kriegsrechts begründete, aber in dieser
Ausdehnung und in dieser praktischen Anwendung doch dem älteren
Staatsrecht fremde Satz her, dafs aller Grund und Boden der unterthänigen Gemeinden als Privateigenthum des Staats anzusehen sei —
ein Satz, der zunächst benutzt ward um dem Staat das Recht zu vindi-

ciren diesen Boden beliebig zu besteuern, wie es in Asien, oder auch
zur Anlegung von Colonien zu verwenden, wie es in Africa geschah,
und der späterhin ein fundamentaler Rechtssatz der Kaiserzeit ward.
Von ihm rührt die Taktik der Demagogen und Tyrannen her auf die materiellen Interessen sich stützend die regierende Aristokratie zu sprengen,
überhaupt aber durch eine strenge und zweckmäßige Administration
anstatt des bisherigen Mißregiments die Verfassungsänderung nachträglich zu legitimiren. Auf ihn gehen vor allem zurück die Anfänge einer
Ausgleichung zwischen Rom und den Provinzen, wie sie die Herstellung
der Monarchie unvermeidlich mit sich bringen mußte; der Versuch das
durch die italische Rivalität zerstörte Karthago wieder aufzubauen und
überhaupt der italischen Emigration den Weg in die Provinzen zu eröffnen
ist das erste Glied in der langen Kette dieser folgen- und segensreichen
Entwickelung. Es sind in diesem seltenen Mann und in dieser wunderbaren politischen Constellation Recht und Schuld, Glück und Unglück
so in einander verschlungen, daß es hier sich wohl ziemen mag, was
der Geschichte nur selten ziemt, mit dem Urtheil zu verstummen.

Als Gracchus die von ihm entworfene neue Staatsverfassung
wesentlich vollendet hatte, legte er Hand an ein zweites und schwierigeres
Werk. Noch schwankte die Frage hinsichtlich der italischen Bundesgenossen. Wie die Führer der demokratischen Partei darüber dachten,
hatte sich sattsam gezeigt (S. 102); sie wünschten natürlich die möglichste Ausdehnung des römischen Bürgerrechts, nichts bloß um die
von den Latinern occupirten Domänen zur Vertheilung bringen zu
können, sondern vor allem um mit der ungeheuren Masse der Neubürger ihre Clientel zu verstärken, um die Comitialmaschine durch
immer weitere Ausdehnung der berechtigten Wählerschaft immer vollständiger in ihre Gewalt zu bringen, überhaupt um einen Unterschied
zu beseitigen, der mit dem Sturz der republikanischen Verfassung
ohnehin jede ernstliche Bedeutung verlor. Allein hier stießen sie auf
Widerstand bei ihrer eigenen Partei und vornehmlich bei derjenigen
Bande, die sonst bereitwillig zu allem, was sie verstand und nicht verstand, ihr souveränes Ja gab; aus dem einfachen Grunde, daß diesen
Leuten das römische Bürgerrecht so zu sagen wie eine Actie erschien,
die ihnen Anspruch gab auf allerlei sehr handgreifliche directe und indirecte Gewinnantheile, sie also ganz und gar keine Lust hatten die
Zahl der Actionäre zu vermehren. Die Verwerfung des fulvischen Gesetzes im J. 629 und der daraus entsprungene Aufstand der Fregellaner
waren warnende Zeichen sowohl der eigensinnigen Beharrlichkeit der

die Comitien beherrschenden Fraction der Bürgerschaft als auch des
ungeduldigen Drängens der Bundesgenossen. Gegen das Ende seines
zweiten Tribunats (632) wagte Gracchus, wahrscheinlich durch über- 122
nommene Verpflichtungen gegen die Bundesgenossen gedrängt, einen
zweiten Versuch; in Gemeinschaft mit Marcus Flaccus, der, obwohl
Consular, um das früher von ihm ohne Erfolg beantragte Gesetz jetzt
durchzubringen, wiederum das Volkstribunat übernommen hatte, stellte
er den Antrag den Latinern das volle Bürger-, den übrigen italischen
Bundesgenossen das bisherige Recht der Latiner zu gewähren. Allein
der Antrag stiefs auf die vereinigte Opposition des Senats und des
hauptstädtischen Pöbels; welcher Art diese Coalition war und wie sie
focht, zeigt scharf und bestimmt ein aus der Rede, die der Consul Gaius
Fannius vor der Bürgerschaft gegen den Antrag hielt, zufällig erhaltenes
Bruchstück. ‚So meint ihr also‘, sprach der Optimat, ‚wenn ihr den
Latinern das Bürgerrecht ertheilt, eben wie ihr jetzt dort vor mir steht,
auch künftig in der Bürgerversammlung oder bei den Spielen und
Volkslustbarkeiten Platz finden zu können? glaubt ihr nicht vielmehr,
dafs jene Leute jeden Fleck besetzen werden?‘ Bei der Bürgerschaft
des fünften Jahrhunderts, die an einem Tage allen Sabinern das Bürgerrecht verlieh, hätte ein solcher Redner wohl mögen ausgezischt werden:
die des siebenten fand seine Gründe ungemein einleuchtend und den
von Gracchus ihr gebotenen Preis der Assignation der latinischen Domänen weitaus zu niedrig. Schon dafs der Senat es durchsetzte die
sämmtlichen Nichtbürger vor dem entscheidenden Abstimmungstag aus
der Stadt weisen zu dürfen, zeigte das Schicksal, das dem Antrag selbst
bevorstand. Als dann vor der Abstimmung ein College des Gracchus
Livius Drusus gegen das Gesetz einschritt, nahm das Volk dieses Veto
in einer Weise auf, dafs Gracchus nicht wagen konnte weiter zu gehen
oder gar dem Drusus das Schicksal des Marcus Octavius zu bereiten. —   Gracchus
Es war, wie es scheint, dieser Erfolg, der dem Senat den Muth gab,   Sturz.
den Sturz des siegreichen Demagogen zu versuchen. Die Angriffsmittel
waren wesentlich dieselben, mit denen früher Gracchus selbst operirt
hatte. Gracchus Macht ruhte auf der Kaufmannschaft und dem Proletariat, zunächst auf dem letzteren, das in diesem Kampf, in welchem
militärischer Rückhalt beiderseits nicht vorhanden war, gleichsam die
Rolle der Armee spielte. Es war einleuchtend, dafs der Senat weder
der Kaufmannschaft noch dem Proletariat ihre neuen Rechte abzu-
zwingen mächtig genug war; jeder Versuch die Getreidegesetze oder
die neue Geschwornenordnung anzugreifen hätte, in etwas plumperer

oder etwas civilisirterer Form, zu einem Strafsenkrawall geführt, dem
der Senat völlig wehrlos gegenüberstand. Allein es war nicht minder
einleuchtend, dafs Gracchus selbst und diese Kaufleute und Proletarier
einzig zusammengehalten wurden durch den gegenseitigen Vortheil und
dafs sowohl die Männer der materiellen Interessen ihre Posten als der
eigentliche Pöbel sein Brotkorn ebenso von jedem andern zu nehmen
bereit waren wie von Gaius Gracchus. Gracchus Institutionen standen,
für den Augenblick wenigstens, unerschütterlich fest mit Ausnahme
einer einzigen: seiner eigenen Oberhauptschaft. Die Schwäche dieser
lag darin, dafs in Gracchus Verfassung zwischen Haupt und Heer
schlechterdings ein Treuverhältnifs nicht bestand und in der neuen
Verfassung wohl alle anderen Elemente der Lebensfähigkeit vorhanden
waren, nur ein einziges nicht: das sittliche Band zwischen Herrscher
und Beherrschten, ohne das jeder Staat auf thönernen Füfsen steht.
In der Verwerfung des Antrags die Latiner in den Bürgerverband aufzunehmen war es mit schneidender Deutlichkeit zu Tage gekommen,
dafs die Menge in der That niemals für Gracchus stimmte, sondern
immer nur für sich; die Aristokratie entwarf den Plan, dem Urheber
der Getreidespenden und Landanweisungen auf seinem eigenen Boden
die Schlacht anzubieten. Es versteht sich von selbst, dafs der Senat
dem Proletariat nicht blofs das Gleiche bot, was Gracchus ihm an Ge-

Concurrenz-
demagogie
des Senats.
Die liri-
schen Ge-
setze.

treide und sonst zugesichert hatte, sondern noch mehr. Im Auftrag
des Senats schlug der Volkstribun Marcus Livius Drusus vor den
gracchischen Landempfängern den auferlegten Zins (S. 86) zu erlassen
und ihre Landloose für freies und veräufserungsfähiges Eigenthum zu
erklären; ferner, statt in den überseeischen, das Proletariat zu ver-
sorgen in zwölf italischen Colonien, jede von 3000 Colonisten, zu deren
Ausführung das Volk die geeigneten Männer ernennen möge; nur
Drusus selbst verzichtete — im Gegensatz gegen das gracchische Fa-
miliencollegium — auf jegliche Theilnahme an diesem ehrenvollen
Geschäft. Als diejenigen, die die Kosten dieses Plans zu tragen hätten,
wurden vermuthlich die Latiner genannt, denn anderes occupirtes Domanialland von einigem Umfang als das von ihnen benutzte scheint
nicht mehr in Italien vorhanden gewesen zu sein. Auch finden sich
einzelne Verfügungen des Drusus, wie die Bestimmung, dafs dem latinischen Soldaten nur von seinem vorgesetzten latinischen, nicht von
dem römischen Offizier Stockprügel sollten zuerkannt werden dürfen.
die allem Anschein nach den Zweck hatten die Latiner für andere Verluste zu entschädigen. Der Plan war nicht von den feinsten. Die

Concurrenzunternehmung war allzu deutlich, allzu sichtlich das Bestreben das schöne Band zwischen Adel und Proletariat durch weitere
gemeinschaftliche Tyrannisirung der Latiner noch enger zu ziehen, die
Frage allzu nahe gelegt, wo denn auf der Halbinsel, nachdem die italischen Domänen in der Hauptsache schon weggegeben waren, auch
wenn man die gesammten den Latinern überwiesenen confiscirte, das
für zwölf neu zu bildende zahlreiche und geschlossene Bürgerschaften
erforderliche occupirte Domanialland eigentlich belegen sein möge,
endlich Drusus Erklärung, dafs er mit der Ausführung seines Gesetzes
nichts zu thun haben wolle, so verwünscht gescheit, dafs sie beinahe
herzlich albern war. Indefs für das plumpe Wild, das man fangen
wollte, war die grobe Schlinge eben recht. Es kam hinzu und war
vielleicht entscheidend, dafs Gracchus, auf dessen persönlichen Einflufs
alles ankam, eben damals in Africa die karthagische Colonie einrichtete,
und sein Stellvertreter in der Hauptstadt Marcus Flaccus durch sein
heftiges und ungeschicktes Auftreten den Gegnern in die Hände
arbeitete. Das ‚Volk‘ ratificirte demnach die livischen Gesetze ebenso
bereitwillig wie früher die sempronischen. Es vergalt sodann dem
neuesten Wohlthäter wie üblich dadurch, dafs es dem früheren einen
mäfsigen Tritt versetzte und als dieser sich für das J. 633 zum dritten-   121
mal um das Tribunat bewarb, ihn nicht wieder wählte; wobei übrigens
auch noch Unrechtfertigkeiten des von Gracchus früher beleidigten
wahlleitenden Tribuns vorgekommen sein sollen. Damit brach die
Grundlage seiner Machthaberschaft unter ihm zusammen. Ein zweiter
Schlag traf ihn durch die Consulwahlen, die nicht blofs im Allgemeinen
gegen die Demokratie ausfielen, sondern durch welche in Lucius Opimius der Mann, der als Praetor 629 Fregellae erobert hatte, an die   125
Spitze des Staates gestellt ward, eines der entschiedensten und amwenig-
sten bedenklichen Häupter der strengen Adelspartei, ein Mann fest entschlossen den gefährlichen Gegner bei erster Gelegenheit zu beseitigen.
Sie fand sich bald. Am 10. Dec. 632 hörte Gracchus auf Volkstribun   122
zu sein; am 1. Jan. 633 trat Opimius sein Amt an. Der erste Angriff   121] Angriff
traf wie billig die nützlichste und die unpopulärste Mafsregel des   auf die über-
                                                                       seeische Co-
Gracchus, die Wiederherstellung von Karthago. Hatte man bisher die   lonisirung.
überseeischen Colonien nur mittelbar durch die lockenderen italischen
angegriffen, so wühlten jetzt africanische Hyänen die neugesetzten
karthagischen Grenzsteine auf und die römischen Pfaffen bescheinigten
auf Verlangen, dafs solches Wunder und Zeichen ausdrücklich warnen
solle vor dem Wiederaufbau der gottverfluchten Stätte. Der Senat

fand dadurch sich in seinem Gewissen gedrungen ein Gesetz vorschlagen zu lassen, das die Ausführung der Colonie Junonia untersagte.
Gracchus, der mit den andern zur Anlegung derselben ernannten
Männern eben damals die Colonisten auslas, erschien an dem Tag der
Abstimmung auf dem Capitol, wohin die Bürgerschaft berufen war, um
mit seinem Anhang die Verwerfung des Gesetzes zu bewirken. Gewaltthätigkeiten wünschte er zu vermeiden, um den Gegnern nicht den
Vorwand den sie suchten selbst an die Hand zu geben; indeß hatte er
nicht wehren können, daß ein großer Theil seiner Getreuen, der Katastrophe des Tiberius sich erinnernd und wohl bekannt mit den Absichten der Aristokratie, bewaffnet sich einfand, und bei der ungeheuren
Aufregung auf beiden Seiten waren Händel kaum zu vermeiden.   In
der Halle des capitolinischen Tempels verrichtete der Consul Lucius
Opimius das übliche Brandopfer; einer der ihm dabei behülflichen Gerichtsdiener, Quintus Antullius herrschte, die heiligen Eingeweide in der
Hand, die ‚schlechten Bürger‘ an die Halle zu räumen und schien sogar
an Gaius selbst Hand legen zu wollen; worauf ein eifriger Gracchaner
das Schwert zog und den Menschen niederstieß. Es entstand ein furchtbarer Lärm. Gracchus suchte vergeblich zum Volk zu sprechen und die
Urheberschaft der gotteslästerlichen Mordthat von sich abzulehnen; er
lieferte den Gegnern nur einen formalen Anklagegrund mehr, indem
er, ohne dessen in dem Getümmel gewahr zu werden, einem eben
zum Volk sprechenden Tribun in die Rede fiel, worauf ein verschol-
lenes Statut aus der Zeit des alten Ständehaders (I, 273) die schwerste
Strafe gesetzt hatte. Der Consul Lucius Opimius traf seine Maßregeln,
um den Aufstand zum Sturz der republikanischen Verfassung, wie
man die Vorgänge dieses Tages zu bezeichnen beliebte, mit bewaffneter
Hand zu unterdrücken.   Er selbst durchwachte die Nacht im Castor-
tempel am Markte; mit dem frühesten Morgen füllte das Capitol sich
mit kretischen Bogenschützen, Rathhaus und Markt mit den Männern
der Regierungspartei, den Senatoren und der ihnen anhängigen Fraction
der Ritterschaft, welche auf Geheiß des Consuls sämmtlich bewaffnet
und jeder von zwei bewaffneten Sklaven begleitet sich eingefunden
hatten. Es fehlte keiner von der Aristokratie, selbst der ehrwürdige
hochbejahrte und der Reform wohlgeneigte Quintus Metellus war mit
Schild und Schwert erschienen. Ein tüchtiger und in den spanischen
Kriegen erprobter Offizier, Decimus Brutus übernahm das Commando
der bewaffneten Macht; der Rath trat in der Curie zusammen. Die Bahre
mit der Leiche des Gerichtsdieners ward vor der Curie niedergesetzt; der

Gracchus
Katastrophe.

Rath, gleichsam überrascht, erschien in Masse an der Thüre um die
Leiche in Augenschein zu nehmen und zog sich sodann wieder zurück
um das Weitere zu beschliefsen. Die Führer der Demokratie hatten
sich vom Capitol in ihre Häuser begeben; Marcus Flaccus hatte die
Nacht damit zugebracht zum Strafsenkrieg zu rüsten, während Gracchus
es zu verschmähen schien mit dem Verhängnifs zu kämpfen. Als man
am andern Morgen die auf dem Capitol und dem Markt getroffenen
Anstalten der Gegner erfuhr, begaben beide sich auf den Aventin, die
alte Burg der Volkspartei in den Kämpfen der Patricier und Plebejer.
Schweigend und unbewaffnet ging Gracchus dort hin; Flaccus rief die
Sklaven zu den Waffen und verschanzte sich im Tempel der Diana,
während er zugleich seinen jüngeren Sohn Quintus in das feindliche
Lager sandte, um wo möglich einen Vergleich zu vermitteln. Dieser
kam zurück mit der Meldung, dafs die Aristokratie unbedingte Ergebung
verlange; zugleich brachte er die Ladung des Senats an Gracchus und
Flaccus vor demselben zu erscheinen und wegen Verletzung der tribunicischen Majestät sich zu verantworten. Gracchus wollte der Vorladung folgen, allein Flaccus hinderte ihn daran und wiederholte statt
dessen den ebenso verkehrten wie schwächlichen Versuch solche Gegner
zu einem Vergleich zu bestimmen. Als statt der beiden vorgeladenen
Führer blofs der junge Quintus Flaccus abermals sich einstellte, behandelte der Consul die Weigerung jener sich zu stellen als den Anfang
der offenen Insurrection gegen die Regierung; er liefs den Boten verhaften und gab das Zeichen zum Angriff auf den Aventin, indem er
zugleich in den Strafsen ausrufen liefs, dafs dem, der das Haupt des
Gracchus oder des Flaccus bringe, die Regierung dasselbe buchstäblich
mit Gold aufwiegen werde, so wie dafs sie jedem, der vor dem Beginn
des Kampfs den Aventin verlasse, volle Straflosigkeit gewährleiste.
Die Reihen auf dem Aventin lichteten sich schnell; der tapfere Adel
im Verein mit den Kretern und den Sklaven erstürmte den fast unvertheidigten Berg und erschlug wen er vorfand, bei 250 meist geringe
Leute. Marcus Flaccus flüchtete mit seinem ältesten Sohn in einen
Versteck, wo sie bald nachher aufgejagt und niedergemacht wurden.
Gracchus hatte, als das Gefecht begann, sich in den Tempel der Minerva zurückgezogen und wollte hier sich mit dem Schwerte durchbohren, als sein Freund Publius Laetorius ihm in den Arm fiel und ihn
beschwor, wo möglich sich für bessere Zeiten zu erhalten. Gracchus
liefs sich bewegen einen Versuch zu machen nach dem andern Ufer
der Tiber zu entkommen; allein den Berg hinabeilend stürzte er und

verstauchte sich den Fufs. Ihm Zeit zum Entrinnen zu geben, warfen
seine beiden Begleiter Marcus Pomponius an der Porta Trigemina
unter dem Aventin, Publius Laetorius auf der Tiberbrücke, da wo einst
Horatius Cocles allein gegen das Etruskerheer gestanden haben sollte,
den Verfolgern sich entgegen und liefsen sich niedermachen; so gelangte Gracchus, nur von seinem Sklaven Euporus begleitet, in die Vorstadt am rechten Ufer der Tiber. Hier im Hain der Furrina fand man
später die beiden Leichen; es schien, als habe der Sklave zuerst dem
Herrn und dann sich selber den Tod gegeben. Die Köpfe der beiden
gefallenen Führer wurden der Regierung wie befohlen eingehändigt,
auch dem Ueberbringer des Kopfes des Gracchus, einem vornehmen
Mann, Lucius Septumuleius der bedungene Preis und darüber ausge-
zahlt, dagegen die Mörder des Flaccus, geringe Leute, mit leeren Händen
fortgeschickt. Die Körper der Getödteten wurden in den Flufs geworfen,
die Häuser der Führer zur Plünderung der Menge preisgegeben. Gegen
die Anhänger des Gracchus begann der Prozefskrieg im grofsartigsten
Stil; bis 3000 derselben sollen im Kerker aufgeknüpft worden sein,
unter ihnen der achtzehnjährige Quintus Flaccus, der an dem Kampf
nicht theilgenommen hatte und wegen seiner Jugend und seiner Liebens-
würdigkeit allgemein bedauert ward. Auf dem Freiplatz unter dem
Capitol, wo der nach wiederhergestelltem innerem Frieden von Camillus
geweihte Altar (I. 296) und andere bei ähnlichen Veranlassungen er-
richtete Heiligthümer der Eintracht sich befanden, wurden diese kleinen
Kapellen niedergerissen und aus dem Vermögen der getödteten oder
verurtheilten Hochverräther, das bis auf die Mitgift ihrer Frauen hin
confiscirt ward, nach Beschlufs des Senats von dem Consul Lucius
Opimius ein neuer glänzender Tempel der Eintracht mit dazu gehöriger
Halle errichtet — allerdings war es zeitgemäfs die Zeichen der alten
Eintracht zu beseitigen und eine neue zu inauguriren über den Leichen
der drei Enkel des Siegers von Zama, die nun alle, zuerst Tiberius
Gracchus, dann Scipio Aemilianus, endlich der jüngste und gewaltigste
von ihnen Gaius Gracchus von der Revolution verschlungen worden
waren. Der Gracchen Andenken blieb officiell geächtet; nicht einmal das
Trauergewand durfte Cornelia um den Tod ihres letzten Sohnes anlegen.
Allein die leidenschaftliche Anhänglichkeit, die gar viele im Leben für die
beiden edlen Brüder und vornehmlich für Gaius empfunden hatten, zeigte
sich in rührender Weise auch nach ihrem Tode in der fast religiösen Verehrung, die die Menge ihrem Andenken und den Stätten, wo sie gefallen
waren, allen polizeilichen Vorkehrungen zum Trotz fortfuhr zu zollen.

KAPITEL IV.

DIE RESTAURATIONSHERRSCHAFT.

Das neue Gebäude, das Gaius Gracchus aufgeführt hatte, war mit Erledigung des Regiments. seinem Tode eine Ruine. Wohl war sein Tod wie der seines Bruders zunächst nichts als ein Act der Rache; allein es war doch zugleich ein sehr wesentlicher Schritt zur Restauration der alten Verfassung, dafs aus der Monarchie, eben da sie im Begriff war sich zu begründen, die Person des Monarchen beseitigt ward; und in diesem Falle um so mehr, weil nach der Katastrophe des Gaius und dem gründlichen opimischen Blutgericht im Augenblick schlechterdings niemand vorhanden war, der, sei es durch Blutsverwandtschaft mit dem gefallenen Staatsoberhaupt, sei es durch überwiegende Fähigkeit, auch nur zu einem Versuch den erledigten Platz einzunehmen sich legitimirt gefühlt hätte. Gaius war ohne Kinder aus der Welt gegangen und auch Tiberius hinterlassener Knabe starb, bevor er zu seinen Jahren kam; die ganze sogenannte Volkspartei war buchstäblich ohne irgend einen auch nur namhaft zu machenden Führer. Die gracchische Verfassung glich einer Festung ohne Commandanten; Mauern und Besatzung waren unversehrt, aber der Feldherr fehlte und es war niemand vorhanden, der an den leeren Platz sich hätte setzen mögen als eben die gestürzte Regierung.

So kam es denn auch. Nach Gaius Gracchus erblosem Abgang Die restaurirte Aristokratie. stellte das Regiment des Senats gleichsam von selber sich wieder her; und es war dies um so natürlicher, als dasselbe von dem Tribun nicht eigentlich formell abgeschafft, sondern nur durch die von ihm ausgehenden Ausnahmehandlungen thatsächlich zu nichte gemacht worden war. Dennoch würde man sehr irren, wenn man in dieser Restauration nichts weiter sehen wollte als ein Zurückgleiten der Staats-

maschine in das alte seit Jahrhunderten befahrene und ausgefahrene
Geleise. Restauration ist immer auch Revolution; in diesem Falle aber
ward nicht so sehr das alte Regiment restaurirt als der alte Regent.
Die Oligarchie erschien neu gerüstet in dem Heerzeug der gestürzten
Tyrannis; wie der Senat den Gracchus mit dessen eigenen Waffen aus
dem Felde geschlagen hatte, so fuhr er auch fort in den wesentlichsten
Stücken mit der Verfassung der Gracchen zu regieren, allerdings mit
dem Hintergedanken sie seiner Zeit wo nicht ganz zu beseitigen, doch
gründlich zu reinigen von den der regierenden Aristokratie in der That

Verfolgun-
gen der De-
mokraten. feindlichen Elementen. Fürs erste reagirte man wesentlich nur gegen
die Personen, rief den Publius Popillius nach Cassirung der ihn be-
131 treffenden Verfügungen aus der Verbannung zurück (633) und machte
den Gracchanern den Prozefskrieg; wogegen der Versuch der Volkspartei den Lucius Opimius nach Niederlegung seines Amtes wegen
Hochverrath zur Verurtheilung zu bringen von der Regierungspartei
120 vereitelt ward (634). Es ist für den Charakter dieser Restaurationsregierung bezeichnend, wie die Aristokratie an Gesinnungstüchtigkeit
fortschritt. Gaius Carbo, einst der Bundesgenosse der Gracchen, hatte
seit langem sich bekehrt (S. 102) und noch kürzlich als Vertheidiger
des Opimius seinen Eifer und seine Brauchbarkeit bewiesen. Aber er
blieb der Ueberläufer; als gegen ihn von den Demokraten die gleiche
Anklage wie gegen Opimius erhoben ward, liefs ihn die Regierung
nicht ungern fallen und Carbo, zwischen beiden Parteien sich verloren
sehend, gab sich mit eigener Hand den Tod. So erwiesen die Männer
der Reaction in Personenfragen sich als lautere Aristokraten. Dagegen
die Getreidevertheilungen, die Besteuerung der Provinz Asia, die
gracchische Geschwornen- und Gerichtsordnung griff die Reaction zunächst nicht an und schonte nicht blofs die Kaufmannschaft und das
hauptstädtische Proletariat, sondern huldigte wie bereits bei der Ein-
bringung der livischen Gesetze, so auch ferner diesen Mächten und vor
allem dem Proletariat noch weit entschiedener, als die Gracchen dies
gethan hatten. Es geschah dies nicht blofs, weil die gracchische Revolution in den Gemüthern der Zeitgenossen noch lange nachzitterte
und ihre Schöpfungen schützte: die Hegung und Pflegung wenigstens
der Pöbelinteressen vertrug sich in der That aufs vollkommenste mit
dem eigenen Vortheil der Aristokratie und es ward dabei nichts weiter
geopfert als blofs das gemeine Beste. Alle diejenigen Mafsregeln, die
von Gaius Gracchus zur Förderung des öffentlichen Wohls getroffen
waren, eben den besten, freilich begreiflicher Weise auch den unpopu-

lärsten Theil seiner Gesetzgebung, liefs die Aristokratie fallen. Nichts Die Domänenfrage unter der Restauration.
wurde so rasch und so erfolgreich angegriffen wie der grofsartigste
seiner Entwürfe: der Plan zunächst die römische Bürgerschaft und
Italien, sodann Italien und die Provinzen rechtlich gleichzustellen und
indem also der Unterschied zwischen blofs herrschenden und zehrenden
und blofs dienenden und arbeitenden Staatsangehörigen weggeräumt
ward, zugleich durch die umfassendste und systematischste Emigration, die die Geschichte kennt, die sociale Frage zu lösen. Mit der
ganzen Verbissenheit und dem ganzen grämlichen Eigensinn der Alters-
schwäche drängte die restaurirte Oligarchie den Grundsatz der abge-
lebten Geschlechter, dafs Italien das herrschende Land und Rom in
Italien die herrschende Stadt bleiben müsse, der Gegenwart aufs neue
auf. Schon bei Lebzeiten des Gracchus war die Zurückweisung der
italischen Bundesgenossen eine vollendete Thatsache und war gegen
den grofsen Gedanken der überseeischen Colonisation ein sehr ernsthafter Angriff gerichtet worden, der die nächste Ursache zu Gracchus
Untergang geworden war. Nach seinem Tode wurde der Plan der
Wiederherstellung Karthagos mit leichter Mühe von der Regierungspartei beseitigt, obgleich die einzelnen daselbst schon vertheilten Landloose den Empfängern geblieben sind. Zwar dafs der demokratischen
Partei auf einem andern Punkte eine ähnliche Gründung gelang, konnte
sie nicht wehren: im Verlauf der Eroberungen jenseit der Alpen, welche
Marcus Flaccus begonnen hatte, wurde daselbst im J. 636 die Colonie 118
Narbo (Narbonne) begründet, die älteste überseeische Bürgerstadt im
römischen Reiche, welche trotz vielfacher Anfechtungen der Regierungspartei, trotz des geradezu auf Aufhebung derselben vom Senat
gestellten Antrags dennoch, geschützt wahrscheinlich durch die betheil-
ligten kaufmännischen Interessen, dauernden Bestand gehabt hat. Indefs
abgesehen von dieser in ihrer Vereinzelung nicht sehr bedeutenden Ausnahme gelang es der Regierung die Landanweisung aufserhalb Italien
durchgängig zu verhindern. — In gleichem Sinne wurde die italische
Domanialfrage geordnet. Die italischen Colonien des Gaius, vor allem
Capua wurden aufgehoben und, soweit sie bereits zur Ausführung gekommen waren, wieder aufgelöst; nur die unbedeutende tarentinische
blieb in der Art bestehen, dafs die neue Stadt Neptunia der bisherigen
griechischen Gemeinde an die Seite trat. Was durch die nicht coloniale
Assignation von den Domänen bereits vertheilt war, blieb den Empfängern;
die darauf von Gracchus im Interesse des Gemeinwesens gelegten Beschränkungen, Erbzins und Veräufserungsverbot, hatte bereits Marcus

Drusus aufgehoben. Dagegen die noch nach Occupationsrecht be-
sessenen Domänen, welche aufser dem von den Latinern genutzten
Domanialland zum gröfsten Theil bestanden haben werden in dem gemäfs des gracchischen Maximum (S. 86) den Inhabern gebliebenen
Grundbesitz, war man entschlossen den bisherigen Occupanten definitiv
zuzuwenden und auch die Möglichkeit künftiger Auftheilung abzuschneiden. Freilich waren es zunächst diese Ländereien, aus denen
die 36000 von Drusus verheifsenen neuen Bauerhufen hätten gebildet werden sollen; allein man sparte sich die Untersuchung, wo
denn unter dem Monde diese hunderttausende von Morgen italischen
Domaniallands belegen sein möchten, und legte das livische Colonialgesetz, das seinen Dienst gethan, stillschweigend zu den Acten ——
nur etwa die kleine Colonie von Scolacium (Squillace) mag auf
das Coloniengesetz des Drusus zurückgehen. Dagegen wurde durch
ein Gesetz, das im Auftrag des Senats der Volkstribun Spurius Thorius
¹¹⁹ durchbrachte, das Theilungsamt im J. 635 aufgehoben und den Occu-
panten des Domaniallandes ein fester Zins auferlegt, dessen Ertrag dem
hauptstädtischen Pöbel zu Gute kam —— es scheint, indem die Kornver-
theilung zum Theil darauf fundirt ward: noch weiter gehende Vorschläge, vielleicht eine Steigerung der Getreidespenden, wehrte der
¹¹¹ verständige Volkstribun Gaius Marius ab. Acht Jahre später (643) ge-
schah der letzte Schritt, indem durch einen neuen Volksschlufs*) das
occupirte Domanialland geradezu umgewandelt ward in zinsfreies Privateigenthum der bisherigen Occupanten. Man fügte hinzu, dafs in Zukunft Domanialland überhaupt nicht occupirt, sondern entweder verpachtet werden oder als gemeine Weide offen stehen solle; für den letzteren Fall ward durch Feststellung eines sehr niedrigen Maximum von
zehn Stück Grofs- und funfzig Stück Kleinvieh dafür gesorgt, dafs nicht
der grofse Heerdenbesitzer den kleinen thatsächlich ausschliefse —— verständige Bestimmungen, in denen die Schädlichkeit des übrigens längst
aufgegebenen (I, 797) Occupationssystems nachträglich officielle Anerkennung fand, die aber leider erst getroffen wurden, als dasselbe den
Staat bereits wesentlich um seine Domanialbesitzungen gebracht hatte.
Indem die römische Aristokratie also für sich selber sorgte und was
von occupirtem Lande noch in ihren Händen war, sich in Eigenthum
umwandeln liefs, beschwichtigte sie zugleich die italischen Bundesgenossen dadurch, dafs sie denselben an dem von ihnen und namentlich

---

*) Er ist grofsentheils noch vorhanden und bekannt unter dem jetzt seit
dreihundert Jahren fortgepflanzten falschen Namen des thorischen Ackergesetzes.

von ihrer municipalen Aristokratie genutzten latinischen Domanialland zwar nicht das Eigenthum verlieh, aber doch das ihnen durch ihre Privilegien verbriefte Recht daran ungeschmälert wahrte. Die Gegenpartei war in der üblen Lage, daſs in den wichtigsten materiellen Fragen die Interessen der Italiker denen der hauptstädtischen Opposition schnurstracks entgegenliefen, ja jene mit der römischen Regierung eine Art Bündniſs eingingen und gegen die ausschweifenden Absichten mancher römischen Demagogen bei dem Senat Schutz suchten und fanden. — Während also die restaurirte Regierung es sich angelegen sein lieſs die Keime zum Bessern, die in der gracchischen Verfassung vorhanden waren, gründlich auszureuten, blieb sie den nicht zum Heil des Ganzen von Gracchus erweckten feindlichen Mächten gegenüber vollständig ohnmächtig. Das hauptstädtische Proletariat blieb bestehen in anerkannter Zehrberechtigung; die Geschwornen aus dem Kaufmannsstand lieſs der Senat gleichfalls sich gefallen, so widerwärtig auch dieses Joch eben dem besseren und stolzeren Theil der Aristokratie fiel. Es waren unwürdige Fesseln, die die Aristokratie trug; aber wir finden nicht, daſs sie ernstlich dazu that sich derselben zu entledigen. Das Gesetz des Marcus Aemilius Scaurus von 632, das wenigstens die verfassungsmäfsigen Beschränkungen des Stimmrechts der Freigelassenen einschärfte, war für lange Jahre der einzige sehr zahme Versuch der senatorischen Regierung ihren Pöbeltyrannen wieder zu bändigen. Der Antrag, den der Consul Quintus Caepio siebzehn Jahre nach Einführung der Rittergerichte (648) einbrachte auf Zurückgabe der Prozesse an senatorische Geschworne, zeigte, was die Regierung wünschte, aber auch was sie vermochte, wenn es sich nicht darum handelte Domänen zu verschleudern, sondern einem einflufsreichen Stande gegenüber eine Mafsregel durchzusetzen: sie fiel damit durch*). Zu einer Emancipation der Regierung von ihren unbequemen Machtgenossen kam es nicht; wohl aber trugen diese Mafsregeln dazu bei das niemals aufrichtige Einverständnifs der regierenden Aristokratie mit der Kaufmannschaft und dem Proletariat noch ferner zu trüben. Beide wufsten sehr genau, daſs der Senat alle Zugeständnisse nur aus Angst und widerwillig gewährte; weder durch Dankbarkeits- noch durch Vortheilsrück-

Marginal notes: Proletariat und Ritterschaft unter der Restauration. 122 106

---

*) Das zeigt, wie bekannt, der weitere Verlauf. Man hat dagegen geltend gemacht, daſs bei Valerius Maximus 6, 9, 13 Quintus Caepio Patron des Senats genannt werde; allein theils beweist dies nicht genug, theils pafst, was daselbst erzählt wird, schlechterdings nicht auf den Consul des J. 648 und es muſs hier eine Irrung sein, sei es nun im Namen oder in den berichteten Thatsachen.

sichten an die Herrschaft des Senats dauernd gefesselt, waren beide
sehr bereit jedem andern Machthaber, der ihnen mehr oder auch nur
das Gleiche bot, dieselben Dienste zu leisten, und hatten nichts dagegen,
wenn sich eine Gelegenheit gab, den Senat zu chicaniren oder zu
hemmen. So regierte die Restauration weiter mit den Wünschen und
Gesinnungen der legitimen Aristokratie und mit der Verfassung und
den Regierungsmitteln der Tyrannis. Ihre Herrschaft ruhte nicht blofs
auf den gleichen Basen wie die des Gracchus, sondern sie war auch
gleich schlecht, ja noch schlechter befestigt; sie war stark, wo sie mit
dem Pöbel im Bunde zweckmäfsige Institutionen umstiefs, aber den
Gassenbanden wie den kaufmännischen Interessen gegenüber vollkommen machtlos. Sie safs auf dem erledigten Thron mit bösem Gewissen und getheilten Hoffnungen, den Institutionen des eigenen Staates
grollend und doch unfähig auch nur planmäfsig sie anzugreifen, unsicher im Thun und im Lassen aufser wo der eigene materielle Vortheil
sprach, ein Bild der Treulosigkeit gegen die eigene wie die entgegengesetzte Partei, des inneren Widerspruchs, der kläglichsten Ohnmacht,
des gemeinsten Eigennutzes, ein unübertroffenes Ideal der Mifsregierung.

Die Männer
der Restau-
ration.   Es konnte nicht anders sein; die gesammte Nation war in in-
tellectuellem und sittlichem Verfall, vor allem aber die höchsten Stände.
Die Aristokratie vor der Gracchenzeit war wahrlich nicht überreich an
Talenten und die Bänke des Senats vollgedrängt von feigem und ver-
lottertem adlichen Gesindel; indefs es safsen doch in demselben auch
Scipio Aemilianus, Gaius Laelius, Quintus Metellus, Publius Crassus,
Publius Scaevola und zahlreiche andere achtbare und fähige Männer,
und wer einigen guten Willen mitbrachte, konnte urtheilen, dafs der
Senat in der Unrechtfertigkeit ein gewisses Mafs und ein gewisses De-
corum in dem Mifsregiment einhalte. Diese Aristokratie war gestürzt
und sodann wiederhergestellt worden; fortan ruhte auf ihr der Fluch
der Restauration. Hatte die Aristokratie früher regiert schlecht und
recht und seit mehr als einem Jahrhundert ohne jede fühlbare Opposition, so hatte die durchgemachte Krise wie ein Blitz in dunkler Nacht
ihr den Abgrund gezeigt, der vor ihren Füfsen klaffte. War es ein
Wunder, dafs fortan der Groll immer und, wo sie es wagte, der Schrecken
das Regiment der altadlichen Herrenpartei bezeichnete? dafs die Regierenden noch unendlich schroffer und gewaltsamer als bisher gegen die
nichtregierende Menge als festgeschlossene Partei zusammenstanden?
dafs die Familienpolitik jetzt, eben wie in den schlimmsten Zeiten des
Patriciats, wieder um sich griff und zum Beispiel die vier Söhne und

(wahrscheinlich) die zwei Neffen des Quintus Metellus, mit einer ein- ziegen Ausnahme lauter unbedeutende, zum Theil ihrer Einfalt wegen berufene Leute, innerhalb funfzehn Jahren (631—645) sämmtlich zum Consulat, mit Ausnahme eines Einzigen auch zum Triumph gelangten von den Schwiegersöhnen und so weiter zu schweigen? dafs je gewalt- und grausamer einer der ibrigen gegen die Gegenpartei aufgetreten war, er desto entschiedener von ihnen gefeiert, dem echten Aristokraten jeder Frevel, jede Schamlosigkeit verziehen ward? dafs die Regierenden und die Regierten nur darin nicht zwei kriegführenden Parteien glichen, dafs in ihrem Krieg kein Völkerrecht galt? Es war leider nur zu be- greiflich, dafs, wenn die alte Aristokratie das Volk mit Ruthen schlug, diese restaurirte es mit Scorpionen züchtigte. Sie kam zurück; aber sie kam weder klüger noch besser. Nie hat es bis auf diese Zeit der römischen Aristokratie so vollständig an staatsmännischen und mili- tärischen Capacitäten gemangelt wie in dieser Restaurationsepoche zwischen der gracchischen und der cinnanischen Revolution. Bezeich- nend dafür ist der Koryphäe der senatorischen Partei dieser Zeit, Marcus Aemilius Scaurus. Der Sohn hochadlicher, aber unvermögender Aeltern und darum genöthigt Gebrauch zu machen von seinen nicht gemeinen Talenten, schwang er sich auf zum Consul (639) und Censor (645), war lange Jahre Vormann des Senats und das politische Orakel seiner Standesgenossen und verewigte seinen Namen nicht blofs als Redner und Schriftsteller, sondern auch als Urheber einiger der ansehnlichsten in diesem Jahrhundert ausgeführten Staatsbauten. Indefs wenn man näher zusieht, laufen seine vielgefeierten Grofsthaten darauf hinaus, dafs er als Feldherr einige wohlfeile Dorftriumphe in den Alpen, als Staats- mann mit seinem Stimm- und Luxusgesetz einige ungefähr ebenso ernsthafte Siege über den revolutionären Zeitgeist erfocht, sein eigent- liches Talent indefs darin bestand ganz ebenso zugänglich und bestech- lich zu sein wie jeder andere ehrenwerthe Senator, aber mit einiger Schlauheit den Augenblick, wo die Sache bedenklich zu werden anfing, zu wittern und vor allem durch seine vornehme und ehrwürdige Er- scheinung vor dem Publicum den Fabricius zu agiren. In militärischer Hinsicht finden sich zwar einige ehrenvolle Ausnahmen tüchtiger Offi- ziere aus den höchsten Kreisen der Aristokratie; die Regel aber war, dafs die vornehmen Herren, wenn sie an die Spitze der Armeen treten sollten, schleunigst aus den griechischen Kriegshandbüchern und den römischen Annalen zusammenlasen, was nöthig war um einen mili- tärischen Discurs zu führen und sodann im Feldlager im besten Fall

Marginalia: 133—109; Marcus Aemilius Scaurus.; 115 109

9*

das wirkliche Commando einem niedrig geborneu Offizier von erprobter
Fähigkeit und erprobter Bescheidenheit übergaben. In der That, wenn
ein paar Jahrhunderte zuvor der Senat einer Versammlung von Königen
glich, so spielten diese ihre Nachfahren nicht übel die Prinzen. Aber
der Unfähigkeit dieser restaurirten Adlichen hielt völlig die Wage ihre
politische und'sittliche Nichtswürdigkeit. Wenn nicht die religiösen Zustände, auf die zurückzukommen sein wird, von der wüsten Zerfahrenheit
dieser Zeit ein treues Spiegelbild böten und ebenso die äufsere Geschichte in dieser Epoche die vollkommene Schlechtigkeit des römischen
Adels als einen ihrer wesentlichsten Factoren aufwiese, so würden die
entsetzlichsten Verbrechen, die in den höchsten Kreisen Roms Schlag
auf Schlag zum Vorschein kamen, allein denselben hinreichend charakterisiren.

Verwaltung
der Restau-
ration.

Die Verwaltung war nach innen und nach aufsen, was sie sein
konnte unter einem solchen Regiment. Der sociale Ruin Italiens griff
mit erschreckender Geschwindigkeit um sich; seit die Aristokratie das
Auskaufen der Kleinbesitzer sich gesetzlich hatte erlauben lassen und
in ihrem neuen Uebermuth das Austreiben derselben immer häufiger
sich selbst erlaubte, verschwanden die Bauerstellen wie die Regen-

Sociale Zu-
riände Ita-
liens.

tropfen im Meer. Wie mit der politischen die ökonomische Oligarchie
mindestens Schritt hielt, zeigt die Aeufserung, die ein gemäfsigt demo-
100 kratischer Mann, Lucius Marcius Philippus um 650 that, dafs es in der
ganzen Bürgerschaft kaum 2000 vermögende Familien gebe. Den
praktischen Commentar dazu lieferten abermals die Sklavenaufstände,
welche in den ersten Jahren des kimbrischen Krieges alljährlich in
Italien ausbrachen, so in Nuceria, in Capua, im Gebiet von Thurii.
Diese letzte Zusammenrottung war schon so bedeutend, dafs gegen sie
der städtische Praetor mit einer Legion hatte marschiren müssen und
dennoch nicht durch Waffengewalt, sondern nur durch tückischen Verrath der Insurrection Herr geworden war. Auch das war eine bedenkliche Erscheinung, dafs an der Spitze derselben kein Sklave gestanden
hatte, sondern der römische Ritter Titus Vettius, den seine Schulden
zu dem wahnsinnigen Schritt getrieben hatten seine Sklaven frei und
104 sich zu ihrem König zu erklären (650). Wie gefährlich die Anhäufung
der Sklavenmassen in Italien der Regierung erschien, beweisen die Vor-
sichtsmafsregeln hinsichtlich der Goldwäschereien von Victumulae, die
143 seit 611 für Rechnung der römischen Regierung betrieben wurden:
die Pächter wurden zuerst verpflichtet nicht über 5000 Arbeiter anzustellen, späterhin der Betrieb durch Senatsbeschlufs gänzlich eingestellt.

Unter einem Regiment wie dem gegenwärtigen war in der That alles
zu fürchten, wenn, wie dies sehr möglich war, ein Heer von Transalpinern
in Italien eindrang und die grofsentheils stammverwandten Sklaven
zu den Waffen rief. — Verhältnifsmäfsig mehr noch litten die Provinzen. Die Provin-
zen.
Man versuche sich vorzustellen, wie es in Ostindien aussehen würde,
wenn die englische Aristokratie wäre, was in jener Zeit die römische
war, und man wird eine Vorstellung der Lage von Sicilien und Asia
haben. Die Gesetzgebung, indem sie der Kaufmannschaft die Controle
der Beamten übertrug, nöthigte diese gewissermafsen gemeinschaftliche Sache mit jener zu machen und durch unbedingte Nachgiebigkeit
gegen die Capitalisten in den Provinzen sich unbeschränkte Plünde-
rungsfreiheit und Schutz vor der Anklage zu erkaufen. Neben diesen Piraterie.
officiell und halbofficiell angestellten Räubern plünderten Land- und
Seepiraten die sämmtlichen Landschaften des Mittelmeers. Vor allem
in den asiatischen Gewässern trieben die Flibustier es so arg, dafs selbst
die römische Regierung sich genöthigt sah im J. 652 eine wesentlich 102
aus den Schiffen der abhängigen Kaufstädte gebildete Flotte unter dem
mit proconsularischer Gewalt bekleideten Praetor Marcus Antonius
nach Kilikien zu entsenden. Diese brachte nicht blofs eine Anzahl
Corsarenschiffe auf und nahm einige Felsennester aus, sondern die
Römer richteten hier sich sogar für die Dauer ein und besetzten zur
Unterdrückung des Seeraubs in dem Hauptsitz desselben, dem rauhen
oder westlichen Kilikien, feste militärische Positionen, was der Anfang
war zur Einrichtung der seitdem unter den römischen Aemtern erscheinenden Provinz Kilikien*). Die Absicht war löblich und der Plan Kilikien
besetzt.

---

*) Vielfältig wird angenommen, dafs die Einrichtung der Provinz Kilikien
erst erfolgte nach der kilikischen Expedition des Publius Servilius 676 fg., 78
allein mit Unrecht; denn schon 662 finden wir Sulla (Appian *Mithr.* 57; *b. c.* 92
I, 77; Victor 75), 674. 675 Gnaeus Dolabella (Cic. *Verr.* I. 1, 16, 44) als Statt- 80 79
halter von Kilikien, wonach nichts übrig bleibt als die Einrichtung der Provinz
in das J. 652 zu setzen. Hiefür spricht ferner, dafs in dieser Zeit die Züge 102
der Römer gegen die Corsaren, wie zum Beispiel die balearischen, ligurischen,
dalmatischen, regelmäfsig gerichtet erscheinen auf Besetzung der Küstenpunkte,
von wo der Seeraub ausging; natürlich, denn da die Römer keine stehende
Flotte hatten, war das einzige Mittel dem Seeraub wirksam zu steuern die
Besetzung der Küsten. Uebrigens ist daran zu erinnern, dafs der Begriff der
provincia nicht unbedingt Besitz der Landschaft in sich schliefst, sondern an
sich nichts ist als ein selbstständiges militärisches Commando; es ist sehr
möglich, dafs die Römer zunächst in dieser rauhen Landschaft nichts nahmen
als Station für Schiffe und Mannschaft. — Das ebene Ostkilikien blieb bis auf
den Krieg gegen Tigranes bei dem syrischen Reich (Appian *Syr.* 48); die ehe-

an sich zweckmäfsig entworfen; nur bewies leider der Fortbestand und die Steigerung des Corsarenunwesens in den asiatischen Gewässern und speciell in Kilikien, mit wie unzulänglichen Mitteln man von der neu genommenen Stellung aus die Piraterie bekämpfte. Aber nirgends kam die Ohnmacht und die Verkehrtheit der römischen Provinzial-verwaltung in so nackter Blöfse zu Tage wie in den Insurrectionen des Sklavenproletariats, welche mit der Restauration der Aristokratie zu-gleich in den vorigen Stand wieder eingesetzt zu sein schienen. Jene aus Aufständen zu Kriegen anschwellenden Schilderhebungen der Skla-venschaft, wie sie eben um das J. 620 als eine und vielleicht die nächste Ursache der gracchischen Revolution aufgetreten waren, erneuern und wiederholen sich in trauriger Einförmigkeit. Wieder gährte es wie dreifsig Jahre zuvor in der gesammten Sklavenschaft im römischen Reiche. Der italischen Zusammenrottungen ward schon gedacht. In den attischen Silberbergwerken standen die Grubenarbeiter auf, be-setzten das Vorgebirge Sunion und plünderten längere Zeit hindurch von dort aus die Umgegend; an andern Orten zeigten sich ähnliche Bewegungen. Vor allem war wieder der Hauptsitz dieser fürchter-lichen Vorgänge Sicilien mit seinen Plantagen und den dort zusammen-strömenden kleinasiatischen Sklavenhorden. Es ist charakteristisch für die Gröfse des Uebels, dafs ein Versuch der Regierung den schlimm-sten Unrechtfertigkeiten der Sklavenhalter zu steuern die nächste Ursache der neuen Insurrection ward. Dafs die freien Proletarier in Sicilien wenig besser daran waren als die Sklavenschaft, hatte schon ihr Verhalten zu dem ersten Aufstand gezeigt (S. 78); nach der Be-siegung desselben nahmen die römischen Speculanten ihre Revanche und steckten die freien Provinzialen massenweise unter die Sklaven-schaften ein. In Folge einer hiegegen im J. 650 vom Senat erlassenen scharfen Verfügung setzte der damalige Statthalter von Sicilien Publius Licinius Nerva in Syrakus ein Freiheitsgericht nieder, das in der That mit Ernst durchgriff; in kurzer Zeit war in achthundert Prozessen gegen die Sklavenbesitzer entschieden und die Zahl der anhängig ge-machten Sachen immer noch im Steigen. Die erschreckten Plantagen-besitzer stürmten nach Syrakus, um von dem römischen Statthalter die Sistirung solcher unerhörten Rechtspflege zu erzwingen; Nerva war

Sklaven-aufstände.

184

Der zweite sicilische Sklaven-krieg.

104

mals zu Kilikien gerechneten Landschaften nördlich des Tauros, das sogenannte kappadokische Kilikien und Kataonien gehörten jenes seit der Auflösung des attalischen Reiches (Justin 37, 1; oben S. 54), dieses wohl schon seit dem Frie-den mit Antiochos zu Kappadokien.

schwach genug sich terrorisiren zu lassen und die prozefsbittenden
Unfreien mit barschen Worten anzuweisen, dafs sie sich des lästigen
Verlangens von Recht und Gerechtigkeit zu begeben und augenblick-
lich zu denen zurückzukehren hätten, die sich ihre Herren nennten.
Die Abgewiesenen rotteten statt dessen sich zusammen und gingen in
die Berge. Der Statthalter war auf militärische Mafsregeln nicht ge-
fafst und selbst der elende Landsturm der Insel nicht sogleich zur
Hand; wefshalb er ein Bündnifs abschlofs mit einem der bekanntesten
Räuberhauptleute auf der Insel und durch das Versprechen eigener Begnadigung ihn bewog die aufständischen Sklaven durch Verrath den
Römern in die Hand zu spielen. Dieses Schwarmes ward man also
Herr. Allein einer anderen Bande entlaufener Sklaven gelang es dafür
eine Abtheilung der Besatzung von Enna (Castrogiovanni) zu schlagen
und dieser erste Erfolg verschaffte den Insurgenten, was sie vor allem
bedurften, Waffen und Zulauf. Das Heergeräth der gefallenen und
flüchtigen Gegner gab die erste Grundlage für ihre militärische Organisation und bald war die Zahl der Insurgenten auf viele Tausende an-
geschwollen. Diese Syrer in der Fremde schienen bereits, gleich
ihren Vorgängern, sich nicht unwürdig von Königen regiert zu werden
wie ihre Landsleute daheim und — den Lumpenkönig der Heimath bis
auf den Namen parodirend — stellten sie den Sklaven Salvius an ihre
Spitze als König Tryphon. In dem Strich zwischen Enna und Leontinoi (Lentini), wo diese Haufen ihren Hauptsitz hatten, war das offene
Land ganz in den Händen der Insurgenten und Morgantia und andere
ummauerte Städte schon von ihnen belagert, als mit den eiligst zusammengerafften sicilischen und italischen Schaaren der römische Statthalter das Sklavenheer vor Morgantia überfiel. Er besetzte das unver-
theidigte Lager; allein die Sklaven, obwohl überrascht, hielten Stand
und wie es zum Gefecht kam, wich der Landsturm der Insel nicht blofs
beim ersten Anprall, sondern da die Sklaven jeden der die Waffen weg-
warf ungehindert entkommen liefsen, benutzten die Milizen fast ohne
Ausnahme die gute Gelegenheit ihren Abschied zu nehmen und das
römische Heer lief vollständig auseinander. Hätten die Sklaven in
Morgantia mit ihren Genossen vor den Thoren gemeinschaftliche Sache
machen wollen, so war die Stadt verloren; sie zogen es indefs vor von
ihren Herren gesetzmäfsig die Freiheit geschenkt zu nehmen und halfen
ihnen durch ihre Tapferkeit die Stadt retten, worauf sodann der römische Statthalter das den Sklaven von den Herren feierlich gegebene
Freiheitsversprechen als widerrechtlich erzwungen von Rechtswegen

cassirte. — Während also im Innern der Insel der Aufstand in besorg-
licher Weise um sich griff, brach ein zweiter aus auf der Westküste.

Athenion. An der Spitze stand hier Athenion. Er war, eben wie Kleon, einst
ein gefürchteter Räuberhauptmann in seiner Heimath Kilikien gewesen
und von dort als Sklave nach Sicilien geführt worden. Ganz wie seine
Vorgänger versicherte er sich der Gemüther der Griechen und Syrer
vor allem durch Prophezeiungen und andern erbaulichen Schwindel;
aber kriegskundig und einsichtig wie er war, bewaffnete er nicht, wie
die übrigen Führer, die ganze Masse der ihm zuströmenden Leute, sondern bildete aus den kriegstüchtigen Mannschaften ein organisirtes
Heer, während er die Masse zu friedlicher Beschäftigung anwies. Bei
der strengen Mannszucht, die in seinen Truppen jedes Schwanken und
jede unbotmäßige Regung niederhielt, und der milden Behandlung der
friedlichen Landbewohner und selbst der Gefangenen errang er rasche
und große Erfolge. Die Hoffnung, daß die beiden Führer sich ver-
uneinigen würden, schlug den Römern auch diesmal fehl; freiwillig
fügte sich Athenion dem weit minder fähigen König Tryphon und
erhielt damit die Einigkeit unter den Insurgenten. Bald herrschten
diese so gut wie unumschränkt auf dem platten Lande, wo die freien
Proletarier wieder mehr oder minder offen mit den Sklaven hielten;
die römischen Behörden waren nicht im Stande gegen sie das Feld
zu nehmen und mußten sich begnügen mit dem sicilischen und
dem eiligst herangezogenen africanischen Landsturm die Städte zu
schützen, welche sich in der beklagenswerthesten Verfassung befanden.
Die Rechtspflege stockte auf der ganzen Insel und es regierte einzig
das Faustrecht. Da kein Ackerbürger sich mehr vor das Thor, kein
Landmann sich in die Stadt wagte, brach die fürchterlichste Hungersnoth herein und die städtische Bevölkerung dieser sonst Italien er-
nährenden Insel mußte von den römischen Behörden mit Getreide-
sendungen unterstützt werden. Dazu drohten überall im Innern die
Verschwörungen der Stadtsklaven und vor den Mauern die Insurgentenheere, wie denn selbst Messana um ein Haar von Athenion erobert
worden wäre. So schwer es der Regierung fiel während des ernsten
kimbrischen Krieges eine zweite Armee ins Feld zu stellen, sie konnte
103 doch nicht umhin im J. 651 ein Heer von 14000 Römern und Italikern,
ungerechnet die überseeischen Milizen, unter dem Praetor Lucius
Lucullus nach der Insel zu entsenden. Das vereinigte Sklavenheer
stand in den Bergen oberhalb Sciacca und nahm die Schlacht an, die
Lucullus anbot. Die bessere militärische Organisation gab den Römern

den Sieg: Athenion blieb für todt auf der Wahlstatt. Tryphon mufste sich in die Bergfestung Triokala werfen; die Insurgenten beriethen ernstlich, ob es möglich sei den Kampf länger fortzusetzen. Indefs die Partei, die entschlossen war auszuharren bis auf den letzten Mann, behielt die Oberhand; Athenion, der in wunderbarer Weise gerettet worden war, trat wieder unter die Seinigen und belebte den gesunkenen Muth; vor allem aber that Lucullus unbegreiflicher Weise nicht das Geringste um seinen Sieg zu verfolgen, ja er soll absichtlich die Armee desorganisirt und sein Feldgeräth verbrannt haben, um die gänzliche Erfolglosigkeit seiner Amtsführung zu bedecken und von seinem Nachfolger nicht in Schatten gestellt zu werden. Mag dies wahr sein oder nicht, sein Nachfolger Gaius Servilius (652) erlangte nicht bessere Resultate und beide Generale sind später ihrer Amtsführung wegen criminell belangt und verurtheilt worden, was freilich auch durchaus kein sicherer Beweis für ihre Schuld ist. Athenion, der nach Tryphons Tode (652) den Oberbefehl allein übernommen hatte, stand siegreich an der Spitze eines ansehnlichen Heeres, als im J. 653 Manius Aquillius, der das Jahr zuvor unter Marius im Teutonenkriege sich ausgezeichnet hatte, als Consul und Statthalter die Führung des Krieges übernahm. Nach zweijährigen harten Kämpfen — Aquillius soll mit Athenion persönlich gefochten und ihn im Zweikampf getödtet haben — schlug der römische Feldherr endlich die verzweifelte Gegenwehr nieder und überwand die Insurgenten in ihren letzten Schlupfwinkeln durch Hunger. Den Sklaven auf der Insel wurde das Waffentragen untersagt und der Friede zog wieder auf ihr ein, das heifst die neuen Peiniger wurden abgelöst von den altgewohnten; wie denn namentlich der Sieger selbst unter den zahlreichen und energischen Räuberbeamten dieser Zeit eine hervorragende Stelle einnimmt. Für wen es aber noch eines Beweises bedurfte, wie das Regiment der restaurirten Aristokratie im Innern beschaffen war, den konnte man auf die Entstehung wie auf die Führung dieses zweiten fünfjährigen sicilischen Sklavenkrieges verweisen.

Wo man aber auch hinsehen mochte in dem weiten Kreis der römischen Verwaltung, es traten dieselben Ursachen und dieselben Wirkungen hervor. Wenn der sicilische Sklavenkrieg zeigt, wie wenig die Regierung auch nur der einfachsten Aufgabe das Proletariat niederzuhalten gewachsen war, so offenbarten die gleichzeitigen Ereignisse in Africa, wie man jetzt in Rom es verstand Clientelstaaten zu regieren. Um dieselbe Zeit, wo der sicilische Sklavenkrieg ausbrach, ward auch vor den Augen der erstaunten Welt das Schauspiel aufgeführt, dafs

marginal notes: 103 · 102 · 101) Aquillius. · 102 · Die Clientelstaaten

gegen die gewaltige Republik, die die Königreiche Makedonien und
Asien mit einem Schlag ihres schweren Armes zerschmettert hatte, ein
unbedeutender Clientelfürst nicht mittelst der Waffen, sondern mittelst
der Erbärmlichkeit ihrer regierenden Herren eine vierzehnjährige
Usurpation und Insurrection durchzuführen vermochte.

Numidien.   Das Königreich Numidien dehnte vom Flusse Molochat sich aus
bis an die grofse Syrte (I, 674 fg.), so dafs es einerseits grenzte an das
mauretanische Reich von Tingis (das heutige Marocco), andrerseits an
Kyrene und Aegypten, und den schmalen Küstenstrich der römischen
Provinz Africa westlich, südlich und östlich umschlofs; es umfafste
aufser den alten Besitzungen der numidischen Häuptlinge den bei
weitem gröfsten Theil desjenigen Gebiets, welches Karthago in den
Zeiten seiner Blüthe in Africa besessen hatte, darunter mehrere bedeutende altphönikische Städte wie Hippo regius (Bona) und Grofsleptis (Lebidah), überhaupt den gröfsten und besten Theil des reichen
nordafricanischen Küstenlandes.   Nächst Aegypten war ohne Frage
Numidien der ansehnlichste unter allen römischen Clientelstaaten.

149 Nach Massinissas Tode (605) hatte Scipio unter dessen drei Söhne,
die Könige Micipsa, Gulussa und Mastanabal die väterliche Herrschaft
in der Art getheilt, dafs der erstgeborne die Residenz und die Staatskasse, der zweite den Krieg, der dritte die Gerichtsbarkeit übernahm
(S. 32). Jetzt regierte nach dem Tode seiner beiden Brüder wieder
allein Massinissas ältester Sohn Micipsa*), ein schwacher friedlicher
Greis, der lieber als mit Staatsangelegenheiten sich mit dem Studium
der griechischen Philosophie beschäftigte. Da seine Söhne noch nicht
erwachsen waren, führte thatsächlich die Zügel der Regierung ein
Jugurtha. illegitimer Neffe des Königs, der Prinz Jugurtha. Jugurtha war kein
unwürdiger Enkel Massinissas. Er war ein schöner Mann und ein

---

*) Der Stammbaum der numidischen Fürsten ist folgender:

Massinissa 516—605 (239—149).

Micipsa † 636 (118)		Gulussa † vor 636 (118)	Mastanabal † vor 636 (118)	
Adherbal † 642 (112)	Hiempsal I † c. 637 (117)	Micipsa (Diod. p. 607)	Massiva † 643 (111)	Gauda † vor 666 (75)	Jugurtha † 650 (104)

Gauda: Hiempsal II — Juba I — Juba II
Jugurtha: Oxyntas

gewandter und muthiger Reiter und Jäger; seine Landsleute hielten
den klaren und einsichtigen Verwalter in hohen Ehren und seine militärische Brauchbarkeit hatte er als Führer des numidischen Contingents
vor Numantia unter Scipios Augen erwiesen.   Seine Stellung im Königreich und der Einfluss, dessen er durch seine zahlreichen Freunde
und Kriegskameraden bei der römischen Regierung genofs, liefsen es
König Micipsa rathsam erscheinen ihn zu adoptiren (634) und in seinem
Testament zu verordnen, dafs des Königs beide älteste leibliche Söhne
Adherbal und Hiempsal und sein Adoptivsohn Jugurtha selbdritte,
ebenso wie er selbst mit seinen beiden Brüdern, zu gesammter Hand
das Reich erben und regieren sollten.   Zu gröfserer Sicherheit wurde
diese Verfügung unter die Garantie der römischen Regierung gestellt.
Bald nachher, im J. 636, starb König Micipsa.   Das Testament trat
in Kraft; allein die beiden Söhne Micipsas, mehr noch als der schwache
ältere Bruder der heftige Hiempsal, geriethen bald mit ihrem Vetter,
den sie als Eindringling in die legitime Erbfolge ansahen, so heftig zusammen, dafs der Gedanke an eine Gesammtregierung der drei Könige
aufgegeben werden mufste.   Man versuchte eine Realtheilung durchzuführen; allein die hadernden Könige vermochten über die Landes-
und Schatzquoten sich nicht zu einigen und die Schutzmacht, der hier
von Rechtswegen das entscheidende Wort zustand, bekümmerte wie
gewöhnlich um diese Angelegenheit sich nicht.   Es kam zum Bruch;
Adherbal und Hiempsal mochten das Testament des Vaters als er-
schlichen bezeichnen und Jugurthas Miterbrecht überhaupt bestreiten,
wogegen Jugurtha auftrat als Prätendent auf das gesammte Königreich.
Noch während der Verhandlungen über die Theilung ward Hiempsal
durch gedungene Meuchelmörder aus dem Wege geschafft; zwischen
Adherbal und Jugurtha kam es zum Bürgerkriege, in dem ganz Numidien Partei nahm.   Mit seinen minder zahlreichen, aber besser geübten
und besser geführten Truppen siegte Jugurtha und bemächtigte sich
des gesammten Reichsgebiets unter den grausamsten Verfolgungen
gegen die seinem Vetter anhängenden Häupter.   Adherbal rettete sich
nach der römischen Provinz und ging von da nach Rom um dort Klage
zu führen.   Jugurtha hatte es erwartet und sich darauf eingerichtet
der drohenden Intervention zu begegnen.   Er hatte im Lager von
Numantia noch mehr von Rom kennen gelernt als die römische Taktik:
der numidische Prinz, eingeführt in die Kreise der römischen Aristokraten, war zugleich eingeweiht worden in die römischen Coterieintriguen und hatte an der Quelle studiert, was man römischen Adlichen

110

118] Der nu-
midische
Erbfolge-
krieg.

zumuthen könne; schon damals, sechzehn Jahre vor Micipsas Tode,
hatte er illoyale Unterhandlungen über die numidische Erbfolge mit
vornehmen römischen Kameraden gepflogen und hatte Scipio ihn
ernstlich erinnern müssen, dafs es fremden Prinzen anständiger sei
mit dem römischen Staat als mit einzelnen römischen Bürgern Freundschaft zu halten.   Jugurthas Gesandte erschienen in Rom, nicht blofs
mit Worten ausgerüstet; dafs sie die richtigen diplomatischen Ueber-
zeugungsmittel gewählt hatten, bewies der Erfolg.   Die eifrigsten Vertreter von Adherbals gutem Recht überzeugten in unglaublicher Geschwindigkeit sich davon, dafs Hiempsal seiner Grausamkeit halber
von seinen Unterthanen umgebracht worden und dafs der Urheber des
Erbfolgekrieges nicht Jugurtha sei, sondern Adherbal.   Selbst die
leitenden Männer im Senat erschraken vor dem Skandal; Marcus
Scaurus suchte zu steuern; es war umsonst.   Der Senat überging das
Geschehene mit Stillschweigen und verfügte, dafs die beiden überleben-
den Testamentserben das Reich zu gleichen Theilen erhalten und zur
Verhütung neuen Haders die Theilung durch eine Commission des
Senats vorgenommen werden solle.   Sie kam; der Consular Lucius
Opimius, bekannt durch seine Verdienste um die Beseitigung der Re-
volution, hatte die Gelegenheit wahrgenommen den Lohn für seinen
Patriotismus einzuziehen und sich an die Spitze dieser Commission
stellen lassen.   Die Theilung fiel durchaus zu Jugurthas Gunsten und
nicht zum Nachtheil der Commissarien aus; die Hauptstadt Cirta
(Constantine) mit ihrem Hafen Rusicade (Philippeville) kam zwar an
Adherbal, allein eben dadurch ward ihm der fast ganz aus Sandwüsten
bestehende östliche Theil des Reiches, Jugurtha dagegen die frucht-
bare und bevölkerte Westhälfte (das spätere sitifensische und caesarien-
sische Mauretanien) zu Theil. — Es war arg; bald kam es noch schlimmer.   Um mit einigem Schein im Wege der Vertheidigung Adherbal
um seine Hälfte bringen zu können, reizte Jugurtha denselben zum
Kriege; indefs da der schwache Mann, durch die gemachten Erfahrungen gewitzigt, Jugurthas Reiter sein Gebiet ungehindert brandschatzen liefs und sich begnügte in Rom Beschwerde zu führen, begann Jugurtha, ungeduldig über diese Weitläufigkeiten, auch ohne
Vorwand den Krieg.   In der Gegend des heutigen Philippeville ward
Adherbal vollständig geschlagen und warf sich in seine nahe Hauptstadt Cirta.   Während die Belagerung ihren Fortgang nahm und
Jugurthas Truppen mit den in Cirta zahlreich ansässigen und bei der
Vertheidigung der Stadt lebhafter als die Africaner selbst sich be-

theiligenden Italikern täglich sich herumschlugen, erschien die von dem römischen Senat auf Adherbals erste Beschwerden abgeordnete Commission; natürlich junge unerfahrene Menschen, wie die Regierung damals sie zu gewöhnlichen Staatssendungen regelmäßig verwandte. Die Gesandten verlangten, daß Jugurtha sie als von der Schutzmacht an Adherbal abgeordnet in die Stadt einlasse, überhaupt aber den Kampf einstelle und ihre Vermittelung annehme. Jugurtha schlug beides kurzweg ab und die Gesandten zogen schleunigst heim, wie die Knaben, die sie waren, um an die Väter der Stadt zu berichten. Die Väter hörten den Bericht an und ließen ihre Landsleute in Cirta eben weiter fechten, so lange es ihnen beliebte. Erst als im fünften Monat der Belagerung ein Bote des Adherbal durch die Verschanzungen der Feinde sich durchschlich und ein Schreiben des Königs voll der flehentlichsten Bitten an den Senat kam, raffte derselbe sich auf und faßte wirklich einen Beschluß — nicht etwa den Krieg zu erklären, wie die Minorität es verlangte, sondern eine neue Gesandtschaft zu schicken, aber eine Gesandtschaft mit Marcus Scaurus an der Spitze, dem großen Bezwinger der Taurisker und der Freigelassenen, dem imponirenden Heros der Aristokratie, dessen bloßes Erscheinen genügen werde, den ungehorsamen König auf andere Gedanken zu bringen. In der That erschien Jugurtha, wie geheißen, in Utica um mit Scaurus zu verhandeln; endlose Debatten wurden gepflogen; als endlich die Conferenz geschlossen ward, war nicht das geringste Resultat erreicht. Die Gesandtschaft ging ohne den Krieg erklärt zu haben nach Rom zurück und der König wieder ab zur Belagerung von Cirta. Adherbal sah sich aufs Aeußerste gebracht und verzweifelte an der römischen Unterstützung; die Italiker in Cirta, der Belagerung müde und für ihre eigene Sicherheit fest vertrauend auf die Furcht vor dem römischen Namen, drängten überdies zur Uebergabe. So capitulirte die Stadt. Jugurtha gab Befehl seinen Adoptivbruder unter grausamen Martern hinzurichten, die sämmtliche erwachsene männliche Bevölkerung der Stadt aber, Africaner wie Italiker über die Klinge springen zu lassen (642).

Ein Schrei der Entrüstung ging durch ganz Italien. Die Minorität des Senats selbst und alles was nicht Senat war verdammten einmüthig diese Regierung, für die die Ehre und das Interesse des Landes nichts zu sein schienen als verkäufliche Artikel; am lautesten die Kaufmannschaft, die durch die Hinopferung der römischen und italischen Kaufleute in Cirta am nächsten getroffen worden war. Die Majorität

112

Römische Inter-vention.

des Senats sträubte sich zwar auch jetzt noch; sie appellirte an die Standesinteressen der Aristokratie und setzte alle Hebel der collegialischen Geschäftsverschleppung in Bewegung, um den lieben Frieden noch ferner zu bewahren. Indefs als der für 643 gewählte Volkstribun Gaius Memmius, ein thätiger und beredter Mann, sofort nach Antritt seines Amtes den Handel öffentlich zur Sprache brachte und die schlimmsten Sünder zu gerichtlicher Verantwortung ziehen zu wollen drohte, liefs der Senat es geschehen, dafs der Krieg an Jugurtha erklärt ward (642 3). Es schien Ernst zu werden. Jugurthas Gesandte wurden ohne vorgelassen zu sein aus Italien ausgewiesen; der neue Consul Lucius Calpurnius Bestia, der, unter seinen Standesgenossen wenigstens, durch Einsicht und Thätigkeit sich auszeichnete, betrieb die Rüstungen mit Energie; Marcus Scaurus selbst übernahm eine Befehlshaberstelle in der africanischen Armee; in kurzer Zeit stand ein römisches Heer auf africanischem Boden und rückte, am Bagradas (Medscherda) hinaufmarschirend, ein in das numidische Königreich, wo die von dem Sitz der königlichen Macht entlegensten Städte, wie Grofsleptis, bereits freiwillig ihre Unterwerfung einsandten, während König Bocchus von Mauretanien, obwohl seine Tochter mit Jugurtha vermählt war, doch den Römern Freundschaft und Bündnifs antrug. Jugurtha selbst verlor den Muth und sandte Boten in das römische Hauptquartier, um Waffenstillstand zu erbitten. Das Ende des Kampfes schien nahe und kam noch schneller als man dachte. Der Vertrag mit König Bocchus scheiterte daran, dafs der König, unbekannt mit den römischen Sitten, diesen den Römern vortheilhaften Vertrag umsonst abschliefsen zu können gemeint und deshalb versäumt hatte seinen Boten den marktgängigen Preis römischer Bündnisse mitzugeben. Jugurtha kannte allerdings die römischen Institutionen besser und hatte nicht versäumt seine Waffenstillstandsanträge durch die gehörigen Begleitgelder zu unterstützen; indefs auch er hatte sich getäuscht. Nach den ersten Verhandlungen ergab es sich, dafs im römischen Hauptquartier nicht blofs der Waffenstillstand feil sei, sondern auch der Friede. Die königliche Schatzkammer war noch von Massinissas Zeiten her wohl gefüllt; rasch war man Handels einig. Der Vertrag ward abgeschlossen, nachdem der Form halber derselbe dem Kriegsrath vorgelegt und nach einer unordentlichen und möglichst summarischen Verhandlung dessen Zustimmung erwirkt worden war. Jugurtha unterwarf sich auf Gnade und Ungnade; der Sieger aber übte Gnade und gab dem König sein Reich ungeschmälert zurück gegen eine mäfsige

Vertrag zwischen Rom und Numidien.

Buße und die Auslieferung der römischen Ueberläufer und der Kriegselephanten (643), welche letztere der König großentheils später wieder 111
einhandelte durch Verträge mit den einzelnen römischen Platzcom-
mandanten und Offizieren. — Auf die Kunde davon brach in Rom
abermals der Sturm los. Alle Welt wußte, wie der Friede zu Stande
gekommen war; selbst Scaurus also war zu haben, nur um einen
höheren als den gemeinen senatorischen Durchschnittspreis. Die
Rechtsbeständigkeit des Friedens ward im Senat ernstlich angefoch-
ten; Gaius Memmius erklärte, daß der König, wenn er wirklich unbedingt sich unterworfen habe, sich nicht weigern könne in Rom zu erscheinen und man ihn demnach vorladen möge, um hinsichtlich der
durchaus irregulären Friedensverhandlungen durch Vernehmung der
beiden paciscirenden Theile den Thatbestand festzustellen. Man fügte
sich der unbequemen Forderung; rechtswidrig aber, da der König nicht
als Feind kam, sondern als unterworfener Mann, ward demselben zugleich sicheres Geleit zugestanden. Darauf hin erschien der König in
der That in Rom und stellte sich zum Verhör vor dem versammelten
Volke, das mühsam bewogen ward das sichere Geleit zu respectiren
und den Mörder der cirtensischen Italiker nicht auf der Stelle zu zer-
reißen. Allein kaum hatte Gaius Memmius die erste Frage an den
König gerichtet, als einer seiner Collegen kraft seines Veto einschritt
und dem Könige befahl zu schweigen. Auch hier also war das africanische Gold mächtiger als der Wille des souveränen Volkes und seiner
höchsten Beamten. Inzwischen gingen im Senat die Verhandlungen
über die Giltigkeit des soeben abgeschlossenen Friedens weiter und der
neue Consul Spurius Postumius Albinus nahm eifrig Partei für den
Antrag denselben zu cassiren, in der Aussicht daß dann der Oberbefehl in Africa an ihn kommen werde. Dies veranlaßte einen in Rom
lebenden Enkel Massinissas, den Massiva seine Ansprüche auf das
erledigte numidische Reich bei dem Senat geltend zu machen; worauf
Bomilkar, einer der Vertrauten des Königs Jugurtha, den Concurrenten
seines Herrn, ohne Zweifel in dessen Auftrag, meuchlerisch aus dem
Wege schaffte und da ihm dafür der Prozeß gemacht ward, mit Hülfe
Jugurthas aus Rom entfloh. Dies neue unter den Augen der römischen   Cassirung
Regierung verübte Verbrechen bewirkte wenigstens so viel, daß der   des Vertrages.
Senat nun den Frieden cassirte und den König aus der Stadt auswies
(Winter 643/4). Der Krieg ging also wieder an und der Consul Spurius 111/10
Albinus übernahm den Oberbefehl (644). Allein das africanische Heer 110] Kriegs-
war bis in die untersten Schichten hinab in derjenigen Zerrüttung,   erklärung.

wie sie einer solchen politischen und militärischen Oberleitung an-
gemessen ist. Nicht blofs von Disciplin war die Rede nicht mehr und
die Plünderung der numidischen Ortschaften, ja des römischen Provinzialgebiets während der Waffenruhe das Hauptgeschäft der römischen
Soldatesca gewesen, sondern es hatten auch nicht wenige Offiziere und
Soldaten so gut wie ihre Generale heimliche Einverständnisse angeknüpft mit dem Feinde. Dafs ein solches Heer im Felde nichts aus-
richten konnte, ist begreiflich, und wenn Jugurtha auch diesmal
vom römischen Obergeneral die Unthätigkeit kaufte, wie dies später
gegen denselben gerichtlich geltend gemacht ward, so that er wahrlich
ein Uebriges. Spurius Albinus also begnügte sich damit nichts zu
thun; dagegen sein Bruder, der nach seiner Abreise interimistisch den
Oberbefehl übernahm, der ebenso tolldreiste als unfähige Aulus Postumius, kam mitten im Winter auf den Gedanken durch einen kühnen
Handstreich sich der Schätze des Königs zu bemächtigen, die in der
schwer zugänglichen und schwer zu erobernden Stadt Suthul (später
Calama, jetzt Guelma) sich befanden. Das Heer brach dahin auf und
erreichte die Stadt; allein die Belagerung war erfolg- und aussichtslos
und als der König, der eine Zeitlang mit seinen Truppen vor der Stadt
gestanden, in die Wüste ging, zog der römische Feldherr es vor ihn zu
verfolgen. Dies eben hatte Jugurtha beabsichtigt; durch einen nächtlichen Angriff, wobei die Schwierigkeiten des Terrains und Jugurthas
Einverständnisse in der römischen Armee zusammenwirkten, eroberten
die Numidier das römische Lager und trieben die grofsentheils waffen-
losen Römer in der vollständigsten und schimpflichsten Flucht vor sich

Capitulation
der Römer.
Zweiter
Friede.
her. Die Folge war eine Capitulation, deren Bedingungen: Abzug des
römischen Heeres unter dem Joch, sofortige Räumung des ganzen
numidischen Gebiets, Erneuerung des vom Senat cassirten Bündnifsvertrages, von Jugurtha dictirt und von den Römern angenommen
109 wurden (Anfang 645).

Stimmung
der
Hauptstadt.
Dies war denn doch zu arg. Während die Africaner jubelten und
die plötzlich sich eröffnende Aussicht auf den kaum noch für möglich
gehaltenen Sturz der Fremdherrschaft zahlreiche Stämme der freien
und halbfreien Wüstenbewohner unter die Fahnen des siegreichen
Königs führte, brauste in Italien die öffentliche Meinung hoch auf gegen
die ebenso verdorbene wie verderbliche Regierungsaristokratie und brach
los in einem Prozefssturm, der, genährt durch die Erbitterung der
Kaufmannschaft, eine Reihe von Opfern aus den höchsten Kreisen des
Adels wegraffte. Auf den Antrag des Volkstribuns Gaius Mamilius

Limetanus ward trotz der schüchternen Versuche des Senats das Strafgericht abzuwenden eine aufserordentliche Geschwornencommission
bestellt zur Untersuchung des in der numidischen Successionsfrage vorgekommenen Landesverraths, und ihre Wahrsprüche sandten die beiden
bisherigen Oberfeldherren, Gaius Bestia und Spurius Albinus, ferner
den Lucius Opimius, das Haupt der ersten africanischen Commission und
nebenbei den Henker des Gaius Gracchus, aufserdem zahlreiche andere
weniger namhafte schuldige und unschuldige Männer der Regierungspartei in die Verbannung. Dafs indefs diese Prozesse einzig darauf
hinausliefen durch Aufopferung einiger der am meisten compromittirten
Personen die aufgeregte öffentliche Meinung namentlich der Capita-
listenkreise zu beschwichtigen, und dafs dabei von einer Auflehnung
des Volkszorns gegen das recht- und ehrlose Regiment selbst nicht
die leiseste Spur vorhanden war, zeigt sehr deutlich die Thatsache, dafs
an den Schuldigsten unter den Schuldigen, an den klugen und mächtigen Scaurus nicht blofs niemand sich wagte, sondern dafs er eben um
diese Zeit zum Censor, ja sogar unglaublicher Weise zu einem der Vorstände der aufserordentlichen Hochverrathscommission erwählt ward.
Um so weniger ward auch nur der Versuch gemacht der Regierung in
ihre Competenz zu greifen und es blieb lediglich dem Senat überlassen
dem numidischen Scandal in der für die Aristokratie möglichst gelinden
Weise ein Ende zu machen; denn dafs dies an der Zeit war, mochte
wohl selbst der adlichste Adliche anfangen zu begreifen.

Der Senat cassirte zunächst auch den zweiten Friedensvertrag — **Cassirung des Vertrages.**
den Oberbefehlshaber, der ihn abgeschlossen, dem Feinde auszuliefern,
wie dies noch vor dreifsig Jahren geschehen war, schien nach den
neuen Begriffen von der Heiligkeit der Verträge nicht ferner nöthig —
und die Erneuerung des Krieges ward diesmal allen Ernstes beschlossen.
Man übergab den Oberbefehl in Africa zwar wie natürlich einem Aristokraten, aber doch einem der wenigen vornehmen Männer, die mili-
tärisch und sittlich der Aufgabe gewachsen waren. Die Wahl fiel auf **Metellus Oberfeld-herr.**
Quintus Metellus. Er war wie die ganze mächtige Familie, der er ange-
hörte, seinen Grundsätzen nach ein starrer und rücksichtsloser Aristokrat, als Beamter ein Mann, der es zwar sich zur Ehre rechnete zum
Besten des Staats Meuchelmörder zu dingen und was Fabricius gegen
Pyrrhos that, vermuthlich als unpraktische Donquixoterie verlacht haben
würde, aber doch ein unbeugsamer, weder der Furcht noch der Bestechung zugänglicher Verwalter und ein einsichtiger und erfahrener
Kriegsmann. In dieser Hinsicht war er auch von seinen Standesvor-

urtheilen so weit frei, daſs er sich zu seinen Unterbefehlshabern nicht
vornehme Leute aussuchte, sondern den trefflichen Offizier Publius
Rutilius Rufus, der wegen seiner musterhaften Mannszucht und als
Urheber eines veränderten und verbesserten Exercierreglements in militärischen Kreisen geschätzt ward, und den tapferen von der Pike empor-
gedienten latinischen Bauernsohn Gaius Marius. Von diesen und andern
fähigen Offizieren begleitet erschien Metellus in Laufe des J. 645 als
Consul und Oberfeldherr bei der africanischen Armee, die er in einem
so zerrütteten Zustand antraf, daſs die Generale bisher nicht gewagt
hatten sie auf das feindliche Gebiet zu führen und sie niemand fürchterlich war als den unglücklichen Bewohnern der römischen Provinz.
Streng und rasch wurde sie reorganisirt und im Frühling des J. 646 *)
führte Metellus sie über die numidische Grenze. Wie Jugurtha der
veränderten Lage der Dinge inne ward, gab er sich verloren und machte,
noch ehe der Kampf begann, ernstlich gemeinte Vergleichsanträge, in-

---

*) In der spannenden und geistreichen Darstellung dieses Krieges von
Sallust ist die Chronologie mehr als billig vernachlässigt. Der Krieg ging im
Sommer 649 zu Ende (c. 114); wenn also Marius seine Kriegführung als Consul
647 begann, so führte er dort das Commando in drei Campagnen. Allein die
Erzählung schildert nur zwei, und mit Recht. Denn eben wie Metellus allem
Anschein nach zwar schon 645 nach Africa ging, aber, da er spät eintraf
(c. 37. 44) und die Reorganisation des Heeres Zeit kostete (c. 44), seine Opera-
tionen erst im folgenden Jahr begann, trat auch Marius, der gleichfalls in
Italien längere Zeit sich mit Kriegsvorbereitungen aufhielt (c. 84), entweder als
Consul 647 spät im Jahre und nach beendigtem Feldzug oder auch erst als
Proconsul 648 den Oberbefehl an; so daſs also die beiden Feldzüge des Metellus 646. 647, die des Marius 648. 649 fallen. Dazu paſst, daſs Metellus
erst im Jahre 648 triumphirte (Eph. epigr. IV p. 257). Dazu paſst ferner,
daſs die Schlacht am Muthul und die Belagerung von Zama nach dem Verhältniſs, in dem sie zu Marius Bewerbung um das Consulat stehen, nothwendig
in das Jahr 646 gesetzt werden müssen. Von Ungenauigkeiten ist der Schriftsteller auf keinen Fall freizusprechen; wie denn Marius sogar noch 649 bei
ihm Consul genannt wird. — Die Verlängerung des Commandos des Metellus,
die Sallustius 62, 10 berichtet, kann sich nach dem Platze, an dem sie steht,
nur beziehen auf das Jahr 647; als im Sommer 646 auf Grund des sempronischen Gesetzes die Provinzen der für 647 zu wählenden Consuln festzusetzen
waren, bestimmte der Senat zwei andere Provinzen und ließ also Numidien
dem Metellus. Diesen Senatsschluſs stieß das 72, 7 erwähnte Plebiscit um.
Die folgenden in den besten Handschriften beider Familien lückenhaft überlieferten
Worte *sed paulo .... decreverat: ea res frustra fuit* müssen entweder die
den Consuln vom Senat bestimmten Provinzen genannt haben — etwa *sed
paulo [ante uti consulibus Italia et Gallia provinciae essent senatus] decreverat* — oder, nach der Ergänzung der Vulgathandschriften: *sed paulo [ante
senatus Metello Numidiam] decreverat.*

dem er schließlich nichts weiter begehrte, als daß man ihm das Leben zusichere. Indeß Metellus war entschlossen und vielleicht selbst angewiesen den Krieg nicht anders zu beendigen als mit der unbedingten Unterwerfung und der Hinrichtung des verwegenen Clientelfürsten; was auch in der That der einzige Ausgang war, der den Römern genügen konnte. Jugurtha galt seit dem Sieg über Albinus als der Erlöser Libyens von der Herrschaft der verhaßten Fremden; rücksichtslos und schlau wie er und unbeholfen wie die römische Regierung war, konnte er jederzeit auch nach dem Frieden wieder in seiner Heimath den Krieg entzünden; die Ruhe war nicht eher gesichert und die Entfernung der africanischen Armee nicht eher möglich als wenn König Jugurtha nicht mehr war. Officiell gab Metellus ausweichende Antworten auf die Anträge des Königs; insgeheim stiftete er die Boten desselben auf ihren Herrn lebend oder todt an die Römer auszuliefern. Indeß wenn der römische General es unternahm mit dem Africaner auf dem Gebiet des Meuchelmords zu wetteifern, so fand er hier seinen Meister; Jugurtha durchschaute den Plan und rüstete sich, da er nicht anders konnte, zur verzweifelten Gegenwehr. Jenseit des völlig öden Gebirgszugs, über den der Weg der Römer in das Innere führte, erstreckte sich in der Breite von vier deutschen Meilen bis zu dem dem Gebirgszug parallel laufenden Flusse Muthul eine weite Ebene, welche bis auf die unmittelbare Nachbarschaft des Flusses wasser- und baumlos war und nur durch einen mit niedrigem Gestrüpp bedeckten Hügelrücken in der Quere durchsetzt ward. Auf diesem Hügelrücken erwartete Jugurtha das römische Heer. Seine Truppen standen in zwei Massen: die eine, ein Theil der Infanterie und die Elephanten, unter Bomilkar da wo der Rücken auslief gegen den Fluß, die andere, der Kern des Fußvolks und die gesammte Reiterei, höher hinauf gegen den Gebirgszug verdeckt durch das Gestrüpp. Aus dem Gebirge debouchirend, erblickten die Römer den Feind in einer ihre rechte Flanke vollständig beherrschenden Stellung und hatten, da sie auf dem kahlen und wasserlosen Gebirgskamm unmöglich verweilen konnten und den Fluß nothwendig erreichen mußten, die schwierige Aufgabe zu lösen durch die vier Meilen breite ganz offene Ebene, unter den Augen der feindlichen Reiter und selber ohne leichte Cavallerie, an den Strom zu gelangen. Metellus entsandte ein Detachement unter Rufus in gerader Richtung an den Fluß, um daselbst ein Lager zu schlagen; die Hauptmasse marschirte aus den Debouchés des Gebirges in schräger Richtung durch die Ebene auf den Hügelrücken zu, um den Feind von demselben

Erneuerung des Krieges.

Schlacht am Muthul.

herunterzuwerfen. Indefs dieser Marsch in der Ebene drohte das Verderben des Heeres zu werden, denn während numidische Infanterie im
Rücken der Römer die Gebirgsdefileen besetzte, wie diese sie räumten,
sah sich die römische Angrifiscolonne auf allen Seiten von den feindlichen Reitern umschwärmt, die von dem Hügelrücken herab angriffen.
Das stete Anprallen der feindlichen Schwärme hinderte den Vormarsch
und die Schlacht drohte sich in eine Anzahl verwirrter Detailgefechte
aufzulösen; während gleichzeitig Bomilkar mit seiner Abtheilung das
Corps unter Rufus festhielt, um es zu hindern der schwer bedrängten
römischen Hauptarmee zu Hülfe zu eilen. Jedoch gelang es Metellus
und Marius mit ein paar tausend Soldaten den Fufs des Hügelrückens
zu erreichen; und das numidische Fufsvolk, das die Höhen vertheidigte,
lief trotz der Ueberzahl und der günstigen Stellung fast ohne Widerstand davon, als die Legionare im Sturmschritt den Berg hinauf angriffen. Ebenso schlecht hielt sich das numidische Fufsvolk gegen
Rufus; es ward bei dem ersten Angriff zerstreut und die Elephanten
in dem durchschnittenen Terrain alle getödtet oder gefangen. Spät
am Abend trafen die beiden römischen Heerhaufen, jeder für sich Sieger
und jeder besorgt um das Schicksal des andern, zwischen den beiden
Wahlplätzen zusammen. Es war eine Schlacht, die für Jugurthas ungemeines militärisches Talent ebenso zeugte wie für die unverwüstliche
Tüchtigkeit der römischen Infanterie, welche allein die strategische
Niederlage in einen Sieg umgewandelt hatte. Jugurtha sandte nach
der Schlacht einen grofsen Theil seiner Truppen heim und beschränkte
sich auf den kleinen Krieg, den er gleichfalls mit Gewandtheit leitete.

Numidien
von den Rö-
mern be-
sest.
Die beiden römischen Colonnen, die eine von Metellus geführt, die
andere von Marius, der, obwohl von Geburt und Rang der geringste,
seit der Schlacht am Muthul unter den Corpschefs die erste Stelle einnahm, durchzogen das numidische Gebiet, besetzten die Städte und
machten, wo eine Ortschaft die Thore nicht gutwillig geöffnet hatte,
die erwachsene männliche Bevölkerung nieder. Allein die ansehnlichste unter den Städten im östlichen Binnenland, Zama, leistete den
Römern ernsthaften Widerstand, den der König nachdrücklich unterstützte. Sogar ein Ueberfall des römischen Lagers gelang ihm und
die Römer sahen sich endlich genöthigt die Belagerung aufzuheben und
in das Winterquartier zu gehen. Der leichteren Verpflegung wegen
verlegte Metellus dasselbe, unter Zurücklassung von Besatzungen in
den eroberten Städten, in die römische Provinz und benutzte die Waffenruhe um wieder Unterhandlungen anzuknüpfen, indem er sich geneigt

zeigte dem König einen erträglichen Frieden zu bewilligen. Jugurtha
ging darauf bereitwillig ein; bereits hatte er sich anheischig gemacht
200000 Pfund Silber zu entrichten, ja sogar seine Elephanten und
300 Geiseln schon abgeliefert, ebenso 3000 römische Ueberläufer, die
sofort niedergemacht wurden. Gleichzeitig aber wurde des Königs
vertrautester Rathgeber, Bomilkar, der nicht mit Unrecht besorgte, dafs,
wenn es zum Frieden käme, Jugurtha ihn als den Mörder des Massiva
den römischen Gerichten überliefern werde, von Metellus gewonnen
und gegen Zusicherung der Straflosigkeit für jenen Mord und grofser
Belohnungen zu dem Versprechen bewogen den König den Römern
lebendig oder todt in die Hände zu liefern. Indefs weder jene officielle
Verhandlung noch diese Intrigue führte zu dem gewünschten Resultat.
Als Metellus mit dem Ansinnen herausrückte, dafs der König persönlich sich als Gefangener zu stellen habe, brach dieser die Unterhandlungen ab; Bomilkars Verkehr mit dem Feinde ward entdeckt und derselbe festgenommen und hingerichtet. Es soll keine Schutzrede sein
für diese diplomatischen Kabalen niedrigster Art; aber die Römer
batten allen Grund darnach zu trachten sich der Person ihres Gegners
zu bemächtigen. Der Krieg war auf dem Punkt angelangt, wo man
ihn weder weiterführen noch aufgeben konnte. Wie die Stimmung in
Numidien war, beweist zum Beispiel der Aufstand der bedeutendsten
unter den von den Römern besetzten Städten, Vaga *) im Winter 646/7,   106/7
wobei die gesammte römische Besatzung, Offiziere und Gemeine, niedergemacht wurde mit Ausnahme des Commandanten Titus Turpilius
Silanus, welcher später wegen Einverständnisses mit dem Feinde, ob
mit Recht oder Unrecht, läfst sich nicht sagen, von dem römischen
Kriegsgericht zum Tode verurtheilt und hingerichtet ward. Die Stadt
wurde von Metellus am zweiten Tage nach dem Abfall überrumpelt und
der ganzen Strenge des Kriegsrechts preisgegeben; allein wenn die Gemüther der leicht erreichbaren und verhältnifsmäfsig fügsamen Anwohner
des Bagradas also gestimmt waren, wie mochte es da aussehen weiter
landeinwärts und bei den schweifenden Stämmen der Wüste? Jugurtha
war der Abgott der Africaner, die in ihm den doppelten Brudermörder
gern übersahen über dem Retter und Rächer der Nation. Zwanzig
Jahre nachher mufste ein numidisches Corps, das für die Römer in
Italien focht, schleunigst nach Africa zurückgesandt werden, als in den
feindlichen Reihen Jugurthas Sohn sich zeigte; man mag daraus

---

*) Jetzt Bedschab an der Medscherda.

schliefsen, was er selber über die Seinen vermochte. Wie war ein
Ende des Kriegs abzusehen in Landschaften, wo die vereinigten Eigen-
thümlichkeiten der Bevölkerung und des Bodens einem Führer, der
sich einmal der Sympathien der Nation versichert hat, es gestatten den
Krieg in endlosen Kleingefechten fortzuspinnen oder auch gar ihn eine
Zeitlang schlafen zu legen, um ihn im rechten Augenblick mit neuer
Gewalt wieder zu erwecken? — Als Metellus im J. 647 wieder ins
Feld rückte, hielt Jugurtha ihm nirgends Stand: bald tauchte er da auf,
bald an einem andern weit entfernten Punkt; es schien als würde man
ebenso leicht Herr werden über die Löwen wie über diese Reiter der
Wüste. Eine Schlacht ward geschlagen, ein Sieg gewonnen; aber was
man mit dem Sieg gewonnen hatte, war schwer zu sagen. Der König
war verschwunden in die unabsehliche Weite. Im Innern des heutigen
Beilek von Tunis, hart am Saum der grofsen Wüste, lag in quelliger Oase
der feste Platz Thala*); dorthin hatte Jugurtha sich zurückgezogen mit
seinen Kindern, seinen Schätzen und dem Kern seiner Truppen, bessere
Zeiten daselbst abzuwarten. Metellus wagte es durch eine Einöde, wo das
Wasser auf zehn deutsche Meilen in Schläuchen mitgeführt werden
mufste, dem König zu folgen; Thala ward erreicht und fiel nach vierzig-
tägiger Belagerung; allein nicht blofs vernichteten die römischen Ueberläufer mit dem Gebäude, in dem sie nach Einnahme der Stadt sich selber
verbrannten, zugleich den werthvollsten Theil der Beute, sondern, worauf
mehr ankam, der König Jugurtha war mit seinen Kindern und seiner
Kasse entkommen. Numidien zwar war so gut wie ganz in den Händen
der Römer; aber statt dafs man damit am Ziele gestanden hätte, schien
der Krieg nur über ein immer weiteres Gebiet sich auszudehnen. Im
Süden begannen die freien gaetulischen Stämme der Wüste auf Jugurthas Ruf den Nationalkrieg gegen die Römer. Im Westen schien König
Bocchus von Mauretanien, dessen Freundschaft die Römer in früherer
Zeit verschmäht hatten, jetzt nicht abgeneigt mit seinem Schwiegersohn
gegen sie gemeinschaftliche Sache zu machen: er nahm ihn nicht blofs
bei sich auf, sondern rückte auch, mit den eigenen zahllosen Reiterschaaren Jugurthas Haufen vereinigend, in die Gegend von Cirta, wo
Metellus sich im Winterquartier befand. Man begann zu unterhandeln;
es war klar, dafs er mit Jugurthas Person den eigentlichen Kampfpreis

margin notes: 107 · Wüsten-krieg. · Mauretani-sche Ver-wickelun-gen.

---

*) Die Oertlichkeit ist nicht wiedergefunden. Die frühere Annahme, dafs
Thelepte (bei Feriana, nördlich von Capsa) gemeint sei, ist willkürlich, und
die Identification mit einer auch heute Thala genannten Oertlichkeit östlich von
Capsa auch nicht gehörig begründet.

für Rom in Händen hielt. Was er aber beabsichtigte, ob den Römern den Schwiegersohn theuer zu verkaufen oder mit dem Schwiegersohn gemeinschaftlich den Nationalkrieg aufzunehmen, wufsten weder die Römer noch Jugurtha und vielleicht der König selbst nicht; derselbe beeilte sich auch keineswegs aus seiner zweideutigen Stellung heraus-zutreten. Darüber verliefs Metellus die Provinz, die er durch Volks-beschlufs genöthigt worden war seinem ehemaligen Unterfeldherrn, dem jetzigen Consul Marius abzutreten und dieser übernahm für den nächsten Feldzug 648 den Oberbefehl. Er verdankte ihn gewisser-mafsen einer Revolution. Im Vertrauen auf die von ihm geleisteten Dienste und nebenher auf die ihm zu Theil gewordenen Orakel hatte er sich entschlossen als Bewerber um das Consulat aufzutreten. Wenn die Aristokratie die ebenso verfassungsmäfsige wie sonst vollkommen gerechtfertigte Bewerbung des tüchtigen durchaus nicht oppositionell gesinnten Mannes unterstützt hätte, so würde dabei nichts herausge-kommen sein als die Verzeichnung eines neuen Geschlechts in den consularischen Fasten; statt dessen wurde der nicht adliche Mann, der die höchste Gemeindewürde für sich begehrte, von der ganzen regieren-den Kaste als ein frecher Neuerer und Revolutionär geschmäht — voll-kommen wie einst der plebejische Bewerber von den Patriciern behan-delt worden war, nur jetzt ohne jeden formalen Rechtsgrund —, der tapfere Offizier mit spitzen Reden von Metellus verhöhnt — Marius möge mit seiner Candidatur warten, hiefs es, bis Metellus Sohn, ein bartloser Knabe, mit ihm sich bewerben könne — und kaum im letzten Augenblick aufs Ungnädigste entlassen, um für das Jahr 647 als Be-werber um das Consulat in der Hauptstadt aufzutreten. Hier vergalt er das erlittene Unrecht seinem Feldherrn reichlich, indem er vor der gaffenden Menge die Kriegführung und Verwaltung des Metellus in Africa in einer ebenso unmilitärischen wie schmählich unbilligen Weise kritisirte, ja sogar es nicht verschmähte dem lieben ewig von geheimen höchst unerhörten und höchst unzweifelhaften Conspirationen der vor-nehmen Herren munkelnden Pöbel das platte Märchen aufzutischen, dafs Metellus den Krieg absichtlich verschleppe, um so lang wiee mög-lich Oberbefehlshaber zu bleiben. Den Gassenbuben leuchtete dies vollkommen ein; zahlreiche aus guten und schlechten Ursachen der Regierung mifswollende Leute, namentlich die mit Grund erbitterte Kaufmannschaft, verlangten nichts besseres als eine solche Gelegenheit die Aristokratie an ihrer empfindlichsten Stelle zu verletzen; er wurde nicht blofs mit ungeheurer Majorität zum Consul gewählt, sondern ihm

Marius Oberfeld-herr.

106

107

auch, während sonst nach dem Gesetze des Gaius Gracchus die Entscheidung über die jedesmaligen Competenzen der Consuln dem Senat
zustand (S. 113), unter Umstofsung der vom Senat getroffenen Verfügung, die den Metellus an seiner Stelle liefs, durch Beschlufs der
souveränen Comitien der Oberbefehl im africanischen Krieg übertragen. Demgemäfs trat er im Laufe des J. 647 an Metellus Stelle
und führte das Commando in dem Feldzuge des folgenden Jahres;
allein die zuversichtliche Verheifsung es besser zu machen als sein
Vorgänger und den Jugurtha an Händen und Füfsen gebunden
schleunigst nach Rom abzuliefern war leichter gegeben als erfüllt.
Marius schlug sich herum mit den Gaetulern; er unterwarf einzelne
noch nicht besetzte Städte; er unternahm eine Expedition nach
Capsa (Gafsa) im äufsersten Südosten des Königreichs, welche die
von Thala an Schwierigkeit noch überbot, nahm die Stadt durch
Capitulation und liefs trotz des Vertrages alle erwachsene Männer
darin tödten — freilich das einzige Mittel den Wiederabfall der fern-
liegenden Wüstenstadt zu verhüten; er griff ein am Flufs Molochath, der
das numidische Gebiet vom mauretanischen schied, belegenes Berg-
castell an, in das Jugurtha seine Kasse geschafft hatte und erstürmte,
eben als er schon am Erfolg verzweifelnd von der Belagerung abstehen
wollte, durch den Handstreich einiger kühnen Kletterer glücklich das
unbezwingliche Felsennest. Wenn es blofs darauf angekommen wäre
durch dreiste Razzias das Heer abzuhärten und dem Soldaten Beute zu
schaffen oder auch Metellus Zug in die Wüste durch eine noch weiter
greifende Expedition zu verdunkeln, so konnte man diese Kriegführung
gelten lassen; in der Hauptsache ward das Ziel, worauf alles ankam
und das Metellus mit fester Consequenz im Auge behalten hatte, die
Gefangennehmung des Jugurtha, dabei völlig bei Seite gesetzt. Der
Zug des Marius nach Capsa war ein ebenso zweckloses wie der des
Metellus nach Thala ein zweckmäfsiges Wagnifs; die Expedition aber
an den Molochath, welche an, wo nicht in das mauretanische Gebiet
streifte, war geradezu zweckwidrig. König Bocchus, in dessen Hand
es lag den Krieg zu einem für die Römer günstigen Ausgang zu bringen
oder ihn ins Endlose zu verlängern, schlofs jetzt mit Jugurtha einen
Vertrag ab, in dem dieser ihm einen Theil seines Reiches abtrat, Bocchus
aber versprach den Schwiegersohn gegen Rom thätig zu unterstützen.
Das römische Heer, das vom Flufs Molochath wieder zurückkehrte, sah
sich eines Abends plötzlich umringt von ungeheuren Massen mauretanischer und numidischer Reiterei; man mufste fechten, wo und wie

Erfolg- [107
lose Kämpfe.

die Abtheilungen eben standen, ohne dafs eine eigentliche Schlacht-ordnung und ein leitendes Commando sich hätten durchführen lassen, und sich glücklich schätzen die stark gelichteten Truppen auf zwei von einander nicht weit entfernten Hügeln vorläufig für die Nacht in Sicher-heit zu bringen. Indefs die arge Nachlässigkeit der von ihrem Siege trunkenen Africaner entrifs ihnen die Folgen desselben; sie liefsen sich von den während der Nacht einigermafsen wieder geordneten römischen Truppen beim grauenden Morgen im tiefen Schlafe überfallen und wurden glücklich zerstreut. Darauf setzte das römische Heer in besserer Ordnung und mit gröfserer Vorsicht den Rückzug fort; allein noch einmal wurde es auf demselben von allen vier Seiten zugleich angefallen und schwebte in grofser Gefahr, bis der Reiterobrist Lucius Cornelius Sulla zuerst die ihm gegenüberstehenden Reiterhaufen aus einander stäubte und von deren Verfolgung rasch zurückkehrend sich weiter auf Jugurtha und Bocchus warf, da wo sie persönlich das römische Fufs-volk im Rücken bedrängten. Also ward auch dieser Angriff glücklich abgeschlagen; Marius brachte sein Heer zurück nach Cirta und nahm daselbst das Winterquartier (648/9). Es ist wunderlich, aber freilich begreiflich, dafs man römischerseits um die Freundschaft des Königs Bocchus, die man Anfangs verschmäht, sodann wenigstens nicht eben gesucht hatte, jetzt, nachdem er den Krieg begonnen hatte, anfing sich aufs eifrigste zu bemühen; wobei es den Römern zu Statten kam, dafs von mauretanischer Seite keine förmliche Kriegserklärung stattgefunden hatte. Nicht ungern trat König Bocchus zurück in seine alte zwei-deutige Stellung; ohne den Vertrag mit Jugurtha aufzulösen oder diesen zu entlassen liefs er mit dem römischen Feldherrn sich ein auf Verhandlungen über die Bedingungen eines Bündnisses mit Rom. Als man einig geworden war oder zu sein schien, erbat sich der König, dafs Marius zum Abschlufs des Vertrages und zur Uebernahme des königlichen Gefangenen den Lucius Sulla an ihn absenden möge, der dem König bekannt und genehm sei theils von der Zeit her, wo er als Gesandter des Senats am mauretanischen Hofe erschienen war, theils durch Empfehlungen der nach Rom bestimmten mauretanischen Ge-sandten, denen Sulla unterwegs Dienste geleistet hatte. Marius war in einer unbequemen Lage. Lehnte er die Zumuthung ab, so führte dies wahrscheinlich zum Bruche; nahm er sie an, so gab er seinen adlichsten und tapfersten Offizier einem mehr als unzuverlässigen Mann in die Hände, der, wie männiglich bekannt, mit den Römern und mit Jugurtha doppeltes Spiel spielte und der fast den Plan entworfen zu

106, 8] Ver-handlungen mit Bocchus.

haben schien an Jugurtha und Sulla sich vorläufig nach beiden Seiten
hin Geiseln zu schaffen. Indefs der Wunsch den Krieg zu Ende zu
bringen überwog jede andere Rücksicht und Sulla verstand sich zu der
bedenklichen Aufgabe, die Marius ihm ansann. Dreist brach er auf,
geleitet von König Bocchus Sohn Volux und seine Entschlossenheit
wankte selbst dann nicht, als sein Wegweiser ihn mitten durch das
Lager des Jugurtha führte. Er wies die kleinmüthigen Fluchtvor-
schläge seiner Begleiter zurück und zog, des Königs Sohn an der Seite,
unverletzt durch die Feinde. Dieselbe Entschiedenheit bewährte der
kecke Offizier in den Verhandlungen mit dem Sultan und bestimmte

Jugurthas
Ausliefe-
rung und
Hinrichtung. ihn endlich ernstlich eine Wahl zu treffen. Jugurtha ward aufgeopfert.
Unter dem Vorgeben, dafs alle seine Begehren bewilligt werden sollten,
wurde er von dem eigenen Schwiegervater in einen Hinterhalt gelockt, sein Gefolge niedergemacht und er selbst gefangen genommen.
So fiel der grofse Verräther durch den Verrath seiner Nächsten. Gefesselt brachte Lucius Sulla den listigen und rastlosen Africaner mit
seinen Kindern in das römische Hauptquartier; damit war nach sieben-
jähriger Dauer der Krieg zu Ende. Der Sieg ging zunächst auf den
Namen des Marius; seinem Triumphalwagen schritt in königlichem
Schmuck und in Fesseln König Jugurtha mit seinen beiden Söhnen
104 vorauf, als der Sieger am 1. Januar 650 in Rom einzog; auf seinen
Befehl starb der Sohn der Wüste wenige Tage darauf in dem unterirdischen Stadtgefängnifs, dem alten Brunnenhaus am Capitol, dem
‚eisigen Badgemach‘, wie der Africaner es nannte, als er die Schwelle
überschritt, um daselbst sei es erdrosselt zu werden, sei es umzukom-
men durch Kälte und Hunger. Allein es liefs sich nicht leugnen, dafs
Marius an den wirklichen Erfolgen den geringsten Antheil hatte, dafs
Numidiens Eroberung bis an den Saum der Wüste das Werk des Metellus, Jugurthas Gefangennahme das des Sulla war und zwischen
beiden Marius eine für einen ehrgeizigen Emporkömmling einigermafsen compromittirende Rolle spielte. Marius ertrug es ungern, dafs
sein Vorgänger den Namen des Siegers von Numidien annahm; er
brauste zornig auf, als König Bocchus später ein goldnes Bildwerk auf
dem Capitol weihete, welches die Auslieferung des Jugurtha an Sulla
darstellte; und doch stellten auch in den Augen unbefangener Urtheiler
die Leistungen dieser beiden des Marius Feldherrnschaft gar sehr in
Schatten, vor allem Sullas glänzender Zug in die Wüste, der seinen
Muth, seine Geistesgegenwart, seinen Scharfsinn, seine Macht über die
Menschen vor dem Feldherrn selbst und vor der ganzen Armee zur

Anerkennung gebracht hatte. An sich wäre auf diese militärischen Rivalitäten wenig angekommen, wenn sie nicht in den politischen Parteikampf eingegriffen hätten; wenn nicht die Opposition durch Marius den senatorischen General verdrängt gehabt, nicht die Regierungspartei Metellus und mehr noch Sulla mit erbitternder Absichtlichkeit als die militärischen Koryphäen gefeiert und dem nominellen Sieger vorgezogen hätte — wir werden auf die verhängnifsvollen Folgen dieser Verhetzungen in der Darstellung der inneren Geschichte zurückzukommen haben. — Im Uebrigen verlief diese Insurrection des numidischen Clientelstaats, ohne weder in den allgemeinen politischen Verhältnissen noch auch nur in denen der africanischen Provinz eine merkliche Veränderung hervorzubringen. Abweichend von der sonst in dieser Zeit befolgten Politik ward Numidien nicht in eine römische Provinz umgewandelt; offenbar deshalb, weil das Land nicht ohne eine die Grenzen gegen die Wilden der Wüste deckende Armee zu behaupten und man keineswegs gemeint war in Africa ein stehendes Heer zu unterhalten. Man begnügte sich defshalb die westlichste Landschaft Numidiens, wahrscheinlich den Strich vom Flufs Molochath bis zum Hafen von Saldae (Bougie) — das spätere Mauretanien von Caesarea (Provinz Algier) — zu dem Reich des Bocchus zu schlagen und das darum verkleinerte Königreich Numidien auf den letzten noch lebenden legitimen Enkel Massinissas, Jugurthas an Körper und Geist schwachen Halbbruder Gauda zu übertragen, welcher bereits im J. 646 auf Veranlassung des Marius seine Ansprüche bei dem Senat geltend gemacht hatte*). Zugleich wurden die gaetulischen Stämme im inne-

Numidiens Reorganisation.

106

---

*) Sallusts politisches Genregemälde des jugurthinischen Krieges, in der sonst völlig verblafsten und verwaschenen Tradition dieser Epoche das einzige in frischen Farben übrig gebliebene Bild, schliefst mit Jugurthas Katastrophe, seiner Compositionsweise getreu, poetisch, nicht historisch; und auch anderweitig fehlt es an einem zusammenhängenden Bericht über die Behandlung des numidischen Reiches. Dafs Gauda Jugurthas Nachfolger ward, deuten Sallust c. 65 und Dio fr. 79, 4 Bekk. an und bestätigt eine Inschrift von Cartagena (Orell. 630), die ihn König und Vater Hiempsals II nennt. Dafs im Westen die zwischen Numidien einer- und dem römischen Africa und Kyrene andererseits bestehenden Grenzverhältnisse unverändert blieben, zeigt Caesar b. c. 2, 38, b. Afr. 43, 77 und die spätere Provinzialverfassung. Dagegen liegt es in der Natur der Sache und wird auch von Sallust c. 97. 102. 111 angedeutet, dafs Bocchus Reich bedeutend vergröfsert ward; womit es unzweifelhaft zusammenhängt, dafs Mauretanien, ursprünglich beschränkt auf die Landschaft von Tingis (Marocco), in späterer Zeit sich erstreckt auf die Landschaft von Caesarea (Provinz Algier) und die von Sitifis (westliche Hälfte der Provinz Constantine).

ren Africa als freie Bundesgenossen unter die mit den Römern in Vertrag stehenden unabhängigen Nationen aufgenommen. — Wichtiger
als diese Regulirung der africanischen Clientel waren die politischen
Folgen des jugurthinischen Krieges oder vielmehr der jugurthinischen
Insurrection, obgleich auch diese häufig zu hoch angeschlagen worden
sind. Allerdings waren darin alle Schäden des Regiments in unverhüllter Nacktheit zu Tage gekommen; es war jetzt nicht blofs notorisch,
sondern so zu sagen gerichtlich constatirt, dafs den regierenden Herren
Roms alles feil war, der Friedensvertrag wie das Intercessionsrecht, der
Lagerwall und das Leben der Soldaten; der Africaner hatte nicht mehr
gesagt als die einfache Wahrheit, als er bei seiner Abreise von Rom
äufserte, wenn er nur Geld genug hätte, mache er sich anheischig die
Stadt selber zu kaufen. Allein das ganze äufsere und innere Regiment
dieser Zeit trug den gleichen Stempel teuflischer Erbärmlichkeit. Für
uns verschiebt der Zufall, dafs uns der Krieg in Africa durch bessere
Berichte näher gerückt ist als die anderen gleichzeitigen militärischen
und politischen Ereignisse, die richtige Perspective; die Zeitgenossen
erfuhren durch jene Enthüllungen eben nichts, als was jedermann
längst wufste und jeder unerschrockene Patriot längst mit Thatsachen
zu belegen im Stande war. Dafs man für die nur durch ihre Unfähigkeit aufgewogene Niederträchtigkeit der restaurirten Senatsregie-
rung jetzt einige neue noch stärkere und noch unwiderleglichere Beweise in die Hände bekam, hätte dennoch von Wichtigkeit sein können,
wenn es eine Opposition und eine öffentliche Meinung gegeben hätte,
mit denen die Regierung genöthigt gewesen wäre sich abzufinden.
Allein dieser Krieg hatte in der That nicht minder die Regierung
prostituirt als die vollständige Nichtigkeit der Opposition offenbart.
Es war nicht möglich schlechter zu regieren als die Restauration in
den Jahren 637—645 es that, nicht möglich wehrloser und verlorener
dazustehen als der römische Senat im J. 645 stand; hätte es in Rom
eine wirkliche Opposition gegeben, das heifst eine Partei, die eine
principielle Abänderung der Verfassung wünschte und betrieb. so
mufste diese nothwendig jetzt wenigstens einen Versuch machen den
restaurirten Senat zu stürzen. Er erfolgte nicht; man machte aus der
politischen eine Personenfrage, wechselte die Feldherren und schickte

117 109
109

105 Da Mauretanien zweimal von den Römern vergröfsert ward, zuerst 649 nach
48 Jugurthas Auslieferung, sodann 708 nach Auflösung des numidischen Reiches,
so ist wahrscheinlich die Landschaft von Caesarea bei der ersten, die von
Sitifis bei der zweiten Vergröfserung hinzugekommen.

ein paar nichtsnutzige und unbedeutende Leute in die Verbannung.
Damit stand es also fest, dafs die sogenannte Popularpartei als solche
weder regieren konnte, noch regieren wollte; dafs es in Rom schlechterdings nur zwei mögliche Regierungsformen gab, die Tyrannis und die
Oligarchie; dafs, so lange es zufällig an einer Persönlichkeit fehlte,
die wo nicht bedeutend, doch bekannt genug war, um sich zum Staatsoberhaupt aufzuwerfen, die ärgste Mifswirthschaft höchstens einzelne
Oligarchen, aber niemals die Oligarchie gefährdete; dafs dagegen, so
wie ein solcher Prätendent auftrat, nichts leichter war als die morschen
curulischen Stühle zu erschüttern. In dieser Hinsicht war das Auftreten des Marius bezeichnend, eben weil es an sich so völlig unmotivirt
war. Wenn die Bürgerschaft nach Albinus Niederlage die Curie ge-
stürmt hätte, es wäre begreiflich, um nicht zu sagen in der Ordnung
gewesen; aber nach der Wendung, die Metellus dem numidischen Krieg
gegeben hatte, konnte von schlechter Führung, geschweige denn von
Gefahr für das Gemeinwesen wenigstens in dieser Beziehung nicht
mehr die Rede sein; und dennoch gelang es dem ersten besten ehrgeizigen Offizier das auszuführen, womit einst der ältere Africanus der
Regierung gedroht (I, 826), und sich eines der vornehmsten milita-
rischen Commandos gegen den bestimmt ausgesprochenen Willen der
Regierung zu verschaffen. Die öffentliche Meinung, nichtig in den
Händen der sogenannten Popularpartei, ward zur unwiderstehlichen
Waffe in der Hand des künftigen Königs von Rom. Es soll damit
nicht gesagt werden, dafs Marius beabsichtigte den Prätendenten zu
spielen, am wenigsten damals schon, als er um den Oberbefehl von
Africa bei dem Volke warb; aber mochte er begreifen oder nicht be-
greifen, was er that, es war augenscheinlich zu Ende mit dem restau-
rirten aristokratischen Regiment, wenn die Comitialmaschine anfing
Feldherren zu machen oder, was ungefähr dasselbe war, wenn jeder
populäre Offizier im Stande war in legaler Weise sich selbst zum
Feldherrn zu ernennen. Ein einziges neues Element trat in diesen
vorläufigen Krisen auf; es war das Hineinziehen der militärischen
Männer und der militärischen Macht in die politische Revolution. Ob
Marius Auftreten unmittelbar die Einleitung sein werde zu einem neuen
Versuch die Oligarchie durch die Tyrannis zu verdrängen oder ob dasselbe, wie so manches Aehnliche, als vereinzelter Eingriff in die Präro-
gative der Regierung ohne weitere Folge vorübergehen werde, liefs
sich noch nicht bestimmen; wohl aber war es vorauszusehen, dafs,
wenn diese Keime einer zweiten Tyrannis zur Entwickelung gelangten,

in derselben nicht ein Staatsmann, wie Gaius Gracchus, sondern ein
Offizier an die Spitze treten werde.   Die gleichzeitige Reorganisation
des Heerwesens, indem zuerst Marius bei der Bildung seiner nach
Africa bestimmten Armee von der bisher geforderten Vermögens-
qualification absah und auch dem ärmsten Bürger, wenn er sonst
brauchbar war, als Freiwilligem den Eintritt in die Legion gestattete,
mag von ihrem Urheber aus rein militärischen Rücksichten veranstaltet
worden sein; allein darum war es nichts desto weniger ein folgen-
reiches politisches Ereignifs, dafs das Heer nicht mehr wie ehemals
aus denen, die viel, nicht einmal mehr wie in der jüngsten Zeit aus
denen, die etwas zu verlieren hatten, gebildet ward, sondern anfing
sich zu verwandeln in einen Haufen von Leuten, die nichts hatten als
ihre Arme und was der Feldherr ihnen spendete.   Die Aristokratie
herrschte im J. 650 ebenso unumschränkt wie im J. 620; aber die
Zeichen der herannahenden Katastrophe hatten sich gemehrt und am
politischen Horizont war neben der Krone das Schwert aufgegangen.

KAPITEL V.

DIE VOELKER DES NORDENS.

Seit dem Ende des sechsten Jahrhunderts beherrschte die römische Gemeinde die drei grofsen von dem nördlichen Continent in das Mittelmeer hineinragenden Halbinseln, wenigstens im Ganzen genommen; denn freilich innerhalb derselben fuhren im Norden und Westen Spaniens, in den ligurischen Apenninen und Alpenthälern, in den Gebirgen Makedoniens und Thrakiens die ganz- oder halbfreien Völkerschaften fort der schlaffen römischen Regierung zu trotzen. Ferner war die continentale Verbindung zwischen Spanien und Italien wie zwischen Italien und Makedonien nur in der oberflächlichsten Weise hergestellt, und die Landschaften jenseits der Pyrenäen, der Alpen und der Balkankette, die grofsen Stromgebiete der Rhone, des Rheins und der Donau lagen wesentlich aufserhalb des politischen Gesichtskreises der Römer. Es ist hier darzustellen, was römischer Seits geschah, um nach dieser Richtung hin das Reich zu sichern und zu arrondiren und wie zugleich die grofsen Völkermassen, die hinter jenem gewaltigen Gebirgsvorhang ewig auf und nieder wogten, anfingen an die Thore der nördlichen Gebirge zu pochen und die griechisch-römische Welt wieder einmal unsanft daran zu mahnen, dafs sie mit Unrecht meine die Erde für sich allein zu besitzen.

Fassen wir zunächst die Landschaft zwischen den Westalpen und den Pyrenäen ins Auge. Die Römer beherrschten diesen Theil der Küste des Mittelmeers seit langem durch ihre Clientelstadt Massalia, eine der ältesten, treuesten und mächtigsten der von Rom abhängigen bundesgenössischen Gemeinden, deren Seestationen, westlich Agathe (Agde) und Rhode (Rosas), östlich Tauroention (Ciotat), Olbia (Hyères?),

Antipolis (Antibes) und Nikaea (Nizza), die Küstenfahrt wie den Landweg von den Pyrenäen zu den Alpen sicherten und deren mercantile
und politische Verbindungen weit ins Binnenland hinein reichten.   Eine
Expedition in die Alpen oberhalb Nizza und Antibes gegen die ligurischen Oxybier und Dekieten ward im J. 600 von den Römern theils
auf Ansuchen der Massalioten, theils im eigenen Interesse unternommen und nach heftigen und zum Theil verlustvollen Gefechten dieser
Theil des Gebirges gezwungen den Massalioten fortan stehende Geiseln
zu geben und ihnen jährlichen Zins zu zahlen.   Es ist nicht unwahrscheinlich, dafs um diese Zeit zugleich in dem ganzen von Massalia
abhängigen Gebiete jenseits der Alpen der nach dem Muster des massaliotischen daselbst aufblühende Wein- und Oelbau im Interesse der
italischen Gutsbesitzer und Kaufleute untersagt ward *).   Einen ähnlichen Charakter finanzieller Speculation trägt der Krieg, der wegen
der Goldgruben und Goldwäschereien von Victumulae (in der Gegend
von Vercelli und Bard und im ganzen Thal der Dorea Baltea) von den
Römern unter dem Consul Appius Claudius im J. 611 gegen die Salasser
geführt ward.   Die grofse Ausdehnung dieser Wäschereien, welche
den Bewohnern der niedriger liegenden Landschaft das Wasser für ihre
Aecker entzog, rief erst einen Vermittlungsversuch, sodann die bewaffnete Intervention der Römer hervor; der Krieg, obwohl die Römer
auch ihn wie alle übrigen dieser Epoche mit einer Niederlage begannen,
führte endlich zu der Unterwerfung der Salasser und der Abtretung
des Goldbezirkes an das römische Aerar.   Einige Jahrzehnte später
(654) ward auf dem hier gewonnenen Gebiet die Colonie Eporedia
(Ivrea) angelegt, hauptsächlich wohl um durch sie den westlichen wie
durch Aquileia den östlichen Alpenpafs zu beherrschen.   Einen ernsteren Charakter nahmen diese alpinischen Kriege erst an, als Marcus
Fulvius Flaccus, der treue Bundesgenosse des Gaius Gracchus, als
Consul 629 in dieser Gegend den Oberbefehl übernahm.   Er zuerst
betrat die Bahn der transalpinischen Eroberungen.   In der vielgetheilten

Marginal notes: Kampfe mit den Ligurern. 154 — und den Salassern. 143 — 100 — Transalpinische Verhältnisse. 125

---

*) Wenn Cicero, indem er dies den Africanus schon im J. 625 sagen läfst
(de rep. 3, 9), nicht einen Anachronismus sich hat zu Schulden kommen lassen,
so bleibt wohl nur die im Text bezeichnete Auffassung möglich. Auf Norditalien und Ligurien bezieht diese Verfügung sich nicht, wie schon der Weinbau der Genuaten im J. 637 (I, 844 A.) beweist; ebensowenig auf das unmittelbare Gebiet von Massalia (Just. 43, 4; Poseidon. fr. 25 Müll.; Strabon 4, 179).
Die starke Ausfuhr von Oel und Wein aus Italien nach dem Rhonegebiet im
siebenten Jahrh. der Stadt ist bekannt.

Marginal notes: 129 — 117

keltischen Nation war um diese Zeit, nachdem der Gau der Biturigen
seine wirkliche Hegemonie eingebüfst und nur eine Ehrenvorstand-
schaft behalten hatte, der effectiv führende Gau in dem Gebiet von den
Pyrenäen bis zum Rhein und vom Mittelmeer bis zur Westsee der der
Arverner*), und es erscheint darnach nicht gerade übertrieben, dafs er   Arverner.
bis 180000 Mann ins Feld zu stellen vermocht haben soll.   Mit ihnen
rangen daselbst die Haeduer (um Autun) um die Hegemonie als un-
gleiche Rivalen; während in dem nordöstlichen Gallien die Könige der
Suessionen (um Soissons) den bis nach Britannien hinüber sich er-
streckenden Völkerbund der Belgen unter ihrer Schutzherrschaft vereinigten.   Griechische Reisende jener Zeit wufsten viel zu erzählen von
der prachtvollen Hofhaltung des Arvernerkönigs Luerius, wie derselbe
umgeben von seinem glänzenden Clangefolge, den Jägern mit der ge-
koppelten Meute und der wandernden Sängerschaar, auf dem silber-
beschlagenen Wagen durch die Städte seines Reiches fuhr, das Gold
mit vollen Händen auswerfend unter die Menge, vor allen aber das
Herz des Dichters mit dem leuchtenden Regen erfreuend — die Schil-
derungen von der offenen Tafel, die er in einem Raume von 1500
Doppelschritten ins Gevierte abhielt und zu der jeder des Wegs Kommende geladen war, erinnern lebhaft an die Hochzeitstafel Camachos.
In der That zeugen die zahlreichen noch jetzt vorhandenen arvernischen
Goldmünzen dieser Zeit dafür, dafs der Arvernergau zu ungemeinem
Reichthum und einer verhältnifsmäfsig hoch gesteigerten Civilisation
gediehen war.   Flaccus Angriff traf indefs zunächst nicht auf die Ar-   Allobrogi-
scher und
arvernischer
Krieg.
verner, sondern auf die kleineren Stämme in dem Gebiet zwischen den
Alpen und der Rhone, wo die ursprünglich ligurischen Einwohner mit
nachgerückten keltischen Schaaren sich vermischt hatten und eine der
keltiberischen vergleichbare keltoligurische Bevölkerung entstanden
war.   Er focht (629. 630) mit Glück gegen die Salyer oder Salluvier   125 124
in der Gegend von Aix und im Thal der Durance und gegen ihre nördlichen Nachbarn, die Vocontier (Dep. Vaucluse und Drome), ebenso
sein Nachfolger Gaius Sextius Calvinus (631. 632) gegen die Allobrogen,   123 122
einen mächtigen keltischen Clan in dem reichen Thal der Isere, der
auf die Bitte des landflüchtigen Königs der Salyer Tutomotulus gekommen war ihm sein Land wieder erobern zu helfen, aber in der Gegend von Aix geschlagen wurde.   Da die Allobrogen indefs nichts

---

*) In der Auvergne. Ihre Hauptstadt, Nemetum oder Nemossus, lag nicht
weit von Clermont.

desto weniger sich weigerten den Salyerkönig auszuliefern, drang
Calvinus Nachfolger Gnaeus Domitius Ahenobarbus in ihr eigenes Ge-
132 biet ein (632).   Bis dahin hatte der führende keltische Stamm dem
Umsichgreifen der italischen Nachbarn zugesehen; der Arvernerkönig
Betuitus, jenes Luerius Sohn, schien nicht sehr geneigt des losen
Schutzverhältnisses wegen, in dem die östlichen Gaue zu ihm stehen
mochten, in einen bedenklichen Krieg sich einzulassen.   Indefs als
die Römer Miene machten, die Allobrogen auf ihrem eigenen Gebiet
anzugreifen, bot er seine Vermittlung an, deren Zurückweisung zur
Folge hatte, dafs er mit seiner gesammten Macht den Allobrogen zu
Hülfe erschien; wogegen wieder die Haeduer Partei ergriffen für die
Römer.   Auch die Römer sandten auf die Nachricht von der Schild-
131 erhebung der Arverner den Consul des J. 633 Quintus Fabius Maximus,
um in Verbindung mit Ahenobarbus dem drohenden Sturm zu begegnen.   An der südlichen Grenze des allobrogischen Cantons, am Ein-
121 flufs der Isere in die Rhone, ward am 8. August 633 die Schlacht
geschlagen, die über die Herrschaft im südlichen Gallien entschied.
König Betuitus, wie er die zahllosen Haufen der abhängigen Clans auf
der über die Rhone geschlagenen Schiffbrücke an sich vorüberziehen
und gegen sie die dreimal schwächeren Römer sich aufstellen sah, soll
ausgerufen haben, dafs dieser ja nicht genug seien, um die Hunde des
Keltenheeres zu sättigen.   Allein Maximus, ein Enkel des Siegers von
Pydna, erfocht dennoch einen entscheidenden Sieg, welcher, da die
Schiffbrücke unter der Masse der Flüchtenden zusammenbrach, mit der
Vernichtung des gröfsten Theils der arvernischen Armee endigte.   Die
Allobrogen, denen ferner Beistand zu leisten der Arvernerkönig sich
unfähig erklärte und denen er selber rieth mit Maximus ihren Frieden
zu machen, unterwarfen sich dem Consul, worauf derselbe, fortan der
Allobrogiker genannt, nach Italien zurückging und die nicht mehr
ferne Beendigung des arvernischen Krieges dem Ahenobarbus überliefs.
Dieser, auf König Betuitus persönlich erbittert, weil er die Allobrogen
veranlafst habe sich dem Maximus und nicht ihm zu ergeben, bemächtigte sich in treuloser Weise der Person des Königs und sandte
ihn nach Rom, wo der Senat den Bruch des Treuworts zwar mifsbilligte, aber nicht blofs den verrathenen Mann festhielt, sondern auch
befahl den Sohn desselben Congonnetiacus gleichfalls nach Rom zu
senden.   Dies scheint die Ursache gewesen zu sein, dafs der fast schon
beendigte arvernische Krieg noch einmal aufloderte und es bei Vindalium (oberhalb Avignon) am Einflufs der Sorgue in die Rhone zu

einer zweiten Entscheidung durch die Waffen kam. Sie fiel nicht anders aus als die erste; es waren diesmal hauptsächlich die africanischen Elephanten, die das Keltenheer zerstreuten. Hierauf bequemten sich die Arverner zum Frieden und die Ruhe war in dem Keltenland wiederhergestellt [*]). — Das Ergebnifs dieser militärischen Operationen war die Einrichtung einer neuen römischen Provinz zwischen den Seealpen und den Pyrenäen. Die sämmtlichen Völkerschaften zwischen den Alpen und der Rhone wurden von den Römern abhängig und, soweit sie nicht nach Massalia zinsten, vermuthlich schon jetzt den Römern tributär. In der Landschaft zwischen der Rhone und den Pyrenäen behielten die Arverner zwar die Freiheit und wurden nicht den Römern zinspflichtig; allein sie hatten den südlichsten Theil ihres mittel- oder unmittelbaren Gebiets, den Strich südlich der Cevennen bis an das Mittelmeer und den oberen Lauf der Garonne bis nach Tolosa (Toulouse), an die Römer abzutreten. Da der nächste Zweck dieser Occupationen die Herstellung einer Landverbindung zwischen Spanien und Italien war, so wurde unmittelbar nach der Besetzung gesorgt für die Chaussirung des Küstenweges. Zu diesem Ende wurde von den Alpen zur Rhone der Küstenstrich in der Breite von $\frac{1}{2}$ bis $\frac{3}{10}$ einer deutschen Meile den Massalioten, die ja bereits eine Reihe von Seestationen an dieser Küste besafsen, überwiesen mit der Verpflichtung die Strafse in gehörigem Stand zu halten; wogegen von der Rhone bis zu den Pyrenäen die Römer selbst eine Militärchaussee anlegten, die von ihrem Urheber Ahenobarbus den Namen der domitischen Strafse erhielt. Wie gewöhnlich verband mit dem Strafsenbau sich die Anlage neuer Festungen. Im östlichen Theil fiel die Wahl auf den Platz, wo Gaius Sextius die Kelten geschlagen hatte und wo die Anmuth und Fruchtbarkeit der Gegend wie die zahlreichen kalten und warmen Quellen zur Ansiedelung einluden; hier entstand eine römische Ortschaft, die ‚Bäder des Sextius', Aquae Sextiae (Aix). Westlich von der Rhone siedelten die Römer in Narbo sich an, einer uralten Keltenstadt

Marginalia: Provinz Narbo.

Marginalia: Römische Ansiedelungen im Rebgebiet

---

*) Die Schlacht bei Vindalium stellen zwar der livianische Epitomator und Orosius vor die an der Isara; allein auf die umgekehrte Folge führen Florus und Strabon 4, 191 und sie wird bestätigt theils dadurch, dafs Maximus nach dem Auszug des Livius und Plinius h. n. 7, 50 die Gallier als Consul besiegte, theils besonders durch die capitolinischen Fasten, nach denen nicht blofs Maximus vor Ahenobarbus triumphirte, sondern auch jener über die Allobrogen und den Arvernerkönig, dieser nur über die Arverner. Es ist einleuchtend, dafs die Schlacht gegen Allobrogen und Arverner früher stattgefunden haben mufs als die gegen die Arverner allein.

an dem schiffbaren Flufs Atax (Aude) in geringer Entfernung vom
Meere, die bereits Hekataeos nennt und die schon vor ihrer Besetzung
durch die Römer als lebhafter an dem britannischen Zinnhandel be-
theiligter Handelsplatz mit Massalia rivalisirte. Aquae erhielt nicht
Stadtrecht, sondern blieb ein stehendes Lager *); dagegen Narbo, obwohl gleichfalls wesentlich als Wach- und Vorposten gegen die Kelten
gegründet, ward als ‚Marsstadt‘ römische Bürgercolonie und der gewöhnliche Sitz des Statthalters der neuen transalpinischen Kelten-
provinz oder, wie sie noch häufiger genannt wird, der Provinz Narbo.

Das Vordrin-
gen der Rö-
mer ge-
hemmt
durch die
Politik der
Restaura-
tion.— Die gracchische Partei, welche diese transalpinischen Gebietser-
werbungen veranlafste, wollte offenbar sich hier ein neues und un-
ermefsliches Gebiet für ihre Colonisationspläne eröffnen, das dieselben
Vorzüge darbot wie Sicilien und Africa und leichter den Eingebornen
entrissen werden konnte als die sicilischen und libyschen Aecker den
italischen Capitalisten. Der Sturz des Gaius Gracchus machte freilich
auch hier sich fühlbar in der Beschränkung der Eroberungen und mehr
noch der Stadtgründungen; indefs wenn die Absicht nicht in vollem
Umfang erreicht ward, so ward sie doch auch nicht völlig vereitelt.
Das gewonnene Gebiet und mehr noch die Gründung von Narbo, welcher Ansiedelung der Senat vergeblich das Schicksal der karthagischen
zu bereiten suchte, blieben als unfertige, aber den künftigen Nachfolger des Gracchus an die Fortsetzung des Baus mahnende Ansätze
stehen. Offenbar schützte die römische Kaufmannschaft, die nur in
Narbo mit Massalia in dem gallisch-britannischen Handel zu concur-
riren vermochte, diese Anlage vor den Angriffen der Optimaten.

Die Illyri-
schen Land-
schaften.Eine ähnliche Aufgabe wie im Nordwesten war auch gestellt im
Nordosten von Italien; sie ward gleichfalls nicht ganz vernachlässigt,
aber noch unvollkommener als jene gelöst. Mit der Anlage von Aquileia
(571) kam die istrische Halbinsel in den Besitz der Römer (I, 667);
in Epirus und dem ehemaligen Gebiet des Herren von Skodra geboten
Dalmater.sie zum Theil bereits geraume Zeit früher. Allein nirgends reichte
ihre Herrschaft ins Binnenland hinein und selbst an der Küste beherrschten sie kaum dem Namen nach den unwirthlichen Ufersaum

---

*) Aquae ward nicht Colonie, wie Livius *ep.* 61 sagt, sondern Castell
(Strabon 4, 180; Vellei. 1, 15; Madvig *opusc.* I, 303). Dasselbe gilt von Italica
(S. 4) und vielen anderen Orten — so ist zum Beispiel Vindonissa rechtlich wie
etwas anderes gewesen als ein keltisches Dorf, aber dabei zugleich ein be-
festigtes römisches Lager und eine sehr ansehnliche Ortschaft.

zwischen Istrien und Epirus, der in seinen wildverschlungenen weder
von Flufsthälern noch von Küstenebenen unterbrochenen schuppenartig
an einander gereihten Bergkesseln und in der längs des Ufers sich hin-
ziehenden Kette felsiger Inseln Italien und Griechenland mehr scheidet
als zusammenknüpft. Um die Stadt Delminium (an der Cettina bei Trigl)
schlofs sich hier die Eidgenossenschaft der Delmater oder Dalmater,
deren Sitten rauh waren wie ihre Berge: während die Nachbarvölker
bereits zu reicher Culturentwicklung gelangt waren, kannte man in
Dalmatien noch keine Münze und theilte den Acker, ohne daran ein
Sondereigenthum anzuerkennen, von acht zu acht Jahren neu auf unter
die gemeinsässigen Leute. Land- und Seeraub waren die einzigen bei
ihnen heimischen Gewerbe. Diese Völkerschaften hatten in früheren Zeiten
in einem losen Abhängigkeitsverhältnifs zu den Herren von Skodra
gestanden und waren insofern mitbetroffen worden von den römischen
Expeditionen gegen die Königin Teuta (I, 551) und Demetrios von
Pharos (I, 553); allein bei dem Regierungsantritt des Königs Genthios
hatten sie sich losgemacht und waren dadurch dem Schicksal entgangen,
das das südliche Illyrien in den Sturz des makedonischen Reiches ver-
flocht und es von Rom dauernd abhängig machte (I, 773). Die Römer
überliefsen die wenig lockende Landschaft gern sich selbst. Allein
die Klagen der römischen Illyrier, namentlich der Daorser, die an der
Narenta südlich von den Dalmatern wohnten, und der Bewohner der
Insel Issa (Lissa), deren continentale Stationen Tragyrion (Trau) und
Epetion (bei Spalato) von den Eingebornen schwer zu leiden hatten,
nöthigten die römische Regierung an diese eine Gesandtschaft abzu-
ordnen und, da diese die Antwort zurückbrachte, dafs die Dalmater
um die Römer weder bisher sich gekümmert hätten noch künftig kümmern würden, im J. 598 ein Heer unter dem Consul Gaius Marcius 156
Figulus dorthin zu senden. Er drang in Dalmatien ein, ward aber Ihre Unter-
wieder zurückgedrängt bis auf das römische Gebiet. Erst sein Nach- werfung.
folger Publius Scipio Nasica nahm 599 die grofse und feste Stadt 155
Delminium, worauf die Eidgenossenschaft sich zum Ziel legte und
sich bekannte als den Römern unterthänig. Indefs war die arme
und nur oberflächlich unterworfene Landschaft nicht wichtig genug,
um als eigenes Amt verwaltet zu werden; man begnügte sich, wie
man es schon für die wichtigeren Besitzungen in Epirus gethan,
sie von Italien aus mit dem diesseitigen Keltenland zugleich verwalten zu lassen; wobei es wenigstens als Regel auch dann blieb,
als im J. 608 die Provinz Makedonien eingerichtet und deren nord- 146

Die Römer
in Makedo-
nien und
Thrakien.
östliche Grenze nördlich von Skodra festgestellt worden war*). — Aber eben diese Umwandlung Makedoniens in eine von Rom unmittelbar abhängige Landschaft gab den Beziehungen Roms zu den Völkern im Nordosten gröfsere Bedeutung, indem sie den Römern die Verpflichtung auferlegte die überall offene Nord- und Ostgrenze gegen die angrenzenden barbarischen Stämme zu vertheidigen; und in ähnlicher Weise ging nicht lange darauf (621) durch die Erwerbung des bisher zum Reich der Attaliden gehörigen thrakischen Chersones (Halbinsel von Gallipoli) die bisher den Königen von Pergamon obliegende Verpflichtung die Hellenen hier gegen die Thraker zu schützen gleichfalls auf die Römer über. Von der zwiefachen Basis aus, die das Pothal und die makedonische Landschaft darboten, konnten die Römer jetzt ernstlich gegen das Quellgebiet des Rheins und die Donau vorgehen und der nördlichen Gebirge wenigstens in so weit sich bemächtigen, als die Sicherheit der südlichen Landschaften es erforderte.   Auch in diesen Gegenden war damals die mächtigste Nation das grofse Keltenvolk, welches der einheimischen Sage (I, 327) zufolge aus seinen Sitzen am westlichen Ocean sich um dieselbe Zeit südlich der Hauptalpenkette in das Pothal und nördlich derselben in die Landschaften am oberen Rhein und an der Donau ergossen hatte.   Von ihren Stämmen safsen auf beiden Ufern des Oberrheins die mächtigen, reichen und, da sie mit den Römern nirgends sich unmittelbar berührten, mit ihnen in Frieden und Vertrag lebenden Helvetier, die damals vom Genfersee bis zum Main sich erstreckend die heutige Schweiz, Schwaben und Franken inne gehabt zu haben scheinen.   Mit ihnen grenzten die Boier, deren Sitze das heutige Baiern und Böhmen gewesen sein mögen**).   Südöstlich von ihnen begegnen wir einem

133

Die Völker
an den
Rheinquellen und
längs der
Donau.

Helvetier.

Boier.

---

*) S. 41. Die Pirusten in den Thälern des Drin gehörten zur Provinz Makedonien, streiften aber hinüber in das benachbarte Illyricum (Caesar b. G. 5, 1).

**) ,Zwischen dem herkynischen Walde (d. h. hier wohl der rauhen Alp), dem Rhein und dem Main wohnten die Helvetier‘, sagt Tacitus (Germ. 28), ,weiter hin die Boier‘.   Auch Poseidonios (bei Strabon 7, 293) giebt an, dafs die Boier zu der Zeit, wo sie die Kimbrer abschlugen, den herkynischen Wald bewohnten, d. h. die Gebirge von der rauhen Alp bis zum Böhmerwald.   Wenn Caesar sie ,jenseit des Rheines‘ versetzt (b. G. 1, 5), so ist dies damit nicht im Widerspruch, denn da er hier von helvetischen Verhältnissen ausgeht, kann er sehr wohl die Landschaft nordöstlich vom Bodensee meinen; womit vollkommen übereinstimmt, dafs Strabon (7, 292) die ehemals boische Landschaft als dem Bodensee angrenzend bezeichnet, nur dafs er nicht ganz genau als Anwohner des Bodensees die Vindeliker daneben nennt, da diese sich dort erst festsetzten, nachdem die Boier diese Striche geräumt hatten.   Aus diesen ihren Sitzen waren die Boier von den Marcomanen und anderen deutschen Stämmen

andern Keltenstamm, der in der Steiermark und Kärnten unter dem Taurisker
Karner.
Namen der Taurisker, später der Noriker, in Friaul!, Krain, Istrien
unter dem der Karner auftritt. Ihre Stadt Noreia (unweit St. Veit
nördlich von Klagenfurt) war blühend und weitbekannt durch die schon
damals in dieser Gegend eifrig betriebenen Eisengruben; mehr noch
wurden eben in dieser Zeit die Italiker dorthin gelockt durch die dort
zu Tage gekommenen reichen Goldlager, bis die Eingebornen sie aus-
schlossen und dies Californien der damaligen Zeit für sich allein nahmen.
Diese zu beiden Seiten der Alpen sich ergiefsenden keltischen Schwärme
hatten nach ihrer Art vorwiegend nur das Flach- und Hügelland be- Raeter,
Euganeer,
Veneter.
setzt; die eigentliche Alpenlandschaft und ebenso das Gebiet der Etsch
und des untern Po war von ihnen unbesetzt und in den Händen der
früher dort einheimischen Bevölkerung geblieben, welche, ohne dafs
über ihre Nationalität bis jetzt etwas Sicheres zu ermitteln gelungen
wäre. unter dem Namen der Raeter in den Gebirgen der Ostschweiz
und Tirols, unten dem der Euganeer und Veneter um Padua und
Venedig auftreten, so dafs an diesem letzten Punkt die beiden grofsen
Keltenströme fast sich berühren und nur ein schmaler Streif einge-
borner Bevölkerung die keltischen Cenomaner um Brescia von den
keltischen Karnern in Friaul scheidet. Die Euganeer und Veneter
waren längst friedliche Unterthanen der Römer; dagegen die eigentlichen Alpenvölker waren nicht blofs noch frei, sondern machten auch
von ihren Bergen herab regelmäfsig Streifzüge in die Ebene zwischen
den Alpen und dem Po, wo sie sich nicht begnügten zu brandschatzen,
sondern auch in den eingenommenen Ortschaften mit fürchterlicher
Grausamkeit hausten und nicht selten die ganze männliche Bevölkerung
bis zum Kinde in den Windeln niedermachten — vermuthlich die thatsächliche Antwort auf die römischen Razzias in den Alpenthälern. Wie
gefährlich diese raetischen Einfälle waren, zeigt, dafs einer derselben
um das J. 660 die ansehnliche Ortschaft Comum zu Grunde richtete. 94
Wenn bereits diese auf und jenseits der Alpenkette sitzenden keltischen
und nicht keltischen Stämme vielfach sich gemischt haben mögen, so
ist die Völkermengung wie begreiflich noch in viel umfassenderer Weise

<hr>

schon vor Poseidonios Zeit, also vor 650 vertrieben; Splitter derselben irrten 100
zu Caesars Zeit in Käreten umher (Caesar b. G. 1, 5) und kamen von da zu
den Helvetiern und in das westliche Gallien; ein andrer Schwarm fand neue
Sitze am Plattensee, wo er dann von den Geten vernichtet ward, die Landschaft aber, die sogenannte ,boische Einöde', den Namen dieses geplagtesten
aller keltischen Völker bewahrte. Vgl. I, 668 A.

eingetreten in den Landschaften an der unteren Donau, wo nicht wie
in den westlicheren die hohen Gebirge als natürliche Scheidewände

dienen.   Die ursprünglich illyrische Bevölkerung, deren letzter reiner
Ueberrest die heutigen Albanesen zu sein scheinen, war durchgängig
wenigstens im Binnenland stark gemengt mit keltischen Elementen und
die keltische Bewaffnung und Kriegsweise hier wohl überall eingeführt.

Zunächst an die Taurisker schlossen sich die Japyden, die auf den
julischen Alpen im heutigen Kroatien bis hinab nach Fiume und Zeng
safsen, ein ursprünglich wohl illyrischer, aber stark mit Kelten ge-
mischter Stamm.   An sie grenzten im Litoral die schon genannten
Dalmater, in deren rauhe Gebirge die Kelten nicht eingedrungen zu

sein scheinen; im Binnenland dagegen waren die keltischen Skordisker,
denen das ehemals hier vor allem mächtige Volk der Triballer erlegen
war und die schon in den Keltenzügen nach Delphi eine Hauptrolle
gespielt hatten, an der untern Save bis zur Morawa im heutigen Bos-
nien und Serbien um diese Zeit die führende Nation, die weit und breit
nach Moesien, Thrakien und Makedonien streifte und von deren wilder
Tapferkeit und grausamen Sitten man sich schreckliche Dinge erzählte.
Ihr Hauptwaffenplatz war das feste Segestica oder Siscia an der Mündung der Kulpa in die Save.   Die Völker, die damals in Ungarn, Sieben-
bürgen, Rumänien, Bulgarien safsen, blieben für jetzt noch aufserhalb
des Gesichtskreises der Römer; nur mit den Thrakern berührte man

sich an der Ostgrenze Makedoniens in den Rhodopegebirgen. — Es wäre
für eine kräftigere Regierung, als die damalige römische es war, keine
leichte Aufgabe gewesen, gegen diese weiten und barbarischen Gebiete
eine geordnete und ausreichende Grenzvertheidigung einzurichten; was
unter den Auspicien der Restaurationsregierung für den wichtigen
Zweck geschah, genügt auch den mäfsigsten Anforderungen nicht.   An

Expeditionen gegen die Alpenbewohner scheint es nicht gefehlt zu
haben; im J. 636 ward triumphirt über die Stoener, die in den Bergen
oberhalb Verona gesessen haben dürften; im J. 659 liefs der Consul
Lucius Crassus die Alpenthäler weit und breit durchstöbern und die
Einwohner niedermachen und dennoch gelang es ihm nicht derselben
genug zu erschlagen, um einen Dorftriumph feiern und mit seinem
Rednerruhm den Siegerlorbeer paaren zu können.   Allein da man es
bei derartigen Razzias bewenden liefs, die die Eingebornen nur erbitterten, ohne sie unschädlich zu machen, und, wie es scheint, nach
jedem solchen Ueberlauf die Truppen wieder wegzog, so blieb der Zustand in der Landschaft jenseit des Po im Wesentlichen wie er war. —

Auf der entgegengesetzten Grenze in Thrakien scheint man sich wenig in Thrakien.
um die Nachbarn bekümmert zu haben; kaum dafs im J. 651 Gefechte 103
mit den Thrakern, im J. 657 andere mit den Maedern in den Grenz- 97
gebirgen zwischen Makedonien und Thrakien erwähnt werden. —
Ernstlichere Kämpfe fanden statt im illyrischen Land, wo über die un- in Illyrien.
ruhigen Dalmater von den Nachbarn und den Schiffern auf der adriatischen See beständig Beschwerde geführt ward; und an der völlig
offenen Nordgrenze Makedoniens, welche nach dem bezeichnenden Ausdruck eines Römers so weit ging als die römischen Schwerter und
Speere reichten, ruhten die Kämpfe mit den Nachbarn niemals. Im
J. 619 ward ein Zug gemacht gegen die Ardyaeer oder Vardaeer und 135
die Pleraeer oder Paralier, eine dalmatische Völkerschaft in dem Litoral
nördlich der Narentamündung, die nicht aufhörte auf dem Meer und
an der gegenüberliegenden Küste Unfug zu treiben; auf Geheifs der
Römer siedelten sie von der Küste weg im Binnenland, der heutigen
Herzegowina sich an und begannen den Acker zu bauen, verkümmerten
aber in der rauhen Gegend bei dem ungewohnten Beruf. Gleichzeitig
ward von Makedonien aus ein Angriff gegen die Skordisker gerichtet,
die vermuthlich mit den angegriffenen Küstenbewohnern gemeinschaftliche Sache gemacht hatten. Bald darauf (625) demüthigte der Consul 129
Tuditanus in Verbindung mit dem tüchtigen Decimus Brutus, dem Bezwinger der spanischen Callaeker, die Japyden und trug, nachdem er
anfänglich eine Niederlage erlitten, schliefslich die römischen Waffen
tief nach Dalmatien hinein bis an den Kerkaflufs, 25 deutsche Meilen
abwärts von Aquileia; die Japyden erscheinen fortan als eine befriedete
und mit Rom in Freundschaft lebende Nation. Dennoch erhoben zehn
Jahre später (635) die Dalmater sich aufs Neue, abermals in Gemein- 119
schaft mit den Skordiskern. Während gegen diese der Consul Lucius
Cotta kämpfte und dabei wie es scheint bis Segestica vordrang, zog
gegen die Dalmater sein College, der ältere Bruder des Besiegers von
Numidien, Lucius Metellus, seitdem der Dalmatiker genannt, überwand
sie und überwinterte in Salona (Spalato), welche Stadt fortan als der
Hauptwaffenplatz der Römer in dieser Gegend erscheint. Es ist nicht
unwahrscheinlich, dafs in diese Zeit auch die Anlage der gabinischen
Chaussee fällt, die von Salona in östlicher Richtung nach Andetrium
(bei Much) und von da weiter landeinwärts führte. Mehr den Charakter Die Römer
des Eroberungskrieges trug die Expedition des Consuls des J. 639 über die Ost-
Marcus Aemilius Scaurus gegen die Taurisker*); er überstieg, der erste 115] alpen

*) *Galli Karni* heifsen sie in den Triumphalfasten, *Ligures Taurisci*

unter den Römern, die Kette der Ostalpen an ihrer niedrigsten Senkung zwischen Triest und Laibach und schlofs mit den Tauriskern Gastfreundschaft, wodurch der nicht unwichtige Handelsverkehr gesichert ward, ohne dafs doch die Römer, wie eine förmliche Unterwerfung dies nach sich gezogen haben würde, in die Völkerbewegungen nordwärts der Alpen hineingezogen worden wären. — Von den fast verschollenen Kämpfen mit den Skordiskern ist durch einen kürzlich in der Nähe von Thessalonike zum Vorschein gekommenen Denkstein aus dem J. [Roms 636 ein auch in seiner Vereinzelung deutlich redendes Blatt wieder zum Vorschein gekommen. Danach fiel in diesem Jahr der Statthalter Makedoniens Sextus Pompeius bei Argos (unweit Stobi am oberen Axios oder Vardar) in einer diesen Kelten gelieferten Schlacht; und nachdem dessen Quaestor Marcus Annius mit seinen Truppen herbeigekommen und der Feinde einigermafsen Herr geworden war, brachen bald darauf dieselben Kelten in Verbindung mit dem König der Maeder (am obern Strymon) Tipas in noch gröfseren Massen abermals ein und mit Mühe erwehrten sich die Römer der andringenden Barbaren*). Die Dinge nahmen bald eine so drohende Gestalt an, dafs es nöthig wurde consularische Heere nach Makedonien zu entsenden**). Wenige Jahre darauf wurde der Consul des J. 640 Gaius Porcius Cato in den serbischen Gebirgen von denselben Skordiskern überfallen und sein Heer vollständig aufgerieben, während er selbst mit Wenigen

----

(denn so ist statt des überlieferten *Ligures et Caurisci* zu schreiben) bei Victor.

*) Der Quästor von Makedonien M. Annius P. f., dem die Stadt Lete (Aivati 4 St. nordwestlich von Thessalonike) im J. 29 der Proviaz, d. St. 636 diesen Denkstein setzte (Dittenberger syll. 247), ist sonst nicht bekannt; der Prätor Sex. Pompeius, dessen Fall darin erwähnt wird, kann kein anderer sein als der Grofsvater des Pompeius, mit dem Caesar stritt, der Schwager des Dichters Lucilius. Die Feinde werden bezeichnet als Γαλατῶν ἔθνος. Es wird hervorgehoben, dafs Annius aus Schonung gegen die Provinzialen es unterliefs ihre Contingente anzubieten und mit den römischen Truppen allein die Barbaren zurücktrieb. Allem Anschein nach hat Makedonien schon damals eine factisch stehende römische Besatzung erfordert.

**) Ist Quintus Fabius Maximus Eburnus Consul 638 nach Makedonien gegangen (C. J. Gr. 1534; Zumpt comm. epigr. 2, 167), so mufs auch er dort einen Misserfolg erlitten haben, da Cicero in Pison. 16, 38 sagt: *ex (Macedonia) aliquot praetorio imperio, consulari quidem nemo rediit, qui incolumis fuerit, quin triumpharit*; denn die für diese Epoche vollständige Triumphalliste kennt nur die drei makedonischen Triumphe des Metellus 643, des Drusus 644 und des Minucius 649.

schimpflich entfloh; mühsam schirmte der Praetor Marcus Didius die römische Grenze. Glücklicher fochten seine Nachfolger Gaius und an der Donau. Metellus Caprarius (641. 642), Marcus Livius Drusus (642. 643), 113 112 112 111) der erste römische Feldherr, der die Donau erreichte, und Quintus Minucius Rufus (644—647), der die Waffen längs der Morawa*) trug 110 107 und die Skordisker nachdrücklich schlug. Aber nichts desto weniger fielen sie bald nachher im Bunde wieder mit den Maedern und den Dardanern in das römische Gebiet und plünderten sogar das delphische Heiligthum; erst da machte Lucius Scipio dem zweiunddreifsigjährigen Skordiskerkrieg ein Ende und trieb den Rest hinüber auf das linke Ufer der Donau**). Seitdem beginnen an ihrer Stelle die eben genannten Dardaner (in Serbien) in dem Gebiet zwischen der Nordgrenze Makedoniens und der Donau die erste Rolle zu spielen.

Indefs diese Siege hatten eine Folge, welche die Sieger nicht Die Kimbrer. ahnten. Schon seit längerer Zeit irrte ein ,unstetes Volk' an dem nördlichen Saum der zu beiden Seiten der Donau von den Kelten eingenommenen Landschaft. Sie nannten sich die Kimbrer, das heifst die Chempho, die Kämpen oder, wie ihre Feinde übersetzten, die Räuber, welche Benennung indefs allem Anschein nach schon vor ihrem Auszug zum Volksnamen geworden war. Sie kamen aus dem Norden und stiefsen unter den Kelten zuerst, so weit bekannt, auf die Boier, wahrscheinlich in Böhmen. Genaueres über die Ursache und die Richtung

---

*) Da nach Frontinus (2, 4, 3), Velleius und Eutrop die von Minucius besiegte Völkerschaft die Skordisker waren, so kann es nur ein Fehler von Florus sein, dafs er statt des Margos (Morawa) den Hebros (die Maritza) nennt.

**) Von dieser Vernichtung der Skordisker, während die Maeder und Dardaner zum Vertrag zugelassen wurden, berichtet Appian (Illyr. 5), und in der That sind seitdem die Skordisker aus dieser Gegend verschwunden. Wenn die schliefsliche Ueberwältigung im 32. Jahr ἀπὸ τῆς πρώτης ἐς Κελτοὺς πείρας stattgefunden hat, so scheint dies von einem zweiunddreifsigjährigen Krieg zwischen den Römern und den Skordiskern verstanden werden zu müssen, dessen Beginn vermuthlich nicht lange nach der Constituirung der Provinz Makedonien (608) 146 fällt und von dem die oben verzeichneten Waffenereignisse 636—647 ein Theil 118 107 sind. Dafs die Ueberwindung kurz vor dem Ausbruch der italischen Bürgerkriege, also wohl spätestens 663 erfolgt ist, geht aus Appians Erzählung her- 91 vor. Sie fällt zwischen 650 und 656, wenn ihr ein Triumph gefolgt ist, denn 104 98 vor- und nachher ist das Triumphalverzeichnifs vollständig; indefs ist es möglich, dafs es aus irgend einem Grunde zum Triumph nicht kam. Der Sieger ist weiter nicht bekannt; vielleicht ist es kein anderer als der Consul des Jahres 671, da dieser in Folge der cinnanisch-marianischen Wirren füglich 83 verspätet zum Consulat gelangt sein kann.

ihrer Heerfahrt haben die Zeitgenossen aufzuzeichnen versäumt *) und
kann auch durch keine Muthmafsung ergänzt werden, da die derzeitigen
Zustände nördlich von Böhmen und dem Main und östlich vom unteren
Rheine unseren Blicken sich vollständig entziehen. Dagegen dafür,
dafs die Kimbrer und nicht minder der ihnen später sich anschliefsende
gleichartige Schwarm der Teutonen ihrem Kerne nach nicht der keltischen Nation angehören, der die Römer sie anfänglich zurechneten,
sondern der deutschen, sprechen die bestimmtesten Thatsachen: das
Erscheinen zweier kleiner gleichnamiger Stämme, allem Anschein nach
in den Ursitzen zurückgebliebener Reste, der Kimbrer im heutigen
Dänemark, der Teutonen im nordöstlichen Deutschland in der Nähe der
Ostsee, wo ihrer schon Alexanders des Grofsen Zeitgenosse Pytheas bei
Gelegenheit des Bernsteinhandels gedenkt; die Verzeichnung der Kim-
brer und Teutonen in der germanischen Völkertafel unter den Ingae-
vonen neben den Chaukern; das Urtheil Caesars, der zuerst die Römer
den Unterschied der Deutschen und der Kelten kennen lehrte und die
Kimbrer, deren er selbst noch manchen gesehen haben mufs, den
Deutschen beizählt; endlich die Völkernamen selbst und die Angaben
über ihre Körperbildung und ihr sonstiges Wesen, die zwar auf die
Nordländer überhaupt, aber doch vorwiegend auf die Deutschen passen.
Andererseits ist es begreiflich, dafs ein solcher Schwarm, nachdem er
vielleicht Jahrzehnte auf der Wanderschaft sich befunden und auf seinen
Zügen an und in dem Keltenland ohne Zweifel jeden Waffenbruder,
der sich anschlofs, willkommen geheifsen hatte, eine Menge keltischer
Elemente in sich schlofs; so dafs es nicht befremdet, wenn Männer
keltischen Namens an der Spitze der Kimbrer stehen oder wenn die
Römer sich keltisch redender Spione bedienen um bei ihnen zu kund-
schaften. Es war ein wunderbarer Zug, dessen gleichen die Römer
noch nicht gesehen hatten; nicht eine Raubfahrt reisiger Leute, auch
nicht ein ‚heiliger Lenz' in die Fremde wandernder junger Mannschaft,
sondern ein wanderndes Volk, das mit Weib und Kind, mit Habe und
Gut auszog eine neue Heimath sich zu suchen. Der Karren, der überall
bei den noch nicht völlig sefshaft gewordenen Völkern des Nordens

---

*) Denn der Bericht, dafs an den Küsten der Nordsee durch Sturmfluthen
grofse Landschaften weggerissen und dadurch die massenhafte Auswanderung
der Kimbrer veranlafst worden sei (Strabon 7, 293), erscheint zwar uns nicht
wie denen die ihn aufzeichneten, märchenhaft, allein ob er auf Ueberlieferung
oder Vermuthung sich gründet, ist doch nicht zu entscheiden.

eine andere Bedeutung hatte als bei den Hellenen und den Italikern und auch von den Kelten durchgängig ins Lager mitgeführt ward, war hier gleichsam das Haus, wo unter dem übergespannten Lederdach neben dem Geräth Platz sich fand für die Frau und die Kinder und selbst für den Haushund. Die Südländer sahen mit Verwunderung diese hohen schlanken Gestalten mit den tiefblonden Locken und den hellblauen Augen, die derben stattlichen Frauen, die den Männern an Gröfse und Stärke wenig nachgaben, die Kinder mit dem Greisenhaar, wie die Italiener verwundert die flachsköpfigen Jungen des Nordlandes bezeichneten. Das Kriegswesen war wesentlich das der Kelten dieser Zeit, die nicht mehr wie einst die italischen barhäuptig und blofs mit Schwert und Dolch fochten, sondern mit kupfernen oft reichgeschmückten Helmen und mit einer eigenthümlichen Wurfwaffe, der Materis; daneben war das grofse Schwert geblieben und der lange schmale Schild, neben dem man auch wohl noch einen Panzer trug. An Reiterei fehlte es nicht; doch waren die Römer in dieser Waffe ihnen überlegen. Die Schlachtordnung war wie früher eine rohe angeblich eben so viel Glieder tief wie breit gestellte Phalanx, deren erstes Glied in gefährlichen Gefechten nicht selten die metallenen Leibgürtel mit Stricken zusammenknüpfte. Die Sitten waren rauh. Das Fleisch ward häufig roh verschlungen. Heerkönig war der tapferste und wo möglich der längste Mann. Nicht selten ward, nach Art der Kelten und überhaupt der Barbaren, Tag und Ort des Kampfes vorher mit dem Feinde ausgemacht, auch wohl vor dem Beginn der Schlacht ein einzelner Gegner zum Zweikampf herausgefordert. Die Einleitung zum Kampf machten Verhöhnungen des Feindes durch unschickliche Geberden und ein entsetzliches Gelärm, indem die Männer ihr Schlachtgebrüll erhoben und die Frauen und Kinder durch Aufpauken auf die ledernen Wagendeckel nachhalfen. Der Kimbrer focht tapfer — galt ihm doch der Tod auf dem Bett der Ehre als der einzige, der des freien Mannes würdig war —, allein nach dem Siege hielt er sich schadlos durch die wildeste Bestialität und verhiefs auch wohl im Voraus den Schlachtgöttern darzubringen, was der Sieg in die Gewalt der Sieger geben würde. Dann wurden die Geräthe zerschlagen, die Pferde getödtet, die Gefangenen aufgeknüpft oder nur aufbehalten, um den Göttern geopfert zu werden. Es waren die Priesterinnen, greise Frauen in weifsen linnenen Gewändern und unbeschuht, die wie Iphigeneia im Skythenland diese Opfer vollzogen und aus dem rinnenden Blut des geopferten Kriegsgefangenen oder Verbrechers die Zukunft wiesen. Wie viel von

diesen Sitten allgemeiner Brauch der nordischen Barbaren, wie viel von
den Kelten entlehnt, wie viel deutsches Eigen sei, wird sich nicht aus-
machen lassen; nur die Weise nicht durch Priester, sondern durch
Priesterinnen das Heer geleiten und leiten zu lassen, darf als unzweifelhaft deutsche Art angesprochen werden. So zogen die Kimbrer hinein
in das unbekannte Land, ein ungeheures Knäuel mannichfaltigen
Volkes, das um einen Kern deutscher Auswanderer von der Ostsee sich
zusammengeballt hatte, nicht unvergleichbar den Emigrantenmassen,
die in unsern Zeiten ähnlich belastet und ähnlich gemischt und nicht
viel minder ins Blaue hinein übers Meer fahren; ihre schwerfällige
Wagenburg mit der Gewandtheit, die ein langes Wanderleben giebt,
hinüberführend über Ströme und Gebirge, gefährlich den civilisirteren
Nationen wie die Meereswoge und die Windsbraut, aber wie diese
launisch und unberechenbar, bald rasch vordringend, bald plötzlich
stockend oder seitwärts und rückwärts sich wendend. Wie ein Blitz
kamen und trafen sie; wie ein Blitz waren sie verschwunden, und es
fand sich leider in der unlebendigen Zeit, in der sie erschienen, kein
Beobachter, der es werth gehalten hätte das wunderbare Meteor genau
abzuschildern. Als man später anfing die Kette zu ahnen, von welcher
diese Heerfahrt, die erste deutsche, die den Kreis der antiken Civilisation berührt hat, ein Glied ist, war die unmittelbare und lebendige
Kunde von derselben lange verschollen.

Kimbrische
Zuge und
Kämpfe. Dies heimathlose Volk der Kimbrer, das bisher von den Kelten an
der Donau, namentlich den Boiern verhindert worden war nach Süden
vorzudringen, durchbrach diese Schranke in Folge der von den Römern
gegen die Donaukelten gerichteten Angriffe, sei es nun dafs die Donaukelten die kimbrischen Gegner zu Hülfe riefen gegen die vordringenden
Legionen oder dafs jene durch den Angriff der Römer verhindert
Carbo ge-
schlagen. wurden ihre Nordgrenzen so wie bisher zu schirmen. Durch das Gebiet der Skordisker einrückend in das Tauriskerland näherten sie im
115 J. 641 sich den krainer Alpenpässen, zu deren Deckung der Consul
Gnaeus Papirius Carbo auf den Höhen unweit Aquileia sich aufstellte.
Hier hatten siebzig Jahre zuvor keltische Stämme sich diesseit der
Alpen anzusiedeln versucht, aber auf Geheifs der Römer den schon
occupirten Boden ohne Widerstand geräumt (I, 667); auch jetzt erwies
die Furcht der transalpinischen Völker vor dem römischen Namen sich
mächtig. Die Kimbrer griffen nicht an; ja sie fügten sich, als Carbo
sie das Gebiet der Gastfreunde Roms, der Taurisker, räumen hiefs, wozu
der Vertrag mit diesen ihn keineswegs verpflichtete, und folgten den

Führern, die ihnen Carbo gegeben hatte, um sie über die Grenze zu geleiten. Allein diese Führer waren vielmehr angewiesen die Kimbrer in einen Hinterhalt zu locken, wo der Consul ihrer wartete. So kam es unweit Noreia im heutigen Kärnten zum Kampf, in dem die Verrathenen über den Verräther siegten und ihm beträchtlichen Verlust beibrachten; nur ein Unwetter, das die Kämpfenden trennte, verhinderte die vollständige Vernichtung der römischen Armee. Die Kimbrer hätten sogleich ihren Angriff gegen Italien richten können; sie zogen es vor sich westwärts zu wenden. Mehr durch Vertrag mit den Helvetiern und den Sequanern als durch Gewalt der Waffen eröffneten sie sich den Weg auf das linke Rheinufer und über den Jura und bedrohten hier einige Jahre nach Carbos Niederlage abermals in nächster Nähe das römische Gebiet. Die Rheingrenze und das zunächst gefährdete Gebiet der Allobrogen zu decken erschien 645 im südlichen Gallien ein römisches Heer unter Marcus Iunius Silanus. Die Kimbrer baten ihnen Land anzuweisen, wo sie friedlich sich niederlassen könnten — eine Bitte, die sich allerdings nicht gewähren liefs. Der Consul griff statt aller Antwort sie an; er ward vollständig geschlagen und das römische Lager erobert. Die neuen Aushebungen, welche durch diesen Unfall veranlaßt wurden, stiefsen bereits auf so grofse Schwierigkeit, dafs der Senat defshalb die Aufhebung der vermuthlich von Gaius Gracchus herrührenden die Verpflichtung zum Kriegsdienst der Zeit nach einschränkenden Gesetze (S. 107) bewirkte. Indefs die Kimbrer, statt ihren Sieg gegen die Römer zu verfolgen, sandten an den Senat nach Rom, die Bitte um Anweisung von Land zu wiederholen, und beschäftigten sich inzwischen, wie es scheint, mit der Unterwerfung der umliegenden keltischen Cantone. So hatten vor den Deutschen die römische Provinz und die neue römische Armee für den Augenblick Ruhe; dagegen stand ein neuer Feind auf im Keltenland selbst. Die Helvetier, die in den steten Kämpfen mit ihren nordöstlichen Nachbarn viel zu leiden hatten, fühlten durch das Beispiel der Kimbrer sich gereizt gleichfalls im westlichen Gallien sich ruhigere und fruchtbarere Sitze zu suchen und hatten vielleicht schon, als die Kimbrerschaaren durch ihr Land zogen, sich dazu mit ihnen verbündet; jetzt überschritten unter Divicos Führung die Mannschaften der Tougener (unbekannter Lage) und der Tigoriner (am See von Murten) den Jura*), und gelangten

Silanus geschlagen. 109

Einfall der Helvetier in das südliche Gallien.

---

*) Die gewöhnliche Annahme, dafs die Tougener und Tigoriner mit den Kimbrern zugleich in Gallien eingerückt seien, läfst sich auf Strabon 7, 293

bis in das Gebiet der Nitiobrogen (um Agen an der Garonne). Das römische Heer unter dem Consul Lucius Cassius Longinus, auf das sie
hier stiefsen, liefs sich von den Helvetiern in einen Hinterhalt locken,
wobei der Feldherr selber und sein Legat, der Consular Lucius Piso,
mit dem gröfsten Theil der Soldaten ihren Tod fanden; der interi-
mistische Oberbefehlshaber der Mannschaft, die sich in das Lager gerettet hatte, Gaius Popillius capitulirte auf Abzug unter dem Joch gegen
Auslieferung der Hälfte der Habe, die die Truppen mit sich führten,
107 und Stellung von Geiseln (647). So bedenklich standen die Dinge
für die Römer, dafs in ihrer eigenen Provinz eine der wichtigsten Städte,
Tolosa sich gegen sie erhob und die römische Besatzung in Fesseln
schlug. — Indefs da die Kimbrer fortfuhren sich anderswo zu thun zu
machen und auch die Helvetier vorläufig die römische Provinz nicht
weiter belästigten, hatte der neue römische Oberfeldherr Quintus Servilius Caepio volle Zeit sich der Stadt Tolosa durch Verrath wieder zu
bemächtigen und das alte und berühmte Heiligthum des keltischen
Apollon von den darin aufgehäuften ungeheuren Schätzen mit Mufse
zu leeren — ein erwünschter Gewinn für die bedrängte Staatskasse,
nur dafs leider die Gold- und Silberfässer auf dem Wege von Tolosa
nach Massalia der schwachen Bedeckung durch einen Räuberhaufen ab-
genommen wurden und spurlos verschwanden; wie es hiefs, waren die
106 Anstifter dieses Ueberfalles der Consul selbst und sein Stab (648). Inzwischen beschränkte man sich gegen den Hauptfeind auf die strengste
Defensive und hütete mit drei starken Heeren die römische Provinz,
(105
bis es den Kimbrern gefallen würde, den Angriff zu wiederholen. Sie
kamen im J. 649 unter ihrem König Boiorix, diesmal ernstlich denkend
an einen Einfall in Italien. Gegen sie befehligte am rechten Rhone-
ufer der Proconsul Caepio, am linken der Consul Gnaeus Mallius Maximus und unter ihm an der Spitze eines abgesonderten Corps sein Legat,
der Consular Marcus Aurelius Scaurus. Der erste Angriff traf diesen:
er ward völlig geschlagen und selbst gefangen in das feindliche Hauptquartier gebracht, wo der kimbrische König, erzürnt über die stolze
Warnung des gefangenen Römers sich nicht mit seinem Heer nach
Italien zu wagen, ihn niederstiefs. Maximus befahl darauf seinem

---

nicht stützen und stimmt wenig zu dem gesonderten Auftreten der Helvetier.
Die Ueberlieferung über diesen Krieg ist übrigens in einer Weise trümmerhaft,
dafs eine zusammenhängende Geschichtserzählung, völlig wie bei den samnitischen Kriegen, nur Anspruch machen kann auf ungefähre Richtigkeit.

Collegen sein Heer über die Rhone zu führen; widerwillig sich fügend
erschien dieser endlich bei Arausio (Orange) am linken Ufer des Flusses,
wo nun die ganze römische Streitmacht dem Kimbrerheer gegenüber
stand und ihm durch ihre ansehnliche Zahl so imponirt haben soll, dafs
die Kimbrer anfingen zu unterhandeln. Allein die beiden Führer lebten
im heftigsten Zerwürfnifs. Maximus, ein geringer und unfähiger Mann,
war als Consul seinem stolzeren und besser gebornen, aber nicht besser
gearteten proconsularischen Collegen Caepio von Rechtswegen über-
geordnet; allein dieser weigerte sich ein gemeinschaftliches Lager zu
beziehen und gemeinschaftlich die Operationen zu berathen und behauptete nach wie vor sein selbstständiges Commando. Vergeblich
versuchten Abgeordnete des römischen Senats eine Ausgleichung zu
bewirken; auch eine persönliche Zusammenkunft der Feldherren,
welche die Offiziere erzwangen, erweiterte nur den Rifs. Als Caepio
den Maximus mit den Boten der Kimbrer verhandeln sah, meinte er
diesen im Begriff die Ehre ihrer Unterwerfung allein zu gewinnen und
warf mit seinem Heertheil allein sich schleunigst auf den Feind. Er
ward völlig vernichtet, so dafs auch das Lager dem Feinde in die Hände
fiel (6. Oct. 649); und sein Untergang zog die nicht minder vollständige Niederlage der zweiten römischen Armee nach sich. Es sollen
50 000 römische Soldaten und halb so viel von dem ungeheuren und
unbehülflichen Trofs gefallen, nur zehn Mann entkommen sein — so
viel ist gewifs, dafs es nur wenigen von den beiden Heeren gelang sich
zu retten, da die Römer mit dem Flufs im Rücken gefochten hatten.
Es war eine Katastrophe, die materiell und moralisch den Tag von
Cannae weit überbot. Die Niederlagen des Carbo, des Silanus, des
Longinus waren an den Italikern ohne nachhaltigen Eindruck vorüber-
gegangen. Man war es schon gewohnt jeden Krieg mit Unfällen zu
eröffnen; die Unüberwindlichkeit der römischen Waffen stand so unerschütterlich fest, dafs es überflüssig schien die ziemlich zahlreichen
Ausnahmen zu beachten. Die Schlacht von Arausio aber, das den
unvertheidigten Alpenpässen in erschreckender Weise sich nähernde
Kimbrerheer, die sowohl in der römischen Landschaft jenseit der
Alpen als auch bei den Lusitanern aufs neue und verstärkt aus-
brechende Insurrection, der wehrlose Zustand Italiens rüttelten furchtbar auf aus diesen Träumen. Man gedachte wieder der nie völlig
vergessenen Keltenstürme des vierten Jahrhunderts, des Tages an der
Allia und des Brandes von Rom; mit der doppelten Gewalt zugleich
ältester Erinnerung und frischester Angst kam der Gallierschreck über

Italien; im ganzen Occident schien man es inne zu werden, dafs die
Römerherrschaft anfange zu wanken. Wie nach der cannensischen
Schlacht wurde durch Senatsbeschlufs die Trauerzeit abgekürzt *). Die
neuen Werbungen stellten den drückendsten Menschenmangel heraus.
Alle waffenfähigen Italiker mufsten schwören Italien nicht zu verlassen;
die Capitäne der in den italischen Häfen liegenden Schiffe wurden angewiesen keinen dienstpflichtigen Mann an Bord zu nehmen. Es ist
nicht zu sagen, was hätte kommen mögen, wenn die Kimbrer sogleich
nach ihrem Doppelsieg durch die Alpenpforten in Italien eingerückt
wären. Indefs sie überschwemmten zunächst das Gebiet der Arverner,
die mühsam in ihren Festungen der Feinde sich erwehrten, und *zogen*
bald von da, der Belagerungen müde, nicht nach Italien, sondern
westwärts gegen die Pyrenäen.

Die römi-
sche Oppo-
sition. Wenn der erstarrte Organismus der römischen Politik noch aus
sich selber zu einer heilsamen Krise gelangen konnte, so mufste sie
jetzt eintreten, wo durch einen der wunderbaren Glücksfälle, an denen
die Geschichte Roms so reich ist, die Gefahr nahe genug drohte *um*
alle Energie und allen Patriotismus in der Bürgerschaft aufzurütteln
und doch nicht so plötzlich hereinbrach, dafs diesen Kräften kein Raum
geblieben wäre sich zu entwickeln. Allein es wiederholten sich nur
eben dieselben Erscheinungen, die vier Jahre zuvor nach den africanischen Niederlagen eingetreten waren. In der That waren die africanischen und die gallischen Unfälle wesentlich gleicher Art. Es mag
sein, dafs zunächst jene mehr der Oligarchie im Ganzen, diese mehr
einzelnen Beamten zur Last fielen; allein die öffentliche Meinung erkannte mit Recht in beiden vor allen Dingen den Bankerott der Regierung, welche in fortschreitender Entwickelung zuerst die Ehre *des*
Staats und jetzt bereits dessen Existenz in Frage stellte. Man täuschte
sich damals so wenig wie jetzt über den wahren Sitz des Uebels, allein
jetzt so wenig wie damals brachte man es auch nur zu einem Versuch
Prozefs-
krieg. an der rechten Stelle zu bessern. Man sah es wohl, dafs das System
die Schuld trug; aber man blieb auch diesmal dabei stehen einzelne
Personen zur Verantwortung zu ziehen — nur entlud freilich über den
Häuptern der Oligarchie dies zweite Gewitter sich mit um so viel
105 109 schwereren Schlägen, als die Katastrophe von 649 die von 645 an Umfang und Gefährlichkeit übertraf. Das instinctmäfsig sichere Gefühl
des Publicums, dafs es gegen die Oligarchie kein Mittel gebe als die

---

*) Hierher gehört ohne Zweifel das Fragment Diodors *Vat.* p. 122.

Tyrannis, zeigte sich wiederum, indem dasselbe bereitwillig einging auf
jeden Versuch namhafter Offiziere der Regierung die Hand zu zwingen
und unter dieser oder jener Form das oligarchische Regiment durch
eine Dictatur zu stürzen. — Zunächst war es Quintus Caepio, gegen
den die Angriffe sich richteten; mit Recht, insofern die Niederlage von
Arausio zunächst durch seine Unbotmäfsigkeit herbeigeführt war, auch
abgesehen von der wahrscheinlich gegründeten, aber nicht erwiesenen
Unterschlagung der tolosanischen Beute; indefs trug zu der Wuth, die
die Opposition gegen ihn entwickelte, wesentlich auch das bei, dafs er
als Consul einen Versuch gewagt hatte den Capitalisten die Geschwornenstellen zu entreifsen (S. 129). Um seinetwillen ward der alte ehrwürdige Grundsatz: auch im schlechtesten Gefäfs die Heiligkeit des
Amtes zu ehren, gebrochen und, während gegen den Urheber des
cannensischen Unglückstages der Tadel in die stille Brust verschlossen
worden war, der Urheber der Niederlage von Arausio durch Volksbeschlufs des Proconsulats entsetzt und — was seit den Krisen, in
denen das Königthum untergegangen, nicht wieder vorgekommen
war — sein Vermögen von der Staatskasse eingezogen (649?). Nicht 105
lange nachher wurde derselbe durch einen zweiten Bürgerschlufs aus
dem Senate gestofsen (650). Aber dies genügte nicht; man wollte 104
mehr Opfer und vor allem Caepios Blut. Eine Anzahl oppositionell
gesinnter Volkstribune, an ihrer Spitze Lucius Appuleius Saturninus
und Gaius Norbanus, beantragten im J. 651 wegen des in Gallien be- 103
gangenen Unterschleifs und Landesverraths ein Ausnahmegericht nieder-
zusetzen; trotz der factischen Abschaffung der Untersuchungshaft und
der Todesstrafe für politische Vergehen wurde Caepio verhaftet und die
Absicht unverholen ausgesprochen das Todesurtheil über ihn zu fällen
und zu vollstrecken. Die Regierungspartei versuchte durch tribunicische
Intercession den Antrag zu beseitigen; allein die einsprechenden Tribune wurden mit Gewalt aus der Versammlung verjagt und bei dem
heftigen Auflauf die ersten Männer des Senats durch Steinwürfe verletzt. Die Untersuchung war nicht zu verhindern und der Prozefskrieg ging im J. 651 seinen Gang wie sechs Jahre zuvor; Caepio selbst, 103
sein College im Oberbefehl Gnaeus Mallius Maximus und zahlreiche
andere angesehene Männer wurden verurtheilt; mit Mühe gelang es
einem mit Caepio befreundeten Volkstribun durch Aufopferung seiner
eigenen bürgerlichen Existenz den Hauptangeklagten wenigstens das
Leben zu retten*). — Wichtiger als diese Mafsregel der Rache war die

---

*) Die Amtsentsetzung des Proconsuls Caepio, mit der die Vermögenscin-

Marius Ober- Frage, wie der gefährliche Krieg jenseit der Alpen ferner geführt und feldherr. zunächst wem darin die Oberfeldherrnschaft übertragen werden sollte.

---

ziehung verbunden war (Liv. *ep.* 67), ward wahrscheinlich unmittelbar nach der
106 Schlacht von Arausio (6. Oct. 649) von der Volksversammlung ausgesprochen.
Daß zwischen der Absetzung und der eigentlichen Katastrophe einige Zeit verstrich,
104 zeigt deutlich der im J. 650 gestellte auf Caepio gemünzte Antrag, daß Amtsentsetzung den Verlust des Sitzes im Senat nach sich ziehen solle (Asconius
in Cornel. 78). Die Fragmente des Licinianus (p. 10: *Cn. Manilius ob eandem
causam quam et Caepio L. Saturnini rogatione e civitate est cito* [?] *eiectus;*
wodurch die Andeutung bei Cic. *de or.* 2, 28, 125 klar wird) lehren jetzt, daß
ein von Lucius Appuleius Saturninus vorgeschlagenes Gesetz diese Katastrophe
herbeigeführt hat. Es ist dies offenbar kein anderes als das appuleische Gesetz
über die geschmälerte Majestät des römischen Staates (Cic. *de or.* 2, 25, 107.
49, 201) oder wie der Inhalt desselben schon früher (2 S. 193 der ersten Aufl.)
bestimmt ward, Saturninus Antrag auf Niedersetzung einer außerordentlichen
Commission zur Untersuchung der während der kimbrischen Unruhen vorgekommenen Landesverrätbereien. Die Untersuchungscommission wegen des Goldes
von Tolosa (Cic. *de n. d.* 3, 30, 74) entsprang in ganz ähnlicher Weise aus dem
appuleischen Gesetz, wie die dort weiter genannten Specialgerichte über eine
141 ärgerliche Richterbestechung aus dem mucischen von 613, die über die Vor-
113 gänge mit den Vestalinnen aus dem peducaeischen von 641, die über den
110 jugurthinischen Krieg aus dem mamilischen von 644. Die Vergleichung dieser
Fälle lehrt auch, daß von dergleichen Specialcommissionen, anders als von den
ordentlichen, selbst Strafen an Leib und Leben erkannt werden konnten und
erkannt worden sind. Wenn anderweitig der Volkstribun Gaius Norbanus als
derjenige genannt wird, der das Verfahren gegen Caepio veranlaßte und dafür
später zur Verantwortung gezogen ward (Cic. *de or.* 2, 40, 167. 49, 199. 4, 200.
or. part. 30, 105 u. a. St.), so ist dies damit nicht in Widerspruch; denn der Antrag ging, wie gewöhnlich, von mehreren Volkstribunen aus (*ad Herenn.* 1, 14, 24.
Cic. *de or.* 2, 47, 197) und da Saturninus bereits todt war, als die aristokratische
Partei daran denken konnte Vergeltung zu üben, hielt man sich an den Collegen. Was die Zeit dieser zweiten und schließlichen Verurtheilung Caepios
anlangt, so ist die gewöhnliche sehr unüberlegte Annahme, welche dieselbe in
95 das J. 659, zehn Jahre nach der Schlacht von Arausio setzt, bereits früher
zurückgewiesen worden. Sie beruht lediglich darauf, daß Crassus als Consul,
95 also 659 für Caepio sprach (Cic. *Brut.* 44, 162); was er aber offenbar nicht als
dessen Sachwalter that, sondern als Norbanus wegen seines Verfahrens gegen
95 Caepio im J. 659 von Publius Sulpicius Rufus zur Verantwortung gezogen
104 ward. Früher wurde für diese zweite Anklage das J. 650 angenommen; seit
wir wissen, daß sie aus einem Antrag des Saturninus hervorging, kann man
103 nur schwanken zwischen dem J. 651, wo dieser zum ersten (Plutarch *Mar.* 14.
100 Oros. 5, 17. App. 1, 29. Diodor p. 608. 631) und 654, wo er zum zweiten Male
Volkstribun war. Ganz sicher entscheidende Momente finden sich nicht, aber
die sehr überwiegende Wahrscheinlichkeit spricht für das erstere Jahr, theils
weil dies den Unglücksfällen in Gallien näher steht, theils weil in den ziemlich

Bei unbefangener Behandlung war es nicht schwer eine passende Wahl zu treffen. Rom war zwar in Vergleich mit früheren Zeiten an militärischen Notabilitäten nicht reich; allein es hatten doch Quintus Maximus in Gallien, Marcus Aemilius Scaurus und Quintus Minucius in den Donauländern, Quintus Metellus, Publius Rutilius Rufus, Gaius Marius in Africa mit Auszeichnung commandirt; und es handelte sich ja nicht darum einen Pyrrhos oder Hannibal zu schlagen, sondern den Barbaren des Nordens gegenüber die oft erprobte Ueberlegenheit römischer Waffen und römischer Taktik wieder in ihr Recht einzusetzen, wozu es keines genialen, sondern nur eines strengen und tüchtigen Kriegsmanns bedurfte. Allein es war eben eine Zeit, in der alles eher möglich war als die unbefangene Erledigung einer Verwaltungsfrage. Die Regierung war, wie es nicht anders sein konnte und wie schon der jugurthinische Krieg gezeigt hatte, in der öffentlichen Meinung so vollständig bankerott, dafs ihre tüchtigsten Feldherren in der vollen Siegeslaufbahn weichen mufsten, so wie es einem namhaften Offizier einfiel sie vor dem Volk herunterzumachen und als Candidat der Opposition von dieser sich an die Spitze der Geschäfte stellen zu lassen. Es war kein Wunder, dafs was nach den Siegen des Metellus geschehen war, gesteigert sich wiederholte nach den Niederlagen des Gnaeus Mallius und Quintus Caepio. Abermals trat Gaius Marius trotz des Gesetzes, das das Consulat mehr als einmal zu übernehmen verbot, auf als Bewerber um das höchste Staatsamt und nicht blofs ward er, während er noch in Africa an der Spitze des dortigen Heeres stand, zum Consul ernannt und ihm der Oberbefehl in dem gallischen Krieg übergeben, sondern es ward ihm auch fünf Jahre hinter einander (650—654) wieder und wieder 104 100 das Consulat übertragen, in einer Weise, welche aussah wie ein be-

---

ausführlichen Berichten über Saturninus zweites Tribunat Quintus Caepio des Vaters und der gegen diesen gerichteten Gewaltsamkeiten nicht gedacht wird. Dafs die in Folge der Urtheilssprüche wegen der unterschlagenen tolosanischen Beute an den Staatsschatz zurückgezahlten Summen von Saturninus im zweiten Tribunat für seine Colonisationspläne in Anspruch genommen werden (de viris ill. 73, 5 und dazu Orelli ind. legg. p 137), ist an sich nicht entscheidend und kann überdies leicht durch Verwechselung von dem ersten africanischen auf das zweite allgemeine Ackergesetz des Saturninus übertragen worden sein. — Dafs späterhin, als Norbanus belangt ward, dies eben auf Grund des von ihm mit veranlafsten Gesetzes geschah, ist eine dem römischen politischen Prozefs dieser Zeit gewöhnliche Ironie (Cic. Brut. 89, 305) und darf nicht etwa zu dem Glauben verleiten, als sei das appuleische Gesetz schon, wie das spätere cornelische, ein allgemeines Hochverrathsgesetz gewesen.

rechneter Hohn gegen den eben in Beziehung auf diesen Mann in
seiner ganzen Thorheit und Kurzsichtigkeit bewährten exclusiven Geist
der Nobilität, aber freilich auch in den Annalen der Republik unerhört
und in der That mit dem Geiste der freien Verfassung Roms schlechterdings unverträglich war.   Namentlich in dem römischen Militärwesen,
dessen im africanischen Krieg begonnene Umgestaltung aus einer
Bürgerwehr in eine Söldnerschaar Marius während seines fünfjährigen,
durch die Noth der Zeit mehr noch als durch die Clauseln seiner Be-
stallung unumschränkten Obercommandos fortsetzte und vollendete,
sind die tiefen Spuren dieser inconstitutionellen Oberfeldherrnschaft
des ersten demokratischen Generals für alle Zeit sichtbar geblieben.

164] Römi-
sche Defen-
sive.
Der neue Oberfeldherr Gaius Marius erschien im J. 650 jenseit
der Alpen, gefolgt von einer Anzahl erprobter Offiziere, unter denen
der kühne Fänger des Jugurtha Lucius Sulla bald sich abermals hervorthat, und von zahlreichen Schaaren italischer und bundesgenössischer
Soldaten.   Zunächst fand er den Feind, gegen den er geschickt war,
nicht vor.   Die wunderlichen Leute, die bei Arausio gesiegt hatten,
waren inzwischen, wie schon gesagt ward, nachdem sie die Landschaft
westlich der Rhone ausgeraubt hatten, über die Pyrenäen gestiegen
und schlugen sich eben in Spanien mit den tapfern Bewohnern der
Nordküste und des Binnenlandes herum; es schien als wollten die
Deutschen ihr Talent nicht zuzugreifen gleich bei ihrem ersten Auftreten in der Geschichte beweisen.   So fand Marius volle Zeit einestheils die abgefallenen Tectosagen zum Gehorsam zurückzubringen,
die schwankende Treue der unterthänigen gallischen und ligurischen
Gaue wieder zu befestigen und innerhalb wie ausserhalb der römischen
Provinz von den gleich den Römern durch die Kimbrer gefährdeten
Bundesgenossen, wie zum Beispiel von den Massalioten, den Allobrogen,
den Sequanern, Beistand und Zuzug zu erlangen; andrerseits durch
strenge Mannszucht und unparteiische Gerechtigkeit gegen Vornehme
und Geringe das ihm anvertraute Heer zu discipliniren und durch
Märsche und ausgedehnte Schanzarbeiten — insbesondere die Anlegung
eines später den Massalioten überwiesenen Rhonekanals zur leichteren
Herbeischaffung der von Italien dem Heer nachgesandten Transporte —
die Soldaten für die ernstere Kriegsarbeit tüchtig zu machen.   Auch
er verhielt sich in strenger Defensive und überschritt nicht die Grenzen
103 der römischen Provinz.   Endlich, es scheint im Laufe des J. 651,
fluthete der Kimbrenstrom, nachdem er in Spanien an dem tapfern
Widerstand der eingebornen Völkerschaften, namentlich der Keltiberer

sich gebrochen hatte, wieder zurück über die Pyrenäen und von da, wie es scheint, am atlantischen Ocean hinauf, wo alles den schrecklichen Männern sich unterwarf von den Pyrenäen bis zur Seine. Erst hier, an der Landesgrenze der tapfern Eidgenossenschaft der Belgen, trafen sie auf ernstlichen Widerstand; allein eben auch hier, während sie im Gebiet der Veliocasser (bei Rouen) standen, kam ihnen ansehnlicher Zuzug. Nicht blofs drei Quartiere der Helvetier, darunter die Tigoriner und Tougener, welche früher an der Garonne gegen die Römer gefochten hatten, gesellten, wie es scheint um diese Zeit, sich zu den Kimbrern, sondern es stiefsen auch zu ihnen die stammverwandten Teutonen unter ihrem König Teutobod, welche durch uns nicht überlieferte Fügungen aus ihrer Heimath an der Ostsee hieher an die Seine verschlagen waren*). Aber auch die vereinigten Schaaren vermochten den tapfern Widerstand der Belgen nicht zu überwältigen. Die Führer entschlossen sich daher mit der also angeschwollenen Menge den schon mehrmals berathenen Zug nach Italien nun allen Ernstes anzutreten. Um nicht mit dem bisher zusammengeraubten Gut sich zu schleppen, wurde dasselbe hier zurückgelassen unter dem Schutz einer Abtheilung von 6000 Mann, aus denen später nach mancherlei Irrfahrten die Völkerschaft der Aduatuker an der Sambre erwachsen ist. Indefs sei es wegen der schwierigen Verpflegung auf den Alpenstrafsen, sei es aus andern Gründen, die Massen lösten sich wieder auf in zwei Heerhaufen, von denen der eine, die Kimbrer und die Tigoriner, über den Rhein zurück und durch die schon im J. 641 erkundeten Pässe der Ostalpen, der andere, die neuangelangten Teutonen, die Tougener und die schon in der Schlacht von Arausio bewährte kimbrische Kernschaar der Ambronen, durch das römische Gallien und die Westpässe nach Italien eindringen sollte. Diese zweite Abtheilung war es, die im Sommer 652 abermals ungehindert die Rhone überschritt und am linken Ufer derselben mit den Römern den Kampf nach fast dreijähriger Pause wieder aufnahm. Marius erwartete sie in einem wohl-

Marginal notes:
Kimbrer, Teutonen, Helvetier vereinigt.

Zug nach Italien beschlossen.

113

Teutonen in der gallischen [102 Provinz.

---

*) Diese Darstellung beruht im Wesentlichen auf dem verhältnifsmäfsig zuverlässigsten livianischen Bericht in der Epitome (wo zu lesen ist: *reversi in Galliam in Vellocassis se Teutonis coniunxerunt*) und bei Obsequens, mit Beseitigung der geringeren Zeugnisse, die die Teutonen schon früher, zum Theil, wie Appian *Celt.* 13, schon in der Schlacht von Noreia, neben den Kimbrern auftreten lassen. Damit sind verbunden die Notizen bei Caesar *b. G.* 1, 33. 2, 4. 29, da mit dem Zug der Kimbrer in die römische Provinz und nach Italien nur die Expedition von 652 gemeint sein kann. 102

gewählten und wohlverproviantirten Lager am Einfluſs der Isère in die
Rhone, in welcher Stellung er die beiden einzigen damals gangbaren
Heerstraſsen nach Italien, die über den kleinen Bernhard und die an
der Küste, zugleich den Barbaren verlegte. Die Teutonen griffen das
Lager an, das ihnen den Weg sperrte; drei Tage nach einander tobte
der Sturm der Barbaren um die römischen Verschanzungen, aber der
wilde Muth scheiterte an der Ueberlegenheit der Römer im Festungskrieg und an der Besonnenheit des Feldherrn. Nach hartem Verlust
entschlossen sich die dreisten Gesellen den Sturm aufzugeben und am
Lager vorbei fürbaſs nach Italien zu marschiren. Sechs Tage hinter
einander zogen sie daran vorüber, ein Beweis mehr noch für die Schwer-
fälligkeit ihres Trosses als für ihre ungeheure Zahl. Der Feldherr lieſs
es geschehen ohne anzugreifen; daſs er den höhnischen Zuruf der
Feinde, ob die Römer nicht Aufträge hätten an ihre Frauen daheim,
sich nicht irren lieſs, ist begreiflich, aber daſs er dies verwegene Vor-
beidefiliren der feindlichen Colonnen vor der concentrirten römischen
Masse nicht benutzte um zu schlagen, zeigt, wie wenig er seinen unge-
übten Soldaten vertraute. Als der Zug vorüber war, brach auch er
sein Lager ab und folgte dem Feinde auf dem Fuſs, in strenger Ordnung und Nacht für Nacht sich sorgfältig verschanzend. Die Teutonen,
die der Küstenstraſse zustrebten, gelangten längs der Rhone hinab-
marschirend bis in die Gegend von Aquae Sextiae, gefolgt von den
Römern. Beim Wasserschöpfen stieſsen hier die leichten ligurischen
Truppen der Römer mit der feindlichen Nachhut, den Ambronen zusammen; das Gefecht ward bald allgemein; nach heftigem Kampf siegten
die Römer und verfolgten den weichenden Feind bis an die Wagenburg. Dieser erste glückliche Zusammenstoſs erhöhte dem Feldherrn
wie den Soldaten den Muth; am dritten Tage nach demselben ordnete
Marius auf dem Hügel, dessen Spitze das römische Lager trug, seine
Reihen zur entscheidenden Schlacht. Die Teutonen, längst ungeduldig
mit ihren Gegnern sich zu messen, stürmten sofort den Hügel hinauf
und begannen das Gefecht. Es war ernst und langwierig; bis zum
Mittag standen die Deutschen wie die Mauern; allein die ungewohnte
Gluth der provencalischen Sonne erschlaffte ihre Sehnen und ein blinder
Lärm in ihrem Rücken, wo ein Haufen römischer Troſsbuben aus einem
waldigen Versteck mit gewaltigem Geschrei hervorrannte, entschied
vollends die Auflösung der schwankenden Reihen. Der ganze Schwarm
ward gesprengt und, wie begreiflich in dem fremden Lande, entweder
getödtet oder gefangen; unter den Gefangenen war der König Teutobod,

Schlacht
von Aquae
Sextiae.

unter den Todten eine Menge Frauen, welche, nicht unbekannt mit der
Behandlung, die ihnen als Sklavinnen bevorstand, theils auf ihren Karren
in verzweifelter Gegenwehr sich hatten niedermachen lassen, theils in
der Gefangenschaft, nachdem sie umsonst gebeten sie dem Dienst der
Götter und der heiligen Jungfrauen der Vesta zu widmen, sich selber
den Tod gegeben hatten (Sommer 652). — So hatte Gallien Ruhe vor
den Deutschen; und es war Zeit, denn schon standen deren Waffen-
brüder diesseits der Alpen. Mit den Helvetiern verbündet waren die
Kimbrer ohne Schwierigkeit von der Seine in das obere Rhein-
thal gelangt, hatten die Alpenkette auf dem Brennerpafs überschritten und waren von da durch die Thäler der Eisack und Etsch
hinabgestiegen in die italische Ebene. Hier sollte der Consul Quintus
Lutatius Catulus die Pässe bewachen; allein der Gegend nicht völlig
kundig und fürchtend umgangen zu werden hatte er sich nicht getraut
in die Alpen selbst vorzurücken, sondern unterhalb Trient am linken
Ufer der Etsch sich aufgestellt und für alle Fälle den Rückzug auf das
rechte durch Anlegung einer Brücke sich gesichert. Allein als nun die
Kimbrer in dichten Schaaren aus den Bergen hervordrangen, ergriff
ein panischer Schreck das römische Heer und Legionare und Reiter
liefen davon, diese gerades Wegs nach der Hauptstadt, jene auf die
nächste Anhöhe, die Sicherheit zu gewähren schien. Mit genauer Noth
brachte Catulus wenigstens den gröfsten Theil seines Heeres durch eine
Kriegslist wieder an den Flufs und über die Brücke zurück, ehe es den
Feinden, die den oberen Lauf der Etsch beherrschten und schon Bäume
und Balken gegen die Brücke hinabtreiben liefsen, gelang diese zu zerstören und damit dem Heer den Rückzug abzuschneiden. Eine Legion
indefs hatte der Feldherr auf dem andern Ufer zurücklassen müssen
und bereits wollte der feige Tribun, der sie führte, capituliren, als der
Rottenführer Gnaeus Petreius von Atina ihn niederstiefs und mitten
durch die Feinde auf das rechte Ufer der Etsch zu dem Hauptheer sich
durchschlug. So war das Heer und einigermafsen selbst die Waffen-
ehre gerettet; allein die Folgen der versäumten Besetzung der Pässe
und des übereilten Rückzugs waren dennoch sehr empfindlich. Catulus
mufste auf das rechte Ufer des Po sich zurückziehen und die ganze
Ebene zwischen dem Po und den Alpen in der Gewalt der Kimbrer
lassen, so dafs man die Verbindung mit Aquileia nur zur See noch
unterhielt. Dies geschah im Sommer 652, um dieselbe Zeit wo es
zwischen den Teutonen und den Römern bei Aquae Sextiae zur Entscheidung kam. Hätten die Kimbrer ihren Angriff ununterbrochen

102] Kimbrer in Italien

103

fortgesetzt, so konnte Rom in eine sehr bedrängte Lage gerathen; indefs ihrer Gewohnheit im Winter zu rasten blieben sie auch diesmal
getreu und um so mehr, als das reiche Land, die ungewohnten Quartiere
unter Dach und Fach, die warmen Bäder, die neuen und reichlichen
Speisen und Getränke sie einluden es sich vorläufig wohl sein zu lassen.
Dadurch gewannen die Römer Zeit ihnen mit vereinigten Kräften in
Italien zu begegnen.   Es war keine Zeit, was der demokratische General sonst wohl gethan haben würde, den unterbrochenen Eroberungs-
plan des Keltenlandes, wie Gaius Gracchus ihn mochte entworfen haben.
jetzt wieder aufzunehmen; von dem Schlachtfeld von Aix wurde das
siegreiche Heer an den Po geführt und nach kurzem Verweilen in der
Hauptstadt, wo er den ihm angetragenen Triumph bis nach völliger
Ueberwindung der Barbaren zurückwies, traf auch Marius selbst bei
101 den vereinigten Armeen ein.   Im Frühjahr 653 überschritten sie.
50000 Mann stark. unter dem Consul Marius und dem Proconsul
Catulus wiederum den Po und zogen gegen die Kimbrer, welche ihrerseits flufsaufwärts marschirt zu sein scheinen, um den mächtigen Strom
Schlacht auf an seiner Quelle zu überschreiten.   Unterhalb Vercellae unweit der
dem raudi-
schen Felde. Mündung der Sesia in den Po*), eben da wo Hannibal seine erste
Schlacht auf italischem Boden geschlagen hatte, trafen die beiden Heere
auf einander.   Die Kimbrer wünschten die Schlacht und sandten ihrer
Landessitte gemäfs zu den Römern Zeit und Ort dazu auszumachen:
Marius willfahrte ihnen und nannte den nächsten Tag — es war der
101 30. Juli 653 — und das raudische Feld, eine weite Ebene, auf der die
überlegene römische Reiterei einen vortheilhaften Spielraum fand.   Hier
stiefs man auf den Feind, erwartet und doch überraschend; denn in
dem dichten Morgennebel fand sich die kimbrische Reiterei im Hand-
gemenge mit der stärkeren römischen, ehe sie es vermuthete, und ward
von ihr zurückgeworfen auf das Fufsvolk, das eben zum Kampfe sich
ordnete.   Mit geringen Opfern ward ein vollständiger Sieg erfochten
und die Kimbrer vernichtet.   Glücklich mochte heifsen, wer den Tod

---

*) Man hat nicht wohl gethan von der Ueberlieferung abweichend das
Schlachtfeld nach Verona zu verlegen; wobei übersehen ward, dafs zwischen
den Gefechten an der Etsch und dem entscheidenden Treffen ein ganzer Winter
und vielfache Truppenbewegungen liegen, und dafs Catulus nach ausdrück-
licher Angabe (Plut. Mar. 24) bis auf das rechte Po-Ufer zurückgewichen war.
Auch die Angaben, dafs am Po (Hier. chron.), und dafs da, wo Stilicho später
die Geten schlug, d. h. bei Cherasco am Tanaro die Kimbrer geschlagen
wurden, führen, obwohl beide ungenau, doch viel eher nach Vercellae als
nach Verona.

in der Schlacht fand, wie die meisten, unter ihnen der tapfere König Boiorix; glücklicher mindestens als die, die nachher verzweifelnd Hand an sich selbst legten oder gar auf dem Sklavenmarkt in Rom den Herrn suchen mufsten, der dem einzelnen Nordmannen die Dreistigkeit vergalt des schönen Südens begehrt zu haben, ehe denn es Zeit war. Die Tigoriner, die auf den Vorbergen der Alpen zurückgeblieben waren um den Kimbrern später zu folgen, verliefen sich auf die Kunde von der Niederlage in ihre Heimath. Die Menschenlawine, die dreizehn Jahre hindurch von der Donau bis zum Ebro, von der Seine bis zum Po die Nationen allarmirt hatte, ruhte unter der Scholle oder frohnte im Sklavenjoch; der verlorene Posten der deutschen Wanderungen hatte seine Schuldigkeit gethan; das heimathlose Volk der Kimbrer mit seinen Genossen war nicht mehr. Ueber den Leichen haderten die politischen Parteien Roms ihren kümmerlichen Hader weiter, ohne um das grofse Kapitel der Weltgeschichte sich zu bekümmern, davon hier das erste Blatt sich aufgeschlagen hatte, ohne auch nur Raum zu geben dem reinen Gefühl, dafs an diesem Tage Roms Aristokraten wie Roms Demokraten ihre Schuldigkeit gethan hatten. Die Rivalität der beiden Feldherren, die nicht blofs politische Gegner, sondern auch durch den so verschiedenen Erfolg der beiden vorjährigen Feldzüge militärisch gespannt waren, kam sofort nach der Schlacht zum widerwärtigsten Ausbruch. Catulus mochte mit Recht behaupten, dafs das Mitteltreffen, das er befehligte, den Sieg entschieden habe und dafs von seinen Leuten einunddreifsig, von den Marianern nur zwei Feldzeichen eingebracht seien — seine Soldaten führten sogar die Abgeordneten der Stadt Parma durch die Leichenhaufen, um ihnen zu zeigen, dafs Marius tausend geschlagen habe, Catulus aber zehntausend. Nichts desto weniger galt Marius als der eigentliche Besieger der Kimbrer, und mit Recht; nicht blofs weil er kraft seines höheren Ranges an dem entscheidenden Tage den Oberbefehl geführt hatte und an militärischer Begabung und Erfahrung seinem Collegen ohne Zweifel weit überlegen war, sondern vor allem weil der zweite Sieg von Vercellae in der That nur möglich geworden war durch den ersten von Aquae Sextiae. Allein in der damaligen Zeit waren es weniger diese Erwägungen, die den Ruhm von den Kimbrern und Teutonen Rom errettet zu haben ganz und voll an Marius Namen knüpften, als die politischen Parteirücksichten. Catulus war ein feiner und gescheiter Mann, ein so anmuthiger Sprecher, dafs der Wohllaut seiner Worte fast wie Beredsamkeit klang, ein leidlicher Memoirenschreiber und Gelegenheitspoet und

Der Sieg und die Parteien.

ein vortrefflicher Kunstkenner und Kunstrichter; aber er war nichts
weniger als ein Mann des Volkes und sein Sieg ein Sieg der Aristokratie.   Die Schlachten aber des groben Bauern, welcher von dem gemeinen Volke auf den Schild gehoben war und das gemeine Volk zum
Siege geführt hatte, diese Schlachten waren nicht blofs Niederlagen der
Kimbrer und Teutonen, sondern auch Niederlagen der Regierung; es
knüpften daran sich noch ganz andere Hoffnungen als die, dafs man
wieder ungestört jenseit der Alpen Geldgeschäfte machen oder diesseit
den Acker bauen könne.   Zwanzig Jahre waren verstrichen, seit Gaius
Gracchus blutende Leiche die Tiber hinabgetrieben war; seit zwanzig
Jahren ward das Regiment der restaurirten Oligarchie ertragen und
verwünscht; immer noch war dem Gracchus kein Rächer, seinem an-
gefangenen Bau kein zweiter Meister erstanden.   Es hafsten und hofften
Viele, viele von den schlechtesten und viele von den besten Bürgern
des Staats; war der Mann, der diese Rache und diese Wünsche zu erfüllen verstand, endlich gefunden in dem Sohn des Tagelöhners von
Arpinum? stand man wirklich an der Schwelle der neuen vielgefürch-
teten und vielersehnten zweiten Revolution?

KAPITEL VI.

Gaius Marius ward, eines armen Tagelöhners Sohn, geboren im *Marius.*
J. 599 in dem damals arpinatischen Dorfe Cereatae, das später als *us*
Cereatae Marianae Stadtrecht erhielt und noch heute den Namen ‚Marius-
heimath' (Casamare) trägt. Beim Pfluge war er aufgekommen, in so
dürftigen Verhältnissen, dafs sie ihm selbst zu den Gemeindeämtern
von Arpinum den Zugang zu verschliefsen schienen; er lernte früh,
was er später noch als Feldherr übte, Hunger und Durst, Sonnenbrand
und Winterkälte ertragen und auf der harten Erde schlafen. So wie
das Alter es ihm erlaubte, war er in das Heer eingetreten und hatte in
der schweren Schule der spanischen Kriege sich rasch zum Offizier
emporgedient; in Scipios numantinischem Kriege zog er, damals dreiundzwanzigjährig, des strengen Feldherrn Augen auf sich durch die
saubere Haltung seines Pferdes und seiner Waffen wie durch seine
Tapferkeit im Gefecht und sein ehrbares Betragen im Lager. Er war
heimgekehrt mit ehrenvollen Narben und kriegerischen Abzeichen und
mit dem lebhaften Wunsch in der rühmlich betretenen Laufbahn sich
einen Namen zu machen; allein unter den damaligen Verhältnissen
konnte zu den politischen Aemtern, die allein zu höheren Militärstellen
führten, auch der verdienteste Mann nicht gelangen ohne Vermögen
und ohne Verbindungen. Beides ward dem jungen Offizier zu Theil
durch glückliche Handelsspeculationen und durch die Verbindung mit
einem Mädchen aus dem altadlichen Geschlecht der Julier; so gelangte
er unter grofsen Anstrengungen und nach vielfachen Miserfolgen
im J. 639 bis zur Praetur, in welcher er als Statthalter des jenseitigen *us*
Spaniens seine militärische Tüchtigkeit aufs Neue zu bewähren Ge-

legenheit fand. Wie er sodann der Aristokratie zum Trotz im J. 647 das Consulat übernahm und als Proconsul (648. 649) den africanischen Krieg beendigte, wie er, nach dem Unglückstag von Arausio zur Oberleitung des Krieges gegen die Deutschen berufen, unter viermal vom J. 650 bis zum J. 653 wiederholter in den Annalen der Republik beispielloser Erneuerung des Consulats, die Kimbrer jenseit, die Teutonen diesseit der Alpen überwand und vernichtete, ist bereits erzählt worden. In seinem Kriegsamt hatte er sich gezeigt als einen braven und rechtschaffenen Mann, der unparteiisch Recht sprach, über die Beute mit seltener Ehrlichkeit und Uneigennützigkeit verfügte und durchaus unbestechlich war; als einen geschickten Organisator, der die einigermafsen eingerostete Maschine des römischen Heerwesens wieder in brauchbaren Stand gesetzt hatte; als einen fähigen Feldherrn, der den Soldaten in Zucht und doch bei guter Laune erhielt und zugleich im kameradschaftlichen Verkehr seine Liebe gewann, dem Feinde aber kühn ins Auge sah und zur rechten Zeit sich mit ihm schlug.' Eine militärische Capacität im eminenten Sinn war er, so weit wir urtheilen können, nicht; allein die sehr achtungswerthen Eigenschaften, die er besafs, genügten unter den damals bestehenden Verhältnissen vollkommen um ihm den Ruf einer solchen zu verschaffen, und auf diesen gestützt war er in einer beispiellos ehrenvollen Weise eingetreten unter die Consulare und die Triumphatoren. Allein er pafste darum nicht besser in den glänzenden Kreis. Seine Stimme blieb rauh und laut, sein Blick wild, als sähe er noch Libyer oder Kimbrer vor sich und nicht wohlerzogne und parfümirte Collegen. Dafs er abergläubisch war wie ein echter Lanzknecht, dafs er zur Bewerbung um sein erstes Consulat sich nicht durch den Drang seiner Talente, sondern zunächst durch die Aussagen eines etruskischen Eingeweidebeschauers bestimmen liefs und bei dem Feldzug gegen die Teutonen eine syrische Prophetin Martha mit ihren Orakeln dem Kriegsrath aushalf, war nicht eigentlich unaristokratisch; in solchen Dingen begegneten sich damals wie zu allen Zeiten die höchsten und die niedrigsten Schichten der Gesellschaft. Allein unverzeihlich war der Mangel an politischer Bildung; es war zwar löblich, dafs er die Barbaren zu schlagen verstand, aber was sollte man denken von einem der verfassungsmäfsigen Etikette so unkundigen Consul, dafs er im Triumphalcostüm im Senat erschien! Auch sonst hing die Roture ihm an. Er war nicht blofs — nach aristokratischer Terminologie — ein armer Mann, sondern was schlimmer war, genügsam und ein abgesagter Feind aller Bestechung und

Durchsteckerei. Nach Soldatenart war er nicht wählerisch, aber becherte gern, besonders in späteren Jahren; Feste zu geben verstand er nicht und hielt einen schlechten Koch. Ebenso übel war es, dafs der Consular nur lateinisch verstand und die griechische Conversation sich verbitten mufste; dafs er bei den griechischen Schauspielen sich langweilte, mochte hingehen — er war vermuthlich nicht der Einzige —, aber dafs er sich zu seiner Langenweile bekannte, war naiv. So blieb er Zeit seines Lebens ein unter die Aristokraten verschlagener Bauersmann und geplagt von den empfindlichen Stichelworten und dem empfindlicheren Mitleiden seiner Collegen, das wie diese selber zu verachten er denn doch nicht über sich vermochte. Nicht viel weniger **Marius politische Stellung.** wie aufserhalb der Gesellschaft stand Marius aufserhalb der Parteien. Die Mafsregeln, die er in seinem Volkstribunat (635) durchsetzte, eine 119 bessere Controle bei der Abgabe der Stimmtäfelchen zur Abstellung der argen dabei stattfindenden Betrügereien, und die Verhinderung ausschweifender Anträge auf Spenden an das Volk (S. 128) tragen nicht den Stempel einer Partei, am wenigsten den der demokratischen, sondern zeigen nur, dafs ihm Unrechtfertigkeit und Unvernunft verhafst war: und wie hätte auch ein Mann wie dieser, Bauer von Geburt und Soldat aus Neigung, von Haus aus revolutionär sein können? Die Anfeindungen der Aristokratie hatten ihn zwar später in das Lager der Gegner der Regierung getrieben und rasch sah er sich hier auf den Schild gehoben zunächst als Feldherr der Opposition und demnächst vielleicht bestimmt zu noch höheren Dingen. Allein es war dies weit mehr die Folge der zwingenden Gewalt der Verhältnisse und des allgemeinen Bedürfnisses der Opposition nach einem Haupte als sein eigenes Werk; hatte er doch seit seinem Abgang nach Africa 647/8 107/6 kaum vorübergehend auf kurze Zeit in der Hauptstadt verweilt. Erst in der zweiten Hälfte des J. 653 kam er, Sieger wie über die Kimbrer 101 so über die Teutonen, nach Rom zurück, um den verschobenen Triumph nun zwiefach zu feiern, entschieden der erste Mann in Rom und doch zugleich politischer Anfänger. Es war unwidersprechlich ausgemacht, nicht blofs dafs Marius Rom gerettet habe, sondern dafs er der einzige Mann sei, der Rom habe retten können; sein Name war auf allen Lippen; die Vornehmen erkannten seine Leistungen an; bei dem Volk war er populär wie keiner vor oder nach ihm, populär durch seine Tugenden wie durch seine Fehler, durch seine unaristokratische Uneigennützigkeit nicht minder wie durch seine bäurische Derbheit; er hiefs der Menge der dritte Romulus und der zweite Camillus; gleich

den Göttern wurden ihm Traukopfer gespendet. Es war kein Wunder,
wenn dem Bauernsohn der Kopf mitunter schwindelte von all der
Herrlichkeit, wenn er seinen Zug von Africa ins Keltenland den Sieges-
fahrten des Dionysos von Erdtheil zu Erdtheil verglich und sich für
seinen Gebrauch einen Becher — keinen von den kleinsten — nach
dem Muster des bakchischen fertigen liefs. Es war eben so viel Hoffnung wie Dankbarkeit in dieser taumelnden Begeisterung des Volkes,
die wohl einen Mann von kälterem Blut und gereifterer politischer
Erfahrung zu irren vermocht hätte. Marius Werk schien seinen Be-
wunderern keineswegs vollendet. Schwerer als die Barbaren lastete
auf dem Lande die elende Regierung; ihm, dem ersten Manne Roms,
dem Liebling des Volkes, dem Haupt der Opposition kam es zu Rom
zum zweitenmal zn retten. Zwar war ihm, dem Bauer und Soldaten,
das hauptstädtische politische Treiben fremd und unbequem; er sprach
so schlecht, wie er gut commandirte und bewies den Lanzen und
Schwertern der Feinde gegenüber eine weit festere Haltung als gegen
die klatschende oder zischende Menge; aber auf seine Neigungen kam
wenig an. Hoffnungen binden. Seine militärische und politische
Stellung war von der Art, dafs, wenn er mit seiner ruhmvollen Vergangenheit nicht brechen, die Erwartungen seiner Partei, ja der Nation
nicht täuschen, seiner eigenen Gewissenspflicht nicht untreu werden
wollte, er der Mifsverwaltung der öffentlichen Angelegenheiten steuern
und dem Restaurationsregiment ein Ende machen mufste; und wenn
er nur die inneren Eigenschaften eines Volkshauptes besafs, so konnte
er dessen, was zum Volksführer ihm abging, allerdings entrathen.

Die neue   Eine furchtbare Waffe hielt er in der Hand in der neu organi-
Heer-
ordnung.   sirten Armee. Bis auf seine Zeit hatte man von dem Grundgedanken
der servianischen Verfassung die Aushebung lediglich auf die vermögenden Bürger zu beschränken und die Unterschiede der Waffengattungen allein nach den Vermögensclassen zu ordnen (I, 91. 307)
wohl schon manches nachlassen müssen: es war das zum Eintritt in
das Bürgerheer verpflichtende Minimalvermögen von 11000 Assen
(300 Thlr.) herabgesetzt worden auf 4000 (115 Thlr.; I, 819); es waren
die älteren sechs in den Waffengattungen unterschiedenen Vermögensclassen beschränkt worden auf drei, indem man zwar wie nach der
servianischen Ordnung die Reiter aus den vermögendsten, die Leicht-
bewaffneten aus den ärmsten Dienstpflichtigen auslas, aber den Mittelstand, die eigentliche Linieninfanterie unter sich nicht mehr nach dem
Vermögen, sondern nach dem Dienstalter in die drei Treffen der

Hastaten, Principes und Triarier ordnete. Man hatte ferner schon längst die italischen Bundesgenossen in sehr ausgedehntem Mafse zum Kriegsdienst mit herangezogen, indefs auch hier, ganz wie bei der römischen Bürgerschaft, die Militärpflicht vorzugsweise auf die besitzenden Klassen gelegt. Nichtsdestoweniger ruhte das römische Militärwesen bis auf Marius im Wesentlichen auf jener uralten Bürgerwehrordnung. Allein für die veränderten Verhältnisse pafste dieselbe nicht mehr. Die besseren Klassen der Gesellschaft zogen theils vom Heerdienst mehr und mehr sich zurück, theils schwand der römische und italische Mittelstand überhaupt zusammen: dagegen waren einestheils die beträchtlichen Streitmittel der aufseritalischen Bundesgenossen und Unterthanen verfügbar geworden, andrerseits bot das italische Proletariat, richtig verwandt, ein militärisch wenigstens sehr brauchbares Material. Die Bürgerreiterei (I, 789), die aus der Klasse der Wohlhabenden gebildet werden sollte, war im Felddienst schon vor Marius thatsächlich eingegangen. Als wirklicher Heerkörper wird sie zuletzt genannt in dem spanischen Feldzug von 614, wo sie den Feldherrn 140 durch ihren höhnischen Hochmuth und ihre Unbotmäfsigkeit zur Verzweiflung bringt und zwischen beiden ein von den Reitern wie vom Feldherrn mit gleicher Gewissenlosigkeit geführter Krieg ausbricht. Im jugurthinischen Krieg erscheint sie schon nur noch als eine Art Nobelgarde für den Feldherrn und fremde Prinzen; von da an verschwindet sie ganz. Ebenso erwies sich die Ergänzung der Legionen mit gehörig qualificirten Pflichtigen schon im gewöhnlichen Lauf der Dinge schwierig; so dafs Anstrengungen, wie sie nach der Schlacht von Arausio nöthig waren, unter Einhaltung der bestehenden Vorschriften über die Dienstpflicht wohl in der That materiell unausführbar gewesen sein würden. Andrerseits wurden schon vor Marius, namentlich in der Cavallerie und der leichten Infanterie, die aufseritalischen Unterthanen, die schweren Berittenen Thrakiens, die leichte africanische Reiterei, das vortreffliche leichte Fufsvolk der behenden Ligurer, die Schleuderer von den Balearen, in immer gröfserer Anzahl auch aufserhalb ihrer Provinzen bei den römischen Heeren mit verwendet; und zugleich drängten sich, während an qualificirten Bürgerrekruten Mangel war, die nicht qualificirten ärmeren Bürger ungerufen zum Eintritt in die Armee, wie denn bei der Masse des arbeitlosen oder arbeitscheuen Bürgergesindels und bei den ansehnlichen Vortheilen, die der römische Kriegsdienst abwarf, die Freiwilligenwerbung nicht schwierig sein konnte. Es war demnach nichts als eine noth-

wendige Consequenz der politischen und socialen Umwandlung des
Staats, dafs man im Militärwesen überging von dem System des Bürger-
aufgebots zu dem Zuzug- und Werbesystem, die Reiterei und die leichten
Truppen wesentlich aus den Contingenten der Unterthanen bildete,
wie denn für den kimbrischen Feldzug schon bis nach Bithynien Zuzug
angesagt ward, für die Linieninfanterie aber zwar die bisherige Dienst-
pflichtordnung nicht aufhob, allein daneben jedem freigeborenen Bürger
den freiwilligen Eintritt in das Heer gestattete, was zuerst Marius 647
that. — Hiezu kam die Nivellirung innerhalb der Linieninfanterie, die
gleichfalls auf Marius zurückgeht. Die römische Weise aristokratischer
Gliederung hatte bis dahin auch innerhalb der Legion geherrscht. Die
vier Treffen der Leichten, der Hastaten, der Principes, der Triarier,
oder, wie man auch sagen kann, der Vorhut, der ersten, zweiten und
dritten Linie hatten bis dahin jedes seine besondere Qualification nach
Vermögen oder Dienstalter und grofsentheils auch verschiedene Bewaffnung, jedes seinen ein für allemal bestimmten Platz in der Schlacht-
ordnung, jedes seinen bestimmten militärischen Rang und sein eigenes
Feldzeichen gehabt.   Alle diese Unterschiede fielen jetzt über den
Haufen. Wer überhaupt als Legionar zugelassen ward, bedurfte keiner
weiteren Qualification, um in jeder Abtheilung zu dienen; über die
Einordnung entschied einzig das Ermessen der Offiziere.   Alle Unterschiede der Bewaffnung fielen weg und somit wurden auch alle Rekruten
gleichmäfsig geschult.   Ohne Zweifel in Verbindung damit stehen die
vielfachen Verbesserungen, die in der Bewaffnung, dem Tragen des
Gepäcks und ähnlichen Dingen von Marius herrühren und ein rühm-
liches Zeugnifs ablegen von der Einsicht desselben in das praktische
Detail des Kriegshandwerks und seiner Fürsorge für die Soldaten; vor
allem aber das neue von dem Kameraden des Marius im africanischen
Krieg Publius Rutilius Rufus (Consul 649) entworfene Exercirreglement; es ist bezeichnend, dafs dasselbe die militärische Ausbildung des
einzelnen Mannes beträchtlich steigerte und wesentlich sich anlehnte an
die in den damaligen Fechterschulen übliche Ausbildung der künftigen
Gladiatoren.   Die Gliederung der Legion ward eine gänzlich andere.
An die Stelle der 30 Fähnlein (*manipuli*) schwerer Infanterie, die —
jedes zu zwei Zügen (*centuriae*) von je 60 Mann in den beiden ersten
und je 30 Mann im dritten Treffen — bisher die taktische Einheit gebildet hatten, traten 10 Haufen (*cohortes*), jeder mit eigenem Feldzeichen
und jeder zu 6, oft auch nur zu 5 Zügen von je 100 Mann; so dafs, obgleich gleichzeitig durch Einziehung der leichten Infanterie der Legion

1200 Mann erspart wurden, dennoch die Gesammtzahl der Legion von
4200 auf 5000 bis 6000 Mann stieg. Die Sitte in drei Treffen zu fechten
blieb bestehen, allein wenn bisher jedes Treffen einen eigenen Truppen-
körper gebildet hatte, so war es in Zukunft dem Feldherrn überlassen die
Cohorten, über die er disponirte, in die drei Linien nach Ermessen zu
vertheilen. Den militärischen Rang bestimmte einzig die Ordnungs-
nummer der Soldaten und der Abtheilungen. Die vier Feldzeichen
der einzelnen Legionstheile, der Wolf, der mannköpfige Stier, das
Rofs, der Eber, die bisher wahrscheinlich der Reiterei und den drei
Treffen der schweren Infanterie waren vorgetragen worden, verschwanden; dafür traten die Fähnlein der neuen Cohorten ein und das
neue Zeichen, das Marius der gesammten Legion verlieh, der silberne
Adler. Wenn also innerhalb der Legion jede Spur der bisherigen
bürgerlichen und aristokratischen Gliederung verschwand und unter
den Legionaren fortan nur noch rein soldatische Unterschiede vorkamen, so hatte sich dagegen schon einige Jahrzehnte früher aus zu-
fälligen Anlässen eine bevorzugte Heeresabtheilung neben den Legionen
entwickelt: die Leibwache des Feldherrn. Bis dahin hatten ausgesuchte
Mannschaften aus den bundesgenössischen Contingenten die persönliche
Bedeckung des Feldherrn gebildet; römische Legionare oder gar freiwillig sich erbietende Mannschaften zum persönlichen Dienst bei
demselben zu verwenden widerstritt der strengen Gebundenheit des
gewaltigen Gemeinwesens. Aber als der numantinische Krieg ein
beispiellos demoralisirtes Heer grofsgezogen hatte und Scipio Aemilianus, der berufen ward dem wüsten Unwesen zu steuern, es nicht bei
der Regierung hatte durchsetzen können völlig neue Truppen unter die
Waffen zu rufen, ward es ihm wenigstens gewährt aufser einer Anzahl
von Mannschaften, die ihm die abhängigen Könige und Freistädte des
Auslandes zur Verfügung stellten, aus freiwilligen römischen Bürgern
eine persönliche Bedeckungsmannschaft von 500 Mann zu bilden (S. 16).
Diese Cohorte, theils aus den besseren Ständen, theils aus der niederen
persönlichen Clientel des Feldherrn hervorgegangen und daher bald
die der Freunde, bald die des Hauptquartiers (*praetoriani*) genannt,
hatte den Dienst in diesem (*praetorium*), wofür sie vom Lager- und
Schanzdienst frei war, und genofs höheren Sold und gröfseres
Ansehen. — Diese vollständige Revolution der römischen Heerverfas-
sung scheint allerdings wesentlich aus rein militärischen Motiven
hervorgegangen und überhaupt weniger das Werk eines Einzelnen,
am wenigsten eines berechnenden Ehrgeizigen, als die vom Drang der

Politische
Bedeutung
der mariani-
schen Mili-
tärreform.

13*

Umstände gebotene Umgestaltung unhaltbar gewordener Einrichtungen gewesen zu sein. Es ist wahrscheinlich, dafs die Einführung des inländischen Werbesystems durch Marius ebenso den Staat militärisch vom Untergang gerettet hat, wie manches Jahrhundert später Arbogast und Stilicho durch Einführung des ausländischen ihm noch auf eine Weile die Existenz fristeten. Nichts desto weniger lag in ihr, wenn auch noch unentwickelt, zugleich eine vollständige politische Revolution. Die republikanische Verfassung ruhte zumeist darauf, dafs der Bürger zugleich Soldat, der Soldat vor allem Bürger war; es war mit ihr zu Ende, sowie ein Soldatenstand sich bildete. Hiezu mufste schon das neue Exercirreglement führen mit seiner dem Kunstfechter abgeborgten Routine; der Kriegsdienst ward allmählich Kriegshandwerk. Weit rascher noch wirkte die wenn auch beschränkte Zuziehung des Proletariats zum Militärdienst, besonders in Verbindung mit den uralten Satzungen, die dem Feldherrn ein nur mit sehr soliden republikanischen Institutionen verträgliches arbiträres Belohnungsrecht seiner Soldaten einräumten und dem tüchtigen und glücklichen Soldaten eine Art Anrecht gaben vom Feldherrn einen Theil der beweglichen Beute, vom Staat ein Stück des gewonnenen Ackers zu heischen. Wenn der ausgehobene Bürger und Bauer in dem Kriegsdienst nichts sah als eine für das gemeine Beste zu übernehmende Last und im Kriegsgewinn nichts als einen geringen Entgelt für den ihm aus dem Dienst erwachsenden weit ansehnlicheren Verlust, so war dagegen der geworbene Proletarier nicht blofs für den Augenblick allein angewiesen auf seinen Sold, sondern auch für die Zukunft mufste er, den nach der Entlassung kein Invaliden-, ja nicht einmal ein Armenhaus aufnahm, wünschen zunächst bei der Fahne zu bleiben und diese nicht anders zu verlassen als mit Begründung seiner bürgerlichen Existenz. Seine einzige Heimath war das Lager, seine einzige Wissenschaft der Krieg, seine einzige Hoffnung der Feldherr — was hierin lag, leuchtet ein. Als Marius nach dem Treffen auf dem raudischen Feld zwei Cohorten italischer Bundesgenossen ihrer tapferen Haltung wegen in Masse das Bürgerrecht auf dem Schlachtfeld selbst verfassungswidrig verlieh, rechtfertigte er später sich damit, dafs er im Lärm der Schlacht die Stimme der Gesetze nicht habe unterscheiden können. Wenn einmal in wichtigeren Fragen das Interesse des Heers und des Feldherrn in verfassungswidrigem Begehren sich begegneten, wer mochte dafür stehen, dafs alsdann nicht noch andere Gesetze über dem Schwertergeklirr nicht würden vernommen werden? Man hatte das stehende Heer, den Soldatenstand, die Garde; wie in der bürgerlichen Verfassung so standen auch in der militärischen bereits alle Pfeiler der künftigen Monarchie: es fehlte einzig an dem Monarchen. Wie die zwölf Adler um den palatinischen Hügel kreisten, da riefen sie dem Königthum; der neue Adler, den Gaius Marius den Legionen verlieh, verkündete das Reich der Kaiser.

Es ist wohl keinem Zweifel unterworfen, daß Marius einging auf die glänzenden Aussichten, die seine militärische und politische Stellung ihm eröffnete. Es war eine trübe schwere Zeit. Man hatte Frieden, aber man ward des Friedens nicht froh; es war nicht mehr wie einst nach dem ersten gewaltigen Anprall der Nordländer auf Rom, wo nach überstandener Krise im frischen Gefühl der Genesung alle Kräfte sich neu geregt, wo sie in üppiger Entfaltung das Verlorene rasch und reichlich ersetzt hatten. Alle Welt fühlte, daß, mochten auch tüchtige Feldherren noch aber und abermal das unmittelbare Verderben abwehren, das Gemeinwesen darum nur um so sicherer zu Grunde gehe unter dem Regiment der restaurirten Oligarchie; aber alle Welt fühlte auch, daß die Zeit nicht mehr war, wo in solchen Fällen die Bürgerschaft sich selber half, und daß nichts besser ward, so lange des Gaius Gracchus Platz leer blieb. Wie tief die Menge die nach dem Verschwinden jener beiden hohen Jünglinge, welche der Revolution das Thor geöffnet hatten, zurückgebliebene Lücke empfand, freilich auch wie kindisch sie nach jedem Schatten des Ersatzes griff, beweist der falsche Sohn des Tiberius Gracchus, welcher, obwohl die eigene Schwester der beiden Gracchen ihn auf offenem Markte des Betruges zieh, dennoch einzig seines usurpirten Namens wegen vom Volke für 655 zum Tribun gewählt ward. In demselben Sinne jubelte die Menge dem Gaius Marius entgegen; wie sollte sie nicht? Wenn irgend einer, schien er der rechte Mann; war er doch der erste Feldherr und der populärste Name seiner Zeit, anerkannt brav und rechtschaffen und selbst durch seine von dem Parteitreiben entfernte Stellung zum Regenerator des Staats empfohlen — wie hätte nicht das Volk, wie hätte er selbst nicht sich dafür halten sollen! Die öffentliche Meinung war so entschieden wie möglich oppositionell; es ist bezeichnend dafür, daß die Besetzung der in den höchsten geistlichen Collegien erledigten Stellen durch die Bürgerschaft anstatt durch die Collegien selbst, die die Regierung noch im J. 609 durch Anregung der religiösen Bedenken in den Comitien zu Fall gebracht hatte, im J. 650 auf den Antrag des Gnaeus Domitius durchging, ohne daß der Senat es hätte wagen können sich auch nur ernstlich zu widersetzen. Durchaus schien es nur an einem Haupte

zu fehlen, das der Opposition einen festen Mittelpunkt und ein prak-
tisches Ziel gab; und dies war jetzt in Marius gefunden.

Zur Durchführung seiner Aufgabe bot sich ihm ein doppelter
Weg: Marius konnte die Oligarchie zu stürzen versuchen als Imperator
an der Spitze der Armee oder auf dem für constitutionelle Aenderungen
verfassungsmäfsig bezeichneten Weg; dorthin wies seine eigene Vergangenheit, hierhin der Vorgang des Gracchus. Es ist sehr begreiflich,
dafs er den ersteren Weg nicht betrat, vielleicht nicht einmal die Möglichkeit dachte ihn zu betreten. Der Senat war oder schien so macht- und
rathlos, so verhafst und verachtet, dafs Marius gegen ihn kaum einer
andern Stütze als seiner ungeheuren Popularität zu bedürfen, nöthigenfalls aber trotz der Auflösung des Heeres sie in den entlassenen und ihrer
Belohnungen harrenden Soldaten zu finden meinte. Es ist wahrscheinlich, dafs Marius, im Hinblick auf Gracchus leichten und scheinbar fast
vollständigen Sieg und auf seine eigenen denen des Gracchus weit
überlegenen Hülfsmittel, den Umsturz einer vierhundertjährigen mit
dem nach complicirter Hierarchie geordneten Staatskörper und den mannichfaltigsten Gewohnheiten und Interessen innig verwachsenen Verfassung für weit leichter hielt als er war. Aber selbst wer tiefer in
die Schwierigkeiten des Unternehmens hineinsah als es Marius wahrscheinlich that, mochte erwägen, dafs das Heer, obwohl im Uebergang
begriffen von der Bürgerwehr zur Söldnerschaar, doch während dieses
Uebergangszustandes noch keineswegs zum blinden Werkzeug eines
Staatsstreiches sich schickte und dafs ein Versuch die widerstrebenden
Elemente durch militärische Mittel zu beseitigen die Widerstandsfähig-
keit der Gegner wahrscheinlich gesteigert haben würde. Die organisirte Waffengewalt in den Kampf zu verwickeln mufste auf den ersten
Blick überflüssig, auf den zweiten bedenklich erscheinen: man war
eben am Anfang der Krise und die Gegensätze von ihrem letzten,
kürzesten und einfachsten Ausdruck noch weit entfernt.

Die Volks-
partei.
Marius entliefs also der bestehenden Ordnung gemäfs nach dem
Triumph sein Heer und schlug den von Gaius Gracchus vorgezeichneten
Weg ein vermittelst der Uebernahme der verfassungsmäfsigen Staats-
ämter die Oberhauptschaft im Staate an sich zu bringen. Er fand sich
damit angewiesen auf die sogenannte Volkspartei und in deren damaligen Führern um so mehr seine Bundesgenossen, als der siegreiche
General die zur Gassenherrschaft erforderlichen Gaben und Erfahrungen
durchaus nicht besafs. So gelangte die demokratische Partei nach
langer Nichtigkeit plötzlich wieder zu politischer Bedeutung. Sie hatte

in dem langen Interim von Gaius Gracchus bis auf Marius sich wesentlich verschlechtert. Wohl war das Mifsvergnügen über das senatorische
Regiment jetzt nicht geringer als damals; aber manche der Hoffnungen,
die den Gracchen ihre treuesten Anhänger zugeführt hatten, war inzwischen als Illusion erkannt worden und die Ahnung inzwischen
Manchen aufgegangen, dafs diese gracchische Agitation auf ein Ziel
hinausliefe, wohin ein sehr grofser Theil der Mifsvergnügten keineswegs zu folgen willig war; wie denn überhaupt in dem zwanzigjährigen
Hetzen und Treiben gar viel verschliffen und vergriffen war von der
frischen Begeisterung, dem felsenfesten Glauben, der sittlichen Reinheit des Strebens, die die Anfangsstadien der Revolutionen bezeichnen.
Aber wenn die demokratische Partei nicht mehr war was sie unter
Gaius Gracchus gewesen, so standen die Führer der Zwischenzeit jetzt
ebenso tief unter ihrer Partei als Gaius Gracchus hoch über derselben
gestanden hatte. Es lag dies in der Natur der Sache. Bis wieder ein
Mann auftrat, der es wagte wie Gaius Gracchus nach der Staatsoberhauptschaft zu greifen, konnten die Führer nur Lückenbüfser sein:
entweder politische Anfänger, die ihre jugendliche Oppositionslust aus-
tobten und sodann, als sprudelnde Feuerköpfe und beliebte Sprecher
legitimirt, mit mehr oder minder Geschicklichkeit ihren Rückzug in
das Lager der Regierungspartei bewerkstelligten; oder auch Leute, die
an Vermögen und Einflufs nichts zu verlieren, an Ehre gewöhnlich
nicht einmal etwas zu gewinnen hatten, und die aus persönlicher
Erbitterung oder auch aus blofser Lust am Lärmschlagen sich ein Geschäft daraus machten die Regierung zu hindern und zu ärgern. Der
ersten Gattung gehörten zum Beispiel an Gaius Memmius (S. 142) und
der bekannte Redner Lucius Crassus, die ihre in den Reihen der Opposition gewonnenen oratorischen Lorbeern demnächst als eifrige Re-
gierungsmänner verwertheten. Die namhaftesten Führer der Popular- Glaucia,
partei aber um diese Zeit waren Männer der zweiten Gattung: sowohl
Gaius Servilius Glaucia, von Cicero der römische Hyperbolos genannt,
ein gemeiner Gesell niedrigster Herkunft und unverschämtester Strafsen-
beredsamkeit, aber wirksam und selbst gefürchtet wegen seiner drastischen Witze, als auch sein besserer und fähigerer Genosse Lucius
Appuleius Saturninus, der selbst nach den Berichten seiner Feinde Saturninus
ein feuriger und eindringlicher Sprecher war und wenigstens nicht
von gemein eigennützigen Motiven geleitet ward. Ihm war als Quaestor
die in üblicher Weise ihm zugefallene Getreideverwaltung durch Beschlufs des Senats entzogen worden, weniger wohl wegen fehlerhafter

Amtsführung als um das eben damals populäre Amt lieber einem der
Häupter der Regierungspartei, dem Marcus Scaurus als einem unbekannten keiner der herrschenden Familien angehörigen jungen Manne
zuzuwenden.   Diese Kränkung hatte den aufstrebenden und lebhaften
Mann in die Opposition gedrängt; und er vergalt als Volkstribun 651
das Empfangene mit Zinsen.   Ein ärgerlicher Handel hatte damals den
andern gedrängt.   Er hatte die von den Gesandten des Königs Mithradates in Rom bewirkten Bestechungen auf offenem Markt zur Sprache
gebracht — diese den Senat aufs höchste compromittirenden Enthüllungen hätten fast dem kühnen Tribun das Leben gekostet.   Er
hatte gegen den Besieger Numidiens Quintus Metellus, als derselbe sich
für 652 um die Censur bewarb, einen Auflauf erregt und denselben
auf dem Capitol belagert gehalten, bis die Ritter ihn nicht ohne Blut-
vergiefsen befreiten; des Censors Metellus Vergeltung, die schimpfliche
Ausstofsung des Saturninus wie des Glaucia aus dem Senat bei Gelegenheit der Revision des Senatorenverzeichnisses, war nur gescheitert
an der Schlaffheit des dem Metellus zugegebenen Collegen.   Er hauptsächlich hatte jenes Ausnahmegericht gegen Caepio und dessen Genossen (S. 179) trotz des heftigsten Widerstrebens der Regierungspartei, er gegen dieselben die lebhaft bestrittene Wiederwahl des Marius
zum Consul für 652 durchgesetzt.   Saturninus war entschieden der
energischste Feind des Senats und der thätigste und beredteste Führer
der Volkspartei seit Gaius Gracchus, freilich auch gewaltthätig und
rücksichtslos wie keiner vor ihm, immer bereit in die Strafse hinabzu-
steigen und statt mit Worten den Gegner mit Knitteln zu widerlegen.
— Solcher Art waren die beiden Führer der sogenannten Popularpartei, die mit dem siegreichen Feldherrn jetzt gemeinschaftliche Sache
machten.   Es war natürlich; die Interessen und die Zwecke gingen
zusammen und auch schon bei Marius früheren Bewerbungen hatte
wenigstens Saturninus aufs Entschiedenste und Erfolgreichste für ihn
Partei genommen.   Sie wurden sich dahin einig, dafs für 654 Marius
um das sechste Consulat, Saturninus um das zweite Tribunat, Glaucia
um die Praetur sich bewerben sollten, um im Besitz dieser Aemter die
beabsichtigte Staatsumwälzung durchzuführen.   Der Senat liefs die Er-
nennung des minder gefährlichen Glaucia geschehen, aber that was er
konnte um Marius und Saturninus Wahl zu hindern oder doch wenigstens jenem in Quintus Metellus einen entschlossenen Gegner als
Collegen im Consulat an die Seite zu setzen.   Von beiden Parteien
wurden alle Hebel, erlaubte und unerlaubte, in Bewegung gesetzt;

allein es gelang dem Senate nicht die gefährliche Verschwörung im
Keim zu ersticken. Marius selbst verschmähte es nicht Stimmenbettel,
es heißt sogar auch Stimmenkauf zu betreiben; ja als in den tribunicischen Wahlen neun Männer von der Liste der Regierungspartei
proclamirt waren und auch die zehnte Stelle bereits einem achtbaren
Mann derselben Farbe Quintus Nunnius gesichert schien, ward dieser
von einem wüsten Haufen, der vorzugsweise aus entlassenen Soldaten
des Marius bestanden haben soll, angefallen und erschlagen. So gelangten die Verschworenen, freilich auf die gewaltsamste Weise, zum
Ziel. Marius wurde gewählt als Consul, Glaucia als Praetor, Saturninus
als Volkstribun für 654; nicht Quintus Metellus, sondern ein unbe- 100
deutender Mann Lucius Valerius Flaccus erhielt die zweite Consulstelle;
die verbündeten Männer konnten daran gehen ihre weiter beabsichtigten Pläne ins Werk zu setzen und das 633 unterbrochene Werk zu 121
vollenden.

    Erinnern wir uns, welche Ziele Gaius Gracchus und mit welchen Die appulei-
Mitteln er sie verfolgt hatte. Es galt die Oligarchie nach innen wie   schen Ge-
nach außen zu brechen, also theils die vom Senat völlig abhängig ge-   setze.
wordene Beamtengewalt in ihre ursprünglichen souveränen Rechte
wieder einzusetzen und die Rathsversammlung aus der regierenden
wieder in eine berathende Behörde umzuwandeln, theils der aristokratischen Gliederung des Staats in die drei Klassen der herrschenden
Bürger-, der italischen Bundesgenossen- und der Unterthanenschaft
durch allmähliche Ausgleichung dieser mit einem nicht oligarchischen
Regiment unverträglichen Gegensätze ein Ende zu machen. Diese Gedanken nahmen die drei verbündeten Männer wieder auf in den Colonialgesetzen, die Saturninus als Volkstribun theils schon früher (651) 105
eingebracht hatte, theils jetzt (654) einbrachte*). Schon in jenem 100
Jahre war zunächst zu Gunsten der marianischen Soldaten, der Bürger
nicht bloß sondern wie es scheint auch der italischen Bundesgenossen,
die unterbrochene Vertheilung des karthagischen Gebiets wieder aufgenommen und jedem dieser Veteranen ein Landloos von 100 Morgen

---

*) Es ist nicht möglich genau zu unterscheiden, was dem ersten und was
dem zweiten Tribunat des Saturninus angehört; um so weniger als derselbe
in beiden offenbar dieselben gracchischen Tendenzen verfolgte. Das africanische
Ackergesetz setzt die Schrift *de viris ill.* 73, 1 mit Bestimmtheit in 651: und 105
es paßt dies auch zu der erst kurz vorher erfolgten Beendigung des jugurthinischen Krieges. Das zweite Ackergesetz gehört unzweifelhaft in das Jahr 654. 100
Das Majestäts- und das Getreidegesetz sind nur vermuthungsweise jenes in 651 105
(S. 190 A.), dieses in 654 gesetzt worden.   100

oder etwa dem fünffachen Mafs eines gewöhnlichen italischen Bauerhofs
in der Provinz Africa zugesichert worden. Jetzt ward für die römisch-
italische Emigration nicht blofs das bereits zur Verfügung stehende
Provinzialland in weitester Ausdehnung in Anspruch genommen, son-
dern auch mittelst der rechtlichen Fiction, dafs den Römern durch die
Besiegung der Kimbrer das gesammte von diesen besetzte Gebiet von
Rechtswegen erworben sei, alles Land der noch unabhängigen Kelten-
stämme jenseit der Alpen. Zur Leitung der Landanweisungen wie der
zu diesem Behuf etwa nöthig erscheinenden weiteren Mafsregeln ward
Gaius Marius berufen; die unterschlagenen, aber von den schuldigen
Aristokraten erstatteten oder noch zu erstattenden Tempelschätze von
Tolosa wurden zur Ausstattung der neuen Landempfänger bestimmt.
Dieses Gesetz nahm also nicht blofs die Eroberungspläne jenseit der
Alpen und die transalpinischen und überseeischen Colonisationsent-
würfe, wie Gaius Gracchus und Flaccus sie entworfen hatten, im ausgedehntesten Umfang wieder auf, sondern indem es die Italiker neben
den Römern zur Emigration zuliefs und doch ohne Zweifel die sämmtlichen neuen Gemeinden als Bürgercolonien einzurichten vorschrieb,
machte es einen Anfang die so schwer durchzubringenden und doch
unmöglich auf die Länge abzuweisenden Ansprüche der Italiker auf
Gleichstellung mit den Römern zu befriedigen.   Zunächst aber wurde,
wenn das Gesetz durchging und Marius zur selbstständigen Ausführung
dieser ungeheuren Eroberungs- und Auftheilungspläne berufen ward,
thatsächlich derselbe bis zur Realisirung jener Pläne oder vielmehr, bei
der Unbestimmtheit und Schrankenlosigkeit derselben, auf Zeit seines
Lebens Monarch von Rom; wozu denn vermuthlich, wie Gracchus das
Tribunat, so Marius das Consulat alljährlich sich erneuern zu lassen
gedachte.   Ueberhaupt ist bei der sonstigen Uebereinstimmung der
für den jüngeren Gracchus und für Marius entworfenen politischen
Stellungen in allen wesentlichen Stücken doch zwischen dem landanweisenden Tribun und dem landanweisenden Consul darin ein sehr
wesentlicher Unterschied, dafs jener eine rein bürgerliche, dieser daneben eine militärische Stellung einnehmen sollte: ein Unterschied,
der zwar mit, aber doch keineswegs allein aus den persönlichen Verhältnissen hervorging, unter denen die beiden Männer an die Spitze
des Staates getreten waren. — Wenn also das Ziel beschaffen war, das
Marius und seine Genossen sich vorgesteckt hatten, so fragte es sich
weiter um die Mittel, durch welche man den voraussichtlich hart-
näckigen Widerstand der Regierungspartei zu brechen gedachte. Gaius

Gracchus hatte seine Schlachten geschlagen mit dem Capitalistenstand und dem Proletariat. Seine Nachfolger versäumten zwar nicht auch diesen entgegenzukommen. Den Rittern liefs man nicht blofs die Gerichte, sondern ihre Geschwornengewalt wurde ansehnlich gesteigert theils durch eine verschärfte Ordnung für die den Kaufleuten vor allem wichtige stehende Commission wegen Erpressungen seitens der Staatsbeamten in den Provinzen, welche Glaucia, wahrscheinlich in diesem Jahr, durchbrachte, theils durch das wohl schon 651 auf Saturninus 103 Antrag niedergesetzte Specialgericht über die während der kimbrischen Bewegung in Gallien vorgekommenen Unterschlagungen und sonstigen Amtsvergehen. Zum Frommen des hauptstädtischen Proletariats ferner ward der bisher bei den Getreidevertheilungen für den römischen Scheffel zu entrichtende Schleuderpreis von 6½ As herabgesetzt auf eine blofse Recognitionsgebühr von ⅚ As. Indefs obwohl man das Bündnifs mit den Rittern und dem hauptstädtischen Proletariat nicht verschmähte, so ruhte doch die eigentlich zwingende Macht der Verbündeten wesentlich nicht darauf, sondern auf den entlassenen Soldaten der marianischen Armee, welche eben defshalb in den Colonialgesetzen selbst in so ausschweifender Weise bedacht worden waren. Auch hierin tritt der vorwiegend militärische Charakter hervor, der hauptsächlich diesen Revolutionsversuch von dem voraufgehenden unterscheidet. — Man ging also ans Werk. Das Getreide- und das Colonialgesetz stiefsen bei der Regierung wie begreiflich auf die lebhafteste Gegenwehr. Man bewies im Senat mit schlagenden Zahlen, dafs jenes die öffentlichen Kassen bankerott machen müsse; Saturninus kümmerte sich nicht darum. Man erwirkte gegen beide Gesetze tribunicische Intercession; Saturninus liefs weiter stimmen. Man zeigte den die Abstimmung leitenden Beamten an, dafs ein Donnerschlag vernommen worden sei, durch welches Zeichen nach altem Glauben die Götter befahlen die Volksversammlung zu entlassen; Saturninus bemerkte den Abgesandten, der Senat werde wohl thun sich ruhig zu verhalten, sonst könne gar leicht nach dem Donner der Hagel folgen Endlich trieb der städtische Quaestor Quintus Caepio, vermuthlich der Sohn des drei Jahre zuvor verurtheilten Feldherrn *) und gleich seinem

Gewaltthätigkeiten bei der Abstimmung.

---

*) Dahin führen alle Spuren. Der ältere Quintus Caepio war 648 Consul, 106 der jüngere 651 oder 654 Quaestor, also jener um oder vor 605, dieser um 103 100 149 624 oder 627 geboren; dafs jener starb ohne Söhne zu hinterlassen (Strabon 4, 150 127 188), widerspricht nicht, denn der jüngere Caepio fiel 664 und der ältere, der 90 im Exil zu Smyrna sein Leben beschlofs, kann gar wohl ihn überlebt haben.

Vater ein heftiger Gegner der Popularpartei, mit einem Haufen ergebener Leute die Stimmversammlung mit Gewalt auseinander. Allein die derben Soldaten des Marius, die massenweise zu dieser Abstimmung nach Rom geströmt waren, sprengten rasch zusammengerafft wieder die städtischen Haufen und so gelang es auf dem wiedereroberten Stimmfeld die Abstimmung über die appuleischen Gesetze zu Ende zu führen. Der Scandal war arg; als es indefs zur Frage kam, ob der Senat der Clausel des Gesetzes genügen werde, dafs binnen fünf Tagen nach dessen Durchbringung jeder vom Rath bei Verlust seiner Rathsherrnstelle auf getreuliche Befolgung des Gesetzes einen Eid abzulegen habe, leisteten diesen Eid die sämmtlichen Senatoren mit einziger Ausnahme des Quintus Metellus, der es vorzog, die Heimath zu verlassen. Nicht ungern sahen Marius und Saturninus den besten Feldherrn und den tüchtigsten Mann unter der Gegenpartei durch Selbstverbannung aus dem Staate scheiden.

Der Sturz der Revolutionspartei. Man schien am Ziel; dem schärfer Sehenden mufste schon jetzt das Unternehmen als gescheitert erscheinen. Die Ursache des Fehlschlagens lag wesentlich in der ungeschickten Allianz eines politisch unfähigen Feldherrn und eines fähigen, aber rücksichtslos heftigen und mehr von Leidenschaft als von staatsmännischen Zwecken erfüllten Demagogen von der Gasse. Man hatte sich vortrefflich vertragen, so lange es sich nur noch um Pläne handelte; als es dann aber zur Ausführung kam, zeigte es sich sehr bald, dafs der gefeierte Feldherr in der Politik nichts war als eine Incapacität; dafs sein Ehrgeiz der des Bauern war, der den Adlichen an Titeln erreichen und wo möglich überbieten möchte, nicht aber der des Staatsmanns, der regieren will, weil er dazu in sich die Kraft fühlt; dafs jedes Unternehmen, welches auf seine politische Persönlichkeit gebaut war, auch unter den sonst günstigsten Verhältnissen nothwendig an ihm selber scheitern mufste.

Opposition der gesammten Aristokratie. — Er wufste weder seine Gegner zu gewinnen noch seine Partei zu bändigen. Die Opposition gegen ihn und seine Genossen war an sich schon ansehnlich genug; denn nicht blofs die Regierungspartei in Masse gehörte dazu, sondern auch der grofse Theil der Bürgerschaft, der mit eifersüchtigen Blicken den Italikern gegenüber über seinen Sonderrechten Wache hielt; durch den Gang aber, den die Dinge nahmen, wurde noch die gesammte begüterte Klasse zu der Regierung hinübergedrängt. Saturninus und Glaucia waren von Haus aus Herren und Diener des Proletariats und darum keineswegs auf gutem Fufse mit der Geldaristokratie, die zwar nichts dagegen hatte mittelst des

Pöbels dem Senat einmal Schach zu bieten, aber Strafsenaufläufe und
arge Gewaltthätigkeiten nicht liebte. Schon in Saturninus erstem Tribunat hatten dessen bewaffnete Rotten mit den Rittern sich herum-
geschlagen; die heftige Opposition, auf die seine Wahl zum Tribun
für 654 stiefs, zeigt deutlich, wie klein die ihm günstige Partei war.
Es wäre Marius Aufgabe gewesen der bedenklichen Hülfe dieser Genossen sich nur mit Mafsen zu bedienen und männiglich zu überzeugen,
dafs sie nicht bestimmt seien zu herrschen, sondern ihm, dem Herrscher,
zu dienen. Da er das gerade Gegentheil davon that und die Sache
ganz das Ansehen gewann, als handle es sich nicht darum einen in-
telligenten und kräftigen Herrn, sondern die reine Canaille ans Regiment zu bringen, so schlossen dieser gemeinsamen Gefahr gegenüber
die Männer der materiellen Interessen, zum Tode erschrocken über
das wüste Wesen, sich wieder eng an den Senat an. Während Gaius
Gracchus, wohl erkennend, dafs mit dem Proletariat allein keine Regierung gestürzt werden kann, vor allen Dingen bemüht gewesen war
die besitzenden Klassen auf seine Seite zu ziehen, fingen diese seine
Fortsetzer damit an die Aristokratie mit der Bourgeoisie zu versöhnen.
— Aber noch rascher als die Versöhnung der Feinde führte den Ruin

Zerwürfnifs
zwischen
Marius und
den Demo-
gogen.

des Unternehmens die Uneinigkeit herbei, welche unter dessen Ur-
hebern Marius mehr als zweideutiges Auftreten nothwendigerweise
hervorrief. Während die entscheidenden Anträge von seinen Genossen
gestellt, von seinen Soldaten durchgefochten wurden, verhielt Marius
sich vollständig leidend, gleich als ob der politische Führer nicht ebenso
wie der militärische, wenn es zum Hauptangriff geht, überall und vor
allen einstehen müfste mit seiner Person. Aber es war damit nicht
genug; vor den Geistern, die er selber gerufen, erschrak er und nahm
Reifsaus. Als seine Genossen zu Mitteln griffen, die ein ehrlicher
Mann nicht billigen konnte, ohne die aber freilich das angestrebte Ziel
sich nicht erreichen liefs, versuchte er in der üblichen Weise politisch-
moralischer Confusionare sich von der Theilnahme an jenen Verbrechen reinzuwaschen und zugleich das Ergebnifs derselben sich zu
Nutze zu machen. Es giebt ein Geschichtchen, dafs der General einst
in zwei verschiedenen Zimmern seines Hauses in dem einen mit dem
Saturninus und den Seinen, in dem andern mit den Abgeordneten der
Oligarchie geheime Unterhandlung gepflogen habe, dort über das Los-
schlagen gegen den Senat, hier über das Einschreiten gegen die Re-
volte, und dafs er unter einem Vorwand, wie er der Peinlichkeit der
Situation entsprach, zwischen beiden Conferenzen ab und zu gegangen

sei — ein Geschichtchen so sicherlich erfunden und so sicher treffend
wie nur irgend ein Einfall des Aristophanes. Offenkundig ward die
zweideutige Stellung des Marius bei der Eidesfrage, wobei er Anfangs
Miene machte den durch die appuleischen Gesetze geforderten Eid der
bei ihrer Durchbringung vorgekommenen Formfehler halber selbst zu
verweigern, und dann denselben unter dem Vorbehalt schwor, wofern die Gesetze wirklich rechtsbeständig seien; ein Vorbehalt, der den
Eid selber aufhob und den natürlich sämmtliche Senatoren in ihren
Schwur gleichfalls aufnahmen, so dafs durch diese Weise der Beeidi-
gung die Gültigkeit der Gesetze nicht gesichert, sondern vielmehr erst
recht in Frage gestellt ward. — Die Folgen dieses unvergleichlich
kopflosen Auftretens des gefeierten Feldherrn entwickelten sich rasch.
Saturninus und Glaucia hatten nicht defswegen die Revolution unternommen und dem Marius die Staatsoberhauptschaft verschafft, um sich
von ihm verleugnen und aufopfern zu lassen; wenn Glaucia der spafs-
hafte Volksmann bisher den Marius mit den lustigsten Blumen seiner
lustigen Beredsamkeit überschüttet hatte, so dufteten die Kränze,
welche er jetzt ihm wand, keineswegs nach Rosen und Violen. Es kam
zum vollständigen Bruch, womit beide Theile verloren waren; denn
weder stand Marius fest genug um allein das von ihm selbst in Frage
gestellte Colonialgesetz zu halten und der ihm darin bestimmten Stellung sich zu bemächtigen, noch waren Saturninus und Glaucia in der
Lage das für Marius begonnene Geschäft auf eigene Rechnung fortzuführen. Indefs die beiden Demagogen waren so compromittirt, dafs
sie nicht zurückkonnten und nur die Wahl hatten ihre Aemter in gewöhnlicher Weise niederzulegen und damit ihren erbitterten Gegnern
sich mit gebundenen Händen zu überliefern, oder nun selber nach dem
Scepter zu greifen, dessen Gewicht sie freilich fühlten nicht tragen zu
können. Sie entschlossen sich zu dem Letzteren; Saturninus wollte
für 655 abermals um das Volkstribunat als Bewerber auftreten, Glaucia,
obwohl Praetor und erst nach zwei Jahren wahlfähig zum Consulat,
um dieses sich bewerben. In der That wurden die tribunicischen
Wahlen durchaus in ihrem Sinne entschieden und Marius Versuch den
falschen Tiberius Gracchus an der Bewerbung um das Tribunat zu
hindern diente nur dazu dem gefeierten Mann zu beweisen, was seine
Popularität jetzt noch werth war; die Menge sprengte die Thür des
Gefängnisses, in dem Gracchus eingesperrt safs, trug ihn im Triumph
durch die Strafsen und wählte ihn mit grofser Majorität zu ihrem
Tribun. Die wichtigere Consulwahl suchten Saturninus und Glaucia

Saturninus isolirt.

durch das im vorigen Jahr erprobte Mittel zur Beseitigung unbequemer
Concurrenzen in die Hand zu bekommen; der Gegencandidat der Regierungspartei Gaius Memmius, derselbe der elf Jahre zuvor gegen sie
die Opposition geführt hatte (S. 143), wurde von einem Haufen Gesindel
überfallen und mit Knitteln erschlagen. Aber die Regierungspartei Saturninus angegriffen
hatte nur auf ein eclatantes Ereignifs der Art gewartet um Gewalt zu
brauchen. Der Senat forderte den Consul Gaius Marius auf einzu-
schreiten und dieser gab in der That sich dazu her das Schwert, das er
von der Demokratie erhalten und für sie zu führen versprochen hatte,
nun für die conservative Partei zu ziehen. Die junge Mannschaft ward
schleunigst aufgeboten, mit Waffen aus den öffentlichen Gebäuden ausgerüstet und militärisch geordnet; der Senat selbst erschien bewaffnet
auf dem Markt, an der Spitze sein greiser Vormann Marcus Scaurus.
Die Gegenpartei war wohl im Strafsenlärm überlegen, aber auf einen
solchen Angriff nicht vorbereitet; sie mufste nun sich wehren wie es
ging. Man erbrach die Thore der Gefängnisse und rief die Sklaven
zur Freiheit und unter die Waffen; man rief — so heifst es wenigstens
— den Saturninus zum König oder Feldherrn aus; an dem Tage, wo
die neuen Volkstribune ihr Amt anzutreten hatten, am 10 Dec. 654, 100
kam es auf dem grofsen Markte zur Schlacht, der ersten, die, seit Rom
stand, innerhalb der Mauern der Hauptstadt geliefert worden ist. Der
Ausgang war keinen Augenblick zweifelhaft. Die Popularen wurden und überwältigt.
geschlagen und hinaufgedrängt auf das Capitol, wo man ihnen das
Wasser abschnitt und sie dadurch nöthigte, sich zu ergeben. Marius,
der den Oberbefehl führte, hätte gern seinen ehemaligen Verbündeten
und jetzigen Gefangenen das Leben gerettet; laut rief Saturninus der
Menge zu, dafs alles was er beantragt im Einverständnifs mit dem
Consul geschehen sei; selbst einem schlechteren Mann, als Marius war,
mufste grauen vor der ehrlosen Rolle, die er an diesem Tage spielte.
Indefs er war längst nicht mehr Herr der Dinge. Ohne Befehl er-
klimmte die vornehme Jugend das Dach des Rathhauses am Markt, in
das man vorläufig die Gefangenen eingesperrt hatte, deckte die Ziegel
ab und steinigte sie mit denselben. So kam Saturninus um mit den
meisten der namhafteren Gefangenen. Glaucia ward in einem Versteck gefunden und gleichfalls getödtet. Ohne Urtheil und Recht
starben an diesem Tage vier Beamte des römischen Volkes, ein Praetor,
ein Quaestor, zwei Volkstribune und eine Anzahl anderer bekannter
und zum Theil guten Familien angehöriger Männer. Trotz der schweren und blutigen Verschuldungen, die die Häupter auf sich geladen

hatten, durfte man dennoch sie bedauern; sie fielen wie die Vorposten, die das Hauptheer im Stich läfst und sie nöthigt im verzweifelten Kampf zwecklos unterzugehen.

Nie hatte die Regierungspartei einen vollständigeren Sieg erfochten, nie die Opposition eine härtere Niederlage erlitten als an diesem zehnten December. Es war das Wenigste, dafs man sich einiger unbequemer Schreier entledigt hatte, die jeden Tag durch Gesellen von gleichem Schlag ersetzt werden konnten; schwerer fiel ins Gewicht, dafs der einzige Mann, der damals im Stande war der Regierung gefährlich zu werden, sich selber öffentlich und vollständig vernichtet hatte; am schwersten, dafs die beiden oppositionellen Elemente, der Capitalistenstand und das Proletariat, gänzlich entzweit aus dem Kampfe hervorgingen. Zwar das Werk der Regierung war dies nicht; theils die Macht der Verhältnisse, theils und vor allem die grobe Bauernfaust seines unfähigen Nachtreters hatten wieder aufgelöst, was unter Gaius Gracchus gewandter Hand sich zusammenfügte; allein im Resultat kam nichts darauf an, ob Berechnung oder Glück der Regierung zum
Siege verhalf. Eine kläglichere Stellung ist kaum zu erdenken, als wie sie der Held von Aquae und Vercellae nach jener Katastrophe einnahm — nur um so kläglicher, weil man nicht anders konnte als sie mit dem Glanze vergleichen, der nur wenige Monate zuvor denselben Mann umgab. Weder auf aristokratischer noch auf demokratischer Seite gedachte weiter Jemand des siegreichen Feldherrn bei der Besetzung der Aemter; der Mann der sechs Consulate konnte nicht einmal wagen sich 656 um die Censur zu bewerben. Er ging fort in den Osten, wie er sagte um ein Gelübde dort zu lösen, in der That um nicht von der triumphirenden Rückkehr seines Todfeindes, des Quintus Metellus Zeuge zu sein; man liefs ihn gehen. Er kam wieder zurück und öffnete sein Haus; seine Säle standen leer. Immer hoffte er, dafs es wieder Kämpfe und Schlachten geben und man seines erprobten Armes abermals bedürfen werde; er dachte sich im Osten, wo die Römer allerdings Ursache genug gehabt hätten energisch zu interveniren, Gelegenheit zu einem Kriege zu machen. Aber auch dies schlug ihm fehl wie jeder andere seiner Wünsche; es blieb tiefer Friede. Und dabei frafs der einmal in ihm aufgestachelte Hunger nach Ehren, je öfter er getäuscht ward, immer tiefer sich ein in sein Gemüth; abergläubisch wie er war, nährte er in seinem Busen ein altes Orakelwort, das ihm sieben Consulate verheifsen hatte und sann in finsteren Gedanken, wie es geschehen möge, dafs dies Wort seine Erfüllung und

er seine Rache bekomme, während er allen, nur sich selbst nicht, unbedeutend und unschädlich erschien. — Folgenreicher noch als die
Beseitigung des gefährlichen Mannes war die tiefe Erbitterung gegen
die sogenannten Popularen, welche die Schilderhebung des Saturninus
in der Partei der materiellen Interessen zurückliefs. Mit der rücksichtslosesten Härte verurtheilten die Rittergerichte jeden, der zu den
oppositionellen Ansichten sich bekannte; so ward Sextus Titius mehr
noch als wegen seines Ackergesetzes deswegen verdammt, weil er des
Saturninus Bild im Hause gehabt hatte; so Gaius Appuleius Decianus,
weil er als Volkstribun das Verfahren gegen Saturninus als ein unge-
setzliches bezeichnet hatte. Sogar für ältere von den Popularen der
Aristokratie zugefügte Unbill wurde nun nicht ohne Aussicht auf Erfolg vor den Rittergerichten Genugthuung gefordert. Weil Gaius
Norbanus acht Jahre zuvor in Gemeinschaft mit Saturninus den Consular Quintus Caepio ins Elend getrieben hatte (S. 179), wurde er jetzt
(659) auf Grund seines eigenen Gesetzes des Hochverraths angeklagt, 95
und lange schwankten die Geschworenen — nicht ob der Angeklagte
schuldig oder unschuldig, sondern ob sein Bundesgenosse oder sein
Feind, Saturninus oder Caepio ihnen hassenswerther erscheine, bis sie
denn doch zuletzt für Freisprechung sich entschieden. War man auch
der Regierung an sich nicht geneigter als früher, so erschien doch nun,
seit man sich wenn auch nur einen Augenblick am Rande der eigentlichen Pöbelherrschaft befunden hatte, jedem, der etwas zu verlieren
hatte, das bestehende Regiment in einem andern Licht; es war notorisch
elend und staatsverderberisch, aber die kümmerliche Furcht vor dem
noch elenderen und noch staatsverderblicheren Regiment der Proletarier
hatte ihm einen relativen Werth verliehen. So ging jetzt die Strö-
mung, dafs die Menge einen Volkstribun zerrifs, der es gewagt hatte
die Rückkehr des Quintus Metellus zu verzögern, und dafs die Demokraten anfingen ihr Heil zu suchen in dem Bündnifs mit Mördern und
Giftmischern, wie sie zum Beispiel des verhafsten Metellus durch Gift
sich entledigten, oder gar in dem Bündnifs mit dem Landesfeind, wie
denn einzelne von ihnen schon flüchteten an den Hof des Königs
Mithradates, der im Stillen zum Kriege rüstete gegen Rom. Auch die
äufseren Verhältnisse gestalteten für die Regierung sich günstig. Die
römischen Waffen waren in der Zeit vom kimbrischen bis auf den
Bundesgenossenkrieg nur wenig, überall aber mit Ehren thätig. Ernstlich gestritten wurde nur in Spanien, wo während der letzten für Rom
so schweren Jahre die Lusitaner (649 fg.) und die Keltiberer sich mit 105

ungewohnter Heftigkeit gegen die Römer aufgelehnt hatten; hier stellten in den J. 656—661 der Consul Titus Didius in der nördlichen und der Consul Publius Crassus in der südlichen Provinz mit Tapferkeit und Glück nicht blofs das Uebergewicht der römischen Waffen wieder her, sondern schleiften auch die widerspenstigen Städte und versetzten, wo es nöthig schien, die Bevölkerung der festen Bergstädte in die Ebenen. Dafs um dieselbe Zeit die römische Regierung auch wieder des ein Menschenalter hindurch vernachlässigten Ostens gedachte und energischer als seit langem erhört war in Kyrene, Syrien, Kleinasien auftrat, wird später darzustellen sein.   Noch niemals seit dem Beginn der Revolution war das Regiment der Restauration so fest begründet, so populär gewesen.   Consularische Gesetze lösten die tribunicischen. Freiheitsbeschränkungen die Fortschrittsmafsregeln ab.   Die Cassirung der Gesetze des Saturninus verstand sich von selbst; die überseeischen Colonien des Marius schwanden zusammen zu einer einzigen winzigen Ansiedelung auf der wüsten Insel Corsica.   Als der Volkstribun Sextus Titius, ein karikirter Alkibiades, der im Tanz und Ballspiel stärker war als in der Politik und dessen hervorragendstes Talent darin bestand Nachts auf den Strafsen die Götterbilder zu zerschlagen, das appuleische Ackergesetz im J. 655 wieder ein- und durchbrachte, konnte der Senat das neue Gesetz unter einem religiösen Vorwand cassiren, ohne dafs Jemand dafür einzustehen auch nur versucht hätte; den Urheber straften, wie schon erwähnt ward, die Ritter in ihren Gerichten.   Das Jahr darauf (656) machte ein von den beiden Consuln eingebrachtes Gesetz die übliche vierundzwanzigtägige Frist zwischen Ein- und Durchbringung eines Gesetzvorschlags obligatorisch und verbot mehrere verschiedenartige Bestimmungen in einen Antrag zusammenzufassen; wodurch die unvernünftige Ausdehnung der legislatorischen Initiative wenigstens etwas beschränkt und offenbare Ueberrumpelungen der Regierung durch neue Gesetze abgewehrt wurden.   Immer deutlicher zeigte es sich, dafs die gracchische Verfassung, die den Sturz ihres Urhebers überdauert hatte, jetzt, seit die Menge und die Geldaristokratie nicht mehr zusammengingen, in ihren Grundfesten schwankte. Wie diese Verfassung geruht hatte auf der Spaltung der Aristokratie, so schien die Zwiespältigkeit der Opposition sie zu Falle bringen zu müssen. Wenn jemals so war jetzt die Zeit gekommen um das unvollkommene Restaurationswerk von 633 zu vollenden, um dem Tyrannen endlich auch seine Verfassung nachzusenden und die regierende Oligarchie in den Alleinbesitz der politischen Gewalt wieder einzusetzen.

Es kam alles an auf die Wiedergewinnung der Geschwornenstellen. Die Verwaltung der Provinzen, die hauptsächliche Grundlage
des senatorischen Regiments, war von den Geschwornengerichten, namentlich von der Commission wegen Erpressungen in dem Mafse abhängig geworden, dafs der Statthalter die Provinz nicht mehr für den
Senat, sondern für den Capitalisten- und Kaufmannsstand zu verwalten
schien. Wie bereitwillig immer die Geldaristokratie der Regierung
entgegenkam, wenn es um Mafsregeln gegen die Demokraten sich handelte, so unnachsichtlich ahndete sie jeden Versuch sie in diesem ihrem
wohlerworbenen Recht freiesten Schaltens in den Provinzen zu beschränken. Einzelne derartige Versuche wurden jetzt gemacht; die
regierende Aristokratie fing wieder an sich zu fühlen und eben ihre
besten Männer hielten sich verpflichtet der entsetzlichen Mifswirthschaft in den Provinzen wenigstens für ihre Person entgegenzutreten.
Am entschlossensten that dies Quintus Mucius Scaevola, gleich seinem
Vater Publius Oberpontifex und im J. 659 Consul, der erste Jurist und
einer der vorzüglichsten Männer seiner Zeit. Als prätorischer Statthalter (um 656) von Asia, der reichsten und gemifshandeltsten unter
allen Provinzen, statuirte er in Gemeinschaft mit seinem älteren, als
Offizier, Jurist und Geschichtschreiber ausgezeichneten Freunde, dem
Consular Publius Rutilius Rufus ein ernstes und abschreckendes Exempel. Ohne einen Unterschied zwischen Italikern und Provinzialen,
Vornehmen und Geringen zu machen nahm er jede Klage an und zwang
nicht blofs die römischen Kaufleute und Staatspächter wegen erwie-
sener Schädigungen vollen Geldersatz zu leisten, sondern als einige
ihrer angesehensten und rücksichtslosesten Agenten todeswürdiger
Verbrechen schuldig befunden wurden, liefs er diese, taub gegen alle
Bestechungsanträge, ans Kreuz schlagen wie Rechtens. Der Senat
billigte sein Verfahren und setzte sogar seitdem den Statthaltern von
Asia es in die Instruction, dafs sie sich die Verwaltungsgrundsätze
Scaevolas zum Muster nehmen möchten; allein die Ritter, wenn sie
gleich an den hochadlichen und vielvermögenden Staatsmann selber
sich nicht wagten, zogen seine Gefährten vor Gericht, zuletzt (um 662)
sogar den angesehensten Derselben, seinen Legaten Publius Rufus, der
nur durch Verdienste und anerkannte Rechtschaffenheit, nicht durch
Familienanhang vertheidigt war. Die Anklage, dafs dieser Mann sich
in Asia habe Erpressungen zu Schulden kommen lassen, brach zwar
fast zusammen unter ihrer eigenen Lächerlichkeit wie unter der Ver-
worfenheit des Anklägers, eines gewissen Apicius; allein man liefs den-

14*

noch die willkommene Gelegenheit den Consular zu demüthigen nicht
vorübergehen, und da dieser, die falsche Beredsamkeit, die Trauerge-
wänder, die Thränen verschmähend, sich kurz, einfach und sachlich vertheidigte und den souveränen Capitalisten die begehrte Huldigung stolz
verweigerte, ward er in der That verurtheilt und sein mäfsiges Vermögen zur Befriedigung erdichteter Entschädigungsansprüche eingezogen.
Der Verurtheilte begab sich in die angeblich von ihm ausgeplünderte
Provinz und verlebte daselbst, von sämmtlichen Gemeinden mit Ehren-
gesandtschaften empfangen und Zeit seines Lebens gefeiert und beliebt,
in litterarischer Mufse die ihm noch übrigen Tage. Und diese schmachvolle Verurtheilung war wohl der ärgste, aber keineswegs der einzige
Fall der Art.   Mehr vielleicht noch als solcher Mifsbrauch der Justiz
gegen Männer fleckenlosen Wandels, aber neuen Adels erbitterte es die
senatorische Partei, dafs der reinste Adel nicht mehr genügte die
etwaigen Flecken der Ehrlichkeit zuzudecken.   Kaum war Rufus aus
dem Lande, als der angesehenste aller Aristokraten, seit zwanzig Jahren
der Vormann des Senats, der siebzigjährige Marcus Scaurus wegen
Erpressungen vor Gericht gezogen ward; nach aristokratischen Begriffen ein Sacrilegium, selbst wenn er schuldig war.   Das Ankläger-
amt fing an von schlechten Gesellen gewerbmäfsig betrieben zu werden
und nicht Unbescholtenheit, nicht Rang, nicht Alter schützte mehr vor
den frevelhaftesten und gefährlichsten Angriffen.   Die Erpressungs-
commission ward aus einer Schutzwehr der Provinzialen ihre schlimmste
Geifsel; der offenkundigste Dieb ging frei aus, wenn er nur seine Mit-
diebe gewähren liefs und sich nicht weigerte einen Theil der erprefsten
Summen den Geschwornen zufliefsen zu lassen; aber jeder Versuch
den billigen Forderungen der Provinzialen auf Recht und Gerechtigkeit
zu entsprechen reichte hin zur Verurtheilung. Die römische Regierung
schien in dieselbe Abhängigkeit von dem controlirenden Gericht versetzt werden zu sollen, in der einst das Richtercollegium in Karthago
den dortigen Rath gehalten hatte. In furchtbarer Weise erfüllte sich
Gaius Gracchus ahnungsvolles Wort, dafs mit dem Dolche seines Ge-
schwornengesetzes die vornehme Welt sich selber zerfleischen werde.

Livius   Ein Sturm auf die Rittergerichte war unvermeidlich. Wer in der
Drasus. Regierungspartei noch Sinn dafür hatte, dafs das Regieren nicht blofs
Rechte, sondern auch Pflichten in sich schliefst, ja wer nur noch edleren
und stolzeren Ehrgeiz in sich empfand, mufste sich auflehnen gegen
diese erdrückende und entehrende politische Controle, die jede Möglichkeit rechtschaffen zu verwalten von vorn herein abschnitt. , Die

scandalöse Verurtheilung des Rutilius Rufus schien eine Aufforderung den Angriff sofort zu beginnen und Marcus Livius Drusus, der im J. 663 Volkstribun war, betrachtete dieselbe als besonders an sich gerichtet. Der Sohn des gleichnamigen Mannes, der dreifsig Jahre zuvor zunächst den Gaius Gracchus gestürzt (S. 120) und später auch als Offizier durch die Unterwerfung der Skordisker sich einen Namen gemacht hatte (S. 170), war Drusus, gleich seinem Vater, streng conservativ gesinnt und hatte diese seine Gesinnung bereits in dem Aufstand des Saturninus thatsächlich bewährt. Er gehörte den Kreisen des höchsten Adels an und war Besitzer eines colossalen Vermögens; auch der Gesinnung nach war er ein ächter Aristokrat — ein energisch stolzer Mann, der es verschmähte mit den Ehrenzeichen seiner Aemter sich zu behängen, aber auf dem Todtenbette es aussprach, dafs nicht bald ein Bürger wiederkommen werde, der ihm gleich sei; ein Mann, dem das schöne Wort, dafs der Adel verpflichtet, die Richtschnur seines Lebens ward und blieb. Mit der ganzen ernsten Leidenschaft seines Gemüthes hatte er sich abgewandt von der Eitelkeit und Feilheit des vornehmen Pöbels; zuverlässig und sittenstreng war er bei den geringen Leuten, denen seine Thür und sein Beutel immer offen standen, mehr geachtet als eigentlich beliebt und trotz seiner Jugend durch die persönliche Würde seines Charakters von Gewicht im Senat wie auf dem Markte. Auch stand er nicht allein. Marcus Scaurus hatte den Muth bei Gelegenheit seiner Vertheidigung in dem Prozefs wegen Erpressungen den Drusus öffentlich aufzufordern Hand zu legen an die Reform der Geschwornenordnung; er so wie der berühmte Redner Lucius Crassus waren im Senat die eifrigsten Verfechter, vielleicht die Miturheber seiner Anträge. Indefs die Masse der regierenden Aristokratie dachte keineswegs wie Drusus, Scaurus und Crassus. Es fehlte im Senat nicht an entschiedenen Anhängern der Capitalistenpartei, unter denen namentlich sich bemerkbar machten der derzeitige Consul Lucius Marcius Philippus, der wie früher die Sache der Demokratie (S. 132) so jetzt die des Ritterstandes mit Eifer und Klugheit verfocht, und der verwegene und rücksichtslose Quintus Caepio, den zunächst die persönliche Feindschaft gegen Drusus und Scaurus zu dieser Opposition bestimmte. Allein gefährlicher als diese entschiedenen Gegner war die feige und faule Masse der Aristokratie, die zwar die Provinzen lieber allein geplündert hätte, aber am Ende auch nicht viel dawider hatte mit den Rittern die Beute zu theilen, und, statt den Ernst und die Gefahren des Kampfes gegen die übermüthigen Capitalisten zu

übernehmen, es viel billiger und bequemer fand sich von ihnen durch
gute Worte und gelegentlich durch einen Fufsfall oder auch eine runde
Summe Straflosigkeit zu erkaufen.   Nur der Erfolg konnte zeigen,
wie weit es gelingen werde, diese Masse mit fortzureifsen, ohne die es
nun einmal nicht möglich war zum Ziele zu gelangen.

Reformver-
such der ge-
mäfsigten
Aristokratie.
Drusus entwarf den Antrag die Geschwornenstellen den Bürgern
vom Rittercensus zu entziehen und sie dem Senat zurückzugeben,
welcher zugleich durch Aufnahme von 300 neuen Mitgliedern in den
Stand gesetzt werden sollte den vermehrten Obliegenheiten zu genügen;
zur Aburtheilung derjenigen Geschwornen, die der Bestechlichkeit sich
schuldig gemacht hätten oder schuldig machen würden, sollte eine
eigene Criminalcommission niedergesetzt werden.   Hiemit war der
nächste Zweck erreicht die Capitalisten ihrer politischen Sonderrechte
zu berauben und sie für die verübte Unbill zur Verantwortung zu
ziehen. Indefs Drusus Anträge und Absichten beschränkten sich hierauf keineswegs; seine Vorschläge waren keine Gelegenheitsmafsregeln,
sondern ein umfassender und durchdachter Reformplan.   Er beantragte ferner die Getreidevertheilungen zu erhöhen und die Mehrkosten
zu decken durch die dauernde Emission einer verhältnifsmäfsigen Zahl
von kupfernen plattirten neben den silbernen Denaren, sodann das
gesammte noch unvertheilte italische Ackerland, also namentlich die
campanische Domäne, und den besten Theil Siciliens zur Ansiedelung
von Bürgercolonisten zu bestimmen; endlich ging er gegen die italischen Bundesgenossen die bestimmtesten Verpflichtungen ein ihnen
das römische Bürgerrecht zu verschaffen.   So erschienen denn hier
von aristokratischer Seite eben dieselben Herrschaftsstützen und eben
dieselben Reformgedanken, auf denen Gaius Gracchus Verfassung beruht hatte — ein seltsames und doch sehr begreifliches Zusammen-
treffen. Es war nur in der Ordnung, dafs, wie die Tyrannis gegen die
Oligarchie, so diese gegen die Geldaristokratie sich stützte auf das besoldete und gewissermafsen organisirte Proletariat; hatte die Regierung früher die Ernährung des Proletariats auf Staatskosten als ein
unvermeidliches Uebel hingenommen, so dachte Drusus jetzt dasselbe,
wenigstens für den Augenblick, gegen die Geldaristokratie zu gebrauchen. Es war nur in der Ordnung, dafs der bessere Theil der
Aristokratie, eben wie ehemals auf das Ackergesetz des Tiberius Gracchus, so jetzt bereitwillig einging auf alle diejenigen Reformmafsregeln,
die, ohne die Oberhauptsfrage zu berühren, nur darauf abzweckten die
alten Schäden des Staats auszuheilen. In der Emigrations- und Colo-

nisationsfrage konnte man zwar so weit nicht gehen wie die Demokratie, da die Herrschaft der Oligarchie wesentlich beruhte auf dem
freien Schalten über die Provinzen und durch jedes dauernde militärische Commando gefährdet ward; die Gedanken Italien und die Provinzen gleichzustellen und jenseit der Alpen zu erobern vertrugen mit
den conservativen Principien sich nicht. Allein die latinischen und
selbst die campanischen Domänen so wie Sicilien konnte der Senat
recht wohl aufopfern um den italischen Bauernstand zu heben, und
dennoch die Regierung nach wie vor behaupten; wobei noch hinzukam, dafs man künftigen Agitationen nicht wirksamer vorbeugen
konnte als dadurch, dafs alles irgend verfügbare Land von der Aristokratie selbst zur Auftheilung gebracht ward und für künftige Demagogen, nach Drusus eigenem Ausdruck, nichts zu vertheilen übrig blieb
als der Gassenkoth und das Morgenroth. Ebenso war es für die Regierung, mochte dies nun ein Monarch sein oder eine geschlossene Anzahl herrschender Familien, ziemlich einerlei, ob halb oder ganz Italien
zum römischen Bürgerverband gehörte; und daher mufsten wohl beiderseits die reformirenden Männer sich in dem Gedanken begegnen
durch zweckmäfsige und rechtzeitige Erstreckung des Bürgerrechts
die Gefahr abzuwenden, dafs die Insurrection von Fregellae in gröfserem Mafsstab wiederkehre, nebenher auch an den zahl- und einflufsreichen Italikern sich Bundesgenossen für ihre Pläne suchen. So
scharf in der Oberhauptsfrage die Ansichten und Absichten der beiden
grofsen politischen Parteien sich schieden, so vielfach berührten sich
in den Operationsmitteln und in den reformistischen Tendenzen die
besten Männer aus beiden Lagern; und wie Scipio Aemilianus ebenso
unter den Widersachern des Tiberius Gracchus wie unter den För-
derern seiner Reformbestrebungen genannt werden kann, so war auch
Drusus der Nachfolger und Schüler nicht minder als der Gegner des
Gaius. Die beiden hochgebornen und hochsinnigen jugendlichen Reformatoren waren sich ähnlicher als es auf den ersten Blick schien,
und auch persönlich beide nicht unwerth über dem trüben Nebel des
befangenen Parteitreibens in reineren und höheren Anschauungen sich
mit dem Kern ihrer patriotischen Bestrebungen zu begegnen.

Es handelte sich um die Durchbringung der von Drusus entwor- Verhandlungen über die Drusischen Gesetze.
fenen Gesetze, von denen übrigens der Antragsteller, eben wie Gaius
Gracchus, den bedenklichen Vorschlag den italischen Bundesgenossen
das römische Bürgerrecht zu verleihen vorläufig zurückhielt und zunächst nur das Geschwornen-, Acker- und Getreidegesetz vorlegte.

Die Capitalistenpartei widerstand aufs Heftigste und würde bei der
Unentschlossenheit des größten Theils der Aristokratie und der Halt-
losigkeit der Comitien ohne Frage die Verwerfung des Geschwornen-
gesetzes durchgesetzt haben, wenn es allein zur Abstimmung gekommen wäre. Drusus faßte deßhalb seine sämmtlichen Anträge in einen
einzigen zusammen; und indem also alle bei den Getreide- und
Landvertheilungen interessirten Bürger genöthigt wurden auch für das
Geschwornengesetz zu stimmen, gelang es durch sie und durch die
Italiker, welche mit Ausnahme der in ihrem Domanialbesitz bedrohten
großen Grundbesitzer, namentlich der umbrischen und etruskischen,
fest zu Drusus standen, das Gesetz durchzubringen — freilich erst
nachdem Drusus den Consul Philippus, der nicht aufhörte zu widerstreben, hatte verhaften und durch den Büttel in den Kerker abführen
lassen. Das Volk feierte den Tribun als seinen Wohlthäter und empfing ihn im Theater mit Aufstehen und Beifallklatschen; allein die
Abstimmung hatte den Kampf nicht so sehr entschieden als auf einen
andern Boden verlegt, da die Gegenpartei den Antrag des Drusus mit
94 Recht als dem Gesetz von 656 (S. 210) zuwiderlaufend und deshalb
als nichtig bezeichnete. Der Hauptgegner des Tribuns, der Consul
Philippus, forderte den Senat auf aus diesem Grunde das livische Gesetz
als formwidrig zu cassiren; allein die Majorität des Senats, erfreut die
Rittergerichte los zu sein, wies den Antrag zurück. Der Consul erklärte darauf auf offenem Markte, daß mit einem solchen Senat zu
regieren nicht möglich sei und er sich nach einem andern Staatsrath
umsehen werde; er schien einen Staatsstreich zu beabsichtigen. Der
Senat, von Drusus deßwegen berufen, sprach nach stürmischen Verhandlungen gegen den Consul ein Tadels- und Mißtrauensvotum aus;
allein im Geheimen begann sich in einem großen Theil der Majorität die
Angst vor der Revolution zu regen, mit der sowohl Philippus als ein
großer Theil der Capitalisten zu drohen schien. Andere Umstände
kamen hinzu. Einer der thätigsten und angesehensten unter Drusus
Gesinnungsgenossen, der Redner Lucius Crassus starb plötzlich wenige
91 Tage nach jener Senatssitzung (Sept. 663). Die von Drusus mit den
Italikern angeknüpften Verbindungen, die er Anfangs nur wenigen
seiner Vertrautesten mitgetheilt hatte, wurden allmählich ruchbar und
in das wüthende Geschrei über Landesverrath, das die Gegner erhoben,
stimmten viele, vielleicht die meisten Männer der Regierungspartei mit
ein; selbst die edelmüthige Warnung, die er dem Consul Philippus
zukommen ließ, bei dem Bundesfest auf dem Albanerberg vor den von

den Italikern ausgesandten Mördern sich zu hüten, diente nur dazu
ihn weiter zu compromittiren, indem sie zeigte, wie tief er in die
unter den Italikern gährenden Verschwörungen verwickelt war.
Immer heftiger drängte Philippus auf Cassation des livischen Gesetzes;
immer lauer ward die Majorität in der Vertheidigung desselben. Bald
erschien die Rückkehr zu den früheren Verhältnissen der grofsen
Menge der Furchtsamen und Unentschiedenen im Senat als der einzige
Ausweg, und der Cassationsbeschlufs wegen formeller Mängel erfolgte.
Drusus, nach seiner Art streng sich bescheidend, begnügte sich daran
zu erinnern, dafs der Senat also selbst die verhafsten Rittergerichte
wieder herstelle, und begab sich seines Rechtes den Cassationsbeschlufs
durch Intercession ungültig zu machen. Der Angriff des Senats auf
die Capitalistenpartei war vollständig abgeschlagen und willig oder unwillig fügte man sich abermals in das bisherige Joch. Aber die hohe
Finanz begnügte sich nicht gesiegt zu haben. Als Drusus eines Abends
auf seiner Hausflur die wie gewöhnlich ihn geleitende Menge eben ver-
abschieden wollte, stürzte er plötzlich vor dem Bilde seines Vaters zusammen; eine Mörderhand hatte ihn getroffen, und so sicher, dafs er
wenige Stunden darauf den Geist aufgab. Der Thäter war in der
Abenddämmerung verschwunden, ohne dafs Jemand ihn erkannt hatte
und eine gerichtliche Untersuchung fand nicht statt; aber es brauchte
derselben nicht, um hier jenen Dolch zu erkennen, mit dem die Aristokratie sich selber zerfleischte. Dasselbe gewaltsame und grauenvolle
Ende, das die demokratischen Reformatoren weggerafft hatte, war auch
dem Gracchus der Aristokratie bestimmt. Es lag darin eine tiefe und
traurige Lehre. An dem Widerstand oder an der Schwäche der Aristokratie scheiterte die Reform, selbst wenn der Versuch zu reformiren
aus ihren eigenen Reihen hervorging. Seine Kraft und sein Leben
hatte Drusus daran gesetzt die Kaufmannsherrschaft zu stürzen, die
Emigration zu organisiren, den drohenden Bürgerkrieg abzuwenden;
er sah noch selbst die Kaufleute unumschränkter regieren als je, sah
alle seine Reformgedanken vereitelt und starb mit dem Bewufstsein,
dafs sein jäher Tod das Signal zu dem fürchterlichsten Bürgerkrieg
sein werde, der je das schöne italische Land verheert hat.

KAPITEL VII.

DIE EMPOERUNG DER ITALISCHEN UNTERTHANEN UND DIE SULPICISCHE REVOLUTION.

Seitdem mit Pyrrhos Ueberwindung der letzte Krieg, den die Italiker für ihre Unabhängigkeit geführt hatten, zu Ende gegangen war, das heifst seit fast zweihundert Jahren hatte jetzt das römische Principat in Italien bestanden, ohne dafs es selbst unter den gefährlichsten Verhältnissen ein einziges Mal in seiner Grundlage geschwankt hätte. Vergeblich hatte das Heldengeschlecht der Barkiden, vergeblich die Nachfolger des grofsen Alexander und der Achaemeniden versucht die italische Nation zum Kampf aufzurütteln gegen die übermächtige Hauptstadt; gehorsam war dieselbe auf den Schlachtfeldern am Guadalquivir und an der Medscherda, am Tempepafs und am Sipylos erschienen und hatte mit dem besten Blute ihrer Jugend ihren Herren die Unterthänigkeit dreier Welttheile erfechten helfen. Ihre eigene Stellung indessen hatte sich wohl verändert, aber eher verschlechtert als verbessert. In materieller Hinsicht zwar hatte sie sich im Allgemeinen nicht zu beklagen. Wenn auch der kleine und der mittlere Grundbesitzer durch ganz Italien in Folge der unverständigen römischen Korngesetzgebung litt, so gediehen dafür die gröfseren Gutsherren und mehr noch der Kaufmanns- und Capitalistenstand, da die Italiker hinsichtlich der finanziellen Ausbeutung der Provinzen im Wesentlichen denselben Schutz und dieselben Vorrechte genossen wie die römischen Bürger und also die materiellen Vortheile des politischen Uebergewichts der Römer grofsentheils auch ihnen zu Gute kamen. Ueberhaupt waren die wirthschaftlichen und socialen Zustände Italiens nicht zunächst abhängig

von den politischen Unterschieden; es gab vorzugsweise bundesgenössische Landschaften, wie Etrurien und Umbrien, in denen der freie
Bauernstand verschwunden war, andere, wie die Abruzzenthäler, in denen
derselbe noch leidlich und zum Theil fast unberührt sich erhalten hatte
— ähnlich wie sich gleiche Verschiedenheit auch in den verschiedenen
römischen Bürgerdistricten nachweisen läfst. Dagegen die politische
Zurücksetzung ward immer herber, immer schroffer. Wohl fand ein
förmlicher unverhüllter Rechtsbruch wenigstens in Hauptfragen nicht
statt. Die Communalfreiheit, welche unter dem Namen der Souveränetät
den italischen Gemeinden vertragsmäfsig zustand, wurde von der römischen Regierung im Ganzen respectirt; den Angriff, den die römische
Reformpartei im Anfang der agrarischen Bewegung auf die den besser
gestellten Gemeinden verbrieften römischen Domänen machte, hatte
nicht blofs die streng conservative so wie die Mittelpartei in Rom ernstlich bekämpft, sondern auch die römische Opposition selbst sehr bald
aufgegeben Allein die Rechte, welche Rom als der führenden Ge- Zurück-
meinde zustanden und zustehen mufsten, die oberste Leitung des Kriegs- setzung
u. Mißhand-
wesens und die Oberaufsicht über die gesammte Verwaltung, wurden langen
Unterti-
in einer Weise ausgeübt, die fast eben so schlimm war, als wenn man nen.
die Bundesgenossen geradezu für rechtlose Unterthanen erklärt hätte.
Die zahlreichen Milderungen des furchtbar strengen römischen Kriegsrechts, welche im Laufe des siebenten Jahrhunderts in Rom eingeführt
wurden, scheinen sämmtlich auf die römischen Bürgersoldaten beschränkt geblieben zu sein; von der wichtigsten, der Abschaffung der
standrechtlichen Hinrichtungen (S. 107), ist dies gewifs und der Eindruck leicht zu ermessen, wenn, wie dies im jugurthinischen Krieg geschah, angesehene latinische Offiziere nach Urtheil des römischen
Kriegsraths enthauptet wurden, dem letzten Bürgersoldaten aber im
gleichen Fall das Recht zustand an die bürgerlichen Gerichte Roms
Berufung einzulegen. In welchem Verhältnifs die Bürger und die italischen Bundesgenossen zum Kriegsdienst angezogen werden sollten, war
vertragsmäfsig wie billig unbestimmt geblieben; allein während in
früherer Zeit beide durchschnittlich die gleiche Zahl Soldaten gestellt
hatten (I, 103. 409), wurden jetzt, obwohl das Bevölkerungsverhältnifs
wahrscheinlich eher zu Gunsten als zum Nachtheil der Bürgerschaft
sich verändert hatte, die Forderungen an die Bundesgenossen allmählich
unverhältnifsmäfsig gesteigert (I, 424. 801), so dafs man ihnen theils
den schwereren und kostbareren Dienst vorzugsweise aufbürdete, theils
jetzt regelmäfsig auf einen Bürger zwei Bundesgenossen aushob. Aehn-

lich ,wie die militärische Oberleitung wurde die bürgerliche Oberaufsicht, welche mit Einschlufs der davon kaum zu trennenden obersten
Administrativjurisdiction die römische Regierung stets und mit Recht
über die abhängigen italischen Gemeinden sich vorbehalten hatte, in
einer Weise ausgedehnt, dafs die Italiker fast nicht minder als die Provinzialen sich der Willkür eines jeden der zahllosen römischen Beamten
schutzlos preisgegeben sahen. In Teanum Sidicinum, einer der angesehensten Bundesstädte, hatte ein Consul den Bürgermeister der Stadt
an dem Schandpfahl auf dem Markt mit Ruthen stäupen lassen, weil
seiner Gemahlin, die in dem Männerbad zu baden verlangte, die Municipalbeamten nicht schleunig genug die Badenden ausgetrieben hatten
und ihr das Bad nicht sauber erschienen war. Aehnliche Auftritte
waren in Ferentinum, gleichfalls einer Stadt besten Rechts, ja in der
alten und wichtigen latinischen Colonie Cales vorgefallen. In der latinischen Colonie Venusia war ein freier Bauersmann von einem durch-
passirenden jungen amtlosen römischen Diplomaten wegen eines
Spafses, den er sich über dessen Sänfte erlaubt hatte, angehalten,
niedergeworfen und mit dem Tragriemen der Sänfte zu Tode gepeitscht
worden. Dieser Vorfälle wird um die Zeit des fregellanischen Aufstandes gelegentlich gedacht; es leidet keinen Zweifel, dafs ähnliche
Unrechtfertigkeiten häufig vorkamen und ebenso wenig, dafs eine ernstliche Genugthuung für solche Missethaten nirgends zu erlangen war,
wogegen das nicht leicht ungestraft verletzte Provocationsrecht wenigstens Leib und Leben des römischen Bürgers einigermafsen schützte.
Es konnte nicht fehlen, dafs in Folge dieser Behandlung der Italiker
seitens der römischen Regierung die Spannung, welche die Weisheit
der Ahnen zwischen den latinischen und den sonstigen italischen Gemeinden sorgfältig unterhalten hatte, wenn nicht verschwand, so doch
nachliefs (I, 804). Die Zwingburgen Roms und die durch die Zwingburgen in Gehorsam erhaltenen Landschaften lebten jetzt unter dem
gleichen Druck; der Latiner konnte den Picenter daran erinnern, dafs
sie beide in gleicher Weise ,den Beilen unterworfen' seien; die Vögte
und die Knechte von ehemals vereinigte jetzt der gemeinsame Hafs
gegen den gemeinsamen Zwingherrn. — Wenn also der gegenwärtige
Zustand der italischen Bundesgenossen aus einem leidlichen Abhängigkeitsverhältnifs umgeschlagen war in die drückendste Knechtschaft, so
war zugleich denselben jede Aussicht auf Erlangung besseren Rechts
benommen worden. Schon mit der Unterwerfung Italiens hatte die römische Bürgerschaft sich abgeschlossen und die Ertheilung des Bürger-

rechts an ganze Gemeinden vollständig aufgegeben, die an einzelne
Personen sehr beschränkt (I, 802). Jetzt ging man noch einen
Schritt weiter: bei Gelegenheit der die Erstreckung des römischen
Bürgerrechts auf ganz Italien bezweckenden Agitation in den J. 628.
632 griff man das Uebersiedelungsrecht selbst an und wies geradezu
die sämmtlichen in Rom sich aufhaltenden Nichtbürger durch Volks-
und Senatsschlufs aus der Hauptstadt aus (S. 102. 119) — eine
ebenso durch ihre Illiberalität gehässige wie durch die vielfach dabei
verletzten Privatinteressen gefährliche Mafsregel. Kurz, wenn die
italischen Bundesgenossen zu den Römern früher gestanden hatten
theils als bevormundete Brüder, mehr beschützt als beherrscht und
nicht zu ewiger Unmündigkeit bestimmt, theils als leidlich gehaltene
und der Hoffnung auf die Freilassung nicht völlig beraubte Knechte,
so standen sie jetzt sämmtlich ungefähr in gleicher Unterthänigkeit
und gleicher Hoffnungslosigkeit unter den Ruthen und Beilen ihrer
Zwingherren und durften höchstens als bevorrechtete Knechte sich es
herausnehmen die von den Herren empfangenen Fufstritte an die armen
Provinzialen weiter zu geben.

Es liegt in der Natur solcher Zerwürfnisse, dafs sie anfangs, zu- *Die Spal-*
rückgehalten durch das Gefühl der nationalen Einheit und die Er- *tung*
innerung gemeinschaftlich überdauerter Gefahr, leise und gleichsam
bescheiden auftreten, bis allmählich der Rifs sich erweitert und zwischen
den Herrschern, deren Recht lediglich ihre Macht ist, und den Beherrschten, deren Gehorsam nicht weiter reicht als ihre Furcht, das
unverholene Gewaltverhältnifs sich offenbart. Bis zu der Empörung *Fregellani-*
und Schleifung von Fregellae im J. 629, die gleichsam officiell den ver- *scher Krieg.*
änderten Charakter der römischen Herrschaft constatirte, trug die
Gährung unter den Italikern nicht eigentlich einen revolutionären
Charakter. Das Begehren nach Gleichberechtigung hatte allmählich
sich gesteigert von stillem Wunsch zu lauter Bitte, nur um, je bestimmter es auftrat, desto entschiedener abgewiesen zu werden. Sehr *Schwierig-*
bald konnte man erkennen, dafs eine gutwillige Gewährung nicht zu *keit einer*
allgemeinen
hoffen sei und der Wunsch das Verweigerte zu ertrotzen wird nicht *Insurrec-*
tion.
gefehlt haben; allein Roms damalige Stellung liefs den Gedanken diesen
Wunsch zur That zu machen kaum aufkommen. Obwohl das Zahlen-
verhältnifs der Bürger und Nichtbürger in Italien sich nicht gehörig
ermitteln läfst, so kann es doch als ausgemacht gelten, dafs die Zahl
der Bürger nicht sehr viel geringer war als die der italischen Bundesgenossen und auf ungefähr 400000 waffenfähige Bürger mindestens

500000, wahrscheinlich 600000 Bundesgenossen kamen*). So lange
bei einem solchen Verhältnifs die Bürgerschaft einig und kein nennens-
werther äufserer Feind vorhanden war, konnte die in eine Unzahl einzelner Stadt- und Gaugemeinden zersplitterte und durch tausendfache
öffentliche und Privatverhältnisse mit Rom verknüpfte italische Bundesgenossenschaft zu einem gemeinschaftlichen Handeln nimmermehr gelangen und mit mäfsiger Klugheit es der Regierung nicht fehlen die
schwierigen und grollenden Unterthanenschaften theils durch die com-
pacte Masse der Bürgerschaft, theils durch die sehr ansehnlichen
Hülfsmittel, die die Provinzen darboten, theils eine Gemeinde durch
die andere zu beherrschen.   Darum verhielten die Italiker sich ruhig,
bis die Revolution Rom zu erschüttern begann; so wie aber diese ausgebrochen war, griffen auch sie ein in das Treiben und Wogen der
römischen Parteien, um durch die eine oder die andere die Gleichberechtigung zu erlangen.   Sie hatten gemeinschaftliche Sache gemacht
erst mit der Volks-, sodann mit der Senatspartei und bei beiden gleich
wenig erreicht.   Sie hatten sich überzeugen müssen, dafs zwar die
besten Männer beider Parteien die Gerechtigkeit und Billigkeit ihrer
Forderungen anerkannten, dafs aber diese besten Männer, Aristokraten
wie Populare, gleich wenig vermochten bei der Masse ihrer Partei diesen
Forderungen Gehör zu verschaffen.   Sie hatten es mit angesehen, wie
die begabtesten, energischsten, gefeiertsten Staatsmänner Roms in demselben Augenblick, wo sie als Sachwalter der Italiker auftraten, sich

Die Italiker und die römischen Parteien.

*) Diese Ziffern sind den Censuszahlen der Jahre 639 und 684 entnommen;
waffenfähige Bürger zählte man in jedem Jahr 394336, in diesem 910000 (nach
Phlegon *fr.* 12 Müll., welchen Satz Clinton und dessen Ausschreiber fälschlich
auf den Census von 668 beziehen; nach Liv. *ep.* 98 wurden — nach der richtigen Lesung — 900000 Köpfe gezählt).   Die einzige zwischen diesen beiden
bekannte Zählungsziffer, die des Census von 668, der nach Hieronymus 463000
Köpfe ergab, ist wohl nur deshalb so gering ausgefallen, weil er mitten in der
Krise der Revolution stattfand.   Da ein Steigen der Bevölkerung Italiens in
der Zeit von 639 bis 684 nicht denkbar ist und selbst die sullanischen Landanweisungen die Lücken, die der Krieg gerissen, höchstens gedeckt haben
können, so darf der Ueberschufs von reichlich 500000 Waffenfähigen mit
Sicherheit auf die inzwischen erfolgte Aufnahme der Bundesgenossen zurückgeführt werden.   Indefs ist es möglich und sogar wahrscheinlich, dafs in
diesen verhängnifsvollen Jahren der Gesammtstand der italischen Bevölkerung
vielmehr zurückging; rechnet man das Gesammtdeficit auf 100000 Waffenfähige,
was nicht übertrieben erscheint, so kommen für die Zeit des Bundesgenossenkrieges in Italien auf zwei Bürger drei Nichtbürger.

von ihren eigenen Anhängern verlassen gefunden hatten und deshalb gestürzt worden waren. In all den Wechselfällen der dreifsigjährigen Revolution und Restauration waren Regierungen genug ein- und abgesetzt worden, aber wie auch das Programm wandelbar sein mochte, Die Italiker
und die
Oligarchie. die kurzsichtige Engherzigkeit safs ewig am Steuer. Vor allem die neuesten Vorgänge hatten es deutlich offenbart, wie vergeblich die Italiker die Berücksichtigung ihrer Ansprüche von Rom erwarteten. So lange sich die Begehren der Italiker mit denen der Revolutionspartei gemischt hatten und bei dieser an dem Unverstand der Massen gescheitert waren, konnte man sich noch dem Glauben überlassen, als sei die Oligarchie nur den Antragstellern, nicht dem Antrag selbst feindlich gesinnt gewesen, als sei noch eine Möglichkeit vorhanden, dafs der intelligentere Staat die mit dem Wesen der Oligarchie verträgliche und dem Senat heilsame Mafsregel seinerseits aufnehmen werde. Allein die letzten Jahre, in denen der Senat wieder fast unumschränkt regierte, hatten über die Absichten auch der römischen Oligarchie eine nur zu leidige Klarheit verbreitet. Statt der gehofften Das lici-
nisch-muci-
sche [95
Gesetz. Milderungen erging im J. 659 ein consularisches Gesetz, das den Nichtbürgern aufs strengste untersagte des Bürgerrechts sich anzumafsen und die Contravenienten mit Untersuchung und Strafe bedrohte — ein Gesetz, das eine grofse Anzahl der angesehensten und bei der Gleichberechtigungsfrage am meisten interessirten Personen aus den Reihen der Römer in die der Italiker zurückwarf und das in seiner juristischen Unanfechtbarkeit und staatsmännischen Wahnwitzigkeit vollkommen auf einer Linie steht mit jener berühmten Acte, welche den Grund legte zur Trennung Nordamerikas vom Mutterland, und denn auch eben wie diese die nächste Ursache des Bürgerkrieges ward. Es war nur um so schlimmer, dafs die Urheber dieses Gesetzes keineswegs zu den verstockten und unverbesserlichen Optimaten gehörten, sondern keine anderen waren als der kluge und allgemein verehrte, freilich wie Georg Grenville von der Natur zum Rechtsgelehrten und vom Verhängnifs zum Staatsmann bestimmte Quintus Scaevola, welcher durch seine ebenso ehrenwerthe als schädliche Rechtlichkeit erst den Krieg zwischen Senat und Rittern und dann den zwischen Römern und Italikern mehr als irgend ein Zweiter entzündet hat, und der Redner Lucius Crassus, der Freund und Bundesgenosse des Drusus und überhaupt einer der gemäfsigsten und einsichtigsten Optimaten. Inmitten der heftigen Die Italiker
und Drusus. Gährung, die dies Gesetz und die daraus entstandenen zahlreichen Prozesse in ganz Italien hervorriefen, schien den Italikern noch einmal

der Stern der Hoffnung aufzugehen in Marcus Drusus. Was fast unmöglich gedünkt hatte, dafs ein Conservativer die reformatorischen Gedanken der Gracchen aufnehmen und die Gleichberechtigung der Italiker
durchfechten werde, war nun dennoch eingetreten: ein hocharistokra-
tischer Mann hatte sich entschlossen zugleich die Italiker von der sicilischen Meerenge bis an die Alpen hin und die Regierung zu emancipiren und all seinen ernsten Eifer, all seine zuverlässige Hingebung
an diese hochherzigen Reformpläne zu setzen. Ob er wirklich, wie
erzählt wird, sich an die Spitze eines Geheimbundes gestellt hat, dessen
Fäden durch ganz Italien liefen und dessen Mitglieder sich eidlich*)
verpflichteten zusammenzustehen für Drusus und die gemeinschaftliche
Sache, ist nicht auszumachen; aber wenn er auch nicht zu so gefährlichen und in der That für einen römischen Beamten unverantwort-
lichen Dingen die Hand geboten hat, so ist es doch sicher nicht bei
allgemeinen Verheifsungen geblieben und sind, wenn gleich vielleicht
ohne und gegen seinen Willen, auf seinen Namen hin bedenkliche Verbindungen geknüpft worden. Jubelnd vernahm man in Italien, dafs
Drusus unter Zustimmung der grofsen Mehrheit des Senats seine ersten
Anträge durchgesetzt habe; mit noch gröfserem Jubel feierten alle Gemeinden Italiens nicht lange darauf die Genesung des plötzlich schwer
erkrankten Tribuns. Aber wie Drusus weitere Absichten sich ent-
hüllten, wechselten die Dinge; er konnte nicht wagen das Hauptgesetz

---

*) Die Eidesformel ist erhalten (bei Diodor *Vat.* p. 128); sie lautet: ,Ich
,schwöre bei dem capitolinischen Jupiter und bei der römischen Vesta und bei
,dem angestammten Mars und bei der zeugenden Sonne und bei der nährenden
,Erde und bei den göttlichen Gründern und Mehrern (den Penaten) der Stadt
,Rom, dafs mir Freund sein soll und Feind sein soll, wer Freund und
,Feind ist dem Drusus; ingleichen dafs ich weder meines eigenen noch des
,Lebens meiner Kinder und meiner Aeltern schonen will, aufser insoweit es dem
,Drusus frommt und den Genossen dieses Eides. Wenn ich aber Bürger werden
,sollte durch das Gesetz des Drusus, so will ich Rom achten als meine Heimath
,und Drusus als den gröfsten meiner Wohlthäter. Diesen Eid will ich abnehmen
,so vielen meiner Mitbürger als ich vermag; und schwöre ich recht, so gehe es
,mir wohl, schwöre ich falsch, so gehe es mir übel'. — Indefs wird man wohl
thun diesen Bericht mit Vorsicht zu benutzen; er rührt entweder her aus den
gegen Drusus von Philippus gehaltenen Reden (worauf die sinnlose von dem
Auszugmacher der Eidesformel vorgesetzte Ueberschrift ,Eid des Philippus' zu
führen scheint) oder im besten Fall aus den später über diese Verschwörung
in Rom aufgenommenen Criminalprozefsacten; und auch bei der letzteren Annahme bleibt es fraglich, ob diese Eidesformel aus den Inculpaten heraus oder
in sie hinein inquirirt ward.

einzubringen; er mufste verschieben, mufste zögern, mufste bald
zurückweichen. Man vernahm, dafs die Majorität des Senats unsicher
werde und von ihrem Führer abzufallen drohe; in rascher Folge lief
durch die Gemeinden Italiens die Kunde, dafs das durchgebrachte Gesetz cassirt sei, dafs die Capitalisten unumschränkter schalteten als je,
dafs der Tribun von Mörderhand getroffen, dafs er todt sei (Herbst 663).

Die letzte Hoffnung durch Vertrag die Aufnahme in den römischen
Bürgerverband zu erlangen ward den Italikern mit Marcus Drusus zu
Grabe getragen. Wozu dieser conservative und energische Mann unter
den günstigsten Verhältnissen seine eigene Partei nicht hatte bestimmen
können, dazu war überhaupt auf dem Wege der Güte nicht zu gelangen.
Den Italikern blieb nur die Wahl entweder geduldig sich zu fügen oder
den Versuch, der vor fünfunddreifsig Jahren durch die Zerstörung von
Fregellae im Keim erstickt worden war, noch einmal und wo möglich
mit gesammter Hand zu wiederholen und mit den Waffen sei es Rom
zu vernichten und zu beerben, sei es wenigstens die Gleichberechtigung
mit Rom zu erzwingen. Es war dieser letztere Entschlufs freilich ein
Entschlufs der Verzweiflung; wie die Sachen lagen, mochte die Auflehnung der einzelnen Stadtgemeinden gegen die römische Regierung
gar leicht noch hoffnungsloser erscheinen als der Aufstand der ameri-
kanischen Pflanzstädte gegen das brittische Imperium; allem Anschein
nach konnte die römische Regierung mit mäfsiger Aufmerksamkeit und
Thatkraft dieser zweiten Schilderhebung das Schicksal der früheren
bereiten. Allein war es etwa minder ein Entschlufs der Verzweiflung,
wenn man stillsafs und die Dinge über sich kommen liefs? Wenn man
sich erinnerte, wie die Römer ungereizt in Italien zu hausen gewohnt
waren, was war jetzt zu erwarten, wo die angesehensten Männer in
jeder italischen Stadt mit Drusus in einem Einverständnifs gestanden
hatten oder haben sollten — beides war hinsichtlich der Folgen ziemlich dasselbe —, das geradezu gegen die jetzt siegreiche Partei gerichtet
und füglich als Hochverrath zu qualificiren war? Allen denen, die an
diesem Geheimbund Theil gehabt, ja allen die nur der Theilhaberschaft
verdächtigt werden konnten, blieb keine andere Wahl als den Krieg zu
beginnen oder ihren Nacken unter das Henkerbeil zu beugen. Es kam
hinzu, dafs für eine allgemeine Schilderhebung durch ganz Italien der
gegenwärtige Augenblick noch verhältnifsmäfsig günstige Aussichten
darbot. Wir sind nicht genau darüber unterrichtet, in wie weit die
Römer die Sprengung der gröfseren italischen Eidgenossenschaften
durchgeführt hatten (I, 423); es ist indefs nicht unwahrscheinlich, dafs

91

*Vorberei-
tungen zum
allgemeinen
Aufstand ge-
gen Rom.*

die Marser, die Paeligner, vielleicht sogar die Samniten und Lucaner
damals noch in ihren alten wenn auch politisch bedeutungslos gewordenen, zum Theil wohl auf blofse Fest- und Opfergemeinschaft zurückgeführten Gemeindebünden zusammenstanden.   Immer fand die beginnende Insurrection jetzt noch an diesen Verbänden einen Stützpunkt;
wer aber konnte sagen, wie bald die Römer eben darum dazu schreiten
würden auch sie zu beseitigen?   Der Geheimbund ferner, an dessen
Spitze Drusus gestanden haben sollte, hatte sein wirkliches oder gehofftes Haupt an ihm verloren, aber er selber bestand und gewährte
für die politische Organisation des Aufstandes einen wichtigen Anhalt,
während die militärische daran anknüpfen konnte, dafs jede Bundesstadt ihr eigenes Heerwesen und erprobte Soldaten besafs. Andrerseits
war man in Rom auf nichts ernstlich gefafst. Man vernahm wohl davon, dafs unruhige Bewegungen in Italien stattfänden und die bundesgenössischen Gemeinden mit einander einen auffallenden Verkehr unterhielten; aber statt schleunigst die Bürger unter die Waffen zu rufen,
begnügte das regierende Collegium sich damit in herkömmlicher Art
die Beamten zur Wachsamkeit zu ermahnen und Spione auszusenden,
um etwas Genaueres zu erfahren. Die Hauptstadt war so völlig unvertheidigt, dafs ein entschlossener marsischer Offizier Quintus Pompaedius Silo, einer von den vertrautesten Freunden des Drusus, den Plan
entworfen haben soll, an der Spitze einer Schaar zuverlässiger unter
den Gewändern Schwerter führender Männer sich in dieselbe einzuschleichen und sich ihrer durch einen Handstreich zu bemächtigen.
Ein Aufstand bereitete also sich vor; Verträge wurden geschlossen, die
Rüstungen still und thätig betrieben, bis endlich, wie gewöhnlich noch
etwas früher, als die leitenden Männer beabsichtigt hatten, durch einen

Ausbruch der Insurrection in Asculum. Zufall die Insurrection zum Ausbruch kam. Der römische Praetor mit
proconsularischer Gewalt Gaius Servilius, durch seine Kundschafter
davon benachrichtigt, dafs die Stadt Asculum (Ascoli) in den Abruzzen
an die Nachbargemeinden Geiseln sende, begab sich mit seinem Legaten
Fonteius und wenigem Gefolge dorthin und richtete an die eben zur
Feier der grofsen Spiele im Theater versammelte Menge eine donnernde
Drohrede. Der Anblick der nur zu bekannten Beile, die Verkündigung
der nur zu ernst gemeinten Drohungen warf den Funken in den seit
Jahrhunderten aufgehäuften Zunder des erbitterten Hasses; die römischen Beamten wurden im Theater selbst von der Menge zerrissen und
sofort, gleich als gelte es durch einen furchtbaren Frevel jede Brücke
der Versöhnung abzubrechen, die Thore auf Befehl der Obrigkeit ge-

schlossen, die sämmtlichen in Asculum verweilenden Römer niedergemacht und ihre Habe geplündert. Wie die Flamme durch die Steppe
lief die Empörung durch die Halbinsel. Voran ging das tapfere und
zahlreiche Volk der Marser in Verbindung mit den kleinen, aber kernigen
Eidgenossenschaften in den Abruzzen, den Paelignern, Marrucinern,
Frentanern und Vestinern; der schon genannte tapfere und kluge Quintus Silo war hier die Seele der Bewegung. Von den Marsern wurde
zuerst den Römern förmlich abgesagt, wonach späterhin dem Krieg der
Name des marsischen blieb. Dem gegebenen Beispiel folgten die samnitischen und überhaupt die Masse der Gemeinden vom Liris und den
Abruzzen bis hinab nach Calabrien und Apulien; so dafs bald in ganz
Mittel- und Süditalien gegen Rom gerüstet ward. Die Etrusker und
Umbrer dagegen hielten zu Rom, wie sie bereits früher mit den Rittern
zusammengehalten hatten gegen Drusus (S. 215). Es ist bezeichnend,
dafs in diesen Landschaften seit alten Zeiten die Grund- und Geldaristokratie übermächtig und der Mittelstand gänzlich verschwunden
war, wogegen in und an den Abruzzen der Bauernstand sich reiner und
frischer bewahrt hatte als irgendwo sonst in Italien; der Bauern- und
überhaupt der Mittelstand also war es, aus dem der Aufstand wesentlich hervorging, wogegen die municipale Aristokratie auch jetzt noch
Hand in Hand ging mit der hauptstädtischen Regierung. Danach ist
es auch leicht erklärlich, dafs in den aufständischen Districten einzelne
Gemeinden und in den aufständischen Gemeinden Minoritäten festhielten an dem römischen Bündnifs; wie zum Beispiel die Vestinerstadt
Pinna für Rom eine schwere Belagerung aushielt und ein im Hirpiner-
land gebildetes Loyalistencorps unter Minatus Magius von Aeclanum
die römischen Operationen in Campanien unterstützte. Endlich hielten
fest an Rom die am besten gestellten bundesgenössischen Gemeinden,
in Campanien Nola und Nuceria und die griechischen Seestädte Neapolis
und Rhegion, defsgleichen wenigstens die meisten latinischen Colonien,
wie zum Beispiel Alba und Aesernia — eben wie im hannibalischen
Kriege die latinischen und die griechischen Städte im Ganzen für, die
sabellischen gegen Rom Partei genommen hatten. Die Vorfahren hatten
Italiens Beherrschung auf die aristokratische Gliederung gegründet und
mit geschickter Abstufung der Abhängigkeiten die schlechter gestellten
Gemeinden durch die besseren Rechts, innerhalb jeder Gemeinde aber
die Bürgerschaft durch die Municipalaristokratie in Unterthänigkeit gehalten. Erst jetzt unter dem unvergleichlich schlechten Regiment der
Oligarchie erprobte es sich vollständig, wie fest und gewaltig die Staats-

männer des vierten und fünften Jahrhunderts ihre Werksteine in einander gefugt hatten; auch diese Sturmfluth hielt der vielfach erschütterte Bau noch aus.   Freilich war damit, dafs die besser gestellten Städte nicht auf den ersten Stofs von Rom liefsen, noch keineswegs gesagt, dafs sie auch jetzt, wie im hannibalischen Kriege, auf die Länge und nach schweren Niederlagen ausdauern würden, ohne in ihrer Treue gegen Rom zu schwanken; die Feuerprobe war noch nicht überstanden.

Eindruck der Insurrection in Rom. Das erste Blut war also geflossen und Italien in zwei grofse Heerlager auseinandergetreten.   Zwar fehlte, wie wir sahen, noch gar viel an einer allgemeinen Schilderhebung der italischen Bundesgenossenschaft; dennoch hatte die Insurrection schon eine vielleicht die Hoffnungen der Führer selbst übertreffende Ausdehnung gewonnen und die Insurgenten konnten ohne Uebermuth daran denken der römischen Zurückweisung der Vergleichsanträge. Regierung ein billiges Abkommen anzubieten.   Sie sandten Boten nach Rom und machten sich anheischig gegen Aufnahme in den Bürgerverband die Waffen niederzulegen; es war vergebens.   Der Gemeinsinn, der so lange in Rom vermifst worden war, schien plötzlich wiedergekehrt zu sein, nun es sich darum handelte einem gerechten und jetzt auch mit ansehnlicher Macht unterstützten Begehren der Unterthanen Hochverrathscommission. mit starrer Bornirtheit in den Weg zu treten.   Die nächste Folge der italischen Insurrection war, ähnlich wie nach den Niederlagen, die die Regierungspolitik in Africa und Gallien erlitten hatte (S. 145. 178), die Eröffnung eines Prozefskrieges, mittelst dessen die Richteraristokratie Rache nahm an denjenigen Männern der Regierung, in denen man, mit Recht oder Unrecht, die nächste Ursache dieses Unheils sah. Auf den Antrag des Tribuns Quintus Varius ward trotz des Widerstandes der Optimaten und trotz der tribunicischen Intercession eine besondere Hochverrathscommission, natürlich aus dem mit offener Gewalt für diesen Antrag kämpfenden Ritterstand, niedergesetzt zur Untersuchung der von Drusus angezettelten und wie in Italien so auch in Rom weiterverzweigten Verschwörung, aus der die Insurrection hervorgegangen war und die jetzt, da halb Italien in Waffen stand, der gesammten erbitterten und erschreckten Bürgerschaft als unzweifelhafter Landesverrath erschien.   Die Urtheile dieser Commission räumten stark auf in den Reihen der senatorischen Vermittlungspartei; unter andern namhaften Männern ward Drusus genauer Freund, der junge talentvolle Gaius Cotta in die Verbannung gesandt und mit Noth entging der greise Marcus Scaurus dem gleichen Schicksal.   Der Verdacht gegen die den Reformen des Drusus geneigten Senatoren ging so weit, dafs bald nachher der Consul Lupus aus dem Lager an den Senat berichtete über die Verbindungen, die zwischen den Optimaten in seinem Lager und dem Feinde beständig unterhalten würden; ein Verdacht, der sich freilich bald durch das Aufgreifen marsischer Spione als unbegründet auswies. Insofern konnte der König Mithradates nicht mit Unrecht sagen, dafs der Hader der Factionen ärger als der Bundesgenossenkrieg selbst den römischen Staat zerrütte. Zunächst indefs stellte der Ausbruch der Insurrection und der Terrorismus, den die Hochverrathscommission übte, wenigstens einen Schein her von Einigkeit und Kraft. Die Parteifehden schwiegen; die fähigen Offiziere aller Farben, Demokraten wie Gaius Marius, Aristokraten wie Lucius Sulla, Freunde des Drusus wie Publius Sulpicius Rufus stellten sich der Regierung zur Verfügung; die Getreidevertheilungen wurden, wie es scheint, um diese Zeit durch Volksbeschlufs wesentlich beschränkt, um die finanziellen Kräfte des Staates für den Krieg zusammenzuhalten, was um so nothwendiger war, als bei der drohenden Stellung des Königs Mithradates die Provinz Asia jeden Augenblick in Feindeshand gerathen und damit eine der Hauptquellen des römischen Schatzes versiegen konnte; die Gerichte stellten mit Ausnahme der Hochverrathscommission nach Beschlufs des Senats vorläufig ihre Thätigkeit ein; alle Geschäfte stockten und man dachte an nichts als an Aushebung von Soldaten und Anfertigung von Waffen. — Während also der führende Staat in Voraussicht des bevorstehenden schweren Krieges sich straffer zusammennahm, hatten die Insurgenten die schwierigere Aufgabe zu lösen sich während des Kampfes politisch zu organisiren. In dem inmitten der marsischen, samnitischen, marrucinischen und vestinischen Gaue, also im Herzen der insurgirten Landschaften belegenen Gebiete der Paeligner, in der schönen Ebene an dem Pescaraflufs ward die Stadt Corfinium auserlesen zum Gegen-Rom oder zur Stadt Italia, deren Bürgerrecht den Bürgern sämmtlicher insurgirter Gemeinden ertheilt ward; hier wurden in entsprechender Gröfse Markt und Rathhaus abgesteckt. Ein Senat von fünfhundert Mitgliedern erhielt den Auftrag die Verfassung festzustellen und die Oberleitung des Kriegswesens. Nach seiner Anordnung erlas die Bürgerschaft aus den Männern senatorischen Ranges zwei Consuln und zwölf Praetoren, die eben wie Roms zwei Consuln und sechs Praetoren die höchste Amtsgewalt in Krieg und Frieden übernahmen. Die lateinische Sprache, die damals schon bei den Marsern und Picentern die landübliche war, blieb in officiellem Gebrauch, aber es trat ihr die samnitische als die

Energische Beschlusse.

Politische Organisirung der Insurrection.

Gegen-Rom.

im südlichen Italien vorherrschende gleichberechtigt zur Seite und
beider bediente man sich abwechselnd auf den Silbermünzen, die man
nach römischen Mustern und nach römischem Fuſs auf den Namen des
neuen italischen Staates zu schlagen anfing, also das seit zwei Jahrhunderten von Rom ausgeübte Münzmonopol ebenfalls ihm aneignend.
Es geht aus diesen Bestimmungen hervor, was sich freilich schon von
selbst versteht, daſs die Italiker jetzt nicht mehr sich Gleichberechtigung
von den Römern zu erstreiten, sondern diese zu vernichten oder zu
unterwerfen und einen neuen Staat zu bilden gedachten. Aber es geht
daraus auch hervor, daſs ihre Verfassung nichts war als ein reiner Ab-
klatsch der römischen oder, was dasselbe ist, die altgewohnte bei den
italischen Nationen seit undenklicher Zeit hergebrachte Politik: eine
Stadtordnung statt einer Staatsconstitution, mit Urversammlungen von
gleicher Unbehülflichkeit und Nichtigkeit wie die römischen Comitien
es waren, mit einem regierenden Collegium, das dieselben Elemente
der Oligarchie in sich trug wie der römische Senat, mit einer in gleicher
Art durch eine Vielzahl concurrirender höchster Beamten ausgeübten
Executive — es geht diese Nachbildung bis in das kleinste Detail hinab,
wie zum Beispiel der Consul- oder Praetortitel des höchstcommandiren-
den Magistrats auch von den Feldherrn der Italiker nach einem Siege
vertauscht wird mit dem Titel Imperator. Es ändert sich eben nichts
als der Name, ganz wie auf den Münzen der Insurgenten dasselbe
Götterbild erscheint und nur die Beschrift nicht *Roma*, sondern *Italia*
lautet. Nur darin unterscheidet, nicht zu seinem Vortheil, sich dies
Insurgenten-Rom von dem ursprünglichen, daſs das letztere denn doch
eine städtische Entwickelung gehabt und seine unnatürliche Zwischen-
stellung zwischen Stadt und Staat wenigstens auf natürlichem Wege
sich gebildet hatte, wogegen das neue Italia gar nichts war als der
Congreſsplatz der Insurgenten und durch eine reine Legalfiction die
Bewohner der Halbinsel zu Bürgern dieser neuen Hauptstadt gestempelt
wurden. Bezeichnend aber ist es, daſs hier, wo die plötzliche Verschmelzung einer Anzahl einzelner Gemeinden zu einer neuen politischen Einheit den Gedanken einer Repräsentativverfassung im modernen Sinn so nahe legte, doch von einer solchen keine Spur, ja das
Gegentheil sich zeigt*) und nur die communale Organisation in einer

---

*) Selbst aus unserer dürftigen Kunde, worunter Diodor p. 538 und Stra-
bon 5, 4, 2 noch das Beste geben, erhellt dies sehr bestimmt; wie denn zum
Beispiel der letztere ausdrücklich sagt, daſs die Bürgerschaft die Beamten
wählte. Daſs der Senat von Italia in anderer Weise gebildet werden und andere

noch widersinnigeren Weise als bisher reproducirt wird. Vielleicht
nirgends zeigt es sich so deutlich wie hier, dafs dem Alterthum die
freie Verfassung unzertrennlich ist von dem Auftreten des souveränen
Volkes in eigener Person in den Urversammlungen oder von der Stadt,
und dafs der grofse Grundgedanke des heutigen republikanisch-con-
stitutionellen Staates: die Volkssouveränetät auszudrücken durch eine
Repräsentantenversammlung, dieser Gedanke, ohne den der freie Staat
ein Unding wäre, ganz und vollkommen modern ist. Selbst die italische
Staatenbildung, obwohl sie in den gewissermafsen repräsentativen Se-
naten und in dem Zurücktreten der Comitien dem freien Staat der
Neuzeit sich nähert, hat doch weder als Rom noch als Italia jemals die
Grenzlinie zu überschreiten vermocht.

So begann wenige Monate nach Drusus Tode im Winter 663/4 Rüstungen.
91/0
der Kampf, wie eine der Insurgentenmünzen ihn darstellt, des sabelli-
nischen Stiers gegen die römische Wölfin. Beiderseits rüstete man eifrig;
in Italia wurden grofse Vorräthe an Waffen, Zufuhr und Geld aufge-
häuft; in Rom bezog man aus den Provinzen, namentlich aus Sicilien,
die erforderlichen Vorräthe und setzte für alle Fälle die lange vernachlässigten Mauern in Vertheidigungsstand. Die Streitkräfte waren einigermafsen gleich gewogen. Die Römer füllten die Lücken in den italischen
Contingenten theils durch gesteigerte Aushebung aus der Bürgerschaft
und aus den schon fast ganz romanisirten Bewohnern der Keltenland-
schaften diesseit der Alpen, von denen allein bei der campanischen
Armee 10000 dienten *), theils durch die Zuzüge der Numidier und
anderer überseeischer Nationen, und brachten mit Hülfe der griechischen und kleinasiatischen Freistädte eine Kriegsflotte zusammen **).

Competenz haben sollte als der römische, ist wohl behauptet, aber nicht bewiesen worden. Man wird bei der ersten Zusammensetzung natürlich für eine
einigermafsen gleichmäfsige Vertretung der insurgirten Städte gesorgt haben;
allein dafs die Senatoren von Rechts wegen von den Gemeinden deputirt werden
sollten, ist nirgends überliefert. Ebenso wenig schliefst der Auftrag an den
Senat die Verfassung zu entwerfen die Promulgation durch den Beamten und
die Ratification durch die Volksversammlung aus.

*) Die Schleuderbleie von Asculum beweisen, dafs auch im Heere des
Strabo die Gallier sehr zahlreich waren.

**) Wir haben noch einen römischen Senatsbeschlufs vom 22. Mai 676, 78
welcher dreien griechischen Schiffscapitänen von Karystos, Klazomenae und
Miletos für die seit dem Beginn des italischen Krieges (664) geleisteten treuen 90
Dienste bei ihrer Entlassung Ehren und Vortheile zuerkennt. Gleichartig ist die
Nachricht Memnons, dafs von Herakleia am schwarzen Meer für den italischen

Beiderseits wurden, ohne die Besatzungen zu rechnen, bis 100000 Soldaten mobil gemacht*) und an Tüchtigkeit der Mannschaft, an Kriegs-
taktik und Bewaffnung standen die Italiker hinter den Römern in nichts
zurück. Die Führung des Krieges war für die Insurgenten wie für die
Römer deswegen sehr schwierig, weil das aufständische Gebiet sehr
ausgedehnt und eine grofse Zahl zu Rom haltender Festungen in demselben zerstreut war; so dafs einerseits die Insurgenten sich genöthigt
sahen einen sehr zersplitternden und zeitraubenden Festungskrieg mit
einer ausgedehnten Grenzdeckung zu verbinden, andrerseits die Römer
nicht wohl anders konnten als die nirgends recht centralisirte Insurrection in allen insurgirten Landschaften zugleich bekämpfen. Militärisch zerfiel das insurgirte Land in zwei Hälften: in der nördlichen,
die von Picenum und den Abruzzen bis an die campanische Nordgrenze
reichte und die lateinisch redenden Districte umfafste, übernahmen
italischer Seits der Marser Quintus Silo, römischer Seits Publius Rutilius Lupus, beide als Consuln den Oberbefehl; in der südlichen, welche
Campanien, Samnium und überhaupt die sabellisch redenden Landschaften in sich schlofs, befehligte als Consul der Insurgenten der
Samnite Gaius Papius Mutilus, als römischer Consul Lucius Iulius
Caesar. Jedem der beiden Oberfeldherrn standen auf italischer Seite
sechs, auf römischer fünf Unterbefehlshaber zur Seite, so dafs ein jeder
von diesen in einem bestimmten Bezirk den Angriff und die Vertheidigung leitete, die consularischen Heere aber die Bestimmung hatten
freier zu agiren und die Entscheidung zu bringen. Die angesehensten
römischen Offiziere, wie zum Beispiel Gaius Marius, Quintus Catulus
und die beiden im spanischen Krieg erprobten Consulare Titus Didius
und Publius Crassus, stellten für diese Posten den Consuln sich zur
Verfügung; und wenn man auf Seiten der Italiker nicht so gefeierte
Namen entgegenzustellen hatte, so bewies doch der Erfolg, dafs ihre
Führer den römischen militärisch in nichts nachstanden. — Die Offensive in diesem durchaus decentralisirten Krieg war im Ganzen auf Seiten
der Römer, tritt aber auch hier nirgends mit Entschiedenheit auf. Es
fällt auf, dafs weder die Römer ihre Truppen zusammennahmen um einen
überlegenen Angriff gegen die Insurgenten auszuführen, noch die Insurgenten den Versuch machten in Latium einzurücken und sich auf die

Marginal note: Zersplitte-
rung der
beiderseiti-
gen Armeen.

Krieg zwei Trieren aufgeboten und dieselben im elften Jahre mit reichen Ehren-
gaben heimgekehrt seien.

   *) Dafs diese Angabe Appians nicht übertrieben ist, beweisen die Schleuder-
bleie von Asculum, die unter andern die fuufzehnte Legion nennen.

feindliche Hauptstadt zu werfen; wir sind indefs mit den beiderseitigen Verhältnissen zu wenig bekannt um zu beurtheilen, ob und wie man anders hätte handeln können und in wie weit die Schlaffheit der römischen Regierung einer- und die lose Verbindung der föderirten Gemeinden andrerseits zu diesem Mangel an Einheit in der Kriegführung beigetragen haben. Das ist begreiflich, dafs bei diesem System es wohl zu Siegen und Niederlagen kam, aber sehr lange nicht zu einer endgültigen Erledigung; nicht minder aber auch, dafs von einem solchen Krieg, der in eine Reihe von Gefechten einzelner gleichzeitig, bald gesondert, bald combinirt, operirender Corps sich auflöste, aus unserer beispiellos trümmerhaften Ueberlieferung ein anschauliches Bild sich nicht herstellen läfst.

Der erste Sturm traf selbstverständlich die in den insurgirten Landschaften zu Rom haltenden Festungen, die schleunigst ihre Thore schlossen und die bewegliche Habe vom Lande hereinschafften. Silo warf sich auf die Zwingburg der Marser, das feste Alba, Mutilus auf die im Herzen Samniums angelegte Latinerstadt Aesernia: dort wie hier trafen sie auf den entschlossensten Widerstand. Aehnliche Kämpfe mögen im Norden um Firmum, Hatria, Pinna, im Süden um Luceria, Benevent, Nola, Paestum getobt haben, bevor und während die römischen Heere sich an den Grenzen der insurgirten Landschaft aufstellten. Nachdem die Südarmee unter Caesar in der gröfstentheils noch zu Rom haltenden campanischen Landschaft sich im Frühjahr 664 gesammelt und Capua mit seinem für die Finanzen Roms so wichtigen Domanialgebiet so wie die bedeutenderen Bundesstädte mit Besatzung versehen hatte, versuchte sie zur Offensive überzugehen und den kleineren nach Samnium und Lucanien unter Marcus Marcellus und Publius Crassus vorausgesandten Abtheilungen zu Hülfe zu kommen. Allein Caesar ward von den Samniten und den Marsern unter Publius Vettius Scato mit starkem Verlust zurückgewiesen und die wichtige Stadt Venafrum trat hierauf über zu den Insurgenten, denen sie die römische Besatzung in die Hände lieferte. Durch den Abfall dieser Stadt, die auf der Heerstrafse von Campanien nach Samnium lag, war Aesernia abgeschnitten, und die bereits hart angegriffene Festung sah sich jetzt ausschliefslich auf den Muth und die Ausdauer ihrer Vertheidiger und ihres Commandanten Marcellus angewiesen. Zwar machte ein Streifzug, den Sulla mit derselben kühnen Verschlagenheit wie vor Jahren den Zug zu Bocchus glücklich zu Ende führte, den bedrängten Aeserninern für einen Augenblick Luft; allein dennoch wur-

(Marginalien:)

Beginn des Krieges.

Die Festungen.

Caesar in Campanien und Samnium. 90

Acerrnia von den Insurgenten erobert, den sie nach hartnäckiger Gegenwehr gegen Ende des Jahres durch die äufserste Hungersnoth gezwungen zu capituliren. Auch in Lucanien ward Publius Crassus von Marcus Lamponius geschlagen und genöthigt sich in Grumentum einzuschliefsen, das nach langer und harter Belagerung fiel. Apulien und die südlichen Landschaften hatte forner Nola. man ohnehin gänzlich sich selbst überlassen müssen. Die Insurrection griff um sich; wie Mutilus an der Spitze der samnitischen Armee in Campanien einrückte, übergab die Bürgerschaft von Nola ihm ihre Stadt und lieferte die römische Besatzung aus, deren Befehlshaber auf Mutilus Befehl hingerichtet, die Mannschaft in die siegreiche Armee Campanien gröfstentheils den Römern verloren. untergesteckt ward. Mit einziger Ausnahme von Nuceria, das fest an Rom hielt, ging ganz Campanien bis zum Vesuv den Römern verloren; Salernum, Stabiae, Pompeii, Herculaneum erklärten sich für die Insurgenten; Mutilus konnte in das Gebiet nördlich vom Vesuv vorrücken und mit seiner samnitisch-lucanischen Armee Acerrae belagern. Die Numidier, die in grofser Zahl bei Caesars Armee standen, fingen an schaarenweise zu Mutilus überzugehen oder vielmehr zu Oxyntas, dem Sohne Jugurthas, der bei der Uebergabe von Venusia den Samniten in die Hände gefallen war und nun im königlichen Purpur in den Reihen der Samniten erschien; so dafs Caesar sich genöthigt sah das ganze africanische Corps in die Heimath zurückzuschicken. Mutilus wagte sogar einen Sturm auf das römische Lager; allein er ward abgeschlagen und die Samniten, denen bei dem Abzug die römische Reiterei in den Rücken gefallen war, liefsen bei 6000 Todte auf dem Schlachtfeld. Es war der erste nambafte Erfolg, den in diesem Kriege die Römer errangen; das Heer rief den Feldherrn zum Imperator aus und in der Hauptstadt fing der tief gesunkene Muth wieder an sich zu heben. Zwar ward nicht lange darauf die siegreiche Armee bei einem Flufsübergang von Marius Egnatius angegriffen und so nachdrücklich geschlagen, dafs sie bis Teanum zurückweichen und dort wieder organisirt werden mufste; indefs gelang es den Anstrengungen des thätigen Consuls sein Heer noch vor Einbruch des Winters wieder in kriegsfähigen Stand zu setzen und seine alte Stellung wieder einzunehmen unter den Mauern von Acerrae, das die samnitische Hauptarmee unter Gefechte mit den Marsern. Mutilus fortfuhr zu belagern. — Gleichzeitig hatten die Operationen auch in Mittelitalien begonnen, wo der Aufstand von den Abruzzen und der Landschaft am Fucinersee aus in gefährlicher Nähe die Hauptstadt bedrohte. Ein selbstständiges Corps unter Gnaeus Pompeius Strabo ward ins Picenische gesandt um, auf Firmum und Falerio ge-

stützt, Asculum zu bedrohen; die Hauptmasse dagegen der römischen
Nordarmee stellte unter dem Consul Lupus sich auf an der Grenze des
latinischen und des marsischen Gebietes, wo an der valerischen und
der salarischen Chaussee der Feind der Hauptstadt am nächsten stand;
der kleine Fluſs Tolenus (Turano), der zwischen Tibur und Alba die
valerische Straſse schneidet und bei Rieti in den Velino fällt, schied die
beiden Heere. Ungeduldig drängte der Consul Lupus zur Entscheidung und überhörte den unbequemen Rath des Marius die des Dienstes
ungewohnte Mannschaft erst im kleinen Krieg zu üben. Zunächst ward
ihm die 10000 Mann starke Abtheilung des Gaius Perpenna vollständig
geschlagen. Der Oberfeldherr entsetzte den geschlagenen General seines
Commandos und vereinigte den Rest des Corps mit dem unter Marius
Befehl stehenden, lieſs sich aber dadurch nicht abhalten die Offensive
zu ergreifen und in zwei theils von ihm selbst, theils von Marius geführten Abtheilungen auf zwei nicht weit von einander geschlagenen
Brücken den Tolenus zu überschreiten. Ihnen gegenüber stand Publius
Scato mit den Marsern; er hatte sein Lager an der Stelle geschlagen,
wo Marius den Bach überschritt, allein ehe der Uebergang stattfand,
sich mit Hinterlassung der bloſsen Lagerposten von dort weggezogen
und weiter fluſsaufwärts eine verdeckte Stellung genommen, in welcher er das andere römische Corps unter Lupus unvermuthet während
des Uebergehens angriff und es theils niedermachte, theils in den Fluſs
sprengte (11. Juni 664). Der Consul selbst und 8000 der Seinen   90] Lupus
blieben. Es konnte kaum ein Ersatz heiſsen, daſs Marius, Scatos Ab-   Niederlage
marsch endlich gewahrend, über den Fluſs gegangen war und nicht   und Tod.
ohne Verlust der Feinde deren Lager besetzt hatte. Doch zwang dieser
Fluſsübergang und ein gleichzeitig von dem Feldherrn Servius Sulpicius über die Paeligner erfochtener Sieg die Marser ihre Verthei-
digungslinie etwas zurückzunehmen und Marius, welcher nach Beschluſs des Senats als Höchstcommandirender an Lupus Stelle trat,
verhinderte wenigstens, daſs der Feind weitere Erfolge errang. Allein
Quintus Caepio, der bald darauf ihm gleichberechtigt zur Seite gesetzt
ward, weniger wegen eines glücklich von ihm bestandenen Gefechtes
als weil er den damals in Rom tonangebenden Rittern durch seine heftige Opposition gegen Drusus sich empfohlen hatte, lieſs sich von Silo
durch die Vorspiegelung ihm sein Heer verrathen zu wollen in einen
Hinterhalt locken und ward mit einem groſsen Theil seiner Mannschaft
von den Marsern und Vestinern zusammengehauen. Marius, nach
Caepios Fall wiederum alleiniger Oberbefehlshaber, hinderte durch

seinen zähen Widerstand den Gegner die errungenen Vortheile zu benutzen und drang allmählich tief in das marsische Gebiet ein. Die
Schlacht versagte er lange; als er endlich sie lieferte, überwand er
seinen stürmischen Gegner, der unter andern Todten den Hauptmann
der Marruciner Herius Asinius auf der Wahlstatt zurückließ. In einem
zweiten Treffen wirkten Marius Heer und das zur Südarmee gehörige
Corps des Sulla zusammen um den Marsern eine noch empfindlichere
Niederlage beizubringen, die ihnen 6000 Mann kostete; die Ehre
dieses Tages aber blieb dem jüngeren Offizier, denn Marius hatte zwar
die Schlacht geliefert und gewonnen, aber Sulla den Flüchtigen den
Rückzug verlegt und sie aufgerieben. — Während also am Fucinersee
heftig und mit wechselndem Erfolg gefochten ward, hatte auch das
picenische Corps unter Strabo unglücklich und glücklich gestritten.
Die Insurgentenchefs Gaius Iudacilius aus Asculum, Publius Vettius
Scato und Titus Lafrenius hatten mit vereinten Kräften dasselbe angegriffen, es geschlagen und gezwungen sich nach Firmum zu werfen,
wo Lafrenius den Strabo belagert hielt, während Iudacilius in Apulien
einrückte und Canusium, Venusia und die sonstigen dort noch zu Rom
haltenden Städte zum Anschluß an die Aufständischen bestimmte.
Allein auf der römischen Seite bekam Servius Sulpicius durch seinen
Sieg über die Paeligner freie Hand um in Picenum einzurücken und
Strabo Hülfe zu bringen. Lafrenius ward, während von vorn Strabo
ihn angriff, von Sulpicius in den Rücken gefaßt und sein Lager in
Brand gesteckt; er selber fiel, der Rest seiner Truppen warf sich in
aufgelöster Flucht nach Asculum. So vollständig hatte im Picenischen
die Lage der Dinge sich geändert, daß wie vorher die Römer auf Firmum, so jetzt die Italiker auf Asculum sich beschränkt sahen und der
Krieg also sich abermals in eine Belagerung verwandelte. — Endlich
war im Laufe des Jahres zu den beiden schwierigen und vielgetheilten
Kriegen im südlichen und mittleren Italien noch ein dritter in der nördlichen Landschaft gekommen, indem die für Rom so gefährliche Lage
der Dinge nach den ersten Kriegsmonaten einen großen Theil der
umbrischen und einzelne etruskische Gemeinden veranlaßt hatte sich
für die Insurrection zu erklären, so daß es nöthig geworden war gegen
die Umbrer den Aulus Plotius, gegen die Etrusker den Lucius Porcius
Cato zu entsenden. Hier indeß stießen die Römer auf einen weit
minder energischen Widerstand als im marsischen und samnitischen
Land und behaupteten das entschiedenste Uebergewicht im Felde.

So ging das schwere erste Kriegsjahr zu Ende, militärisch wie

Picenischer
Krieg.

Umbrisch-
etruskische
Gefechte.

politisch trübe Erinnerungen und bedenkliche Aussichten hinterlassend. Militärisch waren beide Armeen der Römer, die marsische wie die campanische, durch schwere Niederlagen geschwächt und entmutbigt, die Nordarmee genöthigt vor allem auf die Deckung der Hauptstadt bedacht zu sein, die Südarmee bei Neapel in ihren Communicationen ernstlich bedroht, da die Insurgenten ohne viele Schwierigkeit aus dem marsischen oder samnitischen Gebiet hervorbrechen und zwischen Rom und Neapel sich festsetzen konnten; wefswegen man es nothwendig fand wenigstens eine Postenkette von Cumae nach Rom zu ziehen. Politisch hatte die Insurrection während dieses ersten Kampfjahres nach allen Seiten hin Boden gewonnen; der Uebertritt von Nola, die rasche Capitulation der festen und grofsen latinischen Colonie Venusia, der umbrisch-etruskische Aufstand waren bedenkliche Zeichen, dafs die römische Symmachie in ihren innersten Fugen wanke und nicht im Stande sei diese letzte Probe auszuhalten. Schon hatte man der Bürgerschaft das Aeufserste zugemuthet, schon um jene Postenkette an der latinisch-campanischen Küste zu bilden gegen 6000 Freigelassene in die Bürgermiliz eingereiht, schon von den noch treugebliebenen Bundesgenossen die schwersten Opfer gefordert; es war nicht möglich die Sehne des Bogens noch schärfer anzuziehen ohne alles aufs Spiel zu setzen. Die Stimmung der Bürgerschaft war unglaublich gedrückt. Nach der Schlacht am Tolenus, als der Consul und die zahlreichen mit ihm gefallenen namhaften Bürger von dem nahen Schlachtfeld nach der Hauptstadt als Leichen zurückgebracht und daselbst bestattet wurden, als die Beamten zum Zeichen der öffentlichen Trauer den Purpur und die Ehrenabzeichen von sich legten, als von der Regierung an die hauptstädtischen Bewohner der Befehl erging in Masse sich zu bewaffnen, hatten nicht wenige sich der Verzweiflung überlassen und alles verloren gegeben. Zwar war die schlimmste Entmuthigung gewichen nach den von Caesar bei Acerrae, von Strabo im Picenischen erfochtenen Siegen; auf die Meldung des ersteren hatte man in der Hauptstadt den Kriegsrock wieder mit dem Bürgerkleid vertauscht, auf die des zweiten die Zeichen der Landestrauer abgelegt; aber es war doch nicht zweifelhaft, dafs im Ganzen die Römer in diesem Waffengang den Kürzeren gezogen hatten, und vor allen Dingen war aus dem Senat wie aus der Bürgerschaft der Geist entwichen, der sie einst durch alle Krisen des hannibalischen Krieges hindurch zum Siege getragen hatte. Man begann den Krieg wohl noch mit dem gleichen trotzigen Uebermuth wie damals, aber man

Nachtheiliges Gesammtergebnifs de ersten Kriegsjahrs

Entmuthigung der Römer.

wufste ihn nicht wie damals damit zu endigen; der starre Eigensinn,
die zähe Consequenz hatten einer schlaffen und feigen Gesinnung Platz
gemacht.   Schon nach dem ersten Kriegsjahr wurde die äufsere und
innere Politik plötzlich eine andere und wandte sich zur Transaction.
Es ist kein Zweifel, dafs man damit das Klügste that, was sich thun
liefs; aber nicht weil man durch die unmittelbare Gewalt der Waffen
genöthigt nicht umhin konnte sich nachtheilige Bedingungen gefallen
zu lassen, sondern weil das, warum gestritten ward, die Verewigung
des politischen Vorranges der Römer vor den übrigen Italikern, dem
Gemeinwesen selber mehr schädlich als förderlich war.   Es trifft im
öffentlichen Leben wohl, dafs ein Fehler den andern ausgleicht; hier
machte, was der Eigensinn verschuldet hatte, die Feigheit gewisser-

Um- [90
schwung in
den politi-
schen Pro-
sessen.
mafsen wieder gut.   Das Jahr 664 hatte begonnen mit der schroffsten
Zurückweisung des von den Insurgenten angebotenen Vergleichs und
mit der Eröffnung eines Prozefskrieges, in welchem die leidenschaftlichsten Vertheidiger des patriotischen Egoismus, die Capitalisten, Rache
nahmen an allen denjenigen, die im Verdacht standen der Mäfsigung
und der rechtzeitigen Nachgiebigkeit das Wort geredet zu haben.   Dagegen brachte der Tribun Marcus Plautius Silvanus, der am 10. Dec.
desselben Jahres sein Amt antrat, ein Gesetz durch, das die Hochverrathscommission den Capitalistengeschwornen entzog und anderen
aus der freien nicht ständisch qualificirten Wahl der Districte hervorgegangenen Geschwornen anvertraute; wovon die Folge war, dafs diese
Commission aus einer Geifsel der Moderirten zu einer Geifsel der
Ultras ward und sie unter Andern ihren eigenen Urheber Quintus Varius, dem die öffentliche Stimme die schlimmsten demokratischen
Gräuelthaten, die Vergiftung des Quintus Metellus und die Ermordung
des Drusus, Schuld gab, in die Verbannung sandte.   Wichtiger als diese

Ertheilung
des Bürger-
rechts an die
treugeblie-
benen und
die sich un-
terwerfenden
Italiker.
seltsam offenherzige politische Palinodie war die veränderte Richtung,
die man in der Politik gegen die Italiker einschlug.   Genau dreihundert
Jahre waren verflossen, seit Rom zum letzten Male sich hatte den
Frieden dictiren lassen müssen; Rom war jetzt wieder unterlegen und
da es den Frieden begehrte, war derselbe nur möglich wenigstens
durch theilweises Eingehen auf die Bedingungen der Gegner.   Mit den
Gemeinden, die bereits in Waffen sich erhoben hatten um Rom zu
unterwerfen und zu zerstören, war die Fehde zu erbittert geworden,
als dafs man in Rom es über sich gewonnen hätte ihnen die verlangten
Zugeständnisse zu machen; und hätte man es gethan, sie wären vielleicht jetzt von der anderen Seite zurückgewiesen worden.   Indefs

wenn den bis jetzt noch treugebliebenen Gemeinden die ursprünglichen
Forderungen unter gewissen Einschränkungen gewährt wurden, so
ward damit theils der Schein freiwilliger Nachgiebigkeit gerettet, theils
die sonst unvermeidliche Consolidirung der Conföderation verhindert
und damit der Weg zu ihrer Ueberwindung gebahnt. So thaten denn
die Pforten des römischen Bürgerthums, die der Bitte so lange verschlossen geblieben waren, jetzt plötzlich sich auf, als die Schwerter
daran pochten; jedoch auch jetzt nicht voll und ganz, sondern selbst
für die Aufgenommenen in widerwilliger und kränkender Weise. Ein
von dem Consul Lucius Caesar*) durchgebrachtes Gesetz verlieh das
römische Bürgerrecht den Bürgern aller derjenigen italischen Bundesgemeinden, die bis dahin noch nicht Rom offen abgesagt hatten; ein
zweites der Volkstribune Marcus Plautius Silvanus und Gaius Papirius
Carbo setzte jedem in Italien verbürgerten und domicilirten Mann eine
zweimonatliche Frist, binnen welcher es ihm gestattet sein solle durch
Anmeldung bei einem römischen Beamten das römische Bürgerrecht
zu gewinnen. Indefs sollten diese Neubürger, ähnlich den Freigelassenen, im Stimmrecht in der Art beschränkt sein, dafs von den fünfunddreifsig Bezirken sie nur in acht, wie die Freigelassenen nur in
vier, eingeschrieben werden konnten; ob die Beschränkung persönlich
oder, wie es scheint, erblich war, ist nicht mit Sicherheit zu entscheiden. Diese Mafsregel bezog sich zunächst auf das eigentliche Italien,
das nördlich damals noch wenig über Ancona und Florenz hinaus-
reichte. In dem Keltenland diesseit der Alpen, das zwar rechtlich Aus-　Ertheilung
land war, aber in der Administration wie in der Colonisirung längst　des latini-
als Theil Italiens galt, wurden sämmtliche latinische Colonien behandelt　schen
wie die italischen Gemeinden. Im übrigen war hier diesseit des Po der　die itali-
gröfste Theil des Bodens nach Auflösung der alten keltischen Stamm-　schen
gemeinden zwar nicht nach dem municipalen Schema organisirt, stand　Kelten.
aber doch im Eigenthum römischer meist in Marktflecken (fora) zusammen wohnender Bürger. Die nicht zahlreichen bundesgenössischen
Ortschaften diesseit des Po, namentlich Ravenna, so wie die gesammte
Landschaft zwischen dem Po und den Alpen ward in Folge eines von dem
Consul Strabo im J. 665 eingebrachten Gesetzes nach italischer Stadt-　89

---

*) Das julische Gesetz mufs in den letzten Monaten des J. 664 erlassen　90
sein, da während der guten Jahreszeit Caesar im Felde stand; das plautische
ist wahrscheinlich, wie in der Regel die tribunicischen Anträge, uomittelbar
nach dem Amtsantritt der Tribune, also Dec. 664 oder Jan. 665 durchgebracht　90 89
worden.

verfassung organisirt, so dafs die hiezu sich nicht eignenden Gemeinden, namentlich die Ortschaften in den Alpenthälern, einzelnen Städten
als abhängige und zinspflichtige Dörfer zugelegt wurden, diese neuen
Stadtgemeinden aber nicht mit dem römischen Bürgerthum beschenkt,
sondern durch die rechtliche Fiction, dafs sie latinische Colonien seien,
mit denjenigen Rechten bekleidet, welche bisher den latinischen Städten
geringeren Rechts zugestanden hatten.   Italien endigte also damals
thatsächlich am Po, während die transpadanische Landschaft als Vor-
land behandelt ward.   Hier nördlich vom Po gab es aufser Cremona,
Eporedia und Aquileia keine Bürger- oder latinische Colonien und es
waren auch die einheimischen Stämme hier keineswegs wie südlich
vom Po verdrängt worden.   Die Abschaffung der keltischen Gau- und
die Einführung der italischen Stadtverfassung bahnte die Romanisirung
des reichen und wichtigen Gebietes an; es war dies der erste Schritt
zu der langen und folgenreichen Umgestaltung des gallischen Stammes,
im Gegensatz zu dem und zu dessen Abwehr einstmals Italien sich
zusammengefunden hatte, in Genossen ihrer italischen Herren. — So
ansehnlich diese Zugeständnisse waren, wenn man sie vergleicht mit
der seit mehr als hundertundfunfzig Jahren festgehaltenen starren Ab-
geschlossenheit der römischen Bürgerschaft, so schlossen sie doch
nichts weniger als eine Capitulation mit den wirklichen Insurgenten
ein, sondern sollten theils die schwankenden und mit dem Abfall
drohenden Gemeinden festhalten, theils möglichst viele Ueberläufer aus
den feindlichen Reihen herüberziehen.   In welchem Umfang diese
Gesetze, namentlich das wichtigste derselben, das des Caesar zur Anwendung gekommen sind, läfst sich nicht genau sagen, da wir den
Umfang der Insurrection zur Zeit der Erlassung des Gesetzes nur im
Allgemeinen anzugeben vermögen.   Die Hauptsache war auf jeden Fall,
dafs die bisher latinischen Gemeinden, sowohl die Ueberreste der alten
latinischen Eidgenossenschaft, wie Tibur und Praeneste, als auch besonders die latinischen Colonien, mit Ausnahme der wenigen zu den Insurgenten übergegangenen, dadurch eintraten in den römischen Bürgerverband. Aufserdem fand das Gesetz Anwendung auf die treugebliebenen
Bundesstädte in Etrurien und besonders in Süditalien, wie Nuceria und
Neapolis.   Dafs einzelne bisher besonders bevorzugte Gemeinden über
die Annahme des Bürgerrechts schwankten, Neapolis zum Beispiel Bedenken trug seinen bisherigen Vertrag mit Rom, der den Bürgern Freiheit
vom Landdienst und ihre griechische Verfassung, vielleicht auch überdies Domanialnutzungen garantirte, gegen das beschränkte Neubürger-

recht hinzugeben, ist begreiflich; es ist wahrscheinlich aus den dieser
Anstände wegen geschlossenen Vergleichen herzuleiten, dafs diese
Stadt, so wie auch Rhegion und vielleicht noch andere griechische Gemeinden in Italien, selbst nach dem Eintritt in den Bürgerverband ihre
bisherige Communalverfassung und die griechische Sprache als officielle
unverändert beibehalten haben.   Auf alle Fälle ward in Folge dieser
Gesetze der römische Bürgerverband aufserordentlich erweitert durch
das Aufgehen von zahlreichen und ansehnlichen von der sicilischen
Meerenge bis zum Po zerstreuten Stadtgemeinden in denselben, aufserdem die Landschaft zwischen dem Po und den Alpen durch die Ertheilung des besten bundesgenössischen Rechts gleichsam mit der gesetzlichen Anwartschaft auf das volle Bürgerrecht beliehen.

Gestützt auf diese Concessionen an die schwankenden Gemeinden
nahmen die Römer mit neuem Muthe den Kampf auf gegen die auf- Zweites
Kriegsjahr.
ständischen Districte.   Man hatte von den bestehenden politischen
Institutionen so viel niedergerissen als nothwendig schien um die Aus-
breitung des Brandes zu hindern; die Insurrection griff fortan wenigstens nicht weiter um sich.   Namentlich in Etrurien und Umbrien, wo
sie erst im Beginn war, wurde sie wohl mehr noch durch das julische Etrurien und
Umbrien be-
ruhigt.
Gesetz als durch den Erfolg der römischen Waffen so auffallend rasch
überwältigt.   In den ehemaligen latinischen Colonien, in der dicht bewohnten Polandschaft eröffneten sich reiche und jetzt zuverlässige
Hülfsquellen; mit diesen und mit denen der Bürgerschaft selbst konnte
man daran gehen den jetzt isolirten Brand zu bewältigen.   Die beiden
bisherigen Oberbefehlshaber gingen nach Rom zurück, Caesar als er-
wählter Censor, Marius, weil man seine Kriegführung als unsicher und
langsam tadelte und den sechsundsechzigjährigen Mann für alters-
schwach erklärte.   Sehr wahrscheinlich war dieser Vorwurf unbegründet; Marius bewies, indem er täglich in Rom auf dem Turnplatz
erschien, wenigstens seine körperliche Frische und auch als Oberfeldherr scheint er in dem letzten Feldzug im Ganzen die alte Tüchtigkeit
bewährt zu haben; aber glänzende Erfolge, mit denen allein er nach
seinem politischen Bankerott sich hätte in der öffentlichen Meinung
rehabiliren können, hatte er nicht erfochten und so ward der gefeierte
Degen zu seinem bittern Kummer jetzt auch als Offizier ohne Umstände zu dem alten Eisen geworfen.   An Marius Stelle trat bei der
marsischen Armee der Consul dieses Jahres Lucius Porcius Cato, der
mit Auszeichnung in Etrurien gefochten hatte, an Caesars bei der campanischen der Unterfeldherr Lucius Sulla, dem man einige der wesent-

lichsten Erfolge des vorigen Feldzugs verdankte; Gnaeus Strabo behielt, jetzt als Consul, das mit so großem Erfolg von ihm geführte Commando im picenischen Gebiet. — So begann der zweite Feldzug 665, den noch im Winter die Insurgenten eröffneten durch den kühnen an den großartigen Gang der samnitischen Kriege erinnernden Versuch einen marsischen Heerhaufen von 15000 Mann der in Norditalien gährenden Insurrection zu Hülfe nach Etrurien zu senden. Allein Strabo, durch dessen Bereich er zu passiren hatte, verlegte ihm den Weg und schlug ihn vollständig; nur wenige gelangten zurück in die weit entfernte Heimath. Als dann die Jahreszeit den römischen Heeren gestattete die Offensive zu ergreifen, betrat Cato das marsische Gebiet und drang unter glücklichen Gefechten in demselben vor, allein er fiel in der Gegend des Fucinersees bei einem Sturm auf das feindliche Lager, wodurch die ausschließliche Oberleitung der Operationen in Mittelitalien auf Strabo überging. Dieser beschäftigte sich theils mit der fortgesetzten Belagerung von Asculum, theils mit der Unterwerfung der marsischen, sabellischen und apulischen Landschaften. Zum Entsatz seiner bedrängten Heimathstadt erschien vor Asculum Iudacilius mit dem picentischen Aufgebot und griff die belagernde Armee an, während gleichzeitig die ausfallende Besatzung sich auf die römischen Linien warf. Es sollen an diesem Tage 75000 Römer gegen 60000 Italiker gefochten haben. Der Sieg blieb den Römern, doch gelang es dem Iudacilius mit einem Theil des Entsatzheeres sich in die Stadt zu werfen. Die Belagerung nahm ihren Fortgang; sie war langwierig[*] durch die Festigkeit des Platzes und die verzweifelte Vertheidigung der Bewohner, welche fochten in Erinnerung an die schreckliche Kriegserklärung innerhalb ihrer Mauern. Als Iudacilius endlich nach mehrmonatlicher tapferer Vertheidigung die Capitulation herankommen sah, ließ er die Häupter der römisch gesinnten Fraction der Bürgerschaft unter Martern umbringen und gab sodann sich selbst den Tod. So wurden die Thore geöffnet und die römischen Executionen lösten die italischen ab: alle Offiziere und alle angesehenen Bürger wurden hingerichtet, die übrigen mit dem Bettelstab ausgetrieben, sämmtliches Hab und Gut von Staatswegen eingezogen. Während der Belagerung und nach dem Fall von

Marginal notes (left): Krieg in Picenum. [89 | Asculum belagert | und erobert | Sabeller und Marser unterworfen.*

---

[*] Schleuderbleie mit dem Namen der Legion, die sie warf, auch wohl mit Verwünschungen der ,entlaufenen Sklaven' — demnach römische — oder mit der Aufschrift entweder: ,triff die Picenter' oder ,triff den Pompeius' — jene römische, diese italische — finden sich von jener Zeit her noch jetzt zahlreich in der Gegend von Ascoli.

Asculum durchzogen zahlreiche römische Corps die benachbarten aufständischen Landschaften und bewogen eine nach der andern zur Unterwerfung. Die Marruciner fügten sich, nachdem Servius Sulpicius sie
bei Teate (Chieti) nachdrücklich geschlagen hatte. In Apulien drang
der Praetor Gaius Cosconius ein, nahm Salapia und Cannae und be-
lagerte Canusium. Einen samnitischen Heerhaufen, der unter Marius
Egnatius der unkriegerischen Landschaft zu Hülfe kam und in der That
die Römer zurückdrängte, gelang es dem römischen Feldherrn bei dem
Uebergang über den Aufidus zu schlagen; Egnatius fiel und der Rest
des Heeres mufste in den Mauern von Canusium Schutz suchen. Die
Römer drangen wieder vor bis nach Venusia und Rubi und wurden
Herren von ganz Apulien. Auch am Fucinersee und am Majellagebirg,
in den Hauptsitzen der Insurrection stellten die Römer ihre Herrschaft
wieder her: die Marser ergaben sich an die Unterfeldherren Strabos
Quintus Metellus Pius und Gaius Cinna, die Vestiner und Paeligner im
folgenden Jahr (666) an Strabo selbst; die Insurgentenhauptstadt Italia ss
ward wieder die bescheidene paelignische Landstadt Corfinium; die
Reste des italischen Senats flüchteten auf samnitisches Gebiet. — Die Campanien unterworfen bis auf Nola.
römische Südarmee, welche jetzt unter Lucius Sullas Befehlen stand,
hatte gleichzeitig die Offensive ergriffen und war eingedrungen in das
vom Feind besetzte südliche Campanien. Stabiae ward von Sulla selbst
erobert und zerstört (30. April 665), Herculaneum von Titus Didius, ss
der indefs, es scheint bei diesem Sturm, selber fiel (11. Juni). Länger
widerstand Pompeii. Der samnitische Feldherr Lucius Cluentius kam
herbei der Stadt Entsatz zu bringen, allein er ward von Sulla zurückgewiesen und als er, durch Keltenschaaren verstärkt, seinen Versuch
wiederholte, hauptsächlich durch den Wankelmuth dieser unzuverlässigen Gesellen so vollständig geschlagen, dafs sein Lager erobert und
er selbst mit dem gröfsten Theil der Seinigen auf der Flucht nach Nola
zu niedergehauen ward. Das dankbare römische Heer verlieh seinem
Feldherrn den Graskranz, mit welchem schlichten Zeichen nach Lager-
brauch der Soldat geschmückt wurde, der durch seine Tüchtigkeit eine
Abtheilung seiner Kameraden gerettet hatte. Ohne mit der Belagerung Sulla in Samnium.
Nolas und der andern von den Samniten noch besetzten campanischen
Städte sich aufzuhalten, rückte Sulla sofort in das innere Land ein, wo
der Hauptheerd der Insurrection war. Die rasche Eroberung und
fürchterliche Bestrafung von Aeclanum verbreitete Schrecken in der
ganzen hirpinischen Landschaft; sie unterwarf sich, noch ehe der luca-
nische Zuzug herankam, der zu ihrem Beistand sich in Bewegung setzte,

und Sulla konnte ungehindert vordringen bis in das Gebiet der samnitischen Eidgenossenschaft. Der Paſs, wo die samnitische Landwehr
unter Mutilus ihn erwartete, wurde umgangen, die samnitische Armee
im Rücken angegriffen und geschlagen; das Lager ging verloren, der
Feldherr rettete sich verwundet nach Aesernia. Sulla rückte vor die
Hauptstadt der samnitischen Landschaft Bovianum und zwang sie durch
einen zweiten unter ihren Mauern erfochtenen Sieg zu capituliren.
Erst die vorgerückte Jahreszeit machte hier dem Feldzug ein Ende.

Es war der vollständigste Umschwung der Dinge. So gewaltig,
so siegreich, so vordringend die Insurrection den Feldzug des J. 665
begonnen hatte, so tiefgebeugt, so überall geschlagen, so völlig hoff-
nungslos ging sie aus demselben hervor. Ganz Norditalien war beruhigt. In Mittelitalien waren beide Küsten völlig in römischer Gewalt,
die Abruzzen fast vollständig, Apulien bis auf Venusia, Campanien bis
auf Nola in den Händen der Römer und durch die Besetzung des hirpinischen Gebietes die Verbindung gesprengt zwischen den beiden
einzigen noch in offener Gegenwehr beharrenden Landschaften, der
samnitischen und der lucanisch-brettischen. Das Insurrectionsgebiet
glich einer erlöschenden ungeheuren Brandstätte; überall traf das Auge
auf Asche und Trümmer und verglimmende Brände, hie und da loderte
noch zwischen den Ruinen die Flamme empor, aber man war des
Feuers überall Meister und nirgend drohte mehr Gefahr. Es ist zu bedauern, daſs wir die Ursachen dieses plötzlichen Umschwunges in der
oberflächlichen Ueberlieferung nicht mehr genügend erkennen. So
unzweifelhaft Strabos und mehr noch Sullas geschickte Führung und
namentlich die energischere Concentrirung der römischen Streitkräfte,
die raschere Offensive wesentlich dazu beigetragen hat, so mögen doch,
neben den militärischen auch politische Ursachen bei dem beispiellos
raschen Sturz der Insurgentenmacht im Spiel gewesen sein; es mag
das Gesetz des Silvanus und Carbo seinen Zweck Abfall und Verrath
der gemeinen Sache in die Reihen der Feinde zu tragen erfüllt haben,
es mag, wie so oft, unter die lose verknüpften aufständischen Gemeinden das Unglück als Apfel der Zwietracht gefallen sein. Wir sehen
nur — und es deutet auch dies auf eine sicher unter heftigen Convulsionen erfolgte innerliche Auflösung der Italia —, daſs die Samniten,
vielleicht unter Leitung des Marsers Quintus Silo, der von Haus aus
die Seele des Aufstandes gewesen und nach der Capitulation der Marser
landflüchtig zu dem Nachbarvolk gegangen war, jetzt sich eine andere
rein landschaftliche Organisation gaben und, nachdem die ‚Italia‘ über-

wunden war, es unternahmen als ‚Safinen‘ oder Samniten den Kampf
noch weiter fortzusetzen *). Das feste Aesernia ward aus der Zwingburg der letzte Hort der samnitischen Freiheit: ein Heer sammelte sich
von angeblich 30000 Mann zu Fufs und 1000 zu Pferd und ward durch
Freisprechung und Einordnung von 20000 Sclaven verstärkt; fünf
Feldherren traten an dessen Spitze, darunter als der erste Silo und neben
ihm Mutilus. Mit Erstaunen sah man nach zweihundertjähriger Pause
die Samnitenkriege aufs Neue beginnen und das entschlossene Bauern-
volk abermals, ganz wie im fünften Jahrhundert, nachdem die italische
Conföderation gescheitert war, noch einen Versuch machen seine landschaftliche Unabhängigkeit auf eigene Faust von Rom zu ertrotzen.
Allein dieser Entschlufs der tapfersten Verzweiflung änderte in der
Hauptsache nicht viel; es mochte der Bergkrieg in Samnium und Lucanien noch einige Zeit und einige Opfer fordern, die Insurrection war
nichts desto weniger schon jetzt wesentlich zu Ende. — Allerdings war
inzwischen eine neue Complication eingetreten, indem die asiatischen
Verwickelungen es zu einer gebieterischen Nothwendigkeit gemacht
hatten an König Mithradates von Pontos den Krieg zu erklären und für
das nächste Jahr (666) den einen Consul und eine consularische Armee
nach Kleinasien zu bestimmen. Wäre dieser Krieg ein Jahr früher
zum Ausbruch gekommen, so hätte die gleichzeitige Empörung des
halben Italiens und der wichtigsten Provinz dem römischen Staat eine
ungeheure Gefahr bereitet. Jetzt, nachdem in dem raschen Sturz der
italischen Insurrection das wunderbare Glück Roms sich abermals bewährt hatte, war dieser neu beginnende asiatische Krieg, trotz dem dafs
er mit dem verendenden italischen sich verschlang, doch nicht eigentlich bedrohlicher Art, um so weniger, als Mithradates in seinem Uebermuth die Aufforderung der Italiker ihnen unmittelbaren Beistand zu
leisten von der Hand wies, aber freilich immer noch in hohem Grade
unbequem. Die Zeiten waren nicht mehr wo man einen italischen und
einen überseeischen Krieg unbedenklich neben einander führte; die
Staatskasse war nach zwei Kriegsjahren bereits vollständig erschöpft,
die Bildung einer neuen Armee neben den bereits im Felde stehenden
schien kaum ausführbar. Indefs man half sich wie man konnte. Der
Verkauf der seit alter Zeit (I, 106) auf und an der Burg freigebliebenen

margin note: Ausbruch des mithradatischen Krieges.

margin note: 88

---

*) Dieser Epoche müssen die seltenen Denare mit *Safinim* und *G. Mutil* in
oskischer Schrift angehören; denn so lange die *Italia* von den Insurgenten festgehalten ward, konnte kein einzelner Gau als souveräne Macht Münzen mit dem
eignen Namen schlagen.

Plätze an die Baulustigen, woraus 9000 Pfund Gold (2½ Mill. Thlr.) gelöst wurden, lieferte die erforderlichen Geldmittel. Eine neue Armee ward nicht gebildet, sondern die in Campanien unter Sulla stehende bestimmt nach Asien sich einzuschiffen, sobald der Stand der Dinge im südlichen Italien es ihr gestatten würde sich zu entfernen; was bei den Fortschritten der im Norden unter Strabo operirenden Armee vor-

Dritter Feld-
zug.
66 aussichtlich bald geschehen konnte. — So begann der dritte Feldzug 666 unter günstigen Aussichten für Rom. Strabo dämpfte den letzten

Einnahme
von Venusia Widerstand, der noch in den Abruzzen geleistet ward. In Apulien machte Cosconius Nachfolger, Quintus Metellus Pius, der Sohn des Ueberwinders von Numidien und an energisch conservativer Gesinnung wie an militärischer Begabung seinem Vater nicht ungleich, dem Widerstand ein Ende durch die Einnahme von Venusia, wobei 3000 Bewaffnete gefangen genommen wurden. In Samnium gelang zwar Silo die Wiedereinnahme von Bovianum; allein in einer Schlacht, die er dem römischen General Mamercus Aemilius lieferte, siegten die Römer und,

was wichtiger war als der Sieg selbst, unter den 6000 Todten, die die
Silo fällt. Samniten auf der Wahlstatt liefsen, war auch Silo. In Campanien wurden die kleineren Ortschaften, die die Samniten noch besetzt hielten, von Sulla ihnen entrissen und Nola umstellt. Auch in Lucanien drang der römische Feldherr Aulus Gabinius ein und errang nicht geringe Erfolge; allein nachdem er bei einem Angriff auf das feindliche Lager gefallen war, herrschte der Insurgentenführer Lamponius mit den Seinen wiederum fast ungestört in der weiten und öden lucanisch-bruttischen Landschaft. Er machte sogar einen Versuch sich Rhegions zu bemächtigen, den indefs der sicilische Statthalter Gaius Norbanus vereitelte. Trotz einzelner Unfälle näherte man sich unaufhaltsam dem Ziel; der Fall von Nola, die Unterwerfung von Samnium, die Möglichkeit ansehnliche Streitkräfte für Asien verfügbar zu machen schienen nicht mehr fern, als die Wendung der Dinge in der Hauptstadt der fast schon erstickten Insurrection unvermuthet Luft machte.

Gährung in
Rom. Rom war in fürchterlicher Gährung. Drusus Angriff auf die Rittergerichte und sein durch die Ritterpartei bewirkter jäher Sturz, sodann der zweischneidige varische Prozefskrieg hatten die bitterste Zwietracht gesäet zwischen Aristokratie und Bourgeoisie so wie zwischen den Gemäfsigten und den Ultras. Die Ereignisse hatten der Partei der Nachgiebigkeit vollständig recht gegeben: was sie beantragt hatte freiwillig zu verschenken, das hatte man mehr als halb gezwungen zugestehen müssen; allein die Art, wie dies Zugeständnifs erfolgt war, trug eben

wie die frühere Weigerung den Charakter des eigensinnigen und kurzsichtigen Neides. Statt allen italischen Gemeinden das gleiche Recht
zu gewähren, hatte man die Zurücksetzung nur anders formulirt. Man
hatte eine grofse Anzahl italischer Gemeinden in den römischen Bürgerverband aufgenommen, aber was man verlieh wieder mit einer ehren-
rührigen Makel behaftet, die Neu- neben die Altbürger ungefähr wie
die Freigelassenen neben die Freigeborenen gestellt. Man hatte die
Gemeinden zwischen dem Po und den Alpen durch das Zugeständnifs
des latinischen Rechts mehr gereizt als befriedigt. Man hatte endlich
einem ansehnlichen und nicht dem schlechtesten Theil der Italiker,
sämmtlichen wieder unterworfenen insurgirten Gemeinden nicht blofs
das Bürgerrecht vorenthalten, sondern sogar ihre ehemaligen durch
den Aufstand vernichteten Verträge ihnen nicht wieder rechtlich ver-
brieft, höchstens im Gnadenweg und auf beliebigen Widerruf dieselben
erneuert *). Die Zurücksetzung im Stimmrecht verletzte um so tiefer,

Die Bürger-
rechtsver-
theilung
und ihre Be-
schränkun-
gen.

---

*) *Dediticiis*, sagt Licinianus p. 15 unter dem J. 667, *omnibus* [*ci*]*vita*[*s*]
data; qui polliciti mult[a] *milia militum vix XV . . cohortes miserunt*; worin
der livianische Bericht (*epit.* 80: *Italicis populis a senatu civitas data est*) in
theilweise schärferer Fassung wieder erscheint. *Dediticii* sind nach römischem
Staatsrecht diejenigen peregrinischen Freien (Gaius I, 13—15. 25. Ulp. 20, 14·
22, 2), die den Römern unterthan geworden und zu keinem Bündnifs zugelassen
worden sind. Sie behalten nicht blofs Leben, Freiheit und Eigenthum, sondern
können auch in Gemeinden mit eigener Verfassung constituirt sein. *'Απόλιδες, nul-
lius certae civitatis cives* (Ulp. 20, 14; vgl. Dig. 48, 19, 17, 1) sind nur die durch rechtliche Fiction den *dediticii* gleichgestellten Freigelassenen (*ii qui dediticiorum numero
sunt*, nur mifsbräuchlich und bei besseren Schriftstellern selten geradezu *dediticii*
genannt: Gai. 1, 12. Ulp. 1, 14. Paul 4, 12, 6) ebenso wie die verwandten *liberti
Latini Iuniani.* Aber die *dediticii* sind dennoch dem römischen Staate gegenüber insofern rechtlos, als nach römischem Staatsrecht jede Dedition nothwendig
unbedingt ist (Polyb. 21, 1. vgl. 20, 9. 10. 36, 2) und alle ihnen ausdrücklich
oder stillschweigend zugestandenen Rechte nur *precario*, also auf beliebigen
Widerruf zugestanden werden (Appian Hisp. 44), der römische Staat also, was
er auch gleich oder später über seine Dediticier verhängen mag, niemals gegen
sie eine Rechtverletzung begehen kann. Diese Rechtlosigkeit hört erst auf
durch Abschliefsung eines Bündnifsvertrages (Liv. 34, 57). Darum erscheinen
deditio und *foedus* als staatsrechtlich sich ausschliefsende Gegensätze (Liv. 4,
30. 28, 34. Cod. Theod. 7, 13, 16 und dazu Gothofr.) und nichts andres ist
auch der den Juristen geläufige Gegensatz der Quasidediticier und der Quasi-
latiner, denn die Latiner sind eben die Föderirten im eminenten Sinn (Cic. *pro
Balb.* 24, 54). — Nach dem älteren Staatsrecht gab es, mit Ausnahme der nicht
zahlreichen in Folge des hannibalischen Krieges ihrer Verträge verlustig erklärten Gemeinden (I, 800), keine italischen Dediticier; noch in dem plautischen

als sie bei der damaligen Beschaffenheit der Comitien politisch sinnlos
war und die scheinheilige Fürsorge der Regierung für die unbefleckte
Reinheit der Wählerschaft jedem Unbefangenen lächerlich erscheinen
mufste; all jene Beschränkungen aber waren insofern gefährlich, als
sie jeden Demagogen dazu einluden durch Aufnahme der mehr oder
minder gerechten Forderungen der Neubürger sowohl wie der vom
Bürgerrecht ausgeschlossenen Italiker seine anderweitigen Zwecke

durchzusetzen. Wenn somit die heller sehende Aristokratie diese halben
und mifsgünstigen Concessionen ebenso unzulänglich finden mufste wie
die Neubürger und die Ausgeschlossenen selbst, so vermifste sie ferner
schmerzlich in ihren Reihen die zahlreichen und vorzüglichen Männer,
die die varische Hochverrathscommission ins Elend gesandt hatte und
die zurückzurufen deswegen nur noch schwieriger war, weil sie nicht
durch Volks-, sondern durch Geschwornengerichte verurtheilt worden
waren; denn so wenig man Bedenken trug einen Volksschlufs auch
richterlicher Natur durch einen zweiten zu cassiren, so erschien doch
die Cassation eines Geschwornenverdicts durch das Volk eben der
bessern Aristokratie als ein sehr gefährliches Beispiel. So waren weder
die Ultras noch die Gemäfsigten mit dem Ausgang der italischen Krise

zufrieden.   Aber von noch tieferem Grolle schwoll das Herz des alten
Mannes, der mit erfrischten Hoffnungen in den italischen Krieg gezogen
und daraus unfreiwillig zurückgekommen war, mit dem Bewufstsein
neue Dienste geleistet und dafür neue schwerste Kränkungen empfangen
zu haben, mit dem bittern Gefühle von den Feinden nicht mehr gefürchtet, sondern gering geschätzt zu werden, mit jenem Wurm der
Rache im Herzen, der sich aufnährt an seinem eigenen Gifte. Auch
von ihm galt, was von den Neubürgern und den Ausgeschlossenen:
unfähig und unbehülflich wie er sich erwiesen hatte, war doch sein
populärer Name in der Hand eines Demagogen ein furchtbares Werk-

zeug. — Mit diesen Elementen politischer Convulsionen verband sich

---

90/89 Gesetz von 664/5 schlofs die Bezeichnung: *qui foederatis civilatibus adscripti*
fuerunt (Cic. pro Arch. 4, 7) wesentlich alle Italiker ein. Da nun aber unter
87 den *dediticii*, die 667 nachträglich das Bürgerrecht empfingen, doch nicht füglich blofs die Brettier und Picenter verstanden sein können, so wird man annehmen dürfen, dafs alle Insurgenten, so weit sie die Waffen niedergelegt und
nicht nach dem plautisch-papirischen Gesetz das Bürgerrecht erworben hatten,
als Dediticier behandelt oder, was dasselbe ist, dafs ihre durch die Insurrection
von selbst cassirten Verträge (darum *qui foederati fuerunt* in der angeführten ciceronischen Stelle) ihnen bei der Ergebung nicht rechtlich erneuert
wurden.

der rasch fortschreitende Verfall der ehrbaren Kriegssitte und der militärischen Disciplin. Die Keime, welche die Einstellung der Proletarier in das Heer in sich trug, entwickelten sich mit erschreckender Geschwindigkeit während des demoralisirenden Insurgentenkriegs, der jeden waffenfähigen Mann ohne Unterschied zum Dienst zuzulassen nöthigte und der vor allem unmittelbar in das Hauptquartier wie in das Soldatenzelt die politische Propaganda trug. Bald zeigten sich die Folgen in dem Erschlaffen aller Bande der militärischen Hierarchie. Während der Belagerung von Pompeii ward der Befehlshaber des sullanischen Belagerungscorps, der Consular Aulus Postumius Albinus von seinen Soldaten, die von ihrem Feldherrn dem Feinde verrathen zu sein glaubten, mit Steinen und Knitteln erschlagen; und der Oberbefehlshaber Sulla begnügte sich die Truppen zu ermahnen durch tapferes Verhalten vor dem Feind die Erinnerung an diesen Vorgang auszulöschen. Die Urheber dieser That waren die Flottensoldaten, von jeher die am mindesten achtbare Truppe: bald folgte eine vorwiegend aus dem Stadtpöbel ausgehobene Abtheilung der Legionare dem gegebenen Beispiel. Angestiftet von einem der Helden des Marktes Gaius Titius vergriff sie sich an dem Consul Cato. Durch einen Zufall entging derselbe diesmal dem Tode; Titius aber ward zwar festgesetzt, indefs nicht bestraft. Als Cato dann bald darauf wirklich in einem Gefechte umkam, wurden seine eigenen Offiziere, namentlich der jüngere Gaius Marius, ob mit Recht oder mit Unrecht ist nicht auszumachen, als die Urheber seines Todes bezeichnet. — Zu dieser beginnenden politischen *Oekonomi-* und militärischen kam die vielleicht noch entsetzlichere ökonomische *sche Krise.* Krise, die im Verfolg des Bundesgenossenkrieges und der asiatischen Unruhen über die römischen Geldmänner hereingebrochen war. Die Schuldner, unfähig auch nur die Zinsen zu erschwingen und dennoch von ihren Gläubigern unerbittlich gedrängt, hatten bei dem beikommenden Gerichtsvorstand, dem Stadtpraetor Asellio, theils Aufschub erbeten, um ihre Besitzungen verkaufen zu können, theils die alten verschollenen Zinsgesetze (I, 301) wieder hervorgesucht und nach der vor Zeiten festgestellten Vorschrift den vierfachen Betrag der dem Gesetz zuwider gezahlten Zinsen von den Gläubigern eingeklagt. Asellio gab sich dazu her das thatsächlich bestehende Recht durch dessen Buchstaben zu beugen und instruirte in gewöhnlicher Weise die verlangten Zinsklagen; worauf die verletzten Gläubiger unter Leitung des Volkstribuns Lucius Cassius sich auf dem Markt zusammenthaten und den Praetor, da er eben in priesterlichem Schmuck ein Opfer darbrachte,

vor dem Tempel der Eintracht überfielen und erschlugen — eine
Frevelthat, wegen deren nicht einmal eine Untersuchung stattfand (665).
Andererseits ging in den Schuldnerkreisen die Rede, dafs der leidenden Menge nicht anders geholfen werden könne als durch ‚neue Rech-
nungsbücher‘, das heifst durch gesetzliche Vernichtung der Forderungen sämmtlicher Gläubiger an sämmtliche Schuldner. Es war genau
wieder wie während des Ständestreits: wieder machten die Capitalisten
im Bunde mit der befangenen Aristokratie der gedrückten Menge und
der zur Mäfsigung des starren Rechtes mahnenden Mittelpartei den
Krieg und den Prozefs; wieder stand man an dem Rande desjenigen
Abgrundes, in den der verzweifelnde Schuldner den Gläubiger mit sich
hinabreifst; nur war seitdem an die Stelle der einfach bürgerlichen
und sittlichen Ordnung einer grofsen Ackerstadt die sociale Zerrissenheit einer Capitale vieler Nationen und diejenige Demoralisation getreten, in der der Prinz mit dem Bettler sich begegnet; nur waren alle
Mifsverhältnisse breiter, schroffer, in grauenhafter Weise grofsartiger
geworden. Indem der Bundesgenossenkrieg all die gährenden politischen
und socialen Elemente in der Bürgerschaft gegen einander rüttelte,
legte er den Grund zu einer neuen Revolution. Zum Ausbruch brachte
sie ein Zufall.

Der Volkstribun Publius Sulpicius Rufus war es, der im J. 666
bei der Bürgerschaft die Anträge stellte jeden Senator, der über
2000 Denare (600 Thaler) schulde, seiner Rathsstelle verlustig zu erklären; den durch unfreie Geschworenengerichte verurtheilten Bürgern
die Rückkehr in die Heimath freizugeben; die Neubürger durch sämmtliche Districte zu vertheilen und imgleichen den Freigelassenen Stimmrecht in allen Districten zu gestatten. Es waren Vorschläge, die aus
dem Munde dieses Mannes zum Theil wenigstens überraschten. Publius
Sulpicius Rufus (geboren 630) verdankte seine politische Bedeutung
weniger seiner adlichen Geburt, seinen bedeutenden Verbindungen
und seinem angeerbten Reichthum als seinem ungemeinen Redner-
talent, worin von den Altersgenossen keiner ihm gleichkam; die mächtige Stimme, die lebhaften zuweilen an Theateraction streifenden Geberden, die üppige Fülle seines Wortstroms ergriffen auch wen
sie nicht überzeugten. Seiner Parteistellung nach stand er von
Haus aus auf der Seite des Senats und sein erstes politisches Auftreten
95 (659) war die Anklage des der Regierungspartei tödtlich verhafsten
Norbanus gewesen (S. 208). Unter den Conservativen gehörte er zu
der Fraction des Crassus und Drusus. Was ihn zunächst veranlafste

sich für das J. 666 um das Volkstribunat zu bewerben und um dessen ₆₅
Willen seinen patricischen Adel abzulegen, wissen wir nicht; doch
scheint er dadurch, dafs auch er, wie die gesammte Mittelpartei, von
den Conservativen als Revolutionär verfolgt worden war, noch keineswegs Revolutionär geworden zu sein und keineswegs einen Umsturz
der Verfassung im Sinne des Gaius Gracchus beabsichtigt zu haben.
Eher mag er, als der einzige aus dem varischen Prozefssturm unversehrt hervorgegangene namhafte Mann der Partei des Crassus und
Drusus, sich berufen gefühlt haben das Werk des Drusus zu vollenden
und die noch bestehenden Zurücksetzungen der Neubürger schliefslich
zu beseitigen, wozu er des Tribunats bedurfte. Noch aus seinem Tribunat werden mehrere Handlungen von ihm erwähnt, die das gerade
Gegentheil demagogischer Absichten verrathen — so hinderte er durch
sein Einschreiten einen seiner Collegen die auf Grund des varischen Gesetzes ergangenen Geschwornenurtheile durch Volksschlufs zu cassiren;
und als der gewesene Aedil Gaius Caesar verfassungswidrig sich mit
Ueberspringung der Praetur um das Consulat für 667 bewarb, wie es ₆₇
heifst in der Absicht sich später die Führung des asiatischen Krieges
übertragen zu lassen, trat, entschlossener und schärfer als irgend ein
anderer, Sulpicius ihm entgegen. Ganz im Sinne des Drusus also
forderte er von sich wie von Andern zunächst und vor allem die Einhaltung der Verfassung. Aber freilich vermochte er ebenso wenig wie
Drusus das Unverträgliche zu vereinigen und die von ihm beabsichtigte
an sich verständige, aber von der ungeheuren Mehrzahl der Altbürger-
schaft auf gütlichem Wege niemals zu erlangende Verfassungsänderung
in strenger Form Rechtens durchzusetzen. Der Bruch mit der mächtigen Familie der Julier, unter denen namentlich der Bruder des Gaius,
der Consular Lucius Caesar im Senat sehr einflufsreich war, und mit
der derselben anhängenden Fraction der Aristokratie hat ohne Zweifel
auch wesentlich mitgewirkt und den zornmüthigen Mann durch persönliche Erbitterung über die ursprüngliche Absicht hinausgeführt.
Aber der Charakter der von ihm eingebrachten Anträge ist doch von   Tendenz
der Art, dafs sie keineswegs die Persönlichkeit und die bisherige Partei-   dieser
stellung ihres Urhebers verleugnen. Die Gleichstellung der Neubürger   Gesetze.
mit den Altbürgern war nichts als die theilweise Wiederaufnahme der
von Drusus entworfenen Anträge zu Gunsten der Italiker und wie diese
nur die Erfüllung der Vorschriften einer gesunden Politik. Die Zurück-
rufung der durch die varischen Geschwornen Verurtheilten opferte zwar
den Grundsatz der Unverletzlichkeit des Geschwornenwahrspruchs, für

den Sulpicius eben noch selbst mit der That eingestanden war, aber sie
kam zunächst wesentlich den eigenen Parteigenossen des Antragstellers,
den gemäfsigten Conservativen zu Gute, und es läfst sich von dem
stürmischen Mann recht wohl begreifen, dafs er bei seinem ersten Auftreten eine solche Mafsregel entschieden bekämpfte und dann, ergrimmt
über den Widerstand, auf den er traf, sie selber beantragte. Die Maßregel gegen die Ueberschuldung der Senatoren war ohne Zweifel herbeigeführt durch die Blofslegung der trotz alles äufseren Glanzes tief
zerrütteten ökonomischen Lage der regierenden Familien bei Gelegenheit der letzten finanziellen Krise; es war zwar peinlich, aber an sich
doch im wohlverstandenen Interesse der Aristokratie, wenn, wie dies
die Folge des sulpicischen Antrags sein mufste, alle Individuen aus
dem Senat ausschieden, die nicht vermochten ihre Passiva rasch zu
liquidiren und wenn das Coteriewesen, das in der Ueberschuldung vieler
Senatoren und ihrer dadurch herbeigeführten Abhängigkeit von den
reichen Collegen seinen hauptsächlichen Halt fand, durch die Beseitigung des notorisch feilen Senatorengesindels gedämpft ward — womit natürlich nicht geleugnet werden soll, dafs Rufus eine den Senat
so schroff und gehässig prostituirende Säuberung der Curie, wie er sie
vorschlug, ohne seine persönlichen Zerwürfnisse mit den herrschenden
Coteriehäuptern sicher niemals beantragt haben würde. Endlich die
Bestimmung zu Gunsten der Freigelassenen hatte unzweifelbaft zunächst den Zweck den Antragsteller zum Herrn der Gasse zu machen;
an sich aber war sie weder unmotivirt noch mit der aristokratischen
Verfassung unvereinbar. Seitdem man angefangen hatte die Freigelassenen zum Militärdienst mit hinzuzuziehen, war ihre Forderung des
Stimmrechts in sofern gerechtfertigt, als Stimmrecht und Dienstpflicht
stets Hand in Hand gegangen waren. Vor allen Dingen aber kam bei
der Nichtigkeit der Comitien politisch sehr wenig darauf an, ob in
diesen Sumpf noch eine Kloake mehr sich entleerte. Die Möglichkeit mit den Comitien zu regieren ward für die Oligarchie eher gesteigert als gemindert durch die unbeschränkte Zulassung der Freigelassenen, welche ja zu einem sehr grofsen Theil von den regierenden
Familien persönlich und ökonomisch abhängig waren und richtig verwandt eben ein Mittel für die Regierung abgeben konnten die Wahlen
gründlicher noch als bisher zu beherrschen. Wider die Tendenzen
der reformistisch gesinnten Aristokratie lief diese Mafsregel allerdings
wie jede andere politische Begünstigung des Proletariats; allein sie war
auch für Rufus schwerlich etwas anderes als was das Getreidegesetz

für Drusus gewesen war: ein Mittel um das Proletariat auf seine Seite
zu ziehen und mit dessen Hülfe den Widerstand gegen die beabsichtigten wahrhaft gemeinnützigen Reformen zu brechen. Es liefs sich
leicht voraussehen, dafs dieser nicht gering sein, dafs die bornirte
Aristokratie und die bornirte Bourgeoisie eben denselben stumpf-
sinnigen Neid wie vor dem Ausbruch der Insurrection jetzt nach ihrer
Ueberwindung bethätigen, dafs die grofse Majorität aller Parteien die
im Augenblick der furchtbarsten Gefahr gemachten halben Zugeständnisse im Stillen oder auch laut als unzeitige Nachgiebigkeit bezeichnen
und jeder Ausdehnung derselben sich leidenschaftlich widersetzen
werde. Drusus Beispiel hatte gezeigt, was dabei herauskam, wenn
man conservative Reformen allein im Vertrauen auf die Senatsmajorität
durchzusetzen unternahm; es war vollkommen erklärlich, dafs sein
Freund und Gesinnungsgenosse verwandte Absichten in Opposition
gegen diese Mehrheit und in den Formen der Demagogie zu realisiren
versuchte. Rufus gab demnach sich keine Mühe durch den Köder der
Geschwornengerichte den Senat für sich zu gewinnen. Besseren Rückhalt fand er an den Freigelassenen und vor allem an dem bewaffneten
Gefolge — dem Bericht seiner Gegner zufolge bestand es aus 3000
gedungenen Leuten und einem ‚Gegensenat‘ von 600 jungen Männern
aus der besseren Klasse —, mit dem er in den Strafsen und auf dem
Markte erschien. Seine Anträge stiefsen denn auch auf den entschie- Widerstand
densten Widerstand bei der Majorität des Senats, welche zunächst, um
Zeit zu gewinnen, die Consuln Lucius Cornelius Sulla und Quintus
Pompeius Rufus, beide abgesagte Gegner der Demagogie, bewog aufserordentliche religiöse Festlichkeiten anzuordnen, während deren die
Volksversammlungen ruhten. Sulpicius antwortete mit einem heftigen Aufläufe.
Auflauf, bei welchem unter andern Opfern der junge Quintus Pompeius
der Sohn des einen und Schwiegersohn des andern Consuls, den Tod
fand und das Leben der beiden Consuln selbst ernstlich bedroht ward
— Sulla soll sogar nur dadurch gerettet worden sein, dafs Marius ihm
sein Haus öffnete. Man mufste nachgeben; Sulla verstand sich dazu
die angekündigten Festlichkeiten abzusagen und die sulpicischen Anträge gingen nun ohne Weiteres durch. Allein es war damit ihr
Schicksal noch keineswegs gesichert. Mochte auch in der Hauptstadt
sich die Aristokratie geschlagen geben, so gab es jetzt — zum ersten
Mal seit dem Beginn der Revolution — noch eine andere Macht in
Italien, die nicht übersehen werden durfte: die beiden starken und
siegreichen Armeen des Proconsuls Strabo und des Consuls Sulla. War Sullas Stellung.

auch Strabos politische Stellung zweideutig, so stand Sulla, obwohl er
der offenbaren Gewalt für den Augenblick gewichen war, nicht blofs
mit der Senatsmajorität in vollem Einvernehmen, sondern war auch,
unmittelbar nachdem er die Festlichkeiten abgesagt hatte, abgegangen
nach Campanien zu seiner Armee.   Den unbewaffneten Consul durch
die Knittelmänner oder die wehrlose Hauptstadt durch die Schwerter
der Legionen zu terrorisiren lief am Ende auf dasselbe hinaus; Sulpicius setzte voraus, dafs der Gegner, jetzt wo er es konnte, Gewalt mit
Gewalt vergelten und an der Spitze seiner Legionen nach der Hauptstadt zurückkehren werde, um den conservativen Demagogen mitsammt
seinen Gesetzen über den Haufen zu werfen.   Vielleicht irrte er sich.
Sulla wünschte den Krieg gegen Mithradates ebenso sehr, wie ihm
grauen mochte vor dem hauptstädtischen politischen Brodel; bei seinem
originellen Indifferentismus und seiner unübertroffenen politischen
Nonchalance hat es grofse Wahrscheinlichkeit, dafs er den Staatsstreich,
den Sulpicius erwartete, keineswegs beabsichtigte und dafs er, wenn
man ihn hätte gewähren lassen, nach der Einnahme von Nola, dessen
Belagerung ihn noch beschäftigte, unverweilt sich mit seinen Truppen
nach Asien eingeschifft haben würde.   Indefs wie dem auch sein mag,
Sulpicius entwarf, um den vermutheten Streich zu pariren, den Plan
Sulla den Oberbefehl abzunehmen und liefs zu diesem Ende mit Marius
sich ein, dessen Name noch immer hinreichend populär war um einen
Antrag den Oberbefehl im asiatischen Kriege auf ihn zu übertragen
der Menge plausibel erscheinen zu lassen und dessen militärische
Stellung und Capacität für den Fall eines Bruches mit Sulla eine Stütze
werden konnte.   Die Gefahr, die darin lag den alten ebenso unfähigen
als rach- und ehrsüchtigen Mann an die Spitze der campanischen
Armee zu stellen, mochte Sulpicius nicht übersehen und ebenso wenig
die arge Abnormität, einem Privatmann ein aufserordentliches Ober-
commando durch Volksschlufs zu übertragen; aber eben Marius erprobte
staatsmännische Unfähigkeit gab eine Art Garantie dafür, dafs er die
Verfassung nicht ernstlich würde gefährden können, und vor allem war
Sulpicius eigene Lage, wenn er Sullas Absichten richtig beurtheilte,
eine so bedrohte, dafs dergleichen Rücksichten kaum mehr in Betracht
kamen.   Dafs der abgestandene Held selbst bereitwillig jedem entgegenkam, der ihn als Condottier gebrauchen wollte, versteht sich von
selbst; nach dem Oberbefehl nun gar in einem asiatischen Krieg ge-
lüstete sein Herz seit vielen Jahren und nicht weniger vielleicht danach
einmal gründlich abzurechnen mit der Senatsmajorität.   Demnach er-

Marius zum
Oberfeld-
herrn an
Sullas Statt
ernannt.

hielt auf Antrag des Sulpicius durch Beschlufs des Volkes Gaius Marius
mit aufserordentlicher höchster oder sogenannter proconsularischer
Gewalt das Commando der campanischen Armee und den Oberbefehl
in dem Krieg gegen Mithradates und es wurden, um das Heer von
Sulla zu übernehmen, zwei Volkstribune in das Lager von Nola ab-
gesandt.

Die Botschaft kam an den unrechten Mann. Wenn irgend jemand
berufen war den Oberbefehl im asiatischen Kriege zu führen, so war
es Sulla. Er hatte wenige Jahre zuvor mit dem gröfsten Erfolge auf
demselben Kriegsschauplatze commandirt; er hatte mehr als irgend ein
anderer Mann beigetragen zur Ueberwältigung der gefährlichen italischen Insurrection; ihm als Consul des Jahres, in welchem der asiatische Krieg zum Ausbruch kam, war in der hergebrachten Weise und
mit voller Zustimmung seines ihm befreundeten und verschwägerten
Collegen das Commando in demselben übertragen worden. Es war
ein starkes Ansinnen einen unter solchen Verhältnissen übernommenen
Oberbefehl nach Beschlufs der souveränen Bürgerschaft von Rom abzugeben an einen alten militärischen und politischen Antagonisten, in
dessen Händen die Armee, niemand mochte sagen zu welchen Gewaltsamkeiten und Verkehrtheiten mifsbraucht werden konnte. Sulla war
weder gutmüthig genug um freiwillig einem solchen Befehl Folge zu
leisten, noch abhängig genug um es zu müssen. Sein Heer war, theils
in Folge der von Marius herrührenden Umgestaltungen des Heerwesens, theils durch die von Sulla gehandhabte sittlich lockere und
militärisch strenge Disciplin, wenig mehr als eine ihrem Führer unbedingt ergebene und in politischen Dingen indifferente Lanzknecht-
schaar. Sulla selbst war ein blasirter, kalter und klarer Kopf, dem die
souveräne römische Bürgerschaft ein Pöbelhaufen war, der Held von
Aquae Sextiae ein bankerotter Schwindler, die formelle Legalität eine
Phrase, Rom selbst eine Stadt ohne Besatzung und mit halbverfallenen
Mauern, die viel leichter erobert werden konnte als Nola. In diesem
Sinne handelte er. Er versammelte seine Soldaten — es waren sechs
Legionen oder etwa 35000 Mann — und setzte ihnen die von Rom an-
gelangte Botschaft auseinander, nicht vergessend ihnen anzudeuten,
dafs der neue Oberfeldherr ohne Zweifel nicht dieses Heer, sondern
andere neu gebildete Truppen nach Kleinasien führen werde. Die
höheren Offiziere, immer noch mehr Bürger als Militärs, hielten sich
zurück und nur ein einziger von ihnen folgte dem Feldherrn gegen
die Hauptstadt; allein die Soldaten, die nach früheren Erfahrungen

Sullas Ab-
berufung

Sullas
Marsch auf
Rom.

(I, 814) in Asien einen bequemen Krieg und unendliche Beute zu finden hofften, brausten auf; in einem Nu waren die beiden von Rom
gekommenen Tribune zerrissen und von allen Seiten erscholl der Zuruf, dafs der Feldherr sie auf Rom zu führen möge. Unverweilt brach
der Consul auf, und unterwegs seinen gleichgesinnten Collegen an sich
ziehend, gelangte er in raschen Märschen, wenig sich kümmernd um
die von Rom ihm entgegeneilenden Abgesandten, die ihn aufzuhalten
versuchten, bis unter die Mauern der Hauptstadt. Unerwartet sah man
Sullas Heersäulen sich aufstellen an der Tiberbrücke und am collinischen und esquilinischen Thore, und sodann zwei Legionen in Reib
und Glied, ihre Feldzeichen voran, den gefriedeten Mauerring überschreiten, jenseit dessen das Gesetz den Krieg gebannt hatte. So viel
schlimmer Hader, so viele bedeutende Fehden waren innerhalb dieser
Mauern zum Austrag gekommen, ohne dafs ein römisches Heer den
heiligen Stadtfrieden gebrochen hätte; jetzt geschah es, zunächst um der
elenden Frage willen, ob dieser oder jener Offizier berufen sei im Osten
zu commandiren. Die einrückenden Legionen gingen vor bis auf die
Höhe des Esquilin; als die von den Dächern herabregnenden Geschosse
und Steine die Soldaten unsicher machten und sie zu weichen anfingen,
erhob Sulla selbst die flammende Fackel und, mit Brandpfeilen und An-
zündung der Häuser drohend, brachen die Legionen sich Bahn bis auf
den esquilinischen Marktplatz (unweit S. Maria Maggiore). Hier wartete
ihrer die eiligst von Marius und Sulpicius zusammengeraffte Mannschaft und warf die zuerst eindringenden Colonnen durch die Ueberzahl zurück. Aber von den Thoren kam denselben Verstärkung: eine
andere Abtheilung der Sullaner machte Anstalt auf der Suburastrafse
die Vertheidiger zu umgehen; sie mufsten zurück. Am Tempel der
Tellus, wo der Esquilin anfängt sich gegen den grofsen Marktplatz zu
senken, versuchte Marius noch einmal sich zu setzen; er beschwor
Senat und Ritter und die gesammte Bürgerschaft den Legionen sich
entgegenzuwerfen. Aber er selbst hatte dieselben aus Bürgern in Lanzknechte umgeschaffen; sein eigenes Werk wandte sich gegen ihn; sie
gehorchten nicht der Regierung, sondern ihrem Feldherrn. Selbst als
die Sklaven unter dem Versprechen der Freiheit aufgefordert wurden
sich zu bewaffnen, erschienen ihrer nicht mehr als drei. Es blieb den
Führern nichts übrig als eiligst durch die noch unbesetzten Thore zu
entrinnen; nach wenigen Stunden war Sulla unumschränkter Herr von
Rom. Diese Nacht brannten die Wachtfeuer der Legionen auf dem
grofsen Marktplatz der Hauptstadt.

Rom einge-
nommen.

Die erste militärische Intervention in den bürgerlichen Fehden *Erste sulla-* hatte es zur vollen Evidenz gebracht, sowohl dafs die politischen Kämpfe *nische Re-* auf dem Punkt angekommen waren, wo nur noch offene und unmittel- *stauration* bare Gewalt die Entscheidung giebt, als auch dafs die Gewalt des Knittels nichts ist gegen die Gewalt des Schwertes. Es ist die con- servative Partei gewesen, die das Schwert zuerst gezogen und an der denn auch jenes ahnungsvolle Wort des Evangeliums über den, der zuerst das Schwert erhebt, seiner Zeit sich erfüllt hat. Für jetzt triumphirte sie vollständig und durfte ihren Sieg nach Belieben selber formuliren. Von selbst verstand es sich, dafs die sulpicischen Gesetze als von Rechtswegen nichtig bezeichnet wurden. Ihr Urheber und seine namhaftesten Anhänger hatten sich geflüchtet; sie wurden, zwölf an der Zahl, von dem Senat als Vaterlandsfeinde zur Fahndung und Hinrichtung ausgeschrieben. Publius Sulpicius ward in Folge dessen *Sulpicius* bei Laurentum ergriffen und niedergemacht und das an Sulla gesandte *Tod.* Haupt des Tribuns nach dessen Anordnung auf dem Markt auf eben der- selben Rednerbühne zur Schau gestellt, wo er selbst noch wenige Tage zuvor in voller Jugend- und Rednerkraft gestanden hatte. Die andern Geächteten wurden verfolgt; auch dem alten Gaius Marius waren die Mörder auf den Fersen. Wie der Feldherr auch die Erinnerung an *Marius* seine glorreichen Tage durch eine Kette von Erbärmlichkeiten getrübt *Flucht.* haben mochte, jetzt, wo der Retter des Vaterlandes um sein Leben lief, war er wieder der Sieger von Vercellae und mit athemloser Span- nung vernahm man in ganz Italien die Ereignisse seiner wundersamen Flucht. In Ostia hatte er ein Fahrzeug bestiegen um nach Africa zu segeln; allein widrige Winde und Mangel an Vorräthen zwangen ihn am circeischen Vorgebirg zu landen und auf gut Glück in die Irre zu gehen. Von Wenigen begleitet und keinem Dach sich anvertrauend gelangte der greise Consular zu Fufs, oft vom Hunger gepeinigt, in die Nähe der römischen Colonie Minturnae an der Mündung des Garigliano. Hier zeigten sich in der Ferne die verfolgenden Reiter; mit genauer Noth ward das Ufer erreicht und ein dort liegendes Handelsschiff ent- zog ihn seinen Verfolgern; allein die ängstlichen Schiffer legten bald wieder an und suchten das Weite, während Marius am Strande schlief. In dem Strandsumpf von Minturnae, bis zum Gürtel in den Schlamm versunken und das Haupt unter einem Schilfhaufen verborgen, fanden ihn seine Verfolger und lieferten ihn ab an die Stadtbehörde von Min- turnae. Er ward ins Gefängnifs gelegt und der Stadtbüttel, ein kim- brischer Sklave, gesandt ihn hinzurichten; allein der Deutsche erschrak

vor dem blitzenden Auge seines alten Besiegers und das Beil entsank
ihm, als der General mit seiner gewaltigen Stimme ihn anherrschte,
ob er der Mann sei, den Gaius Marius zu tödten. Als man dies vernahm, ergriff die Beamten von Minturnae die Scham, dafs der Retter
Roms gröfsere Ehrfurcht finde bei den Sklaven, denen er die Knechtschaft, als bei den Mitbürgern, denen er die Freiheit gebracht hatte;
sie lösten seine Fesseln, gaben ihm Schiff und Reisegeld und sandten
ihn nach Aenaria (Ischia). Die Verbannten mit Ausnahme des Sulpicius
fanden in diesen Gewässern sich allmählich zusammen; sie liefen am
Eryx und bei dem ehemaligen Karthago an, allein die römischen Beamten wiesen sie in Sicilien wie in Africa zurück. So entrannen sie
nach Numidien, dessen öde Stranddünen ihnen einen Zufluchtsort für
den Winter gewährten. Allein der König Hiempsal II., den sie zu gewinnen hofften und der auch eine Zeitlang sich die Miene gegeben
hatte mit ihnen sich verbinden zu wollen, hatte es nur gethan, um sie
sicher zu machen und versuchte jetzt sich ihrer Personen zu bemächtigen. Mit genauer Noth entrannen die Flüchtlinge seinen Reitern und
fanden vorläufig eine Zuflucht auf der kleinen Insel Kerkina (Kerkena)
an der tunesischen Küste. Wir wissen es nicht, ob Sulla seinem Glücks-
stern auch dafür dankte, dafs es ihm erspart blieb den Kimbrersieger
tödten zu lassen; wenigstens scheint es nicht, dafs die minturnen-
sischen Beamten bestraft worden sind. — Um die vorhandenen Uebelstände zu beseitigen und künftige Umwälzungen zu verhüten veranlafste Sulla eine Reihe neuer gesetzlicher Bestimmungen. Für die
bedrängten Schuldner scheint nichts geschehen zu sein, als dafs man
die Vorschriften über das Zinsmaximum einschärfte*); aufserdem
wurde die Ausführung einer Anzahl von Colonien angeordnet. Der
in den Schlachten und Prozessen des Bundesgenossenkrieges sehr zusammengeschwundene Senat ward ergänzt durch die Aufnahme von
300 neuen Senatoren, deren Auswahl natürlich im optimatischen Interesse getroffen ward. Endlich wurden hinsichtlich des Wahlmodus
und der legislatorischen Initiative wesentliche Aenderungen vorgenommen. Die alte servianische Stimmordnung der Centuriatcomitien, nach der die erste Steuerklasse mit einem Vermögen von

Marginal notes: Sullanische Gesetzgebung. 241

---

*) Klar ist es nicht, was das ‚Zwölftelgesetz‘ der Consulo Sulla und Rufus
von 600 in dieser Hinsicht vorschrieb; die einfachste Annahme bleibt aber
darin eine Erneuerung des Gesetzes von 397 (I, 252) zu sehen, so dafs der
höchste erlaubte Zinsfufs wieder $\frac{1}{12}$ des Capitals für das zehnmonatliche oder
10% für das zwölfmonatliche Jahr ward.

100000 Sesterzen (7600 Thl.) oder darüber allein fast die Hälfte der
Stimmen inne hatte, trat wieder an die Stelle der im J. 513 eingeführten das Uebergewicht der ersten Klasse mildernden Ordnungen (I, 820).
Thatsächlich ward damit für die Wahl der Consuln, Praetoren und
Censoren ein Census eingeführt, der die nicht Wohlhabenden vom
activen Wahlrecht der Sache nach ausschlofs.   Die legislatorische
Initiative wurde den Volkstribunen dadurch beschränkt, dafs
jeder Antrag fortan von ihnen zunächst dem Senat vorgelegt werden mufste und erst, wenn dieser ihn gebilligt hatte, an das Volk gelangen konnte. — Diese durch den sulpicischen Revolutionsversuch
hervorgerufenen Verfügungen desjenigen Mannes, der darin als Schild
und Schwert der Verfassungspartei aufgetreten war, des Consuls Sulla,
tragen einen ganz eigenthümlichen Charakter.   Sulla wagte es, ohne
die Bürgerschaft oder Geschworne zu fragen, über zwölf der angesehensten Männer, darunter fungirende Beamte und den berühmtesten
General seiner Zeit, das Todesurtheil zu verhängen und öffentlich zu
diesen Aechtungen sich zu bekennen, eine Verletzung der altheiligen
Provocationsgesetze, die selbst von sehr conservativen Männern, wie
zum Beispiel von Quintus Scaevola, strengen Tadel erfuhr.   Er wagte
es eine seit anderthalb Jahrhunderten bestehende Wahlordnung um-
zustofsen und den seit langem verschollenen und verfehmten Wahlcensus wieder herzustellen.   Er wagte es das Recht der Legislation
seinen beiden uralten Factoren, den Beamten und den Comitien, thatsächlich zu entziehen und es auf eine Behörde zu übertragen, die zu
keiner Zeit formell ein anderes Recht in dieser Hinsicht besessen hatte
als das, dabei um Rath gefragt werden zu können (I, 316).   Kaum
hatte je ein Demokrat in so tyrannischen Formen Justiz geübt, mit so
rücksichtsloser Kühnheit an den Fundamenten der Verfassung gerüttelt
und gemodelt, wie dieser conservative Reformator.   Sieht man aber
auf die Sache statt auf die Form, so gelangt man zu sehr verschiedenen
Ergebnissen.   Revolutionen sind nirgends und am wenigsten in Rom beendigt worden ohne eine gewisse Zahl von Opfern zu fordern, welche, in
mehr oder minder der Justiz abgeborgten Formen, die Schuld überwunden zu sein gleichsam als ein Verbrechen büfsen.   Wer sich erinnert an
die prozessualischen Consequenzen, wie sie die siegende Partei nach dem
Sturz der Gracchen und des Saturninus gezogen hatte (S. 91. 124. 206),
der fühlt sich geneigt, dem Sieger vom esquilinischen Markt das Lob
der Offenheit und der relativen Mäfsigung zu ertheilen, indem er einmal ohne viele Umstände das, was Krieg war, auch als Krieg nahm und

17*

die geschlagenen Männer als rechtlose Feinde in die Acht erklärte;
zweitens die Zahl der Opfer möglichst beschränkte und wenigstens das
widerliche Wüthen gegen die geringen Leute nicht gestattete.   Eine
ähnliche Mäfsigung zeigt sich in den politischen Organisationen.   Die
Neuerung hinsichtlich der Gesetzgebung, die wichtigste und scheinbar
durchgreifendste, brachte in der That nur den Buchstaben der Verfassung mit dem Geist derselben in Einklang.   Die römische Legislation, wo jeder Consul, Praetor oder Tribun jede beliebige Mafsregel
bei der Bürgerschaft beantragen und ohne Debatte zur Abstimmung
bringen konnte, war von Haus aus unvernünftig gewesen und mit der
steigenden Nullität der Comitien es immer mehr geworden; sie ward
nur ertragen, weil factisch der Senat sich das Vorberathungsrecht vin-
dicirt hatte und regelmäfsig den ohne solche Vorberathung zur Abstimmung gelangenden Antrag erstickte durch politische oder religiöse
Intercession (I, 316).   Diese Dämme hatte die Revolution fortge-
schwemmt; in Folge dessen fing nun jenes absurde System an seine
Consequenzen vollständig zu entwickeln und jedem muthwilligen Buben
den Umsturz des Staats in formell legaler Weise möglich zu machen.
Was war unter solchen Umständen natürlicher, nothwendiger, im
rechten Sinne conservativer als die bisher auf Umwegen realisirte
Legislation des Senats jetzt förmlich und ausdrücklich anzuerkennen?
Etwas Aehnliches gilt von der Erneuerung des Wahlcensus.   Die ältere
Verfassung ruhte durchaus auf demselben; auch die Reform von 513
hatte die Bevorzugung der Vermögenden nur beschränkt.   Aber seit
diesem Jahr war eine ungeheure finanzielle Umwandlung eingetreten,
welche eine Erhöhung des Wahlcensus wohl rechtfertigen konnte.
Auch die neue Timokratie änderte also den Buchstaben der Verfassung nur um dem Geiste derselben treu zu bleiben, indem sie
zugleich dem schändlichen Stimmenkauf sammt allem was daran
hing in der möglichst milden Form zu wehren wenigstens versuchte.
Endlich die Bestimmungen zu Gunsten der Schuldner, die Wiederaufnahme der Colonisationspläne gaben den redenden Beweis,
dafs Sulla, wenn er auch nicht gemeint war Sulpicius leidenschaftlichen Anträgen beizupflichten, doch eben wie er und wie Drusus,
wie überhaupt alle heller sehenden Aristokraten, den materiellen Reformen an sich geneigt war; wobei nicht übersehen werden darf, dafs
er diese Mafsregel nach dem Siege und durchaus freiwillig beantragte.
Wenn man hiemit verbindet, dafs Sulla die hauptsächlichen Fundamente
der gracchischen Verfassung bestehen liefs und weder an den Ritter-

gerichten noch an den Kornvertheilungen rüttelte, so wird man das
Urtheil gerechtfertigt finden, dafs die sullanische Ordnung von 666 an
dem seit dem Sturz des Gaius Gracchus bestehenden Status quo
wesentlich festhielt und nur theils die dem bestehenden Regiment ⁸⁶
zunächst Gefahr drohenden überlieferten Satzungen zeitgemäfs änderte,
theils den vorhandenen socialen Uebeln nach Kräften abzuhelfen suchte,
so weit beides sich thun liefs ohne die tieferliegenden Schäden zu berühren. Energische Verachtung des constitutionellen Formalismus in
Verbindung mit einem lebendigen Gefühl für den inneren Gehalt der
bestehenden Ordnungen, klare Einsichten und löbliche Absichten bezeichnen durchaus diese Gesetzgebung; ebenso aber eine gewisse
Leichtfertigkeit und Oberflächlichkeit, wie denn namentlich sehr viel
guter Wille dazu gehörte um zu glauben, dafs die Feststellung des
Zinsmaximums den verwirrten Creditverhältnissen aufhelfen und dafs
das Vorberathungsrecht des Senats sich gegen die künftige Demagogie
widerstandsfähiger erweisen werde als bisher das Intercessionsrecht
und die Religion.

In der That stiegen an dem reinen Himmel der Conservativen sehr
bald neue Wolken auf. Die asiatischen Verhältnisse nahmen einen
immer drohenderen Charakter an. Schon hatte der Staat dadurch, Neue Ver-
wickelun-
gen.
dafs die sulpicische Revolution den Abgang des Heeres nach Asien ver-
zögert hatte, den schwersten Schaden erlitten; die Einschiffung konnte
auf keinen Fall länger verschoben werden. Inzwischen hoffte Sulla
theils in den Consuln, die nach der neuen Wahlordnung gewählt würden,
theils besonders in den mit der Bezwingung der Reste der italischen
Insurrection beschäftigten Armeen Garanten gegen einen neuen
Sturm auf die Oligarchie in Italien zurückzulassen. Allein in den
Consularcomitien fiel die Wahl nicht auf die von Sulla aufgestellten
Candidaten, sondern neben Gnaeus Octavius, einem allerdings streng Cinna.
optimatisch gesinnten Mann, auf Lucius Cornelius Cinna, der zur entschiedensten Opposition gehörte. Vermuthlich war es hauptsächlich
die Capitalistenpartei, die mit dieser Wahl dem Urheber des Zinsgesetzes vergalt. Sulla nahm die unbequeme Wahl mit der Erklärung
hin, dafs es ihn freue die Bürger von ihrer verfassungsmäfsigen Wahl-
freiheit Gebrauch machen zu sehen, und begnügte sich beiden Consuln
den Schwur abzunehmen auf treue Beobachtung der bestehenden Verfassung. Von den Armeen kam es vornehmlich auf die Nordarmee an,
da die campanische gröfstentheils nach Asien abzugehen bestimmt war.
Sulla liefs durch Volksschlufs das Commando über jene auf seinen

treuergebenen Collegen Quintus Rufus übertragen und den bisherigen
Strabo. Feldherrn Gnaeus Strabo in möglichst schonender Weise zurückrufen,
um so mehr als dieser der Ritterpartei angehörte und seine passive
Haltung während der sulpicischen Unruhen der Aristokratie nicht geringe Bedenken erregt hatte. Rufus traf bei dem Heer ein und übernahm an Strabos Stelle den Oberbefehl; allein wenige Tage nachher
ward er von den Soldaten erschlagen und Strabo trat wieder zurück in
das kaum abgegebene Commando. Er galt als der Anstifter des Mordes;
gewifs ist es, dafs er ein Mann war, zu dem man solcher That sich
versehen konnte, der die Früchte der Unthat erntete und die wohlbekannten Urheber nur mit Worten strafte. Für Sulla war Rufus Beseitigung und Strabos Feldherrnschaft eine neue und ernste Gefahr;
doch that er nichts um diesem das Commando abzunehmen. Als bald
darauf sein Consulat zu Ende ging, sah er sich einerseits von seinem
Nachfolger Cinna gedrängt endlich nach Asien abzugehen, wo seine
Anwesenheit allerdings dringend Noth that, andrerseits von einem der
neuen Tribune vor das Volksgericht geladen; es war dem blödesten
Auge klar, dafs ein neuer Sturm gegen ihn und seine Partei sich vorbereitete und dafs die Gegner seine Entfernung wünschten. Sulla
hatte die Wahl mit Cinna, vielleicht mit Strabo es zum Bruche zu
treiben und abermals auf Rom zu marschiren, oder die italischen Angelegenheiten gehen zu lassen wie sie konnten und mochten und nach
Sulla schifft
sich nach
Asien ein. einem andern Welttheil sich zu entfernen. Sulla entschied sich — ob
mehr aus Patriotismus oder mehr aus Indifferenz, wird nie ausgemacht
werden — für die letztere Alternative, übergab das in Samnium zurück-
bleibende Corps dem zuverlässigen und kriegskundigen Quintus Metellus Pius, der an Sullas Stelle den proconsularischen Oberbefehl in
Unteritalien übernahm, die Leitung der Belagerung von Nola dem
87 Propraetor Appius Claudius, und schiffte im Anfang des Jahres 667
mit seinen Legionen nach dem hellenischen Osten sich ein.

KAPITEL VIII.

DER OSTEN UND KOENIG MITHRADATES.

Die athemlose Spannung, in welcher die Revolution mit ihrem Verhältnisse
im Osten. ewig sich erneuernden Feuerlärm und Löschruf die römische Regierung erhielt, war die Ursache, dafs dieselbe die Provinzialverhältnisse überhaupt aus den Augen verlor, am meisten aber die des asiatischen Ostens, dessen ferne und unkriegerische Nationen nicht so unmittelbar wie Africa, Spanien und die transalpinischen Nachbarn der Beachtung der Regierung sich aufdrängten. Nach der Einziehung des attalischen Königreiches, die mit dem Ausbruch der Revolution zusammenfällt, ist ein volles Menschenalter hindurch kaum irgend eine ernstliche Betheiligung Roms an den orientalischen Angelegenheiten nachzuweisen, mit Ausnahme der durch die mafslose Dreistigkeit der kilikischen Piraterie den Römern abgedrungenen Einrichtung der Provinz Kilikien im J. 652 (S. 133), welche der Sache nach auch nichts weiter war als 102 die Anordnung einer bleibenden Station für eine kleine römische Heer- und Flottenabtheilung in den östlichen Gewässern. Erst nachdem die marianische Katastrophe im J. 654 die Restaurationsregierung einiger- 100 mafsen consolidirt hatte, begann die römische Regierung aufs Neue den Ereignissen im Osten einige Aufmerksamkeit zuzuwenden.

In vieler Hinsicht waren die Verhältnisse noch wie wir dreifsig Aegypten. Jahre zuvor sie verliefsen. Das Reich Aegypten mit seinen beiden Nebenländern Kyrene und Kypros löste mit dem Tode Euergetes II. (637) theils rechtlich, theils thatsächlich sich auf. Kyrene kam an den 117 natürlichen Sohn desselben, Ptolemaeos Apion und trennte sich auf immer von dem Hauptland. Um die Herrschaft in diesem haderten die Wittwe des letzten Königs Kleopatra († 665) und dessen beide Söhne 89

81 88 Soter II. Lathyros († 673) und Alexander I. (†666), was die Ursache
ward, dafs auch Kypros auf längere Zeit von Aegypten sich schied.

Kyrene [96 Die Römer griffen in die Wirren nicht ein; ja als ihnen im J. 658 das
römisch. kyrenische Reich durch das Testament des kinderlosen Königs Apion
anfiel, schlugen sie diesen Erwerb zwar nicht geradezu aus, aber überliefsen doch die Landschaft im Wesentlichen sich selbst, indem sie die
griechischen Städte des Reiches, Kyrene Ptolemais Berenike zu Frei-
städten erklärten und denselben sogar die Nutzung der königlichen
Domänen überwiesen. Die Oberaufsicht des Statthalters von Africa
über dieses Gebiet war bei dessen Entlegenheit noch weit mehr eine
blofs nominelle als die des Statthalters von Makedonien über die hellenischen Freistädte. Die Folgen dieser Mafsregel, die ohne Zweifel
nicht aus dem Philhellenismus, sondern lediglich aus der Schwäche
und Nachlässigkeit der römischen Regierung hervorging, waren wesentlich dieselben, die unter gleichen Verhältnissen in Hellas eingetreten
waren: Bürgerkriege und Usurpation zerrissen die Landschaft so,
86 dafs, als dort zufällig im J. 668 ein höherer römischer Offizier erschien, die Einwohner ihn dringend ersuchten ihre Verhältnisse zu
Syrien. ordnen und ein dauerhaftes Regiment bei ihnen zu begründen. — Auch
in Syrien war es in der Zwischenzeit nicht viel anders, am wenigsten
besser geworden. Während des zwanzigjährigen Erbfolgekrieges der
96 beiden Halbbrüder Antiochos Grypos († 658) und Antiochos von Kyzi-
95 kos († 659), der sich nach dem Tode derselben auf ihre Söhne fort-
erbte, ward das Reich, um das man stritt, fast zu einem eitlen Namen,
in dem die kilikischen Seekönige, die Araberscheiks der syrischen
Wüste, die Fürsten der Juden und die Magistrate der gröfseren Städte
in der Regel mehr zu sagen hatten als die Träger des Diadems. Inzwischen setzten im westlichen Kilikien die Römer sich fest, und ging
Parther- das wichtige Mesopotamien definitiv über an die Parther. — Die Mon-
staat. archie der Arsakiden hatte, hauptsächlich in Folge der Einfälle tura-
nischer Stämme, um die Zeit der Gracchen eine gefährliche Krise
durchzumachen gehabt. Der neunte Arsakide, Mithradates II. oder der
124? 87? Grofse (630?—667?) hatte dem Staat zwar seine überwiegende
Stellung in Innerasien zurückgegeben, die Skythen zurückgeschlagen
und gegen Syrien und Armenien die Grenze des Reiches vorgeschoben;
allein gegen das Ende seines Lebens lähmten neue Unruhen sein Regiment; und während die Grofsen des Reiches, ja der eigene Bruder
Orodes gegen den König sich auflehnten und endlich dieser Bruder
ihn stürzte und tödten liefs, erhob sich das bis dahin unbedeutende

Armenien. Dieses Land, das seit seiner Selbstständigkeitserklärung Armenien
(I, 744) in die nordöstliche Hälfte oder das eigentliche Armenien, das
Reich der Artaxiaden, und die südwestliche oder Sophene, das Reich
der Zariadriden, getheilt gewesen war, wurde durch den Artaxiaden
Tigranes (reg. seit 660) zum erstenmal zu einem Königreich vereinigt, 94
und theils diese Machtverdoppelung, theils die Schwäche der parthischen Herrschaft machten es dem neuen König von ganz Armenien
möglich nicht blofs aus der Clientel der Parther sich zu lösen und die
früher an sie abgetretenen Landschaften zurückzugewinnen, sondern
sogar das Oberkönigthum von Asien, wie es von den Achaemeniden
auf die Seleukiden und von diesen auf die Arsakiden übergegangen
war, an Armenien zu bringen. — In Kleinasien endlich bestand die Kleinasien.
Ländertheilung, wie sie nach der Auflösung des attalischen Reiches
unter römischer Einwirkung festgestellt worden war (S. 54), noch
wesentlich ungeändert. In dem Zustande der Clientelstaaten, der
Königreiche Bithynien, Kappadokien, Pontus, der Fürstenthümer
Paphlagoniens und Galatiens, der zahlreichen Städtebünde und Freistädte, war eine äufserliche Aenderung zunächst nicht wahrzunehmen.
Innerlich hatte dagegen der Charakter der römischen Herrschaft allerdings überall sich wesentlich umgestaltet. Theils durch die bei jedem
tyrannischen Regiment naturgemäfs eintretende stetige Steigerung des
Druckes, theils durch die mittelbare Einwirkung der römischen Revolution — man erinnere sich an die Einziehung des Bodeneigenthums
in der Provinz Asien durch Gaius Gracchus, an die römischen Zehnten
und Zölle und an die Menschenjagden, die die Zöllner daselbst nebenbei
betrieben — lastete die schon von Haus aus schwer erträgliche römische
Herrschaft in einer Weise auf Asien, dafs weder die Königskrone noch
die Bauernhütte daselbst mehr sicher war vor Confiscation, dafs jeder
Halm für den römischen Zehntherrn zu wachsen, jedes Kind freier
Aeltern für die römischen Sklavenzwinger geboren zu werden schien.
Zwar ertrug der Asiate in seiner unerschöpflichen Passivität auch diese
Qual; allein es waren nicht Geduld und Ueberlegung, die ihn ruhig
tragen hiefsen, sondern der eigenthümlich orientalische Mangel der
Initiative, und es konnten in diesen friedlichen Landschaften, unter diesen
weichlichen Nationen wunderbare, schreckhafte Dinge sich ereignen,
wenn einmal ein Mann unter sie trat, der es verstand das Zeichen
zu geben.

Es regierte damals im Reiche Pontus König Mithradates VI. mit Mithradates
dem Beinamen Eupator (geb. um 624, † 691), der sein Geschlecht von Eupator.
130 63

väterlicher Seite im sechzehnten Glied auf den König Dareios Hystaspes
Sohn, im achten auf den Stifter des pontischen Reiches Mithradates I.
zurückführte, von mütterlicher den Alexandriden und Seleukiden ent-
stammte. Nach dem frühen Tode seines Vaters Mithradates Euergetes,
der in Sinope von Mörderhand fiel, war er um 634 als elfjähriger Knabe
König genannt worden; allein das Diadem brachte ihm nur Noth und
Gefahr. Die Vormünder, ja wie es scheint die eigene durch des Vaters
Testament zur Mitregierung berufene Mutter standen dem königlichen
Knaben nach dem Leben; es wird erzählt, daſs er, um den Dolchen
seiner gesetzlichen Beschützer sich zu entziehen, freiwillig in das Elend
gegangen sei und sieben Jahre hindurch, Nacht für Nacht die Ruhe-
stätte wechselnd, ein Flüchtling in seinem eigenen Reiche, ein heimath-
loses Jägerleben geführt habe. Also ward der Knabe ein gewaltiger
Mann. Wenngleich unsere Berichte über ihn im Wesentlichen auf
schriftliche Aufzeichnungen der Zeitgenossen zurückgehen, so hat
nichtsdestoweniger die im Orient blitzschnell sich bildende Sage den
mächtigen König früh geschmückt mit manchen der Züge ihrer Simson
und Rustem; aber auch diese gehören zum Charakter eben wie die
Wolkenkrone zum Charakter der höchsten Bergspitzen: die Grund-
linien des Bildes erscheinen in beiden Fällen nur farbiger und phan-
tastischer, nicht getrübt noch wesentlich geändert. Die Waffenstücke,
die dem riesengrofsen Leibe des Königs Mithradates pafsten, erregten
das Staunen der Asiaten und mehr noch der Italiker. Als Läufer über-
holte er das schnellste Wild; als Reiter bändigte er das wilde Rofs und
vermochte mit gewechselten Pferden an einem Tage 25 deutsche Meilen
zurückzulegen; als Wagenlenker fuhr er mit Sechzehn und gewann im
Wettrennen manchen Preis — freilich war es gefährlich in solchem
Spiel dem König obzusiegen. Auf der Jagd traf er das Wild im vollen
Galopp vom Pferde herab ohne zu fehlen; aber auch an der Tafel suchte
er seines Gleichen — er veranstaltete wohl Wettschmäuse und gewann
darin selber die für den derbsten Esser und für den tapfersten Trinker
ausgesetzten Preise — und nicht minder in den Freuden des Harem,
wie unter Anderm die zügellosen Billets seiner griechischen Mätressen
bewiesen, die sich unter seinen Papieren fanden. Seine geistigen Bedürfnisse befriedigte er im wüstesten Aberglauben — Traumdeuterei
und das griechische Mysterienwesen füllten nicht wenige der Stunden
des Königs aus — und in einer rohen Aneignung der hellenischen
Civilisation. Er liebte griechische Kunst und Musik, das heifst er
sammelte Pretiosen, reiches Geräth, alte persische und griechische

Prachtstücke — sein Ringkabinet war berühmt —, hatte stets griechische Geschichtschreiber, Philosophen, Poeten in seiner Umgebung und setzte bei seinen Hoffesten neben den Preisen für Esser und Trinker auch welche aus für den drolligsten Spafsmacher und den besten Sänger. So war der Mensch; der Sultan entsprach ihm. Im Orient, wo das Verhältnifs des Herrschers und der Beherrschten mehr den Charakter des Natur- als des sittlichen Gesetzes trägt, ist der Unterthan hündisch treu und hündisch falsch, der Herrscher grausam und mifstrauisch. In beidem ist Mithradates kaum übertroffen worden. Auf seinen Befehl starben oder verkamen in ewiger Haft wegen wirklicher oder angeblicher Verrätherei seine Mutter, sein Bruder, seine ihm vermählte Schwester, drei seiner Söhne und ebenso viele seiner Töchter. Vielleicht noch empörender ist es, dafs sich unter seinen geheimen Papieren im Voraus aufgesetzte Todesurtheile gegen mehrere seiner vertrautesten Diener vorfanden. Ebenso ist es ächt sultanisch, dafs er späterhin, nur um seinen Feinden die Siegestrophäen zu entziehen, seine beiden griechischen Gattinnen, seine Schwestern und seinen ganzen Harem tödten liefs und den Frauen nur die Wahl der Todesart freigab. Das experimentale Studium der Gifte und Gegengifte betrieb er als einen wichtigen Zweig der Regierungsgeschäfte und versuchte seinen Körper an einzelne Gifte zu gewöhnen. Verrath und Mord hatte er von früh auf von Jedermann und zumeist von den Nächsten erwarten und gegen Jedermann und zumeist gegen die Nächsten üben gelernt, wovon denn die nothwendige und durch seine ganze Geschichte belegte Folge war, dafs all seine Unternehmungen schliefslich mifslangen durch die Treulosigkeit seiner Vertrauten. Dabei begegnen wohl einzelne Züge von hochherziger Gerechtigkeit; wenn er Verräther bestrafte, schonte er in der Regel diejenigen, welche nur durch ihr persönliches Verhältnifs zu dem Hauptverbrecher mitschuldig geworden waren; allein dergleichen Anfälle von Billigkeit fehlen bei keinem rohen Tyrannen. Was Mithradates in der That auszeichnet unter der grofsen Anzahl gleichartiger Sultane, ist seine grenzenlose Rührigkeit. Eines schönen Morgens war er aus seiner Hofburg verschwunden und blieb Monate lang verschollen, so dafs man ihn bereits verloren gab; als er zurückkam, hatte er unerkannt ganz Vorderasien durchwandert und Land und Leute überall militärisch erkundet. Von gleicher Art ist es, dafs er nicht blofs überhaupt ein redefertiger Mann war, sondern auch den zweiundzwanzig Nationen, über die er gebot, jeder in ihrer Zunge Recht sprach, ohne eines Dollmetschers zu bedürfen — ein bezeichnender Zug

für den regsamen Herrscher des sprachenreichen Ostens.   Denselben
Charakter trägt seine ganze Regententhätigkeit.   So weit wir sie
kennen — denn von der inneren Verwaltung schweigt unsere Ueberlieferung leider durchaus —, geht sie auf wie die eines jeden anderen
Sultans im Sammeln von Schätzen, im Zusammentreiben der Heere,
die wenigstens in seinen früheren Jahren gewöhnlich nicht der König
selbst, sondern irgend ein griechischer Condottier gegen den Feind
führt, in dem Bestreben neue Satrapien zu den alten zu fügen; von
höheren Elementen, Förderung der Civilisation, ernstlicher Führerschaft der nationalen Opposition, eigenartiger Genialität finden sich, in
unserer Ueberlieferung wenigstens, bei Mithradates keine bewufsten
Spuren, und wir haben keinen Grund auch nur mit den grofsen Regenten der Osmanen, wie Muhamed II. und Suleiman waren, ihn auf
eine Linie zu stellen.   Trotz der hellenischen Bildung, die ihm nicht
viel besser sitzt als seinen Kappadokiern die römische Rüstung, ist er
durchaus ein Orientale gemeinen Schlags, roh, voll sinnlichster Be-
gehrlichkeit, abergläubisch, grausam, treu- und rücksichtslos, aber so
kräftig organisirt, so gewaltig physisch begabt, dafs sein trotziges Um-
sichschlagen, sein unverwüstlicher Widerstandsmuth häufig wie Talent,
zuweilen sogar wie Genie aussieht.   Wenn man auch in Anschlag
bringt, dafs während der Agonie der Republik es leichter war Rom
Widerstand zu leisten als in den Zeiten Scipios oder Traians und dafs
nur die Verschlingung der asiatischen Ereignisse mit den inneren Bewegungen Italiens es Mithradates möglich machte doppelt so lange als
Jugurtha den Römern zu widerstehen, so bleibt es darum doch nicht
minder wahr, dafs bis auf die Partherkriege er der einzige Feind ist,
der im Osten den Römern ernstlich zu schaffen gemacht und dafs er
gegen sie sich gewehrt hat wie gegen den Jäger der Löwe der Wüste.
Aber mehr als solchen naturkräftigen Widerstand sind wir nach dem
was vorliegt auch nicht berechtigt in ihm zu erkennen. — Indefs wie
man immer über die Individualität des Königs urtheilen möge, seine
geschichtliche Stellung bleibt in hohem Grade bedeutsam.   Die mithradatischen Kriege sind zugleich die letzte Regung der politischen Opposition von Hellas gegen Rom und der Anfang einer auf sehr verschiedenen und weit tieferen Gegensätzen beruhenden Auflehnung gegen
die römische Suprematie, der nationalen Reaction der Asiaten gegen
die Occidentalen.   Wie Mithradates selbst so war auch sein Reich ein
orientalisches, die Polygamie und das Haremwesen herrschend am Hofe
und überhaupt unter den Vornehmen, die Religion der Landesbewohner

wie die offizielle des Hofes vorwiegend der alte Nationalcult; der Hellenismus daselbst war wenig verschieden von dem Hellenismus der armenischen Tigraniden und der Arsakiden des Partherreichs.   Es mochten
die kleinasiatischen Griechen einen kurzen Augenblick für ihre politischen Träume an diesem König einen Halt zu finden meinen; in der
That ward in seinen Schlachten um ganz andere Dinge gestritten, als
worüber auf den Feldern von Magnesia und Pydna die Entscheidung
fiel.   Es war nach langer Waffenruhe ein neuer Gang in dem ungeheuren Zweikampf des Westens und des Ostens, welcher von den
Kämpfen bei Marathon auf die heutige Generation sich vererbt hat und
vielleicht seine Zukunft ebenso nach Jahrtausenden zählen mag wie
seine Vergangenheit.

So offenbar indefs in dem ganzen Sein und Thun des kappadoki-   Die klein-
schen Königs das fremdartige und unhellenische Wesen hervortritt, so   Nationa-
schwierig ist es das hier obwaltende nationale Element bestimmt anzu-   litäten
geben und kaum wird es je gelingen in dieser Hinsicht über Allg-
gemeinheiten hinaus und zu einer wirklichen Anschauung zu gelangen.
In dem ganzen Kreis der antiken Civilisation giebt es keinen Bezirk,
in welchem so zahlreiche, so verschiedenartige, so seit fernster Zeit
mannichfaltig verschlungene Stämme neben und durcheinander ge-
schoben und wo demzufolge die Verhältnisse der Nationalitäten weniger klar wären wie in Kleinasien.   Die semitische Bevölkerung setzt
sich von Syrien her in ununterbrochenem Zuge nach Kypros und
Kilikien fort und es scheint ihr ferner auch an der Ostküste in der
karischen und lydischen Landschaft der Grundstock der Bevölkerung
anzugehören, während die nordwestliche Spitze von den Bithynern,
den Stammverwandten der europäischen Thraker eingenommen wird.
Dagegen das Binnenland und die Nordküste sind vorwiegend von indo-
germanischen, am nächsten den iranischen 'verwandten Völkerschaften
erfüllt.   Von der armenischen und der phrygischen Sprache*) ist es
ausgemacht, von der kappadokischen höchst wahrscheinlich, dafs sie
zunächst an das Zend grenzten; und wenn von den Mysern angegeben
wird, dafs bei ihnen lydische und phrygische Sprache sich begegneten,
so bezeichnet dies eben eine semitisch-iranische, etwa der assyrischen
vergleichbare Mischbevölkerung.   Was die zwischen Kilikien und Karien

---

*) Die als phrygisch angeführten Wörter *Bayaīos* == Zeus und der alte
Königsname *Mávis* sind unzweifelhaft richtig auf das zendische *bagha* == Gott
und das deutsche *Mannus*, indisch *Manus* zurückgeführt worden.   Lassen,
Ztschr. der deutschen morgenländ. Gesellschaft Bd. 10 S. 329 f.

sich ausbreitenden Landschaften, namentlich die lykische anlangt, so
mangelt es, trotz der gerade hier in Fülle vorhandenen Ueberreste einheimischer Sprache und Schrift, bis jetzt über dieselbe noch an gesicherten Ergebnissen und es ist nur wahrscheinlich, dafs diese Stämme
eher den Indogermanen als den Semiten zuzuzählen sind. Wie dann
über all dieses Völkergewirre sich zuerst ein Netz griechischer Kaufstädte, sodann der durch das kriegerische wie das geistige Uebergewicht
der griechischen Nation ins Leben gerufene Hellenismus gelegt hat,
ist in seinen Umrissen bereits früher auseinander gesetzt worden. —

Pontus. In diesen Gebieten herrschte König Mithradates und zwar zunächst in
Kappadokien am schwarzen Meer oder der sogenannten pontischen
Landschaft, da wo, am nordöstlichen Ende Kleinasiens gegen Armenien
zu und mit diesem in stetiger Berührung. sich die iranische Nationalität vermuthlich minder gemischt als irgendwo sonst in Kleinasien
behauptet hatte. Nicht einmal der Hellenismus war hier tief eingedrungen. Mit Ausnahme der Küste, wo mehrere ursprünglich griechische Ansiedelungen bestanden, namentlich die bedeutenden Handels-
plätze Trapezus. Amisos und vor allem die Geburts- und Residenzstadt
Mithradats und die blühendste Stadt des Reiches, Sinope, war das Land
noch in einem sehr primitiven Zustand. Nicht als hätte es wüst gelegen; vielmehr wie die pontische Landschaft noch heute eine der
lachendsten der Erde ist, in der Getreidefelder mit Wäldern von wilden
Obstbäumen wechseln, war sie ohne Zweifel auch zu Mithradates Zeit
wohl bebaut und verhältnifsmäfsig auch bevölkert. Allein eigentliche
Städte gab es daselbst kaum, sondern nur Burgen, die den Ackerleuten
als Zufluchtsstätten und dem König als Schatzkammern zur Aufbewah-
rung der eingehenden Steuern dienten, wie denn allein in Kleinarmenien fünfundsiebzig solcher kleiner königlicher Castelle gezählt wurden.
Wir finden nicht, dafs Mithradates wesentlich dazu gethan hätte das
städtische Wesen in seinem Reiche emporzubringen; und wie er gestellt war, in thatsächlicher, wenn auch vielleicht ihm selbst nicht völlig
bewufster Reaction gegen den Hellenismus, begreift sich dies wohl.

Länderer- Um so thätiger erscheint er, gleichfalls in ganz orientalischer Weise,
werbungen bemüht sein Reich, das schon nicht klein war, wenn auch der Umfang
des Königs desselben wohl übertrieben auf 500 deutsche Meilen angegeben wird,
Mithradates. nach allen Seiten hin zu erweitern: am schwarzen Meer wie gegen
Armenien und gegen Kleinasien finden wir seine Heere, seine Flotten
und seine Botschafter thätig. Nirgends aber bot sich ihm ein so freier
und so weiter Spielraum wie an den östlichen und den nördlichen Ge-

staden des schwarzen Meeres, auf deren damalige Zustände hier einen
Blick zu werfen nicht unterlassen werden darf, so schwierig oder vielmehr unmöglich es ist ein wirklich anschauliches Bild davon zu geben.
An dem östlichen Ufer des schwarzen Meeres, das bisher fast un- Kolchis.
bekannt erst durch Mithradates der allgemeineren Kunde aufgeschlos-
sen ward, wurde die kolchische Landschaft am Phasis (Mingrelien und
Imereti) mit der wichtigen Handelsstadt Dioskorias den einheimischen
Fürsten entrissen und verwandelt in eine pontische Satrapie. Folgenreicher noch waren seine Unternehmungen in den nördlichen Landschaften *). Die weiten hügel- und waldlosen Steppen, die sich nördlich Norduferdes
vom schwarzen Meer, vom Kaukasus und von der kaspischen See hin- schwarzen Meeres.
ziehen, sind ihrer Naturbeschaffenheit zufolge, namentlich wegen der
zwischen dem Klima von Stockholm und dem von Madeira schwankenden Temperaturdifferenz und der nicht selten eintretenden und bis zu
22 Monaten und länger anhaltenden absoluten Regen- und Schnee-
losigkeit, für den Ackerbau und überhaupt für feste Ansiedelung wenig
geeignet, und waren dies immer, wenngleich vor zweitausend Jahren
die klimatischen Verhältnisse vermuthlich etwas weniger ungünstig
standen als dies heutzutage der Fall ist **). Die verschiedenen Stämme,
die der Wandertrieb in diese Gegenden geführt hatte, fügten sich diesem
Gebot der Natur und führten und führen zum Theil noch jetzt ein
wanderndes Hirtenleben, indem sie mit ihren Rinder- oder häufiger
noch mit ihren Rofsheerden Wohn- und Weideplätze wechselten und
ihr Geräth auf Wagenhäusern sich nachführten. Auch die Bewaffnung
und Kampfweise richtete sich hiernach: die Bewohner dieser Steppen
fochten grofsentheils beritten und immer aufgelöst, mit Helm und

---

*) Sie sind hier zusammengefafst, da sie freilich zum Theil erst zwischen
den ersten und den zweiten, zum Theil aber doch schon vor den ersten Krieg
mit Rom fallen (Memn. 30; Justin 38, 7 a. E.; App. *Mithr.* 13; Eutrop 5, 5)
und eine Erzählung nach der Zeitfolge sich hier nun einmal schlechterdings
nicht durchführen läfst. Auch das neu gefundene Decret von Chersonesos
(S. 274 A.) hat in dieser Hinsicht keinen Aufschlufs gegeben. Danach ist
Diophantos zweimal gegen die taurischen Skythen gesandt worden; aber dafs
die zweite Schilderhebung derselben mit dem Beschlufs des römischen Senats
zu Gunsten der skythischen Fürsten (S. 277) in Verbindung steht, erhellt aus
der Urkunde nicht und ist nicht einmal wahrscheinlich.

**) Es hat viele Wahrscheinlichkeit, dafs die ungemeine Trockenheit, die
vornehmlich jetzt den Ackerbau in der Krim und in diesen Gegenden überhaupt
erschwert, sehr gesteigert worden ist durch das Schwinden der Wälder des
mittleren und südlichen Rufsland, die ehemals bis zu einem gewissen Grad
die Küstenlandschaft gegen den austrocknenden Nordostwind schützten.

Panzer von Leder und lederüberzogenem Schild gerüstet, gewaffnet mit
Schwert, Lanze und Bogen — die Vorfahren der heutigen Kosaken.
Den ursprünglich hier ansässigen Skythen, die mongolischer Race und
in Sitte und Körpergestalt den heutigen Bewohnern Sibiriens verwandt
gewesen zu sein scheinen, hatten sich, von Osten nach Westen vor-
rückend, sarmatische Stämme nachgeschoben, Sauromaten, Roxolaner,
Jazygen, die gemeiniglich für slavischer Abkunft gehalten werden, obwohl diejenigen Eigennamen, welche man ihnen zuzuschreiben befugt
ist, mehr mit medischen und persischen sich verwandt zeigen und vielleicht jene Völker vielmehr dem grofsen Zendstamme angehört haben.
In entgegengesetzter Richtung flutheten thrakische Schwärme, namentlich die Geten, die bis zum Dniester gelangten; dazwischen drängten
sich, wahrscheinlich als Ausläufer der grofsen germanischen Wanderung, deren Hauptmasse das schwarze Meer nicht berührt zu haben
scheint, am Dnieper sogenannte Kelten, ebendaselbst die Bastarner,
an der Donaumündung die Peukinen. Ein eigentlicher Staat bildete
sich nirgends; es lebte jeder Stamm unter seinen Fürsten und Aeltesten
für sich. Zu all diesen Barbaren in scharfem Gegensatz standen die hellenischen Ansiedelungen, welche zur Zeit des gewaltigen Aufschwungs
des griechischen Handels namentlich von Miletos aus an diesen
Gestaden gegründet worden waren, theils als Emporien, theils als
Stationen für den wichtigen Fischfang und selbst für den Ackerbau,
für welchen, wie schon gesagt ward, das nordwestliche Gestade des
schwarzen Meeres im Alterthum minder ungünstige Verhältnisse darbot
als dies heutzutage der Fall ist; für die Benutzung des Bodens zahlten
hier die Hellenen, wie die Phoeniker in Libyen, den einheimischen
Herren Schofs und Grundzins. Die wichtigsten dieser Ansiedelungen
waren die Freistadt Chersonesos (unweit Sebastopol), auf dem Gebiet
der Skythen in der taurischen Halbinsel (Krim) angelegt und unter
nicht vortheilhaften Verhältnissen durch ihre gute Verfassung und den
Gemeingeist ihrer Bürger in mäfsigem Wohlstand sich behauptend;
ferner auf der gegenüberliegenden Seite der Halbinsel an der Strafse
von dem schwarzen in das asowsche Meer Pantikapaeon (Kertsch), seit
dem J. 457 Roms regiert von erblichen Bürgermeistern, später bosporanische Könige genannt, den Archaeanaktiden, Spartokiden und
Paerisaden. Der Getreidebau und der Fischfang im asowschen Meer
hatten die Stadt schnell zur Blüthe gebracht. Ihr Gebiet umfafste in
der mithradatischen Zeit noch die kleinere Osthälfte der Krim mit Einschlufs der Stadt Theodosia und auf dem gegenüberliegenden asiatischen

Der Hellenis-
mus da-
selbst.

397

Continent die Stadt Phanagoria und die sindische Landschaft. In
besseren Zeiten hatten die Herren von Pantikapaeon zu Lande die
Völker an der Ostküste des asowschen Meeres und das Kubanthal, zur
See mit ihrer Flotte das schwarze Meer beherrscht; allein Pantikapaeon
war nicht mehr was es gewesen war. Nirgends empfand man tiefer
als an diesen fernen Grenzposten den traurigen Rückgang der hellenischen Nation. Athen in seiner guten Zeit ist der einzige Griechen-
staat gewesen, der hier die Pflichten der führenden Macht erfüllte, die
allerdings auch den Athenern durch ihren Bedarf pontischen Getreides
besonders nahe gelegt wurden. Von dem Sturz der attischen Seemacht
an blieben diese Landschaften im Ganzen sich selbst überlassen. Die
griechischen Landmächte sind nie dazu gelangt ernstlich hier einzugreifen, obwohl Philippos der Vater Alexanders und Lysimachos einige-
mal dazu ansetzten; und auch die Römer, auf welche mit der Eroberung
Makedoniens und Kleinasiens die politische Verpflichtung überging,
hier, wo die griechische Civilisation dessen bedurfte, ihr starker Schild
zu sein, vernachlässigten völlig das Gebot des Vortheils wie der Ehre.
Der Fall von Sinope, das Sinken von Rhodos vollendete die Isolirung
der Hellenen am Nordgestade des schwarzen Meeres. Ein lebendiges
Bild ihrer Lage den schweifenden Barbaren gegenüber giebt uns eine
Inschrift von Olbia (unweit der Dniepermündung bei Oczakow), die
nicht allzu lange vor der mithradatischen Zeit gesetzt zu sein scheint.
Die Bürgerschaft muſs dem Barbarenkönig nicht blofs jährlichen Zins
an sein Hoflager schicken, sondern ihm auch, wenn er vor der Stadt
lagert oder auch nur vorbeizieht, eine Verehrung machen, in ähnlicher
Weise auch geringere Häuptlinge, ja zuweilen den ganzen Schwarm der
Barbaren mit Geschenken abfinden, und es geht ihr übel, wenn die Gabe
zu geringfügig erscheint. Die Stadtkasse ist bankerott und man muſs
die Tempelkleinode zum Pfand setzen. Inzwischen drängen draufsen
vor den Thoren sich die Stämme der Wilden: das Gebiet wird verwüstet, die Feldarbeiter in Masse weggeschleppt, ja was das Aergste
ist, die schwächeren der barbarischen Nachbarn, die Skythen suchen,
um vor dem Andrang der wilderen Kelten sich selber zu bergen, der
ummauerten Stadt sich zu bemächtigen, so dafs zahlreiche Bürger dieselbe verlassen und man schon daran denkt sie ganz aufzugeben. —
Diese Zustände fand Mithradates vor, als seine makedonische Phalanx
den Kamm des Kaukasus überschreitend hinabstieg in die Thäler des
Kuban und Terek und gleichzeitig seine Flotte in den Gewässern der
Krim sich zeigte. Kein Wunder, daſs auch hier überall, wie es schon

Mithradates Herr des bosporanischen Reiches

in Dioskurias geschehen war, die Hellenen den pontischen König mit
offenen Armen empfingen und in dem Halbhellenen und seinen griechisch gerüsteten Kappadokiern ihre Befreier sahen. Es zeigte sich,
was Rom hier versäumt hatte. Den Herren von Pantikapaeon waren
eben damals die Tributforderungen zu unerschwinglicher Höhe gesteigert worden; die Stadt Chersonesos sah sich von dem König der
auf der Halbinsel hausenden Skythen Skiluros und dessen funfzig
Söhnen hart bedrängt; gern gaben jene ihre Erbherrschaft, diese die
lang bewahrte Freiheit hin, um ihr letztes Gut, ihr Hellenenthum zu
retten. Es war nicht umsonst. Mithradates tapfere Feldherren Diophantos und Neoptolemos und seine disciplinirten Truppen wurden
leicht mit den Steppenvölkern fertig. Neoptolemos schlug sie in der
Strafse von Pantikapaeon theils zu Wasser, theils im Winter auf dem
Eise; Chersonesos wurde befreit, die Burgen der Taurier gebrochen
und durch zweckmäfsig angelegte Festungen der Besitz der Halbinsel
gesichert. Gegen die Reuxinaler oder, wie sie später heifsen, die Roxolaner (zwischen Dnieper und Don), die den Tauriern zu Hülfe her-
beikamen, zog Diophantos; ihrer 50000 flohen vor seinen 6000
Phalangiten und bis zum Dnieper drangen die pontischen Waffen*). So
erwarb Mithradates hier sich ein zweites mit dem pontischen verbun-
denes und gleich diesem wesentlich auf eine Anzahl griechischer
Handelsstädte gegründetes Königreich, das bosporanische genannt,
das die heutige Krim mit der gegenüberliegenden asiatischen Land-

---

*) Das kürzlich aufgefundene Ehrendecret der Stadt Chersonesos für diesen
Diophantos (Dittenberger syll. n. 252) bestätigt die Ueberlieferung durchaus.
Es zeigt uns die Stadt in nächster Nähe — den Hafen von Balaklava müssen
die Taurer, Simferopol die Skythen damals in der Gewalt gehabt haben —
bedrängt theils von den Taurern an der Südküste der Krim, theils und
vor allem von den Skythen, die das ganze Innere der Halbinsel und das
angrenzende Festland in der Gewalt haben; es zeigt uns ferner, wie
der Feldherr des Königs Mithradates nach allen Seiten hin der Griechenstadt Luft macht, die Taurer niederschlägt und in ihrem Gebiet eine Zwingburg (wahrscheinlich Eupatorion) errichtet, die Verbindung zwischen den
westlichen und den östlichen Hellenen der Halbinsel herstellt, im Westen
die Dynastie des Skiluros, im Osten den Skythenfürsten Saumakos überwältigt, die Skythen bis auf das Continent verfolgt und endlich sie mit den
Reuxinalern — so heifsen hier, wo sie zuerst auftreten, die späteren Roxolaner — in der grofsen Feldschlacht besiegt, deren auch die schriftliche Ueberlieferung gedenkt. Eine formelle Unterordnung der Griechenstadt unter den
König scheint nicht stattgefunden zu haben; Mithradates erscheint nur als
schützender Bundesgenosse, der gegen die als unbesiegbar geltenden (τοῖς

spitze umfaſste und jährlich 200 Talente (314000 Thlr.) und 180000
Scheffel Getreide in die königlichen Kassen und Magazine lieferte.
Die Steppenvölker selbst vom Nordabhang des Kaukasus bis zur Donau-
mündung traten wenigstens zum groſsen Theil in Clientel oder in
Vertrag mit dem pontischen König und boten ihm, wenn nicht andere
Hülfe, doch wenigstens einen unerschöpflichen Werbeplatz für seine
Armeen. — Während also gegen Norden die bedeutendsten Erfolge
gelangen, griff der König zugleich um sich gegen Osten und gegen
Westen. Wichtiger als die Einziehung Kleinarmeniens, das durch ihn
aus einer abhängigen Herrschaft zum integrirenden Theil des pontischen Reiches ward, war die enge Verbindung, in die er mit dem
König von Groſsarmenien trat. Er gab dem Tigranes nicht bloſs seine
Tochter Kleopatra zur Gemahlin, sondern er war es auch wesentlich,
durch dessen Unterstützung Tigranes sich der Herrschaft der Arsakiden
entwand und ihre Stelle in Asien einnahm. Es scheint zwischen beiden
eine Verabredung in der Art getroffen zu sein, daſs Tigranes Syrien
und das innere Asien, Mithradates Kleinasien und die Küsten des
schwarzen Meeres zu besetzen übernahmen unter Zusage gegenseitiger
Unterstützung, und ohne Zweifel war es der thätigere und fähigere
Mithradates, der dies Abkommen hervorrief, um sich den Rücken zu
decken und einen mächtigen Bundesgenossen zu sichern. — In Kleinasien endlich richtete der König die Blicke auf das binnenländische
Paphlagonien — die Küste gehörte seit langem zum pontischen Reich —
und auf Kappadokien*). Auf jenes machte man pontischer Seits Ansprüche als durch Testament des letzten der Pylaemeniden vermacht an

Margin notes: Kleinarmenien. Bundniſs mit Tigranes. Paphlagonien und Kappadokien erworben

---

ἀνεπιστάτους δοχοῦντας εἶμεν) Skythen für die Griechenstadt die Schlachten
schlägt, welche wahrscheinlich zu ihm ungefähr in dem Verhältniſs gestanden
hat wie Massalia und Athen zu Rom. Die Skythen dagegen in der Krim werden
Unterthanen (*ὑπάκοοι*) des Mithradates.

*) Die Chronologie der folgenden Ereignisse ist nur ungefähr zu bestimmen.
Um 640 etwa scheint Mithradates Eupator thatsächlich die Regierung angetreten zu haben; Sullas Intervention fand 662 statt (Livius *epit.* 70), womit die
Berechnung der mithradatischen Kriege auf einen Zeitraum von dreiſsig Jahren
(662—691) zusammenstimmt (Plinius *h. n.* 7, 26, 97). In die Zwischenzeit fallen
die paphlagonischen und kappadokischen Successionshändel, mit denen die von
Mithradates wie es scheint in Saturninus erstem Tribunat 651 (S. 198) in Rom
versuchte Bestechung (Diod. 631) wahrscheinlich schon zusammenhängt. Marius,
der 655 Rom verlieſs und nicht lange im Osten verweilte, traf Mithradates
schon in Kappadokien und verhandelte mit ihm wegen seiner Uebergriffe (Cic.
ad Brut. 1, 5; Plut. *Mar.* 31); Ariarathes VI. war also damals schon ermordet.

Margin numbers: 114 93 92 63 105 99

den König Mithradates Euergetes; wogegen freilich legitime oder illegitime Prätendenten und das Land selbst protestirten. Was Kappadokien anlangt, so hatten die pontischen Herrscher nicht vergessen, daſs dies Land und Kappadokien am Meer einst zusammengehört hatten und trugen sich fortwährend mit Reunionsideen.   Paphlagonien ward von Mithradates besetzt in Gemeinschaft mit König Nikomedes von Bithynien, mit dem er das Land theilte.   Als der Senat dagegen Einspruch erhob, fügte sich Mithradates demselben, während Nikomedes einen seiner Söhne mit dem Namen Pylaemenes ausstattete und unter diesem Titel die Landschaft an sich behielt.   Noch schlimmere Wege ging die Politik der Verbündeten in Kappadokien.   König Ariarathes VI. ward ermordet durch Gordios, es hiefs im Auftrage, jedenfalls im Interesse des Schwagers des Ariarathes Mithradates Eupator; sein junger Sohn Ariarathes wuſste den Uebergriffen des Königs von Bithynien nur zu begegnen vermittelst der zweideutigen Hülfe seines Oheims, für welche dieser dann ihm ansann dem flüchtig gewordenen Mörder seines Vaters die Rückkehr nach Kappadokien zu gestatten. Es kam hierüber zum Bruch und zum Krieg; jedoch als beide Heere zur Schlacht sich gegenüber standen, begehrte der Oheim zuvor eine Zusammenkunft mit dem Neffen und stiefs dabei den unbewaffneten Jüngling mit eigener Hand nieder.   Gordios, der Mörder des Vaters, übernahm hierauf im Auftrage Mithradats die Regierung: und obwohl die unwillige Bevölkerung sich gegen ihn erhob und den jüngeren Sohn des letzten Königs zur Herrschaft berief, vermochte dieser doch Mithradates überlegenen Streitkräften keinen dauernden Widerstand zu leisten.   Der baldige Tod des von dem Volke auf den Thron gesetzten Jünglings gab dem pontischen König um so mehr freie Hand, als mit diesem das kappadokische Regentenhaus erlosch.   Als nomineller Regent ward, eben wie in Bithynien geschehen war, ein falscher Ariarathes proclamirt, unter dessen Namen Gordios als Statthalter Mithradats das Reich verwaltete.

Reich des Mithradates. Gewaltiger als seit langem ein einheimischer Monarch herrschte König Mithradates am nördlichen wie am südlichen Gestade des schwarzen Meeres und weit in das innere Kleinasien hinein.   Die Hülfsquellen des Königs für den Krieg zu Lande und zu Wasser schienen unermeſslich.   Sein Werbeplatz reichte von der Donaumündung bis zum Kaukasus und dem kaspischen Meer; Thraker, Skythen, Sauromaten, Bastarner, Kolchier, Iberer (im heutigen Georgien) drängten sich unter seine Fahnen; vor allem rekrutirte er seine Kriegsschaaren aus den tapferen Bastarnern. Für die Flotte lieferte ihm die kolchische Satrapie, aufser Flachs, Hanf, Pech und Wachs, das trefflichste vom Kaukasus herabgeflöfste Bauholz; Steuermänner und Offiziere wurden in Phoenikien und Syrien gedungen. In Kappadokien, biefs es, sei der König eingerückt mit 600 Sichelwagen, 1000 Pferden und 80000 Mann zu Fufs; und er hatte für diesen Krieg bei weitem noch nicht aufgeboten, was er aufzubieten vermochte. Bei dem Mangel einer römischen oder sonst namhaften Seemacht beherrschte die pontische Flotte, gestützt auf Sinope und die Häfen der Krim, das schwarze Meer ausschliefslich.

Dafs der römische Senat seine allgemeine Politik die mehr oder minder von ihm abhängigen Staaten niederzuhalten auch gegen den pontischen geltend machte, beweist sein Verhalten bei dem Thronwechsel nach dem plötzlichen Tode Mithradates V. Dem unmündigen Knaben, der ihm folgte, wurde das dem Vater für seine Theilnahme an dem Kriege gegen Aristonikos oder vielmehr für sein gutes Geld (S. 116) verliehene Grofsphrygien genommen und diese Landschaft dem unmittelbar römischen Gebiet hinzugefügt*). Aber nachdem dieser Knabe dann zu seinen Jahren gelangt war, bewies derselbe Senat gegen dessen allseitige Uebergriffe und gegen diese imposante Machtbildung, deren Entwicklung vielleicht einen zwanzigjährigen Zeitraum ausfüllt, völlige Passivität. Er liefs es geschehen, dafs einer seiner Clientelstaaten sich militärisch zu einer Grofsmacht entwickelte, die über hunderttausend Bewaffnete gebot; dafs er in die engste Verbindung trat mit dem neuen zum Theil durch seine Hülfe an die Spitze der innerasiatischen Staaten gestellten Grofskönig des Ostens; dafs er die benachbarten asiatischen Königreiche und Fürstenthümer unter Vorwänden einzog, die fast wie ein Hohn auf die schlecht berichtete und weit entfernte Schutzmacht klangen; dafs er endlich sogar in Europa sich festsetzte und als König auf der taurischen Halbinsel, als Schutzherr fast bis an die makedonisch-thrakische Grenze gebot. Wohl ward über diese Verhältnisse im Senat verhandelt; aber wenn das hohe Collegium sich in der paphlagonischen Erbangelegenheit schliefslich dabei beruhigte, dafs

Die Römer und Mithradates.

---

*) Ein vor kurzem in dem Dorfe Aresli südlich von Synnada gefundener Senatsbeschlufs vom J. 638 (Viereck *sermo Graecus quo senatus Romanus usus sit* S. 51) bestätigt sämmtliche von dem König bis zu seinem Tode getroffene Anordnungen und zeigt also, dafs Grofsphrygien nach dem Tode des Vaters nicht blofs dem Sohn genommen ward, was auch Appian berichtet, sondern damit geradezu unter römische Botmäfsigkeit kam.

Nikomedes sich auf seinen falschen Pylaemenes berief, so war dasselbe
offenbar nicht so sehr getäuscht als dankbar für jeden Vorwand, der
ihm das ernstliche Einschreiten ersparte. Inzwischen wurden die
Beschwerden immer zahlreicher und dringender. Die Fürsten der
taurischen Skythen, die Mithradates aus der Krim verdrängt hatte,
wandten sich um Hülfe nach Rom; wer von den Senatoren irgend
noch der traditionellen Maximen der römischen Politik gedachte,
mufste sich erinnern, dafs einst unter so ganz anderen Verhältnissen
der Uebergang des Königs Antiochos nach Europa und die Besetzung
des thrakischen Chersones durch seine Truppen das Signal zu dem
asiatischen Krieg geworden war (I, 729) und mufste begreifen, dafs
die Besetzung des taurischen durch den pontischen König jetzt noch

Intervention
des Senats.

viel weniger geduldet werden konnte. Den Ausschlag gab endlich
die factische Reunion des Königreichs Kappadokien, wegen welcher
überdies Nikomedes von Bithynien, der auch seinerseits durch einen
andern falschen Ariarathes Kappadokien in Besitz zu nehmen gehofft hatte und durch den pontischen Prätendenten den seinigen
ausgeschlossen sah, nicht ermangelt haben wird die römische Regierung zur Intervention zu drängen. Der Senat beschlofs, dafs
Mithradates die skythischen Fürsten wieder einzusetzen habe — so
weit war man durch die schlaffe Regierungsweise aus den Bahnen
der richtigen Politik gedrängt, dafs man jetzt, statt die Hellenen gegen
die Barbaren, umgekehrt die Skythen gegen die halben Landsleute
unterstützen mufste. Paphlagonien wurde unabhängig erklärt und
der falsche Pylaemenes des Nikomedes angewiesen das Land zu
räumen. Ebenso sollte der falsche Ariarathes des Mithridates aus
Kappadokien weichen und, da die Vertreter des Landes die angebotene Freiheit ausschlugen, durch freie Volkswahl ihm wiederum

Sulla nach
Kappado-
kien.

ein König gesetzt werden. Die Beschlüsse klangen energisch genug;
nur war es übel, dafs man statt ein Heer zu senden den Statthalter von Kilikien Lucius Sulla mit der Handvoll Leute, die er
daselbst gegen die Räuber und Piraten commandirte, anwies in Kappadokien zu interveniren. Zum Glück vertrat im Osten die Erinnerung
an die ehemalige Energie der Römer besser ihr Interesse als ihr gegen-
wärtiges Regiment und ergänzte die Energie und Gewandtheit des
Statthalters, was der Senat an beiden vermissen liefs. Mithradates
hielt sich zurück und begnügte sich den Grofskönig Tigranes von
Armenien, der den Römern gegenüber eine freiere Stellung hatte als
er, zu veranlassen Truppen nach Kappadokien zu senden. Sulla nahm

rasch seine Mannschaft und die Zuzüge der asiatischen Bundesgenossen
zusammen, überstieg den Taurus und schlug den Statthalter Gordios
sammt seinen armenischen Hülfstruppen aus Kappadokien hinaus.
Dies wirkte. Mithradates gab in allen Stücken nach; Gordios mufste
die Schuld der kappadokischen Wirren auf sich nehmen und der
falsche Ariarathes verschwand; die Königswahl, die der pontische Anhang vergebens auf Gordios zn lenken versucht hatte, fiel auf den
angesehenen Kappadokier Ariobarzanes. Als Sulla im Verfolg seiner   Erste Be-
Expedition in die Gegend des Euphrat gelangte, in dessen Wellen   rührung der
damals zuerst römische Feldzeichen sich spiegelten, fand bei dieser   Römer und
                                                                       der Parther
Gelegenheit auch die erste Berührung statt zwischen den Römern und
den Parthern, welche letztere in Folge der Spannung zwischen ihnen
und Tigranes Ursache hatten den Römern sich zu nähern. Beiderseits
schien man zu fühlen, dafs etwas darauf ankam bei dieser ersten Berührung der beiden Grofsmächte des Westens und des Ostens dem
Anspruch auf die Herrschaft der Welt nichts zu vergeben; aber Sulla,
kecker als der parthische Bote, nahm und behauptete in der Zusammenkunft den Ehrenplatz zwischen dem König von Kappadokien und dem
parthischen Abgesandten. Mehr als durch seine Siege im Osten mehrte
Sullas Ruhm sich durch diese vielgefeierte Conferenz am Euphrat; der
parthische Gesandte büfste später seinem Herrn dafür mit dem Kopfe.
Indefs für den Augenblick hatte diese Berührung keine weitere Folge.
Nikomedes unterliefs es im Vertrauen auf die Gunst der Römer Paphlagonien zu räumen: aber die gegen Mithradates gefafsten Senatsbeschlüsse wurden ferner vollzogen, die Wiederherstellung der skythischen Häuptlinge von ihm wenigstens zugesagt; der frühere Statusquo im Osten schien wiederhergestellt (662).   92

So hiefs es; in der That war von einer ernstlichen Zurückführung   Neue Ueber-
der früheren Ordnung der Dinge wenig zu verspüren. Kaum hatte   griffe
                                                                 Mithradates.
Sulla Asien verlassen, als König Tigranes von Grofsarmenien über den
neuen König von Kappadokien Ariobarzanes herfiel, ihn vertrieb und
an seiner Stelle den pontischen Prätendenten Ariarathes wieder ein-
setzte. In Bithynien, wo nach dem Tode des alten Königs Nikomedes II.
(um 663) dessen Sohn Nikomedes III. Philopator vom Volk und vom   91
römischen Senat als rechtmäfsiger König anerkannt worden war, trat
dessen jüngerer Bruder Sokrates als Kronprätendent auf und bemächtigte sich der Herrschaft. Es war klar, dafs der eigentliche Urheber der
kappadokischen wie der bithynischen Wirren kein anderer als Mithradates war, obwohl er sich jeder offenkundigen Betheiligung enthielt.

Jedermann wufste, dafs Tigranes nur handelte auf seinen Wink; in
Bithynien aber war Sokrates mit pontischen Truppen eingerückt und
des rechtmäfsigen Königs Leben durch Mithradates Meuchelmörder bedroht.   In der Krim gar und den benachbarten Landschaften dachte
der pontische König nicht daran zurückzuweichen und trug vielmehr
seine Waffen weiter und weiter. — Die römische Regierung, von
den Königen Ariobarzanes und Nikomedes persönlich um Hülfe angerufen, schickte nach Kleinasien zur Unterstützung des dortigen
Statthalters Lucius Cassius den Consular Manius Aquillius, einen im
kimbrischen und im sicilischen Krieg erprobten Offizier, jedoch nicht
als Feldherrn an der Spitze einer Armee, sondern als Gesandten, und
wies die asiatischen Clientelstaaten und namentlich den Mithradates
an nöthigenfalls mit gewaffneter Hand Beistand zu leisten. Es kam
eben wie zwei Jahre zuvor. Der römische Offizier vollzog den ihm
gewordenen Auftrag mit Hülfe des kleinen römischen Corps, über
das der Statthalter der Provinz Asia verfügte, und des Aufgebots
der Phryger und der Galater; König Nikomedes und König Ariobarzanes bestiegen wieder ihre schwankenden Throne; Mithradates
entzog sich zwar der Aufforderung Zuzug zu gewähren unter verschiedenen Vorwänden, allein er leistete nicht blofs den Römern
keinen offenen Widerstand, sondern der bithynische Prätendent Sokrates wurde sogar auf sein Geheifs getödtet (664).

Es war eine sonderbare Verwickelung.   Mithradates war vollkommen überzeugt gegen die Römer in offenem Kampfe nichts aus-
richten zu können und es nicht zum offenen Bruch und zum Kriege
mit ihnen kommen lassen zu dürfen. Wäre er nicht also entschlossen
gewesen, so fand sich kein günstigerer Augenblick den Kampf zu
beginnen als der gegenwärtige: eben damals, als Aquillius in Bithynien
und Kappadokien einrückte, stand die italische Insurrection auf
dem Höhepunkt ihrer Macht und konnte selbst den Schwachen
Muth machen gegen Rom sich zu erklären; dennoch liefs Mithradates
das Jahr 664 ungenutzt verstreichen. Aber nichts desto weniger
verfolgte er so zäh wie rührig seinen Plan in Kleinasien sich
auszubreiten. Diese seltsame Verbindung der Politik des Friedens
um jeden Preis mit der der Eroberung war allerdings in sich unhaltbar und beweist nur aufs Neue, dafs Mithradates nicht zu den Staatsmännern rechter Art gehörte und weder zum Kampf zu rüsten wufste
wie König Philippos noch sich zu fügen wie König Attalos, sondern
in ächter Sultansart ewig hin und hergezogen ward zwischen begehr-

Aquillius nach Asien.

Die Lage der Dinge zwischen Krieg und Frieden.

licher Eroberungslust und dem Gefühl seiner eigenen Schwäche. Aber
auch so läfst sich sein Beginnen nur begreifen, wenn man sich erinnert, dafs Mithradates in zwanzigjähriger Erfahrung die damalige
römische Politik kennen gelernt hatte. Er wufste sehr genau, dafs die
römische Regierung nichts weniger als kriegslustig war, ja dafs sie, im
Hinblick auf die ernstliche Gefahr, die jeder berühmte General ihrer
Herrschaft bereitete, in frischer Erinnerung an den kimbrischen Krieg
und Marius, den Krieg wo möglich noch mehr fürchtete als er selbst.
Darauf hin handelte er. Er scheute sich nicht in einer Weise aufzutreten, die jeder energischen und nicht durch egoistische Rücksichten gefesselten Regierung hundertfach Ursache und Anlafs zur
Kriegserklärung gegeben haben würde; aber er vermied sorgfältig den
offenen Bruch, der den Senat in die Nothwendigkeit dazu versetzt
hätte. So wie Ernst gezeigt ward, wich er zurück, vor Sulla wie vor
Aquillius; er hoffte unzweifelhaft darauf, dafs nicht immer energische
Feldherren ihm gegenüberstehen, dafs auch er so gut wie Jugurtha auf
seine Scaurus und Albinus treffen würde. Es mufs zugestanden werden, dafs diese Hoffnung nicht unverständig war, obwohl freilich eben
Jugurthas Beispiel auch wieder gezeigt hatte, wie verkehrt es war die
Bestechung eines römischen Heerführers und die Corruption einer
römischen Armee mit der Ueberwindung des römischen Volkes zu ver-
wechseln. So standen die Dinge zwischen Frieden und Krieg und
liefsen ganz dazu an noch lange sich in gleicher Art weiter zu
schleppen. Aber dies zuzulassen war Aquillius Absicht nicht; und da
er seine Regierung nicht zwingen konnte Mithradates den Krieg zu
erklären, so bediente er sich dazu des Königs Nikomedes. Dieser,
ohnehin in die Hand des römischen Feldherrn gegeben und überdies
noch für die aufgelaufenen Kriegskosten und die dem Feldherrn persönlich zugesicherten Summen sein Schuldner, konnte sich dem Ansinnen desselben mit Mithradates den Krieg zu beginnen nicht entziehen. Die bithynische Kriegserklärung erfolgte; aber selbst als
Nikomedes Schiffe den pontischen den Bosporus sperrten, seine Truppen in die pontischen Grenzdistrikte einrückten und die Gegend von
Amastris brandschatzten, blieb Mithradates noch unerschüttert bei
seiner Friedenspolitik; statt die Bithyner über die Grenze zu werfen,
führte er Klage bei der römischen Gesandtschaft und bat dieselbe
entweder vermitteln oder ihm die Selbstvertheidigung gestatten zu
wollen. Allein er ward von Aquillius dahin beschieden, dafs er unter
allen Umständen sich des Krieges gegen Nikomedes zu enthalten habe.

*Aquillius
bewirkt den
Krieg.*

Nikomedes.

Das freilich war deutlich. Genau dieselbe Politik hatte man gegen Karthago angewendet; man liefs das Schlachtopfer von der römischen Meute überfallen und verbot ihm gegen dieselbe sich zu wehren. Auch Mithradates erachtete sich verloren, eben wie die Karthager es gethan hatten; aber wenn die Phoeniker sich aus Verzweiflung ergaben, so that dagegen der König von Sinope das Gegentheil und rief seine Truppen und Schiffe zusammen — ‚wehrt nicht,‘ so soll er gesagt haben, ‚auch wer unterliegen mufs, dennoch sich gegen den Räuber?‘ Sein Sohn Ariobarzanes erhielt Befehl in Kappadokien einzurücken; es ging noch einmal eine Botschaft an die römischen Gesandten um ihnen anzuzeigen wozu die Nothwehr den König gezwungen habe und eine letzte Erklärung von ihnen zu fordern. Sie lautete wie zu erwarten war. Obwohl weder der römische Senat noch König Mithradates noch König Nikomedes den Bruch gewollt hatten, Aquillius wollte ihn und man hatte Krieg (Ende 665).

Mithradates Rüstungen.
Mit aller ihm eigenen Energie betrieb Mithradates die politischen und militärischen Vorbereitungen zu dem ihm aufgedrungenen Waffengang. Vor allen Dingen knüpfte er das Bündnifs mit König Tigranes von Armenien fester und erlangte von ihm das Versprechen eines Hülfsheeres, das in Vorderasien einrücken und Grund und Boden daselbst für König Mithradates, die bewegliche Habe für König Tigranes in Besitz nehmen sollte. Der parthische König, verletzt durch das stolze Verhalten Sullas, trat wenn nicht gerade als Gegner, doch auch nicht als Bundesgenosse der Römer auf. Den Griechen war der König bemüht sich in der Rolle des Philippos und des Perseus, als Vertreter der griechischen Nation gegen die römische Fremdherrschaft darzustellen. Pontische Gesandte gingen an den König von Aegypten und an den letzten Ueberrest des freien Griechenlands, den kretensischen Städtebund und beschworen sie, für die Rom auch schon die Ketten geschmiedet, jetzt im letzten Augenblick einzustehen für die Rettung der hellenischen Nationalität; es war dies wenigstens auf Kreta nicht ganz vergeblich und zahlreiche Kretenser nahmen Dienste im pontischen Heer. Man hoffte auf die successive Insurrection der kleineren und kleinsten Schutzstaaten, Numidiens, Syriens, der hellenischen Republiken; auf die Empörung der Provinzen, vor allem des mafslos gedrückten Vorderasiens. Man arbeitete an der Erregung eines thrakischen Aufstandes, ja an der Insurgirung Makedoniens. Die schon vorher blühende Piraterie wurde jetzt als willkommene Bundesgenossin überall entfesselt und mit furchtbarer Raschheit erfüllten bald

Corsarengeschwader, pontische Kaper sich nennend, weithin das Mittelmeer. Man vernahm mit Spannung und Freude die Kunde von den Gährungen innerhalb der römischen Bürgerschaft und von der zwar überwundenen, aber doch noch lange nicht unterdrückten italischen Insurrection. Unmittelbare Beziehungen indefs mit den Unzufriedenen und Insurgenten in Italien bestanden nicht; nur wurde in Asien ein römisch bewaffnetes und organisirtes Fremdencorps gebildet, dessen Kern römische und italische Flüchtlinge waren. Streitkräfte gleich denen Mithradats waren seit den Perserkriegen in Asien nicht gesehen worden. Die Angaben, dafs er, das armenische Hülfsheer ungerechnet, mit 250000 Mann zu Fufs und 40000 Reitern das Feld nahm, dafs 300 pontische Deck- und 100 offene Schiffe in See stachen, scheinen nicht allzu übertrieben bei einem Kriegsherrn, der über die zahllosen Steppenbewohner verfügte. Die Feldherren, namentlich die Brüder Neoptolemos und Archelaos, waren erfahrene und umsichtige griechische Hauptleute; auch unter den Soldaten des Königs fehlte es nicht an tapferen todverachtenden Männern und die gold- und silberblinkenden Rüstungen und reichen Gewänder der Skythen und Meder mischten sich lustig mit dem Erz und Stahl der griechischen Reisigen. Ein einheitlicher militärischer Organismus freilich hielt diese buntscheckigen Haufen nicht zusammen — auch die Armee des Mithradates war nichts als eine jener ungeheuerlichen asiatischen Kriegsmaschinen, wie sie oft schon, zuletzt, genau ein Jahrhundert zuvor, bei Magnesia einer höheren militärischen Organisation unterlegen waren; immer aber stand doch der Osten gegen die Römer in Waffen, während auch in der westlichen Hälfte des Reichs es nichts weniger als friedlich aussah. So sehr es an sich für Rom eine politische Nothwendigkeit war Mithradates den Krieg zu erklären, so war doch gerade dieser Augenblick so übel gewählt wie möglich, und auch aus diesem Grunde ist es sehr wahrscheinlich, dafs Manius Aquillius zunächst aus Rücksichten auf seine eigenen Interessen den Bruch zwischen Rom und Mithradates eben jetzt herbeigeführt hat. Für den Augenblick hatte man in Asien keine anderen Truppen zur Verfügung als die kleine römische Abtheilung unter Lucius Cassius und die vorderasiatischen Milizen, und bei der militärischen und finanziellen Klemme, in der man daheim sich in Folge des Insurrectionskrieges befand, konnte eine römische Armee im günstigsten Fall nicht vor dem Sommer 666 in Asien landen. Bis dahin hatten die römischen Beamten daselbst einen schweren Stand; indefs hoffte man die römische Provinz decken und

Schwache Gegenmassregeln der Römer.

sich behaupten zu können wo man stand: das bithynische Heer unter
König Nikomedes in seiner im vorigen Jahr eingenommenen Stellung
auf paphlagonischem Gebiet zwischen Amastris und Sinope, weiter
rückwärts in der bithynischen, galatischen, kappadokischen Landschaft
die Abtheilungen unter Lucius Cassius, Manius Aquillius, Quintus
Oppius, während die bithynisch-römische Flotte fortfuhr den Bosporus
zu sperren.

Mithra- (88
dates besetzt
Kleinasien. Mit dem Beginn des Frühjahrs 666 ergriff Mithradates die Offensive. An einem Nebenfluß des Halys, dem Amnias (bei dem heutigen
Tesch köpri) stieß der pontische Vortrab, Reiterei und Leichtbewaff-
nete, auf die bithynische Armee und sprengte dieselbe trotz ihrer sehr
überlegenen Zahl im ersten Anlauf so vollständig auseinander, daß das
geschlagene Heer sich auflöste und Lager und Kriegskasse den Siegern
in die Hände fielen. Es waren hauptsächlich Neoptolemos und Archelaos, denen der König diesen glänzenden Erfolg verdankte. Die weiter
zurück stehenden noch viel schlechteren asiatischen Milizen gaben
hierauf sich überwunden, noch ehe sie mit dem Feinde zusammen-
stießen; wo Mithradates Feldherren sich ihnen näherten, stoben sie
aus einander. Eine römische Abtheilung ward in Kappadokien geschlagen; Cassius suchte in Phrygien mit dem Landsturm das Feld zu
halten, allein er entließ ihn wieder, ohne mit ihm eine Schlacht wagen
zu mögen und warf sich mit seinen wenigen zuverlässigen Leuten in
die Ortschaften am oberen Maeander, namentlich nach Apameia; Oppius
räumte in gleicher Weise Pamphylien und schloß in dem phrygischen
Laodikeia sich ein; Aquillius ward im Zurückweichen am Sangarios im
bithynischen Gebiet eingeholt und so vollständig geschlagen, daß er
sein Lager verlor und sich in die römische Provinz nach Pergamon
retten mußte; bald war auch diese überschwemmt und Pergamon selbst
in den Händen des Königs, ebenso der Bosporus und die daselbst befindlichen Schiffe. Nach jedem Sieg hatte Mithradates sämmtliche Gefangene der kleinasiatischen Miliz entlassen und nichts versäumt die
von Anfang an ihm zugewandten nationalen Sympathien zu steigern.
Jetzt war die ganze Landschaft bis zum Maeander mit Ausnahme weniger
Festungen in seiner Gewalt; zugleich erfuhr man, daß in Rom eine
neue Revolution ausgebrochen, daß der gegen Mithradates bestimmte
Consul Sulla statt nach Asien sich einzuschiffen gegen Rom marschirt
sei, daß die gefeiertsten römischen Generale sich unter einander
Antirömi-
sche Bewe-
gungen da-
selbst. Schlachten lieferten um auszumachen, wem der Oberbefehl im asiatischen Kriege gebühre. Rom schien eifrigst bemüht sich selber zu

Grunde zu richten; es ist kein Wunder, dafs, wenn gleich Minoritäten auch jetzt noch überall zu Rom hielten, doch die grofse Masse der Kleinasiaten den Pontikern zufiel. Die Hellenen und die Asiaten vereinigten sich in dem Jubel, der den Befreier empfing; es ward üblich den König, in dem wie in dem göttlichen Indiersieger Asien und Hellas sich abermals zusammenfanden, zu verehren unter dem Namen des neuen Dionysos. Die Städte und Inseln sandten wo er hinkam ihm Boten entgegen ‚den rettenden Gott' zu sich einzuladen und festlich gekleidet strömte die Bürgerschaft vor die Thore ihn zu empfangen. Einzelne Orte lieferten die bei ihnen verweilenden römischen Offiziere gebunden an den König ein, so Laodikeia den Commandanten der Stadt Quintus Oppius, Mytilene auf Lesbos den Consular Manius Aquillius[*]). Die ganze Wuth des Barbaren, der den, vor dem er gezittert hat, in seine Macht bekommt, entlud sich über den unglücklichen Urheber des Krieges. Bald zu Fufs an einen gewaltigen berittenen Bastarner angefesselt, bald auf einen Esel gebunden und seinen eigenen Namen abrufend ward der bejahrte Mann durch ganz Kleinasien geführt und, als endlich das arme Schaustück wieder am königlichen Hof in Pergamon anlangte, auf Befehl des Königs, um seine Habgier, die eigentlich den Krieg veranlafst habe, zu sättigen, ihm geschmolzenes Gold in den Hals gegossen, dafs er unter Qualen den Geist aufgab. Aber es blieb nicht bei diesem rohen Hohn, der allein hinreicht seinen Urheber auszustreichen aus der Reihe der adlichen Männer. Von Ephesos aus erliefs König Mithradates an alle von ihm abhängigen Statthalter und Städte den Befehl, an einem und demselben Tage sämmtliche in ihrem Bezirk sich aufhaltende Italiker, Freie und Unfreie, ohne Unterschied des Geschlechts und des Alters zu tödten und bei schwerer Strafe keinem der Verfehmten zur Rettung behülflich zu sein, die Leichen der Erschlagenen den Vögeln zum Frafs hinzuwerfen, die Habe einzuziehen und sie zur Hälfte an die Mörder, zur Hälfte an den König abzuliefern. Die entsetzlichen Befehle wurden mit Ausnahme weniger Bezirke, wie zum Beispiel der Insel Kos, pünktlich vollzogen und achtzig, nach andern Berichten hundert und funfzigtausend wenn nicht unschuldige, so doch wehrlose Männer, Frauen und Kinder mit kaltem Blut an einem Tage in Kleinasien geschlachtet — eine grauenvolle

Ephesischer Mordbefehl.

------

[*]) Die Urheber der Gefangennehmung und Auslieferung des Aquillius traf fünfundzwanzig Jahre später die Vergeltung, indem sie nach Mithradats Tode dessen Sohn Pharnakes an die Römer übergab.

Execution, bei welcher die gute Gelegenheit der Schulden sich zu entledigen und die dem Sultan zu jedem Henkerdienst bereite asiatische
Schergenwillfährigkeit wenigstens ebenso sehr mitgewirkt haben wie
das vergleichungsweise edle Gefühl der Rache. Politisch war diese
Mafsregel nicht blofs ohne jeden vernünftigen Zweck — denn der
finanzielle liefs auch ohne diesen Blutbefehl sich erreichen und die
Kleinasiaten waren selbst durch das Bewufstsein der ärgsten Blutschuld
nicht zum kriegerischen Eifer zu treiben —, sondern sogar zweckwidrig, indem sie einerseits den römischen Senat, so weit er irgend
noch der Energie fähig war, zur ernstlichen Kriegführung zwang,
andrerseits nicht blofs die Römer traf, sondern ebenso gut des Königs
natürliche Bundesgenossen, die nicht römischen Italiker. Es ist dieser
ephesische Mordbefehl durchaus nichts als ein zweckloser Act der
thierisch blinden Rache, welcher nur durch die colossalen Proportionen,
in denen hier der Sultanismus auftritt, einen falschen Schein von Grofs-
artigkeit erhält. — Ueberhaupt ging des König Sinn hoch; aus Verzweiflung hatte er den Krieg begonnen, aber der unerwartet leichte
Sieg, das Ausbleiben des gefürchteten Sulla liefsen ihn übergehen zu
den hochfahrendsten Hoffnungen. Er richtete sich häuslich in Vorderasien ein; der Sitz des römischen Statthalters Pergamon ward seine
neue Hauptstadt; das alte Reich von Sinope wurde als Statthalterschaft
an des Königs Sohn Mithradates zur Verwaltung übergeben; Kappadokien, Phrygien, Bithynien wurden organisirt als pontische Satrapien.
Die Grofsen des Reichs und des Königs Günstlinge wurden mit reichen
Gaben und Lehen bedacht und sämmtlichen Gemeinden nicht blofs die
rückständigen Steuern erlassen, sondern auch Steuerfreiheit auf fünf
Jahre zugesichert — eine Mafsregel, die ebenso verkehrt war wie die
Ermordung der Römer, wenn der König dadurch sich die Treue der
Kleinasiaten zu sichern meinte. — Freilich füllte des Königs Schatz
ohnehin sich reichlich durch die unermefslichen Summen, die aus dem
Vermögen der Italiker und anderen Confiscationen einkamen; wie denn
z. B. allein auf Kos 800 Talente (1 250 000 Thlr.), welche die Juden
dort deponirt hatten, von Mithradates weggenommen wurden. Der
nördliche Theil von Kleinasien und die meisten dazu gehörigen Inseln
waren in des Königs Gewalt; aufser einigen kleinen paphlagonischen Dynasten gab es hier kaum einen Bezirk, der noch zu Rom hielt; das
gesammte aegaeische Meer ward beherrscht von seinen Flotten. Nur
der Südwesten, die Städtebünde von Karien und Lykien und die Stadt
Rhodos widerstanden ihm. In Karien ward zwar Stratonikeia mit den

Organisa-
tion der er-
oberten
Landschaf-
ten.

Waffen bezwungen; Magnesia am Sipylos aber bestand glücklich eine
schwere Belagerung, bei welcher Mithradates tüchtigster Offizier Archelaos geschlagen und verwundet ward. Rhodos, der Zufluchtsort der
aus Asien entkommenen Römer, unter ihnen des Statthalters Lucius
Cassius, wurde von Mithradates zu Wasser und zu Lande mit ungeheurer Uebermacht angegriffen. Aber seine Seeleute, so muthig sie
unter den Augen des Königs ihre Pflicht thaten, waren ungeschickte
Neulinge und es kam vor, daſs rhodische Geschwader vielfach stärkere
pontische überwanden und mit erbeuteten Schiffen heimkehrten. Auch
zu Lande rückte die Belagerung nicht vor; nachdem ein Theil der
Arbeiten zerstört worden war, gab Mithradates das Unternehmen auf
und die wichtige Insel so wie das gegenüber liegende Festland blieben
in den Händen der Römer.

Aber nicht bloſs die asiatische Provinz wurde, hauptsächlich in *Pontische
Invasion in
Europa.* Folge der zur ungelegensten Zeit ausbrechenden sulpicischen Revolution, fast unvertheidigt von Mithradates besetzt, sondern derselbe
richtete schon den Angriff auch gegen Europa. Bereits seit dem J. 662 *Thra- [92
kische
Raubzüge.* hatten die Grenznachbarn Makedoniens gegen Norden und Osten ihre
Einfälle mit auffallender Heftigkeit und Stetigkeit erneuert; in den
Jahren 664. 665 überrannten die Thraker Makedonien und ganz Epeiros *90 89*
und plünderten den Tempel von Dodona. Noch auffallender ist es,
daſs damit noch einmal der Versuch verbunden ward einen Prätendenten auf den makedonischen Thron in der Person eines gewissen
Euphenes aufzustellen. Mithradates, der von der Krim aus Verbindungen mit den Thrakern unterhielt, war all diesen Vorgängen schwerlich fremd. Zwar erwehrte sich der Praetor Gaius Sentius mit Hülfe
der thrakischen Dentheleten dieser Eingedrungenen; allein es dauerte
nicht lange, daſs ihm mächtigere Gegner kamen. Mithradates hatte,
fortgerissen von seinen Erfolgen, den kühnen Entschluſs gefaſst wie
Antiochos den Krieg um die Herrschaft über Asien in Griechenland
zur Entscheidung zu bringen und zu Lande oder zur See den Kern
seiner Truppen dorthin dirigirt. Sein Sohn Ariarathes drang von Thra- *Thrakien u.
Makedonien
von den
Pontikern
besetzt.* kien aus in das schwach vertheidigte Makedonien ein, unterwegs die
Landschaft unterwerfend und in pontische Satrapien eintheilend. Abdera, Philippi wurden Hauptstützpunkte der pontischen Waffen in
Europa. Die pontische Flotte, geführt von Mithradats bestem Feld- *Pontische
Flotte im
aegaeischen
Meer.* herrn Archelaos, erschien im aegaeischen Meer, wo kaum ein römisches
Segel zu finden war. Delos, der Stapelplatz des römischen Handels
in diesen Gewässern, ward besetzt und bei 20 000 Menschen, gröſsten-

theils Italiker, daselbst niedergemetzelt; Euboea erlitt ein gleiches
Schicksal; bald waren östlich vom malischen Vorgebirg alle Inseln in
Feindes Hand; man konnte weiter gehen zum Angriff auf das Festland
selbst. Zwar den Angriff, den die pontische Flotte von Euboea aus
auf das wichtige Demetrias machte, schlug Bruttius Sura, der tapfere
Unterfeldherr des Statthalters von Makedonien, mit seiner Handvoll
Leute und wenigen zusammengerafften Schiffen ab und besetzte sogar
die Insel Skiathos: aber er konnte nicht verhindern, dafs der Feind im
Pontiker in eigentlichen Griechenland sich festsetzte. Auch hier wirkte Mithra-
Griechen- dates nicht blofs mit den Waffen, sondern zugleich mit der nationalen
land. Propaganda. Sein Hauptwerkzeug für Athen war ein gewisser Aristion,
seiner Geburt nach ein attischer Sklave, seines Handwerks ehemals
Schulmeister der epikurischen Philosophie, jetzt Günstling Mithradats:
ein vortrefflicher Peisthetaeros, der durch die glänzende Carriere, die
er bei Hof gemacht, den Pöbel zu blenden und ihm mit Aplomb zu
versichern verstand, dafs aus dem seit beiläufig sechzig Jahren in
Schutt liegenden Karthago die Hülfe für Mithradat schon unterwegs
sei. Durch solche Reden des neuen Perikles ward es erreicht, dafs
die wenigen Verständigen aus Athen entwichen, der Pöbel aber
und ein paar toll gewordene Litteraten den Römern förmlich absag-
ten. So ward aus dem Exphilosophen ein Gewaltherrscher, der gestützt auf seine pontische Söldnerbande ein Schand- und Blutregiment
begann, und aus dem Peiraeeus ein pontischer Landungsplatz. So wie
Mithradates Truppen auf dem griechischen Continent standen, fielen
die meisten der kleinen Freistaaten ihnen zu; Achaeer, Lakonen,
Boeoter, bis hinauf nach Thessalien. Sura, nachdem er aus Makedonien einige Verstärkung herangezogen hatte, rückte in Boeotien ein
um dem belagerten Thespiae Hülfe zu bringen, und schlug bei Chaeroneia in dreitägigen Gefechten mit Archelaos und Aristion; aber sie
führten zu keiner Entscheidung, und Sura mufste zurückgehen, als
die pontischen Verstärkungen aus dem Peloponnes sich näherten (Ende
88 87 666. Anf. 667). — So gebietend war die Stellung Mithradats vor allem
zur See, dafs eine Botschaft der italischen Insurgenten ihn auffordern
konnte einen Landungsversuch in Italien zu machen; allein ihre Sache
war damals bereits verloren und der König wies das Ansinnen zurück.
Lage der   Die Lage der römischen Regierung fing an bedenklich zu werden.
Römer. Kleinasien und Hellas waren ganz, Makedonien zum guten Theil in
Feindeshand; auf der See herrschte ohne Nebenbuhler die pontische
Flagge. Dazu kam die italische Insurrection, die im ganzen zu Boden

geschlagen immer noch in weiten Gebieten Italiens unbestritten die
Herrschaft führte; dazu die kaum beschwichtigte Revolution, die jeden
Augenblick drohte wiederum und furchtbarer emporzulodern; dazu
endlich die durch die inneren Unruhen in Italien und die ungeheuren
Verluste der asiatischen Capitalisten hervorgerufene fürchterliche
Handels- und Geldkrise (S. 249) und der Mangel an zuverlässigen
Truppen. Die Regierung hätte dreier Armeen bedurft, um in Rom die
Revolution niederzuhalten, in Italien die Insurrection völlig zu er-
sticken und in Asien Krieg zu führen; sie hatte eine einzige, die des
Sulla; denn die Nordarmee war unter dem unzuverlässigen Gnaeus
Strabo nichts als eine Verlegenheit mehr. Die Wahl unter jenen drei
Aufgaben stand bei Sulla; er entschied sich, wie wir sahen, für den
asiatischen Krieg. Es war nichts Geringes, man darf vielleicht sagen
eine grofse patriotische That, dafs in diesem Conflict des allgemeinen
vaterländischen und des besonderen Parteiinteresses das erstere die
Oberhand behielt und Sulla trotz der Gefahren, die seine Entfernung
aus Italien für seine Verfassung und für seine Partei nach sich zog, dennoch im Frühling 667 landete an der Küste von Epeiros. Aber er kam   _{67] Sullas}
nicht, wie sonst römische Oberfeldherrn im Osten aufzutreten pflegten.   _{Landung}
Dafs sein Heer von 5 Legionen oder höchstens 30000 Mann*) wenig
stärker war als eine gewöhnliche Consulararmee, war das Wenigste.
Sonst hatte in den östlichen Kriegen eine römische Flotte niemals gefehlt, ja ohne Ausnahme die See beherrscht; Sulla, gesandt um zwei
Continente und die Inseln des aegaeischen Meeres wieder zu erobern,
kam ohne ein einziges Kriegsschiff. Sonst hatte der Feldherr eine volle
Kasse mit sich geführt und den gröfsten Theil seiner Bedürfnisse auf
dem Seeweg aus der Heimath bezogen; Sulla kam mit leeren Händen —
denn die für den Feldzug von 666 mit Noth flüssig gemachten Summen ₆₈
waren in Italien draufgegangen — und sah sich ausschliefslich angewiesen auf Requisitionen. Sonst hatte der Feldherr seinen einzigen
Gegner im feindlichen Lager gefunden und hatten dem Landesfeind
gegenüber seit der Beendigung des Ständekampfes die politischen
Factionen ohne Ausnahme zusammengestanden; unter Mithradates
Feldzeichen fochten namhafte römische Männer, grofse Landschaften
Italiens begehrten mit ihm in Bündnifs zu treten und es war wenigstens
zweifelhaft, ob die demokratische Partei das rühmliche Beispiel, das

---

*) Man mufs sich erinnern, dafs seit dem Bundesgenossenkrieg auf die
Legion, da sie nicht mehr von italischen Contingenten begleitet ist, mindestens
nur die halbe Mannzahl kommt wie vordem.

Sulla ihr gegeben, befolgen und mit ihm Waffenstillstand halten werde, so lange er gegen den asiatischen König focht. Aber der rasche General, der mit all diesen Verlegenheiten zu ringen hatte, war nicht gewohnt vor Erledigung der nächsten Aufgabe um die ferneren Gefahren sich zu bekümmern. Da seine an den König gerichteten Friedensanträge, die im Wesentlichen auf die Wiederherstellung des Zustandes vor dem Kriege hinausliefen, keine Annahme fanden, so rückte er, wie er gelandet war, von den epeirotischen Häfen bis nach Boeotien vor,

schlug hier am tilphossischen Berge die Feldherren der Feinde Archelaos und Aristion und bemächtigte sich nach diesem Siege fast ohne Widerstand des gesammten griechischen Festlandes mit Ausnahme der Festung Athen und des Peiraeeus, wohin Aristion und Archelaos sich geworfen hatten und die durch einen Handstreich zu nehmen mißlang. Eine römische Abtheilung unter Lucius Hortensius besetzte Thessalien und streifte bis in Makedonien: eine andere unter Munatius stellte vor Chalkis sich auf, um das unter Neoptolemos auf Euboea stehende feindliche Corps abzuwehren; Sulla selbst bezog ein Lager bei Eleusis und Megara, von wo aus er Griechenland und den Peloponnes beherrschte und die Belagerung der Stadt und des Hafens von Athen betrieb. Die hellenischen Städte, wie immer von der nächsten Furcht regiert, unterwarfen sich den Römern auf jede Bedingung und waren froh, wenn sie mit Lieferungen von Vorräthen und Mannschaft und mit Geldbußen schwerere Strafen abkaufen durften. Minder rasch

gingen die Belagerungen in Attika von Statten. Sulla sah sich genöthigt in aller Form das schwere Belagerungszeug zu rüsten, wozu die Bäume der Akademie und des Lykeion das Holz liefern mußten. Archelaos leitete die Vertheidigung ebenso kräftig wie besonnen; er bewaffnete seine Schiffsmannschaft, schlug also verstärkt die Angriffe der Römer mit überlegener Macht ab und machte häufige und nicht selten glückliche Ausfälle. Zwar die zum Entsatz herbeirückende pontische Armee des Dromichaetes ward unter den Mauern Athens nach hartem Kampf, bei dem namentlich Sullas tapferer Unterfeldherr Lucius Licinius Murena sich hervorthat, von den Römern geschlagen; aber die Belagerung schritt darum nicht rascher vor. Von Makedonien aus, wo die Kappadokier inzwischen sich definitiv festgesetzt hatten, kam reichliche und regelmäßige Zufuhr zur See, die Sulla nicht im Stande war der Hafenfestung abzuschneiden; in Athen gingen zwar die Vorräthe auf die Neige, doch konnte bei der Nähe der beiden Festungen Archelaos mehrfache Versuche machen Getreidetransporte nach Athen zu

werfen, die nicht alle mifslangen. So verflofs in peinlicher Resultat-
losigkeit der Winter 667/8. Wie die Jahreszeit es erlaubte, warf Sulla   67/6
sich mit Ungestüm auf den Peiraeeus; in der That gelang es durch Ge-
schütze und Minen einen Theil der gewaltigen perikleischen Mauern
in Bresche zu legen und sofort schritten die Römer zum Sturm; allein
er ward abgeschlagen und als er wiederholt ward, fanden sich hinter
den eingestürzten Mauertheilen halbmondförmige Verschanzungen errichtet, aus denen die Eindringenden sich von drei Seiten beschossen
und zur Umkehr gezwungen sahen. Sulla hob darauf die Belagerung
auf und begnügte sich mit einer Blokade. In Athen waren inzwischen
die Lebensmittel ganz zu Ende gegangen; die Besatzung versuchte eine
Capitulation zu Stande zu bringen, aber Sulla wies ihre redefertigen
Boten zurück mit dem Bedeuten, dafs er nicht als Student, sondern
als General vor ihnen stehe und nur unbedingte Unterwerfung annehme. Als Aristion, wohl wissend, welches Schicksal dann ihm bevorstand, damit zögerte, wurden die Leitern angelegt und die kaum
noch vertheidigte Stadt erstürmt (1. März 668). Aristion warf sich in   Athen (86
die Akropolis, wo er bald darauf sich ergab. Der römische Feldherr   fällt.
liefs die Soldatesca in der eroberten Stadt morden und plündern und
die angeseheneren Rädelsführer des Abfalls hinrichten; die Stadt
selbst aber erhielt von ihm ihre Freiheit und ihre Besitzungen, sogar
das wichtige Delos zurück und ward also noch einmal gerettet durch
ihre herrlichen Todten. — Ueber den epikureischen Schulmeister   Sullas be-
also hatte man gesiegt; indefs Sullas Lage blieb im höchsten Grade   denkliche
peinlich, ja verzweifelt. Mehr als ein Jahr stand er nun im Felde   Lage.
ohne irgend einen nennenswerthen Schritt vorwärts gekommen
zu sein, ein einziger Hafenplatz spottete all seiner Anstrengungen,
während Asien gänzlich sich selbst überlassen, die Eroberung Makedoniens von Mithradats Statthaltern kürzlich durch die Einnahme von
Amphipolis vollendet war. Ohne Flotte — dies zeigte sich immer   Mangelnde
deutlicher — war es nicht blofs unmöglich die Verbindungen und die   Flotte.
Zufuhr vor den feindlichen und den zahllosen Piratenschiffen zu sichern,
sondern auch nur den Peiraeeus, geschweige denn Asien und die Inseln
wiederzugewinnen; und doch liefs sich nicht absehen, wie man zu
Kriegsschiffen gelangen konnte. Schon im Winter 667/8 hatte Sulla   87 6
einen seiner fähigsten und gewandtesten Offiziere, Lucius Licinius
Lucullus, in die östlichen Gewässer entsandt, um dort wo möglich
Schiffe aufzutreiben. Mit sechs offenen Böten, die er von den Rhodiern
und andern kleinen Gemeinden zusammengeborgt hatte, lief Lucullus

aus; einem Piratengeschwader, das die meisten seiner Böte aufbrachte,
entging er selbst nur durch einen Zufall; mit gewechselten Schiffen
den Feind täuschend gelangte er über Kreta und Kyrene nach Alexandreia; allein der aegyptische Hof schlug die Bitte um Unterstützung
mit Kriegsschiffen ebenso höflich wie entschieden ab. Kaum irgendwo
zeigt sich so deutlich wie hier der tiefe Verfall des römischen Staats,
der einst das Angebot der Könige von Aegypten mit ihrer ganzen Seemacht den Römern beizustehen dankbar abzulehnen vermocht hatte
und jetzt selbst den alexandrinischen Staatsmännern schon bankerott
erschien. Zu allem dem kam die finanzielle Bedrängnifs; schon hatte
Sulla die Schatzhäuser des olympischen Zeus, des delphischen Apollon,
des epidaurischen Asklepios leeren müssen, wofür die Götter entschädigt wurden durch die zur Strafe eingezogene Halbschied des
thebanischen Gebiets. Aber weit schlimmer als all diese militärische
und finanzielle Verlegenheit war der Rückschlag der politischen Umwälzung in Rom, deren rasche, durchgreifende, gewaltsame Vollendung
die ärgsten Befürchtungen weit hinter sich gelassen hatte. Die Revolution führte in der Hauptstadt das Regiment; Sulla war abgesetzt, das
asiatische Commando an seiner Stelle dem demokratischen Consul
Lucius Valerius Flaccus übertragen worden, den man täglich in Griechenland erwarten konnte. Zwar hatte die Soldatesca festgehalten an Sulla,
der alles that um sie bei guter Laune zn erhalten; aber was liefs sich
erwarten, wo Geld und Zufuhr ausblieben, wo der Feldherr abgesetzt
und geächtet, sein Nachfolger im Anmarsch war und zu allem diesem der
Krieg gegen den zähen seemächtigen Gegner aussichtslos sich hinspann!

Pontische
Armeen
nach Grie-
chenland.
König Mithradates übernahm es den Gegner aus seiner bedenklichen Lage zu befreien. Allem Anschein nach war er es, der das De-
fensivsystem seiner Generale mifsbilligte und ihnen Befehl schickte den
87 Feind fördersamst zu überwinden. Schon 667 war sein Sohn Ariarathes aus Makedonien aufgebrochen, um Sulla im eigentlichen Griechenland zu bekämpfen; nur der plötzliche Tod, der den Prinzen auf
dem Marsch am tisaeischen Vorgebirg in Thessalien ereilte, hatte die
Expedition damals rückgängig gemacht. Sein Nachfolger Taxiles er-
86 schien jetzt (668), das in Thessalien stehende römische Corps vor sich
hertreibend, mit einem Heer von angeblich 100000 Mann zu Fufs und
10000 Reitern an den Thermopylen. Mit ihm vereinigte sich Dromi-
Peiraeeus
geräumt. chaetes. Auch Archelaos räumte — es scheint weniger durch Sullas
Waffen gezwungen als durch Befehle seines Herrn — den Peiraeeus
erst theilweise, sodann ganz und stiefs in Boeotien zu der pontischen

Hauptarmee. Sulla, nachdem der Peiraeeus mit all seinen vielbe-
wunderten Bauwerken auf seinen Befehl zerstört worden war, folgte
der pontischen Armee, in der Hoffnung vor dem Eintreffen des Flaccus
eine Hauptschlacht liefern zu können. Vergeblich rieth Archelaos sich
hierauf nicht einzulassen, sondern die See und die Küsten besetzt und
den Feind hinzuhalten; wie einst unter Dareios und Antiochos, so
stürzten auch jetzt die Massen der Orientalen, wie geängstigte Thiere
in die Feuersbrunst, sich rasch und blindlings in den Kampf; und
thörichter als je war dies hier angewandt, wo die Asiaten vielleicht nur
einige Monate hätten warten dürfen, um bei einer Schlacht zwischen
Sulla und Flaccus die Zuschauer abzugeben. In der Ebene des Kephissos
unweit Chaeroneia im März 668 trafen die Heere auf einander. Selbst
mit Einschluß der aus Thessalien zurückgedrängten Abtheilung, der
es geglückt war ihre Verbindung mit der römischen Hauptarmee zu
bewerkstelligen, und mit Einschluß der griechischen Contingente fand
sich das römische Heer einem dreifach stärkeren Feind gegenüber und
namentlich einer weit überlegenen und bei der Beschaffenheit des
Schlachtfeldes sehr gefährlichen Reiterei, gegen die Sulla seine Flanken
durch verschanzte Gräben zu decken nöthig fand, so wie er in der
Fronte zum Schutz gegen die feindlichen Streitwagen zwischen seiner
ersten und zweiten Linie eine Pallisadenkette anbringen ließ. Als die
Streitwagen den Kampf zu eröffnen heranrollten, zog sich das erste
Treffen der Römer hinter diese Pfahlreihe zurück; die Wagen, an ihr
abprallend und gescheucht durch die römischen Schleuderer und
Schützen, warfen sich auf die eigene Linie und brachten Verwirrung
sowohl in die makedonische Phalanx wie in das Corps der italischen
Flüchtlinge. Archelaos zog eilig seine Reiterei von beiden Flanken
herbei und schickte sie dem Feinde entgegen, um Zeit zu gewinnen
sein Fußvolk wieder zu ordnen; sie griff mit großem Feuer an und
durchbrach die römischen Reihen; allein die römische Infanterie formirte
sich rasch in geschlossene Massen und hielt den von allen Seiten auf
sie anstürmenden Reitern muthig Stand. Inzwischen führte Sulla selbst
auf dem rechten Flügel seine Reiterei in die entblößte Flanke des
Feindes; die asiatische Infanterie wich, ohne eigentlich zum Schlagen
gekommen zu sein und ihr Weichen brachte Unruhe auch in die Reiter-
massen. Ein allgemeiner Angriff des römischen Fußvolks, das durch
die schwankende Haltung der feindlichen Reiter wieder Luft bekam,
entschied den Sieg. Die Schließung der Lagerthore, die Archelaos anordnete um die Flucht zu hemmen, bewirkte nur, daß das Blutbad um

Schlacht
von Chaero-
neia [44

so gröfser ward und als die Thore endlich sich aufthaten, die Römer mit den Asiaten zugleich eindrangen. Nicht den zwölften Mann soll Archelaos nach Chalkis gerettet haben. Sulla folgte ihm bis an den Euripos; den schmalen Meeresarm zu überschreiten war er nicht im

Geringe Folge des Sieges.

Stande. — Es war ein grofser Sieg, aber die Resultate waren geringfügig, theils wegen des Mangels einer Flotte, theils weil der römische Sieger sich genöthigt sah statt die Besiegten zu verfolgen zunächst vor seinen Landsleuten sich zu schützen. Die See war noch immer ausschliefslich bedeckt von den pontischen Geschwadern, die jetzt selbst westlich vom malischen Vorgebirge sich zeigten; noch nach der Schlacht von Chaeroneia setzte Archelaos auf Zakynthos Truppen ans Land und

Sulla und Flaccus.

machte einen Versuch auf dieser Insel sich festzusetzen. Ferner war inzwischen in der That Lucius Flaccus mit zwei Legionen in Epeiros gelandet, nicht ohne unterwegs durch Stürme und durch die im adriatischen Meer kreuzenden feindlichen Kriegsschiffe starken Verlust erlitten zu haben; bereits standen seine Truppen in Thessalien; dorthin zunächst mufste Sulla sich wenden. Bei Melitaea am nördlichen Abhang des Othrysgebirges lagerten beide römischen Heere sich gegenüber; ein Zusammenstofs schien unvermeidlich. Indefs Flaccus, nachdem er Gelegenheit gehabt hatte sich zu überzeugen, dafs Sullas Soldaten keineswegs geneigt waren ihren siegreichen Führer an den gänzlich unbekannten demokratischen Oberfeldherrn zu verrathen, dafs vielmehr seine eigene Vorhut anfing in das sullanische Lager zu desertiren, wich dem Kampfe aus, dem er in keiner Hinsicht gewachsen war, und brach auf gegen Norden, um durch Makedonien und Thrakien nach Asien zu gelangen und dort durch Ueberwältigung Mithradats sich den Weg zu weiteren Erfolgen zu bahnen. Dafs Sulla den schwächeren Gegner ungehindert abziehen liefs und statt ihm zu folgen,

86/8

vielmehr zurück nach Athen ging, wo er den Winter 608/9 verweilt zu haben scheint, ist militärisch betrachtet auffallend; vielleicht darf man annehmen, dafs auch hier politische Beweggründe ihn leiteten und er gemäfsigt und patriotisch genug dachte, um wenigstens so lange, als man noch mit den Asiaten zu thun hatte, gern einen Sieg über die Landsleute zu vermeiden und die erträglichste Lösung der leidigen Verwickelung darin zu finden, wenn die Revolutionsarmee in Asien, die der Oligarchie in Europa mit dem gemeinschaftlichen Feinde stritt. —

85

Zweite pontische Armee nach Griechenland.

Mit dem Frühling 669 gab es auch in Europa wieder neue Arbeit. Mithradates, der in Kleinasien seine Rüstungen unermüdlich fortsetzte, hatte eine der bei Chaeroneia aufgeriebenen an Zahl nicht viel nach-

stehende Armee unter Dorylaos nach Euboea gesandt; von dort war
dieselbe in Verbindung mit den Ueberbleibseln der Armee des Archelaos
über den Euripos nach Boeotien gegangen. Der pontische König, der in
den Siegen über die bithynische und die kappadokische Miliz den Maſs-
stab fand für die Leistungsfähigkeit seiner Armee, begriff die ungünstige
Wendung nicht, die die Dinge in Europa nahmen; schon flüsterten die
Kreise der Höflinge von Verrath des Archelaos; peremptorischer Befehl
war gegeben mit der neuen Armee sofort eine zweite Schlacht zu liefern
und nun unfehlbar die Römer zu vernichten. Der Wille des Herrn
geschah, wo nicht im Siegen, doch wenigstens im Schlagen. Abermals
in der Kephissosebene, bei Orchomenos begegneten sich die Römer
und die Asiaten. Die zahlreiche und vortreffliche Reiterei der letzteren
warf sich ungestüm auf das römische Fuſsvolk, das zu schwanken und
zu weichen begann; die Gefahr ward so dringend, daſs Sulla ein Feldzeichen ergriff und mit seinen Adjutanten und Ordonnanzen gegen den
Feind vorgehend mit lauter Stimme den Soldaten zurief, wenn man
daheim sie frage, wo sie ihren Feldherrn im Stich gelassen hätten, so
möchten sie antworten: bei Orchomenos. Dies wirkte; die Legionen
standen wieder und überwältigten die feindlichen Reiter, worauf auch
die Infanterie mit leichter Mühe geworfen ward. Am folgenden Tage
wurde das Lager der Asiaten umstellt und erstürmt; der weitaus gröſste
Theil derselben fiel oder kam in den kopaischen Sümpfen um; nur
wenige, unter ihnen Archelaos, gelangten nach Euboea. Die boeotischen
Gemeinden hatten den abermaligen Abfall von Rom schwer, zum Theil
bis zur Vernichtung zu büſsen. Dem Einmarsch in Makedonien und
Thrakien stand nichts im Wege: Philippi ward besetzt, Abdera von
der pontischen Besatzung freiwillig geräumt, überhaupt das euro-
päische Festland von den Feinden gesäubert. Am Ende des dritten
Kriegsjahres (669) konnte Sulla Winterquartiere in Thessalien beziehen, 85
um im Frühjahr 670*) den asiatischen Feldzug zu beginnen, zu 84
welchem Ende er Befehl gab in den thessalischen Häfen Schiffe zu bauen.

Inzwischen hatten auch die kleinasiatischen Verhältnisse sich
wesentlich geändert. Wenn König Mithradates einst aufgetreten war
als der Befreier der Hellenen, wenn er mit Förderung der städtischen

Schlacht
bei Orcho-
menos.

Reaction in
Kleinasien
gegen
Mithradates.

*) Die Chronologie dieser Ereignisse liegt wie alle Einzelheiten überhaupt
in einem Dunkel, daſs die Forschung höchstens bis zur Dämmerung zu zerstreuen vermag. Daſs die Schlacht von Chaeroneia wenn auch nicht an demselben Tage wie die Erstürmung von Athen (Pausan. 1, 20), doch bald nachher, etwa im März 668 stattfand, ist ziemlich sicher. Daſs die darauf folgende 86

Unabhängigkeit und mit Steuererlassen seine Herrschaft eingeleitet
hatte, so war auf diesem kurzen Taumel nur zu rasch und nur zu bitter
die Enttäuschung gefolgt. Sehr bald war er in seinem wahren Charakter hervorgetreten und hatte eine die Tyrannei der römischen Vögte
weit überbietende Zwingherrschaft zu üben begonnen, die sogar die
geduldigen Kleinasiaten zu offener Auflehnung trieb. Der Sultan griff
dagegen wieder zu den gewaltsamsten Mitteln. Seine Verordnungen
verliehen den zugewandten Ortschaften die Selbstständigkeit, den In-
sassen das Bürgerrecht, den Schuldnern vollen Schuldenerlafs, den
Besitzlosen Aecker, den Sklaven die Freiheit; an 15000 solcher frei-
gelassener Sklaven fochten im Heer des Archelaos. Die fürchterlichsten Scenen waren die Folge dieser von oben herab erfolgenden Umwälzung aller bestehenden Ordnung. Die ansehnlichsten Kaufstädte,
Smyrna, Kolophon, Ephesos, Tralleis, Sardeis schlossen den Vögten
des Königs die Thore oder brachten sie um und erklärten sich für
Rom *). Dagegen liefs der königliche Vogt Diodoros, ein namhafter
Philosoph wie Aristion, von anderer Schule, aber gleich brauchbar zur
schlimmsten Herrendienerei, im Auftrag seines Herrn den gesammten
Stadtrath von Adramytion niedermachen. Die Chier, die der Hin-
neigung zu Rom verdächtig schienen, wurden zunächst um 2000 Talente
(3150000 Thaler) gebüfst und da die Zahlung nicht richtig befunden
wurde, in Masse auf Schiffe gesetzt und gebunden unter Aufsicht ihrer
eigenen Sklaven an die kolchische Küste deportirt, während ihre Insel
mit pontischen Colonisten besetzt ward. Die Häuptlinge der kleinasiatischen Kelten befahl der König sämmtlich an einem Tage mit ihren
Weibern und Kindern umzubringen und Galatien in eine pontische
Satrapie zu verwandeln. Die meisten dieser Blutbefehle wurden auch

---

thessalische und die zweite borotische Campagne nicht blofs den Rest des
J. 668, sondern auch das ganze J. 669 in Anspruch nahmen, ist an sich wahr-
scheinlich und wird es noch mehr dadurch, dafs Sullas Unternehmungen in
Asien nicht genügen um mehr als einen Feldzug auszufüllen. Auch scheint
Licinianus anzudeuten, dafs Sulla für den Winter 668.9 wieder nach Athen
zurückging und hier die Untersuchungen und Bestrafungen vornahm; worauf
dann die Schlacht von Orchomenos erzählt wird. Darum ist der Uebergang
Sullas nach Asien nicht 669, sondern 670 gesetzt worden.

    *) Es ist kürzlich (Waddington Zusätze zu Lebas *inscr.* 3, 136 a) der des-
fällige Beschlufs der Bürgerschaft von Ephesos aufgefunden worden. Sie seien,
erklären die Bürger, in die Gewalt des ‚Königs von Kappadokien‘ Mithradates
gerathen, erschreckt durch die Masse seiner Streitkräfte und die Plötzlichkeit
seines Angriffs; wie aber die Gelegenheit dazu sich darbiete, erklärten sie ‚für
die Herrschaft (ἡγεμονία) der Römer und die gemeine Freiheit‘ ihm den Krieg.

entweder an Mithradates eigenem Hoflager oder im galatischen Lande
vollstreckt, allein die wenigen Entronnenen stellten sich an die Spitze
ihrer kräftigen Stämme und schlugen den Statthalter des Königs,
Eumachos, aus ihren Grenzen hinaus. Dafs diesen König die Dolche
der Mörder verfolgten, ist begreiflich; sechzehnhundert Menschen
wurden als in solche Complotte verwickelt von den königlichen Unter-
suchungsgerichten zum Tode verurtheilt. — Wenn also der König durch
dies selbstmörderische Wüthen seine derzeitigen Unterthanen gegen
sich unter die Waffen rief, so begannen gleichzeitig die Römer auch
in Asien ihn zur See und zu Lande zu drängen.   Lucullus hatte, nachdem der Versuch die aegyptische Flotte gegen Mithradates vorzuführen
gescheitert war, sein Bemühen sich Kriegsschiffe zu verschaffen in den
syrischen Seestädten mit besserem Erfolg wiederholt und seine werdende
Flotte in den kyprischen, pamphylischen und rhodischen Häfen verstärkt, bis er sich stark genug fand zum Angriff überzugehen. Gewandt
vermied er es mit überlegenen Streitkräften sich zu messen und errang
dennoch nicht unbedeutende Erfolge.   Die knidische Insel und Halbinsel wurden von ihm besetzt, Samos angegriffen, Kolophon und Chios
den Feinden entrissen. — Inzwischen war auch Flaccus mit seiner
Armee durch Makedonien und Thrakien nach Byzantion und von dort,
die Meerenge passirend, nach Kalchedon gelangt (Ende 668).   Hier
brach gegen den Feldherrn eine Militärinsurrection aus, angeblich weil
er den Soldaten die Beute unterschlug; die Seele derselben war einer
der höchsten Offiziere des Heeres, ein Mann, dessen Name in Rom
sprichwörtlich geworden war für den rechten Pöbelredner, Gaius Flavius
Fimbria, welcher, nachdem er mit seinem Oberfeldherrn sich entzweit
hatte, das auf dem Markt begonnene Demagogengeschäft ins Lager übertrug. Flaccus ward von dem Heer abgesetzt und bald nachher in Niko-
medeia unweit Kalchedon getödtet; an seine Stelle trat nach Beschlufs
der Soldaten Fimbria.   Es versteht sich, dafs er seinen Leuten alles
nachsah: in dem befreundeten Kyzikos zum Beispiel ward der Bürgerschaft befohlen ihre gesammte Habe an die Soldaten bei Todesstrafe
auszuliefern und zum warnenden Exempel zwei der angesehensten
Bürger sogleich vorläufig hingerichtet.   Allein militärisch war der
Wechsel des Oberbefehls dennoch ein Gewinn; Fimbria war nicht wie
Flaccus ein unfähiger General, sondern energisch und talentvoll.   Bei
Miletopolis (am Rhyndakos westlich von Brussa) schlug er den jüngern
Mithradates, der als Statthalter der pontischen Satrapie ihm entgegen
gezogen war, vollständig in einem nächtlichen Ueberfall und öffnete

Lucullus mit
der Flotte
an der asia-
tischen
Kaste.

Flaccus
nach Asien.

Fimbria.

Fimbrias
Sieg bei Mi-
letopolis.

sich durch diesen Sieg den Weg nach der Hauptstadt sonst der römischen Provinz, jetzt des pontischen Königs Pergamon, von wo er
den König vertrieb und ihn zwang sich nach dem wenig entfernten
Hafen Pitane zu retten, um dort sich einzuschiffen.   Eben jetzt erschien Lucullus mit seiner Flotte in diesen Gewässern; Fimbria beschwor ihn durch seinen Beistand ihm die Gefangennehmung des Königs
möglich zu machen.   Aber der Optimat war mächtiger in Lucullus als
der Patriot; er segelte weiter und der König entkam nach Mytilene.

Mithra- [88
date be-
drohte Lage. Auch so war Mithradates Lage bedrängt genug.   Am Ende des J. 669
war Europa verloren, Kleinasien gegen ihn theils im Aufstand begriffen,
theils von einem römischen Heer eingenommen und er selbst von diesem
in unmittelbarer Nähe bedroht.   Die römische Flotte unter Lucullus hatte
an der Küste der troischen Landschaft in zwei glücklichen Seegefechten
am Vorgebirg Lekton und bei der Insel Tenedos ihre Stellung behauptet;
sie zog daselbst die inzwischen nach Sullas Anordnung in Thessalien
erbauten Schiffe an sich und verbürgte in ihrer den Hellespont beherrschenden Stellung dem Feldherrn der römischen Senatsarmee für das
nächste Frühjahr den sicheren und bequemen Uebergang nach Asien.

Friedens-
verhandlun-
gen. Mithradates versuchte zu unterhandeln.   Unter anderen Verhältnissen zwar hätte der Urheber des ephesischen Mordedicts nie und
nimmermehr hoffen dürfen zum Frieden mit Rom gelassen zu werden;
allein bei den inneren Convulsionen der römischen Republik, wo die
herrschende Regierung den gegen Mithradates ausgesandten Feldherrn
in die Acht erklärt hatte und daheim gegen seine Parteigenossen in der
grauenhaftesten Weise wüthete, wo ein römischer General gegen den
andern und doch wieder beide gegen denselben Feind standen, hoffte
er nicht bloß einen Frieden, sondern einen günstigen Frieden erlangen
zu können.   Er hatte die Wahl sich an Sulla oder an Fimbria zu
wenden; mit beiden ließ er unterhandeln, doch scheint seine Absicht
von Haus aus gewesen zu sein mit Sulla abzuschließen, der wenigstens
in dem Horizont des Königs als seinem Nebenbuhler entschieden überlegen erschien.   Sein Feldherr Archelaos forderte nach Anweisung
seines Herrn Sulla auf Asien an den König abzutreten und dafür die
Hülfe desselben gegen die demokratische Partei in Rom zu gewärtigen.
Aber Sulla, kühl und klar wie immer, wünschte zwar wegen der Lage
der Dinge in Italien dringend die schleunige Erledigung der asiatischen
Angelegenheiten, schlug aber die Vortheile der kappadokischen Allianz
für den ihm in Italien bevorstehenden Krieg sehr niedrig an und war
überhaupt viel zu sehr Römer, um in eine so entehrende und so nach-

theilige Abtretung zu willigen. In den Friedensconferenzen, die im Praelimi-
narien von
85/4] Delion. Winter 669/70 zu Delion an der boeotischen Küste Euboea gegenüber stattfanden, weigerte er sich bestimmt auch nur einen Fufsbreit Landes abzutreten, ging aber, der alten römischen Sitte die vor dem Kampfe erhobenen Forderungen nach dem Siege nicht zu steigern aus gutem Grunde getreu, über die früher gestellten Bedingungen nicht hinaus. Er forderte die Rückgabe aller von dem König gemachten und ihm noch nicht wieder entrissenen Eroberungen, Kappadokiens, Paphlagoniens, Galatiens, Bithyniens, Kleinasiens und der Inseln, die Auslieferung der Gefangenen und Ueberläufer, die Uebergabe der achtzig Kriegsschiffe des Archelaos zur Verstärkung der immer noch geringen römischen Flotte, endlich Sold und Verpflegung für das Heer und Ersatz der Kriegskosten mit der sehr mäfsigen Summe von 3000 Talenten (4¼ Mill. Thlr.). Die nach dem schwarzen Meer weggeführten Chier sollten heimgesandt, den römisch gesinnten Makedoniern ihre weggeführten Familien zurückgegeben, den mit Rom verbündeten Städten eine Anzahl Kriegsschiffe zugestellt werden. Von Tigranes, der streng genommen gleichfalls mit in den Frieden hätte eingeschlossen werden sollen, schwieg man auf beiden Seiten, da an den endlosen Weiterungen, die seine Beiziehung machen mufste, keinem der contrahirenden Theile gelegen war. Der Besitzstand also, den der König vor dem Kriege gehabt hatte, blieb ihm und es ward ihm keine ehrenkränkende Demüthigung angesonnen*). Archelaos, deutlich erkennend, dafs verhältnifsmäfsig unerwartet viel erreicht und mehr nicht zu erreichen sei, schlofs auf diese Bedingungen die Präliminarien und den Waffenstillstand ab und zog die Truppen aus den Plätzen heraus, die die Asiaten noch in Europa inne hatten. Allein Mithradates verwarf den Frieden und begehrte wenigstens, dafs Neue
Schwierig-
keiten. die Römer auf die Auslieferung der Kriegsschiffe verzichten und ihm Paphlagonien einräumen möchten; indem er zugleich geltend machte, dafs Fimbria ihm weit günstigere Bedingungen zu gewähren bereit sei. Sulla, beleidigt durch dies Gleichstellen seiner Anerbietungen mit denen eines amtlosen Abenteurers und bei dem äufsersten Mafs der Nachgiebigkeit bereits angelangt, brach die Unterhandlungen ab. Er

---

*) Die Angabe, dafs Mithradates den Städten, die seine Partei ergriffen hatten, im Frieden Straflosigkeit ausbedungen habe (Memnon 35), erscheint schon nach dem Charakter des Siegers wie des Besiegten wenig glaublich und fehlt auch bei Appian wie bei Licinianus. Die schriftliche Abfassung des Friedensvertrages ward versäumt, was später zu vielen Entstellungen benutzt ward.

hatte die Zwischenzeit benutzt, um Makedonien wieder zu ordnen und die Dardaner, Sinter, Maeder zu züchtigen, wobei er zugleich seinem Heer Beute verschaffte und sich Asien näherte; denn dahin zu gehen war er auf jeden Fall entschlossen, um mit Fimbria abzurechnen. Nun setzte er sofort seine in Thrakien stehenden Legionen so wie seine Flotte in Bewegung nach dem Hellespont. Da endlich gelang es Archelaos seinem eigensinnigen Herrn die widerstrebende Einwilligung zu dem Tractat zu entreifsen; wofür er später am königlichen Hofe als der Urheber des nachtheiligen Friedens scheel angesehen, ja des Verraths bezichtigt ward, so dafs einige Zeit nachher er sich genöthigt sah das Land zu räumen und zu den Römern zu flüchten, die ihn bereitwillig aufnahmen und mit Ehren überhäuften. Auch die römischen Soldaten murrten; dafs die gehoffte asiatische Kriegsbeute ihnen entging, mochte dazu freilich mehr beitragen als der an sich wohl gerechtfertigte Unwille, dafs man den Barbarenfürsten, der achtzigtausend ihrer Landsleute ermordet und über Italien und Asien unsägliches Elend gebracht hatte, mit dem gröfsten Theil der in Asien zusammengeplünderten Schätze ungestraft abziehen liefs in seine Heimath. Sulla selbst mag es schmerzlich empfunden haben, dafs die politischen Verwickelungen seine militärisch so einfache Aufgabe in peinlichster Weise durchkreuzten und ihn zwangen nach solchen Siegen sich mit einem solchen Frieden zu begnügen. Indefs zeigt sich die Selbstverleugnung und die Einsicht, mit der er diesen ganzen Krieg geführt hat, nur aufs Neue in diesem Friedensschlufs; denn der Krieg gegen einen Fürsten, dem fast die ganze Küste des schwarzen Meeres gehorchte und dessen Starrsinn noch die letzten Verhandlungen deutlich offenbarten, nahm selbst im günstigsten Fall Jahre in Anspruch, und die Lage Italiens war von der Art, dafs es fast schon für Sulla zu spät schien um mit den wenigen Legionen, die er besafs, der dort regierenden Partei entgegenzutreten*). Indefs bevor dies geschehen konnte, war es schlech-

---

*) Auch die armenische Tradition kennt den ersten mithradatischen Krieg. König Ardasches von Armenien, berichtet Moses von Khorene, begnügte sich nicht 'mit dem zweiten Rang, der ihm im persischen (parthischen) Reich von Rechts wegen zukam, sondern zwang den Partherkönig Arschagan, ihm die höchste Gewalt abzutreten, worauf er in Persien sich einen Palast bauen und daselbst Münzen mit eigenem Bildnifs schlagen liefs und den Arschagan zum Unterkönig Persiens, seinen Sohn Dicran (Tigranes) zum Unterkönig Armeniens bestellte, seine Tochter Ardaschama aber vermählte mit dem Grofsfürsten der Iberer Mihrdates (Mithradates), der von dem Mihrdates, Satrapen des Darsios und Statthalter Alexanders über die besiegten Iberer, abstammte und in den

terdings nothwendig den kecken Offizier niederzuwerfen, der in Asien an der Spitze der demokratischen Armee stand, damit derselbe nicht, wie Sulla jetzt von Asien aus die italische Revolution zu unterdrücken hoffte, so dereinst ebenfalls von Asien aus derselben zu Hülfe komme. Bei Kypsela am Hebros erreichte Sulla die Nachricht von der Ratification des Friedens durch Mithradates; allein der Marsch nach Asien ging weiter. Der König, hiefs es, wünsche persönlich mit dem römischen Feldherrn zusammenzutreffen und den Frieden mit ihm zu vereinbaren; vermuthlich war dies nichts als ein schicklicher Vorwand um das Heer nach Asien überzuführen und dort mit Fimbria ein Ende zu machen. So überschritt Sulla, begleitet von seinen Legionen und von Archelaos, den Hellespont; nachdem er am asiatischen Ufer desselben in Dardanos mit Mithradates zusammengetroffen war und mündlich den Vertrag abgeschlossen hatte, liefs er den Marsch fortsetzen, bis er bei Thyateira unweit Pergamon auf das Lager des Fimbria traf. Hart an demselben schlug er das seinige auf. Die sullanischen Sol-

Friede zu Dardanos

Sulla gegen Fimbria.

nördlichen Bergen so wie über das schwarze Meer befahl. Ardasches nahm darauf den König der Lydier Kroesus gefangen, unterwarf das Festland zwischen den beiden grofsen Meeren (Kleinasien) und ging über das Meer mit unzähligen Schiffen, um den Westen zu bezwingen. Da in Rom damals Anarchie war, fand er nirgends ernstlichen Widerstand, aber seine Soldaten brachten einander um und Ardasches fiel von der Hand seiner Leute. Nach Ardasches Tode rückte sein Nachfolger Dicran gegen die Armee der Griechen (d. i. der Römer), die jetzt ihrerseits in das armenische Land eindrangen; er setzte ihrem Vordringen ein Ziel, übergab seinem Schwager Mithradates die Verwaltung von Madschag (Mazaka in Kappadokien) und des Binnenlandes nebst einer ansehnlichen Streitmacht und kehrte zurück nach Armenien. Viele Jahre später zeigte man noch in den armenischen Städten Statuen griechischer Götter von bekannten Meistern, Siegeszeichen aus diesem Feldzug. — Man erkennt hier verschiedene Thatsachen des ersten mithradatischen Kriegs ohne Mühe wieder, aber die ganze Erzählung ist augenscheinlich durcheinandergeworfen, mit fremdartigen Zusätzen ausgestattet und namentlich durch patriotische Fälschung auf Armenien übertragen. Ganz ebenso wird später der Sieg über Crassus den Armeniern beigelegt. Diese orientalischen Nachrichten sind mit um so gröfserer Vorsicht aufzunehmen, als sie keineswegs reine Volkssage sind, sondern theils die Nachrichten des Josephos, Eusebios und andrer den Christen des fünften Jahrhunderts geläufiger Quellen darin mit den armenischen Traditionen verschmolzen, theils auch die historischen Romane der Griechen und ohne Frage auch die eigenen patriotischen Phantasien des Moses dafür ansehnlich in Contribution gesetzt sind. So schlecht unsere occidentalische Ueberlieferung an sich ist, so kann die Zuziehung der orientalischen in diesem und in ähnlichen Fällen, wie zum Beispiel der unkritische Saint-Martin sie versucht hat, doch nur dahin führen sie noch stärker zu trüben.

daten, an Zahl, Zucht, Führung und Tüchtigkeit den Fimbrianern weit
überlegen, sahen mit Verachtung auf die verzagten und demoralisirten
Haufen und deren unberufenen Oberfeldherrn. Die Desertionen unter
den Fimbrianern wurden immer zahlreicher. Als Fimbria anzugreifen
befahl, weigerten die Soldaten sich gegen ihre Mitbürger zu fechten, ja
sogar den geforderten Eid, treulich im Kampf zusammenzustehen, in
seine Hände abzulegen. Ein Mordversuch auf Sulla schlug fehl; zu
der von Fimbria erbetenen Zusammenkunft erschien Sulla nicht, sondern begnügte sich ihm durch einen seiner Offiziere eine Aussicht auf

Fimbrias
Tod

persönliche Rettung zu eröffnen. Fimbria war eine frevelhafte Natur,
aber keine Memme; statt das von Sulla ihm angebotene Schiff anzunehmen und zu den Barbaren zu fliehen, ging er nach Pergamon und
fiel im Tempel des Asklepios in sein eigenes Schwert. Die Compro-
mittirtesten aus seinem Heer begaben sich zu Mithradates oder zu den
Piraten, wo sie bereitwillige Aufnahme fanden; die Masse stellte sich

Ordnung der
asiatischen
Angelegen-
heiten.

unter die Befehle Sullas. — Sulla beschloß diese beiden Legionen,
denen er für den bevorstehenden Krieg doch nicht traute, in Asien
zurückzulassen, wo die entsetzliche Krise noch lange in den einzelnen
Städten und Landschaften nachzitterte. Das Commando über dieses
Corps und die Statthalterschaft im römischen Asien übergab er seinem
besten Offizier Lucius Licinius Murena. Die revolutionären Maßregeln Mithradats, wie die Befreiung der Sklaven und die Cassation
der Forderungen, wurden natürlich aufgehoben; eine Restauration, die
freilich an vielen Orten nicht ohne Waffengewalt durchgesetzt werden
konnte. Die Städte des östlichen Grenzgebiets unterlagen einer durch-
greifenden Reorganisation und rechneten seit dem J. 670 als dem ihrer
Constituirung. Es ward ferner Gerechtigkeit geübt, wie die Sieger sie
verstanden. Die namhaftesten Anhänger Mithradats und die Urheber der
an den Italikern verübten Mordthaten traf die Todesstrafe. Die Steuerpflichtigen mußten die sämmtlichen von den letzten fünf Jahren her
rückständigen Zehnten und Zölle sofort nach Abschätzung baar erlegen; außerdem hatten sie eine Kriegsentschädigung von 20000 Talenten (32 Mill. Thlr.) zu entrichten, zu deren Eintreibung Lucius
Lucullus zurückblieb. Es waren dies Maßregeln von furchtbarer
Strenge und schrecklichen Folgen; wenn man sich indeß des ephesischen Decrets und seiner Execution erinnert, so fühlt man sich geneigt dieselben als eine verhältnißmäßig noch gelinde Vergeltung zu
betrachten. Daß die sonstigen Erpressungen nicht ungewöhnlich
drückend waren, beweist der Betrag der später im Triumph aufge-

führten Beute, der an edlem Metall sich nur auf etwa 8 Mill. Thaler belief. Die wenigen treugebliebenen Gemeinden dagegen, namentlich die Insel Rhodos, die lykische Landschaft, Magnesia am Maeander wurden reich belohnt; Rhodos erhielt wenigstens einen Theil der nach dem Kriege gegen Perseus ihm entzogenen (I, 776) Besitzungen zurück. Desgleichen wurden die Chier für die ausgestandene Noth, die Ilienser für die wahnsinnig grausame Mifshandlung, die ihnen Fimbria wegen der mit Sulla angeknüpften Verhandlungen zugefügt hatte, nach Möglichkeit durch Freibriefe und Vergünstigungen entschädigt. Die Könige von Bithynien und Kappadokien hatte Sulla schon in Dardanos mit dem pontischen König zusammengeführt und sie alle Frieden und gute Nachbarschaft geloben lassen; wobei freilich der stolze Mithradates sich geweigert hatte den nicht von königlichem Blute stammenden Ariobarzanes, den Sklaven, wie er ihn nannte, persönlich vor sich zu lassen. Gaius Scribonius Curio ward beauftragt in den beiden von Mithradates geräumten Reichen die Wiederherstellung der gesetzlichen Zustände zu überwachen. -- So war man am Ziel. Nach vier Kriegsjahren war der pontische König wieder ein Client der Römer und in Griechenland, Makedonien und Kleinasien ein einheitliches und geordnetes Regiment wiederhergestellt; die Gebote des Vortheils und der Ehre waren, wo nicht zur Genüge, doch zur Nothdurft befriedigt. Sulla hatte nicht bloſs als Soldat und Feldherr glänzend sich hervorgethan, sondern die schwere Mittelstraſse zwischen kühnem Ausharren und klugem Nachgeben auf seinem von tausendfachen Hindernissen durchkreuzten Gange einzuhalten verstanden. Fast wie Hannibal hatte er gekriegt und gesiegt, um mit den Streitkräften, die der erste Sieg ihm gab, alsbald zu einem zweiten und schwereren Kampfe sich zu schicken. Nachdem er seine Soldaten durch die üppigen Winterquartiere in dem reichen Vorderasien einigermaſsen für ihre ausgestandenen Strapazen entschädigt hatte, ging er im Frühjahr 671 auf 1600 Schiffen von Ephesos nach dem Peiraeeus und von da auf dem Landweg nach Patrae, wo die Schiffe wiederum bereit standen, um die Truppen nach Brundisium zu führen. Ihm vorauf ging ein Bericht an den Senat über seine Feldzüge in Griechenland und Asien, dessen Schreiber von seiner Absetzung nichts zu wissen schien; es war die stumme Ankündigung der bevorstehenden Restauration.

Sulla schifft sich nach Italien ein.

63

KAPITEL IX.

CINNA UND SULLA.

Die gespannten und unklaren Verhältnisse, in denen Sulla bei
seiner Abfahrt nach Griechenland im Anfang des Jahres 667 Italien
zurückließ, sind früher dargelegt worden: die halb erstickte Insurrection, die Hauptarmee unter dem mehr als halb usurpirten Commando eines politisch sehr zweideutigen Generals, die Verwirrung und
die vielfach thätige Intrigue in der Hauptstadt. Der Sieg der Oligarchie
durch Waffengewalt hatte trotz oder wegen seiner Mäßigung viel-
fältige Mißvergnügte gemacht. Die Capitalisten, von den Schlägen der
schwersten Finanzkrise, die Rom noch erlebt hatte, schmerzlich getroffen, grollten der Regierung wegen des Zinsgesetzes, das sie erlassen, und wegen des italischen und des asiatischen Krieges, die sie
nicht verhütet hatte. Die Insurgenten, so weit sie die Waffen niedergelegt, beklagten nicht bloß den Verlust ihrer stolzen Hoffnungen auf
Erlangung gleicher Rechte mit der herrschenden Bürgerschaft, sondern
auch den ihrer althergebrachten Verträge und ihre neue völlig rechtlose
Unterthanenstellung. Die Gemeinden zwischen Alpen und Po waren
ebenfalls unzufrieden mit den ihnen gemachten halben Zugeständnissen
und die Neubürger und Freigelassenen erbittert durch die Cassation
der sulpicischen Gesetze. Der Stadtpöbel litt unter der allgemeinen
Bedrängniß und fand es unerlaubt, daß das Säbelregiment sich die
verfassungsmäßige Knittelherrschaft nicht ferner hatte wollen gefallen
lassen. Der hauptstädtische Anhang der nach der sulpicischen Umwälzung Geächteten, der in Folge der ungemeinen Mäßigung Sullas
sehr zahlreich geblieben war, arbeitete eifrig daran diesen die Er-
laubniß zur Rückkehr zu erwirken; namentlich einige reiche und

angesehene Frauen sparten für diesen Zweck keine Mühe und kein
Geld. Keine dieser Verstimmungen war eigentlich von der Art, dafs
sie einen neuen gewaltsamen Zusammenstofs der Parteien in nahe
Aussicht stellte; gröfstentheils waren sie zielloser und vorübergehender
Art; aber sie alle nährten das allgemeine Mifsbehagen und hatten schon
mehr oder minder mitgewirkt bei der Ermordung des Rufus, den
wiederholten Mordversuchen gegen Sulla, dem zum Theil oppositionellen Ausfall der Consul- und Tribunenwahlen für 667. Der Name 87] Cinna
des Mannes, den die Mifsvergnügten an die Spitze des Staats berufen
hatten, des Lucius Cornelius Cinna, war bis dahin kaum genannt worden, aufser insofern er als Offizier im Bundesgenossenkrieg sich gut geschlagen hatte; über die Persönlichkeit desselben und seine ursprünglichen Absichten sind wir weniger unterrichtet als über die irgend
eines anderen Parteiführers in der römischen Revolution. Die Ursache
ist allem Anschein nach keine andere als dafs dieser ganz gemeine
und durch den niedrigsten Egoismus geleitete Gesell weiter gehende
politische Plane von Haus aus gar nicht gehabt hat. Es ward gleich
bei seinem Auftreten behauptet, dafs er gegen ein tüchtiges Stück Geld
sich den Neubürgern und der Coterie des Marius verkauft habe, und
die Beschuldigung sieht sehr glaublich aus: wäre sie aber auch falsch,
so bleibt es nichts desto weniger charakteristisch, dafs ein derartiger
Verdacht, wie er nie gegen Saturninus und Sulpicius geäufsert worden
war, an Cinna haftete. In der That hat die Bewegung, an deren Spitze
er sich stellte, ganz den Anschein der Geringhaltigkeit sowohl der Beweggründe wie der Ziele. Sie ging nicht so sehr von einer Partei aus
als von einer Anzahl Mifsvergnügter ohne eigentlich politische Zwecke
und nennenswerthen Rückhalt, die hauptsächlich die Rückberufung
der Verbannten in gesetzlicher oder ungesetzlicher Weise durchzusetzen sich vorgenommen hatte. Cinna scheint in die Verschwörung
nur nachträglich und nur defshalb hineingezogen zu sein, weil die
Intrigue, die in Folge der Beschränkung der tribunicischen Gewalt zur
Vorbringung ihrer Anträge einen Consul brauchte, unter den Consular-
candidaten für 667 in ihm das geeignetste Werkzeug ersah und dann 87
ihn als den Consul vorschob. Unter den in zweiter Linie erscheinenden Leitern der Bewegung fanden sich einige fähigere Köpfe, so der
Volkstribun Gnaeus Papirius Carbo, der durch seine stürmische Volks- Carbo
beredsamkeit sich einen Namen gemacht hatte, und vor allem Quintus
Sertorius, einer der talentvollsten römischen Offiziere und in jeder Sertorius.
Hinsicht ein vorzüglicher Mann, welcher seit seiner Bewerbung um

das Volkstribunat mit Sulla persönlich verfeindet und durch diesen Hader in die Reihen der Mifsvergnügten geführt worden war, wohin er seiner Art nach keineswegs gehörte. Der Proconsul Strabo, obwohl mit der Regierung gespannt, war dennoch weit entfernt mit dieser Fraction sich einzulassen. — So lange Sulla in Italien stand, hielten die Verbündeten aus guten Gründen sich still. Als indefs der gefürchtete Proconsul, nicht den Mahnungen des Consuls Cinna, sondern dem dringenden Stand der Dinge im Osten nachgebend, sich eingeschifft hatte, legte Cinna, unterstützt von der Majorität des Tribunencollegiums, sofort die Gesetzentwürfe vor, wodurch man übereingekommen war gegen die sullanische Restauration von 666 theilweise zu reagiren; sie enthielten die politische Gleichstellung der Neubürger und der Freigelassenen, wie Sulpicius sie beantragt hatte, und die Wiedereinsetzung der in Folge der sulpicischen Revolution Geächteten in den vorigen Stand. In Masse strömten die Neubürger nach der Hauptstadt, um dort mit den Freigelassenen zugleich die Gegner einzuschüchtern und nöthigenfalls zu zwingen. Aber auch die Regierungspartei war entschlossen nicht zu weichen; es stand Consul gegen Consul, Gnaeus Octavius gegen Lucius Cinna, und Tribun gegen Tribun; beiderseits erschien man am Tage der Abstimmung grofsentheils bewaffnet auf dem Stimmplatz. Die Tribune von der Senatspartei legten Intercession ein; als gegen sie auf der Rednerbühne selbst die Schwerter gezückt wurden, brauchte Octavius gegen die Gewaltthäter Gewalt. Seine geschlossenen Haufen bewaffneter Männer säuberten nicht blofs die heilige Strafse und den Marktplatz, sondern wütheten auch, der Befehle ihres milder gesinnten Führers nicht achtend, in grauenhafter Weise gegen die versammelten Massen. Der Marktplatz schwamm in Blut an diesem ,Octaviustag', wie niemals vor oder nachher — auf zehntausend schätzte man die Zahl der Leichen. Cinna rief die Sklaven auf sich durch Theilnahme an dem Kampf die Freiheit zu erkaufen: aber sein Ruf war ebenso erfolglos wie der gleiche des Marius das Jahr zuvor und es blieb den Führern der Bewegung nichts übrig als zu flüchten. Weiter gegen die Häupter der Verschwörung, so lange ihr Amtjahr lief, zu verfahren gab die Verfassung kein Mittel an die Hand. Allein ein vermuthlich mehr loyaler als frommer Prophet hatte geweissagt, dafs die Verbannung des Consuls Cinna und der sechs mit ihm haltenden Volkstribune dem Lande Frieden und Ruhe wiedergeben werde; und in Gemäfsheit zwar nicht der Verfassung, aber wohl dieses glücklich von den Orakelbewahrern aufgefangenen Götter-

Ausbruch der cinnavischen Revolution.

Sieg der Regierung.

rathschlags wurde durch Beschluſs des Senats der Consul Cinna seines
Amtes entsetzt, an seiner Stelle Lucius Cornelius Merula gewählt und
gegen die flüchtigen Häupter die Acht ausgesprochen. Die ganze Krise
schien damit endigen zu sollen, daſs die Zahl der ausgetretenen Männer
in Numidien um einige Köpfe sich vermehrte.

Ohne Zweifel wäre auch bei der Bewegung nichts weiter heraus- Die Cinnaner in
Italien.
gekommen, wenn nicht theils der Senat in seiner gewöhnlichen Schlaffheit es unterlassen hätte die Flüchtlinge rasch wenigstens zur Räumung
Italiens zu nöthigen, theils diese in der Lage gewesen wären zu
ihren Gunsten als der Verfechter der Emancipation der Neubürger
gewissermaſsen den Aufstand der Italiker zu erneuern. Ungehindert
erschienen sie in Tibur, in Praeneste, in allen bedeutenden Neubürgergemeinden Latiums und Campaniens und forderten und erhielten überall zur Durchführung der gemeinschaftlichen Sache Geld und Mannschaft. So unterstützt zeigten sie sich bei der Belagerungsarmee von
Nola. Die Heere dieser Zeit waren demokratisch und revolutionär gesinnt, wo immer der Feldherr nicht durch seine imponirende Persönlichkeit sie an sich selber fesselte; die Reden der flüchtigen Beamten,
die überdies zum Theil, wie namentlich Cinna und Sertorius, aus den
letzten Feldzügen in gutem Andenken bei den Soldaten standen, machten tiefen Eindruck; die verfassungswidrige Absetzung des popularen
Consuls, der Eingriff des Senats in die Rechte des souveränen Volkes
wirkten auf den gemeinen Mann, und den Offizieren machte das Gold
des Consuls oder vielmehr der Neubürger den Verfassungsbruch deutlich. Das campanische Heer erkannte den Cinna als Consul an und
schwor ihm Mann für Mann den Eid der Treue; es ward der Kern für
die von den Neubürgern und selbst den bundesgenössischen Gemeinden herbeiströmenden Schaaren. Bald bewegten ansehnliche, wenn
auch meistens aus Rekruten bestehende Haufen sich von Campanien
auf die Hauptstadt zu. Andere Schwärme nahten ihr von Norden.
Auf Cinnas Einladung waren die das Jahr zuvor Verbannten bei Tela- Marius
Landung.
mon an der etruskischen Küste gelandet. Es waren nicht mehr als
etwa 500 Bewaffnete, gröſstentheils Sklaven der Flüchtlinge und geworbene numidische Reiter; aber Gaius Marius, wie er das Jahr zuvor
mit dem hauptstädtischen Gesindel hatte Gemeinschaft machen wollen,
lieſs jetzt die Zwinghäuser erbrechen, in denen die Gutsbesitzer dieser
Gegend ihre Feldarbeiter zur Nachtzeit einschlossen, und die Waffen,
die er diesen bot um sich die Freiheit zu erfechten, wurden nicht verschmäht. Durch diese Mannschaft und die Zuzüge der Neubürger, so

20*

wie der von allen Seiten mit ihrem Anhang herbeiströmenden landflüchtigen Leute verstärkt, zählte er bald 6000 Mann unter seinen
Adlern und konnte vierzig Schiffe bemannen, die sich vor die Tiber-
mündung legten und auf die nach Rom segelnden Getreideschiffe Jagd
machten. Mit diesen stellte er sich dem ‚Consul‘ Cinna zur Verfügung.
Die Führer der campanischen Armee schwankten; die einsichtigeren,
namentlich Sertorius, warnten ernstlich vor der allzuengen Gemeinschaft mit einem Manne, der durch seinen Namen an die Spitze der
Bewegung geführt werden mußte und doch notorisch ebenso jedes
staatsmännischen Handelns unfähig wie von wahnsinnigem Rachedurst
gepeinigt war; indeß Cinna achtete diese Bedenklichkeiten nicht und
bestätigte dem Marius den Oberbefehl in Etrurien und zur See mit
proconsularischer Gewalt. — So zog sich das Gewitter um die Hauptstadt zusammen und es konnte nicht länger verschoben werden zu
ihrem Schutz die Regierungstruppen heranzuziehen*). Aber die Streitkräfte des Metellus wurden in Samnium und vor Nola durch die Italiker
festgehalten; Strabo allein war im Stande der Hauptstadt zu Hülfe zu
eilen. Er erschien auch und schlug sein Lager am collinischen Thor;
mit seiner starken und kriegsgewohnten Armee wäre er wohl im Stande
gewesen die noch schwachen Insurgentenhaufen rasch und völlig zu
vernichten; allein dies schien nicht in seiner Absicht zu liegen. Vielmehr ließ er es geschehen, daß Rom von den Insurgenten in der That
umstellt ward. Cinna mit seinem Corps und dem des Carbo stellten
sich am rechten Tiberufer dem Janiculum gegenüber auf, Sertorius am
linken Pompeius gegenüber gegen den servianischen Wall zu. Marius,
mit seinem allmählich auf drei Legionen angewachsenen Haufen und
im Besitz einer Anzahl von Kriegsschiffen, besetzte einen Küstenplatz
nach dem andern, bis zuletzt sogar Ostia durch Verrath in seine Gewalt kam und, gleichsam zum Vorspiel der herannahenden Schreckensherrschaft, der wilden Bande von dem Feldherrn zu Mord und Plünderung preisgegeben ward. Die Hauptstadt schwebte, schon durch die
bloße Hemmung des Verkehrs, in großer Gefahr: auf Befehl des Senats
wurden Mauern und Thore in Vertheidigungszustand gesetzt und
das Bürgeraufgebot auf das Janiculum befehligt. Strabos Unthätigkeit
erregte bei Vornehmen und Geringen gleichmäßig Befremden und

---

*) Die ganze folgende Darstellung beruht wesentlich auf dem neu aufge-
fundenen Bericht des Licinianus, der eine Anzahl früher unbekannter Thatsachen mittheilt und vor allem die Folge und Verknüpfung dieser Vorgänge
deutlicher, als bisher möglich war, erkennen läßt.

Entrüstung. Der Verdacht, dafs er mit Cinna insgeheim unterhandle, lag nahe, war indefs wahrscheinlich unbegründet; ein ernstliches Gefecht, das er dem Haufen des Sertorius lieferte, und die Unterstützung, die er dem Consul Octavius gewährte, als Marius durch Einverständnifs mit einem der Offiziere der Besatzung in das Janiculum eingedrungen war, und durch die es in der That gelang die Insurgenten mit starkem Verlust wieder hinauszuschlagen, bewiesen es, dafs er nichts weniger beabsichtigte als sich den Insurgentenführern anzuschliefsen oder vielmehr unterzuordnen. Vielmehr scheint seine Absicht gewesen zu sein der geängsteten hauptstädtischen Regierung und Bürgerschaft seinen Beistand gegen die Insurrection um den Preis des Consulats für das nächste Jahr zu verkaufen und damit das Heft des Regiments selber in die Hände zu bekommen. Der Senat war indefs nicht geneigt um dem einen Usurpator zu entgehen sich dem andern in die Arme zu werfen und suchte sich anderweitig zu helfen. Den sämmtlichen an dem Aufstand der Bundesgenossen betheiligten italischen Gemeinden, die die Waffen niedergelegt und in Folge dessen ihr altes Bündnifs eingebüfst hatten, wurde durch Senatsbeschlufs nachträglich das Bürgerrecht verliehen*). Es schien gleichsam offiziell constatirt werden zu sollen, dafs Rom in dem Krieg gegen die Italiker seine Existenz nicht um eines grofsen Zweckes, sondern um der eigenen Eitelkeit willen eingesetzt hatte: in der ersten augenblicklichen Verlegenheit wurde, um ein paar tausend Soldaten mehr auf die Beine zu bringen, alles aufgeopfert, was in dem Bundesgenossenkrieg um so fürchterlich theuren Preis errungen worden war. In der That kamen auch Truppen aus den Gemeinden, denen diese Nachgiebigkeit zu Gute kam; aber statt der versprochenen vielen Legionen betrug ihr Zuzug im Ganzen nicht mehr als höchstens zehntausend Mann. Wichtiger noch wäre es gewesen mit den Samniten und Nolanern zu einem Abkommen zu gelangen, um die Truppen des durchaus zuverlässigen Metellus zum Schutze der Hauptstadt verwenden zu können. Allein die Samniten stellten Forderungen, die an das caudinische Joch erinnerten: Rückgabe des den Samniten abgenommenen Beuteguts und ihrer Gefangenen und Ueberläufer; Verzicht auf die samnitischer Seits den Römern entrissene Beute; Bewilligung des Bürgerrechts an die Samniten selbst

Marginal note: Verhandlungen der Parteien mit den Italikern.

---

*) S. 247. Dafs eine Bestätigung durch die Comitien nicht stattfand, geht aus Cic. *Phil.* 12, 11, 27 hervor. Der Senat scheint sich der Form bedient zu haben die Frist des plautisch-papirischen Gesetzes (S. 235) einfach zu verlängern, was ihm nach Herkommen (I, 317) freistand und thatsächlich hinauslief auf Ertheilung des Bürgerrechts an alle Italiker.

sowie an die zu ihnen übergetretenen Römer. Der Senat verwarf selbst
in dieser Noth so entehrende Friedensbedingungen, wies aber dennoch
den Metellus an mit Zurücklassung einer kleinen Abtheilung alle im
südlichen Italien irgend entbehrlichen Truppen schleunigst selber nach
Rom zu führen. Er gehorchte; aber die Folge war, dafs die Samniten
den gegen sie zurückgelassenen Legaten des Metellus Plautius mit
seinem schwachen Haufen angriffen und schlugen, dafs die nolanische
Besatzung ausrückte und die benachbarte mit Rom verbündete Stadt
Abella in Brand steckte; dafs ferner Cinna und Marius den Samniten
alles bewilligten, was sie begehrten — was lag ihnen an römischer
Ehre! — und samnitischer Zuzug die Reihen der Insurgenten verstärkte. Ein empfindlicher Verlust war es auch, dafs nach einem für
die Regierungstruppen unglücklichen Gefecht Ariminum von den Insurgenten besetzt und dadurch die wichtige Verbindung zwischen Rom
und dem Pothal, von wo Mannschaft und Zufuhren erwartet wurden,
unterbrochen ward. Mangel und Hunger stellten sich ein. Die grofse
volkreiche stark mit Truppen besetzte Stadt war nur ungenügend mit
Vorräthen versehen; und namentlich Marius liefs es sich angelegen
sein ihr die Zufuhr mehr und mehr abzuschneiden. Schon früher hatte
er die Tiber durch eine Schiffbrücke gesperrt; jetzt brachte er durch
die Eroberung von Antium, Lanuvium, Aricia und andern Ortschaften
die noch offenen Landverbindungswege in seine Gewalt und kühlte
zugleich vorläufig seine Rache, indem er, wo immer Gegenwehr geleistet worden war, die gesammte Bürgerschaft mit Ausnahme derer,
die etwa die Stadt ihm verrathen hatten, über die Klinge springen liefs.
Ansteckende Krankheiten waren die Folge der Noth und räumten in den
dicht um die Hauptstadt zusammengedrängten Heermassen fürchterlich
auf — von Strabos Veteranenheer sollen 11000, von den Truppen des
Octavius 6000 Mann denselben erlegen sein. Dennoch verzweifelte die
Regierung nicht; und ein glückliches Ereignifs für sie war Strabos plötzlicher Tod. Er starb an der Pest*); die aus vielen Gründen gegen ihn

Strabos Tod. erbitterten Massen rissen seinen Leichnam von der Bahre und schleiften
ihn durch die Strafsen. Was von seinen Truppen übrig war, vereinigte
der Consul Octavius mit seiner Armee. Nach Metellus Eintreffen und
Strabos Abscheiden war die Regierungsarmee wieder ihren Gegnern wenigstens gewachsen und konnte am Albanergebirge gegen die Insurgenten

---

*) *Adflatus sidere*, wie Livius (nach Obsequens 56) sagt, heifst ,von der
Pest ergriffen' (Petronius sat. 2; Plinius *n. h.* 2, 41, 108; Liv. 8, 9, 12), nicht
,vom Blitz getroffen', wie die Späteren es mifsverstanden haben.

zum Kampfe sich stellen. Allein die Gemüther der Regierungssoldaten Schwanken
der Regie-
rung. waren tief erschüttert; als Cinna ihnen gegenüber erschien, empfingen sie ihn mit Zuruf, als wäre er noch ihr Feldherr und Consul; Metellus fand es gerathen, es nicht auf die Schlacht ankommen zu lassen, sondern die Truppen in das Lager zurückzuführen. Die Optimaten selbst wurden unsicher und unter sich uneins. Während eine Partei, an ihrer Spitze der ehrenwerthe, aber störrige und kurzsichtige Consul Octavius sich beharrlich gegen jede Nachgiebigkeit setzte, versuchte der kriegskundigere und verständigere Metellus einen Vergleich zu Stande zu bringen; aber seine Zusammenkunft mit Cinna erregte den Zorn der Ultras beider Parteien: Cinna hiefs dem Marius ein Schwächling, Metellus dem Octavius ein Verräther. Die Soldaten, ohnehin verstört und nicht ohne Ursache der Führung des unerprobten Octavius mifstrauend, sannen Metellus an den Oberbefehl zu übernehmen und begannen, da dieser sich weigerte, haufenweise die Waffen wegzuwerfen oder gar zum Feind zu desertiren. Die Stimmung der Bürgerschaft wurde täglich gedrückter und schwieriger. Auf den Ruf der Herolde Cinnas, dafs den überlaufenden Sklaven die Freiheit zugesichert sei, strömten dieselben schaarenweise aus der Hauptstadt in das feindliche Lager. Dem Vorschlage aber, dafs der Senat den Sklaven, die in das Heer eintreten würden, die Freiheit zusichern solle, widersetzte Octavius sich entschieden. Die Regierung konnte es sich nicht verbergen, Rom capi-
tulirt. dafs sie geschlagen war und dafs nichts übrig blieb als mit den Führern der Bande wo möglich ein Abkommen zu treffen, wie der überwältigte Wanderer es trifft mit dem Räuberhauptmann. Boten gingen an Cinna; allein da sie thörichter Weise Schwierigkeiten machten ihn als Consul anzuerkennen und Cinna während dieser Weiterungen sein Lager hart vor die Stadtthore verlegte, so griff das Ueberlaufen so sehr um sich, dafs es nicht mehr möglich war irgend welche Bedingungen festzusetzen, sondern der Senat sich einfach dem in die Acht erklärten Consul unterwarf, indem er nur die Bitte hinzufügte des Blutvergiefsens sich zu enthalten. Cinna sagte es zu, aber weigerte sich sein Versprechen eidlich zu bekräftigen; Marius, ihm zur Seite den Verhandlungen beiwohnend, verharrte in finsterem Schweigen.

Die Thore der Hauptstadt öffneten sich. Der Consul zog ein mit Marlani-
sche
Schrek-
kensherr-
schaft. seinen Legionen; aber Marius, spöttisch erinnernd an das Achtgesetz, weigerte sich die Stadt zu betreten, bevor das Gesetz es ihm gestatte und eilig versammelten sich die Bürger auf dem Markt um den cassirenden Beschlufs zu fassen. So kam er denn und mit ihm die

Schreckensherrschaft. Es war beschlossen nicht einzelne Opfer auszuwählen, sondern die namhaften Männer der Optimatenpartei sämmtlich niedermachen zu lassen und ihre Güter einzuziehen. Die Thore
wurden gesperrt; fünf Tage und fünf Nächte währte unausgesetzt die
Schlächterei; einzelne Entkommene oder Vergessene wurden auch
nachher noch täglich erschlagen und Monate lang ging die Blutjagd
durch ganz Italien. Der Consul Gnaeus Octavius war das erste Opfer.
Seinem oft ausgesprochenen Grundsatz getreu lieber den Tod zu leiden
als den rechtlosen Leuten das geringste Zugeständnifs zu machen,
weigerte er auch jetzt sich zu fliehen und im consularischen Schmuck
harrte er auf dem Janiculum des Mörders, der nicht lange säumte. Es
90 starben Lucius Caesar (Consul 664), der gefeierte Sieger von Acerrae
(S. 234); sein Bruder Gaius, dessen unzeitiger Ehrgeiz den sulpicischen
Tumult heraufbeschworen hatte (S. 251), bekannt als Redner und
Dichter und als liebenswürdiger Gesellschafter; Marcus Antonius (Con-
99 sul 655), nach dem Tode des Lucius Crassus unbestritten der erste
97 Sachwalter seiner Zeit; Publius Crassus (Consul 657), der im spanischen und im Bundesgenossenkrieg und noch während der Belagerung
Roms mit Auszeichnung commandirt hatte: überhaupt eine Menge der
angesehensten Männer der Regierungspartei, unter denen von den
gierigen Häschern namentlich die reichen mit besonderem Eifer verfolgt wurden. Jammervoll vor allen schien der Tod des Lucius Merula,
der sehr wider seinen Wunsch Cinnas Nachfolger geworden war und
nun defswegen peinlich angeklagt und vor die Comitien geladen, um
der unvermeidlichen Verurtheilung zuvor zu kommen, sich die Adern
öffnete und am Altar des höchsten Jupiter, dessen Priester er war.
nach Ablegung der priesterlichen Kopfbinde, wie es die religiöse Pflicht
des sterbenden Flamen mit sich brachte, den Geist aushauchte; und
102 mehr noch der Tod des Quintus Catulus (Consul 652), einst in besseren Tagen in dem herrlichsten Sieg und Triumph der Gefährte desselben Marius, der jetzt für die flehenden Verwandten seines alten
Collegen keine andere Antwort hatte als den einsilbigen Bescheid: ‚er
Marius
letzte Tage.
mufs sterben‘. Der Urheber all dieser Unthaten war Gaius Marius.
Er bezeichnete die Opfer und die Henker — nur ausnahmsweise ward,
wie gegen Merula und Catulus, eine Rechtsform beobachtet —: nicht
selten war ein Blick oder das Stillschweigen, womit er die Begrüfsenden
empfing. das Todesurtheil, das stets sofort vollstreckt ward. Selbst
mit dem Tode des Opfers ruhte seine Rache nicht; er verbot die Leichen
zu bestatten; er liefs — worin freilich Sulla ihm vorangegangen war —

die Köpfe der getödteten Senatoren an die Rednerbühne auf dem Marktplatz heften; einzelne Leichen liefs er über den Markt schleifen, die
des Gaius Caesar an der Grabstätte des vermuthlich einst von Caesar
angeklagten Quintus Varius (S. 238) noch einmal durchbohren; er um-
armte öffentlich den Menschen, der ihm, während er bei Tafel safs,
den Kopf des Antonius überreichte, den selber in seinem Versteck aufzusuchen und mit eigener Hand umzubringen er kaum hatte abgehalten
werden können. Hauptsächlich seine Sklavenlegionen, namentlich eine
Abtheilung Ardyaeer (S. 169), dienten ihm als Schergen und versäumten nicht in diesen Saturnalien ihrer neuen Freiheit die Häuser ihrer
ehemaligen Herren zu plündern und was ihnen darin vorkam zu schänden und zu morden. Seine eigenen Genossen waren in Verzweiflung
über dieses wahnsinnige Wüthen; Sertorius beschwor den Consul demselben um jeden Preis Einhalt zu thun und auch Cinna war erschrocken.
Aber in Zeiten, wie diese waren, wird der Wahnsinn selbst eine Macht;
man stürzt sich in den Abgrund, um vor dem Schwindel sich zu retten.
Es war nicht leicht, dem rasenden alten Mann und seiner Bande in den
Arm zu fallen und am wenigsten Cinna hatte den Muth dazu; er wählte
den Marius vielmehr für das nächste Jahr zu seinem Collegen im Consulat. Das Schreckensregiment terrorisirte die gemäfsigteren Sieger
nicht viel weniger als die geschlagene Partei; nur die Capitalisten
waren nicht unzufrieden damit, dafs eine fremde Hand sich dazu herlieh
die stolzen Oligarchen einmal gründlich zu demüthigen und zugleich
in Folge der umfassenden Confiscationen und Versteigerungen der
beste Theil der Beute an sie kam — sie erwarben in diesen Schreckens-
zeiten bei dem Volke sich den Beinamen der ‚Einsäckler'. — Dem Urheber dieses Terrorismus, dem alten Gaius Marius hatte also das Verhängnifs seine beiden höchsten Wünsche gewährt. Er hatte Rache
genommen an der ganzen vornehmen Meute, die ihm seine Siege ver-
gällt, seine Niederlagen vergiftet hatte; er hatte jeden Nadelstich mit
einem Dolchstich vergelten können. Er trat ferner das neue Jahr noch
einmal an als Consul; das Traumbild des siebenten Consulates, das der
Orakelspruch ihm zugesichert, nach dem er seit dreizehn Jahren gegriffen hatte, war nun wirklich geworden. Was er wünschte, hatten
die Götter ihm gewährt; aber auch jetzt noch wie in der alten Sagen-
zeit übten sie die verhängnifsvolle Ironie den Menschen zu verderben
durch die Erfüllung seiner Wünsche. In seinen ersten Consulaten
der Stolz, im sechsten das Gespött seiner Mitbürger stand er jetzt im
siebenten belastet mit dem Fluche aller Parteien, mit dem Hafs der

ganzen Nation; er, der von Haus aus rechtliche, tüchtige, kernbrave
Mann, gebrandmarkt als das wahnwitzige Oberhaupt einer ruchlosen
Räuberbande. Er selbst schien es zu fühlen. Wie im Taumel ver-
gingen ihm die Tage und des Nachts versagte ihm seine Lagerstatt die
Ruhe, so daß er zum Becher griff um nur sich zu betäuben. Ein
hitziges Fieber ergriff ihn; nach siebentägigem Krankenlager, in dessen
wilden Phantasien er auf den kleinasiatischen Gefilden die Schlachten
schlug, deren Lorbeer Sulla bestimmt war, am 13. Jan. 668 war er
eine Leiche. Er starb über siebzig Jahr alt im Vollbesitz dessen, was
er Macht und Ehre nannte, und in seinem Bette; aber die Nemesis ist
mannichfaltig und sühnt nicht immer Blut mit Blut. Oder war es
etwa keine Vergeltung, daß Rom und Italien bei der Nachricht von
dem Tode des gefeierten Volkserretters jetzt aufathmeten wie kaum bei
der Kunde von der Schlacht auf dem raudischen Feld? — Auch nach
seinem Tode zwar kamen einzelne Auftritte vor, die an die Schreckens-
zeit erinnerten; so machte zum Beispiel Gaius Fimbria, der wie kein
anderer bei den marianischen Schlächtereien seine Hand in Blut ge-
taucht hatte, bei dem Leichenbegängniß des Marius selbst einen Versuch, den allgemein verehrten und selbst von Marius verschonten Oberpontifex Quintus Scaevola (Consul 659) umzubringen und klagte dann,
als derselbe von der empfangenen Wunde genas, ihn peinlich an,
wegen des Verbrechens, wie er scherzhaft sich ausdrückte, daß er sich
nicht habe wollen ermorden lassen. Aber die Orgien des Mordens
waren doch vorüber. Unter dem Vorwand der Soldzahlung rief Sertorius die marianischen Banditen zusammen, umzingelte sie mit seinen
zuverlässigen keltischen Truppen und ließ sie, nach den geringsten
Angaben 4000 an der Zahl, sämmtlich niederhauen.

Mit dem Schreckensregiment zugleich war die Tyrannis gekommen. Cinna stand nicht bloß vier Jahre nacheinander (667—670) als
Consul an der Spitze des Staats, sondern er ernannte auch regelmäßig
sich und seine Collegen ohne das Volk zu befragen; es war als ob diese
Demokraten die souveräne Volksversammlung mit absichtlicher Gering-
schätzung bei Seite schöben. Kein anderes Haupt der Popularpartei
vor- oder nachher hat eine so vollkommen absolute Gewalt in Italien
wie in dem größten Theil der Provinzen so lange Zeit hindurch fast
ungestört besessen wie Cinna; aber es ist auch keiner zu nennen,
dessen Regiment so vollkommen nichtig und ziellos gewesen wäre.
Man nahm natürlich das von Sulpicius und später von Cinna selbst
beantragte, den Neubürgern und den Freigelassenen gleiches Stimm-

recht mit den Altbürgern zusichernde Gesetz wieder auf und liefs dasselbe durch einen Senatsbeschlufs förmlich als zu Recht bestehend bestätigen (670). Man ernannte Censoren (668) um demgemäfs sämmt- [84 86] liche Italiker in die fünfunddreifsig Bürgerbezirke zu vertheilen — eine seltsame Fügung dabei war es, dafs in Folge des Mangels von fähigen Candidaten zur Censur derselbe Philippus, der als Consul 663 haupt- [91] sächlich den Plan des Drusus den Italikern das Stimmrecht zu verleihen hatte scheitern machen (S. 216), jetzt dazu ausersehen ward sie als Censor in die Bügerrollen einzuschreiben. Man stiefs natürlich die von Sulla im Jahre 666 begründeten reactionären Institutionen um. Man [88] that einiges um dem Proletariat sich gefällig zu erweisen — so wurden wahrscheinlich die vor einigen Jahren eingeführten Beschränkungen der Getreidevertheilung (S. 229) jetzt wiederum beseitigt; so wurde nach dem Vorschlag des Volkstribuns Marcus Junius Brutus die von Gaius Gracchus beabsichtigte Coloniegründung in Capua im Frühjahr 671 in der That ins Werk gesetzt; so veranlafste Lucius Valerius [83] Flaccus der jüngere ein Schuldgesetz, dafs jede Privatforderung auf den vierten Theil ihres Nominalbetrags herabsetzte und drei Viertel zu Gunsten der Schuldner cassirte. Diese Mafsregeln aber, die einzigen constitutiven während des ganzen cinnanischen Regiments, sind ohne Ausnahme vom Augenblick dictirt; es liegt — und vielleicht ist dies das Entsetzlichste bei dieser ganzen Katastrophe — derselben nicht etwa ein verkehrter, sondern gar kein politischer Plan zu Grunde. Man liebkoste den Pöbel und verletzte ihn zugleich in höchst unnöthiger Weise durch zwecklose Mifsachtung der verfassungsmäfsigen Wahlordnung. Man konnte an der Capitalistenpartei einen Halt finden und schädigte sie aufs Empfindlichste durch das Schuldgesetz. Die eigentliche Stütze des Regiments waren — durchaus ohne dessen Zuthun — die Neubürger; man liefs sich ihren Beistand gefallen, aber es geschah nichts um die seltsame Stellung der Samniten zu regeln, die dem Namen nach jetzt römische Bürger waren, aber offenbar thatsächlich ihre landschaftliche Unabhängigkeit als den eigentlichen Zweck und Preis des Kampfes betrachteten und diese gegen all und jeden zu vertheidigen in Waffen blieben. Man schlug die angesehenen Senatoren todt wie tolle Hunde; aber nicht das geringste ward gethan um den Senat im Interesse der Regierung zu reorganisiren oder auch nur dauernd zu terrorisiren; so dafs dieselbe auch seiner keineswegs sicher war. So hatte Gaius Gracchus den Sturz der Oligarchie nicht verstanden, dafs der neue Herr sich auf seinem selbstgeschaffenen Thron verhalten

könne, wie es legitime Nullkönige zu thun belieben. Aber diesen
Cinna hatte nicht sein Wollen, sondern der reine Zufall emporgetragen;
war es ein Wunder, dafs er blieb, wo die Sturmfluth der Revolution
ihn hingespült hatte, bis eine zweite Sturmfluth kam ihn wieder fort-
zuschwemmen?

Cinna und Sulla. Dieselbe Verbindung der gewaltigsten Machtfülle mit der vollständigsten Impotenz und Incapacität der Machthaber zeigte die Kriegführung der revolutionären Regierung gegen die Oligarchie, an der
denn doch zunächst ihre Existenz hing.   In Italien gebot sie unum-
Italien und die Provin- sen für die Regierung. schränkt.   Unter den Altbürgern war ein sehr grofser Theil grundsätzlich demokratisch gesinnt; die noch gröfsere Masse der ruhigen
Leute misbilligten zwar die marianischen Gräuel, sahen aber in einer
oligarchischen Restauration nichts als die Eröffnung eines zweiten
Schreckensregiments der entgegengesetzten Partei.   Der Eindruck der
87 Unthaten des J. 667 auf die Nation insgesammt war verhältnifsmäfsig
gering gewesen, da sie vorwiegend doch nur die hauptstädtische Aristokratie betroffen hatten, und ward überdiefs einigermafsen ausgelöscht
durch das darauf folgende dreijährige leidlich ruhige Regiment.   Die
gesammte Masse der Neubürger endlich, vielleicht drei Fünftel der
Italiker, stand entschieden wo nicht für die gegenwärtige Regierung,
doch gegen die Oleigarchie. — Gleich Italien hielten zu jener die meisten
Provinzen: Sicilien, Sardinien, beide Gallien, beide Spanien.   In Africa
machte Quintus Metellus, der den Mördern glücklich entkommen war,
einen Versuch diese Provinz für die Optimaten zu halten; zu ihm begab sich aus Spanien Marcus Crassus, der jüngste Sohn des in dem
marianischen Blutbad umgekommenen Publius Crassus, und verstärkte
ihn durch einen in Spanien zusammengebrachten Haufen.   Allein sie
mufsten, da sie sich unter einander entzweiten, dem Statthalter der
revolutionären Regierung Gaius Fabius Hadrianus weichen. Asien war
in den Händen Mithradats; somit blieb als einzige Freistatt der verfehmten Oligarchie die Provinz Makedonien, so weit sie in Sullas Gewalt war.   Dorthin retteten sich Sullas Gemahlin und Kinder, die mit
Mühe dem Tode entgangen waren, und nicht wenige entkommene
Senatoren, so dafs bald in seinem Hauptquartier eine Art von Senat
Maßregeln gegen Sulla. sich bildete.   An Decreten gegen den oligarchischen Proconsul liefs
es die Regierung nicht fehlen.   Sulla ward durch die Comitien seines
Commandos und seiner sonstigen Ehren und Würden entsetzt und
geächtet, wie das in gleicher Weise auch gegen Metellus, Appius Claudius und andere angesehene Flüchtlinge geschah; sein Haus in Rom

wurde geschleift, seine Landgüter verwüstet. Indefs damit freilich war
die Sache nicht erledigt. Hätte Gaius Marius länger gelebt, so wäre
er ohne Zweifel selbst gegen Sulla dorthin marschirt, wohin noch auf
seinem Todbette die Fieberbilder ihn führten; welche Mafsregeln nach
seinem Tode die Regierung ergriff, ward schon erzählt. Lucius Valerius
Flaccus der jüngere*), der nach Marius Tode das Consulat und das
Commando im Osten übernahm (668), war weder Soldat noch Offizier, 86
sein Begleiter Gaius Fimbria nicht unfähig, aber unbotmäfsig, das
ihnen mitgegebene Heer schon der Zahl nach dreifach schwächer als
die sullanische Armee. Man vernahm nach einander, dafs Flaccus,
um nicht von Sulla erdrückt zu werden, an ihm vorüber nach Asien
abgezogen sei (668), dafs Fimbria ihn beseitigt und sich selbst an seine 86
Stelle gesetzt habe (Anf. 669), dafs Sulla Frieden geschlossen habe mit 86
Mithradates (669/70). Bis dahin hatte Sulla den in der Hauptstadt 85/4
regierenden Behörden gegenüber geschwiegen; jetzt lief ein Schreiben
von ihm an den Senat ein, worin er die Beendigung des Krieges berichtete und seine Rückkehr nach Italien ankündigte; die den Neubürgern ertheilten Rechte werde er achten; Strafexecutionen seien
zwar unvermeidlich, allein sie würden nicht die Massen, sondern die
Urheber treffen. Diese Ankündigung schreckte Cinna aus seiner Unthätigkeit auf; wenn er bisher nichts gegen Sulla gethan hatte, als dafs
einige Mannschaft unter die Waffen gestellt und eine Anzahl Schiffe
im adriatischen Meere versammelt worden war, so beschlofs er jetzt
schleunigst nach Griechenland überzugehen. Aber andrerseits weckte Vergleichs-
versuche.

---

*) Lucius Valerius Flaccus, den die Fasten als Consul 668 nennen, ist 86
nicht der Consul des J. 654, sondern ein gleichnamiger jüngerer Mann, vielleicht 100
des vorigen Sohn. Einmal ist das Gesetz, dafs die Wiederwahl zum Consulat
untersagte, von c. 603 (S. 69) bis 673 rechtlich in Kraft geblieben und es ist 151 81
nicht wahrscheinlich, dafs dasselbe, was für Scipio Aemilianus und Marius,
auch für Flaccus geschah. Zweitens wird nirgends, wo der eine oder der
andere Flaccus genannt wird, eines doppelten Consulats gedacht, auch nicht
wo es nothwendig war wie Cic. pro Flacc. 32, 77. Drittens kann der Lucius
Valerius Flaccus, der im J. 669 als Vormann des Senats, also als Consular in 84
Rom thätig war (Liv. 83), nicht der Consul des J. 668 sein, da dieser damals 86
bereits nach Asien abgegangen und wahrscheinlich schon todt war. Der Consul
654, Censor 657 ist derjenige, den Cicero (ad Att. 8, 3, 6) unter den 667 in Rom 100 97 87
anwesenden Consularen nennt; er war 669 unzweifelhaft der älteste lebende 85
Altcensor und also geeignet zum Vormann des Senats; er ist auch der Zwischenkönig und der Reiterführer von 672. Dagegen ist der Consul 668, der in Niko- 82 86
medeia umkam (S. 296), der Vater des von Cicero vertheidigten Lucius Flaccus
(pro Flacc. 25, 61 vgl. 23, 55; 32, 77).

Sullas Schreiben, daß den Umständen nach äußerst gemäßigt zu nennen war, in der Mittelpartei Hoffnungen auf eine friedliche Ausgleichung. Die Majorität des Senats beschloß nach dem Vorschlag des älteren Flaccus einen Sühneversuch einzuleiten und zu dem Ende Sulla aufzufordern sich unter Verbürgung sicheren Geleits in Italien einzufinden, die Consuln Cinna und Carbo aber zu veranlassen bis zum Eingang von Sullas Antwort die Rüstungen einzustellen. Sulla wies die Vorschläge nicht unbedingt von der Hand; er kam zwar natürlich nicht selbst, aber ließ durch Boten erklären, daß er nichts fordere als Wiedereinsetzung der Verbannten in den vorigen Stand und gerichtliche Bestrafung der begangenen Verbrechen, Sicherheit übrigens nicht geleistet begehre, sondern denen daheim zu bringen gedenke. Seine Abgesandten fanden den Stand der Dinge in Italien wesentlich verändert. Cinna hatte, ohne um jenen Senatsbeschluß sich weiter zu bekümmern, sofort nach aufgehobener Sitzung sich zum Heer begeben und die Einschiffung desselben betrieben. Die Aufforderung in der bösen Jahreszeit sich dem Meer anzuvertrauen rief unter den schon schwierigen Truppen im Hauptquartier zu Ancona eine Meuterei hervor, deren Opfer Cinna ward (Anf. 670), worauf sein College Carbo sich genöthigt sah die schon übergegangenen Abtheilungen zurückzuführen und, auf das Aufnehmen des Krieges in Griechenland verzichtend, Winterquartiere in Ariminum zu beziehen. Sullas Anträge aber fanden darum keine bessere Aufnahme: der Senat wies seine Vorschläge zurück ohne auch nur die Boten nach Rom zu lassen und befahl ihm kurzweg die Waffen niederzulegen. Es war nicht zunächst die Coterie der Marianer, welche dies entschiedene Auftreten bewirkte. Eben jetzt, wo es galt, mußte diese Faction die bisher usurpirte Besetzung des höchsten Amtes abgeben und für das entscheidende Jahr 671 wieder Consulwahlen veranstalten. Die Stimmen vereinigten hiebei sich nicht auf den bisherigen Consul Carbo noch auf einen der fähigen Offiziere der bis dahin regierenden Clique, wie Quintus Sertorius oder Gaius Marius den Sohn, sondern auf Lucius Scipio und Gaius Norbanus, zwei Incapacitäten, von denen keiner zu schlagen, Scipio nicht einmal zu sprechen verstand und von denen jener nur als der Urenkel des Antiochossiegers, dieser als politischer Gegner der Oligarchie (S. 209) sich der Menge empfahlen. Die Marianer wurden nicht so sehr ihrer Unthaten wegen verabscheut als ihrer Nichtigkeit wegen verachtet; aber wenn die Nation nichts von diesen, so wollte sie in ihrer großen Majorität noch viel weniger von Sulla und einer oligarchischen Restauration etwas wissen. Man dachte

Cinnas Tod. 84

Carbo und die Neubürger rüsten gegen Sulla

83

ernstlich an Abwehr. Während Sulla nach Asien überging, das Heer
des Fimbria zum Uebertritt bestimmte und dessen Führer durch seine
eigene Hand fiel, benutzte die Regierung in Italien die durch diese
Schritte Sullas ihr gegönnte weitere Jahresfrist zu energischen Rüstungen: es sollen bei Sullas Landung 100 000, später sogar die doppelte
Anzahl von Bewaffneten gegen ihn gestanden haben. — Gegen diese *Sullas
italische Macht hatte Sulla nichts in die Wagschale zu legen als seine schwierige
Stellung.*
fünf Legionen, die, auch mit Einrechnung einiger in Makedonien und
im Peloponnes aufgebotener Zuzüge, kaum auf 40 000 Mann sich belaufen mochten. Allerdings hatte dies Heer in siebenjährigen Kämpfen
in Italien, Griechenland und Asien des Politisirens sich entwöhnt und
hing seinem Feldherrn, der den Soldaten Alles, Schwelgerei, Bestialität,
sogar Meuterei gegen die Offiziere nachsah, nichts verlangte als Tapferkeit und Treue gegen den Feldherrn und für den Sieg die verschwen-
derischsten Belohnungen in Aussicht stellte, mit allem jenem soldati-
schen Enthusiasmus an, der um so gewaltiger ist, als dabei die edelsten
und die gemeinsten Leidenschaften oft in derselben Brust sich begegnen.
Freiwillig schworen nach römischer Sitte die sullanischen Soldaten
sich einander es zu fest zusammenzuhalten und freiwillig brachte ein
jeder dem Feldherrn seinen Sparpfennig als Beisteuer zu den Kriegskosten. Allein so ansehnlich diese geschlossene Kernschaar gegen die
feindlichen Massen ins Gewicht fiel, so erkannte doch Sulla sehr wohl,
dafs Italien nicht mit fünf Legionen bezwungen werden konnte, wenn
es im entschlossenen Widerstande einig zusammenhielt. Mit der Popularpartei und ihren unfähigen Autokraten fertig zu werden wäre
nicht schwierig gewesen; aber er sah sich gegenüber und mit dieser
vereinigt die ganze Masse derer, die keine oligarchische Schreckens-
restauration wollten, und vor allen Dingen die gesammte Neubürger-
schaft, sowohl diejenigen, die durch das julische Gesetz von der Theilnahme an der Insurrection sich hatten abhalten lassen, als diejenigen,
deren Schilderhebung vor wenigen Jahren Rom an den Rand des Ver-
derbens geführt hatte. Sulla übersah vollkommen die Lage der Ver- *Seine
hältnisse und war weit entfernt von der blinden Erbitterung und der Mäfsigung.*
eigensinnigen Starrheit, die die Majorität seiner Partei charakterisirten.
Während das Staatsgebäude in vollen Flammen stand, während man
seine Freunde ermordete, seine Häuser zerstörte, seine Familie ins
Elend trieb, war er unbeirrt auf seinem Posten verblieben, bis der
Landesfeind überwältigt und die römische Grenze gesichert war. In
demselben Sinne patriotischer und einsichtiger Mäfsigung behandelte

er auch jetzt die italischen Verhältnisse und that, was er irgend thun
konnte, um die Gemäfsigten und die Neubürger zu beruhigen und um
zu verhindern, dafs nicht unter dem Namen des Bürgerkrieges der weit
gefährlichere Krieg zwischen den Altrömern und den italischen Bundesgenossen abermals emporlodere. Schon das erste Schreiben, das Sulla
an den Senat richtete, hatte nichts als Recht und Gerechtigkeit gefordert und eine Schreckensherrschaft ausdrücklich zurückgewiesen;
im Einklang damit stellte er nun allen denen, die noch jetzt von der
revolutionären Regierung sich lossagen würden, unbedingte Begnadigung in Aussicht und veranlafste seine Soldaten Mann für Mann zu
schwören, dafs sie den Italikern durchaus als Freunden und Mitbürgern
begegnen würden.   Die bündigsten Erklärungen sicherten den Neubürgern die von ihnen erworbenen politischen Rechte; so dafs Carbo
defshalb von jeder italischen Stadtgemeinde sich Geifseln wollte stellen
lassen, was indefs an der allgemeinen Indignation und an dem Widerspruch des Senats scheiterte.   Die Hauptschwierigkeit der Lage Sullas
bestand in der That darin, dafs bei der eingerissenen Wort- und Treulosigkeit die Neubürger allen Grund hatten wenn nicht an seinen persönlichen Absichten, doch daran zu zweifeln, ob er es vermögen werde
seine Partei zum Worthalten nach dem Siege zu bestimmen.

Sulla [88
landet in
Italien.
Im Frühling 671 landete Sulla mit seinen Legionen in dem Hafen
von Brundisium.   Der Senat erklärte auf die Nachricht davon das
Vaterland in Gefahr und übertrug den Consuln unbeschränkte Vollmacht; aber diese unfähigen Leiter hatten sich nicht vorgesehen und
waren durch die seit Jahren in Aussicht stehende Landung dennoch
überrascht. Das Heer befand sich noch bei Ariminum, die Häfen waren
unbesetzt und überhaupt unglaublicher Weise in dem ganzen südöst-
lichen Litoral kein Mann unter den Waffen.   Die Folgen zeigten sich

Verstärkung
durch Par-
teigenossen
und Ueber-
läufer.
bald.   Gleich Brundisium selbst, eine ansehnliche Neubürgergemeinde,
öffnete ohne Widerstand dem oligarchischen General die Thore und
dem gegebenen Beispiel folgte ganz Messapien und Apulien. Die Armee
marschirte durch diese Gegenden wie durch Freundesland und hielt,
ihres Eides eingedenk, durchgängig die strengste Mannszucht.   Von
allen Seiten strömten die versprengten Reste der Optimatenpartei in
das Lager Sullas.   Aus den Bergschluchten Liguriens, wohin er von
Africa sich gerettet hatte, kam Quintus Metellus und übernahm wieder,
87 als College Sullas, das im J. 667 ihm übertragene (S. 262) und von
der Revolution ihm aberkannte proconsularische Commando; ebenso
erschien von Africa her mit einer kleinen Schaar Bewaffneter Marcus

Crassus. Die meisten Optimaten freilich kamen als vornehme Emigranten mit grofsen Ansprüchen und geringer Kampflust, so dafs sie von Sulla selbst bittere Worte zu hören bekamen über die adlichen Herren, die zum Heil des Staates sich wollten retten lassen und nicht einmal dazu zu bringen seien ihre Sklaven zu bewaffnen. Wichtiger war es, dafs schon Ueberläufer aus dem demokratischen Lager sich einstellten — so der feine und angesehene Lucius Philippus, nebst ein paar notorisch unfähigen Leuten der einzige Consular, der mit der revolutionären Regierung sich eingelassen und unter ihr Aemter angenommen hatte; er fand bei Sulla die zuvorkommendste Aufnahme und erhielt den ehrenvollen und bequemen Auftrag die Provinz Sardinien für ihn zu besetzen. Ebenso wurden Quintus Lucretius Ofella und andere brauchbare Offiziere empfangen und sofort beschäftigt; selbst Publius Cethegus, einer der nach der sulpicischen Emeute von Sulla geächteten Senatoren, erhielt Verzeihung und eine Stellung im Heer. Wichtiger noch als die einzelnen Uebertritte war der der Landschaft Picenum, der wesentlich dem Sohne des Strabo, dem jungen Gnaeus Pompeius verdankt ward. Dieser, gleich seinem Vater von Haus aus kein Anhänger der Oligarchie, hatte die revolutionäre Regierung anerkannt und sogar in Cinnas Heer Dienste genommen; allein es ward ihm nicht vergessen, dafs sein Vater die Waffen gegen die Revolution Pompeius getragen hatte; er sah sich vielfach angefeindet, ja sogar durch Anklage auf Herausgabe der nach der Einnahme von Asculum von seinem Vater wirklich oder angeblich unterschlagenen Beute mit dem Verlust seines sehr beträchtlichen Vermögens bedroht. Zwar wendete mehr als die Beredsamkeit des Consulars Lucius Philippus und des jungen Quintus Hortensius der Schutz des ihm persönlich gewogenen Consuls Carbo den ökonomischen Ruin von ihm ab; aber die Verstimmung blieb. Auf die Nachricht von Sullas Landung ging er nach Picenum, wo er ausgedehnte Besitzungen und von seinem Vater und dem Bundesgenossenkriege her die besten municipalen Verbindungen hatte und pflanzte in Auximum (Osimo) die Fahne der optimatischen Partei auf. Die meistens von Altbürgern bewohnte Landschaft fiel ihm zu; die junge Mannschaft, welche grofsentheils mit ihm unter seinem Vater gedient hatte, stellte sich bereitwillig unter den beherzten Führer, der, noch nicht dreiundzwanzigjährig, ebenso sehr Soldat wie General war, im Reitergefecht den Seinen voraussprengte und tüchtig mit in den Feind einhieb. Das picenische Freiwilligencorps wuchs bald auf drei Legionen; den aus der Hauptstadt zur Dämpfung der picenischen Insurrection ausgesandten Abtheilungen unter Cloelius, Gaius Carrinas, Lucius Junius Brutus Damasippus*) wufste der improvisirte Feldherr, die unter denselben entstandenen Zwistigkeiten geschickt benutzend, sich zu entziehen oder sie einzeln zu schlagen und mit dem Hauptheer Sullas, wie es scheint in Apulien, die Verbindung herzustellen. Sulla begrüfste ihn als Imperator, das heifst als einen im eigenen Namen commandirenden und nicht unter, sondern neben ihm stehenden Offizier und zeichnete den Jüngling durch Ehrenbezeugungen aus, wie er sie keinem seiner vornehmen Clienten erwies — vermuthlich nicht ohne die Nebenabsicht der charakterlosen Schwäche seiner eigenen Parteigenossen damit eine indirecte Züchtigung zukommen zn lassen.

Sulla in Campanien gegen Norbanus und Scipio.

— Also moralisch und materiell ansehnlich verstärkt gelangten Sulla und Metellus aus Apulien durch die immer noch insurgirten samnitischen Gegenden nach Campanien. Hiehin wandte sich auch die feindliche Hauptmacht und es schien die Entscheidung hier fallen zu müssen. Das Heer des Consuls Gaius Norbanus stand bereits bei Capua, wo eben die neue Colonie mit allem demokratischen Pomp sich constituirte; die zweite Consulararmee rückte ebenfalls auf der appischen Strafse heran.

Sulla siegt am Tifata über Norbanus.

Aber bevor sie eintraf, stand Sulla schon dem Norbanus gegenüber. Ein letzter Vermittlungsversuch, den Sulla machte, führte nur dazu, dafs man an seinen Boten sich vergriff. In frischer Erbitterung warfen seine kampfgewohnten Schaaren sich auf den Feind; ihr gewaltiger Stofs vom Berge Tifata herab zersprengte den in der Ebene aufgestellten Feind im ersten Anlauf; mit dem Rest seiner Mannschaft warf sich Norbanus in die revolutionäre Colonie Capua und die Neubürgerstadt Neapolis und liefs dort sich blokiren. Sullas Truppen, bisher nicht ohne Besorgnifs ihre schwache Zahl mit den feindlichen Massen vergleichend, hatten durch diesen Sieg das Vollgefühl militärischer Ueberlegenheit gewonnen; statt mit der Belagerung der Trümmer der geschlagenen Armee sich aufzuhalten, liefs Sulla die Städte umstellen, wo sie sich befanden, und rückte auf der appischen Strafse vor gegen

Scipios Heer tritt über.

Teanum, wo Scipio stand. Auch ihm bot er, ehe der Kampf begann, noch einmal die Hand zum Frieden; es scheint in gutem Ernste. Scipio, schwach wie er war, ging darauf ein; ein Waffenstillstand ward geschlossen; zwischen Cales und Teanum kamen die beiden Feldherren, beide Glieder des gleichen Adelsgeschlechts, beide gebildet und fein-

---

*) Nur an diesen kann hier gedacht werden, da Marcus Brutus der Vater des sogenannten Befreiers im J. 671 Volkstribun war, also nicht im Felde commandiren konnte.

gesittet und langjährige Collegen im Senat, persönlich zusammen; man liefs sich auf die einzelnen Fragen ein; schon war man so weit, dafs Scipio einen Boten nach Capua absandte, um die Meinung seines Collegen einzuholen. Inzwischen mischten sich die Soldaten beider Lager; die Sullaner, von ihrem Feldherrn reichlich mit Geld versehen, machten es den nicht allzu kriegslustigen Rekruten beim Becher leicht begreiflich, dafs es besser sei sie zu Kameraden als zu Feinden zu haben; vergeblich warnte Sertorius den Feldherrn diesem gefährlichen Verkehr ein Ende zu machen. Die Verständigung, die so nahe geschienen, trat doch nicht ein; Scipio war es, welcher den Waffenstillstand kündigte. Aber Sulla behauptete, dafs es zu spät und der Vertrag bereits abgeschlossen gewesen sei; und unter dem Vorwand, dafs ihr Feldherr den Waffenstillstand widerrechtlich aufgesagt, gingen Scipios Soldaten in Masse über in die feindlichen Reihen. Die Scene schlofs mit einer allgemeinen Umarmung, der die commandirenden Offiziere der Revolutionsarmee zuzusehen hatten. Sulla liefs den Consul auffordern sein Amt niederzulegen, was er that, und ihn nebst seinem Stab durch seine Reiter dahin escortiren, wohin sie begehrten; allein kaum in Freiheit gesetzt legte Scipio die Abzeichen seiner Würde wieder an und begann aufs neue Truppen zusammenzuziehen, ohne indefs weiter etwas von Belang auszurichten. Sulla und Metellus nahmen Winterquartiere in Campanien und hielten, nachdem ein zweiter Versuch mit Norbanus sich zu verständigen gescheitert war, Capua den Winter über blokirt.

Die Ergebnisse des ersten Feldzugs waren für Sulla die Unterwerfung von Apulien, Picenum und Campanien, die Auflösung der einen, die Besiegung und Blokirung der andern consularischen Armee. Schon traten die italischen Gemeinden, genöthigt zwischen ihren zwiefachen Drängern jede für sich Partei zu ergreifen, zahlreich mit ihm in Unterhandlung und liefsen sich die von der Gegenpartei erworbenen politischen Rechte durch förmliche Separatverträge von dem Feldherrn der Oligarchie garantiren; Sulla hegte die bestimmte Erwartung und trug sie absichtlich zur Schau die revolutionäre Regierung in dem nächsten Feldzug niederzuwerfen und wieder in Rom einzuziehen. — Aber auch der Revolution schien die Verzweiflung neue Kräfte zu geben. Das Consulat übernahmen zwei ihrer entschiedensten Führer, Carbo zum dritten Mal und Gaius Marius der Sohn; dafs der letztere eben zwanzigjährige Mann gesetzmäfsig das Consulat nicht bekleiden konnte, achtete man so wenig wie jeden anderen Punkt der Verfassung. Quintus Sertorius, der in dieser und in andern Angelegenheiten eine unbe-

Rüstungen auf beiden Seiten.

queme Kritik machte, wurde angewiesen, um neue Werbungen vor-
zunehmen, nach Etrurien und von da in seine Provinz, das diesseitige
Spanien abzugehen. Die Kasse zu füllen mufste der Senat die Ein-
schmelzung des goldenen und silbernen Tempelgeräths der Hauptstadt
verfügen; wie bedeutend der Ertrag war, erhellt daraus, dafs nach
mehrmonatlicher Kriegsführung davon noch über 4 Millionen Thaler
(14000 Pfund Gold und 6000 Pfund Silber) vorräthig waren. In dem
beträchtlichen Theile Italiens, der gezwungen oder freiwillig noch zu
der Revolution hielt, wurden die Rüstungen lebhaft betrieben. Aus
Etrurien, wo die Neubürgergemeinden sehr zahlreich waren, und dem
Pogebiet kamen ansehnliche neu gebildete Abtheilungen. Auf den
Ruf des Sohnes stellten die marianischen Veteranen in grofser Anzahl
sich bei den Fahnen ein. Aber nirgends ward zum Kampf gegen Sulla
so leidenschaftlich gerüstet wie in dem insurgirten Samnium und einzelnen Strichen von Lucanien. Es war nichts weniger als Ergeben-
heit gegen die revolutionäre römische Regierung, dafs zahlreicher Zuzug aus den oskischen Gegenden ihre Heere verstärkte; wohl aber
begriff man daselbst, dafs eine von Sulla restaurirte Oligarchie sich die
jetzt factisch bestehende Selbstständigkeit dieser Landschaften nicht
so gefallen lassen werde wie die schlaffe cinnanische Regierung; und
darum erwachte in dem Kampf gegen Sulla noch einmal die uralte
Rivalität der Sabeller gegen die Latiner. Für Samnium und Latium
war dieser Krieg so gut ein Nationalkampf wie die Kriege des fünften
Jahrhunderts; man stritt nicht um ein Mehr oder Minder von politischen Rechten, sondern um den lange verhaltenen Hafs durch Vernichtung des Gegners zu sättigen. Es war darum kein Wunder, wenn
dieser Theil des Krieges einen ganz andern Charakter trug als die
übrigen Kämpfe, wenn hier keine Verständigung versucht, kein Quartier
gegeben oder genommen, die Verfolgung bis auf's Aeufserste fortgesetzt ward. — So trat man den Feldzug des J. 672 beiderseits mit
verstärkten Streitkräften und gesteigerter Leidenschaft an. Vor allem
die Revolution warf die Scheide weg: auf Carbos Antrag ächteten die
römischen Comitien alle in Sullas Lager befindlichen Senatoren. Sulla
schwieg; er mochte denken, dafs man im Voraus sich selber das Urtheil
spreche.

Sulla nach
Latium ge-
gen Marius
den Sohn.
Die Armee der Optimaten theilte sich. Der Proconsul Metellus
übernahm es, gestützt auf die picenische Insurrection, nach Oberitalien
vorzudringen, während Sulla von Campanien aus geraden Wegs gegen
die Hauptstadt marschirte. Jenem warf Carbo sich entgegen; der

feindlichen Hauptarmee wollte Marius in Latium begegnen. Auf der siegt am Hafen des Sacer. latinischen Strafse heranrückend traf Sulla unweit Signia auf den Feind, der vor ihm zurückwich bis nach dem sogenannten ‚Hafen des Sacer' zwischen Signia und dem Hauptwaffenplatz der Marianer, dem festen Praeneste. Hier stellte Marius sich zur Schlacht. Sein Heer war etwa 40000 Mann stark und er an wildem Grimme und persönlicher Tapferkeit seines Vaters rechter Sohn; aber es waren nicht die wohlgeübten Schaaren, mit denen dieser seine Schlachten geschlagen hatte, und noch minder durfte der unerfahrene junge Mann mit dem alten Kriegsmeister sich vergleichen. Bald wichen seine Truppen; der Uebertritt einer Abtheilung noch während des Gefechts beschleunigte die Niederlage. Ueber die Hälfte der Marianer waren todt oder gefangen; der Ueberrest, weder im Stande das Feld zu halten noch das andere Ufer der Tiber zu gewinnen, genöthigt in den benachbarten Festungen Schutz zu suchen; die Hauptstadt, die zu verproviantiren man versäumt hatte, unrettbar verloren. In Folge dessen gab Marius dem daselbst befehligenden Praetor Lucius Brutus Damasippus den Befehl sie Demokratische Mordscenen in Rom. zu räumen, vorher aber alle bisher noch verschonten angesehenen Männer der Gegenpartei niederzumachen. Der Auftrag, durch den der Sohn die Aechtungen des Vaters noch überbot, ward vollzogen; Damasippus berief unter einem Vorwand den Senat und die bezeichneten Männer wurden theils in der Sitzung selbst, theils auf der Flucht vor dem Rathhaus niedergestofsen. Trotz der vorhergegangenen gründlichen Aufräumung fanden sich doch noch einzelne namhaftere Opfer: so der gewesene Aedil Publius Antistius, der Schwiegervater des Gnaeus Pompeius, und der gewesene Praetor Gaius Carbo, der Sohn des bekannten Freundes und nachherigen Gegners der Gracchen (S. 126), nach dem Tode so vieler ausgezeichneter Talente die beiden besten Gerichtsredner auf dem verödeten Markt; der Consular Lucius Domitius und vor allem der ehrwürdige Oberpriester Quintus Scaevola, der dem Dolch des Fimbria nur entgangen war, um jetzt während der letzten Krämpfe der Revolution in der Halle des seiner Obhut anvertrauten Vestatempels zu verbluten. Mit stummem Entsetzen sah die Menge die Leichen dieser letzten Opfer des Terrorismus durch die Strafsen schleifen und sie in den Flufs werfen. — Marius aufgelöste Haufen Belagerung von Praeneste. warfen sich in die nahen und festen Neubürgerstädte Norba und Praeneste, er selbst mit der Kasse und dem gröfsten Theil der Flüchtlinge in die letztere. Sulla liefs, eben wie das Jahr zuvor vor Capua, vor Praeneste einen tüchtigen Offizier, den Quintus Ofella zurück, mit dem

Besetzung
Roms.

Auftrag, seine Kräfte nicht an die Belagerung der festen Stadt zu ver-
geuden, sondern sie mit einer weiten Blokadelinie einzuschliefsen und
sie auszuhungern; er selbst rückte von verschiedenen Seiten auf die
Hauptstadt zu, welche er wie die ganze Umgegend vom Feinde ver-
lassen fand und ohne Gegenwehr besetzte. Kaum nahm er sich die
Zeit das Volk durch eine Ansprache zu beruhigen und die nöthigsten
Anordnungen zu treffen; sofort ging er weiter nach Etrurien, um in
Verbindung mit Metellus die Gegner auch aus Norditalien zu vertreiben.

Metellus ge-
gen Carbo in
Norditalien.

— Metellus war inzwischen am Flufs Aesis (Esino zwischen Ancona
und Sinigaglia), der die picenische Landschaft von der gallischen Provinz schied, auf Carbos Unterfeldherrn Carrinas gestofsen und hatte
diesen geschlagen; als Carbo selbst mit seiner überlegenen Armee
herbeikam, hatte er das weitere Vordringen aufgeben müssen. Allein
auf die Nachricht von der Schlacht am Sacerhafen war Carbo, um seine
Communicationen besorgt, zurückgegangen bis auf die flaminische
Chaussee, um in deren Knotenpunkt Ariminum sein Hauptquartier zu
nehmen und von dort theils die Pässe des Apennin, theils das Pothal
zu behaupten. Bei dieser rückgängigen Bewegung geriethen nicht
blofs verschiedene Abtheilungen dem Feinde in die Hände, sondern
ward auch von Pompeius Sena gallica erstürmt und Carbos Nachhut
in einem glänzenden Reitergefecht zersprengt; indefs erreichte Carbo
im Ganzen seinen Zweck. Der Consular Norbanus übernahm im Pothal das Commando; Carbo selbst begab sich nach Etrurien. Aber der
Marsch Sullas mit seinen siegreichen Legionen nach Etrurien änderte

Carbo in
Etrurien von
drei Seiten
angegriffen.

die Lage der Dinge: bald reichten von Gallien, Umbrien und Rom aus
drei sullanische Heere einander die Hände. Metellus ging mit der
Flotte an Ariminum vorbei nach Ravenna und schnitt bei Faventia die
Verbindung ab zwischen Ariminum und dem Pothal, in das auf der
grofsen Strafse nach Placentia er eine Abtheilung vorgehen liefs unter
Marcus Lucullus, dem Quaestor Sullas und dem Bruder seines Flotten-
führers im mithradatischen Krieg. Der junge Pompeius und sein
Altersgenosse und Nebenbuhler Crassus drangen aus dem Picenischen
auf Bergwegen in Umbrien ein und gewannen die flaminische Strafse
bei Spoletium, wo sie Carbos Unterfeldherrn Carrinas schlugen und in
die Stadt einschlossen; indefs gelang es diesem in einer regnerischen
Nacht aus derselben zu entweichen und, wenngleich nicht ohne Verlust, zum Heer des Carbo durchzudringen. Sulla selbst rückte von
Rom aus in zwei Heerhaufen in Etrurien ein, von denen der eine an
der Küste vorgehend bei Saturnia (zwischen den Flüssen Ombrone

und Albegna) das ihm entgegenstehende Corps schlug, der zweite unter
Sullas eigener Führung im Clanisthal auf die Armee des Carbo traf
und ein glückliches Gefecht mit dessen spanischer Reiterei bestand.
Aber die Hauptschlacht, die zwischen Carbo und Sulla in der Gegend
von Chiusi geschlagen ward, endigte zwar ohne eigentliche Entscheidung, jedoch insofern zu Gunsten Carbos, als Sullas siegreiches Vordringen gehemmt ward. Auch in der Umgegend von Rom schienen
die Dinge für die revolutionäre Partei sich günstiger wenden und
der Krieg wieder sich hauptsächlich nach dieser Gegend ziehen zu
wollen. Denn während die oligarchische Partei alle ihre Kräfte um
Etrurien concentrirte, machte die Demokratie aller Orten die äufserste
Anstrengung um die Blokade von Praeneste zu sprengen. Selbst der
Statthalter von Sicilien Marcus Perpenna machte sich dazu auf; es
scheint indefs nicht, dafs er nach Praeneste gelangte. Ebenso wenig
glückte dies dem von Carbo detachirten sehr ansehnlichen Corps unter
Marcius; von den bei Spoletium stehenden feindlichen Truppen überfallen und geschlagen, durch Unordnung, Mangel an Zufuhr und Meuterei demoralisirt ging ein Theil zu Carbo zurück, ein anderer nach
Ariminum, der Rest verlief sich. Ernstliche Hülfe dagegen kam aus Süditalien. Hier brachen die Samniten unter Pontius von Telesia, die Lucaner unter ihrem erprobten Feldherrn Marcus Lamponius auf, ohne
dafs der Abmarsch ihnen gewehrt worden wäre, zogen in Campanien,
wo Capua noch immer sich hielt, eine Abtheilung der Besatzung unter
Gutta an sich und rückten also, angeblich 70000 Mann stark, auf
Praeneste zu. Sulla selbst kehrte darauf, mit Zurücklassung eines
Corps gegen Carbo, nach Latium zurück und nahm in den Engpässen
vorwärts Praeneste*) eine wohlgewählte Stellung, in der er dem Entsatzheer den Weg sperrte. Vergeblich versuchte die Besatzung Ofellas
Linien zu durchbrechen, vergeblich das Entsatzheer Sulla zu vertrei-
ben; beide verharrten unbeweglich in ihren festen Stellungen, selbst
nachdem, von Carbo gesendet, Damasippus mit zwei Legionen das
Entsatzheer verstärkt hatte. Während aber der Gang des Krieges in
Etrurien wie in Latium stockte, kam es im Pothal zur Entscheidung.

Kämpfe um Praeneste.

Erfolge der Sullaner in Oberitalien.

----

*) Es wird gemeldet, dafs Sulla in dem Engpafs stand, durch den Praeneste
allein zugänglich war (App. 1, 90); und die weiteren Ereignisse zeigen, dafs sowohl ihm als dem Entsatzheer die Strafse nach Rom offen stand. Ohne Zweifel
stand Sulla auf der Querstrafse, die von der latinischen, auf der die Samniten
herankamen, bei Valmontone nach Palestrina abbiegt; in diesem Fall commu-
nicirte Sulla auf der praenestinischen, die Feinde auf der latinischen oder
labicanischen mit der Hauptstadt.

Hier hatte bisher der Feldherr der Demokratie Gaius Norbanus die Oberhand behauptet, den Unterfeldherrn des Metellus, Marcus Lucullus,
mit überlegener Macht angegriffen und ihn genöthigt, sich in Placentia
einzuschliefsen, endlich sich gegen Metellus selbst gewandt. Bei Faventia traf er auf diesen und griff am späten Nachmittag mit seinen
vom Marsch ermüdeten Truppen sofort an; die Folge war eine vollständige Niederlage und die totale Auflösung seines Corps, von dem
nur etwa 1000 Mann nach Etrurien zurückkamen. Auf die Nachricht
von dieser Schlacht fiel Lucullus aus Placentia aus und schlug die
gegen ihn zurückgebliebene Abtheilung bei Fidentia (zwischen Piacenza
und Parma). Die lucanischen Truppen des Albinovanus traten in Masse
über; ihr Führer machte seine anfängliche Zögerung wieder gut, indem er die vornehmsten Offiziere der revolutionären Armee zu einem
Banket bei sich einlud und sie dabei niedermachen liefs; überhaupt
schlofs, wer irgend nur durfte, jetzt seinen Frieden. Ariminum mit
allen Vorräthen und Kassen gerieth in Metellus Gewalt; Norbanus
schiffte nach Rhodos sich ein; das ganze Land zwischen Alpen und

Etrurien von den Sullanern besetzt. Apenninen erkannte das Optimatenregiment an. Die bisher dort beschäftigten Truppen konnten sich wenden zum Angriff auf Etrurien,
die letzte Landschaft, wo die Gegner noch das Feld behaupteten. Als
Carbo im Lager bei Clusium diese Nachrichten erhielt, verlor er die
Fassung. Obwohl er eine noch immer ansehnliche Truppenmasse unter
seinen Befehlen hatte, entwich er dennoch heimlich aus seinem Hauptquartier und schiffte nach Africa sich ein. Die im Stich gelassenen
Truppen befolgten theils das Beispiel, mit dem der Feldherr ihnen
vorangegangen war, und gingen nach Hause, theils wurden sie von
Pompeius aufgerieben; die letzten Schaaren nahm Carrinas zusammen
und führte sie nach Latium zu der Armee von Praeneste. Hier hatte
inzwischen nichts sich verändert; und die letzte Entscheidung nahte
heran. Carrinas Haufen waren nicht zahlreich genug]um Sullas Stellung zu erschüttern; schon näherte sich der Vortrab der bisher in
Etrurien beschäftigten Armee der oligarchischen Partei unter Pompeius;
in wenigen Tagen zog die Schlinge um das Heer der Demokraten und

Angriff der Samniten und der Demokraten auf Rom. der Samniten sich zusammen. Da entschlossen sich die Führer desselben von Praeneste abzulassen und mit gesammter Macht auf das nur
einen starken Tagemarsch entfernte Rom sich zu werfen. Militärisch
waren sie damit verloren; ihre Rückzugslinie, die latinische Strafse,
gerieth durch diesen Marsch in Sullas Hand und wenn sie auch Roms
sich bemächtigten, so wurden sie, eingeschlossen in die zur Verthei-

digung keineswegs geeignete Stadt und eingekeilt zwischen Metellus und Sullas weit überlegene Armeen, darin unfehlbar erdrückt. Aber es handelte sich auch nicht mehr um Rettung, sondern einzig um Rache bei diesem Zug nach Rom, dem letzten Wuthausbruch der leidenschaftlichen Revolutionäre und vor allem der verzweifelnden sabellischen Nation. Es war Ernst, was Pontius von Telesia den Seinigen zurief: um der Wölfe, die Italien die Freiheit geraubt hätten, los zu werden, müsse man den Wald vernichten, in dem sie hausten. Nie hat Rom in einer furchtbareren Gefahr geschwebt als am 1. November 672, als **82** Pontius, Lamponius, Carrinas, Damasippus, auf der latinischen Strafse gegen Rom herangezogen, etwa eine Viertelmeile vom collinischen Thor lagerten. Es drohte ein Tag wie der 20. Juli 365 d. St. und der **389** 15. Juni 455 n. Chr., die Tage der Kelten und der Vandalen. Die Zeiten waren nicht mehr, wo ein Handstreich gegen Rom ein thörichtes Unternehmen war, und an Verbindungen in der Hauptstadt konnte es den Anrückenden nicht fehlen. Die Freiwilligenschaar, die aus der Stadt ausrückte, meist vornehme Jünglinge, zerstob wie Spreu vor der ungeheuren Uebermacht. Die einzige Hoffnung der Rettung beruhte auf Sulla. Dieser war, auf die Nachricht vom Abmarsch des samniti- *Schlacht am* schen Heeres in der Richtung auf Rom, gleichfalls eiligst aufgebrochen *collinischen* *Thor* der Hauptstadt zu Hülfe. Den sinkenden Muth der Bürgerschaft belebte im Laufe des Morgens das Erscheinen seiner ersten Reiter unter Balbus; am Mittag erschien er selbst mit der Hauptmacht und ordnete sofort am Tempel der erykinischen Aphrodite vor dem collinischen Thor (unweit Porta Pia) die Reihen zur Schlacht. Seine Unterbefehlshaber beschworen ihn, nicht die durch den Gewaltmarsch erschöpften Truppen sofort in den Kampf zu schicken; aber Sulla erwog, was die Nacht über Rom bringen könne, und befahl noch am späten Nachmittag den Angriff. Die Schlacht war hart bestritten und blutig. Der linke Flügel Sullas, den er selbst anführte, wich zurück bis an die Stadtmauer, so dafs es nothwendig ward die Stadtthore zu schliefsen; schon brachten Versprengte die Nachricht an Ofella, dafs die Schlacht verloren sei. Allein auf dem rechten Flügel warf Marcus Crassus den Feind und verfolgte ihn bis Antemnae, wodurch auch der andere Flügel wieder Luft bekam und eine Stunde nach Sonnenuntergang seinerseits ebenfalls zum Vorrücken überging. Die ganze Nacht und noch den folgenden Morgen ward gefochten; erst der Uebertritt einer Abtheilung von 3000 Mann, die sofort die Waffen gegen die früheren Kameraden wandten, setzte dem Kampf ein Ziel. Rom war gerettet. Die Insur-

gentenarmee, für die es nirgends einen Rückzug gab, wurde vollständig
aufgerieben. Die in der Schlacht gemachten Gefangenen, 3—4000 an
der Zahl, darunter die Generale Damasippus, Carrinas und den schwer
verwundeten Pontius, liefs Sulla am dritten Tage nach der Schlacht in
das städtische Meierhaus auf dem Marsfeld führen und daselbst bis auf
den letzten Mann niederhauen, so dafs man in dem nahen Tempel der
Bellona, wo Sulla eben eine Senatssitzung abhielt, deutlich das Klirren
der Waffen und das Stöhnen der Sterbenden vernahm. Es war eine
gräfsliche Execution und sie soll nicht entschuldigt werden; aber es
ist nicht gerecht zu verschweigen, dafs diese selben Menschen, die dort
starben, wie eine Räuberbande über die Hauptstadt und die Bürgerschaft hergefallen waren und sie, wenn sie Zeit gefunden hätten, so
weit vernichtet haben würden, als Feuer und Schwert eine Stadt und
eine Bürgerschaft zu vernichten vermögen. — Damit war der Krieg in
der Hauptsache zu Ende. Die Besatzung von Praeneste ergab sich,
als sie aus den über die Mauer geworfenen Köpfen des Carrinas und
anderer Offiziere den Ausgang der Schlacht von Rom erfuhr. Die
Führer, der Consul Gaius Marius und der Sohn des Pontius stürzten,
nachdem ein Versuch zu entkommen ihnen vereitelt war, sich einer in
des andern Schwert. Die Menge gab der Hoffnung sich hin und ward
durch Cethegus darin bestärkt, dafs der Sieger für sie auch jetzt noch
Gnade walten lassen werde. Aber deren Zeiten waren vorbei. Je
unbedingter Sulla bis zum letzten Augenblick den Uebertretenden
volle Verzeihung gewährt hatte, desto unerbittlicher erwies er sich
gegen die Führer und Gemeinden, die ausgehalten hatten bis zuletzt.
Von den praenestinischen Gefangenen, 12000 an der Zahl, wurden
zwar aufser den Kindern und Frauen die meisten Römer und einzelne
Praenestiner entlassen, aber die römischen Senatoren, fast alle Praenestiner und sämmtliche Samniten wurden entwaffnet und zusammengehauen, die reiche Stadt geplündert. Es ist begreiflich, dafs nach
solchem Vorgang die noch nicht übergegangenen Neubürgerstädte den
Widerstand in hartnäckigster Weise fortsetzten. So tödteten in der
latinischen Stadt Norba, als Aemilius Lepidus durch Verrath daselbst
eindrang, die Bürger sich unter einander und zündeten selbst ihre
Stadt an, um nur ihren Henkern die Rache und die Beute zu entziehen.
In Unteritalien war bereits früher Neapolis erstürmt und, wie es scheint,
Capua freiwillig aufgegeben worden; Nola aber wurde erst im J. 674
von den Samniten geräumt. Auf der Flucht von hier fiel der letzte
noch übrige namhafte Führer der Italiker, der Insurgentenconsul des

Die Gefan-
genen nie-
dergehauen.

Belagerun-
gen.
Praeneste.

Norba.

Nola. [80

hoffnungsreichen Jahres 664 Gaius Papius Mutilus, abgewiesen von **90**
seiner Gattin, zu der er verkleidet sich durchgeschlichen und bei der
er einen Zufluchtsort zu finden gedacht hatte, vor der Thür des eigenen
Hauses in Teanum in sein Schwert. Was die Samniten anlangt, so erklärte der Dictator, dafs Rom nicht Ruhe haben werde, so lange Samnium
bestehe und dafs darum der samnitische Name von der Erde vertilgt
werden müsse; und wie er diese Worte an den vor Rom und in Praeneste Gefangenen in schrecklicher Weise wahr machte, so scheint er
auch noch einen Verheerungszug durch die Landschaft unternommen,
Aesernia*) eingenommen (674?) und die bis dahin blühende und be- **80**
völkerte Landschaft in die Einöde umgewandelt zu haben, die sie seitdem geblieben ist. Ebenso ward in Umbrien Tuder durch Marcus
Crassus erstürmt. Länger wehrten sich in Etrurien Populonium und
vor allem das unbezwingliche Volaterrae, das aus den Resten der geschlagenen Partei ein Heer von vier Legionen um sich sammelte und
eine zweijährige zuerst von Sulla persönlich, sodann von dem gewesenen Praetor Gaius Carbo, dem Bruder des demokratischen Consuls,
geleitete Belagerung aushielt, bis endlich im dritten Jahre nach der
Schlacht am collinischen Thor (675) die Besatzung gegen freien Abzug **79**
capitulirte. Aber in dieser entsetzlichen Zeit galt weder Kriegsrecht
noch Kriegszucht; die Soldaten schrien über Verrath und steinigten
ihren allzu nachgiebigen Feldherrn; eine von der römischen Regierung
geschickte Reiterschaar hieb die gemäfs der Capitulation abziehende
Besatzung nieder. Das siegreiche Heer wurde durch Italien vertheilt
und alle unsicheren Ortschaften mit starken Besatzungen belegt; unter
der eisernen Hand der sullanischen Offiziere verendeten langsam die
letzten Zuckungen der revolutionären und nationalen Opposition.

Noch gab es in den Provinzen zu thun. Zwar Sardinien war dem **Die Provin-**
Statthalter der revolutionären Regierung Quintus Antonius rasch durch **zen.**
Lucius Philippus entrissen worden (672) und auch das transalpinische **82**
Gallien leistete geringen oder gar keinen Widerstand; aber in Sicilien,
Spanien, Africa schien die Sache der in Italien geschlagenen Partei
noch keineswegs verloren. Sicilien regierte für sie der zuverlässige
Statthalter Marcus Perpenna. Quintus Sertorius hatte im diesseitigen
Spanien die Provinzialen an sich zu fesseln und aus den in Spanien
ansässigen Römern eine nicht unansehnliche Armee sich zu bilden ge-
wufst, welche zunächst die Pyrenäenpässe sperrte; er hatte auch hier

---

*) Ein anderer Name kann wohl kaum in der Corruptel Liv. 89 *miam in
Samnio* sich verbergen; vgl. Strabon 5, 3, 10.

wieder bewiesen, dafs, wo immer man ihn hinstellte, er an seinem
Platze und unter all den revolutionären Incapacitäten er der einzige
praktisch brauchbare Mann war. In Africa war der Statthalter Hadrianus zwar, da er das Revolutioniren allzu gründlich betrieb und den
Sklaven die Freiheit zu schenken anfing, bei einem durch die römischen
Kaufleute von Utica angezettelten Auflauf in seiner Amtswohnung überfallen und mit seinem Gesinde verbrannt worden (672); indefs hielt
die Provinz nichts desto weniger zu der revolutionären Regierung und
Cinnas Schwiegersohn, der junge fähige Gnaeus Domitius Ahenobarbus,
übernahm daselbst den Oberbefehl. Es war sogar von dort aus die
Propaganda in die Clientelstaaten Numidien und Mauretanien getragen worden. Deren legitime Regenten Hiempsal II., des Gauda,
und Bogud, des Bocchus Sohn, hielten zwar mit Sulla; aber mit Hülfe
der Cinnaner war jener durch den demokratischen Prätendenten Hiarbas
vom Thron gestofsen worden, und ähnliche Fehden bewegten das
mauretanische Reich. Der aus Italien geflüchtete Consul Carbo verweilte auf der Insel Kossyra (Pantellaria) zwischen Africa und Sicilien,
unschlüssig, wie es scheint, ob er nach Aegypten sich flüchten oder in
einer der treuen Provinzen versuchen sollte den Kampf zu erneuern.

Spanien. — Sulla sandte nach Spanien den Gaius Annius und den Gaius Valerius
Flaccus, als Statthalter jenen der jenseitigen, diesen der Ebroprovinz.
Das schwierige Geschäft die Pyrenäenpässe mit Gewalt sich zu eröffnen
ward ihnen dadurch erspart, dafs der von Sertorius dort hingestellte
General durch einen seiner Offiziere ermordet ward und darauf die
Sertorius Truppen desselben sich verliefen. Sertorius, viel zu schwach um sich
schifft sich im gleichen Kampfe zu behaupten, raffte eilig die nächststehenden Ab-
ein. theilungen zusammen und schiffte in Neukarthago sich ein — wohin,
wufste er selbst nicht, vielleicht an die africanische Küste oder nach
den canarischen Inseln, nur irgendwo hin, wohin Sullas Arm nicht
reiche. Spanien unterwarf hierauf sich willig den sullanischen Beamten
(um 673) und Flaccus focht glücklich mit den Kelten, durch deren
Gebiet er marschirte, und mit den spanischen Keltiberern (674). —

Sicilien. Nach Sicilien ward Gnaeus Pompeius als Propraetor gesandt und die
Insel, als Pompeius mit 120 Segeln und sechs Legionen sich an der
Küste zeigte, von Perpenna ohne Gegenwehr geräumt. Pompeius
schickte von dort ein Geschwader nach Kossyra, das die daselbst verweilenden marianischen Offiziere aufhob; Marcus Brutus und die übrigen
wurden sofort hingerichtet, den Consul Carbo aber hatte Pompeius befohlen vor ihn selbst nach Lilybaeon zu führen, um ihn hier, unein-

gedenk des in gefährlicher Zeit ihm von eben diesem Manne zu Theil
gewordenen Schutzes (S. 321), persönlich dem Henker zu überliefern
(672). Von hier weiter beordert nach Africa, schlug Pompeius die
von Ahenobarbus und Hiarbas gesammelten nicht unbedeutenden Streitkräfte mit seinem allerdings weit zahlreicheren Heer aus dem Felde
und gab, die Begrüßung als Imperator vorläufig ablehnend, sogleich
das Zeichen zum Sturm auf das feindliche Lager. So ward er an
einem Tage der Feinde Herr; Ahenobarbus war unter den Gefallenen;
mit Hülfe des Königs Bogud ward Hiarbas in Bulla ergriffen und
getödtet und Hiempsal in sein angestammtes Reich wieder eingesetzt;
eine grofse Razzia gegen die Bewohner der Wüste, von denen eine
Anzahl gaetulischer von Marius als frei anerkannter Stämme Hiempsal
untergeben wurden, stellte auch hier die gesunkene Achtung des römischen Namens wieder her; in vierzig Tagen nach Pompeius Landung
in Africa war alles zu Ende (674?). Der Senat wies ihn an sein Heer
aufzulösen, worin die Andeutung lag, dafs er nicht zum Triumph gelassen werden solle, auf welchen er als aufserordentlicher Beamter dem
Herkommen nach keinen Anspruch machen durfte. Der Feldherr
grollte heimlich, die Soldaten laut; es schien einen Augenblick, als
werde die africanische Armee gegen den Senat revoltiren und Sulla
gegen seinen Tochtermann zu Felde ziehen. Indefs Sulla gab nach
und liefs den jungen Mann sich berühmen der einzige Römer zu sein,
der eher Triumphator (12. März 675) als Senator geworden war; ja
bei der Heimkehr von diesen bequemen Grofsthaten begrüfste der
,Glückliche', vielleicht nicht ohne einige Ironie, den Jüngling als den
,Grofsen'.

Auch im Osten hatten nach Sullas Einschiffung im Frühling 671
die Waffen nicht geruht. Die Restauration der alten Verhältnisse und
die Unterwerfung einzelner Städte kostete wie in Italien so auch in
Asien noch manchen blutigen Kampf; namentlich gegen die freie Stadt
Mytilene mufste Lucius Lucullus, nachdem er alle milderen Mittel erschöpft hatte, endlich Truppen führen und selbst ein Sieg im freien
Felde machte dem eigensinnigen Widerstand der Bürgerschaft kein
Ende. — Mittlerweile war der römische Statthalter von Asien Lucius
Murena mit dem König Mithradates in neue Verwickelungen gerathen.
Dieser hatte sich nach dem Frieden beschäftigt seine auch in den nörd-
lichen Provinzen erschütterte Herrschaft wieder zu befestigen; er hatte
die Kolchier beruhigt, indem er seinen tüchtigen Sohn Mithradates
ihnen zum Statthalter setzte, dann diesen selbst aus dem Wege geräumt

und rüstete nun zu einem Zug in sein bosporanisches Reich. Auf die
Versicherungen des Archelaos hin, der inzwischen bei Murena eine Freistatt hatte suchen müssen (S. 300), dafs diese Rüstungen gegen Rom
gerichtet seien, setzte sich Murena unter dem Vorgeben, dafs Mithradates noch kappadokische Grenzdistricte in Besitz habe, mit seinen
Truppen nach dem kappadokischen Komana in Bewegung, verletzte
also die pontische Grenze (671). Mithradates begnügte sich bei Murena
und, da dies vergeblich war, bei der römischen Regierung Beschwerde
zu führen. In der That erschienen Beauftragte Sullas den Statthalter
abzumahnen; allein er fügte sich nicht, sondern überschritt den Halys
und betrat das unbestritten pontische Gebiet, worauf Mithradates beschlofs Gewalt mit Gewalt zu vertreiben. Sein Feldherr Gordios mufste
das römische Heer festhalten, bis der König mit weit überlegenen Streitkräften herankam und die Schlacht erzwang; Murena ward besiegt und
mit grofsem Verlust bis über die römische Grenze nach Phrygien
zurückgeworfen, die römischen Besatzungen aus ganz Kappadokien
vertrieben. Murena hatte zwar die Stirn wegen dieser Vorgänge sich
Sieger zu nennen und den Imperatorentitel anzunehmen (672); indefs
die derbe Lection und eine zweite Mahnung Sullas bewogen ihn doch
endlich die Sache nicht weiter zu treiben; der Friede zwischen Rom
und Mithradates ward erneuert (673). — Ueber diese thörichte Fehde
war die Bezwingung der Mytilenaeer verzögert worden; erst Murenas
Nachfolger gelang es nach langer Belagerung zu Lande und zur See,
wobei die bithynische Flotte gute Dienste that, die Stadt mit Sturm
einzunehmen (675).

Zweiter Friede. Mytilene [81 genommen.

Allgemeiner Friede

Die zehnjährige Revolution und Insurrection war im Westen und
im Osten zu Ende; der Staat hatte wieder eine einheitliche Regierung
und Frieden nach aufsen und innen. Nach den fürchterlichen Convulsionen der letzten Jahre war schon diese Rast eine Erleichterung;
ob sie mehr gewähren sollte, ob der bedeutende Mann, dem das schwere
Werk der Bewältigung des Landesfeindes, das schwerere der Bändigung
der Revolution gelungen war, auch dem schwersten von allen, der
Wiederherstellung der in ihren Grundfesten schwankenden socialen
und politischen Ordnung zu genügen vermochte, mufste demnächst
sich entscheiden.

KAPITEL X.

DIE SULLANISCHE VERFASSUNG.

Um die Zeit, als die erste Feldschlacht zwischen Römern und Die Restauration.
Römern geschlagen ward, in der Nacht des 6. Juli 671 war der ehr- 83
würdige Tempel, den die Könige errichtet, die junge Freiheit geweiht,
die Stürme eines halben Jahrtausend verschont hatten, der Tempel des
römischen Jupiter auf dem Capitol in Flammen aufgegangen. Es war
kein Anzeichen, aber wohl ein Abbild des Zustandes der römischen
Verfassung. Auch diese lag in Trümmern und bedurfte eines neuen
Aufbaues. Die Revolution war zwar besiegt, aber es fehlte doch viel,
dafs damit von selber das alte Regiment wieder sich hergestellt hätte.
Allerdings meinte die Masse der Aristokratie, dafs jetzt nach dem Tode
der beiden revolutionären Consuln es genügen werde die gewöhnliche
Ergänzungswahl zu veranstalten und es dem Senat zu überlassen, was
ihm zur Belohnung der siegreichen Armee, zur Bestrafung der schuldigsten Revolutionäre, etwa auch zur Verhütung ähnlicher Ausbrüche
weiter erforderlich erscheinen werde. Allein Sulla, in dessen Händen
der Sieg für den Augenblick alle Macht vereinigt hatte, urtheilte richtiger
über die Verhältnisse und die Personen. Die Aristokratie Roms war
in ihrer besten Epoche nicht hinausgekommen über ein halb grofs-
artiges halb borniertes Festhalten an den überlieferten Formen; wie
sollte das schwerfällige collegialische Regiment dieser Zeit dazu kommen
eine umfassende Staatsreform energisch und consequent durchzuführen?
Und eben jetzt, nachdem die letzte Krise fast alle Spitzen des Senats
weggerafft hatte, war in demselben die zu einem solchen Beginnen
erforderliche Kraft und Intelligenz weniger als je zu finden. Wie unbrauchbar durchgängig das aristokratische Vollblut und wie wenig Sulla

über dessen Nichtsnutzigkeit im Unklaren war, beweist die Thatsache,
dafs mit Ausnahme des ihm verschwägerten Quintus Metellus er sich
seine Werkzeuge sämmtlich auslas aus der ehemaligen Mittelpartei und
den Ueberläufern aus dem demokratischen Lager — so Lucius Flaccus,
Lucius Philippus, Quintus Ofella, Gnaeus Pompeius. Sulla war die
Wiederherstellung der alten Verfassung so sehr Ernst wie nur dem
leidenschaftlichsten aristokratischen Emigranten; aber er begriff, wohl
auch nicht in dem ganzen und vollen Umfang — wie hätte er sonst
überhaupt Hand ans Werk zu legen vermocht? —, aber doch besser
als seine Partei, welchen ungeheuren Schwierigkeiten dieses Restaurationswerk unterlag. Als unumgänglich betrachtete er theils umfassende Concessionen, so weit Nachgiebigkeit möglich war, ohne das
Wesen der Oligarchie anzutasten, theils die Herstellung eines energischen Repressiv- und Präventivsystems; und er sah es deutlich, dafs
der Senat wie er war jede Concession verweigern oder verstümmeln,
jeden systematischen Neubau parlamentarisch ruiniren werde. Hatte
Sulla schon nach der sulpicischen Revolution ohne viel zu fragen in
der einen und der andern Richtung durchgesetzt, was er für nöthig
erachtete, so war er auch jetzt unter weit schärferen und gespannteren
Verhältnissen entschlossen die Oligarchie nicht mit, sondern trotz der
Oligarchen auf eigene Hand zu restauriren. Sulla aber war nicht wie
damals Consul, sondern blofs mit proconsularischer, das heifst rein
militärischer Gewalt ausgestattet; er bedurfte einer möglichst nahe an
den verfassungsmäfsigen Formen sich haltenden, aber doch aufserordentlichen Gewalt, um Freunden und Feinden seine Reform zu octroyiren.
In einem Schreiben an den Senat eröffnete er demselben, dafs es ihm
unumgänglich scheine die Ordnung des Staates in die Hände eines
einzigen mit unumschränkter Machtvollkommenheit ausgerüsteten Mannes zu legen und dafs er sich für geeignet halte diese schwierige Aufgabe zu erfüllen. Dieser Vorschlag, so unbequem er vielen kam, war
unter den obwaltenden Umständen ein Befehl. Im Auftrag des Senats
brachte der Vormann desselben, der Zwischenkönig Lucius Valerius
Flaccus der Vater, als interimistischer Inhaber der höchsten Gewalt bei
der Bürgerschaft den Antrag ein, dafs dem Proconsul Lucius Cornelius
Sulla für die Vergangenheit die nachträgliche Billigung aller von ihm
als Consul und Proconsul vollzogenen Amtshandlungen, für die Zukunft
aber das Recht ertheilt werden möge über Leben und Eigenthum der
Bürger in erster und letzter Instanz zu erkennen, mit den Staatsdomä-
nen nach Gutdünken zu schalten, die Grenzen Roms, Italiens, des

Sulla Regent von Rom.

Staats nach Ermessen zu verschieben, in Italien Stadtgemeinden aufzulösen oder zu gründen, über die Provinzen und die abhängigen
Staaten zu verfügen, das höchste Imperium anstatt des Volkes zu vergeben und Proconsuln und Propraetoren zu ernennen, endlich durch
neue Gesetze für die Zukunft den Staat zu ordnen; dafs es in sein
eigenes Ermessen gestellt werden solle, wann er seine Aufgabe gelöst
und es an der Zeit erachte dies aufserordentliche Amt niederzulegen;
dafs endlich während desselben es von seinem Gutfinden abhängen
solle die ordentliche höchste Magistratur daneben eintreten oder auch
ruhen zu lassen. Es versteht sich, dafs die Annahme ohne Widerspruch
stattfand (Nov. 672), und nun erst erschien der neue Herr des Staates, [82]
der bisher als Proconsul die Hauptstadt zu betreten vermieden hatte,
innerhalb der Mauern von Rom. Den Namen entlehnte dies neue
Amt von der seit dem hannibalischen Kriege thatsächlich abgeschafften
Dictatur (I, 824); aber wie aufser seinem bewaffneten Gefolge ihm
doppelt so viele Lictoren vorausschritten als dem Dictator der älteren
Zeit, so war auch in der That diese neue ‚Dictatur zur Abfassung
von Gesetzen und zur Ordnung des Gemeinwesens‘, wie die officielle
Titulatur lautet, ein ganz anderes als jenes ehemalige der Zeit und der
Competenz nach beschränkte, die Provocation an die Bürgerschaft nicht
ausschliefsende und die ordentliche Magistratur nicht annullirende Amt.
Es glich dasselbe vielmehr dem der ‚Zehnmänner zur Abfassung von
Gesetzen‘, die gleichfalls als aufserordentliche Regierung mit unbeschränkter Machtvollkommenheit unter Beseitigung der ordentlichen
Magistratur aufgetreten waren und thatsächlich wenigstens ihr Amt
als ein der Zeit nach unbegrenztes verwaltet hatten. Oder vielmehr
dies neue Amt mit seiner auf einem Volksbeschlufs ruhenden, durch
keine Befristung und Collegialität eingeengten absoluten Gewalt war
nichts anderes als das alte Königthum, das ja eben auch beruhte auf
der freien Verpflichtung der Bürgerschaft einem aus ihrer Mitte als
absolutem Herrn zu gehorchen. Selbst von Zeitgenossen wird zur
Rechtfertigung Sullas es geltend gemacht, dafs ein König besser sei
als eine schlechte Verfassung*) und vermuthlich ward auch der Dic-
tatortitel nur gewählt um anzudeuten, dafs, wie die ehemalige Dictatur
eine vielfach beschränkte (I, 252. 285. 311), so diese neue eine vollständige Wiederaufnahme der königlichen Gewalt in sich enthalte. So
fiel denn seltsamer Weise Sullas Weg auch hier zusammen mit dem,

---

*) *Satius est uti regibus quam uti malis legibus* (ad Herenn. 2, 22).

den in so ganz anderer Absicht Gaius Gracchus eingeschlagen hatte.
Auch hier mufste die conservative Partei von ihren Gegnern borgen,
der Schirmherr der oligarchischen Verfassung selbst auftreten als
Tyrann, um die ewig andringende Tyrannis abzuwehren. Es war gar
viel Niederlage in diesem letzten Siege der Oligarchie.

Sulla hatte die schwierige und grauenvolle Arbeit des Restau-
rationswerkes nicht gesucht und nicht gewünscht; da ihm aber keine
andere Wahl blieb, als sie gänzlich unfähigen Händen zu überlassen
oder sie selber zu übernehmen, griff er sie an mit rücksichtsloser
Energie. Vor allen Dingen mufste eine Feststellung hinsichtlich der
Schuldigen getroffen werden. Sulla war an sich zum Verzeihen geneigt. Sanguinischen Temperaments wie er war, konnte er wohl zornig
aufbrausen und der mochte sich hüten, der sein Auge flammen und
seine Wangen sich färben sah; aber die chronische Rachsucht, wie sie
Marius in seiner greisenhaften Verbitterung eigen war, war seinem
leichten Naturell durchaus fremd. Nicht blofs nach der Revolution
von 666 war er mit verhältnifsmäfsig grofser Milde aufgetreten (S. 259):
auch die zweite, die so furchtbare Gräuel verübt und ihn persönlich so
empfindlich getroffen hatte, hatte ihn nicht aus dem Gleichgewicht
gebracht. In derselben Zeit, wo der Henker die Körper seiner Freunde
durch die Strafsen der Hauptstadt schleifte, hatte er dem blutbefleckten
Fimbria das Leben zu retten gesucht und da dieser freiwillig den Tod
nahm, Befehl gegeben, seine Leiche anständig zu bestatten. Bei der
Landung in Italien hatte er ernstlich sich erboten zu vergeben und
zu vergessen und keiner, der seinen Frieden zu machen kam, war
zurückgewiesen worden. Noch nach den ersten Erfolgen hatte er
in diesem Sinne mit Lucius Scipio verhandelt; die Revolutionspartei
war es gewesen, die diese Verhandlungen nicht blofs abgebrochen,
sondern nach denselben, im letzten Augenblicke vor ihrem Sturz, die
Mordthaten abermals und grauenvoller als je wieder aufgenommen, ja
zur Vernichtung der Stadt Rom sich mit dem uralten Landesfeind ver-
schworen hatte. Nun war es genug. Kraft seiner neuen Amtsgewalt
erklärte Sulla unmittelbar nach Uebernahme der Regentschaft als Feinde
des Vaterlands vogelfrei sämmtliche Civil- und Militärbeamte, welche
nach dem, Sullas Behauptung zufolge rechtsbeständig abgeschlossenen,
Vertrag mit Scipio noch für die Revolution thätig gewesen wären, und
von den übrigen Bürgern diejenigen, die in auffallender Weise derselben Vorschub gethan hätten. Wer einen dieser Vogelfreien tödtete,
war nicht blofs straffrei wie der Henker, der ordnungsmäfsig eine

Execution vollzieht, sondern erhielt auch für die Hinrichtung eine Vergütung von 12000 Denaren (3600 Thlr.); jeder dagegen, der eines Geächteten sich annahm, selbst der nächste Verwandte, unterlag der schwersten Strafe. Das Vermögen der Geächteten verfiel dem Staat gleich der Feindesbeute; ihre Kinder und Enkel wurden von der politischen Laufbahn ausgeschlossen, dennoch aber, insofern sie senatorischen Standes waren, verpflichtet die senatorischen Lasten für ihren Theil zu übernehmen. Die letzten Bestimmungen fanden auch Anwendung auf die Güter und die Nachkommen derjenigen, die im Kampfe für die Revolution gefallen waren; was noch hinausging selbst über die im ältesten Recht gegen solche, die die Waffen gegen ihr Vaterland getragen hatten, geordneten Strafen. Das Schrecklichste in diesem Schreckenssystem war die Unbestimmtheit der aufgestellten Kategorien, gegen die sofort im Senat remonstrirt ward und der Sulla selber dadurch abzuhelfen suchte, dafs er die Namen der Geächteten öffentlich anschlagen liefs und als letzten Termin für den Schlufs der Aechtungsliste den 1. Juni 673 festsetzte. So sehr diese täglich anschwellende und zuletzt bis auf 4700 Namen steigende Bluttafel*) das gerechte Entsetzen

Aechtungs- liste.

61

*) Diese Gesammtzahl giebt Valerius Maximus 9, 2, 1. Nach Appian b. c. 1, 95 wurden von Sulla geächtet gegen 40 Senatoren, wozu nachträglich noch einige hinzukamen, und etwa 1600 Ritter; nach Florus 2, 9 (daraus Augustin de civ. dei 3, 28) 2000 Senatoren und Ritter. Nach Plutarch Sull. 31 wurden in den ersten drei Tagen 520, nach Orosius 5, 21 in den ersten Tagen 580 Namen in die Liste eingetragen. Zwischen all diesen Berichten ist ein wesentlicher Widerspruch nicht vorhanden, da ja theils nicht blofs Senatoren und Ritter getödtet wurden, theils die Liste monatelang offen blieb. Wenn an einer andern Stelle Appian 1, 103 als von Sulla getödtet oder verbannt auffürt 15 Consulare, 90 Senatoren, 2600 Ritter, so sind hier, wie schon der Zusammenhang zeigt, die Opfer des Bürgerkriegs überhaupt und die Opfer Sullas verwechselt. Die funfzehn Consulare sind Quintus Catulus Consul 652, Marcus Antonius 655, Publius Crassus 657, Quintus Scaevola 659, Lucius Domitius 660, Lucius Caesar 664, Quintus Rufus 666, Lucius Cinna 667—670, Gnaeus Octavius 667, Lucius Merula 667, Lucius Flaccus 668, Gnaeus Carbo 669. 670. 672, Gaius Norbanus 671, Lucius Scipio 671, Gaius Marius 672, von denen vierzehn getödtet, einer, Lucius Scipio, verbannt wurde. Wenn dagegen der livianische Bericht bei Eutrop 5, 9 und Orosius 5, 22 als im Bundesgenossen- und Bürgerkrieg weggerafft (consumpti) angiebt 24 Consulare, 7 Praetorier, 60 Aedilicier, 200 Senatoren, so sind hier theils die im italischen Kriege gefallenen Männer mitgezählt, wie die Consulare Aulus Albinus Consul 655, ;Titus Didius 656, Publius Lupus 664, Lucius Cato 665, theils vielleicht Quintus Metellus Numidicus (S. 203), Manius Aquillius, Gaius Marius der Vater, Gnaeus Strabo, die man allenfalls auch als Opfer dieser Zeit ansehen konnte, oder andere Männer, deren Schicksal uns nicht bekannt ist. Von den vierzehn getödteten Consularen

102

99 97 95 94

90 88 87 84

87 87 86 85 84

82] 83 83 82

99 98

90 89

22*

der Bürger war, so war doch damit der reinen Schergenwillkür in
etwas gesteuert. Es war wenigstens nicht der persönliche Groll des
Regenten, dem die Masse dieser Opfer fiel; sein grimmiger Hafs richtete
sich einzig gegen die Marier, die Urheber der scheufslichen Metzeleien
von 667 und 672. Auf seinen Befehl ward das Grab des Siegers von
Aquae Sextiae wieder aufgerissen und die Asche desselben in den Anio
gestreut, die Denkmäler seiner Siege über Africaner und Deutsche um-
gestürzt, und, da ihm selbst so wie seinen Sohn der Tod seiner Rache
entrückt hatte, sein Adoptivneffe Marcus Marius Gratidianus, der zweimal Praetor gewesen und bei der römischen Bürgerschaft sehr beliebt war, an dem Grabe des bejammernswerthesten der marianischen
Schlachtopfer, des Catulus, unter den grausamsten Martern hingerichtet.
Auch sonst hatte der Tod schon die namhaftesten der Gegner hinge-
rafft; von den Führern waren nur noch übrig Gaius Norbanus, der in
Rhodos Hand an sich selbst legte, während die Ekklesia über seine
Auslieferung berieth; Lucius Scipio, dem seine Bedeutungslosigkeit
und wohl auch seine vornehme Geburt Schonung verschaften und *die
Erlaubnifs in seiner Zufluchtsstätte Massalia seine Tage in Ruhe beschliefsen zu dürfen; und Quintus Sertorius, der landflüchtig an der
mauretanischen Küste umherirrte. Aber dennoch häuften sich am servilischen Bassin, da wo die jugarische Gasse in den Marktplatz ein-
mündete, die Häupter der getödteten Senatoren, welche hier öffentlich
auszustellen der Dictator befohlen hatte, und vor allem unter den
Männern zweiten und dritten Ranges hielt der Tod eine furchtbare
Ernte. Aufser denen, die für ihre Dienste in der oder für die revolutionäre Armee ohne viele Wahl, zuweilen wegen eines einem der
Offiziere derselben gemachten Vorschusses oder wegen der mit einem
solchen geschlossenen Gastfreundschaft, in die Liste eingetragen wurden, traf namentlich jene Capitalisten, die über die Senatoren zu Gericht
gesessen und in marianischen Confiscationen speculirt hatten, 'die Einsäckler', die Vergeltung; etwa sechzehnhundert der sogenannten
Ritter*) waren auf der Aechtungsliste verzeichnet. Ebenso büfsten

sind drei, Rufus, Cinna und Flaccus durch Militärrevolten, dagegen acht sullanische, drei marianische Consulare als Opfer der Gegenpartei gefallen. Nach
der Vergleichung der oben angegebenen Ziffern galten als Opfer des Marius
50 Senatoren und 1000 Ritter, als Opfer des Sulla 40 Senatoren und 1600
Ritter; es giebt dies einen wenigstens nicht ganz willkürlichen Mafsstab zur
Abschätzung des Umfangs der beiderseitigen Frevel.

*) Einer von diesen ist der in Ciceros Rede für Publius Quinctius öfter
genannte Sextus Alfenus.

die gewerbsmäfsigen Ankläger, die schwerste Geifsel der Vornehmen,
die sich ein Geschäft daraus machten die Männer senatorischen Standes
vor die Rittergerichte zu ziehen —, ‚wie geht es nur zu‘, fragte bald
darauf ein Sachwalter, dafs sie uns die Gerichtsbänke gelassen haben,
da sie doch Ankläger und Richter todtschlugen?‘ Die wildesten und
schändlichsten Leidenschaften rasten viele Monate hindurch ungefesselt
durch Italien. In der Hauptstadt war es ein Keltentrupp, dem zunächst
die Executionen aufgetragen wurden, und sullanische Soldaten und Un-
terofſiziere durchzogen zu gleichem Zweck die verschiedenen Districte
Italiens; aber auch jeder Freiwillige war ja willkommen und vornehm-
mes und niederes Gesindel drängte sich herbei, nicht blofs um die
Mordprämie zu verdienen, sondern auch um unter dem Deckmantel
der politischen Verfolgung die eigene Rachsucht oder Habsucht zu
befriedigen. Es kam wohl vor, dafs der Eintragung in die Aechtungsliste die Ermordung nicht nachfolgte, sondern voranging. Ein Beispiel zeigt, in welcher Art diese Executionen erfolgten. In Larinum,
einer marianisch gesinnten Neubürgerstadt, trat ein gewisser Statius
Albius Oppianicus, der um einer Anklage wegen Mordes zu entgehen
in das sullanische Hauptquartier entwichen war, nach dem Sieg auf
als Commissarius des Regenten, setzte die Stadtobrigkeit ab und sich
und seine Freunde an deren Stelle und liefs den, der ihn mit der Anklage bedroht hatte, nebst dessen nächsten Verwandten und Freunden
ächten und tödten. So fielen Unzählige, darunter nicht wenige entschiedene Anhänger der Oligarchie, als Opfer der Privatfeindschaft
oder ihres Reichthums; die fürchterliche Verwirrung und die sträfliche
Nachsicht, die Sulla wie überall so auch hier gegen die ihm näher
Stehenden bewies, verhinderten jede Ahndung auch nur der hiebei mit
untergelaufenen gemeinen Verbrechen. — In ähnlicher Weise ward
mit dem Beutegut verfahren. Sulla wirkte aus politischen Rücksichten
dahin, dafs die angesehenen Bürger sich bei dessen Ersteigerung betheiligten; ein grofser Theil drängte übrigens freiwillig sich herbei,
keiner eifriger als der junge Marcus Crassus. Unter den obwaltenden
Umständen war die ärgste Schleuderwirthschaft nicht zu vermeiden,
die übrigens zum Theil schon aus der römischen Weise folgte die vom
Staat eingezogenen Vermögen gegen eine Pauschsumme zur Realisirung zu verkaufen; es kam noch hinzu, dafs der Regent theils sich
selbst nicht vergafs, theils besonders seine Gemahlin Metella und andere ihm nahestehende vornehme und geringe Personen, selbst Freigelassene und Kneipgenossen, bald ohne Concurrenz kaufen liefs, bald

Confisca-
tionen.

ihnen den Kaufschilling ganz oder theilweise erliefs — so soll zum
Beispiel einer seiner Freigelassenen ein Vermögen von 6 Millionen
(457000 Thlr.) für 2000 Sesterzen (152 Thlr.) ersteigert haben und
einer seiner Unteroffiziere durch derartige Speculationen zu einem
Vermögen von 10 Mill. Sesterzen (761000 Thlr.) gelangt sein. Der
Unwille war grofs und gerecht; schon während Sullas Regentschaft
fragte ein Advocat, ob der Adel den Bürgerkrieg nur geführt habe um
seine Freigelassenen und Knechte zu reichen Leuten zu machen. Trotz
dieser Schleuderei indefs betrug der Gesammterlös aus den confiscirten
Gütern nicht weniger als 350 Mill. Sest. (27 Mill. Thlr.), was von dem
ungeheuren Umfang dieser hauptsächlich auf den reichsten Theil der
Bürgerschaft fallenden Einziehungen einen ungefähren Begriff giebt.
Es war durchaus ein fürchterliches Strafgericht. Es gab keinen Prozefs,
keine Begnadigung mehr; bleischwer lastete der dumpfe Schrecken auf
dem Lande und das freie Wort war auf dem Markte der Haupt- wie
der Landstadt verstummt. Das oligarchische Schreckensregiment trug
wohl einen andern Stempel als das revolutionäre; wenn Marius seine
persönliche Rachsucht im Blute seiner Feinde gelöscht hatte, so schien
Sulla den Terrorismus man möchte sagen abstract als zur Einführung
der neuen Gewaltherrschaft nothwendig zu erachten und die Metzelei
fast gleichgültig zu betreiben und betreiben zu lassen. Aber nur um
so entsetzlicher erschien das Schreckensregiment, indem es von der
conservativen Seite her und gewissermafsen ohne Leidenschaft auftrat;
nur um so unrettbarer schien das Gemeinwesen verloren, indem der
Wahnsinn und der Frevel auf beiden Seiten im Gleichgewicht standen.

Aufrecht-
haltung der
verliehenen
Bürger-
rechte.

　　In der Ordnung der Verhältnisse Italiens und der Hauptstadt hielt
Sulla, obwohl er sonst im Allgemeinen alle während der Revolution
vorgenommenen nicht blofs die laufenden Geschäfte erledigenden
Staatshandlungen als nichtig behandelte, doch fest an dem von ihr
aufgestellten Grundsatz, dafs jeder Bürger einer italischen Gemeinde
damit von selbst auch Bürger von Rom sei; die Unterschiede zwischen
Bürgern und italischen Bundesgenossen, zwischen Altbürgern bessern
und Neubürgern beschränkteren Rechts waren und blieben beseitigt.
Nur den Freigelassenen ward das unbeschränkte Stimmrecht abermals
entzogen und für sie das alte Verhältnifs wiederhergestellt. Den aristokratischen Ultras mochte dies als eine grofse Concession erscheinen;
Sulla sah, dafs den revolutionären Führern jene mächtigen Hebel nothwendig aus der Hand gewunden werden mufsten und dafs die Herrschaft der Oligarchie durch die Vermehrung der Zahl der Bürger nicht

wesentlich gefährdet ward. Aber mit dieser Nachgiebigkeit im Princip Strafge- verband sich das härteste Gericht über die einzelnen Gemeinden in richte gegen einzelne sämmtlichen Landschaften Italiens, ausgeführt durch Specialcommis- Gemeinden. sare und unter Mitwirkung der durch die ganze Halbinsel vertheilten Besatzungen. Manche Städte wurden belohnt, wie zum Beispiel die erste Gemeinde, die sich an Sulla angeschlossen hatte, Brundisium, jetzt die für diesen Seehafen so wichtige Zollfreiheit erhielt; mehrere bestraft. Den minder Schuldigen wurden Geldbufsen, Niederreifsung der Mauern, Schleifung der Burgen dictirt; den hartnäckigsten Gegnern confiscirte der Regent einen Theil ihrer Feldmark, zum Theil sogar das ganze Gebiet, wie denn dies rechtlich allerdings als verwirkt an- gesehen werden konnte, mochte man nun sie als Bürgergemeinden behandeln, die die Waffen gegen ihr Vaterland getragen, oder als Bundesstaaten, die dem ewigen Friedensvertrag zuwider mit Rom Krieg geführt hatten. In diesem Falle ward zugleich allen aus dem Besitz gesetzten Bürgern, aber auch nur diesen, ihr Stadt- und zugleich das römische Bürgerrecht aberkannt, wogegen sie das schlechteste lati- nische empfingen[*]). Man vermied also an italischen Unterthanen- gemeinden geringeren Rechts der Opposition einen Kern zu gewähren; die heimathlosen Expropriirten mufsten bald in der Masse des Prole- tariats sich verlieren. In Campanien ward nicht blofs, wie sich von selbst versteht, die demokratische Colonie Capua aufgehoben und die Domäne an den Staat zurückgegeben, sondern auch, wahrscheinlich um diese Zeit, der Gemeinde Neapolis die Insel Aenaria (Ischia) ent- zogen. In Latium wurde die gesammte Mark der grofsen und reichen Stadt Praeneste und vermutblich auch die von Norba eingezogen, ebenso in Umbrien die von Spoletium. Sulmo in der paelignischen Landschaft ward sogar geschleift. Aber vor allem schwer lastete des Regenten eiserner Arm auf den beiden Landschaften, die bis zuletzt

---

[*]) I, 422. Es kam hiebei noch die eigenthümliche Erschwerung hinzu, dafs das latinische Recht sonst regelmäfsig eben wie das peregrinische die Mitglied- schaft in einer bestimmten latinischen oder peregrinischen Gemeinde in sich schlofs, hier aber — ähnlich wie bei den späteren Freigelassenen latinischen und dediticischen Rechts (vgl. S. 247 A.) — ohne ein solches eigenes Stadtrecht auftrat. Die Folge war, dafs diese Latiner die an die Stadtverfassung ge- knüpften Privilegien entbehrten, genau genommen auch nicht testiren konnten, da niemand anders ein Testament errichten kann als nach dem Recht seiner Stadt; wohl aber konnten sie aus römischen Testamenten erwerben und unter Lebenden unter sich wie mit Römern oder Latinern in den Formen des rö- mischen Rechts verkehren.

und noch nach der Schlacht am collinischen Thor ernstlichen Widerstand geleistet hatten, auf Etrurien und Samnium. Dort traf die Ge-
sammtconfiscation eine Reihe' der ansehnlichsten Communen. zum
Beispiel Florentia, Faesulae, Arretium, Volaterrae. Von Samniums
Schicksal ward schon gesprochen; hier ward nicht confiscirt, sondern
das Land für immer verwüstet, seine blühenden Städte, selbst die ehemalige latinische Colonie Aesernia, öde gelegt und die Landschaft der
bruttischen und lucanischen gleichgestellt. — Diese Anordnungen über
das italische Bodeneigenthum stellten theils diejenigen römischen Do-
manialländereien, welche den ehemaligen Bundesgenossengemeinden
zur Nutzniefsung übertragen waren und jetzt mit deren Auflösung an
die römische Regierung zurückfielen, theils die eingezogenen Feldmarken der straffälligen Gemeinden zur Verfügung des Regenten; und
er benutzte sie, um darauf die Soldaten der siegreichen Armee ansässig
zu machen.] [Die meisten dieser neuen Ansiedelungen kamen nach
Etrurien, zum Beispiel nach Faesulae und Arretium, andere nach Latium und Campanien, wo unter andern Praeneste und Pompeii sullanische Colonien wurden. Samnium wieder zu bevölkern lag, wie gesagt, nicht in der Absicht des Regenten. Ein grofser Theil dieser
Assignationen erfolgte in gracchanischer Weise, so dafs die Angesiedelten zu einer schon bestehenden Stadtgemeinde hinzutraten. [Wie
umfassend die Ansiedelung war, zeigt die Zahl der vertheilten Landloose, die auf 120000 angegeben wird; wobei dennoch einige Acker-
complexe anderweitig verwandt wurden, wie zum Beispiel der Dianen-
tempel auf dem Berg Tifata mit Ländereien beschenkt ward, andere,
wie die volaterranische Mark und ein Theil der arretinischen, unvertheilt blieben, andere endlich nach dem alten gesetzlich untersagten
(S. 128), aber jetzt wieder auftauchenden Mifsbrauch von Sullas Günst-
lingen nach Occupationsrecht eingenommen wurden. Die Zwecke.
die Sulla bei dieser Colonisation verfolgte, waren mannichfacher Art.
Zunächst löste er damit seinen Soldaten das gegebene Wort. Ferner
nahm er damit den Gedanken auf, in dem die Reformpartei und die
gemäfsigten Conservativen zusammentrafen und dem gemäfs er selbst
schon im J. 666 die Gründung einer Anzahl von Colonien angeordnet
hatte: die Zahl der ackerbauenden Kleinbesitzer in Italien durch Zer-
schlagung gröfserer Besitzungen von Seiten der Regierung zu vermehren; wie ernstlich ihm hieran gelegen war, zeigt das erneuerte Verbot
des Zusammenschlagens der Ackerloose. Endlich und vor allem sah
er in diesen angesiedelten Soldaten gleichsam stehende Besatzungen.

die mit ihrem Eigenthumsrecht zugleich seine neue Verfassung schirmen würden; weshalb auch, wo nicht die ganze Mark eingezogen ward, wie zum Beispiel in Pompeii, die Colonisten nicht mit der Stadtgemeinde verschmolzen, sondern die Altbürger und die Colonisten als zwei in demselben Mauerring vereinigte Bürgerschaften constituirt wurden. Diese Colonialgründungen ruhten wohl auch wie die älteren auf Volksschlufs, aber doch nur mittelbar, insofern sie der Regent auf Grund der desfälligen Clausel des valerischen Gesetzes constituirte; der Sache nach gingen sie hervor aus der Machtvollkommenheit des Herrschers und erinnerten insofern an das freie Schalten der ehemaligen königlichen Gewalt über das Staatsgut. Insofern aber, als der Gegensatz des Soldaten und des Bürgers, der sonst eben durch die Deduction der Soldaten aufgehoben ward, bei den sullanischen Colonien noch nach ihrer Ausführung lebendig bleiben sollte und blieb, und als diese Colonisten gleichsam das stehende Heer des Senats bildeten, werden sie nicht unrichtig im Gegensatz gegen die älteren als Militärcolonien bezeichnet. — Dieser factischen Constituirung einer stehenden Armee des Senats verwandt ist die Mafsregel des Regenten aus den Sklaven der Geächteten über 10000 der jüngsten und kräftigsten Männer auszuwählen und insgesammt freizusprechen. Diese neuen Cornelier, deren bürgerliche Existenz an die Rechtsbeständigkeit der Institutionen ihres Patrons geknüpft war, sollten eine Art von Leibwache für die Oligarchie sein und ihr den städtischen Pöbel beherrschen helfen, auf den nun einmal in der Hauptstadt in Ermangelung einer Besatzung alles ankam.

Die cornelischen Freigelassenen in Rom.

Diese aufserordentlichen Stützen, auf die zunächst der Regent die Oligarchie lehnte, schwach und ephemer wie sie wohl auch ihrem Urheber erscheinen mochten, waren doch die einzig möglichen, wenn man nicht zu Mitteln greifen wollte, wie die förmliche Aufstellung eines stehenden Heeres in Rom und dergleichen Mafsregeln mehr, die der Oligarchie noch weit eher ein Ende gemacht haben würden als die demagogischen Angriffe. Das dauernde Fundament der ordentlichen Regierungsgewalt der Oligarchie mufste natürlich der Senat sein mit einer so gesteigerten und so concentrirten Gewalt, dafs er an jedem einzelnen Angriffspunkt den nicht organisirten Gegnern überlegen gegenüberstand. Das vierzig Jahre hindurch befolgte System der Transactionen war zu Ende. Die gracchische Verfassung, noch geschont in der ersten sullanischen Reform von 666, ward jetzt von Grund aus beseitigt. Seit Gaius Gracchus hatte die Regierung dem

Beseitigung der gracchischen Institutionen.

66

hauptstädtischen Proletariat gleichsam das Recht der Emeute zugestanden und es abgekauft durch regelmäfsige Getreidevertheilungen
an die in der Hauptstadt domicilirten Bürger; Sulla schaffte dieselben
ab. Durch die Verpachtung der Zehnten und Zölle der Provinz Asia
in Rom hatte Gaius Gracchus den Capitalistenstand organisirt und
fundirt; Sulla hob das System der Mittelsmänner auf und verwandelte
die bisherigen Leistungen der Asiaten in feste Abgaben, welche nach den
zum Zweck der Nachzahlung der Rückstände entworfenen Schätzungs-
listen auf die einzelnen Bezirke umgelegt wurden*). Gaius Gracchus
hatte durch Uebergabe der Geschwornenposten an die Männer vom
Rittercensus dem Capitalistenstand eine indirecte Mitverwaltung und
Mitregierung erwirkt, die nicht selten sich stärker als die officielle
Verwaltung und Regierung erwies; Sulla schaffte die Rittergerichte ab
und stellte die senatorischen wieder her. Gaius Gracchus oder doch
die gracchische Zeit hatte den Rittern einen Sonderstand bei den
Volksfesten eingeräumt, wie ihn schon seit längerer Zeit die Senatoren
besafsen (I, 789); Sulla hob ihn auf und wies die Ritter zurück auf die
Plebejerbänke**). Der Ritterstand, als solcher durch Gaius Gracchus
geschaffen, verlor seine politische Existenz durch Sulla. Unbedingt,
ungetheilt und auf die Dauer sollte der Senat die höchste Macht in
Gesetzgebung, Verwaltung und Gerichten überkommen und auch
äufserlich nicht blofs als privilegirter, sondern als einzig privilegirter
Stand auftreten.

Reorgani-
sation des
Senats.

Vor allem mufste zu diesem Ende die Regierungsbehörde ergänzt
und selber unabhängig gestellt werden. Durch die letzten Krisen war
die Zahl der Senatoren furchtbar zusammengeschwunden. Zwar stellte
Sulla den durch die Rittergerichte Verbannten jetzt die Rückkehr frei,

---

*) Dafs Sullas Umlage der rückständigen fünf Jahreszieler und der Kriegs-
kosten auf die Gemeinden von Asia (Appian *Mithr.* 62 und sonst) auch für die
Zukunft mafsgebend war, zeigt schon die Zurückführung der Eintheilung Asias
in vierzig Districte auf Sulla (Cassiodor *chron.* 670) und die Zugrundelegung
der sullanischen Repartition bei späteren Ausschreibungen (Cic. *pro Flacc.* 14,
81 32) ferner dafs bei dem Flottenbau 672 die hiezu verwandten Summen an der
Steuerzahlung (*ex pecunia vectigali populo Romano*) gekürzt werden (Cic.
Verr. l. 1, 35, 89). Geradezu sagt endlich Cicero (*ad Q. fr.* l, 1, 11, 33), dafs die
Griechen ,nicht im Stande waren von sich aus den von Sulla ihnen auferlegten
Zins zu zahlen ohne Steuerpächter'.

**) S. 110. Ueberliefert ist es freilich nicht, von wem dasjenige Gesetz
erlassen ward, welches die Erneuerung des älteren Privilegs durch das roscische
67 Theatergesetz 687 nöthig machte (Becker-Friedländer 4, 531), aber nach der
Lage der Sache war der Urheber dieses Gesetzes unzweifelhaft Sulla.

wie dem Consular Publius Rutilius Rufus (S. 213), der übrigens von
der Erlaubnifs keinen Gebrauch machte, und dem Freunde des Drusus
Gaius Cotta (S. 228); allein es war dies ein geringer Ersatz für die
Lücken, die der revolutionäre wie der reactionäre Terrorismus in die
Reihen des Senats gerissen hatte. Defshalb wurde nach Sullas Anordnung der Senat aufserordentlicher Weise ergänzt durch etwa 300
neue Senatoren, welche die Districtversammlung aus den Männern vom
Rittercensus zu ernennen hatte und die sie, wie begreiflich, vorzugsweise theils aus den jüngeren Männern der senatorischen Häuser, theils
aus sullanischen Officieren und anderen durch die letzte Umwälzung
Emporgekommenen auslas. Aber auch für die Zukunft ward die Aufnahme in den Senat neu geordnet und auf wesentlich andere Grundlagen gestellt. Nach der bisherigen Verfassung trat man in den Senat
ein entweder durch censorische Berufung, was der eigentliche und
ordentliche Weg war, oder durch die Bekleidung eines der drei curulischen Aemter: des Consulats, der Praetur oder der Aedilität, an welche
seit dem ovinischen Gesetz von Rechtswegen Sitz und Stimme im Senat
geknüpft war (I, 786); die Bekleidung eines niederen Amtes, des Tribunats oder der Quaestur gab wohl einen factischen Anspruch auf
einen Platz im Senat, insofern die censorische Auswahl vorzugsweise
auf diese Männer sich lenkte, aber keineswegs eine rechtliche Anwartschaft. Von diesen beiden Eintrittswegen hob Sulla den ersteren auf
durch die wenigstens thatsächliche Beseitigung der Censur und änderte
den zweiten dahin ab, dafs der gesetzliche Eintritt in den Senat statt
an die Aedilität an die Quaestur geknüpft und zugleich die Zahl der
jährlich zu ernennenden Quaestoren auf zwanzig*) erhöht ward. Die

Marginal notes: Aufserordentliche Ergänzung. / Eintritt in den Senat durch die Quaestur.

---

*) Wie viele Quaestoren bis dahin jährlich gewählt wurden, ist nicht bekannt.
Im J. 457 stellte sich die Zahl auf acht: zwei städtische, zwei Militär- und vier 267
Flottenquaestoren (I, 417. 427); wozu dann die in den Aemtern beschäftigten
Quaestoren (I, 545) hinzugetreten sind. Denn die Flottenquaestoren in Ostia,
Cales und so weiter gingen keineswegs ein und auch die Militärquaestoren
konnten nicht anderweitig verwendet werden, da sonst der Consul, wo er als
Oberfeldherr auftrat, ohne Quaestor gewesen sein würde. Da es nun bis auf
Sulla neun Aemter gab, überdies nach Sicilien zwei Quaestoren gingen, so
könnte er möglicherweise schon achtzehn Quaestoren vorgefunden haben.
Wie indefs auch die Zahl der Oberbeamten dieser Zeit beträchtlich geringer
als die ihrer Competenzen gewesen (S. 353) und hier stets durch Fristerstreckung und andere Aushülfen Rath geschafft worden ist, überhaupt die
Tendenz der römischen Regierung darauf ging die Zahl der Beamten möglichst
zu beschränken, so mag es auch mehr quaestorische Competenzen gegeben
haben als Quaestoren und es kann selbst sein, dafs in kleine Provinzen, wie

bisher den Censoren rechtlich zustehende, obwohl thatsächlich längst
nicht mehr in ihrem ursprünglichen ernstlichen Sinn geübte Befugnifs
bei den von fünf zu fünf Jahren stattfindenden Revisionen jeden
Senator unter Angabe von Gründen von der Liste zu streichen (I, 790),
fiel für die Zukunft ebenfalls fort; die bisherige factische Unabsetz-
barkeit der Senatoren ward also von Sulla schliefslich festgestellt. Die
Gesammtzahl der Senatoren, die bis dahin vermuthlich die alte Nor-
malzahl von 300 nicht viel überstiegen und oft wohl nicht einmal erreicht hatte, ward dadurch beträchtlich, vielleicht durchschnittlich um
das Doppelte erhöht*), was auch schon die durch die Uebertragung
der Geschworenenfunctionen stark vermehrten Geschäfte des Senats
nothwendig machten. Indem ferner sowohl die aufserordentlich eintretenden Senatoren als die Quaestoren ernannt wurden von den
Tributcomitien, wurde der bisher mittelbar auf den Wahlen des Volkes
ruhende Senat (I, 314) jetzt durchaus auf directe Volkswahl gegründet,
derselbe also einem repräsentativen Regiment so weit genähert, als dies
mit dem Wesen der Oligarchie und den Begriffen des Alterthums überhaupt sich vertrug. Aus einem nur zum Berathen der Beamten bestimmten Collegium war im Laufe der Zeit der Senat eine den Beamten
befehlende und selbstregierende Behörde geworden; es war hiervon
nur eine consequente Weiterentwicklung, wenn das den Beamten
ursprünglich zustehende Recht die Senatoren zu ernennen und zu
cassiren denselben entzogen und der Senat auf dieselbe rechtliche
Grundlage gestellt wurde, auf welcher die Beamtengewalt selber ruhte.
Die exorbitante Befugnifs der Censoren die Rathliste zu revidiren und
nach Gutdünken Namen zu streichen oder zuzusetzen vertrug in der
That sich nicht mit einer geordneten oligarchischen Verfassung. In-

zum Beispiel Kilikien, in dieser Zeit gar kein Quaestor ging. Aber sicher hat
es doch schon vor Sulla mehr als acht Quaestoren gegeben.

*) Von einer festen Zahl der Senatoren kann genau genommen überhaupt
nicht die Rede sein. Wenn auch die Censoren vor Sulla jedesmal eine Liste
von 300 Köpfen anfertigten, so traten doch zu dieser immer noch diejenigen
Nichtsenatoren hinzu, die nach Abfassung der Liste bis zur Aufstellung der
nächsten ein curulisches Amt bekleideten; und nach Sulla gab es so viele Senatoren als gerade Quaestorier am Leben waren. Wohl aber ist anzunehmen,
dafs Sulla den Senat auf ungefähr 5—600 Köpfe zu bringen bedacht war; und
diese Zahl ergiebt sich, wenn jährlich 20 neue Mitglieder von durchschnittlich
30 Jahren eintraten und man die durchschnittliche Dauer der senatorischen
Würde auf 25—30 Jahre ansetzt. In einer stark besuchten Senatssitzung der
ciceronischen Zeit waren 417 Mitglieder anwesend.

dem jetzt durch die Quaestorenwahl für eine genügende regelmäfsige Ergänzung gesorgt ward, wurden die censorischen Revisionen überflüssig und durch deren Wegfall das wesentliche Grundprincip jeder Oligarchie, die Inamovibilität und Lebenslänglichkeit der zu Sitz und Stimme gelangten Glieder des Herrenstandes, endgültig consolidirt.

Hinsichtlich der Gesetzgebung begnügte sich Sulla die im J. 666 getroffenen Bestimmungen wieder aufzunehmen und die legislatorische Initiative, wie sie längst thatsächlich dem Senat zustand, wenigstens den Tribunen gegenüber auch gesetzlich ihm zu sichern. Die Bürgerschaft blieb der formelle Souverän; allein was ihre Urversammlungen anlangt, so schien es dem Regenten nothwendig die Form zwar sorgfältig zu conserviren, aber jede wirkliche Thätigkeit derselben noch sorgfältiger zu verhüten. Sogar mit dem Bürgerrecht selbst ging Sulla in der geringschätzigsten Weise um; er machte keine Schwierigkeit weder den Neubürgergemeinden es zuzugestehen noch Spanier und Kelten in Masse damit zu beschenken; ja es geschah, wahrscheinlich nicht ohne Absicht, schlechterdings gar nichts für die Feststellung der Bürgerliste, die doch nach so gewaltigen Umwälzungen einer Revision dringend bedurfte, wenn es überhaupt der Regierung noch mit den hieran sich knüpfenden Rechtsbefugnissen Ernst war. Geradezu beschränkt wurde die legislatorische Competenz der Comitien übrigens nicht; es war auch nicht nöthig, da ja in Folge der besser gesicherten Initiative des Senats das Volk ohnehin nicht leicht wider den Willen der Regierung in die Verwaltung, das Finanzwesen und die Criminaljurisdiction eingreifen konnte und seine legislative Mitwirkung wesentlich wieder zurückgeführt ward auf das Recht zu Aenderungen der Verfassung Ja zu sagen. — Wichtiger war die Betheiligung der Bürgerschaft bei den Wahlen, deren man nun einmal nicht entbehren zu können schien, ohne mehr aufzurütteln, als Sullas obenhin sich haltende Restauration aufrütteln konnte und wollte. Die Eingriffe der Bewegungspartei in die Priesterwahlen wurden beseitigt; nicht blofs das domitische Gesetz von 650, das die Wahlen zu den höchsten Priesterämtern überhaupt dem Volke übertrug (S. 197), sondern auch die älteren gleichartigen Verfügungen hinsichtlich des Oberpontifex und des Obercurio (I, 825) wurden von Sulla cassirt und den Priestercollegien das Recht der Selbstergänzung in seiner ursprünglichen Unbeschränktheit zurückgegeben. Hinsichtlich der Wahlen zu den Staatsämtern aber blieb es im Ganzen bei der bisherigen Weise; aufser insofern die sogleich zu erwähnende neue Regulirung des militärischen

88] Bestimmungen hinsichtlich der Bürgerschaft.

Cooptation der Priestercollegien 104] wiederhergestellt.

Commandos allerdings folgeweise eine wesentliche Beschränkung der
Bürgerschaft in sich schlofs, ja gewissermafsen das Vergebungsrecht
der Feldherrnstellen von der Bürgerschaft auf den Senat übertrug. Es
scheint nicht einmal, dafs Sulla die früher versuchte Restauration der
servianischen Stimmordnung (S. 259) jetzt wieder aufnahm, sei es nun,
dafs er es überhaupt als gleichgültig betrachtete, ob die Stimmabthei-
lungen so oder so zusammengesetzt seien, sei es, dafs diese ältere
Ordnung ihm den gefährlichen Einflufs der Capitalisten zu steigern
Regulirung schien. Nur die Qualificationen wurden wiederhergestellt und theil-
der Amts-
qualifica- weise gesteigert. Die zur Bekleidung eines jeden Amtes erforderliche
tionen. Altersgrenze ward aufs Neue eingeschärft; ebenso die Bestimmung,
dafs jeder Bewerber um das Consulat vorher die Praetur, jeder Bewerber um die Praetur vorher die Quaestur bekleidet haben müsse,
wogegen es gestattet war die Aedilität zu übergehen. Mit besonderer
Strenge wurde, in Hinblick auf die jüngst mehrfach vorgekommenen
Versuche in der Form des durch mehrere Jahre hindurch fortgesetzten
Consulats die Tyrannis zu begründen, gegen diesen Mifsbrauch eingeschritten und verfügt, dafs zwischen der Bekleidung zweier un-
gleicher Aemter mindestens zwei, zwischen der zweimaligen Bekleidung
desselben Amtes mindestens zehn Jahre verfliefsen sollten; mit welcher
letzteren Bestimmung, anstatt der in der jüngsten ultraoligarchischen
Epoche beliebten absoluten Untersagung jeder Wiederwahl zum Con-
343 sulat (S. 69), wieder die ältere Ordnung vom J. 412 (I, 311) aufgenommen ward. Im Ganzen aber liefs Sulla den Wahlen ihren Lauf und
suchte nur die Beamtengewalt in der Art zu fesseln, dafs, wen auch immer
die unberechenbare Laune der Comitien zum Amte berief, der Gewählte
aufser Stande sein würde gegen die Oligarchie sich aufzulehnen.

Schwä-   Die höchsten Beamten des Staats waren in dieser Zeit thatsäch-
chung des
Volks-   lich die drei Collegien der Volkstribune, der Consuln und Praetoren
tribunats. und der Censoren. Sie alle gingen aus der sullanischen Restauration
mit wesentlich geschmälerten Rechten hervor; vor allem das tribunicische Amt, das dem Regenten erschien als ein zwar auch für das
Senatsregiment unentbehrliches, aber dennoch, als von der Revolution
erzeugt und stets geneigt wieder Revolutionen aus sich zu erzeugen,
strenger und dauernder Fesselung bedürftiges Werkzeug. [Von dem
Rechte die Amtshandlungen der Magistrate durch Einschreiten zu cassiren, den Contravenienten eventuell zu brüchen und dessen weitere
Bestrafung zu veranlassen war die tribunicische Gewalt ausgegangen;
dies blieb den Tribunen auch jetzt, nur dafs auf den Mifsbrauch des

Intercessionsrechts eine schwere die bürgerliche Existenz regelmäfsig
vernichtende Geldstrafe gesetzt ward. Die weitere Befugnifs des Tribuns mit dem Volke nach Gutdünken zu verhandeln, theils um An-
klagen einzubringen, insbesondere gewesene Beamte vor dem Volk zur
Rechenschaft zu ziehen, theils um Gesetze zur Abstimmung vorzu-
legen, war der Hebel gewesen, durch den die Gracchen, Saturninus,
Sulpicius den Staat umgewälzt hatten; sie ward nicht aufgehoben, aber
wohl von einer vorgängig bei dem Senat nachzusuchenden Erlaubnifs
abhängig gemacht *). Endlich wurde hinzugefügt, dafs die Bekleidung
des Tribunats in Zukunft zur Uebernahme eines höhern Amtes unfähig machen solle — eine Bestimmung, die wie so manches Andere
in Sullas Restauration wieder auf die altpatricischen Satzungen zurückkam und, ganz wie in den Zeiten vor der Zulassung der Plebejer zu
den bürgerlichen Aemtern, das Tribunat einer- und die curulischen
Aemter andrerseits mit einander unvereinbar erklärte. Auf diese Weise
hoffte der Gesetzgeber der Oligarchie der tribunicischen Demagogie zu
wehren und alle ehrgeizigen und aufstrebenden Männer von dem Tribunat fernzuhalten, dagegen dasselbe festzuhalten als Werkzeug des
Senats, sowohl zur Vermittelung zwischen diesem und der Bürgerschaft, als auch vorkommenden Falls zur Niederhaltung der Magistratur;
und wie die Herrschaft des Königs und später der republikanischen
Beamten über die Bürgerschaft kaum irgendwo so klar zu Tage tritt
wie in dem Satze, dafs ausschliefslich sie das Recht haben öffentlich
zum Volke zu reden, so zeigt sich die jetzt zuerst rechtlich festgestellte
Oberherrlichkeit des Senats am bestimmtesten in dieser von dem Vormann des Volkes für jede Verhandlung mit demselben vom Senat zu
erbittenden Erlaubnifs.

---

*) Darauf gehen die Worte des Lepidus bei Sallust (*hist.* 1, 41, 11 Dietsch):
populus Romanus exutus . . . iure agitandi, auf die Tacitus (*ann.* 3, 27) anspielt:
*statim turbidis Lepidi rogationibus neque multo post tribunis reddita licentia
quoquo vellent populum agitandi.* Dafs die Tribune nicht überhaupt das Recht
verloren mit dem Volke zu verhandeln, zeigt deutlicher als Cic. *de leg.* 3, 4, 10
das Plebiscit *de Thermensibus,* welches aber auch in der Eingangsformel sich
bezeichnet als *de senatus sententia* erlassen. Dafs die Consuln dagegen auch
nach der sullanischen Ordnung ohne vorgängigen Senatsbeschlufs Anträge an
das Volk bringen konnten, beweist nicht blofs das Stillschweigen der Quellen,
sondern auch der Verlauf der Revolutionen von 667 und 676, deren Führer 87 78
eben aus diesem Grunde nicht Tribune, sondern Consuln gewesen sind. Darum
begegnen auch in dieser Zeit consularische Gesetze über administrative Neben-
fragen, wie zum Beispiel das Getreidegesetz von 681, für die zu andern Zeiten 73
sicher Plebiscite eingetreten sein würden.

Auch Consulat und Praetur, obwohl sie von dem aristokratischen
Regenerator Roms mit günstigeren Augen betrachtet wurden als das
an sich verdächtige Tribunat, entgingen doch keineswegs dem Mifs-
trauen gegen das eigene Werkzeug, welches durchaus die Oligarchie
bezeichnet. Sie wurden in schonenderen Formen, aber in sehr fühl-
barer Weise beschränkt. Sulla knüpfte hier an die Geschäftstheilung

an. Zu Anfang dieser Periode bestand dafür die folgende Ordnung.
Den beiden Consuln lag immer noch, wie ehemals der Inbegriff der
Geschäfte des höchsten Amtes überhaupt, so jetzt derjenige Inbegriff
der höchsten Amtsgeschäfte ob, für welchen nicht gesetzlich besondere
Competenzen festgestellt waren. Dies letztere war der Fall mit dem
hauptstädtischen Gerichtswesen, womit die Consuln sich nach einer
unverbrüchlich festgehaltenen Regel nicht befassen durften, und mit
den damals bestehenden überseeischen Aemtern: Sicilien, Sardinien
und den beiden Spanien, in denen der Consul das Commando zwar
führen konnte, aber nur ausnahmsweise führte. Im ordentlichen Lauf
der Dinge wurden demnach sechs Specialcompetenzen, die beiden
hauptstädtischen Gerichtsvorstandschaften und die vier überseeischen
Aemter unter die sechs Praetoren vergeben, woneben den beiden Consuln kraft ihrer Generalcompetenz die Leitung der hauptstädtischen
nicht gerichtlichen Geschäfte und das militärische Commando in den
festländischen Besitzungen oblag. Da diese Generalcompetenz also
doppelt besetzt war, blieb der Sache nach der eine Consul zur Verfügung der Regierung, und für gewöhnliche Zeiten kam man demnach
mit jenen acht höchsten Jahresbeamten vollständig, ja reichlich aus.
Für aufserordentliche Fälle blieb es ferner vorbehalten theils die nicht
militärischen Competenzen zu cumuliren, theils die militärischen über
die Endfrist hinaus fortdauern zu lassen (*prorogare*). Es war nicht
ungewöhnlich die beiden Gerichtsvorstandschaften demselben Praetor
zu übertragen und die regelmäfsig von den Consuln zu beschaffenden
hauptstädtischen Geschäfte durch den Stadtpraetor versehen zu lassen;
wogegen es verständiger Weise möglichst vermieden ward mehrere
Commandos in derselben Hand zu vereinigen. Hier half vielmehr die
Regel aus, dafs im militärischen Imperium es kein Interregnum gab,
also dasselbe, obwohl gesetzlich befristet, doch nach Eintritt des End-
termines von Rechtswegen noch so lange fortdauerte, bis der Nachfolger erschien und dem Vorgänger das Commando abnahm, oder, was
dasselbe ist, dafs der commandirende Consul oder Praetor nach Ablauf
seiner Amtszeit, wenn der Nachfolger nicht erschien, an Consuls oder

Praetors Statt weiter fungiren konnte und mufste. Der Einflufs des
Senats auf diese Geschäftsvertheilung bestand darin, dafs es observanz-
mäfsig von ihm abhing entweder die Regel walten, also die sechs Praetoren die sechs Specialcompetenzen unter sich verloosen und die Consuln die festländischen nicht gerichtlichen Geschäfte besorgen zu lassen,
oder irgend eine Abweichung von derselben anzuordnen, etwa dem
Consul ein augenblicklich besonders wichtiges überseeisches Commando
zuzuweisen oder eine aufserordentliche militärische oder gerichtliche
Commission, zum Beispiel das Flottencommando oder eine wichtige
Criminaluntersuchung, unter die zur Vertheilung kommenden Competenzen aufzunehmen und die dadurch weiter nöthig werdenden Cumu-
lationen und Fristerstreckungen zu veranlassen — wobei übrigens
lediglich die Absteckung der jedesmaligen consularischen und respectiv
praetorischen Competenzen, nicht die Bezeichnung der für das einzelne
Amt eintretenden Personen dem Senate zustand, die letztere vielmehr
durchgängig durch Vereinbarung der concurrirenden Beamten oder
durch das Loos erfolgte. Die Bürgerschaft war in der älteren Zeit
wohl veranlafst worden die in dem Unterlassen der Ablösung enthal-
tene thatsächliche Verlängerung des Commandos durch besonderen
Gemeindebeschlufs zu regularisiren (1, 317); indefs war dies mehr dem
Geiste, als dem Buchstaben der Verfassung nach nothwendig und
bald griff die Bürgerschaft hiebei nicht weiter ein. Im Laufe des
siebenten Jahrhunderts traten nun allmählich zu den bestehenden
sechs Specialcompetenzen sechs andere hinzu: die fünf neuen Statthalterschaften von Makedonien, Africa, Asia, Narbo und Kilikien
und die Vorstandschaft in dem stehenden Commissionsgericht wegen
Erpressungen (S. 70). Mit dem immer mehr sich ausdehnenden
Wirkungskreise der römischen Regierung trat überdies immer häufiger
der Fall ein, dafs die Oberbeamten für aufserordentliche militärische
oder prozessualische Commissionen in Anspruch genommen wurden.
Dennoch wurde die Zahl der ordentlichen höchsten Jahrbeamten nicht
vermehrt; und es kamen also auf acht jährlich zu ernennende Beamte,
von allem andern abgesehen, mindestens zwölf jährlich zu besetzende
Specialcompetenzen. Natürlich war es nicht Zufall, dafs man dies
Deficit nicht durch Creirung neuer Praetorenstellen ein für allemal
deckte. Dem Buchstaben der Verfassung gemäfs sollten die sämmtlichen höchsten Beamten Jahr für Jahr von der Bürgerschaft ernannt
werden; nach der neuen Ordnung oder vielmehr Unordnung, der zufolge die entstehenden Lücken wesentlich durch Fristerstreckung aus-

gefüllt wurden und den gesetzlich ein Jahr fungirenden Beamten in
der Regel vom Senat ein zweites Jahr zugelegt, nach Befinden dasselbe
aber auch verweigert ward, besetzte die wichtigsten und lucrativsten
Stellen im Staate nicht mehr die Bürgerschaft, sondern aus einer durch
die Bürgerschaftswahlen gebildeten Concurrentenliste der Senat. Ueb-
lich ward es dabei, da unter diesen Stellen die überseeischen Commandos
als die einträglichsten vor allem gesucht waren, denjenigen Beamten,
die ihr Amt entweder rechtlich oder doch thatsächlich an die Hauptstadt fesselte, also den beiden Vorstehern der städtischen Gerichtsbarkeit und häufig auch den Consuln, nach Ablauf ihres Amtsjahrs ein
überseeisches Commando zu übertragen, was mit dem Wesen der Pro-
rogation sich vertrug, da die Amtsgewalt des in Rom und des in der
Provinz fungirenden Oberbeamten wohl anders bezogen, aber nicht

Consula-
risch-prae-
torische
Competenz-
regulirung
nach Sullas
Fest-
setzungen.
Scheidung
der politi-
schen und
der militäri-
schen Ge-
walt.

eigentlich staatsrechtlich eine qualitativ andere war. — Diese Verhältnisse fand Sulla vor und sie lagen seiner neuen Ordnung zu Grunde.
Der Grundgedanke derselben war die vollständige Scheidung der politischen Gewalt, welche in den Bürger-, und der militärischen, welche
in den Nichtbürgerdistricten regierte, und die durchgängige Erstreckung
der Dauer des höchsten Amtes von einem Jahr auf zwei, von denen das
erstere den bürgerlichen, das zweite den militärischen Geschäften
gewidmet ward. Räumlich waren die bürgerliche und die militärische
Gewalt allerdings längst schon durch die Verfassung geschieden und
endete jene an dem Pomerium, wo diese begann; allein immer noch
hielt derselbe Mann die höchste politische und die höchste militärische
Macht in seiner Hand vereinigt. Künftig sollte der Consul und Praetor
mit Rath und Bürgerschaft verhandeln, der Proconsul und Propraetor
die Armee commandiren, jenem aber jede militärische, diesem jede
politische Thätigkeit gesetzlich abgeschnitten sein. Dies führte zunächst
zu der politischen Trennung der norditalischen Landschaft von dem

Das cisalpi-
nische Gal-
lien als Pro-
vinz einge-
richtet.

eigentlichen Italien. Bisher hatten dieselben wohl in einem nationalen
Gegensatz gestanden, insofern Norditalien vorwiegend von Ligurern
und Kelten, Mittel- und Süditalien von Italikern bewohnt ward; allein
politisch und administrativ stand das gesammte festländische Gebiet des
römischen Staates von der Meerenge bis an die Alpen mit Einschlufs
der illyrischen Besitzungen, Bürger-, latinische und Nichtitalikerge-
meinden ohne Unterschied, im ordentlichen Laufe der Dinge unter der
Verwaltung der in Rom eben fungirenden höchsten Beamten, wie denn
ja auch die Colonialgründungen sich durch dies ganze Gebiet erstreckten. Nach Sullas Ordnung wurde das eigentliche Italien, dessen

Nordgrenze zugleich statt des Aesis der Rubico ward, als ein, jetzt ohne
Ausnahme von römischen Bürgern bewohntes Gebiet den ordentlichen
römischen Obrigkeiten untergeben, und dafs in diesem Sprengel regelmäfsig keine Truppen und kein Commandant standen, einer der Fun-
damentalsätze des römischen Staatsrechts; das Keltenland diesseit der
Alpen dagegen, in dem schon der beständig fortwährenden Einfälle der
Alpenvölker wegen ein Commando nicht entbehrt werden konnte,
wurde nach dem Muster der älteren überseeischen Commandos als eigene
Statthalterschaft constituirt *). Indem nun endlich die Zahl der jährlich zu ernennenden Praetoren von sechs auf acht erhöht ward, stellte
sich die neue Geschäftsordnung dahin, dafs die jährlich zu ernennenden
zehn höchsten Beamten während ihres ersten Amtsjahrs als Consuln
oder Praetoren den hauptstädtischen Geschäften — die beiden Consuln
der Regierung und Verwaltung, zwei der Praetoren der Civilrechts-
pflege, die übrigen sechs der reorganisirten Criminaljustiz — sich wid-
meten, während ihres zweiten Amtsjahrs als Proconsuln oder Proprae-

*) Für diese Annahme giebt es keinen anderen Beweis, als dafs das italische
Keltenland eine Provinz in dem Sinne, wo das Wort einen geschlossenen und
von einem jährlich erneuerten Statthalter verwalteten Sprengel bedeutet, in
den älteren Zeiten ebenso entschieden nicht ist wie allerdings in der caesarischen
es eine ist (vgl. Licin. p. 39: *Data erat et Sullae provincia Gallia cisalpina*).
— Nicht viel anders steht es mit der Vorschiebung der Grenze; wir wissen,
dafs ehemals der Aesis, zu Caesars Zeit der Rubico das Keltenland von Italien
schied, aber nicht, wann die Vorrückung stattfand. Man hat zwar daraus, dafs
Marcus Terentius Varro Lucullus als Propraetor in dem District zwischen Aesis
und Rubico eine Grenzregulirung vornahm (Orelli *inscr.* 570), geschlossen, dafs
derselbe wenigstens im Jahre nach Lucullus Praetur 679 noch Provinzialland [75]
gewesen sein müsse, da auf italischem Boden der Propraetor nichts zu schaffen
habe. Indefs nur innerhalb des Pomerium hört jedes prorogirte Imperium von
selber auf; in Italien dagegen ist auch nach Sullas Ordnung ein solches zwar
nicht regelmäfsig vorhanden, aber doch zulässig, und ein aufserordentliches ist
das von Lucullus bekleidete Amt doch auf jeden Fall gewesen. Wir können
aber auch nachweisen, wann und wie Lucullus ein solches in dieser Gegend
bekleidet hat. Gerade er war schon vor der sullanischen Reorganisation 672 [82]
als commandirender Offizier eben hier thätig (S. 328) und wahrscheinlich, eben
wie Pompeius, von Sulla mit propraetorischer Gewalt ausgestattet; in dieser
Eigenschaft wird er 672 oder 673 (vgl. Appian 1, 95) die fragliche Grenze [82 81]
regulirt haben. Aus dieser Inschrift folgt also für die rechtliche Stellung Nord-
italiens überhaupt nichts und am wenigsten für die Zeit nach Sullas Dictatur.
Dagegen ist es ein bemerkenswerther Fingerzeig, dafs Sulla das römische Pomerium vorschob (Seneca de brev. vitae 14; Dio 43, 50), was nach römischem
Staatsrecht nur dem gestattet war, der nicht etwa die Reichs-, sondern die
Stadt-, d. h. die italische Grenze vorgerückt hatte (1, 99).

23*

toren das Commando in einer der zehn Statthalterschaften: Sicilien.
Sardinien, beiden Spanien, Makedonien, Asia, Africa, Narbo, Kilikien
und dem italischen Keltenland übernahmen. Die schon erwähnte Vermehrung der Quästorenzahl durch Sulla auf zwanzig gehört ebenfalls

**Bessere
Ordnung der
Geschäfte.**

in diesen Zusammenhang*). — Zunächst ward hiemit an die Stelle der
bisherigen unordentlichen und zu allen möglichen schlechten Manövern
und Intriguen einladenden Aemtervertheilung eine klare und feste
Regel gesetzt; dann aber auch den Ausschreitungen der Beamtengewalt
nach Möglichkeit vorgebeugt und der Einfluß der obersten Regierungsbehörde wesentlich gesteigert. Nach der bisherigen Ordnung ward in
dem Reiche rechtlich nur unterschieden die Stadt, welche der Mauerring umschloß, und die Landschaft außerhalb des Pomerium; die neue
Ordnung setzte an die Stelle der Stadt das neue fortan als ewig be-
friedet dem regelmäßigen Commando entzogene Italien**) und ihm
gegenüber das festländische und überseeische Gebiet, das umgekehrt
nothwendig unter Militärcommandanten steht, die von jetzt an soge-

**Steigerung
der Macht
des Senats.**

nannten Provinzen. Nach der bisherigen Ordnung war derselbe Mann
sehr häufig zwei, oft auch mehr Jahre in demselben Amte verblieben;
die neue Ordnung beschränkte die hauptstädtischen Aemter wie die
Statthalterposten durchaus auf ein Jahr und die specielle Verfügung,
daß jeder Statthalter binnen dreißig Tagen, nachdem der Nachfolger
in seinem Sprengel eingetroffen sei, denselben unfehlbar zu verlassen
habe, zeigt sehr klar, namentlich wenn man damit noch das früher erwähnte Verbot der unmittelbaren Wiederwahl des gewesenen Beamten
zu demselben oder einem anderen Volksamt zusammennimmt, was die
Tendenz dieser Einrichtungen war: es war die alterprobte Maxime,
durch die einst der Senat das Königthum sich dienstbar gemacht hatte,
daß die Beschränkung der Magistratur der Competenz nach der Demokratie, die der Zeit nach der Oligarchie zu Gute komme. Nach der
bisherigen Ordnung hatte Gaius Marius zugleich als Haupt des Senats
und als Oberfeldherr des Staates amtirt; wenn er es nur seiner eigenen
Ungeschicklichkeit zuzuschreiben hatte, daß es ihm mißlang mittelst

---

*) Da nach [Sicilien zwei, in jede andere Provinz ein Quaestor gingen,
überdies die zwei städtischen und die zwei den Consuln bei der Kriegsführung
beigeordneten und die vier Flottenquaestoren bestehen blieben, so waren hiefür
neunzehn Beamte jährlich erforderlich. Die zwanzigste Quaestorencompetenz
läßt sich nicht nachweisen.

**) Die italische Eidgenossenschaft ist viel älter (I, 428); aber sie ist ein
Staatenbund, nicht, wie das sullanische Italien, ein innerhalb des römischen
Reiches einheitlich abgegrenztes Staatsgebiet.

dieser doppelten Amtsgewalt die Oligarchie zu stürzen, so schien nun
dafür gesorgt, dafs nicht etwa ein klügerer Nachfolger denselben Hebel
besser gebrauche. Nach der bisherigen Ordnung hatte auch der vom
Volke unmittelbar ernannte Beamte eine militärische Stellung haben
können; die sullanische dagegen behielt diese ausschliefslich denjenigen
Beamten vor, die der Senat durch Erstreckung der Amtsfrist in ihrer
Amtsgewalt bestätigte. Zwar war diese Amtsverlängerung jetzt stehend
geworden; dennoch wurde sie den Auspicien und dem Namen, überhaupt der staatsrechtlichen Formulirung nach auch ferner als aufserordentliche Fristerstreckung behandelt. Es war dies nicht gleichgültig.
Den Consul oder den Praetor konnte nur die Bürgerschaft seines Amtes
entsetzen; den Proconsul und den Propraetor ernannte und entliefs
der Senat, so dafs durch diese Verfügung die gesammte Militärgewalt,
auf die denn doch zuletzt alles ankam, formell wenigstens vom Senat
abhängig wurde.

Dafs endlich das höchste aller Aemter, die Censur, nicht förmlich Beseitigung
der Censur.
aufgehoben, aber in derselben Art beseitigt ward, wie ehemals die Dic-
tatur, ward schon bemerkt. Praktisch konnte man derselben allenfalls
entrathen. Für die Ergänzung des Senats war anderweitig gesorgt.
Seit Italien thatsächlich steuerfrei war und das Heer wesentlich durch
Werbung gebildet ward, hatte das Verzeichnifs der Steuer- und Dienstpflichtigen in der Hauptsache seine Bedeutung verloren; und wenn in
der Ritterliste und dem Verzeichnifs der Stimmberechtigten Unordnung
einrifs, so mochte man dies nicht gerade ungern sehen. Es blieben
also nur die laufenden Finanzgeschäfte, welche die Consuln schon bisher verwaltet hatten, wenn, wie dies häufig vorkam, die Censorenwahl
unterblieben war, und nun als einen Theil ihrer ordentlichen Amts-
thätigkeit übernahmen. Gegen den wesentlichen Gewinn, dafs der
Magistratur in den Censoren ihre höchste Spitze entzogen ward, kam
nicht in Betracht und that der Alleinherrschaft des höchsten Regierungs-
collegium durchaus keinen Eintrag, dafs, um die Ambition der jetzt
so viel zahlreicheren Senatoren zu befriedigen, die Zahl der Pontifices
und die der Augurn von neun (I, 298), die der Orakelbewahrer von
zehn (I, 295) auf je funfzehn, die der Schmausherren von drei (I, 865)
auf sieben vermehrt ward.

In dem Finanzwesen stand schon nach der bisherigen Verfassung Regulirung
der
Finanzen.
die entscheidende Stimme bei dem Senat; es handelte sich demnach
hier nur um die Wiederherstellung einer geordneten Verwaltung. Sulla
hatte anfänglich sich in nicht geringer Geldnoth befunden; die aus

Kleinasien mitgebrachten Summen waren für den Sold des zahlreichen
und stets anschwellenden Heeres bald verausgabt. Noch nach dem
Siege am collinischen Thor hatte der Senat, da die Staatskasse nach
Praeneste entführt worden war, sich zu Nothschritten entschliefsen
müssen. Verschiedene Bauplätze in der Hauptstadt und einzelne Stücke
der campanischen Domäne wurden feilgeboten, die Clientelkönige, die
befreiten und bundesgenössischen Gemeinden aufserordentlicher Weise
in Contribution gesetzt, zum Theil ihnen ihr Grundbesitz und ihre
Zölle eingezogen, anderswo denselben für Geld neue Privilegien zugestanden. Indefs der bei der Uebergabe von Praeneste vorgefundene
Rest der Staatskasse von beiläufig 4 Mill. Thlr., die bald beginnenden
Versteigerungen und andere aufserordentliche Hülfsquellen halfen der
augenblicklichen Verlegenheit ab. Für die Zukunft aber ward gesorgt
weniger durch die asiatische Abgabenreform, bei der vorzugsweise die
Steuerpflichtigen gewannen und die Staatskasse wohl nur nicht verlor,
als durch die Wiedereinziehung der campanischen Domäne, wozu jetzt
noch Aenaria gefügt ward (S. 343), und vor allem durch die Abschaffung
der Kornvertheilungen, die seit Gaius Gracchus wie ein Krebs an den
römischen Finanzen gezehrt hatten.

Reorgani-
sation des
Gerichts-
wesens.

Bisherige
Ordnung.

Dagegen ward das Gerichtswesen wesentlich umgestaltet, theils
aus politischen Rücksichten, theils um in die bisherige sehr unzulängliche und unzusammenhängende Prozefslegislation gröfsere Einheit und
Brauchbarkeit zu bringen. Nach der bisherigen Ordnung gingen die
Prozesse zur Entscheidung theils an die Bürgerschaft, theils an Geschworne. Die Gerichte, in denen die ganze Bürgerschaft auf Provocation von dem Urtheil des Magistrats hin entschied, lagen bis auf
Sulla in den Händen in erster Reihe der Volkstribune, in zweiter der
Aedilen, indem sämmtliche Prozesse, durch die ein Beamter oder Beauf-
tragter der Gemeinde wegen seiner Geschäftsführung zur Verantwortung gezogen ward, mochten sie auf Leib und Leben oder auf Geldbufsen gehen, von den Volkstribunen, alle übrigen Prozesse, in denen
schliefslich das Volk entschied, von den curulischen oder plebejischen
Aedilen in erster Instanz abgeurtheilt, in zweiter geleitet wurden. Sulla
hat den tribunicischen Rechenschaftsprozefs wenn nicht geradezu abgeschafft, so doch, eben wie die legislatorische Initiative der Tribune,
von der vorgängigen Einwilligung des Senats abhängig gemacht, und
vermuthlich auch den aedilicischen Strafprozefs in ähnlicher Weise
beschränkt. Dagegen erweiterte er die Competenz der Geschwornengerichte. Es gab damals ein doppeltes Verfahren vor Geschwornen.

Das ordentliche, welches anwendbar war in allen nach unserer Auf- Ordent-
liches Ver-
fahren.
fassung zu einem Criminal- oder Civilprozefs sich eignenden Fällen
mit Ausnahme der unmittelbar gegen den Staat gerichteten Verbrechen,
bestand darin, dafs der eine der beiden hauptstädtischen Gerichtsherren
die Sache instruirte und ein von ihm ernannter Geschworner auf Grund
dieser Instruction entschied. Der aufserordentliche Geschwornen-
prozefs trat ein in einzelnen wichtigen Civil- oder Criminalfällen, wegen
welcher durch besondere Gesetze anstatt des Einzelgeschwornen ein
eigener Geschwornenhof bestellt worden war. Dieser Art waren theils Stehende u.
Special-
quaestionen.
die für einzelne Fälle constituirten Specialgerichtsstellen (z. B. S. 145.
179); theils die stehenden Commissionalgerichtshöfe, wie sie für Erpressungen (S. 70), für Giftmischerei und Mord (S. 107), vielleicht
auch für Wahlbestechung und andere Verbrechen im Laufe des sieben-
ten Jahrhunderts niedergesetzt worden waren; theils endlich die beiden Centum-
viralgericht.
Höfe der Zehnmänner für den Freiheits- und der Hundertundfünf- oder
kürzer der Hundertmänner für den Erbschaftsprozefs, auch von dem
bei allem Eigenthumsstreit gebrauchten Lanzenschaft das [Schaftge-
richt (*hasta*) genannt. Der Zehnmännerhof (*decemviri litibus iudican-
dis*) war eine uralte Institution zum Schutze der Plebejer gegen ihre
Herren (I, 273). Zeit und Veranlassung der Entstehung des Schaft-
gerichts liegen im Dunkeln, werden aber vermuthlich ungefähr dieselben
sein wie bei den oben erwähnten wesentlich gleichartigen Criminal-
commissionen. Ueber die Leitung dieser verschiedenen Gerichtshöfe
war in den einzelnen Gerichtsordnungen verschieden bestimmt; so
standen dem Erpressungsgericht ein Praetor, dem Mordgericht ein aus
den gewesenen Aedilen besonders ernannter Vorstand, dem Schaft-
gericht mehrere aus den gewesenen Quaestoren genommene Direc-
toren vor. Die Geschwornen wurden wenigstens für das ordentliche
wie für das aufserordentliche Verfahren in Gemäfsheit der gracchischen
Ordnung aus den nicht senatorischen Männern von Rittercensus genommen; die Auswahl stand im Allgemeinen den Magistraten zu, die
die Gerichtsleitung hatten, jedoch in der Weise, dafs sie mit dem Antritt
ihres Amtes die Geschwornenliste ein für allemal aufzustellen hatten
und dann das einzelne Geschwornencollegium aus diesen nicht durch
freie Auswahl des Magistrats, sondern durch Loosung und durch
Rejection der Parteien gebildet ward. Aus der Volkswahl gingen nur
die Zehnmänner für den Freiheitsprozefs hervor. — Sullas Reformen Sullanische
Quaestio-
nen.
waren hauptsächlich dreifacher Art. Einmal vermehrte er die Zahl der
Geschwornenhöfe sehr beträchtlich. Es gab späterhin besondere Ge-

schwornencommissionen für Erpressung; für Mord mit Einschluſs von
Brandstiftung und falschem Zeugniſs; für Wahlbestechung; ferner für
Hochverrath und jede Entehrung des römischen Namens; für die
schwersten Betrugsfälle: Testaments- und Münzfälschung; für Ehe-
bruch; für die schwersten Ehrverletzungen, namentlich Realinjurien
und Störung des Hausfriedens; vielleicht auch für Unterschlagung
öffentlicher Gelder, für Zinswucher und andere Vergehen; und wenigstens die meisten dieser Höfe sind von Sulla entweder vorgefunden
oder ins Leben gerufen und von ihm mit einer besonderen Criminal-
und Criminalprozeſsordnung versehen worden. Uebrigens blieb es der
Regierung unbenommen vorkommenden Falls für einzelne Gruppen
von Verbrechen Specialhöfe zu bestellen. Folgeweise wurden hiedurch
die Volksgerichte im wesentlichen abgeschafft, namentlich die Hochverrathsprozesse an die neue Hochverrathscommission gewiesen, der
ordentliche Geschwornenprozeſs bedeutend beschränkt, indem ihm die
schwereren Fälschungen und Injurien entzogen wurden. Was zweitens
die Oberleitung der Gerichte anlangt, so standen, wie schon erwähnt
ward, jetzt für die Leitung der verschiedenen Geschwornenhöfe sechs
Praetoren zur Disposition, denen noch für die am meisten in Anspruch
genommene Commission für Mordthaten eine Anzahl anderer Dirigenten
zugegeben wurden. In die Geschwornenstellen traten drittens statt der
gracchischen Ritter wieder die Senatoren ein. — Der politische Zweck
dieser Verfügungen, der bisherigen Mitregierung der Ritter ein Ende
zu machen, liegt klar zu Tage; aber ebenso wenig läſst es sich verkennen, daſs dieselben nicht bloſs politische Tendenzmaſsregeln waren,
sondern hier der erste Versuch gemacht wurde dem seit den ständischen
Kämpfen immer mehr verwilderten römischen Criminalprozeſs und
Criminalrecht wieder aufzuhelfen. Von dieser sullanischen Gesetzgebung datirt sich die dem ältern Recht unbekannte Scheidung von
Criminal- und Civilsachen in dem Sinn, den wir noch heute damit
verbinden: als Criminalsache erscheint seitdem, was vor die von dem
Praetor geleitete Geschwornenbank gehört, als Civilsache dasjenige
Verfahren, wo der oder die Geschwornen nicht unter praetorischem
Vorsitz functioniren. Die Gesammtheit der sullanischen Quästionen-
ordnungen läſst sich zugleich als das erste römische Gesetzbuch nach
den zwölf Tafeln und als das erste überhaupt je besonders erlassene
Criminalgesetzbuch bezeichnen. Aber auch im Einzelnen zeigt sich ein
löblicher und liberaler Geist. So seltsam es von dem Urheber der Proscriptionen klingen mag, so bleibt es darum nichts desto weniger wahr.

dafs er die Todesstrafe für politische Vergehen abgeschafft hat; denn
da nach römischer auch von Sulla unverändert festgehaltener Sitte nur
das Volk, nicht die Geschwornencommission auf Verlust des Lebens oder
auf gefängliche Haft erkennen konnte (S. 108), so kam die Uebertragung
der Hochverrathsprozesse von der Bürgerschaft auf eine stehende Commission hinaus auf die Abschaffung der Todesstrafe für solche Vergehen,
während andererseits in der Beschränkung der verderblichen Specialcommissionen für einzelne Hochverrathsfälle, wie deren eine die varische
(S. 228) im Bundesgenossenkrieg gewesen war, gleichfalls ein Fortschritt zum Bessern lag. Die gesammte Reform ist von ungemeinem
und dauerndem Nutzen gewesen und ein bleibendes Denkmal des
praktischen, gemäfsigten, staatsmännischen Geistes, der ihren Urheber
wohl würdig machte gleich den alten Decemvirn als souveräner Vermittler mit der Rolle des Gesetzes zwischen die Parteien zu treten. —
Als einen Anhang zu diesen Criminalgesetzen mag man die polizeilichen Ordnungen betrachten, durch welche Sulla, das Gesetz an die
Stelle des Censors setzend, gute Zucht und strenge Sitte wieder
einschärfte und durch Feststellung neuer Maximalsätze anstatt der alten
längst verschollenen den Luxus bei Mahlzeiten, Begräbnissen und
sonst zu beschränken versuchte.

*Polizei-
gesetze.*

 Endlich ist wenn nicht Sullas, doch das Werk der sullanischen
Epoche die Entwicklung eines selbstständigen römischen Municipal-
wesens. Dem Alterthum ist der Gedanke die Gemeinde als ein unter-
geordnetes politisches Ganze dem höheren Staatsganzen organisch
einzufügen ursprünglich fremd; die Despotie des Ostens kennt städtische Gemeinwesen im strengen Sinne des Worts nicht, und in der
ganzen hellenisch-italischen Welt fällt Stadt und Staat nothwendig
zusammen. Insofern giebt es in Griechenland wie in Italien von
Haus aus ein eigenes Municipalwesen nicht. Vor allem die römische
Politik hielt mit der ihr eigenen zähen Consequenz hieran fest; noch
im sechsten Jahrhundert wurden die abhängigen Gemeinden Italiens
entweder, um ihnen ihre municipale Verfassung zu bewahren, als
formell souveräne Nichtbürgerstaaten constituirt, oder, wenn sie römisches Bürgerrecht erhielten, zwar nicht gehindert sich als Gesammtheit zu organisiren, aber doch der eigentlich municipalen Rechte
beraubt, so dafs in allen Bürgercolonien und Bürgermunicipien selbst
die Rechtspflege und das Bauwesen von den römischen Praetoren und
Censoren verwaltet ward. Das Höchste, wozu man sich verstand, war
durch einen von Rom aus ernannten Stellvertreter (*praefectus*) des

*Das römi-
sche Muni-
cipalwesen.*

Gerichtsherrn wenigstens die dringendsten Rechtssachen an Ort und Stelle erledigen zu lassen (I, 420). Nicht anders verfuhr man in den Provinzen, aufser dafs hier an die Stelle der hauptstädtischen Behörden der Statthalter trat. In den freien, das heifst formell souveränen Städten ward die Civil- und Criminaljurisdiction von den Municipalbeamten nach den Localstatuten verwaltet; nur dafs freilich, wo nicht ganz besondere Privilegien entgegenstanden, jeder Römer sowohl als Beklagter wie als Kläger verlangen konnte seine Sache vor italischen Richtern nach italischem Recht entschieden zu sehen. Für die gewöhnlichen Provinzialgemeinden war der römische Statthalter die einzige regelmäfsige Gerichtsbehörde, der die Instruirung aller Prozesse oblag. Es war schon viel, wenn, wie in Sicilien, in dem Fall, dafs der Beklagte ein Siculer war, der Statthalter durch das Provinzialstatut gehalten war einen einheimischen Geschwornen zu geben und nach Ortsgebrauch entscheiden zu lassen; in den meisten Provinzen scheint auch dies vom Gutfinden des instruirenden Beamten abgehangen zu haben. — Im siebenten Jahrhundert ward diese unbedingte Centralisation des öffentlichen Lebens der römischen Gemeinde in dem einen Mittelpunkt Rom wenigstens für Italien aufgegeben. Seit dies eine einzige städtische Gemeinde war und das Stadtgebiet vom Arnus und Rubico bis hinab zur sicilischen Meerenge reichte (S. 354), mufste man wohl sich entschliefsen innerhalb dieser grofsen wiederum kleinere Stadtgemeinden zu bilden. So ward Italien nach Vollbürgergemeinden organisirt, bei welcher Gelegenheit man zugleich die durch ihren Umfang gefährlichen gröfseren Gaue, soweit dies nicht schon früher geschehen war, in mehrere kleinere Stadtbezirke aufgelöst haben mag (S. 225). Die Stellung dieser neuen Vollbürgergemeinden war ein Compromifs zwischen derjenigen, die ihnen bis dahin als Bundesstaaten zugekommen war, und derjenigen, die ihnen als integrirenden Theilen der römischen Gemeinde nach älterem Recht zugekommen sein würde. Zu Grunde lag im Ganzen die Verfassung der bisherigen formell souveränen latinischen, oder auch, insofern deren Verfassung in den Grundzügen der römischen gleich ist, die der römischen altpatricisch-consularischen Gemeinde; nur dafs darauf gehalten ward für dieselben Institutionen in dem Municipium andere und geringere Namen zu verwenden als in der Hauptstadt, das heifst im Staat. Eine Bürgerversammlung tritt an die Spitze mit der Befugnifs Gemeindestatute zu erlassen und die Gemeindebeamten zu ernennen. Ein Gemeinderath von hundert Mitgliedern übernimmt die Rolle des römischen Senats. Das Gerichts-

wesen wird verwaltet von vier Gerichtsherren, zwei ordentlichen
Richtern, die den beiden Consuln, zwei Marktrichtern, die den curulischen Aedilen entsprechen. Die Censurgeschäfte, die wie in Rom
von fünf zu fünf Jahr sich erneuerten und allem Anschein nach vorwiegend in der Leitung der Gemeindebauten bestanden, wurden von
den höchsten Gemeindebeamten, also den beiden ordentlichen Gerichtsherren mit übernommen, welche in diesem Fall den auszeichnenden
Titel der ,Gerichtsherrn mit censorischer oder Fünfjahrgewalt' annahmen. Die Gemeindekasse verwalteten zwei Quästoren. Für das
Sacralwesen sorgten zunächst die beiden der ältesten latinischen Verfassung allein bekannten Collegien priesterlicher Sachverständigen,
die municipalen Pontifices und Augurn. — Was das Verhältnifs dieses   Verhältnifs
secundären politischen Organismus zu dem primären des Staates an-   des Munici-
piums zum
Staat.
langt, so standen im Allgemeinen jenem wie diesem die politischen
Befugnisse vollständig zu und band also der Gemeindebeschlufs und das
Imperium der Gemeindebeamten den Gemeindebürger ebenso wie der
Volksbeschlufs und das consularische Imperium den Römer. Dies
führte im Ganzen zu einer concurrirenden Thätigkeit der Staats-
und der Stadtbehörden: es hatten beispielsweise beide das Recht der
Schatzung und Besteuerung, ohne dafs bei den etwanigen städtischen
Schatzungen und Steuern die von Rom ausgeschriebenen oder bei
diesen jene berücksichtigt worden wären; es durften öffentliche Bauten sowohl von den römischen Beamten in ganz Italien als auch von
den städtischen in ihrem Sprengel angeordnet werden und was dessen
mehr ist. Im Collisionsfall wich natürlich die Gemeinde dem Staat und
brach der Volksschlufs den Stadtschlufs. Eine förmliche Competenz-
theilung fand wohl nur in der Rechtspflege statt, wo das reine Con-
currenzsystem zu der gröfsten Verwirrung geführt haben würde; hier
wurden im Criminalprozefs vermuthlich alle Capitalsachen, im Civilver-
fahren die schwereren und ein selbstständiges Auftreten der dirigiren-
den Beamten voraussetzenden Prozesse den hauptstädtischen Behörden
und Geschwornen vorbehalten und die italischen Stadtgerichte auf die
geringeren und minder verwickelten oder auch sehr dringenden Rechts-
händel beschränkt. — Die Entstehung dieses italischen Gemeinde-   Entstehung
des Munici-
piums.
wesens ist nicht überliefert. Es ist wahrscheinlich, dafs sie in ihren
Anfängen zurückgeht auf Ausnahmsbestimmungen für die grofsen
Bürgercolonien, die am Ende des sechsten Jahrhunderts gegründet
wurden (I, 601); wenigstens deuten einzelne an sich gleichgültige
formelle Differenzen zwischen Bürgercolonien und Bürgermunicipien

darauf hin, dafs die neue damals praktisch an die Stelle der latinischen
tretende Bürgercolonie ursprünglich eine bessere staatsrechtliche
Stellung gehabt hat als das weit ältere Bürgermunicipium, und diese
Bevorzugung kann wohl nur bestanden haben in einer der latinischen
sich annähernden Gemeindeverfassung, wie sie späterhin sämmtlichen
Bürgercolonien wie Bürgermunicipien zukam. Bestimmt nachweisen
läfst sich die neue Ordnung zuerst für die revolutionäre Colonie Capua
(S. 315) und keinem Zweifel unterliegt es, dafs sie ihre volle Anwendung erst fand, als die sämmtlichen bisher souveränen Städte Italiens
in Folge des Bundesgenossenkriegs als Bürgergemeinden organisirt
werden mufsten. Ob schon das julische Gesetz, ob die Censoren von
86 668, ob erst Sulla das Einzelne geordnet hat, läfst sich nicht entscheiden; die Uebertragung der censorischen Geschäfte auf die Gerichtsherren scheint zwar nach Analogie der sullanischen die Censur
beseitigenden Ordnung eingeführt zu sein, kann aber auch ebenso gut
auf die älteste latinische Verfassung zurückgehen, die ja auch die Censur nicht kannte. Auf alle Fälle ist diese dem eigentlichen Staat sich
ein- und unterordnende Stadtverfassung eines der merkwürdigsten
und folgenreichsten Erzeugnisse der sullanischen Zeit und des römischen Staatslebens überhaupt. Staat und Stadt in einander zu
fügen hat allerdings das Alterthum ebenso wenig vermocht, als es vermocht hat das repräsentative Regiment und andere grofse Grundgedanken unseres heutigen Staatslebens aus sich zu entwickeln; aber
es hat seine politische Entwickelung bis an diejenigen Grenzen geführt,
wo diese die gegebenen Mafse überwächst und sprengt, und vor
allem ist dies in Rom geschehen, das in jeder Beziehung an der
Scheide und in der Verbindung der alten und der neuen geistigen
Welt steht. In der sullanischen Verfassung ist einerseits die Urversammlung und der städtische Charakter des Gemeinwesens Rom fast
zur bedeutungslosen Form zusammengeschwunden, andrerseits die
innerhalb des Staates stehende Gemeinde schon in der italischen vollständig entwickelt; bis auf den Namen, der freilich in solchen Dingen
die Hälfte der Sache ist, hat diese letzte Verfassung der freien Republik
das Repräsentativsystem und den auf den Gemeinden sich aufbauen-
den Staat durchgeführt. — Das Gemeindewesen in den Provinzen ward
hiedurch nicht geändert; die Gemeindebehörden der unfreien Städte
blieben vielmehr, von besonderen Ausnahmen abgesehen, beschränkt
auf Verwaltung und Polizei und auf diejenige Jurisdiction, welche die
römischen Behörden vorzogen nicht selbst in die Hand zu nehmen.

Dieses war die Verfassung, die Lucius Cornelius Sulla der Gemeinde Rom gab. Senat und Ritterstand, Bürgerschaft und Proletariat,
Italiker und Provinzialen nahmen sie hin, wie sie vom Regenten ihnen
dictirt ward, wenn nicht ohne zu grollen, doch ohne sich aufzulehnen;
nicht so die sullanischen Offiziere. Das römische Heer hatte seinen
Charakter gänzlich verändert. Es war allerdings durch die marianische
Reform wieder schlagfertiger und militärisch brauchbarer geworden
als da es vor den Mauern von Numantia nicht focht; aber es hatte zugleich sich aus einer Bürgerwehr in eine Schaar von Lanzknechten
verwandelt, welche dem Staat gar keine und dem Offizier nur dann
Treue bewiesen, wenn er verstand sie persönlich an sich zu fesseln.
Diese völlige Umgestaltung des Armeegeistes hatte der Bürgerkrieg in
gräfslicher Weise zur Evidenz gebracht: sechs commandirende Generale,
Albinus (S. 249), Cato (S. 249), Rufus (S. 262), Flaccus (S. 296), Cinna
(S. 318) und Gaius Carbo (S. 331) waren während desselben gefallen
von der Hand ihrer Soldaten; einzig Sulla hatte bisher es vermocht
der gefährlichen Meute Herr zu bleiben, freilich nur, indem er allen
ihren wilden Begierden den Zügel schiefsen liefs wie noch nie vor ihm
ein römischer Feldherr. Wenn deshalb ihm der Verderb der alten
Kriegszucht Schuld gegeben wird, so ist dies nicht gerade unrichtig,
aber dennoch ungerecht; er war eben der erste römische Beamte, der
seiner militärischen und politischen Aufgabe nur dadurch zu genügen
im Stande war, dafs er auftrat als Condottier. Aber er hatte die Militärdictatur nicht übernommen um den Staat der Soldatesca unterthänig
zu machen, sondern vielmehr um alles im Staat, vor allem aber das
Heer und die Offiziere, unter die Gewalt der bürgerlichen Ordnung
zurückzuzwingen. Wie dies offenbar ward, erhob sich gegen ihn eine
Opposition in seinem eigenen Stab. Mochte den übrigen Bürgern
gegenüber die Oligarchie den Tyrannen spielen; aber dafs auch die
Generale, die mit ihrem guten Schwert die umgestürzten Senatoren-
sessel wieder aufgerichtet hatten, jetzt eben diesem Senat unweiger-
lichen Gehorsam zu leisten aufgefordert wurden, schien unerträglich.
Eben die beiden Offiziere, denen Sulla das meiste Vertrauen geschenkt
hatte, widersetzten sich der neuen Ordnung der Dinge. Als Gnaeus
Pompeius, den Sulla mit der Eroberung von Sicilien und Africa beauftragt und zu seinem Tochtermanne erkoren hatte, nach Vollzug seiner
Aufgabe vom Senat den Befehl erhielt sein Heer zu entlassen, unterliefs er es zu gehorsamen und wenig fehlte an offenem Aufstand.
Quintus Ofella, dessen festem Ausharren vor Praeneste wesentlich der

Eindruck
der sullani-
schen Heer-
ganisation.

Opposition
der Offiziere.

Erfolg des letzten und schwersten Feldzuges verdankt ward, bewarb sich in ebenso offenem Widerspruch gegen die neu erlassenen Ordnungen um das Consulat, ohne die niederen Aemter bekleidet zu haben. Mit Pompeius kam, wenn nicht eine herzliche Aussöhnung, doch ein Vergleich zu Stande. Sulla, der seinen Mann genug kannte um ihn nicht zu fürchten, nahm die Impertinenz hin, die Pompeius ihm ins Gesicht sagte, dafs mehr Leute sich um die aufgehende Sonne kümmerten als um die untergehende, und bewilligte dem eitlen Jüngling die leeren Ehrenbezeugungen, an denen sein Herz hing (S. 333). Wenn er hier sich läfslich zeigte, so bewies er dagegen Ofella gegenüber, dafs er nicht der Mann war, sich von seinen Marschällen imponiren zu lassen: so wie dieser verfassungswidrig als Bewerber vor das Volk trat, liefs ihn Sulla auf öffentlichem Marktplatz niederstofsen und setzte sodann der versammelten Bürgerschaft auseinander, dafs die That auf seinen Befehl und warum sie vollzogen sei. So verstummte zwar für jetzt diese bezeichnende Opposition des Hauptquartiers gegen die neue Ordnung der Dinge; aber sie blieb bestehen und gab den praktischen Commentar zu Sullas Worten, dafs das, was er diesmal thue, nicht zum zweiten Mal gethan werden könne.

Wiederher-
stellung der
verfassungs-
mäfsigen
Ordnung.Eines blieb noch übrig — vielleicht das schwerste von allem: die Zurückführung der Ausnahmezustände in die neualten gesetzlichen Bahnen. Sie ward dadurch erleichtert, dafs Sulla dieses letzte Ziel nie aus den Augen verloren hatte. Obwohl das valerische Gesetz ihm absolute Gewalt und jeder seiner Verordnungen Gesetzeskraft gegeben, hatte er dennoch dieser exorbitanten Befugnifs sich nur bei Mafsregeln bedient, die von vorübergehender Bedeutung waren und wo die Betheiligung Rath und Bürgerschaft blofs nutzlos compromittirt haben würde, namentlich bei den Aechtungen. Regelmäfsig hatte er schon selbst diejenigen Bestimmungen beobachtet, die er für die Zukunft vorschrieb. Dafs das Volk befragt ward, lesen wir in dem Quästorengesetz, das zum Theil noch vorhanden ist, und von anderen Gesetzen, zum Beispiel dem Aufwandgesetz und denen über die Confiscation der Feldmarken, ist es bezeugt. Ebenso ward bei wichtigeren Administrativacten, zum Beispiel bei der Entsendung und Zurückberufung der africanischen Armee und bei Ertheilung von städtischen Freibriefen, der Senat vorangestellt. In demselben Sinn liefs Sulla schon für 673 Consuln wählen, wodurch wenigstens die gehässige officielle Datirung nach der Regentschaft vermieden ward; doch blieb die Macht noch ausschliefslich bei dem Regenten und ward die Wahl auf secundäre

Persönlichkeiten geleitet. Aber im Jahre darauf (674) setzte Sulla die ⁶⁰ ordentliche Verfassung wieder vollständig in Wirksamkeit und verwaltete als Consul in Gemeinschaft mit seinem Waffengenossen Quintus Metellus den Staat, während er die Regentschaft zwar noch beibehielt, aber vorläufig ruhen liefs. Er begriff es wohl, wie gefährlich es eben für seine eigenen Institutionen war die Militärdictatur zu verewigen. Da die neuen Zustände sich haltbar zu erweisen schienen und von den neuen Einrichtungen zwar manches, namentlich in der Colonisirung, noch zurück, aber doch das Meiste und Wichtigste vollendet war, so liefs er den Wahlen für 675 freien Lauf, lehnte die Wiederwahl zum ⁷⁹ Consulat als mit seinen eigenen Verordnungen unvereinbar ab, und legte, bald nachdem die neuen Consuln Publius Servilius und Appius Claudius ihr Amt angetreten hatten, im Anfang des Jahres 675 die ⁷⁹ Regentschaft nieder. Es ergriff selbst starre Herzen, als der Mann, der bis dahin mit dem Leben und dem Eigenthum von Millionen nach Willkür geschaltet hatte, auf dessen Wink so viele Häupter gefallen waren, dem in jeder Gasse Roms, in jeder Stadt Italiens Todfeinde wohnten, und der ohne einen [ebenbürtigen Verbündeten, ja genau genommen ohne den Rückhalt einer festen Partei sein tausend Interessen und Meinungen verletzendes Werk der Reorganisation des Staates zu Ende geführt hatte, als dieser Mann auf den Marktplatz der Hauptstadt trat, sich seiner Machtfülle freiwillig begab, seine bewaffneten Begleiter verabschiedete, seine Gerichtsdiener entliefs und die dichtgedrängte Bürgerschaft aufforderte zu reden, wenn einer von ihm Rechenschaft begehre. Alles schwieg; Sulla stieg herab von der Rednerbühne und zu Fufs, nur von den Seinigen begleitet, ging er mitten durch eben jenen Pöbel, der ihm vor acht Jahren das Haus geschleift hatte, zurück nach seiner Wohnung.

Die Nachwelt hat weder Sulla selbst noch sein Reorganisationswerk richtig zu würdigen verstanden, wie sie denn unbillig zu sein pflegt gegen die Persönlichkeiten, die dem Strom der Zeiten sich entgegenstemmen. In der That ist Sulla eine von den wunderbarsten, man darf vielleicht sagen eine einzige Erscheinung in der Geschichte. Physisch und psychisch ein Sanguiniker, blauäugig, blond, von auffallend weifser, aber bei jeder leidenschaftlichen Bewegung sich röthender Gesichtsfarbe, übrigens ein schöner feurig blickender Mann, schien er nicht eben bestimmt dem Staat mehr zu sein als seine Ahnen, die seit seines Grofsvaters Grofsvater Publius Cornelius Rufinus (Consul 464. 477), einem der angesehensten Feldherrn und zugleich dem ⁵⁹⁰ ²⁷⁷

(Marginalien rechts:)
Sulla legt die Regentschaft nieder.

Sulla's Charakter.

prunkliebendsten Mann der pyrrhischen Zeit, in Stellungen zweiten
Ranges verharrt hatten. Er begehrte vom Leben nichts als heiteren
Genufs. Aufgewachsen in dem Raffinement des gebildeten Luxus, wie
er in jener Zeit auch in den minder reichen senatorischen Familien
Roms einheimisch war, bemächtigte er rasch und behend sich der
ganzen Fülle sinnlich geistiger Genüsse, welche die Verbindung hellenischer Feinheit und römischen Reichthums zu gewähren vermochten.
Im adlichen Salon und unter dem Lagerzelt war er gleich willkommen
als angenehmer Gesellschafter und guter Kamerad; vornehme und
geringe Bekannte fanden in ihm den theilnehmenden Freund und den
bereitwilligen Helfer in der Noth, der sein Gold weit lieber seinem
bedrängten Genossen als seinem reichen Gläubiger gönnte. Leidenschaftlich huldigte er dem Becher, noch leidenschaftlicher den Frauen:
selbst in seinen späteren Jahren war er nicht mehr Regent, wenn er
nach vollbrachtem Tagesgeschäft sich zur Tafel setzte. Ein Zug der
Ironie, man könnte vielleicht sagen der Bouffonerie, geht durch seine
ganze Natur. Noch als Regent befahl er, während er die Versteigerung der Güter der Geächteten leitete, für ein ihm überreichtes
schlechtes Lobgedicht dem Verfasser eine Verehrung aus der Beute
zu verabreichen unter der Bedingung, dafs er gelobe ihn niemals
wieder zu besingen. Als er vor der Bürgerschaft Ofellas Hinrichtung
rechtfertigte, geschah es, indem er den Leuten die Fabel erzählte von
dem Ackersmann und den Läusen. Seine Gesellen wählte er gern
unter den Schauspielern und liebte es nicht blofs mit Quintus Roscius,
dem römischen Talma, sondern auch mit viel geringeren Bühnenleuten
beim Weine zu sitzen; wie er denn auch selbst nicht schlecht sang
und sogar zur Aufführung in seinem Zirkel selber Possen schrieb.
Doch ging in diesen lustigen Bacchanalien ihm weder die körperliche
noch die geistige Spannkraft verloren; noch in der ländlichen Mufse
seiner letzten Jahre lag er eifrig der Jagd ob, und dafs er aus dem
eroberten Athen die aristotelischen Schriften nach Rom brachte, beweist doch wohl für sein Interesse auch an ernsterer Lectüre. Das
specifische Römerthum stiefs ihn eher ab. Von der plumpen Morgue,
die die römischen Grofsen gegenüber den Griechen zu entwickeln
liebten, und von der Feierlichkeit beschränkter grofser Männer hatte
Sulla nichts, vielmehr liefs er gern sich gehen, erschien wohl zum
Scandal mancher seiner Landsleute in griechischen Städten in griechischer Tracht oder veranlafste seine adlichen Gesellen bei den Spielen
selber die Rennwagen zu lenken. Noch weniger war ihm von den

halb patriotischen, halb egoistischen Hoffnungen geblieben, die in
Ländern freier Verfassung jede jugendliche Capacität auf den politischen Tummelplatz locken und die auch er wie jeder andere einmal
empfunden haben mag; in einem Leben, wie das seine war, schwankend zwischen leidenschaftlichem Taumel und mehr als nüchternem
Erwachen, verzetteln sich rasch die Illusionen. Wünschen und Streben
mochte ihm eine Thorheit erscheinen in einer Welt, die doch unbedingt vom Zufall regiert ward und wo wenn überhaupt auf etwas, man
ja doch auf nichts spannen konnte als auf diesen Zufall. Dem allgemeinen Zug der Zeit zugleich dem Unglauben und dem Aberglauben
sich zu ergeben folgte auch er. Seine wunderliche Gläubigkeit ist
nicht der plebejische Köhlerglaube des Marius, der von dem Pfaffen
für Geld sich wahrsagen und seine Handlungen durch ihn bestimmen
läfst; noch weniger der finstere Verhängnifsglaube des Fanatikers,
sondern jener Glaube an das Absurde, wie er bei jedem von dem Vertrauen auf eine zusammenhängende Ordnung der Dinge durch und durch
zurückgekommenen Menschen nothwendig sich einstellt, der Aberglaube des glücklichen Spielers, der sich vom Schicksal privilegirt er-
achtet jedesmal und überall die rechte Nummer zu werfen. In praktischen Fragen verstand Sulla sehr wohl mit den Anforderungen der
Religion ironisch sich abzufinden. Als er die Schatzkammern der
griechischen Tempel leerte, äufserte er, dafs es demjenigen nimmermehr fehlen könne, dem die Götter selbst die Kasse füllten. Als die
delphischen Priester ihm berichteten, dafs sie sich scheuten die verlangten Schätze zu senden, da die Zither des Gottes hell geklungen,
als man sie berührt, liefs er ihnen zurücksagen, dafs man sie nun um
so mehr schicken möge, denn offenbar stimme der Gott seinem Vor-
haben zu. Aber darum wiegte er nicht weniger gern sich in dem Gedanken der auserwählte Liebling der Götter zu sein, ganz besonders
jener, der er bis in seine späten Jahre vor allen den Preis gab, der
Aphrodite. In seinen Unterhaltungen wie in seiner Selbstbiographie
rühmte er sich vielfach des Verkehrs, den in Träumen und Anzeichen
die Unsterblichen mit ihm gepflogen. Er hatte wie wenig Andere ein
Recht auf seine Thaten stolz zu sein; er war es nicht, wohl aber stolz
auf sein einzig treues Glück. Er pflegte wohl zu sagen, dafs jedes
improvisirte Beginnen ihm besser ausgeschlagen sei als das planmäfsig
angelegte, und eine seiner wunderlichsten Marotten, die Zahl der in
den Schlachten auf seiner Seite gefallenen Leute regelmäfsig als null
anzugeben, ist doch auch nichts als die Kinderei eines Glückskindes.

Es war nur der Ausdruck der ihm natürlichen Stimmung, als er, auf
dem Gipfel seiner Laufbahn angelangt und alle seine Zeitgenossen in
schwindelnder Tiefe unter sich sehend, die Bezeichnung des Glücklichen, Sulla Felix, als förmlichen Beinamen annahm und auch seinen
Kindern entsprechende Benennungen beilegte. — Nichts lag Sulla ferner
als der planmäßige Ehrgeiz. Er war zu gescheit um gleich den Dutzend-
aristokraten seiner Zeit die Verzeichnung seines Namens in die consularischen Register als das Ziel seines Lebens zu betrachten; zu gleichgültig und zu wenig Ideolog um sich mit der Reform des morschen
Staatsgebäudes freiwillig befassen zu mögen. Er blieb, wo Geburt und
Bildung ihn hinwiesen, in dem Kreis der vornehmen Gesellschaft und
machte wie üblich die Aemterlaufbahn durch; Ursache sich anzustrengen
hatte er nicht und überließ dies den politischen Arbeitsbienen, an denen
es ja nicht fehlte. So führte ihn im J. 647 bei der Verloosung der
Quästorenstellen der Zufall nach Africa in das Hauptquartier des Gaius
Marius. Der unversuchte hauptstädtische Elegant ward von dem rauhen
bäurischen Feldherrn und seinem erprobten Stab nicht zum Besten
empfangen. Durch diese Aufnahme gereizt machte Sulla, furchtlos und
anstellig wie er war, im Fluge das Waffenhandwerk sich zu eigen und
entwickelte auf dem verwegenen Zug nach Mauretanien zuerst jene eigenthümliche Verbindung von Keckheit und Verschmitztheit, wegen deren
seine Zeitgenossen von ihm sagten, daß er halb Löwe, halb Fuchs und der
Fuchs in ihm gefährlicher sei als der Löwe. Dem jungen hochgebornen
brillanten Offizier, der anerkanntermaßen der eigentliche Beendiger des
lästigen numidischen Krieges war, öffnete jetzt sich die glänzendste
Laufbahn; er nahm auch Theil am kimbrischen Krieg und offenbarte
in der Leitung des schwierigen Verpflegungsgeschäftes sein ungemeines
Organisationstalent; nichts desto weniger zogen ihn auch jetzt die
Freuden des hauptstädtischen Lebens weit mehr an als Krieg oder gar
Politik. In der Praetur, welches Amt er, nachdem er sich einmal vergeblich beworben hatte, im J. 661 übernahm, fügte es sich abermals,
daß ihm in seiner Provinz, der unbedeutendsten von allen, der erste
Sieg über König Mithradates und der erste Vertrag mit den mächtigen
Arsakiden so wie deren erste Demüthigung gelang. Der Bürgerkrieg
folgte. Sulla war es wesentlich, der den ersten Act desselben, die
italische Insurrection zu Roms Gunsten entschied und dabei mit dem
Degen das Consulat sich gewann; er war es ferner, der als Consul den
sulpicischen Aufstand mit energischer Raschheit zu Boden schlug. Das
Glück schien sich ein Geschäft daraus zu machen den alten Helden

*Sulla poli-
tische Lauf-
bahn.*

107

93

Marius durch diesen jüngeren Offizier zu verdunkeln. Die Gefangennehmung Jugurthas, die Besiegung Mithradats, die beide Marius vergeblich erstrebt hatte, wurden in untergeordneten Stellungen von Sulla
vollführt; im Bundesgenossenkrieg, in dem Marius seinen Feldherrn-
ruhm einbüfste und abgesetzt ward, gründete Sulla seinen militärischen
Ruf und stieg empor zum Consulat; die Revolution von 666, die
zugleich und vor allem ein persönlicher Conflict zwischen den beiden
Generalen war, endigte mit Marius Aechtung und Flucht. Fast ohne
es zu wollen war Sulla der berühmteste Feldherr seiner Zeit, der Hort
der Oligarchie geworden. Es folgten neue und furchtbarere Krisen,
der mithradatische Krieg, die cinnanische Revolution: Sullas Stern
blieb immer im Steigen. Wie der Capitän, der das brennende Schiff
nicht löscht, sondern fortfährt auf den Feind zu feuern, harrte Sulla,
während die Revolution in Italien tobte, in Asien unerschüttert aus,
bis der Landesfeind bezwungen war. Mit diesem fertig zerschmetterte
er die Anarchie und rettete die Hauptstadt vor der Brandfackel der verzweifelnden Samniten und Revolutionäre. Der Moment der Heimkehr
war für Sulla ein überwältigender in Freude und in Schmerz; er selbst
erzählt in seinen Memoiren, dafs er die erste Nacht in Rom kein Auge
habe zuthun können, und wohl mag man es glauben. Aber immer
noch war seine Aufgabe nicht zu Ende, sein Stern in weiterem Steigen.
Absoluter Selbstherrscher wie nur je ein König und doch durchaus
verharrend auf dem Boden des formellen Rechts, zügelte er die ultra-
reactionäre Partei, vernichtete die seit vierzig Jahren die Oligarchie
einengende gracchische Verfassung und zwang zuerst die der Oligarchie Concurrenz machenden Mächte der Capitalisten und des hauptstädtischen Proletariats, endlich den im Schofse seines eigenen Stabes
erwachsenen Uebermuth des Säbels wieder unter das neu befestigte
Gesetz. Selbständiger als je stellte er die Oligarchie hin, legte
die Beamtenmacht als dienendes Werkzeug in ihre Hände, verlieh
ihr die Gesetzgebung, die Gerichte, die militärische und finanzielle
Obergewalt und gab ihr eine Art Leibwache in den befreiten Sklaven,
eine Art Heer in den angesiedelten Militärcolonisten. Endlich als das
Werk vollendet war, trat der Schöpfer zurück vor seiner Schöpfung;
freiwillig ward der absolute Selbstherrscher wieder einfacher Senator.
In dieser ganzen langen militärischen und politischen Bahn hat Sulla
nie eine Schlacht verloren, nie einen Schritt zurückthun müssen und
ungeirrt von Feinden und Freunden sein Werk geführt bis an das
selbstgesteckte Ziel. Wohl hatte er Ursache seinen Stern zu preisen.

Die launenhafte Göttin des Glücks schien hier einmal die Laune der
Beständigkeit angewandelt und sie darin sich gefallen zu haben auf
ihren Liebling an Erfolgen und Ehren zu häufen, was er begehrte und
nicht begehrte. Aber die Geschichte wird gerechter gegen ihn sein
müssen als er es gegen sich selber war und ihn in eine höhere Reihe
stellen als in die der blofsen Favoriten der Fortuna. — Nicht als wäre
die sullanische Verfassung ein Werk politischer Genialität, wie zum
Beispiel die gracchische und die caesarische. Es begegnet in ihr, wie
dies ja schon das Wesen der Restauration mit sich bringt, auch nicht
ein staatsmännisch neuer Gedanke; alle ihre wesentlichsten Momente:
der Eintritt in den Senat durch Bekleidung der Quästur, die Aufhebung
des censorischen Rechts den Senator aus dem Senate zu stofsen, die
legislatorische Initiative des Senats, die Verwandlung des tribunicischen
Amtes in ein Werkzeug des Senats zur Fesselung des Imperiums, die
Erstreckung der Dauer des Oberamts auf zwei Jahre, der Uebergang des
Commandos von dem Volksmagistrat auf den senatorischen Proconsul
oder Propraetor, selbst die neue Criminal- und Municipalordnung sind
nicht von Sulla geschaffene, sondern früher schon aus dem oligarchischen Regiment entwickelte und durch ihn nur regulirte und fixirte Institutionen. Ja selbst die seiner Restauration anhaftenden Gräuel, die
Aechtungen und Confiscationen, sind sie, verglichen mit den Thaten der
Nasica, Popillius, Opimius, Caepio und so weiter, etwas anderes als die
rechtliche Formulirung der hergebrachten oligarchischen Weise sich
der Gegner zu entledigen? Ueber die römische Oligarchie dieser Zeit
nun giebt es kein Urtheil als unerbittliche und rücksichtslose Ver-
dammung; und wie alles andere was ihr anhängt ist davon auch die
sullanische Verfassung vollständig mitbetroffen. Das von der Genialität
des Bösen bestochene Lob versündigt sich an dem heiligen Geist der
Geschichte; aber daran wird man doch erinnern dürfen, dafs weit
weniger Sulla die sullanische Restauration zu verantworten hat als
die seit Jahrhunderten als Clique regierende und mit jedem Jahr
mehr der greisenhaften Entnervung und Verbissenheit verfallende
römische Aristokratie insgesammt, und dafs alles was darin schal und
alles was darin verrucht ist am letzten Ende auf diese zurückfällt. Sulla
hat den Staat reorganisirt, aber nicht wie der Hausherr, der sein zer-
rüttetes Gewese und Gesinde nach eigener Einsicht in Ordnung bringt,
sondern wie der zeitweilige Geschäftsführer, der seiner Anweisung
getreu nachkommt; es ist flach und falsch in diesem Falle die schliefsliche und wesentliche Verantwortung von dem Geschäftsherrn ab auf

den Verwalter zu wälzen. Man schlägt Sullas Bedeutung viel zu hoch
an oder findet vielmehr mit jenen schauderhaften, nie wieder gutzu-
machenden und nie wieder gutgemachten Proscriptionen, Expropriatio-
nen und Restaurationen viel zu leicht sich ab, wenn man sie als das
Werk eines zufällig an die Spitze des Staats gerathenen Wütherichs
ansieht. Adelsthaten waren dies und Restaurationsterrorismus, Sulla
aber nicht mehr dabei als, mit dem Dichter zu reden, das hinter dem
bewußten Gedanken unbewußt herwandelnde Richtbeil. Diese Rolle
hat Sulla mit wunderbarer, ja dämonischer Vollkommenheit durchgeführt; innerhalb der Grenzen aber, die sie ihm gezogen, hat er nicht
blofs grofsartig, sondern selbst nützlich gewirkt. Nie wieder hat eine
tief gesunkene und stetig tiefer sinkende Aristokratie, wie die römische
damals war, einen Vormund gefunden, der so wie Sulla willig und fähig
war ohne jede Rücksicht auf eigenen Machtgewinn für sie den Degen
des Feldherrn und den Griffel des Gesetzgebers zu führen. Es ist freilich ein Unterschied, ob ein Offizier aus Bürgersinn das Scepter verschmäht oder aus Blasirtheit es wegwirft; aber in der völligen Abwesenheit des politischen Egoismus — freilich auch nur in diesem
einen — verdient Sulla neben Washington genannt zu werden. Aber
nicht blofs die Aristokratie, das gesammte Land ward ihm mehr schuldig,
als die Nachwelt gern sich eingestand. Sulla hat die italische Revolution, in soweit sie beruhte auf der Zurücksetzung einzelner minder
berechtigter gegen andere besser berechtigte Districte, endgültig geschlossen und ist, indem er sich und seine Partei zwang die Gleichberechtigung aller Italiker vor dem Gesetz anzuerkennen, der wahre und
letzte Urheber der vollen staatlichen Einheit Italiens geworden — ein
Gewinn, der mit endloser Noth und Strömen von Blut dennoch nicht
zu theuer erkauft war. Aber Sulla hat noch mehr gethan. Seit länger
als einem halben Jahrhundert war Roms Macht im Sinken und die
Anarchie daselbst in Permanenz; denn das Regiment des Senats mit
der gracchischen Verfassung war Anarchie und gar das Regiment
Cinnas und Carbos noch weit ärgere Meisterlosigkeit, deren grauen-
volles Bild sich am deutlichsten in jenem eben so verwirrten wie naturwidrigen Bündnifs mit den Samniten wiederspiegelt, der unklarste, un-
erträglichste, heilloseste aller denkbaren politischen Zustände, in der
That der Anfang des Endes. Es ist nicht zu viel gesagt, wenn man
behauptet, dafs das lange unterhöhlte römische Gemeinwesen nothwendig hätte zusammenstürzen müssen, wenn nicht durch die Intervention in Asien und in Italien Sulla die Existenz desselben gerettet

Werth der
sullanischen
Verfassung.

hätte. Freilich hat Sullas Verfassung so wenig Bestand gehabt wie die Cromwells, und es war nicht schwer zu sehen, dafs sein Bau kein solider war; aber es ist eine arge Gedankenlosigkeit darüber zu übersehen, dafs ohne Sulla höchst wahrscheinlich der Bauplatz selbst von den Fluthen wäre fortgerissen worden; und auch jener Tadel trifft zunächst nicht Sulla. Der Staatsmann baut nur was er in dem ihm angewiesenen Kreise bauen kann. Was ein conservativ Gesinnter thun konnte um die alte Verfassung zu retten, das hat Sulla gethan; und geahnt hat er es selbst, dafs er wohl eine Festung, aber keine Besatzung zu schaffen vermöge und die grenzenlose Nichtigkeit der Oligarchen jeden Versuch die Oligarchie zu retten vergeblich machen werde. Seine Verfassung glich einem in das brandende Meer hineingeworfenen Nothdamm: es ist kein Vorwurf für den Baumeister, wenn ein Jahrzehend später die Wellen den naturwidrigen und von den Geschützten selbst nicht vertheidigten Bau verschlangen. Der Staatsmann wird nicht der Hinweisung auf höchst löbliche Einzelreformen, zum Beispiel des asiatischen Steuerwesens und der Criminaljustiz, bedürfen, um Sullas ephemere Restauration nicht geringschätzig abzufertigen, sondern wird darin eine richtig entworfene und unter unsäglichen Schwierigkeiten im Grofsen und Ganzen consequent durchgeführte Reorganisation des römischen Gemeinwesens bewundern und den Retter Roms, den Vollender der italischen Einheit unter, aber doch auch neben Cromwell stellen. — Freilich ist es nicht blofs der Staatsmann, der im Todtengericht Stimme hat, und das empörte menschliche Gefühl wird mit Recht sich nie mit dem versöhnen, was Sulla gethan oder dafs andere thaten, gelitten hat. Sulla hat seine Gewaltherrschaft nicht blofs mit rücksichtsloser Gewaltsamkeit begründet, sondern dabei auch die Dinge mit einer gewissen cynischen Offenheit beim rechten Namen genannt, durch die er es unwiederbringlich verdorben hat mit der grofsen Masse der Schwachherzigen, die mehr vor dem Namen als vor der Sache sich entsetzen, durch die er aber allerdings auch dem sittlichen Urtheil wegen der Kühle und Klarheit seines Frevels noch empörender erscheint als der leidenschaftliche Verbrecher. Aechtungen, Belohnungen der Henker, Güterconfiscationen, kurzer Prozefs gegen unbotmäfsige Offiziere waren hundertmal vorgekommen und die stumpfe politische Sittlichkeit der antiken Civilisation hatte für diese Dinge nur lauen Tadel; aber das freilich war unerhört, dafs die Namen der vogelfreien Männer öffentlich angeschlagen und die Köpfe öffentlich ausgestellt wurden, dafs den Banditen eine feste Summe ausgesetzt und dieselbe

in die öffentlichen Kassenbücher ordnungsmäfsig eingetragen ward,
dafs das eingezogene Gut gleich der feindlichen Beute auf offenem
Markt unter den Hammer kam, dafs der Feldherr den widerspenstigen
Offizier geradezu niederhauen liefs und vor allem Volk sich zu der That
bekannte. Diese öffentliche Verhöhnung der Humanität ist auch ein
politischer Fehler; er hat nicht wenig dazu beigetragen spätere revolutionäre Krisen im Voraus zu vergiften, und noch jetzt ruht deswegen
verdientermafsen ein finsterer Schatten auf dem Andenken des Urhebers der Proscriptionen. — Mit Recht darf man ferner tadeln, dafs
Sulla, während er in allen wichtigen Dingen rücksichtslos durchgriff,
doch in untergeordneten, namentlich in Personenfragen sehr häufig
seinem sanguinischen Temperament nachgab und nach Neigung oder
Abneigung verfuhr. Er hat, wo er wirklich einmal Hafs empfand, wie
gegen die Marier, ihm zügellos auch gegen Unschuldige den Lauf gelassen und von sich selbst gerühmt, dafs niemand besser als er Freunden und Feinden vergolten habe *). Er verschmähte es nicht, bei Gelegenheit seiner Machtstellung ein kolossales Vermögen zu sammeln.
Der erste absolute Monarch des römischen Staats bewährte er den
Kernspruch des Absolutismus, dafs den Fürsten die Gesetze nicht
binden, sogleich an den von ihm selbst erlassenen Ehebruchs- und
Verschwendungsgesetzen. Verderblicher aber als diese Nachsicht gegen
sich selbst ward dem Staat sein läfsliches Verfahren gegen seine Partei
und seinen Kreis. Schon seine schlaffe Soldatenzucht, obwohl sie zum
Theil durch politische Nothwendigkeit geboten war, läfst sich hieher
rechnen; viel schädlicher aber noch war die Nachsicht gegen seinen politischen Anhang. Es ist kaum glaublich, was er gelegentlich hinnahm; so
zum Beispiel ward dem Lucius Murena für die durch die schlimmste
Verkehrtheit und Unbotmäfsigkeit erlittenen Niederlagen (S. 334) nicht
blofs die Strafe erlassen, sondern auch der Triumph zugestanden; so
wurde Gnaeus Pompeius, der sich noch schwerer vergangen hatte, von
Sulla noch verschwenderischer geehrt (S. 333. 365). Die Ausdehnung
und die ärgsten Frevel der Aechtungen und Confiscationen sind wahrscheinlich weniger aus Sullas eigenem Wollen, als aus diesem freilich
in seiner Stellung kaum verzeihlicheren Indifferentismus hervorgegangen. Dafs Sulla bei seinem innerlich energischen und doch dabei

---

*) Euripides Medeia 807:
Es soll mich keiner achten schwächlich und gering,
Gutmüthig nicht; ich bin gemacht aus anderm Stoff,
Den Feinden schrecklich und den Freunden liebevoll.

gleichgültigem Wesen sehr verschieden, bald unglaublich nachsichtig.
bald unerbittlich streng auftrat, ist begreiflich. Die tausendmal
wiederholte Rede, dafs er vor seiner Regentschaft ein guter milder
Mann, als Regent ein blutdürstiger Wütherich gewesen sei, richtet sich
selbst; wenn er als Regent das Gegentheil der früheren Gelindigkeit
zeigte, so wird man vielmehr sagen müssen, dafs er mit demselben
nachlässigen Gleichmuth strafte, mit dem er verzieh. Diese halb
ironische Leichtfertigkeit geht überhaupt durch sein ganzes politisches
Thun. Es ist immer, als sei dem Sieger, eben wie es ihm gefiel sein
Verdienst um den Sieg Glück zu schelten, auch der Sieg selber nichts
werth; als habe er eine halbe Empfindung von der Nichtigkeit und Ver-
gänglichkeit des eigenen Werkes; als ziehe er nach Verwalterart das
Ausbessern dem Einreifsen und Umbauen vor und lasse sich am Ende
auch mit einer leidlichen Uebertünchung der Schäden genügen.

Sulla nach
seinem
Rücktritt. Wie er nun aber war, dieser Don Juan der Politik war ein Mann
aus einem Gusse. Sein ganzes Leben zeugt von dem innerlichen
Gleichgewicht seines Wesens; in den verschiedensten Lagen blieb
Sulla unverändert derselbe. Es war derselbe Sinn, der nach den
glänzenden Erfolgen in Africa ihn wieder den hauptstädtischen Müfsig-
gang suchen und der nach dem Vollbesitz der absoluten Macht ihn
Ruhe und Erholung finden liefs in seiner cumanischen Villa. In
seinem Munde war es keine Phrase, dafs ihm die öffentlichen Geschäfte eine Last seien, die er abwarf, so wie er durfte und konnte.
Auch nach der Resignation blieb er völlig sich gleich, ohne Unmuth
und ohne Affectation, froh der öffentlichen Geschäfte entledigt zu
sein und dennoch hie und da eingreifend, wo die Gelegenheit sich bot.
Jagd und Fischfang und die Abfassung seiner Memoiren füllten seine
müfsigen Stunden; dazwischen ordnete er auf Bitten der unter sich uneinigen Bürger die inneren Verhältnisse der benachbarten Colonie Puteoli ebenso sicher und rasch wie früher die Verhältnisse der Hauptstadt.
Seine letzte Thätigkeit auf dem Krankenlager bezog sich auf die Beitrei-
bung eines Zuschusses zu dem Wiederaufbau des capitolinischen Tem-
Sullas Tod pels, den vollendet zu sehen ihm nicht mehr vergönnt war. Wenig über
ein Jahr nach seinem Rücktritt, im sechzigsten Lebensjahr, frisch an
Körper und Geist ward er vom Tode ereilt; nach kurzem Krankenlager — noch zwei Tage vor seinem Tode schrieb er an seiner Selbst-
78 biographie — raffte ein Blutsturz*) ihn hinweg (676). Sein getreues

---

*) Nicht die Phthiriasis, wie ein anderer Bericht sagt; aus dem einfachen
Grunde, dafs eine solche Krankheit nur in der Phantasie existirt.

Glück verliefs ihn auch im Tode nicht. Er konnte nicht wünschen
noch einmal in den widerwärtigen Strudel der Parteikämpfe hineingezogen zu werden und seine alten Krieger noch einmal gegen eine
neue Revolution führen zu müssen; und nach dem Stande der Dinge
bei seinem Tode in Spanien und in Italien hätte bei längerem Leben
ihm dies kaum erspart bleiben können. Schon jetzt, da von seiner
feierlichen Bestattung in der Hauptstadt die Rede war, wurden zahlreiche Stimmen, die bei seinen Lebzeiten geschwiegen hatten, dort
gegen die letzte Ehre laut, die man dem Tyrannen zu erweisen gedachte. Aber noch war die Erinnerung zu frisch und die Furcht vor
seinen alten Soldaten zu lebendig; es wurde beschlossen die Leiche
nach der Hauptstadt bringen zu lassen und dort die Exequien zu begehen. Nie hat Italien eine grofsartigere Trauerfeier gesehen. Ueberall
wo der königlich geschmückte Todte hindurchgetragen ward, ihm
vorauf seine wohlbekannten Feldzeichen und Ruthenbündel, da schlossen die Einwohner und vor allem seine alten Lanzknechte an das
Trauergefolge sich an; es schien als wollte die gesammte Truppe um
den Mann, der sie im Leben so oft und nie anders als zum Siege geführt hatte, noch einmal im Tode sich vereinigen. So gelangte der
endlose Leichenzug in die Hauptstadt, wo die Gerichte feierten und
alle Geschäfte ruhten und zweitausend goldene Kränze, als letzte
Ehrengabe der treuen Legionen, der Städte und der näheren Freunde,
des Todten harrten. Sulla hatte, dem Geschlechtsgebrauch der Cornelier gemäfs, seinen Körper unverbrannt beizusetzen verordnet; aber
andere waren besser als er dessen eingedenk, was vergangene Tage
gebracht hatten und künftige Tage bringen mochten — auf Befehl des
Senats ward die Leiche des Mannes, der die Gebeine des Marius aus
ihrer Ruhe im Grabe aufgestört hatte, den Flammen übergeben. Geleitet von allen Beamten und dem gesammten Senat, den Priestern und
Priesterinnen in ihrer Amtstracht und der ritterlich gerüsteten adlichen
Knabenschaar gelangte der Zug auf den grofsen Marktplatz; auf
diesem von seinen Thaten und fast noch von dem Klange seiner gefürchteten Worte erfüllten Platz ward dem Todten die Leichenrede
gehalten und von dort die Bahre auf den Schultern der Senatoren
nach dem Marsfeld getragen, wo der Scheiterhaufen errichtet war.
Während er in Flammen loderte, hielten die Ritter und die Soldaten
den Ehrenlauf um die Leiche; die Asche aber des Regenten ward auf
dem Marsfeld neben den Gräbern der alten Könige beigesetzt und ein
Jahr hindurch haben die römischen Frauen um ihn getrauert.

Sullas Be-
stattung.

KAPITEL XI.

DAS GEMEINWESEN UND SEINE OEKONOMIE.

Bankerott
des römi-
schen Staats
nach aussen
und innen. Ein neunzigjähriger Zeitraum, vierzig Jahr tiefen Friedens, fünf-
zig einer fast permanenten Revolution liegen hinter uns. Es ist
diese Epoche die ruhmloseste, die die römische Geschichte kennt.
Zwar wurden in westlicher und östlicher Richtung die Alpen überschritten (S. 160. 170) und gelangten die römischen Waffen auf der
spanischen Halbinsel bis zum atlantischen Ocean (S. 17). auf der
makedonisch-griechischen bis zur Donau (S. 171); aber es waren
so wohlfeile wie unfruchtbare Lorbeeren. Der Kreis der ‚auswärtigen Völkerschaften in der Willkür, Botmäfsigkeit, Herrschaft oder
Freundschaft der römischen Bürgerschaft‘ *) ward nicht wesentlich erweitert; man begnügte sich den Erwerb einer besseren Zeit zu realisiren
und die in loseren Formen der Abhängigkeit an Rom geknüpften
Gemeinden mehr und mehr in die volle Unterthänigkeit zu bringen.
Hinter dem glänzenden Vorhang der Provinzialreunionen verbarg sich
ein sehr fühlbares Sinken der römischen Macht. Während die gesamte
antike Civilisation immer bestimmter in dem römischen Staat zusammengefafst, immer allgemein gültiger in demselben formulirt ward, fingen
zugleich jenseit der Alpen und jenseit des Euphrat die von ihr ausgeschlossenen Nationen an aus der Vertheidigung zum Angriff überzugehen. Auf den Schlachtfeldern von Aquae Sextiae und Vercellae.
von Chaeroneia und Orchomenos wurden die ersten Schläge des-

---

*) *Exterae nationes in arbitratu dicione potestate amicitiave populi
Romani (lex repet. v. 1),* die officielle Bezeichnung der nicht italischen Unterthanen und Clienten im Gegensatz der italischen ‚Eidgenossen und Stammverwandten‘ (*socii nominisve Latini*).

jenigen Gewitters vernommen, das über die italisch-griechische Welt
zu bringen die germanischen Stämme und die asiatischen Horden
bestimmt waren und dessen letztes dumpfes Rollen fast noch bis in
unsere Gegenwart hineinreicht. Aber auch in der inneren Entwicklung trägt diese Epoche denselben Charakter. Die alte Ordnung
stürzt unwiederbringlich zusammen. Das römische Gemeinwesen war
angelegt als eine Stadtgemeinde, welche durch ihre freie Bürgerschaft sich selber die Herren und die Gesetze gab, welche von diesen
wohlberathenen Herren innerhalb dieser gesetzlichen Schranken mit
königlicher Freiheit geleitet ward, um welche theils die italische Eidgenossenschaft als ein Inbegriff freier der römischen wesentlich gleichartiger und stammverwandter Stadtgemeinden, theils die auseritalische
Bundesgenossenschaft als ein Inbegriff griechischer Freistädte und
barbarischer Völker und Herrschaften, beide von der Gemeinde Rom
mehr bevormundet als beherrscht, in zweifachem Kreise sich schlossen.
Es war das letzte Ergebniss der Revolution — und beide Parteien,
die nominell conservative wie die demokratische Partei, hatten dazu
mitgewirkt und trafen darin zusammen —, dass von diesem ehrwür-
digen Bau, der am Anfang der gegenwärtigen Epoche zwar rissig und
schwankend, aber doch noch aufrecht gestanden, am Schluss derselben
kein Stein mehr auf dem andern geblieben war. Der souveräne Machthaber war jetzt entweder ein einzelner Mann oder die geschlossene
Oligarchie bald der Vornehmen, bald der Reichen. Die Bürgerschaft
hatte jeden rechtlichen Antheil am Regiment verloren. Die Beamten
waren unselbstständige Werkzeuge in der Hand des jedesmaligen Machthabers. Die Stadtgemeinde Rom hatte durch ihre widernatürliche Erweiterung sich selber zersprengt. Die italische Eidgenossenschaft war
aufgegangen in die Stadtgemeinde. Die auseritalische Bundesgenossenschaft war im vollen Zug sich in eine Unterthanenschaft zu verwandeln.
Die gesammte organische Gliederung des römischen Gemeinwesens war
zu Grunde gegangen und nichts übrig geblieben als eine rohe Masse
mehr oder minder disparater Elemente. Der Zustand drohte in volle
Anarchie und in innere und äussere Auflösung des Staats überzugehen.
Die politische Bewegung lenkte durchaus nach dem Ziele der Despotie; nur darüber noch ward gestritten, ob der geschlossene Kreis
der vornehmen Familien oder der Capitalistensenat oder ein Monarch
Despot sein solle. Die politische Bewegung ging durchaus die zum
Despotismus führenden Wege: der Grundgedanke des freien Gemeinwesens, dass die ringenden Mächte gegenseitig sich auf mittelbaren

Zwang beschränken, war allen Parteien gleichmäfsig abhanden gekommen und hüben und drüben fingen zuerst die Knittel, bald auch die Schwerter an um die Herrschaft zu fechten. Die Revolution, insofern zu Ende, als die alte Verfassung von beiden Seiten als definitiv beseitigt anerkannt und Ziel und Weg der neuen politischen Entwickelung deutlich festgestellt war, hatte doch für diese Reorganisation des Staates selbst bis jetzt nur provisorische Lösungen gefunden; weder die gracchische noch die sullanische Constituirung der Gemeinde trugen einen abschliefsenden Charakter. Das aber war das bitterste dieser bittern Zeit, dafs dem klarsehenden Patrioten selbst das Hoffen und das Streben sich versagten. Die Sonne der Freiheit mit all ihrer unendlichen Segensfülle ging unaufhaltsam unter und die Dämmerung senkte sich über die eben noch so glänzende Welt. Es war keine zufällige Katastrophe, der Vaterlandsliebe und Genie hätten wehren können; es waren uralte sociale Schäden, im letzten Kern die Ruin des Mittelstandes durch das Sklavenproletariat, an denen das römische Gemeinwesen zu Grunde ging. Auch der einsichtigste Staatsmann war in der Lage des Arztes, dem es gleich peinlich ist die Agonie zu verlängern und zu verkürzen. Ohne Zweifel war Rom um so besser berathen, je rascher und durchgreifender ein Despot alle Reste der alten freiheitlichen Verfassung beseitigte und für das bescheidene Mafs menschlichen Gedeihens, wofür in dem Absolutismus Raum ist, die neuen Formen und Formeln fand; der innere Vorzug, der der Monarchie unter den gegebenen Verhältnissen gegenüber jeder Oligarchie zukam, lag wesentlich eben darin, dafs ein solcher energisch nivellirender und energisch aufbauender Despotismus von einer collegialischen Behörde nimmermehr geübt werden konnte. Allein diese kühlen Erwägungen machen keine Geschichte; nicht der Verstand, nur die Leidenschaft baut für die Zukunft. Man mufste eben erwarten, wie lange das Gemeinwesen fortfahren werde nicht leben und nicht sterben zu können und ob es schliefslich an einer mächtigen Natur seinen Meister und, so weit dies möglich war, seinen Neuschöpfer finden oder in Elend und Schwäche zusammenstürzen werde.

Der Staatshaushalt.　Es bleibt noch übrig die ökonomische und sociale Seite dieses Verlaufs hervorzuheben, insoweit dies nicht bereits früher geschehen ist. — Der Staatshaushalt ruhte seit dem Anfang dieser Epoche wesentlich auf den Einkünften aus den Provinzen. In Italien ward die Grundsteuer, die hier stets nur neben den ordentlichen Domanial- und anderen Gefällen als aufserordentliche Abgabe vorgekommen war, seit

Italische Einkünfte.

der Schlacht von Pydna nicht wieder erhoben, so dafs die unbedingte
Grundsteuerfreiheit anfing als ein verfassungsmäfsiges Vorrecht des
römischen Grundbesitzers betrachtet zu werden. Die Regalien des
Staats, wie das Salzmonopol (I, 797) und das Münzrecht, wurden,
wenn überhaupt je, so wenigstens jetzt nicht als Einnahmequellen behandelt. Auch die neue Erbschaftssteuer (I, 850) liefs man wieder
schwinden oder schaffte sie vielleicht geradezu ab. Demnach zog die
römische Staatskasse aus Italien einschliefslich des diesseitigen Galliens
nichts als theils den Domänenertrag, namentlich von dem campanischen
Gebiet und den Goldgruben im Lande der Kelten, theils die Abgabe
von den Freilassungen und den nicht zu eigenem Verbrauch des Ein-
führenden in das römische Stadtgebiet zur See eingehenden Waaren,
welche beide wesentlich als Luxussteuern betrachtet werden können
und allerdings durch die Ausdehnung des römischen Stadt- und zugleich Zollgebiets auf ganz Italien, wahrscheinlich mit Einschlufs des
diesseitigen Galliens, ansehnlich gesteigert werden mufsten. — In den
Provinzen nahm der römische Staat zunächst als Privateigenthum in
Anspruch theils in den nach Kriegsrecht vernichteten Staaten die gesammte Mark, theils in denjenigen Staaten, wo die römische Regierung
an die Stelle der ehemaligen Herrscher getreten war, den von diesen
innegehabten Grundbesitz, kraft welches Rechts die Feldmarken von
Leontinoi, Karthago, Korinth, das Domanialgut der Könige von Makedonien, Pergamon und Kyrene, die Gruben in Spanien und Makedonien
als römische Domänen galten und, ähnlich wie das Gebiet von Capua,
von den römischen Censoren an Privatunternehmer gegen Abgabe
einer Ertragsquote oder einer bestimmten Geldsumme verpachtet wurden. Dafs Gaius Gracchus noch weiter ging, das gesammte Provinzialland als Domäne ansprach und zunächst für die Provinz Asia diesen
Satz insofern praktisch durchführte, als er den Bodenzehnten, die
Hut- und Hafengelder daselbst rechtlich motivirte durch das Eigenthumsrecht des römischen Staats an Acker, Wiese und Küste der Provinz, mochten diese nun früher dem König oder Privaten gehört haben,
ward bereits früher (S. 111. 117) ausgeführt. — Nutzbare Staats-
regalien scheint es in dieser Zeit auch den Provinzen gegenüber noch
nicht gegeben zu haben; die Untersagung des Wein- und Oelbaues im
transalpinischen Gallien kam der Staatskasse als solcher nicht zu Gute.
Dagegen wurden directe und indirecte Steuern in grofsem Umfang erhoben. Die als vollständig souverän anerkannten Clientelstaaten, also
zum Beispiel die Königreiche Numidien und Kappadokien, die Bundes-

*Provinzial-
einkünfte.*

*Domanial-
gefälle.*

städte (*civitates foederatae*) Rhodos, Messana, Tauromenion, Massalia,
Gades waren rechtlich steuerfrei und durch ihren Vertrag nur verpflichtet die römische Republik in Kriegszeiten theils durch regelmäfsige Stellung einer festen Anzahl von Schiffen oder Mannschaften
auf ihre Kosten, theils, wie natürlich, im Nothfall durch aufserordentliche Hülfsleistung jeder Art zu unterstützen. Das übrige Provinzialgebiet dagegen, selbst mit Einschlufs der Freistädte, unterlag durchgängig der Besteuerung und nur die mit römischem Bürgerrecht
beliehenen Städte, wie Narbo, und die speciell mit der Steuerfreiheit
beschenkten Gemeinden (*civitates immunes*), wie Kentoripa in Sicilien,
waren hiervon ausgenommen. Die directen Abgaben bestanden theils,
wie in Sicilien und Sardinien, in einem, Anrecht auf den Zehnten[*]
der Garben und sonstigen Feldfrüchte wie der Trauben und Oliven,
oder, wenn das Land zur Weide lag, einem entsprechenden Hutgeld;
theils, wie in Makedonien, Achaia, Kyrene, dem gröfsten Theil von
Africa, beiden Spanien, nach Sulla auch in Asia, in einer von jeder
einzelnen Gemeinde jährlich nach Rom zu entrichtenden festen Geldsumme (*stipendium, tributum*), welche zum Beispiel für ganz Makedonien 600000 (183000 Thlr.), für die kleine Insel Gyaros bei Andros
150 Denare (46 Thlr.) betrug und allem Anschein nach im Ganzen
niedrig und geringer war als die vor der römischen Herrschaft entrichtete Abgabe. Jene Bodenzehnten und Hutgelder verdang der Staat
gegen Lieferung fester Quantitäten Korn oder fester Geldsummen an
Privatunternehmer; dieser Geldabgaben wegen hielt er sich an die
einzelnen Gemeinden und überliefs es diesen den Betrag nach den von
der römischen Regierung im Allgemeinen festgestellten Principien auf
die Steuerpflichtigen zu repartiren und von diesen einzuziehen[**]. Die

[*] Dieser Steuerzehnte, den der Staat von dem Privatgrundeigenthum erhebt,
ist wohl zu unterscheiden von dem Eigenthümerzehnten, den er auf das De-
maniaaland legt. Jener ward in Sicilien verpachtet und stand ein für allemal
fest; dieser, insonderheit den des leontinischen Ackers, verpachteten die Censoren in Rom und regulierten die zu entrichtende Ertragsquote und die sonstigen
Bedingungen nach Ermessen (Cic. *Verr.* 3, 6, 13. 5, 21, 53; *de l. agr.* 1, 2, 4.
2, 18, 48). Vgl. mein Staatsrecht 3, 730.

[**] Das Verfahren war wie es scheint folgendes. Die römische Regierung
bestimmte zunächst die Gattung und die Höhe der Abgabe; so zum Beispiel
ward in Asien auch nach der sullanisch-caesarischen Ordnung die zehnte Garbe
erhoben (Appian *b. civ.* 5, 4); so steuerten nach Caesars Verordnung die Juden
jedes andere Jahr ein Viertel der Aussaat (Joseph. 4, 10, 6 vgl. 2. 5); so ward in
Kilikien und Syrien später 5 vom Hundert des (Vermögens Appian *Syr.* 50) und

indirecten Abgaben bestanden, abgesehen von den untergeordneten Zölle. Chaussee-, Brücken- und Canalgeldern, wesentlich in den Zöllen. Die Zölle des Alterthums waren, wo nicht ausschliefslich doch sehr vorwiegend Hafen-, seltener Landgrenzzölle auf die zur Feilbietung bestimmten ein- und ausgehenden Waaren und wurden von jeder Gemeinde in ihren Häfen und ihrem Gebiet nach Ermessen erhoben. Die Römer erkannten dies auch insofern im Allgemeinen an, als sich ihr ursprüngliches Zollgebiet nicht weiter erstreckte als der römische Bürgerbezirk und die Reichsgrenze keineswegs Zollgrenze, ein allgemeiner Reichszoll also unbekannt war; nur auf dem Wege des Staatsvertrages ward in den Clientelgemeinden für den römischen Staat wohl durchaus Zollfreiheit, für den römischen Bürger vielfach wenigstens Zollbegünstigung ausbedungen. Aber in denjenigen Bezirken, die nicht zum Bündnifs mit Rom zugelassen waren, sondern in eigentlicher Unterthänigkeit standen, auch nicht die Immunität erworben hatten, fielen die Zölle doch selbstverständlich an den eigentlichen Souverän, das heifst an die römische Gemeinde; und in Folge dessen wurden einzelne gröfsere Gebiete innerhalb des Reiches als besondere römische Zolldistricte constituirt, in welchen die einzelnen verbündeten oder mit Immunität beliehenen Gemeinden als vom römischen Zoll befreit enclavirt waren. So bildete Sicilien schon seit der karthagischen Zeit einen geschlossenen Zollbezirk, an dessen Grenze von allen aus-

auch in Africa eine wie es scheint ähnliche Abgabe entrichtet, wobei übrigens das Vermögen nach gewissen Präsumtionen, z. B. nach der Gröfse des Bodenbesitzes, der Zahl der Thüröffnungen, der Kopfzahl der Kinder und Sklaven abgeschätzt werden zu sein scheint (*exactio capitum atque ostiorum* Cicero *ad fam.* 3, 8, 5 von Kilikien; φόρος ἐπὶ τῇ γῇ καὶ τοῖς σώμασιν Appian *Pun.* 135 für Africa). Nach dieser Norm wurde von den Gemeindebehörden unter Oberaufsicht des römischen Statthalters (Cic. *ap Q. fr.* 1, 1, 8; *SC. de Asclep.* 22. 23) festgestellt, wer steuerpflichtig und was von jedem einzelnen Steuerpflichtigen zu leisten sei (*imperata* ἐπικεφάλια Cic. *ad Att.* 5, 16); wer dies nicht rechtzeitig entrichtete, dessen Steuerschuld ward eben wie in Rom verkauft, d. h. einem Unternehmer mit einem Zuschlag zur Einziehung übertragen (*venditio tributorum* Cic. *ad fam.* 3, 8. 5; ὠνὰς *omnium venditas*, ders. *ad Att.* 5, 16). Der Ertrag dieser Steuern flofs den Hauptgemeinden zu, wie zum Beispiel die Juden ihr Korn nach Sidon zu senden hatten, und aus deren Kassen wurde sodann der festgesetzte Geldbetrag nach Rom abgeführt. Auch diese Steuern also wurden mittelbar erhoben und der Vermittler behielt, je nach den Umständen, entweder einen Theil des Ertrags der Steuer für sich oder setzte aus eigenem Vermögen zu; der Unterschied dieser Erhebung von der anderen durch Publicanen lag lediglich darin, dafs dort die Gemeindebehörde der Contribuablen, hier römische Privatunternehmer den Vermittler machten.

und eingehenden Waaren eine Abgabe von 5 Procent vom Werth erhoben ward; so ward an den Grenzen von Asia in Folge des sempronischen Gesetzes (S. 111) eine ähnliche Abgabe von 2½ Procent
erhoben; so ward in ähnlicher Weise die Provinz Narbo, ausschliefslich
der Feldmark der römischen Colonie, als römischer Zollbezirk organisirt. Bei dieser Einrichtung mag aufser den fiscalischen Zwecken
auch die löbliche Absicht mitgewirkt haben der aus den mannichfaltigen
Communalzöllen unvermeidlich entstehenden Verwirrung durch gleichmäfsige Grenzzollregulirung zu steuern. Zur Erhebung wurden die
Zölle gleich den Zehnten ohne Ausnahme an Mittelsmänner verdungen.

Erhebungs-
kosten.   Hierauf waren die ordentlichen Lasten der römischen Steuerpflichtigen beschränkt, wobei übrigens nicht übersehen werden darf,
dafs die Erhebungskosten höchst beträchtlich waren und die Contribuablen unverhältnifsmäfsig mehr zahlten als die römische Regierung
empfing. Denn wenn das System der Steuereinziehung durch Mittelsmänner, namentlich durch Generalpächter schon an sich von allen das
verschwenderischste ist, so ward in Rom noch durch die geringe
Theilung der Pachtungen und die ungeheure Association des Capitals
Requisitio-
nen. die wirksame Concurrenz aufs Aeufserste erschwert. — Zu diesen
ordentlichen Belastungen aber kommen noch erstlich die Requisitionen
hinzu. Die Kosten der Militärverwaltung trug von Rechtswegen die
römische Gemeinde. Sie versah die Commandanten jeder Provinz mit
den Transportmitteln und allen sonstigen Bedürfnissen; sie besoldete
und versorgte die römischen Soldaten in der Provinz. Nur Dach und
Fach, Holz, Heu und ähnliche Gegenstände hatten die Provinzialgemeinden den Beamten und Soldaten unentgeltlich zu gewähren; ja die
freien Städte waren sogar auch von der Wintereinquartierung — feste
Standlager kannte man noch nicht — regelmäfsig befreit. Wenn der
Statthalter also Getreide, Schiffe, Sklaven zu deren Bemannung, Leinwand, Leder, Geld oder anderes bedurfte, so stand es ihm zwar im
Kriege unbedingt und nicht viel anders auch in Friedenszeiten frei
solche Lieferungen nach Ermessen und Bedürfnifs von den Unterthanengemeinden oder den 'souveränen Clientelstaaten einzufordern,
allein dieselben wurden, gleich der römischen Grundsteuer, rechtlich
als Käufe oder Vorschüsse behandelt und der Werth von der römischen
Staatskasse sogleich oder später ersetzt. Aber dennoch wurden, wenn
nicht in der staatsrechtlichen Theorie, so doch praktisch diese Requisitionen eine der drückendsten Belastungen der Provinzialen; um so
mehr als die Entschädigungsziffer regelmäfsig von der Regierung oder

gar dem Statthalter einseitig festgesetzt ward. Es begegnen wohl einzelne gesetzliche Beschränkungen dieses gefährlichen Requisitionsrechts der römischen Oberbeamten — so die schon erwähnte Vorschrift, daſs in Spanien dem Landmann durch Getreiderequisitionen nicht mehr als die zwanzigste Garbe entzogen und auch hiefür der Preis nicht einseitig ausgemacht werden dürfe (I, 683); die Bestimmung eines Maximalquantums des von dem Statthalter für seine und seines Gefolges Bedürfnisse zu requirirenden Getreides; die vorgängige Anordnung einer festbestimmten und hochgegriffenen Vergütung für das Getreide, das wenigstens in Sicilien häufig für die Bedürfnisse der Hauptstadt eingefordert ward. Allein durch dergleichen Festsetzungen wurde der Druck jener Requisitionen auf die Oekonomie der Gemeinden und der Einzelnen in den Provinzen wohl hie und da gelindert, aber keineswegs beseitigt. In auſserordentlichen Krisen steigerte dieser Druck sich unvermeidlich und oft ins Grenzenlose, wie denn auch alsdann die Lieferungen nicht selten in der Form der Strafausschreibung oder in der der erzwungenen freiwilligen Beiträge erfolgten, die Vergütung also ganz wegfiel. So zwang Sulla im J. 670/1 die kleinasiatischen Provinzialen, die allerdings sich aufs schwerste gegen Rom vergangen hatten, jedem bei ihnen einquartirten Gemeinen vierzigfachen (für den Tag 16 Denare == 3⅔ Thlr.), jedem Centurio fünfundsiebzigfachen Sold zu gewähren, auſserdem Kleidung und Tisch nebst dem Recht nach Belieben Gäste einzuladen; so schrieb derselbe Sulla bald nachher eine allgemeine Umlage auf die Clientel- und Unterthanengemeinden aus (S. 358), von deren Erstattung natürlich keine Rede war. — Ferner sind die Gemeindelasten nicht aus den Augen zu lassen. Sie müssen verhältniſsmäſsig sehr ansehnlich gewesen sein*), da die Verwaltungskosten, die Instandhaltung der öffentlichen Gebäude, überhaupt alle Civilausgaben von den städtischen Budgets getragen wurden und die römische Regierung lediglich das Militärwesen aus ihrer Kasse zu bestreiten übernahm. Sogar von diesem Militärbudget aber wurden noch beträchtliche Posten auf die Gemeinden abgewälzt — so die Anlage- und Unterhaltungskosten der nichtitalischen Militärstraſsen, die der Flotten in den nichtitalischen Meeren, ja selbst zu einem groſsen

Marginal notes: 84/3 — Gemeindelasten.

---

*) Beispielsweise entrichtete in Judaea die Stadt Joppe 26075 römische Scheffel Korn, die übrigen Juden die zehnte Garbe an den Volksfürsten; wozu dann noch der Tempelschofs und die für die Römer bestimmte sidonische Abgabe kamen. Auch in Sicilien ward neben dem römischen Zehnten eine sehr ansehnliche Gemeindeschatzung vom Vermögen erhoben.

Theil die Ausgaben für das Heerwesen, insofern die Wehrmannschaft
der Clientelstaaten wie die der Unterthanen auf Kosten ihrer Gemeinden innerhalb ihrer Provinz regelmäßig zum Dienst herangezogen
wurden und auch außerhalb derselben Thraker in Africa, Africaner in
Italien und so weiter an jedem beliebigen Ort immer häufiger anfingen
mit verwendet zu werden (S. 193). Wenn nur die Provinzen, nicht
aber Italien directe Abgaben an die Regierung entrichtete, so war dies
wo nicht politisch, doch finanziell billig, so lange als Italien die Lasten
und Kosten des Militärwesens allein trug; seit dies aber aufgegeben
ward, waren die Provinzialen auch finanziell entschieden überlastet. —

**Erpres-
sungen.** Endlich ist das große Kapitel des Unrechts nicht zu vergessen, durch
das die römischen Beamten und Steuerpächter in der mannichfaltigsten
Weise die Steuerlast der Provinzen steigerten. Man mochte jedes Geschenk, das der Statthalter nahm, gesetzlich als erpreßtes Gut behandeln und selbst das Recht zu kaufen ihm durch Gesetz beschränken;
seine öffentliche Thätigkeit bot ihm, wenn er Unrecht thun wollte,
dennoch der Handhaben mehr als genug. Die Einquartirung der
Truppen; die freie Wohnung der Beamten und des Schwarmes von
Adjutanten senatorischen oder Ritterranges, von Schreibern, Gerichts-
dienern, Herolden, Aerzten und Pfaffen; das den Staatsboten zukommende Recht unentgeltlicher Beförderung; die Approbirung und der
Transport der schuldigen Naturallieferungen; vor allem die Zwangs-
verkäufe und die Requisitionen gaben allen Beamten Gelegenheit aus
den Provinzen fürstliche Vermögen heimzubringen; und das Stehlen
ward immer allgemeiner, je mehr die Controle der Regierung sich als
null erwies und die der Capitalistengerichte sogar als gefährlich allein
für den ehrlichen Beamten. Die durch die Häufigkeit der Klagen über
Beamtenerpressung in den Provinzen veranlaßte Einrichtung einer
149 stehenden Commission für dergleichen Fälle im J. 605 (S. 70) und die
rasch sich folgenden und die Strafe stets steigernden Erpressungs-
gesetze zeigen, wie die Fluthmesser den Wasserstand, die immer wach-
sende Höhe des Uebels. — Unter all diesen Verhältnissen konnte selbst
eine der Anlage nach mäßige Besteuerung effectiv äußerst drückend
werden, und daß sie dies war, ist außer Zweifel, wenn gleich der
ökonomische Druck, den die italischen Kaufleute und Banquiers auf
die Provinzen übten, noch weit schwerer auf denselben gelastet haben
mag als die Besteuerung mit allen daran hängenden Mißbräuchen.

**Finanzielles
Gesammt-
resultat.** Fassen wir zusammen, so war die Einnahme, welche Rom aus den
Provinzen zog, nicht eigentlich eine Besteuerung der Unterthanen in

dem Sinn, den wir jetzt damit verbinden, sondern vielmehr überwiegend
eine den attischen Tributen vergleichbare Hebung, womit der führende
Staat die Kosten des von demselben übernommenen Kriegswesens be-
stritt. Daraus erklärt sich auch die auffallende Geringfügigkeit des
Roh- wie des Reinertrags. Es findet sich eine Angabe, wonach die
römische Einnahme, vermuthlich mit Ausschluss der italischen Einkünfte und des von den Zehntpächtern in Natur nach Italien abge-
lieferten Getreides, bis zum Jahr 691 nicht mehr betrug als 200 Mill. **63**
Sesterzen (15 Mill. Thlr.); also nur zwei Drittel der Summe, die der
König von Aegypten jährlich aus seinem Lande zog. Nur auf den
ersten Blick kann das Verhältnifs befremden. Die Ptolemaeer beuteten
das Nilthal aus wie grofse Plantagenbesitzer und zogen ungeheure
Summen aus dem von ihnen monopolisirten Handelsverkehr mit dem
Orient; das römische Aerar war nicht viel mehr als die Bundeskriegs-
kasse der unter Roms Schutz geeinigten Gemeinden. Der Reinertrag
war wahrscheinlich verhältnifsmäfsig noch geringer. Einen ansehnlichen Ueberschufs lieferten wohl nur Sicilien, wo das karthagische
Besteuerungssystem galt, und vor allem Asia, seit Gaius Gracchus, um
seine Getreidevertheilung möglich zu machen, daselbst die Bodencon-
fiscation und die allgemeine Domanialbesteuerung durchgesetzt hatte;
nach vielfältigen Zeugnissen ruhten die römischen Staatsfinanzen wesentlich auf den Abgaben von Asia. Die Versicherung klingt ganz
glaublich, dafs die übrigen Provinzen durchschnittlich ungefähr so viel
kosteten als sie einbrachten; ja diejenigen, welche eine bedeutende
Besatzung erforderten, wie beide Spanien, das jenseitige Gallien, Makedonien, mögen oft mehr gekostet als getragen haben. Im Ganzen blieb
dem römischen Aerar allerdings in gewöhnlichen Zeiten ein Ueberschufs, welcher es möglich machte die Staats- und Stadtbauten reichlich zu bestreiten und einen Nothpfennig aufzusammeln; aber auch
die für diese Beträge vorkommenden Ziffern, zusammengehalten mit
dem weiten Gebiet der römischen Herrschaft, sprechen für die Geringfügigkeit des Reinertrags der römischen Steuern. In gewissem Sinne
hat also der alte ebenso ehrenwerthe wie verständige Grundsatz: die
politische Hegemonie nicht als nutzbares Recht zu behandeln, eben wie
die römisch-italische so auch noch die provinziale Finanzverfassung
beherrscht. Was die römische Gemeinde von ihren überseeischen
Unterthanen erhob, ward der Regel nach auch für die militärische
Sicherung der überseeischen Besitzungen wieder verausgabt; und wenn
diese römischen Hebungen dadurch die Pflichtigen schwerer trafen als

25*

die ältere Besteuerung, dafs sie grofsentheils im Ausland verausgabt
wurden, so schlofs dagegen die Ersetzung der vielen kleinen Herren
und Heere durch eine einzige Herrschaft und eine centralisirte Militärverwaltung eine sehr ansehnliche ökonomische Ersparnifs ein.   Aber
freilich erscheint dieser Grundsatz einer besseren Vorzeit in der Provinzialorganisation doch von vornherein innerlich zerstört und durch-
löchert durch die zahlreichen Ausnahmen, die man davon sich gestattete.
Der hieronisch-karthagische Bodenzehnte in Sicilien ging weit hinaus
über den Betrag eines jährlichen Kriegsbeitrags.   Mit Recht ferner sagt
Scipio Aemilianus bei Cicero, dafs es der römischen Bürgerschaft übel
anstehe zugleich den Gebieter und den Zöllner der Nationen zu machen.
Die Aneignung der Hafenzölle war mit dem Grundsatz der uneigen-
nützigen Hegemonie nicht vereinbar und die Höhe der Zollsätze so wie
die vexatorische Erhebungsweise nicht geeignet das Gefühl des hier
zugefügten Unrechts zu beschwichtigen.   Es gehört wohl schon dieser
Zeit an, dafs der Name des Zöllners den östlichen Völkerschaften gleichbedeutend mit dem des Frevlers und des Räubers ward; keine Belastung hat so wie diese dazu beigetragen den römischen Namen besonders im Osten widerwärtig und gehässig zu machen.   Als dann aber
Gaius Gracchus und diejenige Partei an das Regiment kam, die sich in
Rom die populäre nannte, ward die politische Herrschaft unumwunden
für ein Recht erklärt, das jedem der Theilhaber Anspruch gab auf eine
Anzahl Scheffel Korn, ward die Hegemonie geradezu in Bodeneigenthum verwandelt, das vollständige Exploitirungssystem nicht blofs eingeführt, sondern mit unverschämter Offenherzigkeit rechtlich motivirt und proclamirt.   Sicher war es auch kein Zufall, dafs dabei eben
die beiden am wenigsten kriegerischen Provinzen Sicilien und Asia das
härteste Loos traf.

Die Finan-
sen und das
Bauwesen.   Einen ungefähren Messer des römischen Finanzstandes dieser Zeit
gewähren in Ermangelung bestimmter Angaben noch am ersten die
öffentlichen Bauten.   In den ersten Decennien dieser Epoche wurden
dieselben in gröfstem Umfange betrieben und vor allem die Chaussee-
anlagen sind zu keiner Zeit so energisch gefördert worden.   In Italien
schlofs sich an die grofse vermuthlich schon ältere Südchaussee, die
als Verlängerung der appischen von Rom über Capua, Beneventum,
Venusia nach den Häfen von Tarent und Brundisium lief, eine Seiten-
strafse an von Capua bis zur sicilischen Meerenge, ein Werk des Publius
132 Popillius Consul 622.   An der Ostküste, wo bisher nur die Strecke
von Fanum nach Ariminum als Theil der flaminischen Strafse chaussirt

gewesen war (I, 560), wurde die Küstenstrafse südwärts bis nach Brundisium, nordwärts über Hatria am Po bis nach Aquileia verlängert und wenigstens das Stück von Ariminum bis Hatria von dem eben genannten Popillius in dem gleichen Jahr angelegt. Auch die beiden grofsen etrurischen Chausseen, die Küsten- oder aurelische Strafse von Rom nach Pisa und Luna, an der unter anderm im J. 631 gebaut ward, und die über Sutrium und Clusium nach Arretium und Florentia geführte cassische, die nicht vor 583 gebaut zu sein scheint, dürften als römische Staatschausseen erst dieser Zeit angehören. Um Rom selbst bedurfte es neuer Anlagen nicht; doch wurde die mulvische Brücke (Ponte Molle), auf der die flaminische Strafse unweit Rom die Tiber überschritt, im J. 645 von Stein hergestellt. Endlich in Norditalien, das bis dahin keine andere als die bei Placentia endigende flaminisch-aemilische Kunststrafse gehabt hatte, wurde im J. 606 die grofse postumische Strafse gebaut, die von Genua über Dertona, wo wahrscheinlich gleichzeitig eine Colonie gegründet ward, weiter über Placentia, wo sie die flaminisch-aemilische Strafse aufnahm, Cremona und Verona nach Aquileia führte und also das tyrrhenische und das adriatische Meer mit einander verband; wozu noch die im J. 645 durch Marcus Aemilius Scaurus hergestellte Verbindung zwischen Luna und Genua hinzukam, welche die postumische Strafse unmittelbar mit Rom verknüpfte. In einer andern Weise war Gaius Gracchus für das italische Wegewesen thätig. Er sicherte die Instandhaltung der grofsen Landstrafsen, indem er bei der Ackervertheilung längs derselben Grundstücke anwies, auf denen die Verpflichtung der Wegebesserung als dingliche Last haftete; auf ihn ferner oder doch auf die Ackervertheilungscommission scheint, wie die Sitte die Feldgrenze durch ordentliche Marksteine zu bezeichnen, so auch die der Errichtung von Meilensteinen zurückzugehen; er sorgte endlich für gute Vicinalwege, um auch hiedurch den Ackerbau zu fördern. Aber weit folgenreicher noch war die ohne Zweifel eben in dieser Epoche beginnende Anlage von Reichschausseen in den Provinzen: die domitische Strafse stellte nach langen Vorbereitungen (I, 670) den Landweg von Italien nach Spanien sicher und hing mit der Gründung von Aquae Sextiae und Narbo eng zusammen (S. 163); die gabinische (S. 169) und die egnatische (S. 41) führten von den Hauptplätzen an der Ostküste des adriatischen Meeres, jene von Salona, diese von Apollonia und Dyrrhachion, in das Binnenland hinein; das unmittelbar nach der Einrichtung der asiatischen Provinz im J. 625 von Manius Aquillius angelegte Strafsennetz führte von

der Hauptstadt Ephesus nach verschiedenen Richtungen bis an die
Reichsgrenze — alles Anlagen, über deren Entstehung in der trümmerhaften Ueberlieferung dieser Epoche keine Angabe zu finden ist, die aber
nichts desto weniger mit der Consolidirung der römischen Herrschaft in
Gallien, Dalmatien, Makedonien und Kleinasien unzweifelhaft in Zusammenhang standen und für die Centralisirung des Staats und die Civilisi-
rung der unterworfenen barbarischen Districte von der gröfsten Bedeutung
geworden sind. — Wie für die Strafsen war man wenigstens in Italien
auch für die grofsen Entsumpfungsarbeiten thätig. So ward im Jahre 594
die Trockenlegung der pomptinischen Sümpfe, diese Lebensfrage für
Mittelitalien, mit grofsem Kraftaufwand und wenigstens vorübergehendem
Erfolg angegriffen; so im J. 645 in Verbindung mit den norditalischen
Chausseebauten zugleich die Entsumpfung der Niederungen zwischen
Parma und Placentia bewerkstelligt. Endlich that die Regierung viel
für die zur Gesundheit und Annehmlichkeit der Hauptstadt ebenso unentbehrlichen wie kostspieligen römischen Wasserleitungen.   Nicht
blofs wurden die beiden seit den J. 442 und 492 bereits bestehenden,
die appische und die Anioleitung, im J. 610 von Grund aus reparirt,
sondern auch zwei neue Leitungen angelegt: im J. 610 die marcische,
die an Güte und Fülle des Wassers auch später unübertroffen blieb,
und neunzehn Jahre nachher die sogenannte laue. Welche Operationen
die römische Staatskasse, ohne vom Creditsystem Gebrauch zu machen,
mittelst reiner Baarzahlung auszuführen vermochte, zeigt nichts deutlicher als die Art, wie die marcische Leitung zu Stande kam: die dazu
erforderliche Summe von 180 Mill. Sesterzen (in Gold 13½ Mill. Thlr.)
ward innerhalb dreier Jahre disponibel gemacht und verwandt. Es
läfst dies schliefsen auf eine sehr ansehnliche Reserve des Staatsschatzes,
die denn auch schon im Anfang dieser Periode nahe an 6 Mill. Thlr.
betrug (I, 799. 849) und ohne Zweifel beständig im Steigen war. —
Alle diese Thatsachen zusammengenommen lassen allerdings auf einen
im Allgemeinen günstigen Stand der römischen Finanzen dieser Zeit
schliefsen. Nur darf auch in finanzieller Hinsicht nicht übersehen
werden, dafs die Regierung während der ersten zwei Drittel dieses Zeit-
abschnitts zwar glänzende und grofsartige Bauten ausführte, aber dafür
andere wenigstens ebenso nothwendige Ausgaben zu machen unterliefs. Wie ungenügend sie für das Militärwesen sorgte, ist bereits hervorgehoben worden: in den Grenzlandschaften, ja im Pothal (S. 167)
plünderten die Barbaren, im Innern hausten selbst in Kleinasien, Sicilien, Italien die Räuberbanden. Die Flotte gar ward völlig vernach-

lässigt; römische Kriegsschiffe gab es kaum mehr und die Kriegsschiffe,
die man durch die Unterthanenstädte bauen und erhalten liefs, reichten
nicht aus, so dafs man nicht blofs schlechterdings keinen Seekrieg zu
führen, sondern nicht einmal den Piraten das Handwerk zu legen im
Stande war. In Rom selbst unterblieben eine Menge der nothwendig-
sten Verbesserungen und namentlich die Flufsbauten wurden seltsam
vernachlässigt. Immer noch besafs die Hauptstadt keine andere Brücke
über die Tiber als den uralten hölzernen Steg, der über die Tiberinsel
nach dem Ianiculum führte; immer noch liefs man die Tiber jährlich
die Strafsen unter Wasser setzen und Häuser, ja nicht selten ganze
Quartiere niederwerfen, ohne etwas für die Uferbefestigung zu thun;
immer mehr liefs man, wie gewaltig auch der überseeische Handel sich
entwickelte, die an sich schon schlechte Rhede von Ostia versanden.
Eine Regierung, die unter den günstigsten Verhältnissen und in einer
Epoche vierzigjährigen Friedens nach aufsen und innen solche Pflichten
versäumt, kann leicht Steuern schwinden lassen und dennoch einen
jährlichen Ueberschufs der Einnahme über die Ausgabe und einen ansehnlichen Sparschatz erzielen; aber eine derartige Finanzverwaltung
verdient keineswegs Lob wegen ihrer nur scheinbar glänzenden Ergebnisse, sondern vielmehr dieselben Vorwürfe der Schlaffheit, des
Mangels an einheitlicher Leitung, der verkehrten Volksschmeichelei,
die auf jedem andern politischen Gebiet gegen das senatorische Regiment dieser Epoche erhoben werden mufsten. — Weit schlimmer Die Finanzen
gestalteten sich natürlich die finanziellen Verhältnisse, als die Stürme in der Re-
der Revolution hereinbrachen. Die neue und, auch blofs finanziell
betrachtet, höchst drückende Belastung, die dem Staat aus der durch
Gaius Gracchus ihm auferlegten Verpflichtung erwuchs den hauptstädtischen Bürgern das Getreide zu Schleuderpreisen zu verabfolgen,
ward allerdings durch die in der Provinz Asia neu eröffneten Einnahmequellen zunächst wieder ausgeglichen. Nichts desto weniger scheinen
die öffentlichen Bauten seitdem fast gänzlich ins Stocken gekommen
zu sein. So zahlreich die erweislicher Mafsen von der Schlacht bei
Pydna bis auf Gaius Gracchus angelegten öffentlichen Werke sind, so
werden dagegen aus der Zeit nach 632 kaum andere genannt als die 122
Brücken-, Strafsen- und Entsumpfungsanlagen, die Marcus Aemilius
Scaurus als Censor 645 anordnete. Es mufs dahingestellt bleiben, ob 109
dies die Folge der Kornvertheilungen ist oder, wie vielleicht wahrscheinlicher, die Folge des gesteigerten Sparschatzsystems, wie es sich
schickt für ein immer mehr zur Oligarchie erstarrendes Regiment und

wie es angedeutet ist in der Angabe, dafs der römische Reservefonds
91 seinen höchsten Stand im J. 663 erreichte. Der fürchterliche In-
surrections- und Revolutionssturm in Verbindung mit dem fünfjährigen
Ausbleiben der kleinasiatischen Gefälle war die erste nach dem hannibalischen Krieg wieder den römischen Finanzen zugemuthete ernste
Probe; sie haben dieselbe nicht bestanden. Nichts vielleicht zeichnet
so klar den Unterschied der Zeiten, als dafs im hannibalischen Krieg
erst im zehnten Kriegsjahre, als die Bürgerschaft den Steuern fast erlag,
der Sparschatz angegriffen (I, 646), dagegen der Bundesgenossenkrieg
gleich von Haus aus auf den Kassenbestand fundirt ward und, als schon
nach zwei Feldzügen derselbe bis auf den letzten Pfennig ausgegeben
war, man lieber die öffentlichen Plätze in der Hauptstadt versteigerte
(S. 245) und die Tempelschätze angriff (S. 324), als eine Steuer auf
die Bürger ausschrieb. Indefs der Sturm, so arg er war, ging vorüber;
Sulla stellte, freilich unter ungeheuren namentlich den Unterthanen und
den italischen Revolutionären aufgebürdeten ökonomischen Opfern, die
Ordnung in den Finanzen wieder her und sicherte, indem er die Getreidespenden aufhob, die asiatischen Abgaben aber wenn auch gemindert doch beibehielt, dem Gemeinwesen wenigstens in dem Sinn einen
befriedigenden ökonomischen Zustand, als die ordentlichen Ausgaben
weit unter den ordentlichen Einnahmen blieben.

Privat-
ökonomie.
　　　　　In der Privatökonomie dieser Zeit tritt kaum ein neues Moment
hervor; die früher dargelegten Vorzüge und Nachtheile der socialen
Verhältnisse Italiens (I, 830—860) werden nicht verändert, sondern
Bodenwirth-
schaft.
nur weiter und schärfer entwickelt. In der Bodenwirthschaft sahen
wir bereits früher die steigende römische Capitalmacht den mittleren
und kleinen Grundbesitz in Italien sowohl wie in den Provinzen allmählich verzehren, wie die Sonne die Regentropfen aufsaugt. Die
Regierung sah nicht blofs zu ohne zu wehren, sondern förderte noch
die schädliche Bodentheilung durch einzelne Mafsregeln, vor allem
durch das zu Gunsten der grofsen italischen Grundbesitzer und Kaufleute ausgesprochene Verbot der transalpinischen Wein- und Oel-
production*). Zwar wirkten sowohl die Opposition als die auf die
Reformideen eingehende Fraction der Conservativen energisch dem

---

*) S. 160. Damit mag auch die Bemerkung des nach Cato und vor Varro
lebenden römischen Landwirths Saserna (bei Colum. 1, 1, 5) zusammenhängen,
dafs der Wein- und Oelbau sich beständig weiter nach Norden ziehe. — Auch
der Senatsbeschlufs wegen Uebersetzung der magonischen Bücher (S. 80) gehört hieher.

Uebel entgegen: indem die beiden Gracchen die Auftheilung fast des gesammten Domaniallandes durchsetzten, gaben sie dem Staat 80000 neue italische Bauern; indem Sulla 120000 Colonisten in Italien ansiedelte, ergänzte er wenigstens einen Theil der von der Revolution und von ihm selbst in die Reihen der italischen Bauerschaft gerissenen Lücken; allein dem durch stetigen Abfluß sich leerenden Gefäß ist nicht durch Einschöpfen auch beträchtlicher Massen, sondern nur durch Herstellung eines stetigen Zuflusses zu helfen, welche vielfach versucht ward, aber nicht gelang. In den Provinzen nun gar geschah nicht das Geringste, um den dortigen Bauernstand vor dem Auskaufen durch die römischen Speculanten zu retten: die Provinzialen waren ja bloß Menschen und keine Partei. Die Folge war, daß mehr und mehr auch die außeritalische Bodenrente nach Rom floß. Uebrigens war die Plantagenwirthschaft, die um die Mitte dieser Epoche selbst in einzelnen Landschaften Italiens, zum Beispiel in Etrurien bereits durchaus überwog, bei dem Zusammenwirken eines energischen und rationellen Betriebs und reichlicher Geldmittel in ihrer Art zu hoher Blüthe gelangt. Die italische Weinproduction vor allem, die theils die Eröffnung gezwungener Märkte in einem Theil der Provinzen, theils das zum Beispiel in dem Aufwandgesetz von 593 ausgesprochene Verbot der ausländischen Weine in Italien auch künstlich förderten, erzielte sehr bedeutende Erfolge; der Amineer und der Falerner fingen an neben dem Thasier und Chier genannt zu werden und der ‚opimische Wein‘ vom J. 633, der römische Elfer, blieb im Andenken, lange nachdem der letzte Krug geleert war. — Von Gewerben und Fabrication ist nichts zu sagen, als daß die italische Nation in dieser Hinsicht in einer an Barbarei grenzenden Passivität verharrte. Man zerstörte wohl die korinthischen Fabriken, die Depositäre so mancher werthvollen gewerblichen Tradition, aber nicht um selbst ähnliche Fabriken zu gründen, sondern um zu Schwindelpreisen zusammenzukaufen, was die griechischen Häuser an korinthischen Thon- oder Kupfergefäßen und ähnlichen ‚alten Arbeiten‘ bewahrten. Was von Gewerken noch einigermaßen gedieh, wie zum Beispiel die mit dem Bauwesen zusammenhängenden, trug für das Gemeinwesen deßhalb kaum einen Nutzen, weil auch hier bei jeder größeren Unternehmung die Sklavenwirthschaft sich ins Mittel legte; wie denn zum Beispiel die Anlage der marcischen Wasserleitung in der Art erfolgte, daß die Regierung mit 3000 Meistern zugleich Bau- und Lieferungsverträge abschloß, von denen dann jeder mit seiner Sklavenschaar die über-

161
121
Gewerbe.

Geldverkehr und Handel. nommene Arbeit beschaffte. — Die glänzendste oder vielmehr die allein glänzende Seite der römischen Privatwirthschaft ist der Geldverkehr und der Handel. An der Spitze stehen die Domanial- und die Steuerpachtungen, durch die ein grofser, vielleicht der gröfsere Theil der römischen Staatseinnahmen in die Taschen der römischen Capitalisten flofs. Der Geldverkehr ferner war im ganzen Umfang des römischen Staats von den Römern monopolisirt; jeder in Gallien umgesetzte Pfennig, heifst es in einer bald nach dem Ende dieser Periode herausgegebenen Schrift, geht durch die Bücher der römischen Kaufleute, und so war es ohne Zweifel überall. Wie das Zusammenwirken der rohen ökonomischen Zustände und der rücksichtslosen Ausnutzung der politischen Uebermacht zu Gunsten der Privatinteressen eines jeden vermögenden Römers eine wucherliche Zinswirthschaft allgemein machte, zeigt zum Beispiel die Behandlung der von Sulla der Provinz Asia 670 auferlegten Kriegssteuer, die die römischen Capitalisten vorschossen: sie schwoll mit gezahlten und nicht gezahlten Zinsen binnen vierzehn Jahren auf das Sechsfache ihres ursprünglichen Betrags an. Die Gemeinden mufsten ihre öffentlichen Gebäude, ihre Kunstwerke und Kleinodien, die Aeltern ihre erwachsenen Kinder verkaufen, um dem römischen Gläubiger gerecht zu werden; es war nichts Seltenes, dafs der Schuldner nicht blofs der moralischen Tortur unterworfen, sondern geradezu auf die Marterbank gelegt ward. Hiezu kam endlich der Grofshandel. Italiens Ausfuhr und Einfuhr waren sehr beträchtlich. Jene bestand vornehmlich in Wein und Oel, womit Italien neben Griechenland fast ausschliefslich — die Weinproduction in der massaliotischen und turdetanischen Landschaft kann damals nur gering gewesen sein — das gesammte Mittelmeergebiet versorgte; italischer Wein ging in bedeutenden Quantitäten nach den balearischen Inseln und Keltiberien, nach Africa, das nur Acker- und Weideland war, nach Narbo und in das innere Gallien. Bedeutender noch war die Einfuhr nach Italien, wo damals aller Luxus sich concentrirte und die meisten Luxusartikel, Speisen, Getränke, Stoffe, Schmuck, Bücher, Hausgeräth, Kunstwerke, über See eingeführt wurden. Vor allem aber der Sklavenhandel nahm in Folge der stets steigenden Nachfrage der römischen Kaufleute einen Aufschwung, dessen gleichen man im Mittelmeergebiet noch nicht gekannt hatte und der mit dem Aufblühen der Piraterie im engsten Zusammenhang steht; alle Länder und alle Nationen wurden dafür in Contribution gesetzt, die Hauptfangplätze aber waren Syrien und das innere Kleinasien (S. 75). In Italien con-

Ostia, Puteoli.

centrirte die überseeische Einfuhr sich vorzugsweise in den beiden
grofsen Emporien am tyrrhenischen Meer Ostia und Puteoli. Nach
Ostia, dessen Rhede wenig taugte, das aber, als der nächste Hafen an
Rom, für weniger werthhafte Waaren der geeignetste Stapelplatz war,
zog sich die für die Hauptstadt bestimmte Korneinfuhr, dagegen der
Luxushandel mit dem Osten überwiegend nach Puteoli, das durch
seinen guten Hafen für Schiffe mit werthvoller Ladung sich empfahl
und in der mehr und mehr mit Landhäusern sich füllenden Gegend
von Baiae den Kaufleuten einen dem hauptstädtischen wenig nach-
stehenden Markt in nächster Nähe darbot.   Lange Zeit ward dieser
letztere Verkehr durch Korinth und nach dessen Vernichtung durch
Delos vermittelt, wie denn in diesem Sinne Puteoli bei Lucilius das
italische ‚Kleindelos‘ heifst; nach der Katastrophe aber, die Delos im
mithradatischen Kriege betraf (S. 287) und von der es sich nicht wieder erholt hat, knüpften die Puteolaner directe Handelsverbindungen
mit Syrien und Alexandreia an und entwickelte damit ihre Stadt immer
entschiedener sich zu dem ersten überseeischen Handelsplatz Italiens.
Aber nicht blofs der Gewinn, der bei der italischen Aus- und Einfuhr
gemacht ward, fiel wesentlich den Italikern zu; auch in Narbo con-
currirten sie im keltischen Handel mit den Massalioten und überhaupt
leidet es keinen Zweifel, dafs die überall fluctuirend oder ansässig an-
zutreffende römische Kaufmannschaft den besten Theil aller Speculationen für sich nahm.

Fassen wir diese Erscheinungen zusammen, so erkennen wir als Capitalisten-
oligarchie.
den hervorstechenden Zug der Privatwirthschaft dieser Epoche die der
politischen ebenbürtig zur Seite gehende finanzielle Oligarchie der
römischen Capitalisten. In ihren Händen vereinigt sich die Bodenrente
fast des ganzen Italiens und der besten Stücke des Provinzialgebiets,
die wucherliche Rente des von ihnen monopolisirten Capitals, der
Handelsgewinn aus dem gesammten Reiche, endlich in Form der
Pachtnutzung ein sehr beträchtlicher Theil der römischen Staatsein-
künfte.   Die immer zunehmende Anhäufung der Capitalien zeigt sich
in dem Steigen des Durchschnittsatzes des Reichthums: 3 Mill. Sest.
(228000 Thlr.) war jetzt ein mäfsiges senatorisches, 2 Mill. (152000
Thlr.) ein anständiges Rittervermögen; das Vermögen des reichsten
Mannes der gracchischen Zeit, des Publius Crassus Consul 623, ward 131
auf 100 Mill. Sest. (7½ Mill. Thlr.) geschätzt.   Es ist kein Wunder,
wenn dieser Capitalistenstand die äufsere Politik vorwiegend bestimmt,
wenn er aus Handelsrivalität Karthago und Korinth zerstört (S. 23. 50),

wie einst die Etrusker Alalia, die Syrakusier Caere zerstörten, wenn
er dem Senat zum Trotz die Gründung von Narbo aufrecht erhält
(S. 164). Es ist ebenfalls kein Wunder, wenn diese Capitalisten-
oligarchie in der inneren Politik der Adelsoligarchie eine ernstliche
und oft siegreiche Concurrenz macht. Es ist aber auch kein Wunder,
wenn ruinirte reiche Leute sich an die Spitze empörter Sklavenhaufen
stellen (S. 132) und das Publicum sehr unsanft daran erinnern, daſs
aus dem eleganten Bordell der Uebergang zu der Räuberhöhle leicht
gefunden ist. Es ist kein Wunder, wenn jener finanzielle Babelthurm
mit seiner nicht rein ökonomischen, sondern der politischen Uebermacht Roms entlehnten Grundlage bei jeder ernsten politischen Krise
ungefähr in derselben Art schwankt wie unser sehr ähnlicher Staats-
papierbau. Die ungeheure Finanzkrise, die im Verfolg der italisch-
asiatischen Bewegungen 664 fg. über den römischen Capitalistenstand
hereinbrach, die Bankerotte des Staats und der Privaten, die allgemeine
Entwerthung der Grundstücke und der Gesellschaftsparten können
wir im Einzelnen nicht mehr verfolgen: wohl aber lassen im Allgemeinen keinen Zweifel an ihrer Art und ihrer Bedeutung ihre Resultate:
die Ermordung des Gerichtsherrn durch einen Gläubigerhaufen (S. 249),
der Versuch alle nicht von Schulden freien Senatoren aus dem Senat
zu stofsen (S. 250). die Erneuerung des Zinsmaximum durch Sulla
(S. 258), die Cassation von 75% aller Forderungen durch die revolutionäre Partei (S. 315). Die Folge dieser Wirthschaft war natürlich
in den Provinzen allgemeine Verarmung und Entvölkerung, wogegen
die parasitische Bevölkerung reisender oder auf Zeit ansässiger Italiker
überall im Steigen war. In Kleinasien sollen an einem Tage 80000
Menschen italischer Abkunft umgekommen sein (S. 285). Wie zahlreich dieselben auf Delos waren, beweisen die noch auf der Insel vorhandenen Denksteine und die Angabe, daſs hier 20000 Fremde, meistens
italische Kaufleute, auf Mithradates Befehl getödtet wurden (S. 287).
In Africa waren der Italiker so viele, daſs sogar die numidische Stadt
Cirta hauptsächlich durch sie gegen Jugurtha vertheidigt werden konnte
(S. 141). Auch Gallien, heifst es, war angefüllt mit römischen Kaufleuten; nur für Spanien finden sich, vielleicht nicht zufällig, dergleichen Angaben nicht. In Italien selbst ist dagegen der Stand der freien
Bevölkerung in dieser Epoche ohne Zweifel im Ganzen zurückgegangen.
Allerdings haben die Bürgerkriege hiezu wesentlich mitgewirkt, welche
nach allgemein gehaltenen und freilich wenig zuverlässigen Angaben
100000 bis 150000 Köpfe von der römischen Bürgerschaft, 300000

Mischung
der
Nationen.

Italiker im
Ausland.

von der italischen Bevölkerung überhaupt weggerafft haben sollen; aber schlimmer wirkten der ökonomische Ruin des Mittelstandes und die mafslose Ausdehnung der kaufmännischen Emigration, die einen grofsen Theil der italischen Jugend während ihrer kräftigsten Jahre im Ausland zu verweilen veranlafste. Einen Ersatz sehr zweifelhaften Werthes gewährte dafür die freie parasitische hellenisch-orientalische Bevölkerung, die als königliche oder Gemeindediplomaten, als Aerzte, Schulmeister, Pfaffen, Bediente, Schmarotzer und in den tausendfachen Aemtern der Industrieritter- und Gaunerschaft in der Hauptstadt, als Händler und Schiffer namentlich in Ostia, Puteoli und Brundisium verweilten. Noch bedenklicher war das unverhältnifsmäfsige Steigen der Sklavenmenge auf der Halbinsel. Die italische Bürgerschaft zählte nach der Schätzung des J. 684 910000 waffenfähige Männer, wobei, um den Betrag der freien Bevölkerung auf der Halbinsel zu erhalten, die in der Schätzung zufällig übergangenen, die Latiner in der Landschaft zwischen den Alpen und dem Po und die in Italien domicilirten Ausländer hinzu-, die auswärts domicilirten römischen Bürger dagegen abzurechnen sind. Es wird demnach kaum möglich sein die freie Bevölkerung der Halbinsel höher als auf 6—7 Mill. Köpfe anzusetzen. Wenn die damalige Gesammtbevölkerung derselben der gegenwärtigen gleichkam, so hätte man danach eine Sklavenmasse von 13—14 Mill. Köpfen anzunehmen. Es bedarf indefs solcher trüglichen Berechnungen nicht, um die gefährliche Spannung dieser Verhältnisse anschaulich zu machen; laut genug reden die partiellen Sklaveninsurrectionen und der seit dem Beginn der Revolutionen am Schlusse eines jeden Aufstandes erschallende Aufruf an die Sklaven die Waffen gegen ihre Herren zu ergreifen und die Freiheit sich zu erfechten. Wenn man sich England vorstellt mit seinen Lords, seinen Squires und vor allem seiner City, aber die Freeholders und Pächter in Proletarier, die Arbeiter und Matrosen in Sklaven verwandelt, so wird man ein ungefähres Bild der damaligen Bevölkerung der italischen Halbinsel gewinnen.

Wie im klaren Spiegel liegen die ökonomischen Verhältnisse dieser Epoche noch heute uns vor in dem römischen Münzwesen. Die Behandlung desselben zeigt durchaus den einsichtigen Kaufmann. Seit langer Zeit standen Gold und Silber als allgemeine Zahlmittel neben einander, so dafs zwar zum Zweck allgemeiner Kassebilanzen ein festes Werthverhältnifs zwischen beiden Metallen gesetzlich normirt war (I, 849 A.), aber doch regelmäfsig es nicht freistand ein Metall für das

andere zu geben, sondern je nach dem Inhalt der Verschreibung in
Gold oder Silber zu zahlen war. Auf diesem Wege wurden die grofsen
Uebelstände vermieden, die sonst an die Aufstellung eines doppelten
Werthmetalls unvermeidlich sich knüpfen; die starken Goldkrisen —
wie denn zum Beispiel um 600 in Folge der Entdeckung der tauri-
kischen Goldlager (S. 167) das Gold gegen Silber auf einmal in
Italien um 33⅓ Procent abschlug — wirkten wenigstens nicht direct
auf die Silbermünze und den Kleinverkehr ein. Es lag in der Natur
der Sache, dafs, je mehr der überseeische Verkehr sich ausdehnte, desto
entschiedener das Gold aus der zweiten in die erste Stelle eintrat, was
denn auch die Angaben über die Staatskassenbestände und die Staats-
kassengeschäfte bestätigen; aber die Regierung liefs sich dadurch nicht
bewegen das Gold auch in die Münze einzuführen. Die in der Noth
des hannibalischen Krieges versuchte Goldprägung (I, 646) hatte man
längst wieder fallen lassen; die wenigen Goldstücke, die Sulla als
Regent schlug, sind kaum mehr gewesen als Gelegenheitsmünze für
seine Triumphalgeschenke. Nach wie vor circulirte als wirkliche Münze
ausschliefslich das Silber; das Gold ward, mochte es nun, wie gewöhnlich, in Barren umlaufen oder ausländisches oder allenfalls auch in-
ländisches Gepräge tragen, lediglich nach dem Gewicht genommen.
Dennoch standen Gold und Silber als Verkehrsmittel gleich und die
betrügliche Legirung des Goldes wurde gleich der Prägung falscher
Silbermünzen rechtlich als Münzvergehen betrachtet. Man erreichte
hiedurch den unermefslichen Vortheil bei dem wichtigsten Zahlmittel
selbst die Möglichkeit der Münzdefraude und Münzveruntreuung abzuschneiden. Uebrigens war die Münzprägung ebenso reichlich wie
musterhaft. Nachdem im hannibalischen Kriege das Silberstück von
¹⁄₇₂ (I, 451) auf ¹⁄₈₄ Pfund reducirt worden war (I, 646), ist dasselbe
mehr als drei Jahrhunderte hindurch vollkommen gleich schwer und
gleich fein geblieben; eine Legirung fand nicht statt. Die Kupfer-
münze wurde um den Anfang dieser Periode völlig zur Scheidemünze und hörte auf, wie früher, im Grofsverkehr gebraucht zu
werden; aus diesem Grunde wurde etwa seit dem Anfang des siebenten
Jahrhunderts der As nicht mehr geschlagen und die Kupferprägung beschränkt auf die im Silber nicht füglich herzustellenden Kleinwerthe
von einem Semis (fast 3 Pf.) und darunter. Die Münzsorten waren
nach einem einfachen Princip geordnet und in der damals kleinsten
Münze gewöhnlicher Prägung, dem Quadrans (1½ Pf.) hinabgeführt
bis an die Grenze der fühlbaren Werthe. Es war ein Münzsystem, das

an principieller Verständigkeit der Grundlagen wie an eisern strenger
Durchführung derselben im Alterthum einzig dasteht und auch in der
neueren Zeit nur selten erreicht worden ist. Doch hat auch dies seinen
wunden Fleck. Nach einer im ganzen Alterthum gemeinen, in ihrer
höchsten Entwickelung in Karthago auftretenden (I, 501) Sitte gab
auch die römische Regierung mit den guten silbernen Denaren zugleich kupferne mit Silber plattirte aus, welche gleich jenen genommen
werden mußten und nichts waren als ein unserm Papiergeld analoges
Zeichengeld mit Zwangscurs und Fundirung auf die Staatskasse, insofern auch diese nicht befugt war die plattirten Stücke zurückzuweisen. Eine offizielle Falschmünzerei war dies so wenig wie unsere
Papiergeldfabrication, da man die Sache ganz offen betrieb: Marcus
Drusus beantragte 663, um die Mittel für seine Kornspenden zu gewinnen, die Emission von einem plattirten auf je sieben silberne neu
aus der Münze hervorgehende Denare; allein nichts desto weniger bot
diese Maßregel nicht bloß der privaten Falschmünzerei eine bedenkliche Handhabe, sondern sie ließ auch das Publicum absichtlich darüber im Ungewissen, ob es Silber- oder Zeichengeld empfange und in
welchem Gesammtbetrag das letztere in Umlauf sei. In der bedrängten
Zeit des Bürgerkrieges und der großen finanziellen Krise scheint man
der Plattirung sich so über die Gebühr bedient zu haben, daß zu der
Finanzkrise eine Münzkrise sich gesellte und die Masse der falschen
und factisch entwertheten Stücke den Verkehr höchst unsicher machte.
Deßhalb wurde während des cinnanischen Regiments von den Prätoren
und Tribunen, zunächst von Marcus Marius Gratidianus (S. 340) die
Einlösung des sämmtlichen Zeichengeldes durch Silbergeld verfügt und
zu dem Ende ein Probirbureau eingerichtet. In wie weit die Auf-
rufung durchgeführt ward, ist nicht überliefert; die Zeichengeld-
prägung selbst blieb bestehen. — Was die Provinzen anlangt, so ward
in Gemäßheit der grundsätzlichen Beseitigung der Goldmünze die
Goldprägung nirgends, auch in den Clientelstaaten nicht gestattet; so
daß die Goldprägung in dieser Zeit nur vorkommt, wo Rom gar nichts
zu sagen hatte, namentlich bei den Kelten nordwärts von den Cevennen
und bei den gegen Rom sich auflehnenden Staaten, wie denn die
Italiker sowohl wie auch Mithradates Eupator Goldmünzen schlugen.
Auch die Silberprägung zeigt die Regierung sich bestrebt mehr und
mehr in ihre Hand zu bringen, vornehmlich im Westen. In Africa
und Sardinien mag die karthagische Gold- und Silbermünze auch nach
dem Sturz des karthagischen Staats in Umlauf geblieben sein; aber

geschlagen wurde daselbst in Edelmetallen weder auf karthagischen
noch auf römischen Fufs und sicher hat sehr bald nach der Besitz-
ergreifung der Römer auch in dem Verkehr beider Landschaften der
von Italien eingeführte Denar das Uebergewicht erhalten. In Spanien
und Sicilien, die früher an Rom gekommen sind und überhaupt eine
mildere Behandlung erfuhren, ist zwar unter römischer Herrschaft in
Silber geprägt, ja in dem ersteren Lande die Silberprägung erst durch
die Römer und auf römischen Fufs ins Leben gerufen worden (I, 546.
677. 848); aber es sind gute Gründe vorhanden für die Annahme, dafs
auch in diesen beiden Landschaften wenigstens seit dem Anfang des
siebenten Jahrhunderts die provinziale und städtische Prägung sich
auf die kupferne Scheidemünze hat beschränken müssen. Nur im
narbonensischen Gallien konnte der altverbündeten und ansehnlichen
Freistadt Massalia das Recht der Silberprägung nicht entzogen werden;
und dasselbe gilt vermuthlich von den illyrischen Griechenstädten
Apollonia und Dyrrhachion. Indefs beschränkte man doch diesen
Gemeinden indirect ihr Münzrecht dadurch, dafs der Dreivierteldenar,
der nach Anordnung der römischen Regierung dort wie hier geprägt
ward und der unter dem Namen des Victoriatus in das römische Münzsystem aufgenommen worden war (I, 848), um die Mitte des 7. Jahrhunderts in diesem beseitigt ward; wovon die Folge sein mufste, dafs
das massaliotische und illyrische Courant aus Oberitalien verdrängt
wurde und aufser seinem einheimischen Gebiete nur noch etwa in den
Alpen- und Donaulandschaften gangbar blieb. So weit war man also bereits in dieser Epoche, dafs in der gesammten Westhälfte des römischen
Staates der Denarfufs ausschliefslich herrschte: denn Italien, Sicilien
— von dem es für den Anfang der nächsten Epoche ausdrücklich bezeugt ist, dafs daselbst kein anderes Silbergeld umlief als der Denar —,
Sardinien, Africa brauchten ausschliefslich römisches Silbergeld und
das in Spanien noch umlaufende Provinzialsilber so wie die Silbermünze der Massalioten und Illyriker war wenigstens auf Denarfufs
Münzwesen geschlagen. Anders war es im Osten. Hier, wo die Zahl der seit
des Orients. alter Zeit münzenden Staaten und die Masse der umlaufenden Landes-
münze sehr ansehnlich war, drang der Denar nicht in gröfserem Umfang ein, wenn er auch vielleicht gesetzlich gangbar erklärt ward:
vielmehr blieb hier entweder der bisherige Münzfufs, wie zum Beispiel
Makedonien noch als Provinz, wenn auch theilweise mit Hinzufügung
der Namen von römischen Beamten zu dem der Landschaft, seine
attischen Tetradrachmen geschlagen und gewifs wesentlich kein an-

deres Geld gebraucht hat; oder es wurde unter römischer Autorität
ein den Verhältnissen entsprechender eigenthümlicher Münzfufs neu
eingeführt, wie denn bei der Einrichtung der Provinz Asia derselben
ein neuer Stater, der sogenannte Cistophorus, von der römischen
Regierung geordnet und dieser seitdem von den Bezirkhauptstädten
daselbst unter römischer Oberaufsicht geschlagen ward. Diese wesentliche Verschiedenheit des occidentalischen und des orientalischen Münz-
wesens ist von der gröfsten geschichtlichen Bedeutung geworden: die
Romanisirung der unterworfenen Länder hat in der Annahme der
römischen Münze einen ihrer wichtigsten Hebel gefunden und es ist
kein Zufall, dafs dasjenige, was wir in dieser Epoche als Gebiet des
Denars bezeichnet haben, späterhin zu der lateinischen, dagegen das
Gebiet der Drachme späterhin zu der griechischen Reichshälfte geworden ist. Noch heutigen Tags stellt jenes Gebiet im Wesentlichen den
Inbegriff der romanischen Cultur dar, während dieses dagegen aus der
europäischen Civilisation sich ausgeschieden hat.

Wie bei solchen ökonomischen Zuständen die socialen Verhält- Sittenver-
hältnisse.
nisse sich gestalten mufsten, ist im Allgemeinen leicht zu ermessen,
die Steigerung aber des Raffinements, der Preise, des Ekels und der
Leere im Besonderen zu verfolgen weder erfreulich noch lehrreich.
Verschwendung und sinnlicher Genufs war die Losung überall, bei den Steigende
Verschwen-
dung.
Parvenus so gut wie bei den Liciniern und Metellern; nicht der feine
Luxus gedieh, der die Blüthe der Civilisation ist, sondern derjenige, der
in der verkommenden hellenischen Civilisation Kleinasiens und Alexan-
dreias sich entwickelt hatte, der alles Schöne und Bedeutende zur
Decoration entadelte und auf den Genufs studirte mit einer mühseligen
Pedanterie, einer zopfigen Diftelei, die ihn dem sinnlich wie dem
geistig frischen Menschen gleich ekelhaft macht. Was die Volksfeste Volksfeste.
anlangt, so wurde, es scheint um die Mitte dieses Jahrhunderts, durch
einen von Gnaeus Aufidius beantragten Bürgerschlufs die in der catonischen Zeit untersagte (I, 878) Einfuhr überseeischer Bestien förmlich
wieder gestattet, wodurch denn die Thierhetzen in schwunghaften Betrieb kamen und ein Hauptstück der Bürgerfeste wurden. Um 651 103
erschienen in der römischen Arena zuerst mehrere Löwen, 655 die 99
ersten Elephanten; 661 liefs Sulla als Praetor schon hundert Löwen 93
auftreten. Dasselbe gilt von den Fechterspielen. Wenn die Altvordern
die Bilder grofser Schlachten öffentlich ausgestellt hatten, so fingen
die Enkel an dasselbe von ihren Gladiatorenspielen zu thun und mit
solchen Haupt- und Staatsactionen der Zeit sich selber vor den Nach-

kommen zu verspotten. Welche Summen dafür und für die Begräbnifs-
feierlichkeiten überhaupt aufgingen, kann man aus dem Testament des
167 175 152 Marcus Aemilius Lepidus (Consul 567. 579; † 592) abnehmen: derselbe befahl seinen Kindern, da die wahrhafte letzte Ehre nicht in
leerem Gepränge, sondern in der Erinnerung an die eigenen und der
Ahnen Verdienste bestehe, auf seine Bestattung nicht mehr als 1 Mill.
Bauwesen. Asse (76000 Thlr.) zu verwenden. Auch der Bau- und Gartenluxus
war im Steigen; das prachtvolle und namentlich wegen der alten
91 Bäume des Gartens berühmte Stadthaus des Redners Crassus († 663)
ward mit den Bäumen auf 6 Mill. Sest. (457000 Thlr.), ohne diese auf
die Hälfte geschätzt, während der Werth eines gewöhnlichen Wohn-
hauses in Rom etwa auf 60000 Sest. (4600 Thlr.) angeschlagen werden
kann*). Wie rasch die Preise der Luxusgrundstücke stiegen, zeigt
das Beispiel der misenischen Villa, die Cornelia die Mutter der Gracchen
74 für 75000 Sest. (5700 Thlr.), Lucius Lucullus Consul 680 um den
dreiunddreifsigfachen Preis erstand. Die Villenbauten und das raffinirte
Land- und Badeleben machten Baiae und überhaupt die Umgegend des
Spiele. Golfs von Neapel zum Eldorado des vornehmen Müfsiggangs. Die
Hasardspiele, bei denen es keineswegs mehr wie bei dem italischen
115 Knöchelspiel um Nüsse ging, wurden gemein und schon 639 ein cen-
Kleidung. sorisches Edict dagegen erlassen. Gazestoffe, die die Formen mehr zeigten als verhüllten, und seidene Kleider fingen an bei Frauen und selbst
bei Männern die alten wollenen Röcke zu verdrängen. Gegen die
rasende Verschwendung, die mit ausländischen Parfümerien getrieben
Tafel. ward, stemmten sich vergeblich die Aufwandgesetze. Aber der eigentliche Glanz- und Brennpunkt dieses vornehmen Lebens war die Tafel.
Man bezahlte Schwindelpreise — bis 100000 Sesterzen (7600 Thlr.) —
für einen ausgesuchten Koch; man baute mit Rücksicht darauf und
versah namentlich die Landhäuser an der Küste mit eigenen Salz-
wasserteichen, um Seefische und Austern jederzeit frisch auf die Tafel
liefern zu können; man nannte es schon ein elendes Diner, wenn das
Geflügel ganz und nicht blofs die erlesenen Stücke den Gästen vor-

---

*) In dem Hause, das Sulla als junger Mann bewohnte, zahlte er für das
Erdgeschofs 3000, der Miether des obern Stockes 2000 Sesterzen Miethe
(Plutarch Sull. 1), was zu ⅔ des gewöhnlichen Capitalzinses capitalisirt ungefähr den obigen Betrag ergiebt. Dies war eine wohlfeile Wohnung. Wenn
ein hauptstädtischer Miethzins von 6000 Sesterzen (460 Thlr.) für das Jahr
135 629 ein hoher genannt wird (Vell. 1, 10), so müssen dabei besondere Umstände obgewaltet haben.

gelegt wurden und wenn diesen zugemuthet ward von den einzelnen Gerichten zu essen und nicht blofs zu kosten; man bezog für schweres Geld ausländische Delicatessen und griechischen Wein, der bei jeder anständigen Mahlzeit wenigstens einmal herumgereicht werden mufste. Vor allem bei der Tafel glänzte die Schaar der Luxussklaven, die Kapelle, das Ballet, das elegante Mobiliar, die goldstrotzenden oder gemäldeartig gestickten Teppiche, die Purpurdecken, das antike Bronzegeräth, das reiche Silbergeschirr. Hiegegen zunächst richteten sich die Luxusgesetze, die häufiger (593. 639. 665. 673) und ausführlicher als je ergingen: eine Menge Delicatessen und Weine wurden darin gänzlich untersagt, für andere nach Gewicht und Preis ein Maximum festgesetzt, ebenso die Quantität des silbernen Tafelgeschirrs gesetzlich beschränkt, endlich allgemeine Maximalbeträge der Kosten der gewöhnlichen und der Festtagsmahlzeit vorgeschrieben, zum Beispiel 593 von 10 und 100 (17½ Gr. und 5²/₃ Thlr.), 673 von 30 und 300 Sesterzen (1 Thlr. 22 Gr. und 17 Thr.). Zur Steuer der Wahrheit mufs leider hinzugefügt werden, dafs von allen vornehmen Römern nicht mehr als drei, und zwar keineswegs die Gesetzgeber selber, diese staatlichen Gesetze befolgt haben sollen; auch diesen dreien aber beschnitt nicht das Gesetz des Staates den Küchenzettel, sondern das der Stoa. Es lohnt der Mühe einen Augenblick noch bei dem trotz all dieser Gesetze steigenden Luxus im Silbergeräth zu verweilen. Im sechsten Jahrhundert war silbernes Tafelgeschirr mit Ausnahme des althergebrachten silbernen Salzfasses eine Ausnahme; die karthagischen Gesandtschaften spotteten darüber, dafs sie in jedem Hause, wo man sie eingeladen, dasselbe silberne Tafelgeräth wiedergefunden hätten (I, 502). Noch Scipio Aemilianus besafs nicht mehr als 32 Pfund (800 Thlr.) an verarbeitetem Silber; sein Neffe Quintus Fabius (Consul 633) brachte es zuerst auf 1000 (25000 Thlr.), Marcus Drusus (Volkstribun 633) schon auf 10000 Pfund (250000 Thlr.); in Sullas Zeit zählte man in der Hauptstadt bereits gegen 150 hundertpfündige silberne Prachtschüsseln, von denen manche ihren Besitzer auf die Proscriptionsliste brachte. Um die hiefür verschwendeten Summen zu ermessen, mufs man sich erinnern, dafs auch die Arbeit schon mit ungeheuren Preisen bezahlt ward, wie denn für ausgezeichnetes Silbergeräth Gaius Gracchus den funfzehn-, Lucius Crassus Consul 659 den achtzehnfachen Metallwerth bezahlte, der letztere für ein Becherpaar eines namhaften Silberarbeiters 100000 Sesterzen (7600 Thlr.) gab. So war es verhältnifsmäfsig überall. — Wie es um Ehe und Kinderzeugung stand, zeigen

Marginal notes: 161 115 99 81 · 161 · 81 · Silbergeräth. · 131 · 91 · 95 · Ehe.

26*

schon die gracchischen Ackergesetze, die zuerst darauf eine Prämie
setzten (S. 86). Die Scheidung, einst in Rom fast unerhört, war jetzt
ein alltägliches Ereignifs; wenn bei der ältesten römischen Ehe der
Mann die Frau gekauft hatte, so hätte man den jetzigen vornehmen
Römern vorschlagen mögen, um zu der Sache auch den Namen zu
haben, eine Ehemiethe einzuführen. Selbst ein Mann wie Metellus
Macedonicus, der durch seine ehrenwerthe Häuslichkeit und seine
zahlreiche Kinderschaar die Bewunderung seiner Zeitgenossen war,
schärfte als Censor 623 den Bürgern die Pflicht im Ehestande zu leben
in der Art ein, dafs er denselben bezeichnete als eine drückende, aber
von den Patrioten pflichtmäfsig zu übernehmende öffentliche Last*).
— Allerdings gab es Ausnahmen. Die landstädtischen Kreise, namentlich die der gröfseren Gutsbesitzer hatten die alte ehrenwerthe latinische Nationalsitte treuer bewahrt. In der Hauptstadt aber war die
catonische Opposition zur Phrase geworden; die moderne Richtung
herrschte souverän und, wenn auch einzelne fest und fein organisirte
Naturen, wie Scipio Aemilianus, römische Sitte mit attischer Bildung
zu vereinigen wufsten, war doch bei der grofsen Menge der Hellenismus gleichbedeutend mit geistiger und sittlicher Verderbnifs. Den
Rückschlag dieser socialen Uebelstände auf die politischen Verhältnisse
darf man niemals aus den Augen verlieren, wenn man die römische
Revolution verstehen will. Es war nicht gleichgültig, dafs von den
beiden vornehmen Männern, die im J. 662 als oberste Sittenmeister
der Gemeinde fungirten, der eine dem andern öffentlich vorrückte,
dafs er einer Murene, dem Stolz seines Fischteichs, bei ihrem Tode
Thränen nachgeweint habe, und dieser wieder jenem, dafs er drei
Frauen begraben und um keine eine Thräne geweint habe. Es war
nicht gleichgültig, dafs im J. 593 auf offenem Markt ein Redner folgende Schilderung eines senatorischen Civilgeschwornen zum Besten
geben konnte, den der angesetzte Termin in dem Kreise seiner Zech-
brüder findet. ,Sie spielen Hasard, fein parfümirt, die Mätressen um
,sie herum. Wie der Nachmittag herankommt, lassen sie den Bedienten
,kommen und heifsen ihn auf der Dingstätte sich umhören, was auf
,dem Markt vorgefallen sei, wer für und wer gegen den neuen Gesetz-

er Helle-
nismus und
seine Re-
sultate

---

*) ,Wenn wir könnten, ihr Bürger‘ — hiefs es in seiner Rede — ,würden
,wir freilich alle von dieser Last uns befreien. Da aber die Natur es so ein-
,gerichtet hat, dafs weder mit den Frauen sich bequem noch ohne die Frauen
,überhaupt sich leben läfst, so ziemt es sich auf dauernde Wohlfahrt mehr zu
,sehen als auf kurzes Wohlleben.

,vorschlag gesprochen, welche Districte dafür, welche dagegen gestimmt
,hätten. Endlich gehen sie selbst auf den Gerichtsplatz, eben früh
,genug, um sich den Prozeſs nicht selbst auf den Hals zu ziehen.
,Unterwegs ist in keinem Winkelgäſschen eine Gelegenheit, die sie nicht
,benutzen, denn sie haben sich den Leib voll Wein geschlagen. Ver-
,drossen kommen sie auf die Dingstätte und geben den Parteien das
,Wort. Die, die es angeht, tragen ihre Sache vor. Der Geschworne
,heiſst die Zeugen auftreten; er selbst geht bei Seite. Wie er zurück-
,kommt, erklärt er alles gehört zu haben und fordert die Urkunden.
,Er sieht hinein in die Schriften; kaum hält er vor Wein die Augen
,auf. Wie er sich dann zurückzieht das Urtheil auszufällen, läſst er zu
,seinen Zechbrüdern sich vernehmen: „was gehen mich die lang-
„weiligen Leute an? warum gehen wir nicht lieber einen Becher
„Süſsen mit griechischem Wein trinken und essen dazu einen fetten
„Krammetsvogel und einen guten Fisch, einen veritablen Hecht von
„der Tiberinsel?“ Die den Redner hörten, lachten; aber war es nicht
auch sehr ernsthaft, daſs dergleichen Dinge belacht wurden?

KAPITEL XII.

NATIONALITÄT. RELIGION. ERZIEHUNG.

In dem grofsen Kampfe der Nationalitäten innerhalb des weiten
Umfangs des römischen Reiches erscheinen die secundären Nationen
in dieser Zeit im Zurückweichen oder im Verschwinden. Die bedeu-
tendste unter allen, die phoenikische, empfing durch die Zerstörung
Karthagos die Todeswunde, an der sie sich langsam verblutet hat. Die
Landschaften Italiens, die ihre alte Sprache und Sitte bis dahin noch
gewahrt hatten, Etrurien und Samnium, wurden nicht blofs von den
schwersten Schlägen der sullanischen Reaction getroffen, sondern die
politische Nivellirung Italiens nöthigte ihnen auch im öffentlichen Verkehr die lateinische Sprache und Weise auf und drückte die alten
Landessprachen herab zu rasch verkümmernden Volksdialekten. Nirgend
mehr erscheint im ganzen Umfange des römischen Staates eine Nationalität als befugt mit der römischen und der griechischen auch nur zu
ringen. Dagegen ist extensiv wie intensiv die latinische Nationalität
im entschiedensten Aufschwung. Wie seit dem Bundesgenossenkrieg
jedes italische Grundstück jedem Italiker zu vollem römischen Eigen
zustehen, jeder italische Tempelgott römische Gabe empfangen kann.
wie in ganz Italien mit Ausnahme der transpadanischen Landschaft
seitdem das römische Recht mit Beseitigung aller anderen Stadt- und
Landrechte ausschliefslich gilt: so ist damals die römische Sprache
auch die allgemeine Geschäfts- und bald gleichfalls die allgemeine
Sprache des gebildeten Verkehrs auf der ganzen Halbinsel von den
Alpen bis zur Meerenge geworden. Aber sie beschränkte sich schon
nicht mehr auf diese natürlichen Grenzen. Die in Italien zusammen-
strömende Capitalmasse, der Reichthum seiner Producte, die Intelligenz

seiner Landwirthe, die Gewandtheit seiner Kaufleute fanden keinen
hinreichenden Spielraum auf der Halbinsel; hiedurch und durch den
öffentlichen Dienst wurden die Italiker massenweise in die Provinzen
geführt (S. 394). Ihre privilegirte Stellung daselbst privilegirte auch
die römische Sprache und das römische Recht, selbst wo nicht blofs
Römer mit einander verkehrten (S. 361); überall standen die Italiker
zusammen als festgeschlossene und organisirte Massen, die Soldaten in
ihren Legionen, die Kaufleute jeder gröfseren Stadt als eigene Corpora-
tionen, die in dem einzelnen provinzialen Gerichtssprengel domicilirten oder verweilenden römischen Bürger als ‚Kreise‘ (*conventus
civium Romanorum*) mit ihrer eignen Geschwornenliste und gewissermafsen mit Gemeindeverfassung; und wenn auch diese provinzialen
Römer regelmäfsig früher oder später nach Italien zurückgingen, so
bildete sich dennoch allmählich aus ihnen der Stamm einer festen theils
römischen, theils an die römische sich anlehnenden Mischbevölkerung
der Provinzen. Dafs in Spanien, wo das römische Heer zuerst stehend
ward, auch zuerst eigene Provinzialstädte italischer Verfassung, Carteia
583 (S. 4), Valentia 616 (S. 17), später Palma und Pollentia (S. 18) 171 138
organisirt worden sind, ward bereits erwähnt. Wenn das Binnenland
noch wenig civilisirt war, das Gebiet der Vaccaeer zum Beispiel noch
lange nach dieser Zeit unter den rauhesten und widerwärtigsten Aufent-
haltsorten für den gebildeten Italiker genannt wird, so bezeugen dagegen Schriftsteller und Inschriftsteine, dafs schon um die Mitte des
siebenten Jahrhunderts um Neukarthago und sonst an der Küste die
lateinische Sprache in gemeinem Gebrauch war. In bewufster Weise
entwickelte zuerst Gaius Gracchus den Gedanken die Provinzen des
römischen Staats durch die italische Emigration zu colonisiren, das
heifst zu romanisiren und legte Hand an die Ausführung desselben;
und obgleich die conservative Opposition gegen den kühnen Entwurf
sich auflehnte, die gemachten Anfänge gröfstentheils zerstörte und die
Fortführung hemmte, so blieb doch die Colonie Narbo erhalten, schon
an sich eine bedeutende Erweiterung des lateinischen Sprachgebiets
und noch bei weitem wichtiger als der Merkstein eines grofsen Ge-
dankens, der Grundstein eines gewaltigen künftigen Baues. Der antike
Gallicismus, ja das heutige Franzosenthum sind von dort ausgegangen
und in ihrem letzten Grunde Schöpfungen des Gaius Gracchus. Aber
die latinische Nationalität erfüllte nicht blofs die italischen Grenzen und
fing an sie zu überschreiten, sondern sie gelangte auch in sich zu
tieferer geistiger Begründung. Wir finden sie im Zuge eine klassische

Litteratur, einen eigenen höheren Unterricht sich zu schaffen; und
wenn man im Vergleich mit den hellenischen Klassikern und der hellenischen Bildung sich versucht fühlen kann die schwächliche italische
Treibhausproduction gering zu achten, so kam es doch für die geschichtliche Entwicklung zunächst weit weniger darauf an, wie die lateinische
klassische Litteratur und die lateinische Bildung, als darauf, dafs sie
neben der griechischen stand; und herabgekommen wie die gleichzeitigen Hellenen auch litterarisch waren, durfte man wohl das Wort
des Dichters auch hier anwenden, dafs der lebendige Tagelöhner mehr

Hellenis-
mus
ist als der todte Achill. — Wie rasch und ungestüm aber die lateinische
Sprache und Nationalität vorwärts dringt, sie erkennt zugleich die hellenische an als durchaus gleich, ja früher und besser berechtigt und tritt
mit dieser überall in das engste Bündnifs oder durchdringt sich mit
ihr zu gemeinschaftlicher Entwicklung.   Die italische Revolution, die
sonst alle nichtlatinischen Nationalitäten auf der Halbinsel nivellirte,
rührte nicht an die Griechenstädte Tarent, Rhegion, Neapolis, Lokri
(S. 240).   Ebenso blieb Massalia, obwohl jetzt umschlossen von römischem Gebiet, fortwährend eine griechische Stadt und eben als solche
fest verbunden mit Rom.   Mit der vollständigen Latinisirung Italiens
ging die steigende Hellenisirung Hand in Hand.   In den höheren
Schichten der italischen Gesellschaft wurde die griechische Bildung
131 zum integrirenden Bestandtheil der eigenen.   Der Consul des J. 623,
der Oberpontifex Publius Crassus erregte das Staunen selbst der gebornen Griechen, da er als Statthalter von Asia seine gerichtlichen Ent-
scheidungen, wie der Fall es erforderte, bald in gewöhnlichem Griechisch abgab, bald in einem der vier zu Schriftsprachen gewordenen
Dialekte.   Und wenn die italische Litteratur und Kunst längst unver-
wandt nach Osten blickte, so begann jetzt auch die hellenische das
Antlitz nach Westen zu wenden.   Nicht blofs die griechischen Städte
in Italien blieben fortwährend in regem geistigem Verkehr mit Griechenland, Kleinasien, Aegypten und gönnten den dort gefeierten griechischen Poeten und Schauspielern auch bei sich den gleichen Verdienst
und die gleichen Ehren; auch in Rom kamen, nach dem von dem Zer-
146 störer Korinths bei seinem Triumph 608 gegebenen Beispiel, die gym-
nastischen und musischen Spiele der Griechen: Wettkämpfe im Ringen
so wie im Musiciren, Spielen, Recitiren und Declamiren in Aufnahme*).

---

146   *) Dafs vor 608 keine „griechischen Spiele‘ in Rom gegeben seien (Tac.
186 *ann.* 14, 21), ist nicht genau; schon 568 traten griechische „Künstler‘ (τεχνῖται)

Die griechischen Litteraten schlugen schon ihre Fäden bis in die vornehme römische Gesellschaft, vor allem in den scipionischen Kreis, dessen hervorragende griechische Mitglieder, der Geschichtschreiber Polybios, der Philosoph Panaetios bereits mehr der römischen als der griechischen Entwicklungsgeschichte angehören. Aber auch in andern minder hochstehenden Zirkeln begegnen ähnliche Beziehungen. Wir gedenken eines andern Zeitgenossen Scipios, des Philosophen Kleitomachos, weil in seinem Leben zugleich die gewaltige Völkermischung dieser Zeit sinnlich vor das Auge tritt: ein geborner Karthager, sodann in Athen Zuhörer des Karneades und später dessen Nachfolger in seiner Professur, verkehrte er von Athen aus mit den gebildetsten Männern Italiens, dem Historiker Aulus Albinus und dem Dichter Lucilius und widmete theils dem römischen Consul, der die Belagerung Karthagos eröffnete, Lucius Censorinus, ein wissenschaftliches Werk, theils seinen als Sklaven nach Italien geführten Mitbürgern eine philosophische Trostschrift. Hatten namhafte griechische Litteraten bisher wohl vorübergehend als Gesandte, Verbannte oder sonst wie ihren Aufenthalt in Rom genommen, so fingen sie jetzt schon an dort sich niederzulassen; wie zum Beispiel der schon genannte Panaetios in Scipios Hause lebte und der Hexametermacher Archias von Antiochia im J. 652 sich in Rom niederließ und von der Improvisirkunst und von Heldengedichten auf römische Consulare sich anständig ernährte. Sogar Gaius Marius, der schwerlich von seinem Carmen eine Zeile verstand und überhaupt zum Maecen möglichst übel sich schickte, konnte nicht umhin den Verskünstler zu patronisiren. Während also das geistige und litterarische Leben wenn nicht die reineren, doch die vornehmeren Elemente der beiden Nationen mit einander in Verbindung brachte, flossen andererseits durch das massenhafte Eindringen der kleinasiatischen und syrischen Sklavenschaaren und durch die kaufmännische Einwanderung aus dem griechischen und halbgriechischen Osten die rohesten und stark mit orientalischen und überhaupt barbarischen Bestandtheilen versetzten Schichten des Hellenismus zusammen mit dem italischen Proletariat und gaben auch diesem eine hellenische Färbung. Die Bemerkung Ciceros, daß neue Sprache und neue Weise zuerst in den Seestädten aufkommt, dürfte zunächst auf das halbhellenische Wesen in Ostia, Puteoli und Brundisium sich beziehen, wo mit der

---

und Athleten (Liv. 39, 22), 587 griechische Flötenspieler, Tragöden und Faustkämpfer auf (Pol. 30, 13).

fremden Waare auch die fremde Sitte zuerst Eingang und von da aus
weiteren Vertrieb fand. — Das unmittelbare Resultat dieser vollständigen Revolution in den Nationalitätsverhältnissen war allerdings nichts
weniger als erfreulich. Italien wimmelte von Griechen, Syrern, Phoenikern, Juden, Aegyptern, die Provinzen von Römern; die scharf aus-
geprägten Volksthümlichkeiten rieben sich überall an einander und
verschliffen sich zusehends; es schien nichts übrig bleiben zu sollen
als der allgemeine Charakter der Vernutzung. Was das lateinische
Wesen an Ausdehnung gewann, verlor es an Frische; vor allem in
Rom selbst, wo der Mittelstand am frühesten und vollständigsten verschwand und nichts übrig blieb als die grofsen Herren und die Bettler,
beide in gleichem Mafse Kosmopoliten. Cicero versichert, dafs um 660
die allgemeine Bildung in den lateinischen Städten höher gestanden
habe als in Rom; dies bestätigt die Litteratur dieser Zeit, deren erfreu-
lichste, gesundeste und eigenthümlichste Erzeugnisse, wie die nationale
Komödie und die lucilische Satire, mit gröfserem Recht latinisch heifsen
als römisch. Dafs der italische Hellenismus der unteren Schichten in
der That nichts war als ein zugleich mit allen Auswüchsen der Cultur
und mit oberflächlich übertünchter Barbarei behafteter widerwärtiger
Kosmopolitismus, versteht sich von selbst; aber auch für die bessere
Gesellschaft blieb der feine Sinn des scipionischen Kreises nicht auf
die Dauer mafsgebend. Je mehr die Masse der Gesellschaft anfing sich
für das griechische Wesen zu interessiren, desto entschiedener griff
sie statt zu der klassischen Litteratur vielmehr zu den modernsten und
frivolsten Erzeugnissen des griechischen Geistes; statt im hellenischen
Sinn das römische Wesen zu gestalten, begnügte man sich mit Ent-
lehnung desjenigen Zeitvertreibs, der den eigenen Geist möglichst wenig
in Thätigkeit setzte. In diesem Sinn äufserte der arpinatische Gutsbesitzer Marcus Cicero, der Vater des Redners, dafs der Römer,
wie der syrische Sklave, immer um so weniger tauge, je mehr er
griechisch verstehe. — Diese nationale Decomposition ist unerquick-
lich wie die ganze Zeit, aber auch wie diese bedeutsam und folgen-
reich. Der Völkerkreis, den wir die alte Welt zu nennen gewohnt
sind, schreitet fort von der äufserlichen Einigung unter der Macht-
gewalt Roms zu der inneren unter der Herrschaft der modernen
wesentlich auf hellenischen Elementen ruhenden Bildung. Ueber den
Trümmern der Völkerschaften zweiten Ranges vollzieht sich zwischen
den beiden herrschenden Nationen stillschweigend das grofse geschichtliche Compromifs; die griechische und die lateinische Nationalität

schliefsen mit einander Frieden. Auf dem Gebiete der Bildung verzichten die Griechen, auf dem politischen die Römer auf ihre exclusive Sprachherrschaft; im Unterricht wird dem Latein eine freilich beschränkte und unvollständige Gleichstellung mit dem Griechischen eingeräumt; andrerseits gestattet zuerst Sulla den fremden Gesandten vor dem römischen Senat ohne Dolmetscher griechisch zu reden. Die Zeit kündigt sich an, wo das römische Gemeinwesen in einen zwiesprachigen Staat übergehen und der rechte Erbe des Thrones und der Gedanken Alexanders des Grofsen im Westen aufstehen wird, zugleich ein Römer und ein Grieche.

Was schon der Ueberblick der nationalen Verhältnisse also zeigt, die Unterdrückung der secundären und die gegenseitige Durchdringung der beiden primären Nationalitäten, das ist im Gebiete der Religion, der Volkserziehung, der Litteratur und der Kunst noch im Einzelnen genauer darzulegen.

Die römische Religion war mit dem römischen Gemeinwesen und Religion. dem römischen Haushalt so innig verwachsen, so gar nichts anderes als die fromme Wiederspiegelung der römischen Bürgerwelt, dafs die politische und sociale Revolution nothwendiger Weise auch das Religionsgebäude über den Haufen warf. Der alte italische Volksglaube stürzt zusammen; über seinen Trümmern erheben sich, wie über den Trümmern des politischen Gemeinwesens Oligarchie und Tyrannis, so auf der einen Seite der Unglaube, die Staatsreligion, der Hellenismus, auf der andern der Aberglaube, das Sectenwesen, die Religion der Orientalen. Allerdings gehen die Anfänge von beiden, wie ja auch die Anfänge der politisch-socialen Revolution, bereits in die vorige Epoche zurück (I, 865—871). Schon damals rüttelte die hellenische Bildung der höheren Kreise im Stillen an dem Glauben der Väter; schon Ennius bürgerte die Allegorisirung und Historisirung der hellenischen Religion in Italien ein; schon der Senat, der Hannibal bezwang, mufste die Uebersiedelung des kleinasiatischen Kybelecults nach Rom gutheifsen und gegen anderen noch schlimmeren Aberglauben, namentlich das bakchische Muckerthum aufs ernstlichste einschreiten. Indefs wie überhaupt in der vorhergehenden Periode die Revolution mehr in den Gemüthern sich vorbereitete als äufserlich sich vollzog, so ist auch die religiöse Umwälzung im Wesentlichen doch erst das Werk der gracchischen und sullanischen Zeit.

Versuchen wir zunächst die an den Hellenismus sich anlehnende Griechische Richtung zu verfolgen. Die hellenische Nation, weit früher als die Philosophie. italische erblüht und abgeblüht, hatte längst die Epoche des Glaubens

durchmessen und seitdem sich ausschliefslich bewegt auf dem Gebiet
der Speculation und Reflexion; seit langem gab es dort keine Religion
mehr, sondern nur noch Philosophie. Aber auch die philosophische
Thätigkeit des hellenischen Geistes hatte, als sie auf Rom zu wirken
begann, die Epoche der productiven Speculation bereits weit hinter
sich und war in dem Stadium angekommen, wo nicht blofs keine wahrhaft neuen Systeme mehr entstehen, sondern wo auch die Fassungs-
kraft für die vollkommensten der älteren zu schwinden beginnt und
man auf die schulmäfsige und bald scholastische Ueberlieferung der
unvollkommneren Philosopheme der Vorfahren sich beschränkt; in
dem Stadium also, wo die Philosophie, statt den Geist zu vertiefen und
zu befreien, vielmehr ihn verflacht und ihn in die schlimmsten aller
Fesseln, die selbstgeschmiedeten schlägt. Der Zaubertrank der Speculation, immer gefährlich, ist, verdünnt und abgestanden, sicheres
Gift. So schal und verwässert reichten die gleichzeitigen Griechen
ihn den Römern, und diese verstanden weder ihn zurückzuweisen noch
von den lebenden Schulmeistern auf die todten Meister zurückzugehen.
Platon und Aristoteles, um von den vorsokratischen Weisen zu schweigen,
sind ohne wesentlichen Einflufs auf die römische Bildung geblieben,
wenn gleich die erlauchten Namen gern genannt, ihre fafslicheren
Schriften auch wohl gelesen und übersetzt wurden. So wurden denn
die Römer in der Philosophie nichts als schlechter Lehrer schlechtere
Schüler. Aufser der historisch-rationalistischen Auffassung der Religion, welche die Mythen auflöste in Lebensbeschreibungen verschiedener in grauer Vorzeit lebender Wohlthäter des Menschengeschlechtes,
aus denen der Aberglaube Götter gemacht habe, oder dem sogenannten
Euhemerismus (I, 868), sind hauptsächlich drei Philosophenschulen
für Italien von Bedeutung geworden: die beiden dogmatischen des
270 363 Epikuros († 484) und des Zenon († 491) und die skeptische des Arke-
241 313 139 silas († 513) und Karneades (541—625), oder mit den Schulnamen
der Epikureismus, die Stoa und die neuere Akademie. Die letzte dieser
Richtungen, welche von der Unmöglichkeit des überzeugten Wissens
ausging und an dessen Stelle nur ein für das praktische Bedürfnifs
ausreichendes vorläufiges Meinen als möglich zugab, bewegte sich
hauptsächlich polemisch, indem sie jeden Satz des positiven Glaubens
wie des philosophischen Dogmatismus in den Schlingen ihrer Dilemmen
fing. Sie steht insofern ungefähr auf einer Linie mit der ältern Sophistik, nur dafs begreiflicher Weise die Sophisten mehr gegen den Volksglauben, Karneades und die Seinen mehr gegen ihre philosophischen

Collegen ankämpften. Dagegen trafen Epikuros und Zenon überein
sowohl in dem Ziel einer .rationellen Erklärung des Wesens der Dinge
als auch in der physiologischen von dem Begriff der Materie ausgehenden Methode. Aus einander gingen sie, insofern Epikuros, der Atomen-
lehre Demokrits folgend, das Urwesen als starre Materie fafst und diese
nur durch mechanische Verschiedenheiten in die Mannichfaltigkeit der
Dinge überführt, Zenon dagegen, sich anlehnend an den Ephesier
Herakleitos, schon in den Urstoff eine dynamische Gegensätzlichkeit
und eine auf und nieder wogende Bewegung hineinlegt: woraus denn
die weiteren Unterschiede sich ableiten: dafs im epikureischen System
die Götter gleichsam nicht vorhanden und höchstens der Traum der
Träume sind, die stoischen Götter die ewig rege Seele der Welt und
als Geist, als Sonne, als Gott mächtig über den Körper, die Erde, die
Natur; dafs Epikuros nicht, wohl aber Zenon eine Weltregierung und
eine persönliche Unsterblichkeit der Seele anerkennt;. dafs das, Ziel
des menschlichen Strebens nach Epikuros ist das unbedingte weder
von körperlichem Begehren noch von geistigem Streiten aufgeregte
Gleichgewicht, dagegen nach Zenon die durch das stetige Gegenein-
anderstreben des Geistes und Körpers immer gesteigerte und zu dem
Einklang mit der ewig streitenden und ewig friedlichen Natur auf-
strebende menschliche Thätigkeit. In einem Punkte aber stimmten
der Religion gegenüber alle diese Schulen zusammen: dafs der Glaube
als solcher nichts sei und nothwendig ersetzt werden müsse durch die
Reflexion, mochte diese übrigens mit Bewufstsein darauf verzichten zu
einem Resultat zu gelangen, wie die Akademie, oder die Vorstellungen
des Volksglaubens verwerfen, wie die Schule Epikurs, oder dieselben
theils motivirt festhalten, theils modificiren, wie die Stoiker thaten. —
Es war danach nur folgerichtig, dafs die erste Berührung der hellenischen Philosophie mit der römischen ebenso glaubensfesten als anti-
speculativen Nation durchaus feindlicher Art war. Die römische Religion hatte vollkommen Recht von diesen philosophischen Systemen
sowohl die Befehdung wie die Begründung sich zu verbitten, die beide
ihr eigentliches Wesen aufhoben. Der römische Staat, der in der Religion instinctmäfsig sich selber angegriffen fühlte, verhielt sich billig
gegen die Philosophen wie die Festung gegen die Eclaireurs der anrückenden Belagerungsarmee und wies schon 593 mit den Rhetoren [161]
auch die griechischen Philosophen aus Rom aus. In der That war
auch gleich das erste gröfsere Debut der Philosophie in Rom eine
förmliche Kriegserklärung gegen Glaube und Sitte. Es ward veran-

lafst durch die Occupation von Oropos durch die Athener, mit deren
Rechtfertigung vor dem Senat diese drei der angesehensten Professoren
der Philosophie, darunter den Meister der modernen Sophistik Karneades
266 beauftragten (599). Die Wahl war insofern zweckmäfsig, als der ganz
schandbare Handel jeder Rechtfertigung im gewöhnlichen Verstand
spottete; dagegen pafste es vollkommen für den Fall, wenn Karneades
durch Rede und Gegenrede bewies, dafs sich gerade ebenso viele und
ebenso nachdrückliche Gründe zum Lobe der Ungerechtigkeit vor-
bringen liefsen wie zum Lobe der Gerechtigkeit und wenn er in bester
logischer Form darthat, dafs man mit gleichem Recht von den Athenern
verlangen könne Oropos herauszugeben und von den Römern sich
wieder zu beschränken auf ihre alten Strohhütten am Palatin. Die der
griechischen Sprache mächtige Jugend ward durch den Scandal wie
durch den raschen und emphatischen Vortrag des gefeierten Mannes
schaarenweise herbeigezogen; aber diesmal wenigstens konnte man Cato
nicht Unrecht geben, wenn er nicht blofs die dialektischen Gedanken-
reihen der Philosophen unhöflich genug mit den langweiligen Psal-
modien der Klageweiber verglich, sondern auch im Senat darauf drang
einen Menschen auszuweisen, der die Kunst verstand Recht zu Unrecht
und Unrecht zu Recht zu machen und dessen Vertheidigung in der
That nichts war als ein schamloses und fast höhnisches Eingeständnifs
des Unrechts. Indefs dergleichen Ausweisungen reichten nicht weit,
um so weniger, da es doch der römischen Jugend nicht verwehrt werden
konnte in Rhodos oder Athen philosophische Vorträge zu hören. Man
gewöhnte sich die Philosophie zuerst wenigstens als nothwendiges Uebel
zu dulden, bald auch für die in ihrer Naivetät nicht mehr haltbare römische Religion in der fremden Weisheitslehre eine Stütze zu suchen, die als
Glauben zwar sie ruinirte, aber dafür doch dem gebildeten Mann gestattete
die Namen und Formen des Volksglaubens anständiger Weise einigermafsen festzuhalten. Indefs diese Stütze konnte weder der Euhemerismus
sein noch das System des Karneades oder des Epikuros. Die Mythen-
historisirung trat dem Volksglauben allzu schroff entgegen, indem sie die
Götter geradezu für Menschen erklärte; Karneades zog gar ihre Existenz
in Zweifel und Epikuros sprach ihnen wenigstens jeden Einflufs auf
die Geschicke der Menschen ab. Zwischen diesen Systemen und der
römischen Religion war ein Bündnifs unmöglich; sie waren und blieben
verfehmt. Noch in Ciceros Schriften wird es für Bürgerpflicht erklärt
dem Euhemerismus Widerstand zu leisten, der dem Gottesdienst zu
nahe trete; und von den in seinen Gesprächen auftretenden Akade-

mikern und Epikureern mufs jener sich entschuldigen, dafs er als
Philosoph zwar ein Jünger des Karneades, aber als Bürger und Pontifex ein rechtgläubiger Bekenner des capitolinischen Jupiter sei, der
Epikureer sogar schliefslich sich gefangen geben und sich bekehren.
Keines dieser drei Systeme ward eigentlich populär. Die platte Be-
greiflichkeit des Euhemerismus hat wohl eine gewisse Anziehungskraft
auf die Römer geübt, namentlich auf die conventionelle Geschichte
Roms nur zu tief eingewirkt mit ihrer zugleich kindischen und alters-
schwachen Historisirung der Fabel; auf die römische Religion aber
blieb er deshalb ohne wesentlichen Einflufs, weil diese von Haus aus
nur allegorisirte, nicht fabulirte und es dort nicht wie in Hellas möglich
war Biographien Zeus des ersten, zweiten und dritten zu schreiben.
Die moderne Sophistik konnte nur gedeihen, wo wie in Athen die
geistreiche Maulfertigkeit zu Hause war und überdiefs die langen Reihen
gekommener und gegangener philosophischer Systeme hohe Schutt-
lagen geistiger Brandstätten aufgeschichtet hatten. Gegen den epikurischen Quietismus endlich lehnte alles sich auf, was in dem römischen
so durchaus auf Thätigkeit gerichteten Wesen tüchtig und brav war.
Dennoch fand er mehr sein Publikum als der Euhemerismus und die
Sophistik, und es ist wahrscheinlich dies die Ursache, wefshalb die
Polizei fortgefahren hat ihm am längsten und ernstlichsten den Krieg
zu machen. Indefs dieser römische Epikureismus war nicht so sehr
ein philosophisches System als eine Art philosophischen Dominos, unter
dem — sehr gegen die Absicht seines streng sittlichen Urhebers —
der gedankenlose Sinnesgenufs für die gute Gesellschaft sich maskirte;
wie denn einer der frühesten Bekenner dieser Secte Titus Albucius
in Lucilius Gedichten figurirt als das Prototyp des übel hellenisirenden
Römers. — Gar anders stand und wirkte in Italien die stoische Philosophie. Im geraden Gegensatz gegen jene Richtungen schlofs sie an
die Landesreligion so eng sich an, wie das Wissen sich dem Glauben
zu accommodiren überhaupt nur vermag. An dem Volksglauben mit
seinen Göttern und Orakeln hielt der Stoiker insofern grundsätzlich
fest, als er darin eine instinctive Erkenntnifs sah, auf welche die
wissenschaftliche Rücksicht zu nehmen, ja in zweifelhaften Fällen sich
ihr unterzuordnen verpflichtet sei. Er glaubte mehr anders als das
Volk als eigentlich anderes: der wesentlich wahre und höchste Gott
zwar war ihm die Weltseele, aber auch jede Manifestation des Ur-
gottes war wiederum Gott, die Gestirne vor allem, aber auch die Erde,
der Weinstock, die Seele des hohen Sterblichen, den das Volk als Heros

Römische
Stoa.

ehrte, ja überhaupt jeder abgeschiedene Geist eines gewordenen Menschen.   Diese Philosophie pafste in der That besser nach Rom als in
die eigene Heimath.   Der Tadel des frommen Gläubigen, dafs der Gott
des Stoikers weder Geschlecht noch Alter noch Körperlichkeit habe
und aus einer Person in einen Begriff verwandelt sei, hatte in Griechenland einen Sinn, nicht aber in Rom.   Die grobe Allegorisirung und
sittliche Purificirung, wie sie der stoischen Götterlehre eigen war, verdarb den besten Kern der hellenischen Mythologie; aber die auch in
ihrer naiven Zeit dürftige plastische Kraft der Römer hatte nicht mehr
erzeugt als eine leichte ohne sonderlichen Schaden abzustreifende Um-
hüllung der ursprünglichen Anschauung oder des ursprünglichen Be-
griffes, woraus die Gottheit hervorgegangen war. Pallas Athene mochte
zürnen, wenn sie sich plötzlich in den Begriff des Gedächtnisses verwandelt fand; Minerva war auch bisher eben nicht vielmehr gewesen.
Die supranaturalistische stoische und die allegorische römische Theologie fielen in ihrem Ergebnifs im Ganzen zusammen. Selbst aber wenn
der Philosoph einzelne Sätze der Priesterlehre als zweifelhaft oder als
falsch bezeichnen mufste, wie denn zum Beispiel die Stoiker die Ver-
götterungslehre verwerfend in Hercules, Kastor, Pollux nichts als die
Geister ausgezeichneter Menschen sahen, und ebenso das Götterbild nicht
als Repräsentanten der Gottheit gelten lassen konnten, so war es wenigstens nicht die Art der Anhänger Zenons gegen diese Irrlehren an-
zukämpfen und die falschen Götter zu stürzen; vielmehr bewiesen sie
überall der Landesreligion Rücksicht und Ehrfurcht auch in ihren
Schwächen.   Auch die Richtung der Stoa auf eine casuistische Moral
und auf die rationelle Behandlung der Fachwissenschaften war ganz im
Sinne der Römer, zumal der Römer dieser Zeit, welche nicht mehr wie
die Väter in unbefangener Weise Zucht und gute Sitte übten, sondern
deren naive Sittlichkeit auflösten in einen Katechismus erlaubter und
unerlaubter Handlungen; deren Grammatik und Jurisprudenz überdies dringend eine methodische Behandlung erheischten, ohne jedoch
die Fähigkeit zu besitzen diese aus sich selber zu entwickeln.   So in-
corporirte diese Philosophie als ein zwar dem Ausland entlehntes, aber
auf italischem Boden acclimatisirtes Gewächs sich durchaus dem römischen Volkshaushalt und wir begegnen ihren Spuren auf den verschiedenartigsten Gebieten.   Ihre Anfänge reichen ohne Zweifel weiter
zurück; aber zur vollen Geltung in den höheren Schichten der römischen Gesellschaft gelangte die Stoa zuerst durch den Kreis, der sich
um Scipio Aemilianus gruppirte.   Panaetios von Rhodos, der Lehr-

meister Scipios und aller ihm nahestehender Männer in der stoischen
Philosophie und beständig in seinem Gefolge, sogar auf Reisen sein
gewöhnlicher Begleiter, verstand es das System geistreichen Männern
nahe zu bringen, dessen speculative Seite zurücktreten zu lassen und
die Dürre der Terminologie, die Flachheit des Moralkatechismus einigermaßen zu mildern, namentlich auch durch Herbeiziehung der älteren
Philosophen, unter denen Scipio selbst den xenophonteischen Sokrates
vorzugsweise liebte. Seitdem bekannten zur Stoa sich die namhaftesten
Staatsmänner und Gelehrten, unter andern die Begründer der wissenschaftlichen Philologie und der wissenschaftlichen Jurisprudenz, Stilo
und Quintus Scaevola. Der schulmäßige Schematismus, der in diesen
Fachwissenschaften seitdem wenigstens äußerlich herrscht und namentlich anknüpft an eine wunderliche charadenhaft geistlose Etymo-
logisirmethode, stammt aus der Stoa. Aber unendlich wichtiger ist die
aus der Verschmelzung der stoischen Philosophie und der römischen
Religion hervorgehende neue Staatsphilosophie und Staatsreligion. Das
speculative Element, von Haus aus in dem zenonischen System wenig
energisch ausgeprägt und schon weiter abgeschwächt, als dasselbe in
Rom Eingang fand, nachdem bereits ein Jahrhundert hindurch die
griechischen Schulmeister sich beflissen hatten diese Philosophie in
die Knabenköpfe hinein und damit den Geist aus ihr hinauszutreiben,
trat völlig zurück in Rom, wo Niemand speculirte als der Wechsler;
es war wenig mehr die Rede von der idealen Entwicklung des in der
Seele des Menschen waltenden Gottes oder göttlichen Weltgesetzes.
Die stoischen Philosophen zeigten sich nicht unempfänglich für die
recht einträgliche Auszeichnung, ihr System zur halbofficiellen römischen Staatsphilosophie erhoben zu sehen und erwiesen sich überhaupt geschmeidiger, als man es nach ihren rigorosen Principien hätte
erwarten sollen. Ihre Lehre von den Göttern und vom Staat zeigte
bald eine seltsame Familienähnlichkeit mit den realen Institutionen
ihrer Brotherren; statt über den kosmopolitischen Philosophenstaat
stellten sie Betrachtungen an über die weise Ordnung des römischen
Beamtenwesens; und wenn die feineren Stoiker wie Panaetios die gött-
liche Offenbarung durch Wunder und Zeichen als denkbar, aber un-
gewiß dahin gestellt, die Sterndeuterei nun gar entschieden verworfen
hatten, so verfochten schon seine nächsten Nachfolger jene Offen-
barungslehre, das heißt die römische Auguraldisciplin, so steif und
fest wie jeden andern Schulsatz und machten sogar der Astrologie
höchst unphilosophische Zugeständnisse. Das Hauptstück des Systems

ward immer mehr die casuistische Pflichtenlehre. Sie kam dem hohlen
Tugendstolz entgegen, bei welchem die Römer dieser Zeit in der
vielfach demüthigenden Berührung mit den Griechen Entschädigung
suchten, und formulirte den angemessenen Dogmatismus der Sittlichkeit, der, wie jede wohlerzogene Moral, mit herzerstarrender Rigorosität
im Ganzen die höflichste Nachsicht im Einzelnen verbindet[*]). Ihre
praktischen Resultate werden kaum viel höher anzuschlagen sein als
daſs, wie gesagt, in zwei oder drei vornehmen Häusern der Stoa zu

Staats-
religion. Liebe schlecht gegessen ward. — Dieser neuen Staatsphilosophie eng
verwandt oder eigentlich ihre andere Seite ist die neue Staatsreligion,
deren wesentliches Kennzeichen das bewuſste Festhalten der als irra-
tionell erkannten Sätze des Volksglaubens aus äuſseren Zweckmäſsig-
keitsgründen ist. Schon einer der hervorragendsten Männer des scipionischen Kreises, der Grieche Polybios spricht es unverhohlen aus,
daſs das wunderliche und schwerfällige römische Religionsceremoniell
einzig der Menge wegen erfunden sei, die, da die Vernunft nichts
über sie vormöge, mit Zeichen und Wundern beherrscht werden
müsse, während verständige Leute allerdings der Religion nicht be-
dürften. Ohne Zweifel theilten Polybios römische Freunde im Wesentlichen diese Gesinnung, wenn sie auch nicht in so cruder und so
platter Weise Wissenschaft und Religion sich entgegen setzten. Weder
Laelius noch Scipio Aemilianus können in der Auguraldisciplin, an die
auch Polybios zunächst denkt, etwas anderes gesehen haben als eine
politische Institution; doch war der Nationalsinn in ihnen zu mächtig
und das Anstandsgefühl zu fein, als daſs sie mit solchen bedenklichen
Erörterungen öffentlich hätten auftreten mögen. Aber schon in der
folgenden Generation trug der Oberpontifex Quintus Scaevola (Consul
96 659; S. 211. 325) wenigstens in seiner mündlichen Rechtsunterweisung
unbedenklich die Sätze vor, daſs es eine zwiefache Religion gebe, eine
verstandesmäſsige philosophische und eine nicht verstandesmäſsige tra-
ditionelle, daſs jene sich nicht eigne zur Staatsreligion, da sie mancherlei enthalte was dem Volk zu wissen unnütz oder sogar schädlich
sei, daſs demnach die überlieferte Staatsreligion bleiben müsse wie sie
sei. Nur eine weitere Entwicklung desselben Grundgedankens ist
die varronische Theologie, in der die römische Religion durchaus behandelt wird als ein Staatsinstitut. Der Staat, wird hier gelehrt, sei
älter als die Götter des Staats wie der Maler älter als das Gemälde;

---

*) Ein ergötzliches Exempel kann man bei Cicero *de officiis* 3, 12. 13
nachlesen.

wenn es sich darum handelte die Götter neu zu machen, würde man allerdings wohlthun sie zweckdienlicher und den Theilen der Weltseele principmäßig entsprechender zu machen und zu benennen, auch die nur irrige Vorstellungen erweckenden Götterbilder*) und das verkehrte Opferwesen zu beseitigen; allein da diese Einrichtungen einmal bestünden, so müsse jeder gute Bürger sie kennen und befolgen und dazu thun, daß der ‚gemeine Mann‘ die Götter vielmehr höher achten als gering schätzen lerne. Daß der gemeine Mann, zu dessen Besten die Herren ihren Verstand gefangen gaben, diesen Glauben jetzt verschmähte und sein Heil anderswo suchte, versteht sich von selbst und wird weiterhin sich zeigen. So war denn die römische Hochkirche fertig, eine scheinheilige Priester- und Levitenschaft und eine glaubenslose Gemeinde. Je unverhohlener man die Landesreligion für eine politische Institution erklärte, desto entschiedener betrachteten die politischen Parteien das Gebiet der Staatskirche als Tummelplatz für Angriff und Vertheidigung; was namentlich in immer steigendem Maße der Fall war mit der Auguralwissenschaft und mit den Wahlen zu den Priestercollegien. Die alte und natürliche Uebung die Bürgerversammlung zu entlassen, wenn ein Gewitter heraufzog, hatte unter den Händen der römischen Augurn sich zu einem weitläufigen System verschiedener Himmelszeichen und daran sich knüpfender Verhaltungsregeln entwickelt; in den ersten Decennien dieser Epoche ward sogar durch das aelische und das fufische Gesetz geradezu verordnet, daß jede Volksversammlung auseinanderzugehen genöthigt sei, wenn es einem höheren Beamten einfalle nach Gewitterzeichen am Himmel zu schauen: und die römische Oligarchie war stolz auf den schlauen Gedanken fortan durch eine einzige fromme Lüge jedem Volksbeschluß den Stempel der Nichtigkeit aufdrücken zu können. Umgekehrt lehnte die römische Opposition sich auf gegen die alte Uebung, daß die vier höchsten Priestercollegien bei entstehenden Vacanzen sich selber ergänzten und forderte die Erstreckung der Volkswahl auch auf die Stellen selbst, wie sie für die Vorstandschaften dieser Collegien schon früher eingeführt war (I, 825). Es widersprach dies allerdings dem Geiste dieser Körperschaften, aber dieselben hatten kein Recht darüber sich zu beklagen, nachdem sie ihrem Geiste selbst untreu geworden waren und zum Beispiel der Regierung mit religiösen

---

*) Auch in Varros Satire ‚die Aboriginer‘ wurde in spöttlicher Weise dargestellt, wie die Urmenschen sich nicht hätten genügen lassen mit dem Gott, den nur der Gedanke erkennt, sondern sich gesehnt hätten nach Götterpuppen und Götterbilderchen.

Cassationsgründen politischer Acte auf Verlangen an die Hand gingen.
Diese Angelegenheit ward ein Zankapfel der Parteien. Den ersten
144 Sturm im J. 609 schlug der Senat ab, wobei namentlich der scipionische
Kreis für die Verwerfung des Antrags den Ausschlag gab.   Aber im
104 J. 650 ging sodann der Vorschlag durch mit der früher schon bei der
Wahl der Vorstände gemachten Beschränkung zum Besten bedenklicher
Gewissen, dafs nicht die ganze Bürgerschaft, sondern nur der kleinere
Theil der Bezirke zu wählen habe (S. 197).   Dagegen stellte Sulla das
Cooptationsrecht in vollem Umfang wieder her (S. 349).   Mit dieser
Fürsorge der Conservativen für die reine Landesreligion vertrug es
natürlich sich aufs Beste, dafs eben in den vornehmsten Kreisen mit
derselben offen Spott getrieben ward.   Die praktische Seite des römi-
schen Priesterthums war die priesterliche Küche; die Augural- und
Pontificalschmäuse waren gleichsam die officiellen Silberblicke eines
römischen Feinschmeckerlebens und manche derselben machten Epoche
in der Geschichte der Gastronomie, wie zum Beispiel die Antrittsmahl-
zeit des Augurs Quintus Hortensius die Pfauenbraten aufgebracht hat.
Sehr brauchbar ward auch die Religion befunden um den Scandal
pikanter zu machen.   Es war ein Lieblingsvergnügen vornehmer junger
Herren zur Nachtzeit auf den Strafsen die Götterbilder zu schänden
oder zu verstümmeln (S. 210).   Gewöhnliche Liebeshändel waren längst
gemein und Verhältnisse mit Ehefrauen fingen an es zu werden: aber
ein Verhältnifs zu einer Vestalin war so pikant wie in der Welt des
Decamerone die Nonnenliebschaft und das Klosterabenteuer.   Bekannt
114 ist der arge Handel des J. 640 fg., in welchem drei Vestalinnen, Töchter
der vornehmsten Familien, und deren Liebhaber, junge Männer gleichfalls aus den besten Häusern, zuerst vor dem Pontificalcollegium und
da dies die Sache zu vertuschen suchte, vor einem durch eigenen Volksschlufs eingesetzten aufserordentlichen Gericht wegen Unzucht zur
Verantwortung gezogen und sämmtlich zum Tode verurtheilt wurden.
Solchen Scandal nun konnten freilich gesetzte Leute nicht billigen;
aber dagegen war nichts einzuwenden, dafs man die positive Religion
im vertrauten Kreise albern fand: die Augurn konnten, wenn einer
den andern fungiren sah, sich einander ins Gesicht lachen unbeschadet
ihrer religiösen Pflichten.   Man gewinnt die bescheidene Heuchelei
verwandter Richtungen ordentlich lieb, wenn man die crasse Unver-
schämtheit der römischen Priester und Leviten damit vergleicht.   Ganz
unbefangen ward die officielle Religion behandelt als ein hohles nur
für die politischen Maschinisten noch brauchbares Gerüste; in dieser

Eigenschaft konnte es mit seinen zahllosen Winkeln und Fallthüren,
wie es fiel, jeder Partei dienen und hat einer jeden gedient. Zumeist
sah allerdings die Oligarchie ihr Palladium in der Staatsreligion, vornehmlich in der Auguraldisciplin; aber auch die Gegenpartei machte
keine principielle Opposition gegen ein Institut, das nur noch ein
Scheinleben hatte, sondern betrachtete dasselbe im Ganzen als eine
Schanze, die aus dem Besitz des Feindes in den eigenen übergehen könne.

Im scharfen Gegensatz gegen dies eben geschilderte Religions- Orienta-
lische
gespenst stehen die verschiedenen fremden Culte, welche diese Epoche Religionen
hegte und pflegte und denen wenigstens eine sehr entschiedene Lebens- in Italien.
kraft nicht abgesprochen werden kann. Sie begegnen überall, bei den
vornehmen Damen und Herren wie in den Sklavenkreisen, bei dem
General wie bei dem Lanzknecht, in Italien wie in den Provinzen. Es
ist unglaublich, wie hoch hinauf dieser Aberglaube bereits reicht. Als
im kimbrischen Krieg eine syrische Prophetin Martha sich erbot die
Wege und Mittel zur Ueberwindung der Deutschen dem Senat an die
Hand zu geben, wies dieser zwar sie mit Verachtung zurück; aber die
römischen Damen und namentlich Marius eigene Gemahlin expedirten
sie dennoch nach dem Hauptquartier, wo der Gemahl sie bereitwillig
aufnahm und mit sich herumführte, bis die Teutonen geschlagen waren.
Die Führer der verschiedensten Parteien im Bürgerkrieg, Marius, Octavius, Sulla trafen zusammen in dem Glauben an Zeichen und Orakel.
Selbst der Senat mufste während desselben in den Wirren des J. 667 87
sich dazu verstehen den Faseleien einer verrückten Prophetin gemäfs
Anordnungen zu treffen. Für das Erstarren der römisch-hellenischen
Religion wie für das im Steigen begriffene Bedürfnifs der Menge nach
stärkeren religiösen Stimulantien ist es bezeichnend, dafs der Aberglaube nicht mehr, wenn den Bakchenmysterien, anknüpft an die
nationale Religion; selbst die etruskische Mystik ist bereits überflügelt;
durchaus in erster Linie erscheinen die in den heifsen Landschaften des
Orients gezeitigten Culte. Sehr viel hat dazu beigetragen das massenhafte Eindringen kleinasiatischer und syrischer Elemente in die Bevölkerung theils durch die Sklaveneinfuhr, theils durch den gesteigerten
Verkehr Italiens mit dem Osten. Die Macht dieser fremdländischen
Religionen tritt sehr scharf hervor in den Aufständen der sicilischen
gröfstentheils aus Syrien herstammenden Sklaven. Eunus spie Feuer,
Athenion las in den Sternen; die von den Sklaven in diesen Kriegen
geschleuderten Bleikugeln tragen grofsentheils Götternamen, neben
Zeus und Artemis besonders den der geheimnifsvollen von Kreta nach

Sicilien gewanderten und daselbst eifrig verehrten Mütter. Aehnlich
wirkte der Handelsverkehr, namentlich seitdem die Waaren von Berytos
und Alexandreia direct nach den italischen Häfen gingen: Ostia und
Puteoli wurden die grofsen Stapelplätze wie für die syrischen Salben
und die aegyptische Leinwand so auch für den Glauben des Ostens.
Ueberall ist mit der Völker- auch die Religionenmengung beständig im
Steigen. Von allen erlaubten Culten war der populärste der der pessi-
nuntischen Göttermutter, der mit seinem Eunuchencälibat, mit den
Schmäusen, der Musik, den Bettelprozessionen und dem ganzen sinn-
lichen Gepränge der Menge imponirte; die Hauscollecten wurden bereits als eine ökonomische Last empfunden. In der gefährlichsten Zeit
des kimbrischen Krieges erschien der Hohepriester Battakes von Pessinus in eigener Person in Rom, um die Interessen des dortigen angeblich entweihten Tempels seiner Göttin zu vertreten, redete im besonderen
Auftrag der Göttermutter zum römischen Volk und that auch verschiedene Wunder. Die verständigen Leute ärgerten sich, aber die Weiber
und die grofse Menge liefsen es sich nicht nehmen dem Propheten
beim Abzug in hellen Haufen das Geleit zu geben. Gelübde nach dem
Osten zu wallfahrten waren bereits nichts seltenes mehr, wie denn
selbst Marius also seine Pilgerfahrt nach Pessinus unternahm; ja es
101 gaben schon (zuerst 653) römische Bürger sich zu dem Eunuchen-
priesterthum her. Aber weit populärer noch waren natürlich die un-
erlaubten und Geheimculte. Schon zu Catos Zeit hatte der chaldäische
Horoskopensteller angefangen dem etruskischen Eingeweide-, dem
marsischen Vogelschauer Concurrenz zu machen (I, 870); bald war die
Sternguckerei und Sterndeuterei in Italien ebenso zu Hause wie in
139 ihrem traumseligen Heimathland. Schon 615 wies der römische Frem-
denpraetor die sämmtlichen ‚Chaldäer‘ an binnen zehn Tagen Rom und
Italien zu räumen. Dasselbe Schicksal traf gleichzeitig die Juden.
welche zu ihrem Sabbat italische Proselyten zugelassen hatten. Ebenso
hatte Scipio das Lager von Numantia von Wahrsagern und frommen
79 Industrierittern jeder Art zu reinigen. Einige Jahrzehnte später (657)
sah man sogar sich genöthigt die Menschenopfer zu verbieten. Der
wilde Cult der kappadokischen Ma, oder, wie die Römer sie nannten.
der Bellona, welcher bei den festlichen Aufzügen die Priester das eigene
Blut zum Opfer verspritzten, und die düstere ägyptische Götterver-
ehrung beginnen sich zu melden; schon Sulla erschien jene Kappa-
dokierin im Traume und von den späteren römischen Isis- und Osiris-
gemeinden führten die ältesten ihre Entstehung bis in die sullanische

Zeit zurück. Man war irre geworden nicht blofs an dem alten Glauben, sondern auch an sich selbst; die entsetzlichen Krisen einer funfzigjährigen Revolution, das instinctmäfsige Gefühl, dafs der Bürgerkrieg noch keineswegs am Ende sei, steigerten die angstvolle Spannung, die trübe Beklommenheit der Menge. Unruhig erklomm der irrende Gedanke jede Höhe und versenkte sich in jeden Abgrund, wo er neue Aus- und Einsichten in die drohenden Verhängnisse, neue Hoffnungen in dem verzweifelten Kampfe gegen das Geschick oder vielleicht auch nur neue Angst zu finden wähnte. Der ungeheuerliche Mysticismus fand in der allgemeinen politischen, ökonomischen, sittlichen, religiösen Zerfahrenheit den ihm genehmen Boden und gedieh mit erschreckender Schnelle: es war als wären Riesenbäume über Nacht aus der Erde gewachsen, niemand wufste woher und wozu, und eben dieses wunderbar rasche Emporkommen wirkte neue Wunder und ergriff epidemisch alle nicht ganz befestigten Gemüther.

In ähnlicher Weise wie auf dem religiösen Gebiet vollendete sich *Unterricht.* die in der vorigen Epoche begonnene Revolution auf dem der Erziehung und Bildung. Wie der Grundgedanke des römischen Wesens, die bürgerliche Gleichheit bereits im Laufe des sechsten Jahrhunderts auch auf diesem Gebiet ins Schwanken gekommen war, ist früher dargestellt worden. Schon zu Pictors und Catos Zeit war die griechische Bildung in Rom weit verbreitet und gab es eine eigene römische Bildung; allein man war doch mit beiden nicht über die Anfänge hinausgelangt. Was man unter römisch-griechischer Musterbildung in dieser Zeit ungefähr verstand, zeigt Catos Encyclopädie (I, 934 fg.); es ist wenig mehr als die Formulirung des alten römischen Hausvaterthums und wahrlich, mit der damaligen hellenischen Bildung verglichen, dürftig genug. Auf wie niedriger Stufe noch im Anfang des siebenten Jahrhunderts der Jugendunterricht in Rom durchgängig stand, läfst aus den Aeufserungen bei Polybios sich abnehmen, welcher in dieser einen Hinsicht gegenüber der verständigen privaten und öffentlichen Fürsorge seiner Landsleute die sträfliche Gleichgültigkeit der Römer tadelnd hervorhebt — in den dieser Gleichgültigkeit zu Grunde liegenden tieferen Gedanken der bürgerlichen Gleichheit hat kein Hellene, auch Polybios nicht sich zu finden vermocht. — Jetzt ward dies anders. Wie zu dem naiven Volksglauben der aufgeklärte stoische Supranaturalismus hinzutrat, so formulirte auch in der Erziehung neben dem einfachen Volksunterricht sich eine besondere Bildung. eine exclusive Humanitas und vertilgte die letzten Ueberreste der alten geselligen Gleichheit. Es wird nicht überflüssig sein auf die Gestaltung des neuen Jugendunterrichts, sowohl des griechischen wie des höheren lateinischen, einen Blick zu werfen.

Griechischer Unterricht.

Es ist eine wundersame Fügung, daß derselbe Mann, der politisch die hellenische Nation definitiv überwand, Lucius Aemilius Paullus, zugleich zuerst oder als einer der Ersten die hellenische Civilisation vollständig anerkannte als das, was sie seitdem unwidersprochen geblieben ist, die Civilisation der antiken Welt. Er selber zwar war ein Greis, bevor es ihm gestattet wurde die homerischen Lieder im Sinn hinzutreten vor den Zeus des Pheidias; aber sein Herz war jung genug um den vollen Sonnenglanz hellenischer Schönheit und die unbezwingliche Sehnsucht nach den goldenen Aepfeln der Hesperiden in seiner Seele heimzubringen; Dichter und Künstler hatten an dem fremden Mann einen ernsteren und innigeren Gläubigen gefunden als irgend einer war von den klugen Leuten des damaligen Griechenland. Er machte kein Epigramm auf Homeros oder Pheidias, aber er ließ seine Kinder einführen in die Reiche des Geistes. Ohne die nationale Erziehung zu vernachlässigen, so weit es eine solche gab, sorgte er wie die Griechen für die physische Entwicklung seiner Knaben, zwar nicht durch die nach römischen Begriffen unzulässigen Turnübungen, aber durch Unterweisung in der bei den Griechen fast kunstmäßig entwickelten Jagd, und steigerte den griechischen Unterricht in der Art, daß nicht mehr bloß die Sprache um des Sprechens willen gelernt und geübt, sondern nach griechischer Art der Gesammtstoff allgemeiner höherer Bildung an die Sprache geknüpft und aus ihr entwickelt ward — also vor allem die Kenntniß der griechischen Litteratur mit der zu deren Verständniß nöthigen mythologischen und historischen Kunde, sodann Rhetorik und Philosophie. Die Bibliothek des Königs Perseus war das einzige Stück, das Paullus aus der makedonischen Kriegsbeute für sich nahm, um sie seinen Söhnen zu schenken. Sogar griechische Maler und Bildner befanden sich in seinem Gefolge und vollendeten die musische Bildung seiner Kinder. Daß die Zeit vorüber war, wo man auf diesem Gebiet sich dem Hellenismus gegenüber bloß ablehnend verhalten konnte, hatte schon Cato empfunden; die Besseren mochten jetzt ahnen, daß der edle Kern römischer Art durch den ganzen Hellenismus weniger gefährdet werde als durch dessen Verstümmelung und Mißbildung: die Masse der höheren Gesellschaft Roms und Italiens machte die neue Weise mit. An griechischen Schulmeistern war seit langem in Rom kein Mangel; jetzt strömten sie schaarenweise, und nicht bloß als Sprach-, sondern als Lehrer der Litteratur und Bildung überhaupt, nach dem neu eröffneten ergiebigen Absatzmarkt ihrer Weisheit. Griechische Hofmeister und Lehrer der Philosophie, die freilich, auch wenn sie nicht Sklaven waren, regelmäfsig wie Bediente*) gehalten wurden, wurden jetzt stehend in den Palästen Roms; man raffinirte darauf und es findet sich, dafs für einen griechischen Litteratursklaven ersten Ranges 200000 Sesterzen (15200 Thlr.) gezahlt worden sind. Schon 593 bestanden in der Hauptstadt eine Anzahl besonderer Lehranstalten für griechische Declamationsübung. Schon begegnen einzelne ausgezeichnete Namen unter diesen römischen Lehrern: des Philosophen Panaetios ward bereits gedacht (S. 417); der angesehene Grammatiker Krates von Mallos in Kilikien, Aristarchs Zeitgenosse und ebenbürtiger Rival, fand um 585 in Rom ein Publicum für die Vorlesung und sprachliche und sachliche Erläuterung der homerischen Gedichte. Zwar stiefs diese neue Weise des Jugendunterrichts, revolutionär und antinational wie sie war, zum Theil auf den Widerstand der Regierung; allein der Ausweisungsbefehl, den die Behörden 593 gegen Rhetoren und Philosophen schleuderten, blieb, zumal bei dem steten Wechsel der römischen Oberbeamten, wie alle ähnlichen Befehle ohne nennenswerthen Erfolg und nach des alten Cato Tode ward in seinem Sinne wohl noch öfters geklagt, aber nicht mehr gehandelt. Der höhere Unterricht im Griechischen und in den griechischen Bildungswissenschaften blieb fortan anerkannt als ein wesentlicher Theil der italischen Bildung. — Aber ihm zur Seite entwickelte sich ein höherer lateinischer Unterricht. Es ist in der vorigen Epoche dargestellt worden, wie der lateinische Elementarunterricht sich innerlich gesteigert hatte; wie an die Stelle der Zwölftafeln gleichsam als verbesserte Fibel die lateinische Odyssee getreten war und nun der römische Knabe an dieser Uebersetzung, wie der griechische an dem Original, die Kunde und den Vortrag der Muttersprache ausbildete; wie namhafte griechische Sprach- und Litteraturlehrer, Andronicus, Ennius und andere mehr, die doch wahrscheinlich schon nicht eigentlich Kinder, sondern heranreifende Knaben und Jünglinge lehrten, es nicht verschmähten neben der griechischen auch in der Muttersprache zu unterrichten. Es waren das die Anfänge eines höheren lateinischen

Marginalien: 161 / 160 / 161 / Lateinischer Unterricht.

---

*) Cicero sagt, dafs er seinen gelehrten Sklaven Dionysios rücksichtsvoller behandelt habe als Scipio den Panaetios; und in gleichem Sinne hiefs es bei Lucilius:
Nützlicher ist mir mein Gaul, mein Reitknecht, Mantel und Zeltdach
Als der Philosoph.

Unterrichts, aber doch noch ein solcher nicht. Der Sprachunterricht
kann den elementaren Kreis nicht überschreiten, so lange es an einer
Litteratur mangelt. Erst als es nicht blofs lateinische Schulbücher,
sondern eine lateinische Litteratur gab, und diese in den Werken der
Klassiker des sechsten Jahrhunderts in einer gewissen Abgeschlossen-
heit vorlag, traten die Muttersprache und die einheimische Litteratur
wahrhaft ein in den Kreis der höheren Bildungselemente; und die
Emancipation von den griechischen Sprachmeistern liefs nun auch

Vorlesungen
klassischer
Werke. nicht lange auf sich warten. Angeregt durch die homerischen Vor-
lesungen des Krates begannen gebildete Römer die recitativen Werke
auch ihrer Litteratur, Naevius punischen Krieg, Ennius Chronik, späterhin auch Lucilius Gedichte zuerst einem erlesenen Kreis, dann öffentlich an fest bestimmten Tagen und unter grofsem Zulauf vorzutragen,
auch wohl nach dem Vorgang der homerischen Grammatiker sie kritisch
zu bearbeiten. Diese litterarischen Vorträge, die gebildete Dilettanten
(*litterati*) unentgeltlich hielten, waren zwar kein förmlicher Jugendunterricht, aber doch ein wesentliches Mittel die Jugend in das Ver-
ständnifs und den Vortrag der klassischen lateinischen Litteratur ein-

Rede-
übungen. zuführen. — Aehnlich ging es mit der Bildung der lateinischen Rede.
Die vornehme römische Jugend, die schon in frühem Alter mit Lob-
und gerichtlichen Reden öffentlich aufzutreten angehalten ward, wird
es an Redeübungen nie haben fehlen lassen; indefs erst in dieser Epoche
und in Folge der neuen exclusiven Bildung entstand eine eigentliche
Redekunst. Als der erste römische Sachwalter, der Sprache und Stoff
137 kunstmäfsig behandelte, wird Marcus Lepidus Porcina (Consul 617)
genannt; die beiden berühmten Advocaten der marianischen Zeit, der
143 87 männliche und lebhafte Marcus Antonius (611—667) und der feine
140 91 gehaltene Redner Lucius Crassus (614—663) waren schon vollständig
Kunstredner. Die Uebungen der Jugend im Sprechen stiegen natürlich
an Umfang und Bedeutung, aber blieben doch eben wie die lateinischen
Litteraturübungen wesentlich darauf beschränkt, dafs der Anfänger an
den Meister der Kunst persönlich sich anschlofs und durch sein Beispiel und seine Lehre sich ausbildete. — Förmliche Unterweisung sowohl in lateinischer Litteratur als in lateinischer Redekunst gab zuerst
100 um 650 Lucius Aelius Praeconinus von Lanuvium, der ‚Griffelmann‘
(*Stilo*) genannt, ein angesehener streng conservativ gesinnter römischer
Ritter, der mit einem auserlesenen Kreise jüngerer Männer —darunter
Varro und Cicero — den Plautus und Aehnliches las, auch wohl Entwürfe zu Reden mit den Verfassern durchging oder dergleichen seinen

Freunden an die Hand gab. Dies war ein Unterricht; aber ein gewerb-
mäfsiger Schulmeister war Stilo nicht, sondern er lehrte Litteratur und
Redekunst, wie in Rom die Rechtswissenschaft gelehrt ward, als ein
älterer Freund der aufstrebenden jungen Leute, nicht als ein gedungener
jedem zu Gebote stehender Mann. Aber um seine Zeit begann auch
der schulmäfsige höhere Unterricht im Lateinischen, getrennt sowohl
von dem elementaren lateinischen als von dem griechischen Unterricht
und von bezahlten Lehrmeistern, in der Regel freigelassenen Sklaven,
in besonderen Anstalten ertheilt. Dafs Geist und Methode durchaus
den griechischen Litteratur- und Sprachübungen abgeborgt wurden,
versteht sich von selbst; und auch die Schüler bestanden wie bei diesen
aus Jünglingen, nicht aus Knaben. Bald schied sich dieser lateinische
Unterricht wie der griechische in einen zwiefachen Cursus, indem erstlich die lateinische Litteratur wissenschaftlich vorgetragen, sodann zu
Lob-, Staats- und Gerichtsreden kunstmäfsige Anleitung gegeben ward.
Die erste römische Litteraturschule eröffnete um Stilos Zeit Marcus
Saevius Nicanor Postumus, die erste besondere Schule für lateinische
Rhetorik um 660 Lucius Plotius Gallus; doch ward in der Regel auch
in den lateinischen Litteraturschulen Anleitung zur Redekunst gegeben.
Dieser neue lateinische Schulunterricht war von der tiefgreifendsten
Bedeutung. Die Anleitung zur Kunde lateinischer Litteratur und lateinischer Rede, wie sie früher von hochgestellten Kennern und Meistern
ertheilt worden war, hatte den Griechen gegenüber eine gewisse Selbstständigkeit sich bewahrt. Die Kenner der Sprache und die Meister
der Rede standen wohl unter dem Einflufs des Hellenismus, aber nicht
unbedingt unter dem der griechischen Schulgrammatik und Schul-
rhetorik; namentlich die letztere wurde entschieden perhorrescirt. Der
Stolz wie der gesunde Menschenverstand der Römer empörte sich gegen
die griechische Behauptung, dafs die Fähigkeit über Dinge, die der
Redner verstand und empfand, verständig und anregend in der Muttersprache zu seines Gleichen zu reden in der Schule nach Schulregeln
gelernt werden könne. Dem tüchtigen praktischen Advocaten mufste
das gänzlich dem Leben entfremdete Treiben der griechischen Rhetoren
für den Anfänger schlimmer als gar keine Vorbereitung erscheinen;
dem durchgebildeten und durch das Leben gereiften Manne dünkte die
griechische Rhetorik schal und widerlich; dem ernstlich conservativ
gesinnten entging die Wahlverwandtschaft nicht zwischen der gewerbmäfsig entwickelten Redekunst und dem demagogischen Handwerk. So
hatte denn namentlich der scipionische Kreis den Rhetoren die bitterste

Litteratur
und
Redecursus.

Feindschaft geschworen, und wenn die griechischen Declamationen bei
bezahlten Meistern, zunächst wohl als Uebungen im Griechischsprechen,
geduldet wurden, so war doch die griechische Rhetorik damit weder
in die lateinische Rede noch in den lateinischen Redeunterricht eingedrungen.   In den neuen lateinischen Rhetorschulen aber wurden die
römischen Jungen zu Männern und Staatsrednern dadurch gebildet,
daſs sie paarweise den bei der Leiche des Aias mit dem blutigen
Schwerte desselben gefundenen Odysseus der Ermordung seines Waffen-
gefährten anklagten und dagegen ihn vertheidigten; daſs sie den Orestes
wegen Muttermordes belangten oder in Schutz nahmen; daſs sie vielleicht auch dem Hannibal nachträglich mit einem guten Rath darüber
aushalfen, ob er besser thue der Vorladung nach Rom Folge zu leisten
oder in Karthago zu bleiben oder die Flucht zu ergreifen.   Es ist begreiflich, daſs gegen diese widerwärtigen und verderblichen Wort-
mühlen noch einmal die catonische Opposition sich regte.   Die Censoren des J. 662 erliefsen eine Warnung an Lehrer und Aeltern die
jungen Menschen nicht den ganzen Tag mit Uebungen hinbringen zu
lassen, von denen die Vorfahren nichts gewufst hätten; und der Mann,
von dem diese Warnung kam, war kein geringerer als der erste
Gerichtsredner seiner Zeit, Lucius Licinius Crassus.   Natürlich sprach
die Kassandra vergebens; lateinische Declamirübungen über die gangbaren griechischen Schulthemen wurden ein bleibender Bestandtheil
des römischen Jugendunterrichts und thaten das Ihrige, um schon die
Knaben zu advocatischen und politischen Schauspielern zu erziehen
und jede ernste und wahre Beredsamkeit im Keime zu ersticken. —
Als Gesammtergebniſs aber dieser modernen römischen Erziehung entwickelte sich der neue Begriff der sogenannten „Menschlichkeit‘, der
Humanität, welche bestand theils in der mehr oder minder oberflächlich angeeigneten musischen Bildung der Hellenen, theils in einer dieser
nachgebildeten oder nachgestümperten privilegirten lateinischen. Diese
neue Humanität sagte, wie schon der Name andeutet, sich los von dem
specifisch römischen Wesen, ja trat dagegen in Opposition und vereinigte in sich, eben wie unsere eng verwandte „allgemeine Bildung‘,
einen national kosmopolitischen und social exclusiven Charakter. Auch
hier war die Revolution, die die Stände schied und die Völker ver-
schmolz.

KAPITEL XIII.

LITTERATUR UND KUNST.

Das sechste Jahrhundert ist, politisch wie litterarisch, eine frische Littera-
und grofse Zeit. Zwar begegnet auf dem schriftstellerischen Gebiet rische
so wenig wie auf dem politischen ein Mann ersten Ranges; Naevius, Reaction.
Ennius, Plautus, Cato, begabte und lebendige Schriftsteller von scharf
ausgeprägter Individualität, sind nicht im höchsten Sinn schöpferische
Talente; aber nichts desto weniger fühlt man dem Schwung, der
Rührigkeit, der Keckheit ihrer dramatischen, epischen, historischen
Versuche es an, dafs sie ruhen auf den Riesenkämpfen der punischen
Kriege. Es ist vieles nur künstlich verpflanzt, in Zeichnung und Farbe
vielfach gefehlt, Kunstform und Sprache unrein behandelt, Griechisches
und Nationales barock in einander gefügt; die ganze Leistung verleugnet
den Stempel des schulmäfsigen Ursprungs nicht und ist unselbstständig
und unvollkommen; aber dennoch lebt in den Dichtern und Schriftstellern dieser Zeit wo nicht die volle Kraft das hohe Ziel zu erreichen,
doch der Muth und die Hoffnung mit den Griechen zu wetteifern.
Anders ist es in dieser Epoche. Die Morgennebel sanken; was man
im frischen Gefühl der im Kriege gestählten Volkskraft begonnen hatte,
mit jugendlichem Mangel an Einsicht in die Schwierigkeit des Beginnens
und in das Mafs des eigenen Talents, aber auch mit jugendlicher Lust
und Liebe zum Werke, das vermochte man nicht weiter zu führen, als
theils die dumpfe Schwüle der heraufziehenden revolutionären Gewitter die Luft zu erfüllen begann, theils den Einsichtigeren allmählich
die Augen aufgingen über die unvergleichliche Herrlichkeit der griechischen Poesie und Kunst und über die sehr bescheidene künstlerische
Begabung der eigenen Nation. Die Litteratur des sechsten Jahrhunderts

war hervorgegangen aus der Einwirkung der griechischen Kunst auf
halb gebildete, aber angeregte und empfängliche Gemüther. Die
gesteigerte hellenische Bildung des siebenten rief eine litterarische
Reaction hervor, welche die in jenen naiven Nachdichtungsversuchen
doch auch enthaltenen Blüthenkeime mit dem Winterfrost der Reflexion
verdarb und Kraut und Unkraut der älteren Richtung mit einander aus-

Scipioni-
scher Kreis. reutete.   Diese Reaction ging zunächst und hauptsächlich hervor aus
dem Kreise, der um Scipio Aemilianus sich schloſs und dessen hervor-
ragendste Glieder unter der römischen vornehmen Welt auſser Scipio
140 dessen älterer Freund und Berather Gaius Laelius (Consul 614) und
136 Scipios jüngere Genossen, Lucius Furius Philus (Consul 618) und
Spurius Mummius, der Bruder des Zerstörers von Korinth, unter den
römischen und griechischen Litteraten der Komiker Terentius, der
Satirenschreiber Lucilius. der Geschichtschreiber Polybios, der Philosoph Panaetios waren. Wem die Ilias, wem Xenophon und Menandros
geläufig waren, dem konnte der römische Homer nicht imponiren und
noch weniger die schlechten Uebersetzungen euripideischer Tragödien,
wie Ennius sie geliefert hatte und Pacuvius sie zu liefern fortfuhr.
Mochten der Kritik gegen die vaterländische Chronik patriotische Rücksichten Schranken stecken, so richtete doch Lucilius sehr spitzige Pfeile
gegen ‚die traurigen Figuren aus den geschraubten Expositionen des
Pacuvius‘; und ähnliche strenge, aber nicht ungerechte Kritiken des
Ennius, Plautus, Pacuvius, all dieser Dichter, ‚die einen Freibrief zu
haben scheinen, schwülstig zu reden und unlogisch zu schlieſsen‘, begegnen bei dem feinen Verfasser der am Schlusse dieser Periode geschriebenen dem Herennius gewidmeten Rhetorik. Man zuckte die
Achseln über die Interpolationen, mit denen der derbe römische Volks-
witz die eleganten Komödien des Philemon und des Diphilos staffirt
hatte. Halb lächelnd, halb neidisch wandte man sich ab von den unzulänglichen Versuchen einer dumpfen Zeit, die diesem Kreise erscheinen mochten etwa wie dem gereiften Manne die Gedichtblätter
aus seiner Jugend; auf die Verpflanzung des Wunderbaumes verzichtend ließ man in Poesie und Prosa die höheren Kunstgattungen
wesentlich fallen und beschränkte sich hier darauf der Meisterwerke des
Auslandes sich einsichtig zu erfreuen. Die Productivität dieser Epoche
bewegt sich vorwiegend auf den untergeordneten Gebieten, der leichteren Komödie, der poetischen Miscelle, der politischen Broschüre, den
Fachwissenschaften. Das litterarische Stichwort wird die Correctheit,
im Kunststil und vor allem in der Sprache, welche, wie ein engerer

Kreis von Gebildeten aus dem gesammten Volke sich aussondert, sich
ihrerseits ebenfalls zersetzt in das klassische Latein der höheren Gesellschaft und das vulgäre des gemeinen Mannes. ‚Reine Sprache‘
verheifsen die terenzischen Prologe; Sprachfehlerpolemik ist ein Haupt-
element der lucilischen Satire; und eben damit hängt es zusammen,
dafs die griechische Schriftstellerei der Römer jetzt entschieden zurück-
tritt. Insofern ist ein Fortschritt zum Besseren allerdings vorhanden;
es begegnen in dieser Epoche weit seltener unzulängliche, weit häufiger
in ihrer Art vollendete und durchaus erfreuliche Leistungen als vorher
oder nachher; in sprachlicher Hinsicht nennt schon Cicero die Zeit
des Laelius und des Scipio die goldene des reinen unverfälschten Latein.
Defsgleichen steigt die litterarische Thätigkeit in der öffentlichen
Meinung allmählich vom Handwerk zur Kunst empor. · Noch im Anfang dieser Periode galt, wenn auch nicht die Veröffentlichung reci-
tativer Poesien, doch jedenfalls die Anfertigung von Theaterstücken
als nicht schicklich für den vornehmen Römer: Pacuvius und Terentius
lebten von ihren Stücken; das Dramenschreiben war lediglich ein Handwerk und keines mit goldenem Boden. Um die Zeit Sullas hatten die
Verhältnisse sich völlig verwandelt. Schon die Schauspielerhonorare
dieser Zeit beweisen, dafs auch der beliebte dramatische Dichter damals
auf eine Bezahlung Anspruch machen durfte, deren Höhe den Makel
entfernte. Damit wurde die Bühnendichtung zur freien Kunst erhoben;
und so finden wir denn auch Männer aus den höchsten adlichen Kreisen,
zum Beispiel Lucius Caesar (Aedil 664, † 667), für die römische Bühne 90 87
thätig und stolz darauf in der römischen ‚Dichtergilde‘ neben dem
ahnenlosen Accius zu sitzen. Die Kunst gewinnt an Theilnahme und
an Ehre; aber der Schwung ist dahin im Leben wie in der Litteratur.
Die nachtwandlerische Sicherheit, die den Dichter zum Dichter macht
und die vor allem bei Plautus sehr entschieden hervortritt, kehrt bei
keinem der späteren wieder — die Epigonen der Hannibalskämpfer
sind correct, aber matt.

Betrachten wir zuerst die römische Bühnenlitteratur und die Trauerspiel.
Bühne selbst. Im Trauerspiel treten jetzt zuerst Specialitäten auf; die
Tragödiendichter dieser Epoche cultivirten nicht, wie die der vorigen,
nebenbei das Lustspiel und das Epos. Die Werthschätzung dieses
Kunstzweiges in den schreibenden und lesenden Kreisen war offenbar
im Steigen, schwerlich aber die tragische Dichtung selbst. Der nationalen Tragödie (*praetexta*), der Schöpfung des Naevius begegnen wir
nur noch bei dem gleich zu erwähnenden Pacuvius, einem Spätling

Pacuvius. der ennianischen Epoche. Unter den wahrscheinlich zahlreichen Nach-
dichtern griechischer Tragödien erwarben nur zwei sich einen bedeu-
219 129 tenden Namen. Marcus Pacuvius aus Brundisium (535 — c. 625),
der in seinen früheren Jahren in Rom vom Malen, erst im höheren
Alter vom Trauerspieldichten lebte, gehört seinen Jahren wie seiner
Art nach mehr dem sechsten als dem siebenten Jahrhundert an, obwohl seine poetische Thätigkeit in dieses fällt. Er dichtete im Ganzen
in der Weise seines Landsmanns, Oheims und Meisters Ennius. Sorg-
samer feilend und nach höherem Schwunge strebend als sein Vorgänger galt er günstigen Kunstkritikern später als Muster der Kunst-
poesie und des reichen Stils; in den auf uns gekommenen Bruchstücken
fehlt es indefs nicht an Belegen, die Ciceros sprachlichen und Lucilius
ästhetischen Tadel des Dichters rechtfertigen: seine Sprache erscheint
holprichter als die seines Vorgängers, seine Dichtweise schwülstig und
diftelnd*). Es finden sich Spuren, dafs er wie Ennius mehr auf
Philosophie als auf Religion gab; aber er bevorzugte doch nicht wie
dieser die der neologischen Richtung zusagenden sinnliche Leidenschaft oder moderne Aufklärung predigenden Dramen und schöpfte
ohne Unterschied bei Sophokles und bei Euripides — von jener entschiedenen und beinahe genialen Tendenzpoesie des Ennius kann in
Accius. dem jüngeren Dichter keine Ader gewesen sein. — Lesbarere und ge-
wandtere Nachbildungen der griechischen Tragödie lieferte des Pacuvius jüngerer Zeitgenosse Lucius Accius, eines Freigelassenen Sohn
170 103 von Pisaurum (584 — nach 651), aufser Pacuvius der einzige namhafte

---

*) So hiefs es im Paulus, einem Originalstück, wahrscheinlich in der Be-
schreibung des Passes von Pythion (I, 770):
  Qua vix caprigeno géneri gradilis gréssio est.
                    wo kaum
  Dem bockgeschlechtigen Geschlecht gangbar der Gang.
Und in einem andern Stück wird den Zuhörern angesonnen folgende Be-
schreibung zu verstehen:
  Vierfüfsig, langsamwandelnd, ackerheimisch, rauh,
  Niedrig, kurzköpfig, schlangenhalsig, starr zu schaun,
  Und, ausgeweidet, leblos mit lebendigem Ton.
Worauf dieselben natürlich erwiedern:
  Mit dichtverzäuntem Worte schilderst du uns ab,
  Was rathend schwerlich auch der kluge Mann durchschaut;
  Wenn Du nicht offen redest, wir verstehn dich nicht.
Es erfolgt nun das Geständnifs, dafs die Schildkröte gemeint ist. Uebrigens
fehlten solche Räthselreden auch bei den attischen Trauerspieldichtern nicht,
die defshalb von der mittleren Komödie oft und derb mitgenommen wurden.

tragische Dichter des siebenten Jahrhunderts. Ohne Zweifel war er,
ein auch litterarhistorisch und grammatisch thätiger Schriftsteller,
bemüht statt der cruden Weise seiner Vorgänger gröfsere fteinheit in
Sprache und Stil in die lateinische Tragödie einzuführen; doch ward
auch seine Ungleichheit und Incorrectheit von den Männern der strengen Observanz, wie Lucilius, nachdrücklich getadelt.

Weit gröfsere Thätigkeit und weit bedeutendere Erfolge begegnen
auf dem Gebiete des Lustspiels. Gleich am Anfang dieser Periode
erfolgte gegen die gangbare und volksmäfsige Lustspieldichtung eine
bemerkenswerthe fteaction. Ihr Vertreter Terentius (558—595) ist
eine der geschichtlich interessantesten Erscheinungen in der römischen
Litteratur. Geboren im phoenikischen Africa, in früher Jugend als
Sklave nach ftom gebracht und dort in die griechische Bildung der
Zeit eingeführt, schien er von Haus aus dazu berufen der neuattischen
Komödie ihren kosmopolitischen Charakter zurückzugeben, den sie in
der Zustutzung für das römische Publicum unter Naevius, Plautus und
ihrer Genossen derben Händen einigermafsen eingebüfst hatte. Schon
in der Wahl und der Verwendung der Musterstücke zeigt sich der
Gegensatz zwischen ihm und demjenigen seiner Vorgänger, den wir
jetzt allein mit ihm vergleichen können. Plautus wählt seine Stücke
aus dem ganzen Kreise der neueren attischen Komödie und verschmäht
die keckeren und populäreren Lustspieldichter, wie zum Beispiel den
Philemon, durchaus nicht; Terenz hält sich fast ausschliefslich an
Menandros, den zierlichsten, feinsten und züchtigsten unter allen
Poeten der neueren Komödie. Die Weise mehrere griechische Stücke
zu einem lateinischen zusammenzuarbeiten wird von Terenz zwar beibehalten, da sie nach Lage der Sache für den römischen Bearbeiter
nun einmal unvermeidlich war, aber mit unvergleichlich mehr Geschicklichkeit und Sorgsamkeit gehandhabt. Der plautinische Dialog
entfernte sich ohne Zweifel sehr häufig von seinen Mustern; Terenz
rühmt sich des wörtlichen Anschlusses seiner Nachbildungen an die
Originale, wobei freilich nicht an eine wörtliche Uebersetzung in
unserm Sinn gedacht werden darf. Die nicht selten rohe, aber immer
drastische Auftragung römischer Localtöne auf den griechischen Grund,
wie Plautus sie liebte, wird vollständig und absichtlich verbannt, nicht
eine Anspielung erinnert an ftom, nicht ein Sprichwort, kaum eine
fteminiscenz*); selbst die lateinischen Titel werden durch griechische

*Griechi-
sches
Lustspiel.*

196 – 159

Terentius.

---

*) Vielleicht die einzige Ausnahme ist im Mädchen von Andros (4, 5) die
Antwort auf die Frage, wie es gebe:

ersetzt. Derselbe Unterschied zeigt sich in der künstlerischen Behandlung. Vor allen Dingen erhalten die Schauspieler die ihnen gebührenden Masken zurück und wird für eine sorgfältigere Inscenirung
Sorge getragen, so dafs nicht mehr wie· bei Plautus alles, was dahin
und nicht dahin gehört, auf der Strafse vorzugehen braucht. Plautus
schürzt und löst den Knoten leichtsinnig und lose, aber seine Fabel
ist drollig und oft frappant; Terenz, weit minder drastisch, trägt überall, nicht selten auf Kosten der Spannung, der Wahrscheinlichkeit
Rechnung und polemisirt nachdrücklich gegen die allerdings zum Theil
platten und abgeschmackten stehenden Nothbehelfe seiner Vorgänger,
zum Beispiel gegen die allegorischen Träume*). Plautus malt seine
Charaktere mit breiten Strichen, oft schablonenhaft, immer für die
Wirkung aus der Ferne und im Ganzen und Groben; Terenz behandelt
die psychologische Entwicklung mit einer sorgfältigen und oft vor-
trefflichen Miniaturmalerei, wie zum Beispiel in den ‚Brüdern‘ die
beiden Alten, der bequeme städtische Lebemann und der vielgeplackte
durchaus nicht parfümirte Gutsherr einen meisterhaften Contrast bilden.
In den Motiven wie in der Sprache steht Plautus in der Kneipe, Terenz
im guten bürgerlichen Haushalt. Die rüpelhafte plautinische Wirthschaft, die sehr ungenirten, aber allerliebsten Dirnchen mit den obli-
gaten Wirthen dazu, die säbelrasselnden Landsknechte, die ganz besonders launig gemalte Bedientenwelt, deren Himmel der Keller, deren
Fatum die Peitsche ist, sind bei Terenz verschwunden oder doch zum
Bessern gewandt. Bei Plautus befindet man sich im Ganzen genommen
unter angehendem oder ausgebildetem Gesindel, bei Terenz dagegen
regelmäfsig unter lauter edlen Menschen; wird ja einmal ein Mädchen-
wirth ausgeplündert oder ein junger Mensch ins Bordell geführt, so ge-
schieht es in moralischer Absicht, etwa aus brüderlicher Liebe oder um

---

                                              Nun,
    Wie wir können, heifst's ja, da wie wir möchten es nicht geht
mit Anspielung auf die freilich auch einem griechischen Sprichwort nachgebildete Zeile des Caecilius:
    Geht's nicht so, wie du magst, so lebe wie du kannst.
Das Lustspiel ist das älteste der terenzischen und ward auf Empfehlung des
Caecilius von dem Theatervorstand zur Aufführung gebracht. Der leise Dank
ist bezeichnend.
    *) Ein Seitenstück zu der von Hunden gehetzten weinend einen jungen
Menschen um Hülfe anrufenden Iliadin, die Terenz (*Phorm. prol.* 4) verspottet,
wird man in der wenig geistreichen plautinischen Allegorie von der Ziege und
dem Affen (*Merc.* 2, 1) erkennen dürfen. Schliefslich gehen auch dergleichen
Auswüchse auf die euripideische Rhetorik zurück (z. B. Eurip. *Hec.* 90).

den Knaben vom Besuch schlechter Häuser abzuschrecken. In den plautinischen Stücken herrscht die Philisteropposition der Kneipe gegen das Haus: überall werden die Frauen heruntergemacht zur Ergötzung aller zeitweilig emancipirten und einer liebenswürdigen Begrüfsung daheim nicht völlig versicherten Eheleute. In den terenzischen Komödien herrscht nicht eine sittlichere, aber wohl eine schicklichere Auffassung der Frauennatur und des ehelichen Lebens. Regelmäfsig schliefsen sie mit einer tugendhaften Hochzeit oder wo möglich mit zweien — eben wie von Menandros gerühmt wird, dafs er jede Verführung durch eine Hochzeit wieder gut gemacht habe. Die Lobreden auf das ehelose Leben, die bei Menandros so häufig sind, werden von seinem römischen Bearbeiter nur mit charakteristischer Schüchternheit wiederholt*), dagegen der Verliebte in seiner Pein, der zärtliche Ehemann am Kindbett, die liebevolle Schwester auf dem Sterbelager im ‚Verschnittenen‘ und im ‚Mädchen von Andros‘ gar anmuthig geschildert; ja in der ‚Schwiegermutter‘ erscheint sogar am Schlufs als rettender Engel ein tugendhaftes Freudenmädchen, ebenfalls eine ächt menandrische Figur, die das römische Publicum freilich wie billig auspfiff. Bei Plautus sind die Väter durchaus nur dazu da, um von den Söhnen gefoppt und geprellt zu werden; bei Terenz wird im ‚Selbstquäler‘ der verlorene Sohn durch väterliche Weisheit gebessert und wie er überhaupt voll trefflicher Pädagogik ist, geht in dem vorzüglichsten seiner Stücke, den ‚Brüdern‘, die Pointe darauf hinaus zwischen der allzu liberalen Onkel- und der allzu rigorosen Vatererziehung die rechte Mitte zu finden. Plautus schreibt für den grofsen Haufen und führt gottlose und spöttische Reden im Munde, so weit die Bühnencensur es irgend gestattet; Terenz bezeichnet vielmehr als seinen Zweck den Guten zu gefallen und, wie Menandros, niemand zu verletzen. Plautus liebt den raschen, oft lärmenden Dialog und es gehört zu seinen Stücken das lebhafte Körperspiel der Schauspieler; Terenz beschränkte sich auf ‚ruhiges Gespräch‘. Plautus Sprache fliefst über von burlesken Wendungen und Wortwitzen, von Alliterationen, von komischen Neubildungen, aristophanischen Wörterverklitterungen, spafshaft entlehnten griechischen Schlagwörtern. Dergleichen Capricci kennt Terenz nicht: sein Dialog bewegt sich im reinsten Ebenmafs und die Pointen sind zierliche epigrammatische und sentenziöse Wendungen. Das Lustspiel des Terenz ist dem plautinischen gegenüber weder in poetischer noch in sitt-

---

*) Micio in den Brüdern (I, 1) preist sein Lebensloos und namentlich auch, dafs er nie eine Frau gehabt, ‚was jene [die Griechen] für ein Glück halten‘.

licher Hinsicht ein Fortschritt zu nennen. Von Originalität kann bei
beiden nicht, aber wo möglich noch weniger bei Terenz die Rede sein;
und das zweifelhafte Lob correcterer Copirung wird wenigstens aufgewogen dadurch, dafs der jüngere Dichter wohl die Vergnüglichkeit, aber
nicht die Lustigkeit Menanders wiederzugeben verstand, so dafs die dem
Menander nachgedichteten Lustspiele des Plautus, wie der Stichus, die
Kästchenkomödie, die beiden Bakchis, wahrscheinlich weit mehr von
dem sprudelnden Zauber des Originals bewahren als die Komödien des
‚halbirten Menander‘. Eben so wenig wie in dem Uebergang vom
Rohen zum Matten der Aesthetiker, kann der Sittenrichter in dem
Uebergang von der plautinischen Zote und Indifferenz zu der terenzischen Accommodirungsmoral einen Fortschritt erkennen. Aber ein
sprachlicher Fortschritt fand allerdings statt. Die elegante Sprache
war der Stolz des Dichters und ihrem unnachahmlichen Reiz vor allem
verdankte er es, dafs die feinsten Kunstrichter der Folgezeit, wie Cicero,
Caesar, Quintilian, unter allen römischen Dichtern der republikanischen
Zeit ihm den Preis zuerkannten. Insofern ist es auch wohl gerechtfertigt in der römischen Litteratur, deren wesentlicher Kern ja nicht
die Entwicklung der lateinischen Poesie, sondern die der lateinischen
Sprache ist, von den terenzischen Lustspielen als der ersten künstlerisch reinen Nachbildung hellenischer Kunstwerke eine neue Aera
zu datiren. Im entschiedensten litterarischen Krieg brach die moderne
Komödie sich Bahn. Die plautinische Dichtweise hatte in dem römischen Bürgerstand Wurzel gefafst; die terenzischen Lustspiele stiefsen
auf den lebhaftesten Widerstand bei dem Publicum, das ihre ‚matte
Sprache‘, ihren ‚schwachen Stil‘ unleidlich fand. Der wie es scheint
ziemlich empfindliche Dichter antwortete in den eigentlich keineswegs
hiezu bestimmten Prologen mit Antikritiken voll defensiver und offen-
siver Polemik und provocirte von der Menge, die aus seiner ‚Schwiegermutter‘ zweimal weggelaufen war um einer Fechter- und Seiltänzer-
bande zuzusehen, auf die gebildeten Kreise der vornehmen Welt. Er
erklärte nur nach dem Beifall der ‚Guten‘ zu streben, wobei freilich
die Andeutung nicht fehlt, dafs es durchaus nicht anständig sei Kunstwerke zu mifsachten, die den Beifall der ‚Wenigen‘ erhalten hätten.
Er liefs die Rede sich gefallen oder begünstigte sie sogar, dafs vornehme Leute ihn bei seinem Dichten mit Rath und sogar mit der That
unterstützten *). In der That drang er durch; selbst in der Litteratur

---

*) Im Prolog des Selbstquälers läfst er von seinen Recensenten sich vor-
werfen:

herrschte die Oligarchie und verdrängte die kunstmäfsige Komödie der Exclusiven das volksthümliche Lustpiel: wir finden, dafs um 620 die plautinischen Stücke vom Repertoir verschwanden. Es ist dies um so bezeichnender, als nach dem frühen Tode des Terenz durchaus kein hervorstechendes Talent weiter auf diesem Gebiet thätig war; über die Komödien des Turpilius († 651 hochbejahrt) und andere ganz oder fast ganz verschollene Lückenbüfser urtheilte schon am Ende dieser Periode ein Kenner, dafs die neuen Komödien noch viel schlechter seien, als die schlechten neuen Pfennige (S. 399).

Dafs wahrscheinlich bereits im Laufe des sechsten Jahrhunderts zu der griechisch-römischen Komödie (*palliata*) die nationale (*togata*) hinzugetreten war als Abbild zwar nicht des specifischen hauptstädtischen, aber doch des Thuns und Treibens im latinischen Land, ist früher gezeigt worden (I, 908). Natürlich bemächtigte die terenzische Schule rasch sich auch dieser Gattung; es war ganz in ihrem Sinn die griechische Komödie einerseits in getreuer Uebersetzung, andrerseits

National-lustspieL

  Er habe verlegt sich plötzlich auf die Poesie,
  Der Freunde Geist vertrauend, nicht aus eignem Drang;
und in dem späteren (594) zu den Brüdern heifst es:
  Denn wenn Mifsgünstige sagen, dafs vornehme Herrn
  Beim Werk ihm helfen und mitschreiben an jedem Stück,
  So rechnet dies, was herber Tadel jenen scheint,
  Der Dichter zum Ruhm sich: dafs den Männern er gefällt,
  Die euch und allem Volke wohlgefällig sind,
  Die in Kriegesläuften seiner Zeit mit Rath und That
  Hülfreich erprobt ihr all' und ohne Uebermuth.
Schon in der ciceronischen Zeit war es allgemeine Annahme, dafs hier Laelius und Scipio Aemilianus gemeint seien; man bezeichnete die Scenen, die von denselben herrühren sollten; man erzählte von den Fahrten des armen Dichters mit seinen vornehmen Gönnern auf ihre Güter bei Rom und fand es unverzeiblich, dafs dieselben für die Verbesserung seiner ökonomischen Lage gar nichts gethan hätten. Allein die sagenbildende Kraft ist bekanntlich nirgends mächtiger als in der Litteraturgeschichte. Es leuchtet ein, und schon besonnene römische Kritiker haben es erkannt, dafs diese Zeilen unmöglich auf den damals 25jährigen Scipio und auf seinen nicht viel älteren Freund Laelius gehen können. Verständiger wenigstens dachten Andere an die vornehmen Poeten Quintus Labeo (Consul 571) und Marcus Popillius (Consul 581) und den [gelehrten Kunstfreund und Mathematiker Lucius Sulpicius Gallus (Consul 588); doch ist auch dies offenbar nur Vermuthung. Dafs Terenz dem scipionischen Hause nahe stand, ist übrigens nicht zu bezweifeln; es ist bezeichnend, dafs die erste Aufführung der ,Brüder' und die zweite der ,Schwiegermutter' stattfand bei den Begräbnisfeierlichkeiten des Lucius Paullus, die dessen Söhne Scipio und Fabius ausrichteten.

160
183 173
166

in rein römischer Nachdichtung in Italien einzubürgern.   Der Haupt-
vertreter dieser Richtung ist Lucius Afranius (blüht um 660).   Die
Bruchstücke, die uns von ihm vorliegen, geben keinen bestimmten
Eindruck, aber sie widersprechen auch nicht dem, was die römischen
Kunstkritiker über ihn bemerken.   Seine zahlreichen Nationallust-
spiele waren der Anlage nach durchaus dem griechischen Intriguen-
stück nachgebildet, nur dafs sie, wie bei der Nachdichtung natürlich
ist, einfacher und kürzer ausfielen.   Auch im Einzelnen borgte er was
ihm gefiel theils von Menandros, theils aus der älteren Nationallitteratur.
Von den latinischen Localtönen aber, die bei dem Schöpfer dieser
Kunstgattung Titinius so bestimmt hervortreten, begegnet bei Afranius
nicht viel*); seine Sujets halten sich sehr allgemein und mögen wohl
durchgängig Nachbildungen bestimmter griechischer Komödien nur
mit verändertem Costüm sein.   Ein feiner Eklekticismus und eine ge-
wandte Kunstdichtung — litterarische Anspielungen kommen nicht
selten vor — sind ihm eigen wie dem Terenz; auch die sittliche Tendenz, die seine Stücke dem Schauspiel näherte, die polizeimäfsige
Haltung, die reine Sprache hat er mit diesem gemein.   Als Geistes-
verwandten des Menandros und des Terenz charakterisiren ihn hinreichend das Urtheil der Späteren, dafs er die Toga trage wie Menandros
sie als Italiker getragen haben würde, und seine eigene Aeufserung,
dafs ihm Terenz über alle andern Dichter gehe.

Neu trat in dieser Epoche in das Gebiet der lateinischen Litteratur die Posse ein.   Sie selbst war uralt (I, 224); lange bevor Rom
stand, mögen Latiums lustige Gesellen bei festlichen Gelegenheiten
in den ein für allemal feststehenden Charaktermasken improvisirt
haben.   Einen festen localen Hintergrund erhielten diese Späfse an
dem lateinischen Schildburg, wozu man die im hannibalischen Kriege
zerstörte und damit der Komik preisgegebene ehemals oskische Stadt
Atella aussersah; seitdem ward für diese Aufführungen der Name der
‚oskischen Spiele‘ oder ‚Spiele von Atella‘ üblich**).   Aber mit der

---

*) Dabei haben vermuthlich auch äufserliche Umstände mitgewirkt. Nach-
dem in Folge des Bundesgenossenkrieges alle italischen Gemeinden das römische
Bürgerrecht erlangt hatten, war es nicht mehr erlaubt die Scene eines Lustspiels in eine solche zu verlegen und mufste der Dichter sich entweder allgemein halten oder untergegangene oder ausländische Orte auswählen. Gewifs
hat auch dieser Umstand, der selbst bei der Aufführung der älteren Lustspiele
in Betracht kam, auf das Nationallustspiel ungünstig eingewirkt.

**) Es knüpfen sich an diesen Namen seit alter Zeit eine Reihe von Irr-
thümern.   Das arge Versehen griechischer Berichterstatter, dafs diese Possen in

Bühne*) und mit der Litteratur hatten diese Scherze nichts zu thun; sie wurden von Dilettanten wo und wie es ihnen beliebte aufgeführt und

Rom in oskischer Sprache gespielt worden seien, wird mit Recht jetzt allgemein verworfen; allein es stellt bei genauerer Betrachtung sich nicht minder als unmöglich heraus diese in der Mitte des latinischen Stadt- und Landlebens stehenden Stücke überhaupt auf das national oskische Wesen zu beziehen. Die Benennung des ,atellanischen Spieles' erklärt sich auf eine andere Weise. Die latinische Posse mit ihren festen Rollen und stehenden Späßen bedurfte einer bleibenden Scenerie; die Narrenwelt sucht überall sich ein Schildburg. Natürlich konnte bei der römischen Bühnenpolizei keine der römischen oder auch nur mit Rom verbündeten latinischen Gemeinden dazu genommen werden, obwohl die *togatae* in diese zu verlegen gestattet war (I, 908). Atella aber, das mit Capua zugleich im J. 543 rechtlich vernichtet ward (I, 641. 661), thatsächlich 211 aber als ein von römischen Bauern bewohntes Dorf fortbestand, eignete sich dazu in jeder Beziehung. Zur Gewißheit wird diese Vermuthung durch die Wahrnehmung, daß einzelne dieser Possen auch in andern überhaupt oder doch rechtlich nicht mehr existirenden Gemeinden des lateinisch redenden Gebiets spielen: so des Pomponius *Campani*, vielleicht auch seine *Adelphi* und seine *Quinquatria* in Capua, des Novius *milites Pometinenses* in Suessa Pometia, während keine bestehende Gemeinde ähnlich gemißhandelt wird. Die wirkliche Heimath dieser Stücke ist also Latium, ihr poetischer Schauplatz die latinisirte Oskerlandschaft, mit der oskischen Nation haben sie nichts zu thun. Daß ein Stück des Naevius († nach 550) in Ermangelung eigentlicher Schauspieler von 200 ,Atellanenspielern' aufgeführt ward und deßhalb *personata* hieß (Festus u. d. W.), beweist hiegegen in keinem Fall; die Benennung ,Atellanenspieler' wird hier proleptisch stehen und man könnte sogar danach vermuthen, daß sie früher ,Maskenspieler' (*personati*) hießen. — Ganz in gleicher Weise erklären sich endlich auch die ,Lieder von Fescennium', die gleichfalls zu der parodischen Poesie der Römer gehören und in der südetruskischen Ortschaft Fescennium localisirt worden, ohne darum mehr zu der etruskischen Poesie gerechnet werden zu dürfen als die Atellanen zur oskischen. Daß Fescennium in historischer Zeit nicht Stadt, sondern Dorf war, läßt sich allerdings nicht unmittelbar beweisen, ist aber nach der Art, wie die Schriftsteller des Ortes gedenken und nach dem Schweigen der Inschriften im höchsten Grade wahrscheinlich.

*) Die enge und ursprüngliche Verbindung, in die namentlich Livius die Atellanenposse mit der Satura und dem aus dieser sich entwickelnden Schauspiel bringt, ist schlechterdings nicht haltbar. Zwischen dem Histrio und dem Atellanenspieler war der Unterschied ungefähr eben so groß wie heutzutage zwischen dem, der auf die Bühne und dem, der auf den Maskenball geht; auch zwischen dem Schauspiel, das bis auf Terenz keine Masken kannte, und der Atellane, die wesentlich auf der Charaktermaske beruhte, besteht ein ursprünglicher in keiner Weise auszugleichender Unterschied. Das Schauspiel ging aus von dem Flötenstücke, das anfangs ohne alle Recitation bloß auf Gesang und Tanz sich beschränkte, sodann einen Text (*satura*), endlich durch Andronicus ein der griechischen Schaubühne entlehntes Libretto erhielt, worin die alten Flötenlieder ungefähr die Stelle des griechischen Chors einnahmen.

die Texte nicht geschrieben oder doch nicht veröffentlicht. Erst in
dieser Periode überwies man das Atellanenstück an eigentliche Schauspieler[*]) und verwandte es, ähnlich wie das griechische Satyrdrama,
als Nachspiel namentlich nach den Tragödien; wo es denn nicht fern
lag auch die schriftstellerische Thätigkeit hierauf zu erstrecken. Ob
die römische Kunstposse ganz selbstständig sich entwickelte oder
etwa die in mancher Hinsicht verwandte unteritalische zu ihr den Anstofs gegeben hat[**]), läfst sich nicht mehr entscheiden; dafs die einzelnen Stücke durchgängig Originalarbeiten gewesen sind, ist gewifs.
Als Begründer dieser neuen Litteraturgattung trat in der ersten Hälfte
des siebenten Jahrhunderts[***]) Lucius Pomponius aus der latinischen
Colonie Bononia auf, neben dessen Stücken bald auch die eines andern
Dichters Novius sich beliebt machten. So weit die nicht zahlreichen
Trümmer und die Berichte der alten Litteratoren uns hier ein Urtheil
gestatten, waren es kurze regelmäfsig wohl einactige Possen, deren
Reiz weniger auf der tollen und locker geknüpten Fabel beruhte als

---

Mit der Dilettantenposse berührt sich dieser Entwicklungsgang in den früheren
Stadien nirgends.

[*]) In der Kaiserzeit ward die Atellane durch Schauspieler von Profession
dargestellt (Friedländer in Beckers Handbuch 6, 549). Die Zeit, wo diese anfingen sich mit ihr zu befassen, ist nicht überliefert, kann aber kaum eine
andere gewesen sein als diejenige, in welcher die Atellane unter die regelmäfsigen Bühnenspiele eintrat, das heifst die vorciceronische Epoche (Cic.
ad fam. 9, 16). Damit ist nicht im Widerspruch, dafs noch zu Livius (7, 2)
Zeit die Atellanenspieler im Gegensatz zu den übrigen Schauspielern ihre Ehren-
rechte behielten; denn damit, dafs Schauspieler von Profession gegen Bezahlung
die Atellane mit aufzuführen anfingen, ist noch gar nicht gesagt, dafs dieselbe
nicht mehr, zum Beispiel in den Landstädten, von unbezahlten Dilettanten aufgeführt ward und das Privilegium also fortwährend anwendbar blieb.

[**]) Es verdient Beachtung, dafs die griechische Posse nicht blofs vorzugsweise in Unteritalien zu Hause ist, sondern auch manche ihrer Stücke (zum
Beispiel unter denen des Sopatros ,das Linsengericht', ,Bakchis Freier', ,des
Mystakos Lohnlakai', ,die Gelehrten', ,der Physiolog') lebhaft an die Atellanen
erinnern. Auch mufs diese Possendichtung bis in die Zeit hinabgereicht haben,
wo die Griechen in und um Neapel eine Enclave in dem lateinisch redenden
Campanien bildeten; denn einer dieser Possenschreiber, Blaesus von Caprese,
führt schon einen römischen Namen und schrieb eine Posse ,Saturnus'.

[***]) Nach Eusebius blühte Pomponius um 664; Velleius nennt ihn Zeitgenossen des Lucius Crassus (614—663) und Marcus Antonius (611—667).
Die erste Ansetzung dürfte um ein Menschenalter zu spät sein; die um 650 ab-
gekommene Rechnung nach Victoriaten (S. 340) kommt in seinen ,Malern' noch
vor und um das Ende dieser Periode begegnen auch schon die Mimen, welche
die Atellanen von der Bühne verdrängten.

auf der drastischen Abconterfeiung einzelner Stände und Situationen.
Gern wurden Festtage und öffentliche Acte komisch geschildert: ‚die
Hochzeit‘, ‚der erste März‘, ‚Pantalon Wahlcandidat‘; ebenso fremde
Nationalitäten: die transalpinischen Gallier, die Syrer; vor allem häufig
erschienen auf den Brettern die einzelnen Gewerbe. Der Küster, der
Wahrsager, der Vogelschauer, der Arzt, der Zöllner, der Maler, Fischer,
Bäcker gingen über die Bühne; die Ausrufer hatten viel zu leiden und
mehr noch die Walker, die in der römischen Narrenwelt die Rolle
unserer Schneider gespielt zu haben scheinen. Wenn also dem mannichfaltigen städtischen Leben sein Recht geschah, so ward auch der Bauer
mit seinen Leiden und Freuden nach allen Seiten dargestellt — von
der Fülle dieses ländlichen Repertoires geben eine Ahnung die zahlreichen derartigen Titel, wie zum Beispiel ‚die Kuh‘, ‚der Esel‘, ‚das
Zicklein‘, ‚die Sau‘, ‚das Schwein‘, ‚das kranke Schwein‘, ‚der Bauer‘,
‚der Landmann‘, ‚Pantalon Landmann‘, ‚der Rinderknecht‘, ‚die Winzer‘,
‚der Feigensammler‘, ‚das Holzmachen‘, das Behacken‘, ‚der Hühner-
hof‘. Immer noch waren es in diesen Stücken die stehenden Figuren
des dummen und des pfiffigen Dieners, des guten Alten, des weisen
Mannes, die das Publicum ergötzten; namentlich der erste durfte nicht
fehlen, der Pulcinell dieser Posse, der gefräfsige unflätige ausstaffirt
häfsliche und dabei ewig verliebte Maccus, immer im Begriff über seine
eigenen Füfse zu fallen, von Allen mit Hohn und mit Prügeln bedacht
und endlich am Schlufs der regelmäfsige Sündenbock — die Titel
‚Pulcinell Soldat‘, ‚Pulcinell Wirth‘, ‚Jungfer Pulcinell‘, ‚Pulcinell in
der Verbannung‘, ‚die beiden Pulcinelle‘ mögen dem gutgelaunten Leser
eine Ahnung davon geben, wie mannichfaltig es auf der römischen
Mummenschanz herging. Obwohl diese Possen, wenigstens seit sie
geschrieben wurden, den allgemeinen Gesetzen der Litteratur sich
fügten und in den Versmafsen zum Beispiel der griechischen Bühne
sich anschlossen, so hielten sie doch sich natürlicher Weise bei weitem
latinischer und volksthümlicher als selbst das nationale Lustspiel; in
die griechische Welt begab sich die Posse nur in der Form der tra-
vestirten Tragödie*) und auch dies Genre scheint erst von Novius und
überhaupt nicht sehr häufig cultivirt worden zu sein. Die Posse dieses
Dichters wagte sich auch schon wo nicht bis in den Olymp, doch wenig-

---

*) Lustig genug mochte sie auch hier sein. So hiefs es in Novius
Phoenissen:
    Auft waffoe dich! mit der Bissenkeule schlag ich dich todt!
ganz wie Menanders ‚falscher Herakles‘ auftritt.

stens bis zu dem menschlichsten der Götter, dem Hercules; er schrieb
einen ,Hercules Auctionator'. Dafs der Ton nicht der feinste war, versteht sich; sehr unzweideutige Zweideutigkeiten, grobkörnige Bauern-
zoten, kinderschreckende und gelegentlich fressende Gespenster gehörten hier einmal mit dazu und persönliche Anzüglichkeiten, sogar
mit Nennung der Namen, schlüpften nicht selten durch. Aber es fehlte
auch nicht an lebendiger Schilderung, an grotesken Einfällen, schlagenden Späfsen, kernigen Sprüchen und die Harlekinade gewann sich rasch
eine nicht unansehnliche Stellung im Bühnenleben der Hauptstadt und
selbst in der Litteratur.

Bühnen-   Was endlich die Entwicklung des Bühnenwesens anlangt, so sind
wesen.   wir nicht im Stande im Einzelnen darzulegen, was im Ganzen klar erhellt, dafs das allgemeine Interesse an den Bühnenspielen beständig im
Steigen war und dieselben immer häufiger und immer prachtvoller
wurden. Nicht blofs ward jetzt wohl kaum ein ordentliches oder aufserordentliches Volksfest ohne Bühnenspiele begangen, auch in den Landstädten und Privathäusern wurden Vorstellungen gemietheter Schauspielertruppen gewöhnlich. Zwar entbehrte, während wahrscheinlich
manche Municipalstadt schon in dieser Zeit ein steinernes Theater besafs, die Hauptstadt eines solchen noch immer; den schon verdungenen
185 Theaterbau hatte der Senat im J. 599 auf Veranlassung des Publius
Scipio Nasica wieder inhibirt. Es war das ganz im Geiste der schein-
heiligen Politik dieser Zeit, dafs man aus Respect vor den Sitten der
Väter die Erbauung eines stehenden Theaters verhinderte, aber nichts
desto weniger die Theaterspiele reifsend zunehmen und Jahr aus Jahr
ein ungeheure Summen verschwenden liefs, um Brettergerüste für dieselben aufzuschlagen und zu decoriren. Die Bühneneinrichtungen
hoben sich zusehends. Die verbesserte Inscenirung und die Wieder-
einführung der Masken um die Zeit des Terenz hängt wohl ohne Zweifel
damit zusammen, dafs die Einrichtung und Instandhaltung der Bühne
74 und des Bühnenapparats im J. 580 auf die Staatskasse übernommen
ward*). Epochemachend in der Theatergeschichte wurden die Spiele,

---

*) Bisher hatte der Spielgeber die Bühne und den scenischen Apparat aus
der ihm überwiesenen Pauschsumme oder auf eigene Kosten in Stand setzen
müssen und wird wohl nicht oft hierauf viel Geld gewendet worden sein. Im
174 J. 580 aber gaben die Censoren die Einrichtung der Bühne für die Spiele der
Aedilen und Praetoren besonders in Verding (Liv. 41, 27); dafs der Bühnen-
apparat jetzt nicht mehr blofs für einmal angeschafft ward, wird zu einer
merklichen Verbesserung desselben geführt haben.

welche Lucius Mummius nach der Einnahme von Korinth gab (609). ¹⁴⁵
Wahrscheinlich wurde damals zuerst ein nach griechischer Art akustisch
gebautes und mit Sitzplätzen versehenes Theater aufgeschlagen und
überhaupt auf die Spiele mehr Sorgfalt verwandt*). Nun ist auch von
Ertheilung eines Siegespreises, also von Concurrenz mehrerer Stücke,
von lebhafter Parteinahme des Publicums für und gegen die Haupt-
schauspieler, von Clique und Claque mehrfach die Rede. Decorationen
und Maschinerie wurden verbessert: kunstmäfsig gemalte Coulissen und
hörbare Theaterdonner kamen unter der Aedilität des Gaius Claudius
Pulcher 655 auf**), zwanzig Jahre später (675) unter der Aedilität der ⁹⁹ ⁷⁹
Brüder Lucius und Marcus Lucullus die Verwandlung der Decorationen
durch Umdrehung der Coulissen. Dem Ende dieser Epoche gehört der
gröfste römische Schauspieler an, der Freigelassene Quintus Roscius
(† um 692 hoch bejahrt), durch mehrere Generationen hindurch der ⁶²
Schmuck und Stolz der römischen Bühne***), Sullas Freund und gern
gesehener Tischgenosse, auf den noch später zurückzukommen sein
wird.

---

*) Die Berücksichtigung der akustischen Vorrichtungen der Griechen folgt
wohl aus Vitruv 5, 5, 8. Ueber die Sitzplätze hat Ritschl (parerg. 1, 227. XX)
gesprochen; doch dürften (nach Plautus capt. prol. 11) nur diejenigen, welche
nicht *capite censi* waren, Anspruch auf einen solchen gehabt haben. Wahrscheinlich gehen übrigens zunächst auf diese epochemachenden Theaterspiele
des Mummius (Tac. ann. 14, 21) die Worte des Horaz, dafs ‚das gefangene
Griechenland den Sieger gefangen nahm‘.

**) Die Coulissen des Pulcher müssen schon ordentlich gemalt gewesen
sein, da die Vögel versucht haben sollen sich auf die Ziegel derselben zu setzen
(Plin. h. n. 35, 4, 23. Val. Max. 2, 4, 6). Bis dahin hatte die Donnermaschinerie
darin bestanden, dafs Nägel und Steine in einem kupfernen Kessel geschüttelt
wurden; erst Pulcher stellte einen besseren Donner durch gerollte Steine her
— das nannte man seitdem ‚claudischen Donner‘ (Festus v. *Claudiana* p. 57).

***) Unter den wenigen aus dieser Epoche erhaltenen kleineren Gedichten
findet sich folgendes Epigramm auf diesen gefeierten Schauspieler:

Constiteram, exorientem Auroram forte salutans,
    Cum subito a laeva Roscius exoritur.
Pace mihi liceat, caelestes, dicere vestra:
    Mortalis visust pulchrior esse deo.
Jüngsthin stand ich, die Sonne verehrend eben im Aufgehn:
    Da zur Linken mir, schau! plötzlich geht Roscius auf.
Zürnet, ihr Himmlischen, nicht, wenn was ich gedacht ich gestehe:
    Schöner fürwahr als der Gott däuchte der Sterbliche mir.

Der Verfasser dieses griechisch gehaltenen und von griechischem Kunstenthu-
siasmus eingegebenen Epigramms ist kein geringerer Mann als der Besieger
der Kimbrer Quintus Lutatius Catulus Consul 652. ¹⁰²

Epos.　　　In der recitativen Poesie fällt vor allem die Nichtigkeit des Epos auf, das im sechsten Jahrhundert unter der zum Lesen bestimmten Litteratur entschieden den ersten Platz eingenommen hatte, im siebenten zwar zahlreiche Vertreter fand, aber nicht einen einzigen von auch nur vorübergehendem Erfolg. Aus der gegenwärtigen Epoche ist kaum etwas zu nennen als eine Anzahl roher Versuche den Homer zu übersetzen, und einige Fortsetzungen der ennianischen Jahrbücher, wie des 100 Hostius ‚histrischer Krieg‘ und des Aulus Furius (um 650) ‚Jahrbücher (vielleicht) des gallischen Krieges‘, die allem Anschein nach unmittelbar da fortfuhren, wo Ennius in der Beschreibung des histri178 177 schen Krieges von 576 und 577 aufgehört hatte. Auch in der didaktischen und elegischen Poesie erscheint nirgends ein hervorragender Satura. Name. Die einzigen Erfolge, welche die recitative Dichtkunst dieser Epoche aufzuweisen hat. gehören dem Gebiete der sogenannten Satura an, derjenigen Kunstgattung, die gleich dem Briefe oder der Broschüre jede Form zuläßt und jeden Inhalt aufnimmt, darum auch aller eigentlichen Gattungskriterien ermangelnd durchaus nach der Individualität eines jeden Dichters sich individualisirt und nicht blofs auf der Grenze von Poesie und Prosa, sondern schon mehr als zur Hälfte aufserhalb der eigentlichen Litteratur steht. Die launigen poetischen Episteln, die einer der jüngeren Männer des scipionischen Kreises, Spurius Mummius, der Bruder des Zerstörers von Korinth, aus dem Lager von Korinth an seine Freunde daheim gesandt hatte, wurden noch ein Jahrhundert später gern gelesen; und es mögen dergleichen nicht zur Veröffentlichung bestimmte poetische Scherze aus dem reichen geselligen und geistigen Leben der besseren Zirkel Roms damals zahlreich herLucilius. vorgegangen sein. Ihr Vertreter in der Litteratur ist Gaius Lucilius 148—103 (606—651), einer angesehenen Familie der latinischen Colonie Suessa entsprossen und gleichfalls ein Glied des scipionischen Kreises. Auch seine Gedichte sind gleichsam offene Briefe an das Publicum, ihr Inhalt, wie ein geistreicher Nachfahre anmuthig sagt, das ganze Leben des gebildeten unabhängigen Mannes, der den Vorgängen auf der politischen Schaubühne vom Parket und gelegentlich von den Coulissen aus zusieht, der mit den Besten seiner Zeit verkehrt als mit seines Gleichen, der Litteratur und Wissenschaft mit Antheil und Einsicht verfolgt, ohne doch selbst für einen Dichter oder Gelehrten gelten zu wollen, und der endlich für alles, was im Guten und Bösen ihm begegnet, für politische Erfahrungen und Erwartungen, für Sprachbemerkungen und Kunsturtheile, für eigene Erlebnisse, Besuche,

Diners, Reisen wie für vernommene Anekdoten sein Taschenbuch zum
Vertrauten nimmt. Kaustisch, capriciös, durchaus individuell hat die
lucilische Poesie doch eine scharf ausgeprägte oppositionelle und insofern auch lehrhafte Tendenz, litterarisch sowohl wie moralisch und
politisch; auch in ihr ist etwas von der Auflehnung der Landschaft
gegen die Hauptstadt, herrscht das Selbstgefühl des rein redenden und
ehrenhaft lebenden Suessaners im Gegensatz gegen das grofse Babel
der Sprachmengerei und Sittenverderbnifs. Die Richtung des scipionischen Kreises auf litterarische, namentlich sprachliche Correctheit
findet kritisch ihren vollendetsten und geistreichsten Vertreter in Lucilius. Er widmete gleich sein erstes Buch dem Begründer der römischen
Philologie Lucius Stilo (S. 426) und bezeichnete als das Publicum, für
das er schrieb, nicht die gebildeten Kreise reiner und mustergültiger
Rede, sondern die Tarentiner, die Brettier, die Siculer, das heifst die
Halbgriechen Italiens, deren Lateinisch allerdings eines Correctivs wohl
bedürfen mochte. Ganze Bücher seiner Gedichte beschäftigen sich mit
der Feststellung der lateinischen Orthographie und Prosodie, mit der
Bekämpfung praenestinischer, sabinischer, etruskischer Provinzialismen,
mit der Ausmerzung gangbarer Solöcismen, woneben der Dichter aber
keineswegs vergifst den geistlos schematischen isokrateischen Wort-
und Phrasenpurismus zu verhöhnen*) und selbst dem Freunde Scipio
die exclusive Feinheit seiner Rede in recht ernsthaften Scherzen vorzurücken**). Aber weit ernstlicher noch als das reine einfache Latein
predigt der Dichter reine Sitte im Privat- und im öffentlichen Leben.
Seine Stellung begünstigte ihn hiebei in eigener Art. Obwohl durch
Herkunft, Vermögen und Bildung den vornehmen Römern seiner Zeit
gleichstehend und Besitzer eines ansehnlichen Hauses in der Hauptstadt war er doch nicht römischer Bürger, sondern latinischer; selbst
sein Verhältnifs zu Scipio, unter dem er in seiner ersten Jugend den
numantinischen Krieg mitgemacht hatte und in dessen Hause er häufig
verkehrte, mag damit zusammenhängen, dafs Scipio in vielfachen Be-

---

*) *Quam lepide λέξεις compostae ut tesserulae omnes*
Arte pavimento atque emblemate vermiculato!
Ei die niedliche Phrasenfabrik!
Gefügt so zierlich Stück für Stück
Wie die Stifte im bunten Mosaik.
**) Der Dichter räth ihm,
Quo facetior videare et scire plus quam ceteri,
Dafs du gebildeter als die Andern heilsest und ein feinerer Mann,
— nicht *pertaesum*, sondern *pertisum* zu sagen.

ziehungen zu den Latinern stand und in den politischen Fehden der
Zeit ihr Patron war (S. 99). Die öffentliche Laufbahn war ihm hiedurch verschlossen und die Speculantencarriere verschmähte er — er
mochte nicht, wie er einmal sagt, ,aufhören Lucilius zu sein um asia-
tischer Steuerpächter zu werden'. So stand er in der schwülen Zeit
der gracchischen Reformen und des sich vorbereitenden Bundesgenossenkrieges, verkehrend in den Palästen und Villen der römischen
Grofsen und doch nicht gerade ihr Client, zugleich mitten in den
Wogen des politischen Coterien- und Parteikampfes und doch nicht
unmittelbar an jenem und diesem betheiligt; ähnlich wie Béranger, an
den gar vieles in Lucilius politischer und poetischer Stellung erinnert.
Von diesem Standpunkt aus sprach er mit unverwüstlichem gesunden
Menschenverstand, mit unversiegbarer guter Laune und ewig sprudeln-
dem Witz hinein in das öffentliche Leben.

> Jetzt aber am Fest- und Werkeltag
> Den ganzen lieben langen Tag
> Auf dem Markte von früh bis spat
> Drängen die Bürger und die sich vom Rath
> Und weichen und wanken nicht von der Statt.
> Ein Handwerk einzig und allein
> Betreiben alle insgemein,
> Den Andern zu prellen mit Verstand,
> Im Lügen zu haben die Vorderhand
> Und zu werden im Schmeicheln und Heucheln gewandt.
> All' unter einander belauern sie sich,
> Als läge jeder mit jedem im Krieg*).

Die Erläuterungen zu diesem unerschöpflichen Text griffen schonungs-
los, ohne die Freunde, ja ohne den Dichter selbst zu vergessen, die
Uebelstände der Zeit an, das Coteriewesen, den endlosen spanischen
Kriegsdienst und was dessen mehr war; gleich die Eröffnung seiner
Satiren war eine grofse Debatte des olympischen Göttersenats über die
Frage, ob Rom es noch ferner verdiene des Schutzes der Himmlischen
sich zu erfreuen. Körperschaften, Stände, Individuen wurden überall
einzeln mit Namen genannt; die der römischen Bühne verschlossene

---

*) *Nunc vero a mane ad noctem, festo atque profesto*
Toto itidem pariterque die populusque patresque
Iactare endo foro se omnes, decedere nusquam.
Uni se atque eidem studio omnes dedere et arti:
Verba dare ut caute possint, pugnare dolose,
Blanditia certare, bonum simulare virum se,
Insidias facere ut si hostes sint omnibus omnes.

Poesie der politischen Polemik ist das rechte Element und der Lebens-
hauch der lucilischen Gedichte, die mit einer selbst in den auf uns gekommenen Trümmern noch entzückenden Macht des schlagendsten und
bilderreichsten Witzes ‚gleich wie mit gezogenem Schwerte‘ auf den
Feind eindringen und ihn zermalmen. Hier, in dem sittlichen Uebergewicht und dem stolzen Freiheitsgefühl des Dichters von Suessa, liegt
der Grund, weshalb der feine Venusiner, der in der alexandrinischen
Zeit der römischen Poesie die lucilische Satire wieder aufnahm, trotz
aller Ueberlegenheit im Formgeschick mit richtiger Bescheidenheit dem
älteren Poeten weicht als ‚seinem Besseren‘. Die Sprache ist die des
griechisch und lateinisch durchgebildeten Mannes, der durchaus sich
gehen läfst; ein Poet wie Lucilius, der angeblich vor Tisch zweihundert
und nach Tisch wieder zweihundert Hexameter machte, ist viel zu eilig
um knapp zu sein; unnütze Weitläuftigkeit, schluderige Wiederholung
derselben Wendung, arge Nachlässigkeiten begegnen häufig; das erste
Wort, lateinisch oder griechisch, ist immer das beste. Aehnlich sind
die Mafse, namentlich der sehr vorherrschende Hexameter behandelt;
wenn man die Worte umstellt, sagt sein geistreicher Nachahmer, so
würde kein Mensch merken, dafs er etwas anderes vor sich habe als
einfache Prosa; der Wirkung nach lassen sie sich nur mit unseren
Knittelversen vergleichen *). Die terenzischen und die lucilischen Ge-

*) Folgendes längere Bruchstück ist charakteristisch für die stilistische und
metrische Behandlung, deren Lotterigkeit sich in deutschen Hexametern unmöglich wiedergeben läfst:

Virtus, Albine, est pretium persolvere verum
Queis in versamur, queis vivimu' rebu potesse;
Virtus est homini scire id quod quaeque habeat res;
Virtus scire homini rectum, utile quid sit, honestum,
Quae bona, quae mala item, quid inutile, turpe, inhonestum;
Virtus quaerendae rei finem scire modumque;
Virtus divitiis pretium persolvere posse;
Virtus id dare quod re ipsa debetur honori,
Hostem esse atque inimicum hominum morumque malorum,
Contra defensorem hominum morumque bonorum,
Hos magni facere, his bene velle, his vivere amicum;
Commoda praeterea patriae sibi prima putare,
Deinde parentum, tertia iam postremaque nostra.

Tugend ist zahlen den rechten Preis
Zu können nach ihrer Art und Weis'
Für jede Sach' in unserm Kreis;
Tugend zu wissen, was jedes Ding
Mit sich für den Menschen bring';

dichte stehen auf demselben Bildungsniveau und verhalten sich wie die
sorgsam gepflegte und gefeilte litterarische Arbeit zu dem mit fliegen-
der Feder geschriebenen Brief. Aber die unvergleichlich höhere geistige
Begabung und freiere Lebensanschauung, die der Ritter von Suessa vor
dem africanischen Sklaven voraus hatte, machten seinen Erfolg ebenso
rasch und glänzend wie der des Terenz mühsam und zweifelhaft gewesen war; Lucilius war sofort der Liebling der Nation und auch er
konnte wie Béranger von seinen Gedichten sagen, ,dafs sie allein unter
allen vom Volke gelesen würden'. Die ungemeine Popularität der lucilischen Gedichte ist auch geschichtlich ein bemerkenswerthes Ereignifs; man sieht daraus, dafs die Litteratur schon eine Macht war und
ohne Zweifel würden wir die Spuren derselben, wenn eine eingehende
Geschichte dieser Zeit sich erhalten hätte, darin mehrfach antreffen.
Die Folgezeit hat das Urtheil der Zeitgenossen nur bestätigt; die anti-
alexandrinisch gesinnten römischen Kunstrichter sprachen dem Lucilius
den ersten Rang unter allen lateinischen Dichtern zu.   So weit die
Satire überhaupt als eigene Kunstform angesehen werden kann, hat
Lucilius sie erschaffen und in ihr die einzige Kunstgattung, welche den
Römern eigenthümlich und von ihnen auf die Nachwelt vererbt worden
ist. — Von der an den Alexandrinismus anknüpfenden Poesie ist in
Rom in dieser Epoche noch nichts zu nennen als kleinere nach alexandrinischen Epigrammen übersetzte oder ihnen nachgebildete Gedichte,
welche nicht ihrer selbst wegen, aber wohl als der erste Vorbote der
jüngeren Litteraturepoche Roms Erwähnung verdienen.   Abgesehen
von einigen wenig bekannten und auch der Zeit nach nicht mit Sicherheit zu bestimmenden Dichtern gehören hieher Quintus Catulus Consul
102 652 (S. 443 A.) und Lucius Manlius, ein angesehener Senator, der im

---

Tugend zu wissen, was nützlich und recht,
Was gut und übel, unnütz und schlecht;
Tugend, wenn man dem Erwerb und Fleifs
Zu setzen die rechte Grenze weifs
Und dem Reichthum den rechten Preis;
Tugend dem Rang zu geben sein Recht,
Feind zu sein Menschen und Sitten schlecht,
Freund Menschen und Sitten gut und recht;
Vor solchen zu hegen Achtung und Scheu,
Zu ihnen zu halten in Lieb' und Treu';
Immer zu sehn am ersten Theil
Auf des Vaterlandes Heil,
Sodann auf das, was den Eltern frommt,
Und drittens der eigene Vortheil kommt.

J. 657 schrieb. Der letztere scheint manche der bei den Griechen ⁹⁷ landläufigen geographischen Märchen, zum Beispiel die delische Latonasage, die Fabeln von der Europa und von dem Wundervogel Phoenix zuerst bei den Römern in Umlauf gebracht zu haben; wie es denn auch ihm vorbehalten war auf seinen Reisen in Dodona jenen merkwürdigen Dreifuſs zu entdecken und abzuschreiben, worauf das den Pelasgern vor ihrer Wanderung in das Land der Sikeler und Aboriginer ertheilte Orakel zu lesen war — ein Fund, den die römischen Geschichtsbücher nicht versäumten andächtig zu registriren.

Die Geschichtschreibung dieser Epoche ist vor allen Dingen bezeichnet durch einen Schriftsteller, der zwar weder durch Geburt noch nach seinem geistigen und litterarischen Standpunct der italischen Entwickelung angehört, der aber zuerst oder vielmehr allein die Weltstellung Roms zur schriftstellerischen Geltung und Darstellung gebracht hat und dem alle späteren Geschlechter und auch wir das Beste verdanken, was wir von der römischen Entwickelung wissen. Polybios (c. 546 — c. 627) von Megalopolis im Peloponnes, des achaeischen Staatsmannes Lykortas Sohn, machte, wie es scheint, schon 565 den Zug der Römer gegen die kleinasiatischen Kelten mit und ward später vielfach namentlich während des dritten makedonischen Krieges von seinen Landsleuten in militärischen und diplomatischen Geschäften verwendet. Nach der durch diesen Krieg in Hellas herbeigeführten Krise wurde er mit den andern achaeischen Geiseln nach Italien abgeführt (I, 778), wo er siebzehn Jahre (587—604) in der Confinirung lebte und durch die Söhne des Paullus in die vornehmen hauptstädtischen Kreise eingeführt ward. Die Rücksendung der achaeischen Geiseln (S. 42) führte ihn in die Heimath zurück, wo er fortan den stehenden Vermittler zwischen seiner Eidgenossenschaft und den Römern machte. Bei der Zerstörung von Karthago und von Korinth (608) war er gegenwärtig. Er schien vom Schicksal gleichsam dazu erzogen Roms geschichtliche Stellung deutlicher zu erfassen, als die damaligen Römer selbst es vermochten. Auf dem Platze, wo er stand, ein griechischer Staatsmann und ein römischer Gefangener, seiner hellenischen Bildung wegen geschätzt und gelegentlich beneidet von Scipio Aemilianus und überhaupt den ersten Männern Roms, sah er die Ströme, die so lange getrennt geflossen waren, zusammenrinnen in dasselbe Bett und die Geschichte der Mittelmeerstaaten zusammengehen in die Hegemonie der römischen Macht und der griechischen Bildung. So ward Polybios der erste namhafte Hellene, der mit ernster Ueberzeugung auf die Welt-

Marginalia: Geschichtschreibung. Polybios. | ⁹⁷ | ⁸⁰⁸ ¹²⁷ | ¹⁸⁹ | ¹⁶⁷ ¹⁵⁰ | ¹⁴⁶

anschauung des scipionischen Kreises einging und die Ueberlegenheit des Hellenismus auf dem geistigen, des Römerthums auf dem politischen Gebiet als Thatsachen anerkannte, über die die Geschichte in letzter Instanz gesprochen hatte und denen man beiderseits sich zu unterwerfen berechtigt und verpflichtet war. In diesem Sinne handelte er als praktischer Staatsmann und schrieb er seine Geschichte. Mochte er in der Jugend dem ehrenwerthen, aber unhaltbaren achaeischen Localpatriotismus gehuldigt haben, so vertrat er in seinen späteren Jahren, in deutlicher Einsicht der unvermeidlichen Nothwendigkeit, in seiner Gemeinde die Politik des engsten Anschlusses an Rom. Es war das eine höchst verständige und ohne Zweifel wohlgemeinte, aber nichts weniger als hochherzige und stolze Politik. Auch von der Eitelkeit und Kleinlichkeit des derzeitigen hellenischen Staatsmannsthums hat Polybios nicht vermocht sich persönlich völlig frei zu machen. Kaum aus der Confinirung entlassen stellte er an den Senat den Antrag, dafs er den Entlassenen jedem in seiner Heimath den ehemaligen Rang noch förmlich verbriefen möge, worauf Cato treffend bemerkte, ihm komme das vor, als wenn Odysseus noch einmal in die Höhle des Polyphemos zurückkehre, um sich von dem Riesen Hut und Gürtel auszubitten. Sein Verhältnifs zu den römischen Grofsen hat er oft zum Besten seiner Landsleute benutzt, aber die Art, wie er der hohen Protection sich unterwirft und sich berühmt, nähert sich doch einigermafsen dem Oberkammerdienerthum. Durchaus denselben Geist, den seine praktische, athmet auch seine litterarische Thätigkeit. Es war die Aufgabe seines Lebens die Geschichte der Einigung der Mittelmeerstaaten unter der Hegemonie Roms zu schreiben. Vom ersten punischen Krieg bis zur Zerstörung von Karthago und Korinth fafst sein Werk die Schicksale der sämmtlichen Culturstaaten, das heifst Griechenlands, Makedoniens, Kleinasiens, Syriens, Aegyptens, Karthagos und Italiens zusammen und stellt deren Eintreten in die römische Schutzherrschaft im ursachlichen Zusammenhang dar; insofern bezeichnet er es als sein Ziel die Zweck- und Vernunftmäfsigkeit der römischen Hegemonie zu erweisen. In der Anlage wie in der Ausführung steht diese Geschichtschreibung in scharfem und bewufstem Gegensatz gegen die gleichzeitige römische wie gegen die gleichzeitige griechische Historiographie. In Rom stand man noch vollständig auf dem Chronikenstandpunkt; hier gab es wohl einen bedeutungsvollen geschichtlichen Stoff, aber die sogenannte Geschichtschreibung beschränkte sich — mit Ausnahme der sehr achtbaren, aber rein individuellen und doch auch nicht über die Anfänge

der Forschung wie der Darstellung hinausgelangten Schriften Catos —
theils auf Ammenmärchen, theils auf Notizenbündel. Die Griechen
hatten eine Geschichtforschung und eine Geschichtschreibung allerdings gehabt; aber der zerfahrenen Diadochenzeit waren die Begriffe
von Nation und Staat so vollständig abhanden gekommen, dafs es keinem
der zahllosen Historiker gelang der Spur der grofsen attischen Meister
im Geiste und in der Wahrheit zu folgen und den weltgeschichtlichen
Stoff der Zeitgeschichte weltgeschichtlich zu behandeln. Ihre Geschichtschreibung war entweder rein äufserliche Aufzeichnung oder es
durchdrang sie der Phrasen- und Lügenkram der attischen Rhetorik
und nur zu oft die Feilheit und die Gemeinheit, die Speichelleckerei
und die Erbitterung der Zeit. Bei den Römern wie bei den Griechen
gab es nichts als Stadt- oder Stammgeschichten. Zuerst Polybios, ein
Peloponnesier, wie man mit Recht erinnert hat, und geistig den Attikern
wenigstens ebenso fern stehend wie den Römern, überschritt diese
kümmerlichen Schranken, behandelte den römischen Stoff mit hellenisch gereifter Kritik und gab, zwar nicht eine universale, aber doch
eine von den Localstaaten losgelöste und den im Werden begriffenen
römisch-griechischen Staat erfassende Geschichte. Vielleicht niemals
hat ein Geschichtschreiber so vollständig wie Polybios alle Vorzüge
eines Quellenschriftstellers in sich vereinigt. Der Umfang seiner Aufgabe ist ihm vollkommen deutlich und jeden Augenblick gegenwärtig;
und durchaus haftet der Blick auf dem wirklich geschichtlichen Hergang. Die Sage, die Anekdote, die Masse der werthlosen Chroniknotizen wird bei Seite geworfen; die Schilderung der Länder und Völker,
die Darstellung der staatlichen und mercantilen Verhältnisse, all die so
unendlich wichtigen Thatsachen, die dem Annalisten entschlüpfen, weil
sie sich nicht auf ein bestimmtes Jahr aufnageln lassen, werden eingesetzt in ihr lange verkümmertes Recht. In der Herbeischaffung des historischen Materials zeigt Polybios eine Umsicht und Ausdauer, wie sie
im Alterthum vielleicht nicht wieder erscheinen: er benutzt die Urkunden, berücksichtigt umfassend die Litteratur der verschiedenen
Nationen, macht von seiner günstigen Stellung zum Einziehen der
Nachrichten von Mithandelnden und Augenzeugen den ausgedehntesten
Gebrauch, bereist endlich planmäfsig das ganze Gebiet der Mittelmeerstaaten und einen Theil der Küste des atlantischen Oceans[*]). Die
Wahrhaftigkeit ist ihm Natur; in allen grofsen Dingen hat er kein In-

---

[*]) Dergleichen gelehrte Reisen waren übrigens bei den Griechen dieser

29*

teresse für diesen oder gegen jenen Staat, für diesen oder gegen jenen
Mann, sondern einzig und allein für den wesentlichen Zusammenhang
der Ereignisse, den im richtigen Verhältnifs der Ursachen und Wirkungen darzulegen ihm nicht blofs die erste, sondern die einzige Aufgabe des Geschichtschreibers scheint. Die Erzählung endlich ist musterhaft vollständig, einfach und klar. Aber alle diese ungemeinen Vorzüge
machen noch keineswegs einen Geschichtschreiber ersten Ranges.
Polybios fafst seine litterarische Aufgabe wie er seine praktische fafste,
mit grofsartigem Verstand, aber auch nur mit dem Verstande. Die Geschichte, der Kampf der Nothwendigkeit und der Freiheit, ist ein sitt-
liches Problem; Polybios behandelt sie, als wäre sie ein mechanisches.
Nur das Ganze gilt für ihn, in der Natur wie im Staat; das besondere
Ereignifs, der individuelle Mensch, wie wunderbar sie auch erscheinen
mögen, sind doch eigentlich nichts als einzelne Momente, geringe Räder
in dem höchst künstlichen Mechanismus, den man den Staat nennt.
Insofern war Polybios allerdings wie kein anderer geschaffen zur Darstellung der Geschichte des römischen Volkes, welches in der That das
einzige Problem gelöst hat sich zu beispielloser innerer und äufserer
Gröfse zu erheben ohne auch nur einen im höchsten Sinne genialen
Staatsmann und das auf seinen einfachen Grundlagen mit wunderbarer
fast mathematischer Folgerichtigkeit sich entwickelt. Aber das Moment
der sittlichen Freiheit waltet in jeder Volksgeschichte und wurde auch
in der römischen von Polybios nicht ungestraft verkannt. Polybios
Behandlung aller Fragen, in denen Recht, Ehre, Religion zur Sprache
kommen, ist nicht blofs platt, sondern auch gründlich falsch. Dasselbe
gilt überall, wo eine genetische Construction erfordert wird; die rein
mechanischen Erklärungsversuche, die Polybios an deren Stelle setzt,
sind mitunter geradezu zum Verzweifeln, wie es denn kaum eine thörich-
tere politische Speculation giebt als die vortreffliche Verfassung Roms aus
einer verständigen Mischung monarchischer, aristokratischer und demokratischer Elemente her- und aus der Vortrefflichkeit der Verfassung die
Erfolge Roms abzuleiten. Die Auffassung der Verhältnisse ist überall
bis zum Erschrecken nüchtern und phantasielos, die geringschätzige
und superkluge Art die religiösen Dinge zu behandeln geradezu wider-

---

Zeit nichts Seltenes. So fragt bei Plautus (*Men.* 249 vgl. 235) Jemand, der das
ganze mittelländische Meer durchschifft hat:

warum geh' ich nicht
nach Hause, da ich doch keine Geschichte schreiben will?

wärtig. Die Darstellung, in bewufster Opposition gegen die übliche
künstlerisch stilisirte griechische Historiographie gehalten, ist wohl
richtig und deutlich, aber dünn und matt, öfter als billig in polemische
Excurse oder in memoirenhafte, nicht selten recht selbstgefällige Schilderung der eigenen Erlebnisse sich verlaufend. Ein oppositioneller
Zug geht durch die ganze Arbeit; der Verfasser bestimmte seine Schrift
zunächst für die Römer und fand doch auch hier nur einen sehr kleinen
Kreis, der ihn verstand; er fühlte es, dafs er den Römern ein Fremder,
seinen Landsleuten ein Abtrünniger blieb und dafs er mit seiner grofsartigen Auffassung der Verhältnisse mehr der Zukunft als der Gegenwart angehörte. Darum blieb er nicht frei von einer gewissen Ver-
stimmtheit und persönlichen Bitterkeit, die in seiner Polemik gegen
die flüchtigen oder gar feilen griechischen und die unkritischen römischen Historiker öfters zänkisch und kleinlich auftritt und aus dem
Geschichtschreiber- in den Recensententon fällt. Polybios ist kein
liebenswürdiger Schriftsteller; aber wie die Wahrheit und Wahrhaftigkeit mehr ist als alle Zier und Zierlichkeit, so ist vielleicht kein Schriftsteller des Alterthums zu nennen, dem wir so viele ernstliche Belehrung
verdanken wie ihm. Seine Bücher sind wie die Sonne auf diesem Gebiet; wo sie anfangen, da heben sich die Nebelschleier, die noch die
samnitischen und den pyrrhischen Krieg bedecken, und wo sie endigen,
beginnt eine neue wo möglich noch lästigere Dämmerung.

In einem seltsamen Gegensatz zu dieser grofsartigen Auffassung
und Behandlung der römischen Geschichte durch einen Ausländer steht
die gleichzeitige einheimische Geschichtslitteratur. Im Anfang dieser
Periode begegnen noch einige griechisch geschriebene Chroniken, wie
die schon erwähnte (I, 940) des Aulus Postumius (Consul 603) voll
übler Pragmatik und die des Gaius Acilius (schlofs in hohem Alter um
612); doch gewann unter dem Einflufs theils des catonischen Patriotismus, theils der feineren Bildung des scipionischen Kreises die lateinische Sprache auf diesem Gebiet so entschieden die Vorhand, dafs
nicht blofs unter den jüngeren Geschichtswerken kaum ein oder das
andere griechisch geschriebene vorkommt*), sondern auch die älteren
griechischen Chroniken ins Lateinische übersetzt und wahrscheinlich

*Römische
Chroniken.*

----

*) Die einzige wirkliche Ausnahme, so weit wir wissen, ist die griechische
Geschichte des Gnaeus Aufidius, der in Ciceros (*Tusc.* 5, 38, 112) Knabenzeit,
also um 660 blühte. Die griechischen Memoiren des Publius Rutilius Rufus
(Consul 649) sind kaum als Ausnahme anzusehen, da ihr Verfasser sie im Exil
zu Smyrna schrieb.

vorwiegend in diesen Uebersetzungen gelesen wurden. Leider ist nur
an den lateinisch geschriebenen Chroniken dieser Epoche aufser dem
Gebrauch der Muttersprache kaum weiter etwas zu loben. Sie waren
zahlreich und ausführlich genug — genannt werden zum Beispiel die
des Lucius Cassius Hemina (um 608), des Lucius Calpurnius Piso
(Consul 621), des Gaius Sempronius Tuditanus (Consul 625), des Gaius
Fannius (Consul 632). Dazu kommt die Redaction der officiellen Stadt-
chronik in achtzig Büchern, welche Publius Mucius Scaevola (Consul
621), ein auch als Jurist angesehener Mann, als Oberpontifex veranstaltete und veröffentlichte und damit dem Stadtbuch insofern seinen
Abschlufs gab, als die Pontificalaufzeichnungen seitdem wenn nicht
gerade aufhörten, doch wenigstens bei der steigenden Betriebsamkeit
der Privatchronisten nicht weiter litterarisch in Betracht kamen. Alle
diese Jahrbücher, mochten sie nun als Privat- oder als officielle Werke
sich ankündigen, waren wesentlich gleichartige Zusammenarbeitungen
des vorhandenen geschichtlichen und quasigeschichtlichen Materials;
und der Quellen- wie der formelle Werth sank ohne Zweifel in denselben Mafse wie ihre Ausführlichkeit stieg. Allerdings giebt es in der
Chronik nirgends Wahrheit ohne Dichtung und es wäre sehr thöricht
mit Naevius und Pictor zu rechten, dafs sie es nicht anders gemacht
als Hekataeos und Saxo Grammaticus; aber die späteren Versuche aus
solchen Nebelwolken Häuser zu bauen stellen auch die geprüfteste Geduld auf eine harte Probe. Keine Lücke der Ueberlieferung klafft so
tief, dafs diese glatte und platte Lüge sie nicht mit spielender Leichtig-
keit überkleisterte. Ohne Anstofs werden die Sonnenfinsternisse, Censuszahlen, Geschlechtsregister, Triumphe vom laufenden Jahre bis auf
Anno Eins rückwärts geführt; es steht geschrieben zu lesen, in welchem
Jahr, Monat und Tag König Romulus gen Himmel gefahren ist und wie
König Servius Tullius zuerst am 25. November 183 und wieder am
25. Mai 187 über die Etrusker triumphirt hat. Damit steht es denn
im besten Einklang, dafs man in den römischen Docks den Gläubigen
das Fahrzeug wies, auf welchem Aeneias von Ilion nach Latium gefahren war, ja sogar eben dieselbe Sau, welche Aeneias als Wegweiser
gedient hatte, wohl eingepökelt im römischen Vestatempel conservirte.
Mit dem Lügemuth eines Dichters verbinden diese vornehmen Chronik-
schreiber die langweiligste Kanzelistengenauigkeit und behandeln durchaus ihren grofsen Stoff mit derjenigen Plattheit, die aus dem Austreiben
zugleich aller poetischen und aller historischen Elemente nothwendig
resultirt. Wenn wir zum Beispiel bei Piso lesen, dafs Romulus sich

gehütet habe dann zu poculiren, wenn er den andern Tag eine Sitzung gehabt; daß die Tarpeia die Burg den Sabinern aus Vaterlandsliebe verrathen habe, um die Feinde ihrer Schilde zu berauben: so kann das Urtheil verständiger Zeitgenossen über diese ganze Schreiberei nicht befremden, ,daß das nicht heiße Geschichte schreiben, sondern den Kindern Geschichten erzählen'. Weit vorzüglicher waren einzelne Werke über die Geschichte der jüngsten Vergangenheit und der Gegenwart, namentlich die Geschichte des hannibalischen Krieges von Lucius Coelius Antipater (um 633) und des wenig jüngeren Publius Sempronius Asellio Geschichte seiner Zeit. Hier fand sich wenigstens schätzbares Material und ernster Wahrheitssinn, bei Antipater auch eine lebendige, wenn gleich stark manierirte Darstellung; doch reichte, nach allen Zeugnissen und Bruchstücken zu schließen, keines dieser Bücher weder in markiger Form noch in Originalität an die ,Ursprungsgeschichten' Catos, der leider auf dem historischen Gebiet so wenig wie auf dem politischen Schule gemacht hat. Stark vertreten sind auch, wenigstens der Masse nach, die untergeordneten mehr individuellen und ephemeren Gattungen der historischen Litteratur, die Memoiren, die Briefe, die Reden. Schon zeichneten die ersten Staatsmänner Roms selbst ihre Erlebnisse auf: so Marcus Scaurus Consul 639, Publius Rufus Consul 649, Quintus Catulus Consul 652, selbst der Regent Sulla; doch scheint keine dieser Productionen anders als durch ihren stofflichen Gehalt für die Litteratur von Bedeutung gewesen zu sein. Die Briefsammlung der Cornelia, der Mutter der Gracchen, ist bemerkenswerth theils durch die musterhaft reine Sprache und den hohen Sinn der Schreiberin, theils als die erste in Rom publicirte Correspondenz und zugleich die erste litterarische Production einer römischen Frau. Die Redeschriftstellerei bewahrte in dieser Periode den von Cato ihr aufgedrückten Stempel; Advokatenplaidoyers wurden noch nicht als litterarische Production angesehen und was von Reden veröffentlicht ward, waren politische Pamphlete. Während der revolutionären Bewegung nahm diese Broschürenlitteratur an Umfang und Bedeutung zu und unter der Masse ephemerer Producte fanden sich auch einzelne, die, wie Demosthenes Philippiken und Couriers fliegende Blätter, durch die bedeutende Stellung ihrer Verfasser und durch ihr eigenes Schwergewicht einen bleibenden Platz in der Litteratur sich erwarben. So die Staatsreden des Gaius Laelius und des Scipio Aemilianus, Musterstücke des trefflichsten Latein wie des edelsten Vaterlandsgefühls; so die sprudelnden Reden des Gaius Titius, von deren drastischen Local- und

Zeitbildern — die Schilderung des senatorischen Geschwornen ward
früher (S. 404) mitgetheilt — das nationale Lustspiel manches entlehnt
hat; so vor allem die zahlreichen Reden des Gaius Gracchus, deren
flammende Worte den leidenschaftlichen Ernst, die adliche Haltung und
das tragische Verhängnifs dieser hohen Natur im treuen Spiegelbild
bewahrten.

In der wissenschaftlichen Litteratur begegnet in der juristischen
Gutachtensammlung des Marcus Brutus, die um das Jahr 600 veröffentlicht ward, ein bemerkenswerther Versuch die bei den Griechen übliche
dialogische Behandlung fachwissenschaftlicher Stoffe nach Rom zu ver-
pflanzen und durch eine nach Personen, Zeit und Ort bestimmte Scenerie
des Gesprächs der Abhandlung eine künstlerische halb dramatische
Form zu geben.   Indefs die späteren Gelehrten, schon der Philolog
Stilo und der Jurist Scaevola, liefsen sowohl in den allgemeinen Bil-
dungs- wie in den specielleren Fachwissenschaften diese mehr poetische
als praktische Methode fallen.   Der steigende Werth der Wissenschaft
als solcher und das in Rom überwiegende stoffliche Interesse an derselben spiegelt sich deutlich in diesem raschen Abwerfen der Fessel
künstlerischer Form.   Im einzelnen ist von den allgemein humanen
Wissenschaften, der Grammatik oder vielmehr der Philologie, der Rhetorik und der Philosophie insofern schon gesprochen worden (S. 423 fg.),
als dieselben jetzt wesentliche Bestandtheile der gewöhnlichen römischen Bildung wurden und dadurch jetzt zuerst von den eigentlichen
Fachwissenschaften anfingen sich abzusondern.   Auf dem litterarischen
Gebiet blüht die lateinische Philologie fröhlich auf, im engen Anschlufs
an die längst sicher gegründete philologische Behandlung der griechischen Litteratur.   Es ward bereits erwähnt, dafs um den Anfang dieses
Jahrhunderts auch die lateinischen Epiker ihre Diaskeuasten und Text-
revisoren fanden (S. 426); ebenso ward hervorgehoben, dafs nicht blofs
der scipionische Kreis überhaupt vor allem andern auf Correctheit
drang, sondern auch einzelne der namhaftesten Poeten, zum Beispiel
Accius und Lucilius, sich mit Regulirung der Orthographie und der
Grammatik beschäftigten.   Gleichzeitig begegnen einzelne Versuche von
der historischen Seite her die Realphilologie zu entwickeln; freilich
werden die Abhandlungen der unbeholfenen Annalisten dieser Zeit, wie
die des Hemina ‚über die Censoren‘, des Tuditanus ‚über die Beamten‘,
schwerlich besser gerathen sein als ihre Chroniken.   Interessanter sind
die Bücher über die Aemter von dem Freunde des Gaius Gracchus
Marcus Iunius als der erste Versuch die Alterthumsforschung für poli-

tische Zweck nutzbar zu machen*), und die metrisch abgefafsten Didas-
kalien des Tragikers Accius, ein Anlauf zu einer Litterargeschichte
des lateinischen Dramas. Indefs jene Anfänge einer wissenschaftlichen
Behandlung der Muttersprache tragen noch ein sehr dilettantisches Gepräge und erinnern lebhaft an unsere Orthographielitteratur der Bod-
mer-Klopstockischen Zeit; auch die antiquarischen Untersuchungen
dieser Epoche wird man ohne Unbilligkeit auf einen bescheidenen Platz
verweisen dürfen. Derjenige Römer, der die lateinische Sprach- und Stilo.
Alterthumsforschung im Sinne der alexandrinischen Meister wissenschaftlich begründete, war Lucius Aelius Stilo um 650 (S. 426). Er 100
zuerst ging zurück auf die ältesten Sprachdenkmäler und commentirte
die saliarischen Litaneien und das römische Stadtrecht. Er wandte der
Komödie des sechsten Jahrhunderts seine besondere Aufmerksamkeit
zu und stellte zuerst ein Verzeichnifs der nach seiner Ansicht ächten
plautinischen Stücke auf. Er suchte nach griechischer Art die Anfänge
einer jeden einzelnen Erscheinung des römischen Lebens und Verkehrs
geschichtlich zu bestimmen und für jede den ‚Erfinder‘ zu ermitteln und
zog zugleich die gesammte annalistische Ueberlieferung in den Kreis
seiner Forschung. Von dem Erfolg, der ihm bei seinen Zeitgenossen
ward, zeugen die Widmungen des bedeutendsten dichterischen und des
bedeutendsten Geschichtswerkes seiner Zeit, der Satiren des Lucilius
und der Geschichtsbücher des Antipater; und auch für die Zukunft hat
dieser erste römische Philolog die Studien seiner Nation bestimmt, indem er seine zugleich sprachliche und sachliche Forschung auf seinen
Schüler Varro vererbte. — Mehr untergeordneter Art war begreiflicher Rhetorik
Weise die litterarische Thätigkeit auf dem Gebiet der lateinischen Rhetorik; es gab hier nichts zu thun als Hand- und Uebungsbücher nach
dem Muster der griechischen Compendien des Hermagoras und Anderer
zu schreiben, woran es denn freilich die Schulmeister theils um des
Bedürfnisses, theils um der Eitelkeit und des Geldes willen nicht fehlen
liefsen. Von einem unbekannten Verfasser, der nach der damaligen
Weise (S. 427) zugleich lateinische Litteratur und lateinische Rhetorik
lehrte und über beide schrieb, ist uns ein solches unter Sullas Dictatur
abgefafstes Handbuch der Redekunst erhalten; eine nicht blofs durch
die knappe, klare und sichere Behandlung des Stoffes, sondern vor

---

*) Die Behauptung zum Beispiel, dafs die Quaestoren in der Königszeit
von der Bürgerschaft, nicht vom König ernannt seien, ist ebenso sicher falsch
als sie den Parteicharakter an der Stirn trägt.

allem durch die verhältnifsmäfsige Selbstständigkeit den griechischen
Mustern gegenüber bemerkenswerthe Lehrschrift. Obwohl in der Methode gänzlich abhängig von den Griechen, weist der Römer doch bestimmt und sogar schroff alles das ab, „was die Griechen an nutzlosem
Kram zusammengetragen haben, einzig damit die Wissenschaft schwerer
zu lernen erscheine‘. Der bitterste Tadel trifft die haarspaltende Dia-
lektik, diese „geschwätzige Wissenschaft der Redeunkunst‘, deren vollen-
deter Meister vor lauter Angst sich zweideutig auszudrücken zuletzt
nicht mehr seinen eigenen Namen auszusprechen wagt. Die griechische
Schulterminologie wird durchgängig und absichtlich vermieden. Sehr
ernstlich warnt der Verfasser vor der Viellehrerei und schärft die goldene
Regel ein, dafs der Schüler von dem Lehrer vor allem dazu anzuleiten
sei sich selbst zu helfen; ebenso ernstlich erkennt er es an, dafs die
Schule Neben-, das Leben die Hauptsache ist und giebt in seinen durchaus selbstständig gewählten Beispielen den Wiederhall derjenigen Sach-
walterreden, die während der letzten Decennien in der römischen Ad-
vokatenwelt Aufsehen gemacht hatten. Es verdient Aufmerksamkeit,
dafs die Opposition gegen die Auswüchse des Hellenismus, die früher
gegen das Aufkommen einer eigenen lateinischen Redekunst sich
gerichtet hatte (S. 428), nach deren Aufkommen in dieser selbst
sich fortsetzt und damit der römischen Beredsamkeit im Vergleich
mit der gleichzeitigen griechischen theoretisch und praktisch eine
Philosophie. höhere Würde und eine gröfsere Brauchbarkeit sichert. — Die Philosophie endlich ist in der Litteratur noch nicht vertreten, da weder
sich aus innerem Bedürfnifs eine nationalrömische Philosophie entwickelte noch äufsere Umstände eine lateinische philosophische Schriftstellerei hervorriefen. Mit Sicherheit als dieser Zeit angehörig sind
nicht einmal lateinische Uebersetzungen populärer philosophischer
Compendien nachzuweisen; wer Philosophie trieb, las und disputirte
griechisch.

Fachwissen-   In den Fachwissenschaften ist die Thätigkeit gering. So gut man
schaften.   auch in Rom verstand zu ackern und zu rechnen, so fand doch die
physikalische und mathematische Forschung dort keinen Boden. Die
Folgen der vernachlässigten Theorie zeigen sich praktisch in dem
niedrigen Stande der Arzneikunde und eines Theils der militärischen
Jurispru-   Wissenschaften. Unter allen Fachwissenschaften blüht nur die Juris-
denz.   prudenz. Wir können ihre innerliche Entwicklung nicht chrono-
logisch genau verfolgen; im Ganzen trat das Sacralrecht mehr und
mehr zurück und stand am Ende dieser Periode ungefähr wie heut-

zutage das kanonische; die feinere und tiefere Rechtsauffassung dagegen, welche an die Stelle der äufserlichen Kennzeichen die innerlich wirksamen Momente setzt, zum Beispiel die Entwickelung der Begriffe der böswilligen und der fahrlässigen Verschuldung, des vorläufig schutzberechtigten Besitzes, war zur Zeit der Zwölftafeln noch nicht, wohl aber in der ciceronischen Zeit vorhanden und mag der gegenwärtigen Epoche ihre wesentliche Ausbildung verdanken.   Die Rückwirkung der politischen Verhältnisse auf die Rechtsentwicklung ist schon mehrfach angedeutet worden; sie war nicht immer vortheilhaft. Durch die Einrichtung des Erbschaftsgerichtshofs der Hundertmänner (S. 359) zum Beispiel trat auch in dem Vermögensrecht ein Geschwornencollegium auf, das gleich den Criminalbehörden, statt das Gesetz einfach anzuwenden, sich über dasselbe stellte und mit der sogenannten Billigkeit die rechtlichen Institutionen untergrub; wovon unter Anderm eine Folge die unvernünftige Satzung war, dafs es jedem, den ein Verwandter im Testament übergangen hat, freisteht auf Cassirung des Testaments vor dem Gerichtshof anzutragen und das Gericht nach Ermessen entscheidet. Bestimmter läfst die Entwickelung der juristischen Litteratur sich erkennen. Sie hatte bisher auf Formulariensammlungen und Worterklärungen zu den Gesetzen sich beschränkt; in dieser Periode bildete sich zunächst eine Gutachtenlitteratur, die ungefähr unseren heutigen Präjudicatensammlungen entspricht. Die Gutachten, die längst nicht mehr blofs von Mitgliedern des Pontificalcollegiums, sondern von jedem, der Befrager fand, zu Hause oder auf offenem Markt ertheilt wurden, und an die schon rationelle und polemische Erörterungen und die der Rechtswissenschaft eigenthümlichen stehenden Controversen sich anknüpften, fingen um den Anfang des siebenten Jahrhunderts an aufgezeichnet und in Sammlungen bekannt gemacht zu werden; es geschah dies zuerst von dem jüngeren Cato († um 600) und von Marcus Brutus (etwa gleichzeitig) und schon diese Sammlungen waren, wie es scheint, nach Materien geordnet*). Bald schritt man fort zu einer eigentlich systematischen Darstellung des Landrechts. Ihr Begründer war der Oberpontifex Quintus Mucius Scaevola (Consul 659, † 672; S. 211. 325. 418), in dessen Familie die Rechtswissen-

---

*) Catos Buch führte wohl den Titel *de iuris disciplina* (Gell. 13, 20), das des Brutus den *de iure civili* (Cic. *pro Cluent.* 51, 141. *de or.* 2, 55, 223); dafs es wesentlich Gutachtensammlungen waren, zeigt Cicero (*de or.* 2, 33, 142).

schaft wie das höchste Priesterthum erblich war. Seine achtzehn
Bücher ‚vom Landrecht‘, welche das positive juristische Material: die
gesetzlichen Bestimmungen, die Präjudicate und die Autoritäten theils
aus den älteren Sammlungen, theils aus der mündlichen Ueberlieferung
in möglichster Vollständigkeit zusammenfafsten, sind der Ausgangs-
punct und das Muster der ausführlichen römischen Rechtssysteme geworden; ebenso wurde seine resumirende Schrift ‚Definitionen‘ ($\delta\varrho o\iota$)
die Grundlage der juristischen Compendien und namentlich der Regel-
bücher. Obwohl diese Rechtsentwickelung natürlich im Wesentlichen
von dem Hellenismus unabhängig vor sich ging, so hat doch die Be-
kanntschaft mit dem philosophisch-praktischen Schematismus der
Griechen im Allgemeinen unzweifelhaft auch zu der mehr systematischen Behandlung der Rechtswissenschaft den Anstofs gegeben, wie
denn der griechische Einflufs bei der zuletzt genannten Schrift schon
im Titel hervortritt. Dafs in einzelnen mehr äufserlichen Dingen die
römische Jurisprudenz durch die Stoa bestimmt ward, ward schon bemerkt (S. 417).

Kunst.   Die Kunst weist noch weniger erfreuliche Erscheinungen auf.
In der Architektur, Sculptur und Malerei breitete zwar das dilettan-
tische Wohlgefallen immer allgemeiner sich aus, aber die eigene Uebung
ging eher rück- als vorwärts. Immer gewöhnlicher ward es bei dem
Aufenthalt in griechischen Gegenden die Kunstwerke sich zu betrachten, wofür namentlich die Winterquartiere der sullanischen Armee in
84/3 Kleinasien 670/1 epochemachend wurden. Die Kunstkennerschaft entwickelte sich auch in Italien. Mit silbernem und bronzenem Geräth
hatte man angefangen; um den Anfang dieser Epoche begann man
nicht blofs griechische Bildsäulen, sondern auch griechische Gemälde
zu schätzen. Das erste in Rom öffentlich aufgestellte Bild war der
Bakchos des Aristeides, den Lucius Mummius aus der Versteigerung
der korinthischen Beute zurücknahm, weil König Attalos bis zu 6000
Denaren (1827 Thlr.) darauf bot. Die Bauten wurden glänzender und
namentlich kam der überseeische, besonders der hymettische Marmor
(Cipollin) dabei in Gebrauch — die italischen Marmorbrüche waren
noch nicht in Betrieb. Der prachtvolle noch in der Kaiserzeit be-
wunderte Säulengang, den der Besieger Makedoniens Quintus Metellus
143 (Consul 611) auf dem Marsfelde anlegte, schlofs den ersten Marmor-
tempel ein, den die Hauptstadt sah; bald folgten ähnliche Anlagen auf
138 dem Capitol durch Scipio Nasica (Consul 616), nahe dem Rennplatz
128 durch Gnaeus Octavius (Consul 626). Das erste mit Marmorsäulen

geschmückte Privathaus war das des Redners Lucius Crassus († 663) 91
auf dem Palatin (S. 402). Aber wo man plündern oder kaufen konnte,
statt selber zu schaffen, da geschah es; es ist ein schlimmes Armuths-
zeugnifs für die römische Architektur, dafs sie schon anfing die Säulen
der alten griechischen Tempel zu verwenden, wie zum Beispiel das
römische Capitol durch Sulla mit denen des Zeustempels in Athen geschmückt ward. Was dennoch in Rom gearbeitet ward, ging aus den
Händen von Fremden hervor; die wenigen römischen Künstler dieser
Zeit, die namentlich erwähnt werden, sind ohne Ausnahme einge-
wanderte italische oder überseeische Griechen: so der Architekt Her-
modoros aus dem kyprischen Salamis, der unter anderm die römischen
Docks wieder herstellte und für Quintus Metellus (Consul 611) den 143
Tempel des Jupiter Stator in der von diesem angelegten Halle, für
Decimus Brutus (Consul 616) den Marstempel im flaminischen Circus 138
baute; der Bildhauer Pasiteles (um 665) aus Grofsgriechenland, der für 89
römische Tempel Götterbilder aus Elfenbein lieferte; der Maler und
Philosoph Metrodoros von Athen, der verschrieben ward, um die Bilder
für den Triumph des Lucius Paullus (587) zu malen. Es ist bezeich- 168
nend, dafs die Münzen dieser Epoche im Vergleich mit denen der
vorigen zwar eine gröfsere Mannichfaltigkeit der Typen, aber im Stempel-
schnitt eher einen Rück- als einen Fortschritt zeigen. — Endlich
Musik und Tanz siedelten in gleicher Weise von Hellas über nach Rom,
einzig um daselbst zur Erhöhung des decorativen Luxus verwandt zu
werden. Solche fremdländische Künste waren allerdings nicht neu in
Rom; der Staat hatte seit alter Zeit bei seinen Festen etruskische
Flötenbläser und Tänzer auftreten lassen und die Freigelassenen und
die niedrigste Klasse des römischen Volkes auch bisher schon mit
diesem Gewerbe sich abgegeben. Aber neu war es, dafs griechische
Tänze und musikalische Aufführungen die stehende Begleitung einer
vornehmen Tafel wurden; neu war eine Tanzschule, wie Scipio Aemilianus in einer seiner Reden sie voll Unwillen schildert, in der über
fünfhundert Knaben und Mädchen, die Hefe des Volkes und Kinder
von Männern in Amt und Würden durcheinander, von einem Ballet-
meister Anweisung erhielten zu wenig ehrbaren Castagnettentänzen,
zu entsprechenden Gesängen und zum Gebrauch der verrufenen griechischen Saiteninstrumente. Neu war es auch — nicht so sehr, dafs
ein Consular und Oberpontifex, wie Publius Scaevola (Consul 621), 133
auf dem Spielplatz ebenso behend die Bälle fing wie er daheim die
verwickeltsten Rechtsfragen löste, als dafs vornehme junge Römer bei

den Festspielen Sullas vor allem Volke ihre Jockeykünste producirten.
Die Regierung versuchte wohl einmal diesem Treiben Einhalt zu thun;
wie denn zum Beispiel im J. 639 alle musikalischen Instrumente mit
Ausnahme der in Latium einheimischen einfachen Flöte von den Censoren untersagt wurden. Aber Rom war kein Sparta; das schlaffe
Regiment signalisirte mehr die Uebelstände durch solche Verbote als
dafs es durch scharfe und folgerichtige Anwendung ihnen abzuhelfen
auch nur versucht hätte.

Werfen wir schliefslich einen Blick zurück auf das Gesammtbild,
das die Litteratur und die Kunst Italiens von dem Tode des Ennius bis
auf den Anfang der ciceronischen Zeit vor uns entfaltet, so begegnen
wir auch hier in Vergleich mit der vorhergehenden Epoche dem entschiedensten Sinken der Productivität. Die höheren Gattungen der
Litteratur sind abgestorben oder im Verkümmern, so das Epos, das
Trauerspiel, die Geschichte. Was gedeiht, sind die untergeordneten
Arten, die Uebersetzung und die Nachbildung des Intriguenstücks, die
Posse, die poetische und prosaische Broschüre; in diesem letzten von
der vollen Windsbraut der Revolution durchrasten Gebiet der Litteratur
begegnen wir den beiden gröfsten litterarischen Talenten dieser Epoche,
dem Gaius Gracchus und dem Gaius Lucilius, die beide über eine
Menge mehr oder minder 'mittelmäfsiger Schriftsteller emporragen,
wie in einer ähnlichen Epoche der französischen Litteratur über eine
Unzahl anspruchsvoller Nullitäten Courier und Béranger. Ebenso ist
in den bildenden und zeichnenden Künsten die immer schwache Productivität jetzt völlig null. Dagegen gedeiht der receptive Kunst- und
Litteraturgenufs; wie die Epigonen dieser Zeit auf dem politischen
Gebiet die ihren Vätern angefallenen Erbschaften einziehen und aus-
nutzen, so finden wir sie auch hier als fleifsige Schauspielbesucher,
als Litteraturfreunde, als Kunstkenner und mehr noch als Sammler.
Die achtungswertheste Seite dieser Thätigkeit ist die gelehrte Forschung, die vor allem in der Rechtswissenschaft und in der Sprach-
und Sachphilologie eigene geistige Anstrengung offenbart. Mit der Begründung dieser Wissenschaften, welche recht eigentlich in die gegenwärtige Epoche fällt, und zugleich mit den ersten geringen Anfängen
der Nachdichtung der alexandrinischen Treibhauspoesie kündigt bereits
die Epoche des römischen Alexandrinismus sich an. Alles, was diese
Epoche geschaffen hat, ist glatter, fehlerfreier, systematischer als die
Schöpfungen des sechsten Jahrhunderts; nicht ganz mit Unrecht sahen
die Litteraten und Litteraturfreunde dieser Zeit auf ihre Vorgänger

wie auf stümperhafte Anfänger herab. Aber wenn sie die Mangel-
haftigkeit jener Anfängerarbeiten belächelten oder beschalten, so mochten doch auch eben die geistreichsten von ihnen sich es gestehen. dafs
die Jugendzeit der Nation vorüber war, und vielleicht diesen oder jenen
doch wieder im stillen Grunde des Herzens die Sehnsucht beschleichen
den lieblichen Irrthum der Jugend abermals zu irren.